Gerald Mäsch/Stefan Arnold
Übungen in Internationalem Privatrecht und Rechtsvergleichung
De Gruyter Studium

JURA
JURISTISCHE AUSBILDUNG

───

ÜBUNGEN

Herausgegeben von
Professor Dr. Nikolaus Bosch, Bayreuth
Professor Dr. Martin Eifert, Berlin
Professor Dr. Thorsten Kingreen, Regensburg
Professor Dr. Florian Möslein, Marburg
Professor Dr. Nina Nestler, Bayreuth
Professor Dr. Anne Röthel, Hamburg
Professor Dr. Michael Stürner, Konstanz

Gerald Mäsch/Stefan Arnold

Übungen in Internationalem Privatrecht und Rechtsvergleichung

6., neu bearb. Auflage

DE GRUYTER

Dr. iur. *Gerald Mäsch*, o. Professor für Bürgerliches Recht, Handels- und Wirtschaftsrecht, Internationales Privatrecht und Rechtsvergleichung, Direktor des Instituts für Internationales Wirtschaftsrecht an der Westfälischen Wilhelms-Universität Münster, Richter am Oberlandesgericht Hamm a.D.

Dr. iur. *Stefan Arnold*, LL.M. (Cambridge), o. Professor für Bürgerliches Recht, Rechtsphilosophie und Internationales Privatrecht, Direktor des Instituts für Internationales Wirtschaftsrecht an der Westfälischen Wilhelms-Universität Münster.

ISBN 978-3-11-066410-2
e-ISBN (PDF) 978-3-11-066415-7
e-ISBN (EPUB) 978-3-11-066758-5

Library of Congress Control Number: 2021952021

Bibliografische Information der Deutschen Nationalbibliothek
Die Deutsche Nationalbibliothek verzeichnet diese Publikation in der Deutschen Nationalbibliografie; detaillierte bibliografische Daten sind im Internet über http://dnb.dnb.de abrufbar.

© 2022 Walter de Gruyter GmbH, Berlin/Boston
Einbandabbildung: Jack Hollingsworth/Photodisc/thinkstock
Satz: Jürgen Ullrich Typosatz, Nördlingen
Druck und Bindung: CPI books GmbH, Leck
Printed in Germany

www.degruyter.com

Vorwort zur 6. Auflage

Seit dem Erscheinen der 5. Auflage haben sich wiederum einige Neuerungen ergeben. Die augenscheinlichste liegt dabei in dem Wechsel in der Autorenschaft. *Stefan Arnold* hat den Staffelstab von *Dagmar Coester-Waltjen* übernommen. Ihr gebührt größter Dank. Nicht nur hat sie dieses Fallbuch initiiert, sondern auch und vor allem mit ihren Beiträgen zu ihm höchste Qualitätsmaßstäbe gesetzt. Das jetzige Autorenteam bemüht sich, ihnen zumindest nahe zu kommen.

Die wohl wichtigste Neuerung im Internationalen Privat- und Verfahrensrecht ist der Austritt des Vereinigten Königreichs aus der Europäischen Union, der auch in diesem Werk Berücksichtigung findet. Weitere verfahrensrechtliche Entwicklungen haben sich durch die immer weiter ausdifferenzierte Rechtsprechung des EuGH ergeben, die in diversen Fällen aufgegriffen wurde. Auf dem Gebiet des Kollisionsrechts wurden u.a. die Änderungen im Recht der Stellvertretung berücksichtigt, ebenso wie das 2017 in Kraft getretene Gesetz zur Bekämpfung von Kinderehen und die seit 2019 geltenden Güterrechtsverordnungen. Daneben wurden aktuelle Debatten wie die des Menschenrechtsschutzes in Lieferketten aufgegriffen.

Seit der letzten Auflage nicht geändert hat sich die Divergenz der Ausbildungssysteme der einzelnen Bundesländer sowohl im Pflichtfachstoff als auch in den Schwerpunktbereichen. Dies gilt gleichermaßen für die inhaltlichen Anforderungen wie für die Ausgestaltung der Leistungskontrollen, die im Schwerpunktbereich den Universitäten überlassen und dementsprechend vielfältig sind. Wir bieten daher weiterhin zur Übung sowohl fünfstündige als auch zweistündige Klausuren an. Dabei wurde der Fokus jedoch deutlich zugunsten zweistündiger Klausuren verschoben, um den Anforderungen eines Großteils der Universitäten besser gerecht zu werden. Für Seminar- und Hausarbeiten sowie für die Vorbereitung auf die mündliche Prüfung geben sowohl diese Übungsfälle als auch die einleitenden Ausführungen zu den methodischen Grundlagen wichtige Hilfestellungen und Informationen.

Insgesamt finden sich in dieser Auflage daher eine Vielzahl an neuen Fällen. Zum Teil haben wir den Übungsfällen darüber hinaus neue Sachverhaltsgestaltungen zu Grunde gelegt. Soweit wir es bei den alten Sachverhalten belassen haben, sind die Lösungen selbstverständlich aktualisiert worden. Auch die Einführung in die methodischen Grundlagen wurde grundlegend überarbeitet und erweitert.

Wir wünschen unseren Leserinnen und Lesern, dass ihnen die Arbeit mit diesem Übungsbuch für die Lösung von Prüfungsaufgaben und später auch für reale Fälle eine wertvolle Hilfe ist. Wir hoffen aber auch, dass wir unsere Begeisterung für diese Rechtsgebiete weitergeben können.

https://doi.org/10.1515/9783110664157-202

Ein großes Dankeschön gilt den Mitarbeiterinnen und Mitarbeitern an den Lehrstühlen der Autoren *Andreas Diekmann, Yasmin Drill, Moritz Grothe, Nicolas Hauschild, Lena Klos, Jan Menke, Larissa Nicolaus, Christopher Kunzmann, Michelle Otto, Johann Schmidt* und *Lea Simmler,* sowie insbesondere *Ansgar Alofs, Kathrin Boolke, Yena Choi, Emily Feigel, Cedric Hornung, Christian Popp, Marcus Schnetter, Clara Seitz* und *Christiaan Wittebol* für die tatkräftige Mitarbeit bei der Überarbeitung dieses Fallbuchs.

Für Hinweise und Anregungen aus den Reihen der Leserschaft an gerald.maesch@uni-muenster.de oder stefan.arnold@uni-muenster.de sind wir jederzeit dankbar.

Viel Glück und viel Freude!

Münster, im November 2021   Gerald Mäsch
                                                                  Stefan Arnold

Inhalt

Abkürzungsverzeichnis

Die im deutschen Recht allgemein gängigen juristischen Abkürzungen wurden nicht in das Verzeichnis aufgenommen. Sie können im Werk von *Kirchner*, Abkürzungsverzeichnis der Rechtssprache, 10. Aufl. 2021, nachgeschlagen werden. Auch auf die Erläuterung der Abkürzungen für die den Studierenden vertraute Standardliteratur zum deutschen Recht wurde verzichtet.

ABGB	(österreichisches) Allgemeines Bürgerliches Gesetzbuch
ABl. EG	Amtsblatt der Europäischen Gemeinschaften
ABl. EU	Amtsblatt der Europäischen Union
AdWirkG	Gesetz über Wirkungen der Annahme als Kind nach ausländischem Recht (Adoptionswirkungsgesetz)
AEUV	Vertrag zur Arbeitsweise der Europäischen Union in der Fassung des Vertrages von Lissabon vom 1.12.2009
BGE	Entscheidung des schweizerischen Bundesgerichts
BGBl.	(deutsches, österreichisches) Bundesgesetzblatt
BT-Drucks.	Drucksachen des Deutschen Bundestags
Brüssel I-VO	Verordnung (EG) Nr. 44/2001 des Rates vom 22. Dezember 2000 über die gerichtliche Zuständigkeit und die Anerkennung und Vollstreckung von Entscheidungen in Zivil- und Handelssachen
Brüssel Ia-VO	Verordnung (EU) Nr. 1215/2012 des Europäischen Parlaments und des Rates vom 12. Dezember 2012 über die gerichtliche Zuständigkeit und die Anerkennung und Vollstreckung von Entscheidungen in Zivil- und Handelssachen (= Neufassung der Brüssel I-VO)
Brüssel IIa-VO	Verordnung (EG) Nr. 2201/2003 des Rates vom 27. November 2003 über die Zuständigkeit und die Anerkennung und Vollstreckung von Entscheidungen in Ehesachen und in Verfahren betreffend die elterliche Verantwortung und zur Aufhebung der Verordnung (EG) Nr. 1347/2000
Brüssel IIb-VO	Verordnung (EU) 2019/1111 des Rates vom 25. Juni 2019 über die Zuständigkeit, die Anerkennung und Vollstreckung von Entscheidungen in Ehesachen und in Verfahren betreffend die elterliche Verantwortung und über internationale Kindesentführungen
Cass. civ.	Entscheidungen der Cour de cassation (höchstes frz. Revisionsgericht) in Zivilsachen
CA	Cour d'Appel (französisches Gericht)
CC	(französischer) Code civil, (italienischer) Codice civile, (spanischer) Código civil
CISG	Wiener UN-Übereinkommen über Verträge über den internationalen Warenkauf
C	Common Market Law Review
D.	Recueil Dalloz (französische Zeitschrift)

https://doi.org/10.1515/9783110664157-204

EheG	(österr.) Ehegesetz
EGBGB	Einführungsgesetz zum Bürgerlichen Gesetzbuche
EMRK	Konvention zum Schutz der Menschenrechte und Grundfreiheiten vom 4.11.1950
ErwSÜ	Haager Übereinkommen über den internationalen Schutz von Erwachsenen vom 13. Januar 2000
EuBVO	Verordnung (EG) Nr. 1206/2001 des Rates vom 28. Mai 2001 über die Zusammenarbeit zwischen den Gerichten der Mitgliedstaaten auf dem Gebiet der Beweisaufnahme in Zivil- oder Handelssachen
EuErbVO	Verordnung (EU) Nr. 650/2012 des Europäischen Parlaments und des Rates vom 4. Juli 2012 über die Zuständigkeit, das anzuwendende Recht, die Anerkennung und Vollstreckung von Entscheidungen und die Annahme und Vollstreckung öffentlicher Urkunden in Erbsachen sowie zur Einführung eines Europäischen Nachlasszeugnisses
EuGH	Europäischer Gerichtshof
EuGHE/EuGH Slg.	Sammlung der Rechtsprechung des EuGH
EGMR	Europäischer Gerichtshof für Menschenrechte
EuGVÜ	Übereinkommen von Brüssel von 1968 über die gerichtliche Zuständigkeit und die Vollstreckung gerichtlicher Entscheidungen in Zivil- und Handelssachen
EuGüVO/EuPartVO	Verordnung (EU) 2016/1103 des Rates zur Durchführung einer Verstärkten Zusammenarbeit im Bereich der Zuständigkeit, des anzuwendenden Rechts und der Anerkennung und Vollstreckung von Entscheidungen in Fragen des ehelichen Güterstands vom 24. Juni 2016 (EuPartVO = nahezu deckungsgleiches Gegenstück für eingetragene Lebenspartnerschaften)
EuMahnVO/ EuMahnVVO	Verordnung (EG) Nr. 1896/2006 des Europäischen Parlaments und des Rates vom 12. Dezember 2006 zur Einführung eines Europäischen Mahnverfahrens
EuUnthVO	Verordnung (EG) Nr. 4/2009 des Rates vom 18. Dezember 2008 über die Zuständigkeit, das anwendbare Recht, die Anerkennung und Vollstreckung von Entscheidungen und die Zusammenarbeit in Unterhaltssachen
EUV	Vertrag über die Europäische Union in der Fassung des Vertrages von Lissabon vom 1.12.2009
EuVTVO	Verordnung (EG) Nr. 805/2004 des Europäischen Parlaments und des Rates vom 21. April 2004 zur Einführung eines europäischen Vollstreckungstitels für unbestrittene Forderungen
EuZPR	Europäisches Zivilprozessrecht
EVÜ	Römisches EWG-Übereinkommen über das auf vertragliche Schuldverhältnisse anzuwendende Recht v. 19.6.1980
GVBl.	Gesetz- und Verordnungsblatt
HAdoptÜ	Haager Übereinkommen vom 29. Mai 1993 über den Schutz von Kindern und die Zusammenarbeit auf dem Gebiet der internationalen Adoption

HBÜ	Haager Übereinkommen über die Beweisaufnahme im Ausland in Zivil- und Handelssachen vom 18. März 1970
HGÜ	Haager Übereinkommen über Gerichtsstandsvereinbarungen vom 30. Juni 2005
HKÜ	Haager Übereinkommen über die zivilrechtlichen Aspekte internationaler Kindesentführung vom 25.10.1980
HTÜ	Haager Übereinkommen über das auf die Form letztwilliger Verfügungen anzuwendende Recht vom 5. Oktober 1961
HUnthVÜ	Haager Übereinkommen über die Anerkennung und Vollstreckung von Unterhaltsentscheidungen vom 2.10.1973, s. jetzt auch Übereinkommen v. 23.11.2007
HUÜ	Haager Übereinkommen über das auf Unterhaltspflichten anzuwendende Recht vom 2.10.1973, s. jetzt auch Protokoll v. 23.11.2007
HUntPr	Haager Protokoll über das auf Unterhaltspflichten anzuwendende Recht vom 23.11.2007
ICC	International Chamber of Commerce
IHR	Internationales Handelsrecht – Zeitschrift für das Recht des internationalen Warenkaufs und Vertriebs
IntFamRVG	Internationales Familienrechtsverfahrensgesetz
IPG	Gutachten zum internationalen und ausländischen Privatrecht
IPRax	Praxis des Internationalen Privat- und Verfahrensrechts
IPRG	(österreichisches, türkisches, schweizerisches) IPR-Gesetz
IPRspr.	Die deutsche Rechtsprechung auf dem Gebiete des Internationalen Privatrechts
IZPR	Internationales Zivilprozessrecht
IZVR	Internationales Zivilverfahrensrecht
JCP	Juris-classeur périodique
JDI	Journal du Droit International
KSÜ	Übereinkommen über die Zuständigkeit, das anzuwendende Recht, die Anerkennung, Vollstreckung und Zusammenarbeit auf dem Gebiet der elterlichen Verantwortung und der Maßnahmen zum Schutz von Kindern vom 19.10.1996
LugÜ	Luganer Übereinkommen über die gerichtliche Zuständigkeit und die Vollstreckung gerichtlicher Entscheidungen in Zivil- und Handelssachen vom 16.9.1988
LugÜ II	Überarbeitete Fassung des Luganer Abkommens über die gerichtliche Zuständigkeit und die Vollstreckung gerichtlicher Entscheidungen in Zivil- und Handelssachen vom 30.10.2007
MDR	Monatsschrift für Deutsches Recht
OGH	(österreichischer) Oberster Gerichtshof
OLGR	Rechtsprechung des Oberlandesgerichtes

RabelsZ	Rabels Zeitschrift für ausländisches und internationales Privatrecht
RdW	Recht der Wirtschaft (österreichische Zeitschrift)
Rev.int.dr.comp.	Revue internationale de droit comparé
Rev.trim.dr.civ.	Revue trimestrielle de droit civil
RIW	Recht der internationalen Wirtschaft/Außenwirtschaftsdienst des Betriebs-Beraters
Rom I-VO	Verordnung (EG) Nr. 593/2008 des Europäischen Parlaments und des Rates vom 17. Juni 2008 über das auf vertragliche Schuldverhältnisse anzuwendende Recht
Rom II-VO	Verordnung (EG) Nr. 864/2007 des Europäischen Parlaments und des Rates vom 11. Juli 2007 über das auf außervertragliche Schuldverhältnisse anzuwendende Recht
Rom III-VO	Verordnung (EU) Nr. 1259/2010 des Rates vom 20. Dezember 2010 zur Durchführung einer Verstärkten Zusammenarbeit im Bereich des auf die Ehescheidung und Trennung ohne Auflösung des Ehebandes anzuwendenden Rechts
TC	Tribunal correctionnel (belgisches Gericht)
Tz.	Textziffer
UNCITRAL-Modellgesetz	UNCITRAL (United Nation Commission on International Trade Law) Model Law on International Commercial Arbitration in der Fassung vom 7.7.2006
WÜD	Wiener Übereinkommen über diplomatische Beziehungen
ZfRVgl	(österreichische) Zeitschrift für Rechtsvergleichung
ZVglRWiss	Zeitschrift für vergleichende Rechtswissenschaft

Literaturhinweise

Die im Folgenden aufgeführte Literatur wird im Hauptteil verkürzt wiedergegeben.

I. Literatur zum Internationalen Privatrecht

1. Lehrbücher

von Bar/Mankowski, Internationales Privatrecht, Bd. I: Allgemeine Lehren, 2. Aufl. 2003; Bd. II: Besonderer Teil, 2. Aufl. 2019
> Großes Lehrbuch in zwei Bänden, das auf die allermeisten Fragen des IPR, soweit sie nicht durch neuere Gesetzesänderungen hervorgerufen sind, erschöpfende Auskunft gibt. Zur Benutzung als „Lehrbuch" zu umfangreich und nicht aktuell genug (insbes. Band I), von großem Wert aber zum Nachschlagen und zur Vertiefung von Einzelproblemen.

von Hoffmann/Thorn, Internationales Privatrecht, 9. Aufl. 2007
> Ein für Schwerpunktbereichsstudierende konzipiertes Lehrbuch, das deshalb nicht nur eine Einführung für AnfängerInnen, sondern auch ein „Spezialwissen" vermittelt. Mit zahlreichen Fällen und Beispielen.

Junker, Internationales Privatrecht, 4. Aufl. 2021
> Ein Lehrbuch aus der Reihe „Grundrisse des Rechts", das auf die Bedürfnisse von Studierenden im Schwerpunktbereich zugeschnitten ist. Mit kleineren Übungsfällen und hilfreichen Aufbauschemata.

Kegel/Schurig, Internationales Privatrecht, 9. Aufl. 2004
> Der leider nicht mehr ganz aktuelle Klassiker der deutschen IPR-Lehrbücher, der auch in der teilweise von *Schurig* betreuten Neuauflage praktische Anwendungsprobleme des Besonderen Teils des IPR zuweilen jedoch nur kursorisch behandelt.

Kropholler, Internationales Privatrecht, 6. Aufl. 2006
> Ein Lehrbuch auf der Basis des vielgerühmten Werkes von *Neuhaus*, das die Grundfragen des Internationalen Privat- und Verfahrensrechts umfassend aufbereitet. Die Ausführungen zum Besonderen Teil des IPR sind nicht mehr aktuell. Das Werk kann aber weiterhin zum Verständnis der allgemeinen Lehren des IPR herangezogen werden.

Raape/Sturm, Internationales Privatrecht, Bd. I: Allgemeine Lehren, 6. Aufl. 1977
> Ein Lehrbuch, das noch aus der Zeit vor der IPR-Reform von 1986 stammt. Für das Erlernen des aktuellen IPR schon seit langem ungeeignet; es kann aber für einzelne Fragen des Allgemeinen Teils des IPR wertvolle Anregungen geben.

Rauscher, Internationales Privatrecht, 5. Aufl. 2017
> Ein Lehrbuch, auf das die Beschreibung des *„von Hoffmann/Thorn"* ebenso passt.

Siehr, Internationales Privatrecht, 2001
> Ein für Studium und Praxis gleichermaßen konzipiertes Lehrbuch mit praktischen Fällen und – neben dem deutschen und europäischen Recht – zahlreichen Ausblicken auf ausländische Regelungen; wenngleich nicht mehr aktuell.

https://doi.org/10.1515/9783110664157-205

2. Übungsbücher

Fuchs/Hau/Thorn, Fälle zum Internationalen Privatrecht, 5. Aufl. 2019
Fünfzehn Klausuren zum Internationalen Privatrecht mit Musterlösungen.
Hay/Rösler, Prüfe dein Wissen: Internationales Privat- und Zivilverfahrensrecht, 5. Aufl. 2016
Ein Buch im bewährten Frage- und Antwortschema der bekannten „PdW"-Reihe, mit dem
Studierende zuverlässig ihren Kenntnisstand testen und ggf. erweitern können.
Koch/Magnus/Winkler von Mohrenfels, IPR und Rechtsvergleichung, Ein Übungsbuch, 4. Aufl.
2010
Das Buch schlägt nach seinem Vorwort einen „Mittelweg" zwischen Lehr- und Übungs-
buch ein: Knappen Darstellungen der wichtigsten Grundsätze des jeweiligen Sachgebiets
folgen praktische Fälle mit zumeist ebenso knappen Lösungshinweisen. Zur Erprobung
und Anwendung bereits erworbener Fähigkeiten nützlich; ein Lehrbuch kann das Werk
aber nicht ersetzen.
Rauscher, Klausurenkurs im Internationalen Privat- und Verfahrensrecht, 4. Aufl. 2019
Ein Fall- und Repetitionsbuch mit Internationalem und Europäischem Verfahrensrecht für
Schwerpunktbereich und Masterprüfung.

3. Kurze Darstellungen/Kurzlehrbücher/Einführungen

Brödermann/Rosengarten, Internationales Privat- und Zivilverfahrensrecht (IPR/IZVR), 8. Aufl.
2019
Ein Skriptum, das ohne wissenschaftlichen Anspruch eine „Anleitung zur systematischen
Fallbearbeitung (einschließlich schiedsrichterlicher Fälle)" (so der Untertitel) bietet.
Ferid, Internationales Privatrecht, 3. Aufl. 1986
Nach eigenem Verständnis ein „Leitfaden für Praxis und Ausbildung", der eine lebendige
und oft originelle Diktion gelegentlich mit einer eigenwilligen Sicht der Probleme verbindet. Das erste IPR-Buch, das nach der IPR-Reform von 1986 veröffentlicht wurde; weil es
aber nicht erneut aufgelegt wurde, spiegelt es längst nicht mehr die aktuelle Diskussion
und Gesetzeslage wider.
Hüßtege/Ganz, Internationales Privatrecht, Examenskurs für Rechtsreferendare, 5. Aufl. 2013
Das Buch wendet sich, wie der Name verrät, vornehmlich an RechtsreferendarInnen, kann
aber auch für Studierende hilfreich sein, weil es Prüfungsschemata bietet, keine Vorkenntnisse voraussetzt und sich, anders als viele andere IPR-Bücher, auch relativ ausführlich mit Fragen des Internationalen Verfahrensrechts beschäftigt.
Kienle, Internationales Privatrecht, 2. Aufl. 2010
Auch dieses ist ein Buch, das für RechtsreferendarInnen konzipiert ist und ihnen den Einstieg in die Materie erleichtern soll.

4. Kommentare

Beck-online.Großkommentar zum Zivilrecht, herausgegeben von
Gsell/Krüger/Lorenz/Reymann, zitiert wird jeweils der Stand im Februar 2022
Beck'scher Online-Kommentar BGB, herausgegeben von Hau/Poseck, zitiert wird jeweils der
Stand im Februar 2022

Erman, Handkommentar zum BGB, 16. Aufl. 2020

Grüneberg, BGB, 81. Aufl. 2022

Jauernig, BGB, 18. Aufl. 2021

Juris PraxisKommentar BGB, Bd. 6: Internationales Privatrecht und UN-Kaufrecht, 9. Aufl. 2020

Münchener Kommentar zum BGB; Bd. 12: IPR I, 8. Aufl. 2020; Bd. 13: IPR II, 8. Aufl. 2021

Münchener Kommentar zur ZPO; Bd. 1, Bd. 2, 6. Aufl. 2020; Bd. 3, 6. Aufl. 2021

Musielak/Voit (Hrsg.), ZPO, 18. Aufl. 2021

Nomos-Kommentar BGB, Bd. 1: Allgemeiner Teil, EGBGB, 4. Aufl. 2021; Bd. 6: Rom-Verordnungen, 3. Aufl. 2019

Prütting/Wegen/Weinreich (Hrsg.), BGB, 16. Aufl. 2021

Saenger (Hrsg.), Handkommentar ZPO, 9. Aufl. 2021

Soergel, BGB, Bd. 10: EGBGB, 12. Aufl. 1996; Bd. 13: CISG, 13. Aufl. 2000; Bd. 27/1: Rom II-VO; Internationales Handelsrecht; Internationales Bank- und Kapitalmarktrecht, 13. Aufl. 2019

Schulze (Hrsg.), Handkommentar BGB, 11. Aufl. 2021

Staudinger, Kommentar zum BGB, EGBGB sowie den europäischen Rechtsakten, Neubearb. 2003–2021

Stein/Jonas, ZPO Kommentar, Bd. 1–10, 23. Aufl. 2014–2021; Bd. 11: §§ 946–959, §§ 1067–1120, EuZPR, 23. Aufl. 2021

Thomas/Putzo, ZPO, 42. Aufl. 2021

Wieczorek/Schütze (Hrsg.), Zivilprozessordnung und Nebengesetze Großkommentar; Bd. 1, 2, 7, 11 und 13, 5. Aufl. 2020–2021; Bd. 3–6, 8–10, 12, 14, 4. Aufl. 2013–2019

Zöller, ZPO, 34. Aufl. 2022

5. Lehr-, Handbücher und Kommentare zu Einzelgebieten

a) Internationales Verfahrensrecht

Adolphsen, Europäisches Zivilverfahrensrecht, Lehrbuch, 2. Aufl. 2015

Geimer, Internationales Zivilprozessrecht, 8. Aufl. 2019

Geimer/Schütze, Europäisches Zivilverfahrensrecht, 4. Aufl. 2020

Geimer/Schütze, Internationaler Rechtsverkehr in Zivil- und Handelssachen, Loseblatt, 62. EL 07/2021

Handbuch des Internationalen Zivilverfahrensrechts, hrsg. v. Max-Planck-Institut für ausländisches und internationales Privatrecht; Bd. I, 1982; Bd. II/1, 1994; Bd. III/1, 1984; Bd. III/2, 1984

Hess, Europäisches Zivilprozessrecht, 2. Aufl. 2020

Junker, Internationales Zivilprozessrecht, 5. Aufl. 2020

Kropholler/von Hein, Europäisches Zivilprozessrecht, 9. Aufl. 2011

Langenbucher (Hrsg.), Europäisches Privat- und Wirtschaftsrecht, 4. Aufl. 2017

Linke/Hau, Internationales Zivilverfahrensrecht, 8. Aufl. 2021

Magnus/Mankowski (Hrsg.), European Commentaries on Private International Law; Vol. 1: Brussels Ibis Regulation, 2016; Vol. 2: Rome I Regulation, 2017; Vol. 3: Rome II Regulation, 2019; Vol. 4: Brussels IIbis Regulation, 2017

Nagel/Gottwald (Hrsg.), Internationales Zivilprozessrecht, 8. Aufl. 2020

Rauscher (Hrsg.), Europäisches Zivilprozess- und Kollisionsrecht (EuZPR/EuIPR); Bd. I: Brüssel Ia-VO, Lugano-Übk, 5. Aufl. 2021; Bd. II: Insolvenz, Vollstreckungstitel, Rechtshilfe,

InsVO, 5. Aufl. 2021; Bd. III: Rom I-VO, Rom II-VO. 5. Aufl. 2021; Bd. IV: Brüssel IIa-VO, EG-UntVO, HUntVerfÜbk 2007, EU-EheGüterVO-E, EU-LP-GüterVO-E, EU-SchutzMVO, 4. Aufl. 2015; Band V: KSÜ, EU-ErbVO, HUntStProt 2007, Rom III-VO, 4. Aufl. 2016

Schack, Internationales Zivilverfahrensrecht, 8. Aufl. 2021

Schlosser/Hess, EU-Zivilprozessrecht, 5. Aufl. 2021

Schütze, Deutsches Internationales Zivilprozessrecht unter Einschluss des Europäischen Zivilprozessrechts, 2. Aufl. 2005

b) Internationales Familienrecht

Andrae, Internationales Familienrecht, Praxishandbuch, 4. Aufl. 2019

Henrich, Internationales Familienrecht, 2. Aufl. 2000

c) Internationales Vertragsrecht

Ferrari/Kieninger/Mankowski/Otte/Saenger/Schulze/Staudinger (Hrsg.), Internationales Vertragsrecht, 3. Aufl. 2018

Reithmann/Martiny, Internationales Vertragsrecht, 9. Aufl. 2021

Schlechtriem/Schwenzer/Schroeter, Kommentar zum UN-Kaufrecht (CISG), 7. Aufl. 2019

6. Materialien

Jayme/Hausmann, Internationales Privat- und Verfahrensrecht, 20. Aufl. 2020

Der Band enthält eine für Schwerpunktbereichsstudierende unentbehrliche Sammlung von deutschen Gesetzestexten und Staatsverträgen zum Internationalen Privat- und Verfahrensrecht.

7. Zeitschriften

EuZW	Europäische Zeitschrift für Wirtschaftsrecht
EUVR	Zeitschrift für europäisches Unternehmens- und Verbraucherrecht
IPRax	Praxis des Internationalen Privat- und Verfahrensrechts
RabelsZ	Rabels Zeitschrift für ausländisches und internationales Privatrecht
RIW	Recht der internationalen Wirtschaft
ZZPInt	Zeitschrift für Internationales Zivilprozessrecht

8. Entscheidungs- und Gutachtensammlungen

IPG	Gutachten zum internationalen und ausländischen Privatrecht, hrsg. von *Lorenz/Mansel/Michaels*
IPRspr	Die deutsche Rechtsprechung auf dem Gebiete des Internationalen Privatrechts, hrsg. v. Max-Planck-Institut für ausländisches und internationales Privatrecht

II. Literatur zur Rechtsvergleichung

1. Lehrbücher

Bussani/Mattei, The Cambridge Companion to Comparative Law, 2012
Constantinesco, Rechtsvergleichung, Bd. I: Einführung in die Rechtsvergleichung, 1971; Bd. II: Die rechtsvergleichende Methode, 1972; Bd. III: Die rechtsvergleichende Wissenschaft, 1983
David/Grasmann, Einführung in die großen Rechtssysteme der Gegenwart, 2. Aufl. 1983
Kischel, Rechtsvergleichung, 2015
Reimann/Zimmermann, The Oxford Handbook of Comparative Law, 2. Aufl. 2019
Rheinstein/von Borries, Einführung in die Rechtsvergleichung, 2. Aufl. 1987
Sacco/Rossi, Einführung in die Rechtsvergleichung, 3. Aufl. 2017
Zweigert/Kötz, Einführung in die Rechtsvergleichung auf dem Gebiet des Privatrechts, 3. Aufl. 1996

2. Umfassende rechtsvergleichende Darstellungen von Einzelfragen

International Encyclopedia of Comparative Law (laufendes Erscheinen in Einzelheften)
Kötz, Europäisches Vertragsrecht, 2. Aufl. 2015
Basedow/Rühl/Ferrari/Miguel Asensio (Hrsg.), Encyclopedia of Private International Law, Bd. I–IV, 2017
v. Bar, Gemeineuropäisches Sachenrecht, Bd. I: Grundlagen, Gegenstände sachenrechtlichen Rechtsschutzes, Arten und Erscheinungsformen subjektiver Sachenrechte, 2015; Bd. II: Besitz, Erwerb und Schutz subjektiver Sachenrechte, 2019

3. Fallsammlungen und Übungsbücher

Schwenzer/Müller-Chen, Rechtsvergleichung, 1996
Koch/Magnus/Winkler von Mohrenfels, IPR und Rechtsvergleichung, Ein Übungsbuch, 4. Aufl. 2010
Kadner Graziano, Europäisches Vertragsrecht: Übungen zur Rechtsvergleichung und Harmonisierung des Rechts, 2008

4. Zeitschriften

ZEuP   Zeitschrift für Europäisches Privatrecht
ZEuS   Zeitschrift für europarechtliche Studien
ZfRvgl   (österreichische) Zeitschrift für Rechtsvergleichung
ZVglRWiss   Zeitschrift für vergleichende Rechtswissenschaft

1. Teil: Didaktische und methodische Grundlagen

1. Kapitel: Methodische Einführung zur Lösung von internationalprivat- und -verfahrensrechtlichen Fällen

§ 1: Die „Richterklausur"

In Prüfungsarbeiten im Internationalen Privat- und Verfahrensrecht sowie in der Rechtsvergleichung müssen Sie meistens ein Gutachten zur Vorbereitung einer Gerichtsentscheidung erstellen. Solche Gutachten sind Ihnen aus anderen Fächern bekannt und Sie können die allgemeinen Regeln und Ratschläge zur Gutachtenerstellung grundsätzlich auch im Internationalen Privat- und Verfahrensrecht heranziehen. Allerdings gibt es einige sachgebietsspezifische Besonderheiten, auf die im Folgenden eingegangen werden soll.

A. Vorüberlegungen zum Sachverhalt

I. Sachverhaltserfassung

Wie bei jeder Aufgabenstellung muss auch im Rahmen von IPR- und IZVR-Fällen der Sachverhalt richtig erfasst werden. Schenken Sie besonders den Ausführungen des Sachverhaltes Aufmerksamkeit, in denen (nur scheinbar anlasslos) einzelne Angaben vertieft dargestellt werden oder sich gar Beteiligte des Sachverhalts (vermeintlich laienhaft) äußern (bspw. „Es könne doch nicht angehen, dass...“). Hiermit sollen Sie auf Rechtsprobleme hingewiesen werden, die in der Klausur zu diskutieren sind. Gerade im Internationalen Privat- und Verfahrensrecht kann es für Ihre Lösung fatal sein, wenn Sie vermeintlich kleine Sachverhaltsdetails überlesen, Personen verwechseln, Daten oder Eigenschaften falsch zuordnen. Denn all diese Sachverhaltselemente können für zentrale Fragen ausschlaggebend sein – von der internationalen Zuständigkeit über das anwendbare Recht bis hin zur Anerkennung und Vollstreckung.

Daher sollten Sie besonders sorgsam bei der Sachverhaltserfassung vorgehen. Natürlich gilt es, den Sachverhalt mehrmals und genau zu lesen. Bereits beim ersten Lesen sollten Sie sich intuitive Ideen und Assoziationen am Rand markieren (etwa ein umkreistes P für „Problem") und wichtige Textpassagen unterstreichen. Ihr Klausurblatt muss dabei aber kein Kunstwerk werden; es genügt, wenn Sie später mit einem Blick hierauf die bedeutendsten Informationen wiederfinden. Das wird umso schwieriger, je mehr Stellen bunt markiert sind, sodass wir dazu raten, hiermit sparsam, aber gezielt umzugehen. Darüber

https://doi.org/10.1515/9783110664157-001

hinaus ist aber auch äußerst ratsam, eine Überblicksskizze anzufertigen und mit dem Sachverhalt zu vergleichen. Mehrpersonenverhältnisse sollten Sie sich – wie aus zivilrechtlichen Klausuren gewohnt – unbedingt optisch durch ein Dreieck (oder Viereck) vor Augen führen. In aller Regel haben sämtliche im Sachverhalt angegebenen Informationen auch Bedeutung für die Lösung und sollten deshalb auch in der Skizze zu finden sein. Ihre Skizze sollte deshalb detailreicher sein, als etwa Skizzen zu reinen zivilrechtlichen Fällen, in denen man sich häufig mit einer schematischen Darstellung begnügen kann. Im Internationalen Privat- und Verfahrensrecht müssen vor allem auch bestimmte Eigenschaften der Personen genau beschrieben werden. Besonderes Augenmerk müssen Sie auf solche Sachverhaltselemente legen, die für zentrale Anknüpfungsmerkmale von Kollisionsnormen und internationalverfahrensrechtlichen Normen relevant sind. Dazu gehören beispielsweise die Staatsangehörigkeit oder der gewöhnliche Aufenthalt der Beteiligten, die Belegenheit von Gegenständen oder auch die Orte, an denen sich relevante Dinge ereignen (wie ein Vertragsschluss oder die Begehung unerlaubter Handlungen). Wie Sie sehen, gewinnen in unserem Rechtsgebiet Informationen Bedeutung, die im deutschen materiellen Recht gar keine Rolle spielen. So ist nicht selbstverständlich eine nach dänischem Recht gegründete Gesellschaft eine dänische Gesellschaft, eine Gesellschaft mit Sitz in England ist nicht unbedingt eine englische Gesellschaft. Diese Punkte gilt es erst zu prüfen! Die Sachverhaltserfassung darf diese Prüfung nicht schon vorwegnehmen, sondern soll im Gegenteil die Elemente der einzelnen Problemdarstellungen festlegen.

Beispielsweise:

Deutscher mit Wohnsitz in England
kauft von
einer nach dänischem Recht gegründeten Gesellschaft mit Sitz in Schweden
durch schriftlichen Vertrag in englischer Sprache, geschlossen in der Schweiz,
zum Preise von 50.000 Schweizer Franken
ein Paket von Aktien der nach französischem Recht gegründeten X-SA mit Sitz
in Frankreich.

Natürlich können Sie auch je nach persönlicher Vorliebe Abkürzungen verwenden und etwas schematischer notieren, beispielsweise:

A (Sta: dt / Wohns.: Eng)
KV
B (Gründung: Dk / Sitz: S)

Schriftform (+) (Spr.: engl. / Abschlussort: Ch)
Preis 50k (CHF)
über Aktien der X-SA (Gründung: frz. / Sitz: F)

Sind im Sachverhalt Daten angegeben, so sollte auch eine zeitliche Tabelle erstellt werden. Beispielsweise:

1.10.2020	*Absendung des Angebots,*
3.10.2020	*Zugang des Angebots,*
6.10.2020	*Absendung der Annahmeerklärung,*
10.10.2020	*Zugang der Annahmeerklärung,*
14.12.2020	*Übergabe der Ware und Zahlung der 1. Rate des Kaufpreises,*
1.2.2021	*Fälligkeit der 2. Kaufpreisrate,*
1.3.2021	*Mahnung durch Verkäufer,*
15.4.2021	*Klageerhebung.*

Ist nur ein Datum angegeben, so bedarf es eines solchen Schemas nicht. Auch
diese Zeitangabe müssen Sie aber unbedingt beachten und in der Skizze notieren. Sie wird oft für den zeitlichen Anwendungsbereich einer Norm bzw. eines
Regelungsinstruments relevant sein. Ein Beispiel aus dem autonomen Kollisionsrecht bietet Art. 229 § 47 EGBGB.

In Ihrer Skizze sollten Sie rechtliche Schlussfolgerungen aus bestimmten
Sachverhaltsinformationen nur sehr zurückhaltend ziehen und besser etwa in
einem Klammerzusatz notieren. Denn solche Schlussfolgerungen müssen Sie im
Gutachten rechtlich eingehend begründen. Wenn beispielsweise eine Person als
Flüchtling gekennzeichnet ist, die ihren Wohnsitz bzw. gewöhnlichen Aufenthalt in Deutschland hat, werden Sie im Ergebnis zu einem deutschen Personalstatut (Art. 5 EGBGB) gelangen. Das folgt allerdings erst aus einer Anwendung
des Art. 12 Genfer Flüchtlingskonvention und muss im Gutachten begründet
werden. In Ihrer Skizze sollten Sie also die Grundinformationen festhalten
(etwa: Flüchtling, gewöhnlicher Aufenthalt in Deutschland) und nur in Klam-
mern auf die rechtliche Konsequenz hinweisen (etwa: Art. 12 Genfer Flüchtlingskonvention → deutsches Personalstatut). Ähnlich liegt es für Fragen des
Vertragsschlusses oder der Klageerhebung, wenn der Sachverhalt zu diesen
Ereignissen detaillierte Abläufe erläutert. So können etwa beim Vertragsschluss
Daten für Absendung und Zugang der Annahmeerklärung gegeben sein, bei der
Klageerhebung Daten zur Einreichung und zur Zustellung der Klageschrift.
Sie dürfen aus diesen Daten nicht vorschnell rechtliche Schlussfolgerungen
ziehen, die vielleicht falsch sind. Denn die Ihnen vertrauten Regeln und Ergeb-
nisse des deutschen Sachrechts (etwa über den Zeitpunkt des Wirksamwerdens

einer Erklärung) sind ja vielleicht gar nicht maßgeblich. Rechnen Sie vielmehr damit, dass sich aus dem anwendbaren Recht (das Sie bei der Skizzenerstellung noch gar nicht endgültig ermittelt haben) auch ganz andere Folgerungen ergeben können. Beispielsweise kann der Vertrag gar nicht oder erst zu einem späteren (oder früheren) Zeitpunkt geschlossen worden sein als nach deutschem Recht.

Notieren Sie die Detailinformationen über den Ablauf also vielmehr akribisch und übersichtlich in der Skizze – vielleicht mit einem Klammerhinweis auf mögliche Probleme. Das hat auch den Vorzug, dass Sie bei der Ausarbeitung der Lösung nicht vergessen können, die einzelnen Schritte sorgsam zu prüfen und in ihren rechtlichen Konsequenzen zu untersuchen. Das ist auch deshalb wichtig, weil man in der Schlussphase der Bearbeitung vielleicht unter Zeitdruck nur noch einen schnellen Blick auf das eigene Sachverhaltsschema werfen kann.

Die jeweiligen Informationen müssen auch sorgfältig festgehalten werden. Achten Sie dabei auch darauf, Begriffe wie „Wohnsitz", „gewöhnlicher Aufenthalt" oder „Aufenthalt" auch in ihrer Skizze genau zu vermerken, denn die feinen Begriffsunterschiede können höchst lösungsrelevant sein.

II. Fragestellung

Natürlich müssen Sie die Aufgabenstellung genau lesen. Die Besonderheit von IPR- und IZVR-Fällen liegt dabei darin, dass die Fragestellung einen unterschiedlichen Umfang haben kann: (1) Sie kann rein internationalprivatrechtlich sein, sich nämlich nur darauf beziehen, welches Recht anwendbar ist.[1] (2) Die Frage kann aber auch die materiellrechtliche Lösung umfassen, wobei häufig ausländisches Recht anzuwenden sein wird.[2] (3) Schließlich kann die Fragestellung auch die internationalverfahrensrechtlichen Probleme einschließen. Beispielsweise können Fragen der Gerichtsbarkeit, der internationalen Zuständigkeit, Besonderheiten bei ausländischen Parteien (Parteifähigkeit, Prozessfähigkeit, Prozesskostenvorschuss), Zustellungen und Beweiserhebungen im Ausland, ausländische Rechtshängigkeit oder ausländische *res iudicata* eine Rolle spielen. Eventuell sind Fragen auch auf eine Anerkennung und Vollstreckung eines ausländischen Urteils gerichtet.

Sie müssen also die jeweilige Formulierung sorgfältig analysieren, um den Umfang der Fragestellung richtig zu ermitteln. Die allgemeine Frage: „Wie wird das Gericht entscheiden?" umfasst alle drei Bereiche, also den international-

---

1 Vgl. Fall 7, Frage 2, S. 216.
2 Vgl. Fall 11, Frage 1, S. 272.

privatrechtlichen Teil, die internationalverfahrensrechtlichen Probleme (soweit der Fall sie aufwirft) und schließlich die materiellrechtliche Lösung. Das Gleiche gilt, wenn nach dem Sachverhalt Klage erhoben worden ist und in der Aufgabenstellung nach der Rechtslage gefragt wird. Einen entsprechenden Umfang hat die Aufgabenstellung: „Hat die erhobene Klage Aussicht auf Erfolg?".[3]

Lautet die Aufgabe hingegen: „Ist die Klage begründet?", so ist nur der materiellrechtliche Teil einschließlich der Ermittlung des anwendbaren Rechts verlangt. Das Gleiche gilt, wenn nach den Ansprüchen einer Partei gefragt ist.

Eine nur internationalprivatrechtliche Lösung wird verlangt, wenn die Frage sich explizit nur auf das anwendbare Recht bezieht. Dann müssen Sie eine kollisionsrechtliche Prüfung aus der Perspektive des deutschen Rechts vornehmen. Dazu ist zunächst das für deutsche Gerichte und Behörden geltende deutsche Internationale Privatrecht maßgeblich – zu dem natürlich auch das europäische Kollisionsrecht und in Deutschland geltende Staatsverträge zählen. Manchmal müssen Sie dann aber auch ausländisches Kollisionsrecht prüfen, nämlich dann, wenn das deutsche Kollisionsrecht eine Gesamtverweisung ausspricht. Art. 4 Abs. 1 EGBGB sieht das für das autonome Kollisionsrecht als Grundregel vor. In solchen Fällen muss schließlich auch untersucht werden, ob das ausländische Internationale Privatrecht, auf das verwiesen wird, die Verweisung annimmt. Die Frage: „Welches Recht ist aus Sicht der deutschen Richterin (oder nach deutschem IPR) anwendbar?" verlangt diese Prüfung ebenfalls, denn im Rahmen dieser Fragestellung kommen auch Gesamtverweisungen in den Blick, soweit sie zum deutschen Internationalen Privatrecht gehören. Im europäischen Kollisionsrecht haben Sie es dagegen – von der EuErbVO abgesehen – mit Sachnormverweisungen zu tun, so dass Ihnen dieser zusätzliche Prüfungsschritt erspart bleibt.

Wenn die Fragestellung schon in ihrem Umfang verkannt wird, kann dies schwerwiegende Folgen haben. Ist etwa der internationalzivilverfahrensrechtliche Teil nicht bearbeitet worden, obwohl die Frage auf die Entscheidungsaussichten gerichtet war, so fehlt bereits ein möglicherweise sehr wesentlicher Teil der Lösung. Umgekehrt kann sich auch eine zu weit gesteckte Prüfung negativ auswirken. Wenn Sie beispielsweise auf die Frage, ob die Klage begründet ist, auch die Zulässigkeit der Klage (also die internationalzivilverfahrensrechtlichen Probleme) erörtern und so auf die internationalprivatrechtlichen und materiellrechtlichen Fragen nicht mehr ausreichend Zeit verwenden können, haben Sie einen leicht vermeidbaren und potenziell schweren Fehler begangen. Die zusätzlichen Ausführungen können Ihnen ja neben dem Vorwurf der Verkennung der

---

3 Vgl. Fall 3, S. 117.

Fragestellung allenfalls negative Punkte einbringen (wegen der begangenen Fehler), nicht jedoch eine positive Bewertung wegen der (ungefragten) guten Bearbeitung.

III. Aufteilung

Auch bei Klausuren im Internationalen Privat- und Verfahrensrecht müssen Sie sauber nach Anspruchsteller und Anspruchsgegner sowie nach Anspruchszielen trennen. Begehrt beispielsweise der Kläger Zahlung und erhebt die Beklagte Widerklage auf Herausgabe einer Sache, so sind die verfahrensrechtlichen Fragen für beide Begehren getrennt zu erfassen. Der dritte Teil der Vorüberlegungen zum Sachverhalt sollte also in einer kurzen Skizze der zu beurteilenden Ansprüche (und ihres Umfangs) Niederschlag finden.

B. Vorüberlegungen zu den Problemen

Mit einer sorgfältigen Sachverhaltserfassung und Analyse der Fragestellung stellen sich bereits häufig die Probleme heraus. Oft können Sie dann die jeweiligen Arbeitsschwerpunkte schon erkennen. Beispielsweise werden Sachverhaltsangaben bei Beteiligung von juristischen Personen häufig bereits darauf hinweisen, dass es etwa auf Gesellschaftsstatut und Vertretungsstatut ankommen wird. Wenn Sie einen Sachverhalt mit einem verstorbenen Mallorca-Rentner präsentiert bekommen, dessen persönliche und berufliche Bindungen nach Spanien wie Deutschland eingehend geschildert sind, wird Ihnen sofort klar sein, dass ein Schwerpunkt des Falls beim gewöhnlichen Aufenthalt liegen wird. Manche fallrelevanten Rechtsfragen drängen sich freilich nicht ähnlich klar auf. Sie können sie aber gleichwohl oft erkennen, wenn Ihnen typische Besonderheiten unseres Rechtsgebietes immer bewusst sind. Dazu gehört beispielsweise die kollisionsrechtliche Unterscheidung von Haupt- und Vorfrage. Auch sollten Sie immer besonderes Augenmerk auf die anwendbaren Rechtsquellen legen. Denn gerade hier stellen sich oft Anwendungsschwierigkeiten.

Sie sollten also in Ihren Vorüberlegungen die vom Sachverhalt deutlich aufgeworfenen Probleme ermitteln, mögliche Schwerpunkte identifizieren und schon eine gewisse gedankliche Strukturierung vornehmen. Dabei empfiehlt es sich, die Probleme zunächst nach den von der Fragestellung umfassten Bereichen zu sortieren, also internationalverfahrensrechtliche, internationalprivatrechtliche und materiellrechtliche Bereiche zu unterscheiden. Das schließt nicht aus, dass eine Frage (wie beispielsweise der Wohnsitz oder die Staatsangehörigkeit einer Partei) in mehreren dieser Bereiche eine Rolle spielt (z.B. im Internationalen Zivilverfahrensrecht für die Frage der Zuständigkeit, im Internationalen Privatrecht für die Ermittlung des anwendbaren Rechts). Wenn man diese Regelungskomplexe gedanklich trennt, lässt sich oft auch erkennen, ob die Probleme vollständig erfasst sind. Ist man beispielsweise bei den materiellrechtlichen Fragen auf das Problem gestoßen, ob der auf Unterhalt in Anspruch genommene Vater seine Vaterschaft noch anfechten kann, so muss im Rahmen der IPR-Fragestellung nicht nur die Frage nach dem Unterhaltsstatut, sondern auch die nach dem Abstammungsstatut (mit der Entscheidung für eine selbständige oder unselbständige Anknüpfung) notiert sein. Zu den materiellrechtlichen Fragen gehört also jeweils eine entsprechende internationalprivatrechtliche Problemlage – entweder im Hinblick auf den Umfang der jeweiligen Verweisung (z.B. Fragen der Testierfähigkeit vom Erbstatut umfasst?) oder bezüglich einer getrennten Anknüpfung (mit der Problematik der selbständigen oder unselbständigen Anknüpfung und der jeweiligen Ermittlung der Anknüpfungsmomente).

C. Grundschema des Arbeitsplans für anhängige Klagen

Nach der Sachverhaltserfassung und der groben Problemstrukturierung sollten Sie eine ausführliche Lösungsskizze erstellen. Mit der Niederschrift der Lösung sollten Sie gerade in unserem Rechtsgebiet keinesfalls beginnen, bevor sie nicht die Lösung des gesamten Falls vollständig in einer ausführlichen Lösungsskizze zu Papier gebracht haben. Formulieren Sie also erst dann Ihre Lösung aus, wenn Sie den Fall gedanklich wirklich bis zum Ende gelöst haben.

Ausführliche Lösungsskizze bedeutet in erster Linie, dass Sie eine gedanklich saubere – in sich schlüssige, widerspruchsfreie und vollständige – Gliederung erstellen. Da Sie ja schon Vorüberlegungen zu den verschiedenen Problembereichen angestellt haben, sollten Sie jetzt bei den einzelnen Gliederungspunkten unbedingt auch in die sachliche Auseinandersetzung einsteigen und Ihre Lösung so in Stichworten festhalten, dass Sie daraus bei der Niederschrift zügig eine ausformulierte Lösung schreiben können. Sie sollten also eine mit Problemkennzeichnungen, möglichen Argumenten (und Gegenargumenten, gegebenenfalls samt deren Widerlegung) und einer jeweiligen Lösung des Problems angereicherte Gliederung erstellen. Diese Arbeitsphase ist das Herzstück Ihrer Fallbearbeitung. In dieser Phase müssen Sie die gedanklichen Hauptleistungen erbringen, so dass Sie für sie auch den größten Teil der Arbeitszeit einsetzen sollten. Lassen Sie dabei keinesfalls Fragen offen, sondern lösen den Fall wirklich vollständig von Anfang bis zum Ende.

Die vollständige Lösung des Falles vor der Niederschrift empfiehlt sich in diesem Sachgebiet vor allem deshalb, weil man u.U. erst bei der materiellrechtlichen Lösung auf Probleme trifft, die im IPR-Teil ebenfalls hätten angesprochen werden müssen. Das kann Ihnen auch dann passieren, wenn Sie sehr sorgfältig arbeiten, beispielsweise wenn das anwendbare materielle Recht Vorfragen aufwirft, die bei der internationalprivatrechtlichen Fragestellung zunächst nicht erkennbar waren. Vor allem aber hilft dieses Vorgehen auch, wenn Sie vielleicht noch nicht so geübt sind und zunächst ein paar Fragen übersehen haben, die Ihnen erst im Zusammenhang mit späteren, beispielsweise materiellrechtlichen Problemen wichtig erscheinen. So könnten Sie zum Beispiel im materiellrechtlichen Teil auf ein Problem bei der Geschäftsfähigkeit stoßen und erst später darauf kommen, dass sich daraus auch ein Problem für die Parteifähigkeit ergeben könnte, das natürlich schon im internationalverfahrensrechtlichen Bereich geprüft werden muss. Schließlich können sich aus der Gesamtschau der zu bearbeitenden Probleme Anhaltspunkte für einen besonders geschickten Aufbau der Arbeit ergeben (vgl. z.B. unten C.I.2.a.bb).

Für die zeitliche Planung empfiehlt sich eine „Rückrechnung". Wenn Sie nach Ihren bisherigen Erfahrungen davon ausgehen können, dass Sie etwa zehn Seiten pro Stunde schreiben können, dann reicht es bei einer fünfstündigen Klausur, deren Umfang i.d.R. um 25 Seiten (bei relativ platzgreifender Handschrift) liegen wird, völlig aus, wenn Sie die ersten beiden Stunden Bearbeitungszeit auf das Durchdenken des Falles und eine sorgfältige Gliederung verwenden. Dies lässt sogar noch Zeit für Korrekturlesen und enthält einen „Puffer" für mögliche Formulierungsblockaden. Bei einer nur zweistündigen Klausur empfiehlt sich eine etwa hälftige Teilung der Bearbeitungszeit in Problemlösung und Niederschrift. Diese Ratschläge müssen Sie selbstverständlich an Ihre eigenen Erfahrungen anpassen. Es gibt natürlich individuelle Unterschiede bei der Schreibgeschwindigkeit. Nach unseren Erfahrungen raten wir aber dringend: Fangen Sie nicht zu früh mit der Niederschrift an – gerade im Internationalen Privat- und Verfahrensrecht. Psychologisch mag es für viele eine Herausforderung sein, erst verhältnismäßig spät mit der Niederschrift zu beginnen. Sie werden jedoch durch deutlich bessere Endergebnisse für Ihre Mühen bei der Sachverhaltserfassung und vor allem der Erstellung der Lösungsskizze belohnt werden.

Das hier vorgestellte Grundschema des Arbeitsplanes geht von der umfassenden Fragestellung für ein anhängiges Erkenntnisverfahren[4] aus, es enthält neben dem internationalprivatrechtlichen (C. II. 1.) auch einen internationalver-

---

4 Zum Aufbau der Lösung im Anerkennungs- oder Vollstreckungsstadium unten D.

fahrensrechtlichen (C. I.) und einen materiellrechtlichen (C. II. 2.) Teil. Wenn Sie nur die Begründetheit der Klage oder auch lediglich das Bestehen bestimmter Ansprüche prüfen müssen, so ist der Arbeitsplan mit C. II. 1. zu beginnen. Ist auch die materiellrechtliche Lösung wegzulassen, weil sich die Frage nur auf die Ermittlung des anwendbaren Rechts bezieht, so erübrigen sich auch die Ausführungen unter C. II. 2. Selbstverständlich gilt auch hier, dass nur solche Probleme anzusprechen sind, die der Sachverhalt aufwirft, und auch dabei ist der „Blick für das Wesentliche" zu wahren. Die Aufteilung der Fragen in der Aufgabenstellung ist zwar häufig nicht verbindlich, aber fast immer außerordentlich hilfreich für die Bearbeitung. Es ist daher in der Regel ratsam, sich nicht nur inhaltlich genau an der Fragestellung zu orientieren, sondern auch ihre Reihenfolge bei der Bearbeitung zugrunde zu legen.

I. Zulässigkeit der Klage
1. Gerichtsbarkeit

Zur Zulässigkeit der Klage gehört die Prüfung, ob das Gericht die staatliche Gerichtsgewalt über diese Parteien ausüben kann. Es ist also die Gerichtsbarkeit i.S.d. *„facultas iurisdictionis"* zu prüfen. I.d.R. bedarf allerdings die hoheitliche Befugnis, Recht zu sprechen, als Ausfluss der staatlichen Souveränität keiner besonderen Begründung. Nur ausnahmsweise ist die Gerichtsbarkeit durch völkerrechtliche Regelungen eingeschränkt. Ein wichtiger Grundsatz des Völkergewohnheitsrechts, der über Art. 25 GG und § 20 Abs. 2 GVG in Deutschland innerstaatliche Bindungswirkung entfaltet, ist die auf hoheitliches Handeln beschränkte Staatenimmunität, die dazu führt, dass eine Klage vor einem deutschen Zivilgericht gegen einen ausländischen Staat als unzulässig abzuweisen ist, wenn Grundlage des Streits dessen hoheitliches Handeln (*acta iure imperii*) ist. Weitere Regelungen über die Befreiung natürlicher Personen (Diplomaten und ihre Angehörigen, Staatsgäste, Konsularbedienstete) von der deutschen Gerichtsbarkeit enthalten das Wiener UN-Übereinkommen über diplomatische Beziehungen vom 18.4.1961, das Wiener UN-Übereinkommen über konsularische Beziehungen vom 24.4.1963 und die §§ 18–20 GVG, wobei die §§ 18 und 19 GVG auf die soeben genannten Wiener Übereinkommen Bezug nehmen. Schließlich existiert eine Reihe von Übereinkommen, die für internationale Organisationen und ihre Angehörigen (wie z.B. die Vereinten Nationen, Sonderorganisationen der Vereinten Nationen, der Europarat und die Truppen der NATO) Beschränkungen der Gerichtsbarkeit vorsehen.

Aus dem Vorgenannten ergibt sich bereits, dass die Gerichtsbarkeit i.d.R. zu bejahen sein wird. In der endgültigen Lösung ist auf diesen Problemkomplex daher nur dann einzugehen, wenn eine Befreiung von der deutschen Gerichtsbarkeit nach dem Sachverhalt zumindest nicht unmöglich erscheint, also beispielsweise bei Beteiligung von Diplomaten und Diplomatinnen oder Angehörigen bestimmter internationaler Organisationen.[5] Als (gedanklichen) Prüfungspunkt im Arbeitsschema sollte man auf diese Frage hingegen nicht verzichten, damit man nicht doch ein u.U. wesentliches Problem der Arbeit übersieht.

2. Internationale Zuständigkeit

Auf die Frage der internationalen Zuständigkeit sollte vor der Behandlung der sachlichen, funktionellen und örtlichen Zuständigkeit eingegangen werden, denn möglicherweise erübrigt sich ein Eingehen auf diese Punkte, weil es bereits an der internationalen Zuständigkeit fehlt. Auch ist denkbar, dass über die Regelungen der internationalen Zuständigkeit die örtliche Zuständigkeit mitgeregelt ist (z.B. bei Art. 7 Nr. 1 Brüssel Ia-VO). Dieser Aufbau ist zwar nicht zwingend (in manchen Lehrbüchern wird die Prüfungsreihenfolge offen gelassen), aber außerordentlich ratsam.

Weil die Gerichte die internationale Zuständigkeit in jeder Lage des Verfahrens von Amts wegen prüfen müssen, ist die internationale Zuständigkeit auch dann als Prüfungspunkt zu beachten, wenn die Unzuständigkeit des Gerichts vom Beklagten nicht geltend gemacht worden ist. Allerdings kann eine rügelose Einlassung nach dem anwendbaren internationalen Zivilverfahrensrecht unter bestimmten Voraussetzungen zuständigkeitsbegründend wirken (vgl. Art. 26 Brüssel Ia-VO).

Für die (endgültige) Formulierung ist zu beachten, dass sich die internationale Zuständigkeit auf die Gerichte eines Staates (also beispielsweise die deutschen oder die französischen Gerichte), nicht auf ein bestimmtes Gericht bezieht.

a) Europäische Verordnungen und internationale Abkommen

Weil sie in ihrem Anwendungsbereich i.d.R. den Rückgriff auf das autonome nationale Recht sperren, ist erster Prüfungspunkt im Rahmen der internationalen Zuständigkeit stets das Eingreifen europäischer Verordnungen und internationaler Abkommen. Die Frage der Anwendbarkeit europäischer Verordnungen und internationaler Abkommen über die internationale Zuständigkeit ist immer anzusprechen (wenn nach der Zulässigkeit der Klage oder in sonstiger Weise

---

5 Vgl. Fall 10, S. 257.

nach dem zuständigen Gericht gefragt ist[6]), selbst wenn sich bereits nach kurzer Prüfung ergibt, dass es bei den Regelungen des autonomen Rechts bleibt. Der Anwendungsbereich der einschlägigen europäischen Verordnungen und der internationalen Zuständigkeitsabkommen ist gleichzeitig allerdings so weit gesteckt, dass man sich nur in wenigen Bereichen auf eine kurze Bemerkung zum Nichteingreifen beschränken kann.

Seitdem mit dem Vertrag von Amsterdam die justizielle Zusammenarbeit (und das Internationale Privatrecht) in den Mitgliedstaaten der EU[7] von der dritten in die erste Säule gewandert ist und die EU daher in diesem Bereich die direkte Rechtsetzungskompetenz hat, haben sich die zu prüfenden Rechtsquellen (in Form von Verordnungen) zudem stark vermehrt.

Da europäische Verordnungen in ihrem sachlichen Anwendungsbereich Einheitsrecht für die gesamte EU schaffen, ist ihre Anwendung darüber hinaus vom Grundsatz her nicht auf Fälle beschränkt, in denen Beziehungspunkte zu zwei Mitgliedstaaten bestehen. Dieser Grundsatz wird aber von manchen Verordnungen aufgeweicht, so etwa von Art. 6 Abs. 1 Brüssel Ia-VO.

In Eheaufhebungs-, Ehescheidungs-, Sorge- und Umgangsrechtssachen steht die Brüssel IIa-VO[8] im Vordergrund (für Verfahren ab dem 1.8.2022 die Brüssel IIb-VO[9]). Seit dem 18.6.2011 gelten für Unterhalt betreffende Verfahren die Regelungen der EuUnthVO[10] (mit ihrem teilweisen Verweis auf das Haager Unterhaltsprotokoll von 2007, das das anwendbare Recht bestimmt). Die Ehegüterrechtsverordnung (EuGüVO[11]) mit ihrem Pendant für Lebenspartnerschaften (EuPartVO[12]) und die EuErbVO[13] regeln die internationale Zuständigkeit in Fragen des Güterstandes und in Nachlasssachen. Die EuMahnVVO für den transnationalen europäischen Mahnbefehl[14] enthält in Art. 6[15] nur eine verbraucher-

---

6 Zur Frage der Zuständigkeitsprüfung im Anerkennungs- und Vollstreckungsstadium vgl. unten D. I., II.

7 Eine Sonderrolle nehmen Dänemark und Irland – und früher, vor seinem Austritt aus der EU am 31.1.2020 (23.00 h UTC, 24.00 h MEZ) auch das Vereinigte Königreich – ein, die in Protokollen zum Vertrag von Amsterdam eine Erklärung der Nichtmitwirkung bzw. einer optionalen Mitwirkung abgegeben haben (vgl. zum Ganzen knapp *Mäsch*, in: Langenbucher (Hrsg.), Europäisches Privat- und Wirtschaftsrecht, § 9 Rn. 3 f.).

8 Vgl. bei *Jayme/Hausmann*, Nr. 162.

9 VO (EU) 2019/1111 v. 25.6.2019, ABl. EU 2019 Nr. L 178, S. 1.

10 VO (EG) Nr. 4/2009 v. 18.12.2008, ABl. EU 2008 Nr. L 7, S. 1.

11 VO (EU) 2016/1103 v. 24.6.2016, ABl. EU 2016 Nr. L 183, S. 1.

12 VO (EU) 2016/1104 v. 24.6.2016, ABl. EU 2016 Nr. L 183, S. 30.

13 VO (EU) Nr. 650/2012 v. 4.7.2012, ABl.EU 2012 Nr. L 201, S. 170.

14 Diese gilt für grenzüberschreitende Mahnverfahren, wobei bei Anrufung eines Mitgliedstaatengerichts mindestens eine der Parteien (zur Zeit der Antragstellung) ihren Wohnsitz oder

schützende Auffangregelung. Ansonsten greift in den übrigen Zivil- und Handelssachen aufgrund ihres weiten Anwendungsbereichs häufig die Brüssel Ia-VO[16] ein. Diese Verordnung (in Kraft seit 10.1.2015; von Dänemark ausdrücklich zur Anwendung erklärt, s. Übereinkunft v. 21.3.2013, ABl. EU 2013 Nr. L 79, S. 4) hat die alte Fassung (sog. „Brüssel I"-VO) ersetzt, welche wiederum das „Flaggschiff" des europäischen Zivilprozesses, das EuGVÜ,[17] abgelöst und nicht zuletzt auch den Inhalt der seit 1.1.2010 in Kraft getretenen revidierten Fassung des Luganer Übereinkommens (LugÜ II)[18] beeinflusst hatte. Es bestehen darüber hinaus einige internationale Abkommen. Das LugÜ II gilt (seit 1.1.2010) in allen EU-Mitgliedstaaten (einschließlich Dänemarks) und Norwegen, in der Schweiz seit dem 1.1.2011, im Verhältnis zu Island seit dem 1.5.2011. Außerdem gibt es einige Spezialabkommen für den internationalen Beförderungsverkehr[19] und Abkommen, die nicht in erster Linie die internationale Zuständigkeit regeln, aber dennoch Vorschriften über die direkte internationale Zuständigkeit[20] enthalten – wie z.B. Art. 5 ff. Haager Kinderschutzübereinkommen[21] (KSÜ), das Pariser Übereinkommen über die Haftung auf dem Gebiet der Kernenergie[22] und das Haager Erwachsenenschutzübereinkommen (ErwSÜ).[23] In von der Bundesrepublik abgeschlossenen bilateralen Verträgen finden sich für Erkenntnisver-

---

gewöhnlichen Aufenthalt in einem anderen Mitgliedstaat haben muss (Art. 3); die andere Partei kann aber durchaus Drittstaatler sein.

15 Mit dem in Art. 6 Abs. 1 EuMahnVVO enthaltenen Verweis auf die Brüssel Ia-VO, die dem Grundsatz des *actor sequitur forum rei* (Art. 4 Brüssel Ia-VO) folgt, ergibt sich ein großer Unterschied gegenüber dem autonomen Zuständigkeitsrecht des deutschen Mahnverfahrens, das die Mahngerichte am Wohnsitz des Antragstellers beruft (§ 689 Abs. 2 ZPO – ausschließliche Zuständigkeit).

16 Vgl. bei *Jayme/Hausmann*, Nr. 160.

17 Die Grundstruktur der Regelungsbereiche des EuGVÜ wurde in der am 1.3.2002 in Kraft getretenen Ursprungsform der Brüssel I-VO beibehalten, inhaltlich ergaben sich im Bereich der Zuständigkeitsregelungen einige wichtige Neuerungen, ein entscheidender Perspektivenwechsel fand hingegen bei den Vollstreckungsregelungen statt: Die Vollstreckbarerklärung erfolgt seitdem ohne vorherige Prüfung der Anerkennungsvoraussetzungen, erst auf den Rechtsbehelf des Schuldners prüft das Gericht, ob die Anerkennungsvoraussetzungen erfüllt sind; mit Einführung des Art. 39 Brüssel Ia-VO wurde das Erfordernis der Vollstreckbarerklärung nunmehr gänzlich abgeschafft, was in ErwGr. 26 mit Gründen der Prozesseffizienz gerechtfertigt wird.

18 *Jayme/Hausmann*, Nr. 152.

19 Vgl. *Jayme/Hausmann*, Nr. 153 ff.

20 In Anerkennungs- und Vollstreckungsübereinkommen finden sich Regeln der indirekten (auch Anerkennungszuständigkeit genannt) Zuständigkeit, die in diesem Stadium – Achtung, wichtig aber bei der Anwaltsklausur unten § 2 A – nicht zu prüfen sind.

21 *Jayme/Hausmann*, Nr. 53.

22 *Jayme/Hausmann*, Nr. 155.

23 Jayme/*Hausmann*, Nr. 20.

fahren keine direkten Zuständigkeitsregelungen.[24] Bei einer Gerichtsstandswahl kann außerdem unter Umständen das Haager Übereinkommen über die Vereinbarung gerichtlicher Zuständigkeit Bedeutung entfalten.[25]

aa) Anwendungsbereich

Erster Punkt der Prüfung ist stets die Ermittlung des Anwendungsbereichs einer europäischen Verordnung und eines internationalen Abkommens. Es sind auf jeden Fall der sachliche und der zeitliche Anwendungsbereich zu prüfen. Der sog. räumlich-persönliche Anwendungsbereich ist nur dann zu prüfen, wenn die konkrete Verordnung oder das konkrete Abkommen einen bestimmten Bezug der beteiligten Parteien oder des Verfahrensgegenstandes zum Territorium der EU oder der Vertragsparteien voraussetzt. Das ist etwa bei der Brüssel Ia-VO (vgl. Art. 6 Abs. 1)[26], dem LugÜ (Art. 4 Abs. 1) oder der Brüssel IIb-VO (Art. 6 Abs. 1) der Fall, nicht aber bei der EuUnthVO, der EuErbVO oder der EuGüVO. Die Reihenfolge der Prüfung ist nicht streng vorgegeben, sie hängt von dem konkreten Einzelfall ab. Greift ein internationales Abkommen (beispielsweise über den Beförderungsverkehr) ganz offensichtlich sachlich nicht ein, so ist es unangemessen, sich zunächst ausführlich mit der vielleicht problematischen Frage des zeitlichen Anwendungsbereichs auseinanderzusetzen. Umgekehrt kann man sich bei offensichtlichem Nichteingreifen des Abkommens unter dem zeitlichen Gesichtspunkt Ausführungen zum sachlichen oder räumlich-persönlichen Anwendungsbereich sparen. Bei den europäischen Verordnungen ist zu beachten, dass sie häufig in unterschiedlichen Teilen zu unterschiedlichen Zeitpunkten in Kraft treten.[27]

bb) Verhältnis der Verordnungen und Abkommen zueinander und zu den autonomen Vorschriften

Ist man zu dem Schluss gekommen, dass eine europäische Verordnung oder ein internationales Abkommen grundsätzlich für den vorliegenden Fall Anwendung beansprucht, so stellt sich die Frage nach dem Verhältnis dieser Regelun-

---

24 Der Konsularvertrag mit der Türkischen Republik sieht in der Anlage zu Art. 20 die Zuständigkeit der Lageortgerichte für fürsorgerische Tätigkeiten bezüglich unbeweglichen Nachlasses und für bestimmte erbrechtliche Klagen vor; ähnlich Art. 26 des Konsularvertrages mit der Sowjetunion, vgl. *Jayme/Hausmann*, Nr. 62 und 63.
25 Haager Übereinkommen über Gerichtsstandsvereinbarungen vom 30.6.2005, in Kraft getreten am 1.10.2015 (*Jayme/Hausmann*, Nr. 151).
26 Vgl. Fall 1, S. 63 ff.
27 Vgl. z.B. Art. 33 EuVTVO.

gen zu den Vorschriften anderer Verordnungen/Abkommen (oder des autonomen Rechts).

Möglicherweise greift ein anderes Abkommen vorrangig ein. Die europäischen Verordnungen und die meisten internationalen Abkommen enthalten Regelungen über ihr Verhältnis zu anderen Regelungsinstrumenten. Beispielsweise ersetzt die Brüssel Ia-VO in ihrem Anwendungsbereich[28] nach ihrem Art. 69 eine Reihe anderer Abkommen zwischen den Mitgliedstaaten; Art. 71 Brüssel Ia-VO sieht das mögliche Nebeneinander gewisser internationaler Verträge und der Brüssel Ia-VO vor. Ansonsten gilt in der Brüssel Ia-VO nicht der Günstigkeitsgrundsatz, vielmehr löst sie in ihrem Anwendungsbereich eine Sperrwirkung aus. Insbesondere auf das autonome deutsche Zuständigkeitsrecht kann daher im Anwendungsbereich der Brüssel Ia-VO wie auch in dem der anderen europäischen Verordnungen nicht zurückgegriffen werden (soweit die Verordnung nicht ihrerseits einen Verweis auf das autonome Recht enthält).[29] Fehlt es an entsprechenden Vorschriften, so gibt Art. 30 Wiener Vertragsrechtskonvention eine Auslegungshilfe.[30]

Es ist also jeweils zu prüfen, ob die Zuständigkeitsvorschriften auch unter Berücksichtigung anderer Abkommen angewendet werden können. Im Hinblick auf die in einem Gutachten erwartete möglichst erschöpfende Behandlung der Problematik ist außerdem aber auch darauf einzugehen, ob neben dem für anwendbar angesehenen (und nicht durch andere internationale Verträge verdrängten) Abkommen andere (bi- oder multilateral vereinbarte oder autonome) Zuständigkeitsregelungen befragt werden dürfen. In der Lösungsskizze sollten also zunächst alle von ihrem Anwendungsbereich möglicherweise in Betracht kommenden Regelungsinstrumente als Prüfungspunkte aufgeführt werden. Bei der Niederschrift bietet es sich an, die Prüfung des Anwendungsbereichs der Abkommen in einer solchen Reihenfolge vorzunehmen, dass Verschachtelungen möglichst vermieden werden. Das bedeutet, dass man i.d.R. mit der Prüfung des Regelungsinstruments in der Niederschrift beginnen sollte, das (nach den gründlichen Überlegungen bei der Ausfüllung des Arbeitsschemas) nicht durch andere Abkommen verdrängt wird. Mehrere in ihrem Anwendungsbereich nebeneinander parallel eingreifende Regelungsinstrumente sollten in der Niederschrift in einer solchen Reihenfolge geprüft werden, dass zunächst das Regelungsinstrument, welches zwar anwendbar ist, aber keine Zuständigkeit vorsieht, erörtert wird. Eine (möglicherweise kurze) Bemerkung zur Anwend-

---

28 Außerhalb des Anwendungsbereichs der Brüssel Ia-VO behalten diese Abkommen volle Bedeutung – so ausdrücklich Art. 70 Brüssel Ia-VO.
29 Vgl. etwa Art. 35 Brüssel Ia-VO.
30 Die Wiener Vertragsrechtskonvention von 1969 ist am 1.1.1980 in Kraft getreten.

barkeit oder Nichtanwendbarkeit der autonomen Zuständigkeitsregelungen ist jedenfalls dann angebracht, wenn nach den internationalen Verträgen zwar der Anwendungsbereich derselben eröffnet, aber eine internationale Zuständigkeit des angerufenen oder des vorzugsweise in Betracht gezogenen Gerichts nicht gegeben ist.

cc) Zuständigkeitsregelungen

Führen die Überlegungen zu dem Schluss, dass eine europäische Verordnung oder ein internationales Abkommen eingreift, so ist zu prüfen, ob sich aus diesem die internationale Zuständigkeit des angerufenen Gerichts ergibt. Ist das Gericht aufgrund einer Gerichtsstandswahl angerufen worden, so ist die Frage voranzustellen, ob diese Gerichtsstandswahl zulässig ist und wirksam getroffen wurde. Liegt zwar eine Gerichtsstandswahl vor, ist aber ein anderes Gericht angerufen worden, so ist zunächst zu prüfen, ob sich die Zuständigkeit des angerufenen Gerichts aus den anwendbaren Zuständigkeitsregelungen ergibt. Sodann ist auf die Frage der derogierenden Kraft der Gerichtsstandsvereinbarung einzugehen, wobei wiederum die Wirksamkeit der Vereinbarung und ihre Zulässigkeit sowie Wirkungen getrennt zu prüfen sind.

Liegt keine wirksame Gerichtsstandswahl vor, so sind die Zuständigkeitsregelungen der Verordnung oder des Abkommens in der üblichen Weise zu prüfen, wobei der Frage besondere Beachtung geschenkt werden muss, ob ausschließliche Gerichtsstände bestehen (z.B. Art. 24 Brüssel Ia-VO), die die allgemeinen und die besonderen Zuständigkeitsregelungen verdrängen. Unter Berücksichtigung der Besonderheiten der jeweiligen Abkommen gelten im Übrigen die gleichen Grundsätze und Ratschläge, die für die Prüfung der örtlichen Zuständigkeit in rein internrechtlichen Fällen zu beachten sind. Ist das mit der Sache befasste Gericht zuständig, z.B. weil es sich um den nach dem anwendbaren Regelungsinstrument vorgesehenen allgemeinen Gerichtsstand handelt (z.B. Art. 4 Brüssel Ia-VO) und weder eine wirksame Gerichtsstandsvereinbarung noch ein ausschließlicher Gerichtsstand gegeben ist, dann erübrigt sich eine weitere Prüfung der Zuständigkeiten. Insbesondere muss nicht mehr geprüft werden, ob das Gericht auch als besonderer Gerichtstand (z.B. Art. 7 Nr. 1 Brüssel Ia-VO) zuständig ist, es sei denn diese Norm wird auch für die örtliche Zuständigkeit relevant.[31] Ansonsten kann die Prüfung der internationalen Zu-

---

31 Beispiel: Der Beklagte B hat seinen Wohnsitz in Hamburg, die deutschen Gerichte sind also nach Art. 4 Brüssel Ia-VO international zuständig, angerufen ist aber das Gericht in München, dessen internationale *und* örtliche Zuständigkeit sich auch aus Art. 7 Nr. 1 Brüssel Ia-VO ergeben kann, wobei die örtliche Zuständigkeit nach Art. 7 Nr. 1 Brüssel Ia-VO anders bestimmt

ständigkeit der deutschen Gerichte (einschließlich der Frage der rügelosen Einlassung)[32] mit Bejahung derselben beendet werden. Eine Ausnahme kann hier allerdings in Sorgerechtsangelegenheiten, auf die die Brüssel IIa-VO/Brüssel IIb-VO (oder das KSÜ) anwendbar ist, Bedeutung gewinnen, wenn nämlich das zuständige angerufene Gericht das Gericht eines anderen Mitgliedstaates für besser geeignet hält (Art. 15 Brüssel IIa-VO/Art. 12 Brüssel IIb-VO; Art. 8, 9 KSÜ). In diesem Fall ist unter besonderen Voraussetzungen die Möglichkeit der Verweisung eröffnet.

b) Autonome Regelungen

Greift ein europäisches oder internationales Regelungsinstrument nicht ein oder lässt es trotz seines Eingreifens Raum für die Anwendung der Vorschriften des autonomen Rechts, so sind diese zu prüfen.

aa) Wirksame Gerichtsstandswahl

Für die Frage der Behandlung einer Gerichtsstandswahl gilt hier das Gleiche, was oben bereits zu den internationalen Abkommen gesagt wurde, wobei selbstverständlich auf die Besonderheiten des deutschen Rechts (Gerichtsstandsvereinbarungen nur in vermögensrechtlichen Angelegenheiten) einzugehen ist.[33]

bb) Ausdrückliche gesetzliche Regelungen der internationalen Zuständigkeit

Geht es nicht um die Zuständigkeit eines wirksam gewählten Gerichts, so ist zunächst zu untersuchen, welche ausdrücklichen gesetzlichen Regelungen die internationale Zuständigkeit gefunden hat. So enthält beispielsweise das FamFG in §§ 98 ff. für Familiensachen spezielle Regelungen der internationalen Zuständigkeit, die sich von den Regelungen der örtlichen Zuständigkeit unterscheiden.[34]

---

sein kann als nach § 29 ZPO. Bei einer Anwaltsklausur sind hingegen im vorprozessualen Beratungsstadium stets alle in Betracht kommenden Zuständigkeiten zu prüfen, im prozessualen Stadium kann dies u.U. ebenfalls – je nach Sachverhaltsgestaltung wichtig sein –, wenn die zuständigkeitsbegründenden Tatsachenangaben des Mandanten sich als ungenau oder unrichtig herausstellen sollten.

32 Vgl. z.B. Art. 26 Abs. 1 Brüssel Ia-VO.

33 Vgl. zum Sonderfall der Schiedsklausel Fall 4, S. 138 ff.

34 Vgl. Fall 10, S. 257 ff.

cc) Allgemeine gesetzliche Regelungen

Findet sich keine ausdrückliche Regelung der internationalen Zuständigkeit, so ist auf die Vorschriften über die örtliche Zuständigkeit zurückzugreifen, die unbestrittenermaßen auch für die internationale Zuständigkeit herangezogen werden können. Streit herrscht lediglich darüber, ob die Vorschriften als solche doppelfunktional sind, also sowohl die örtliche als auch (implizit) die internationale Zuständigkeit regeln, oder ob die internationale Zuständigkeit über eine analoge Anwendung dieser Vorschriften ermittelt werden kann. Im Ergebnis hat der Streit keine Auswirkungen, so dass an dieser Stelle keinesfalls tiefschürfende Erörterungen anzustellen sind. Stattdessen sollte die Frage offen gelassen werden; will man das nicht, so muss bei der Formulierung sorgfältig beachtet werden, welcher Meinung man folgt – die Annahme einer Doppelfunktionalität schließt die analoge Anwendung aus, weil es dann an einer ungewollten Regelungslücke mangelt.

dd) Prüfungsreihenfolge

Spezialnormen der internationalen Zuständigkeit werden i.d.R. nicht durch allgemeine Zuständigkeitsregelungen verdrängt. Bei den allgemeinen Zuständigkeitsregelungen ergibt sich im deutschen autonomen Recht eine Zuständigkeitshierarchie. Es bietet sich daher an, mit der Prüfung der ausschließlichen Gerichtsstände zu beginnen. Liegt ein solcher nicht vor, so stellt sich die Frage der rügelosen Einlassung, dann die des allgemeinen Gerichtsstands. Ist auch dieser zu verneinen, so ist zu prüfen, ob das angerufene Gericht nach den Regelungen über besondere Gerichtsstände zuständig sein kann.

ee) Erweiterte Zuständigkeit

Findet sich auch nach den Regelungen über die örtliche Zuständigkeit keine internationale Zuständigkeit des angerufenen Gerichts, so ist zu prüfen, ob eventuell ausnahmsweise eine Erweiterung der internationalen Zuständigkeit (beispielsweise als internationale Notzuständigkeit) gegeben ist.

Bleibt auch diese Suche erfolglos, so muss das angerufene Gericht als international unzuständig bezeichnet werden. Damit erübrigt sich eigentlich eine weitere Prüfung der Zulässigkeitsvoraussetzungen und der Begründetheit der Klage. Häufig wird jedoch der Schwerpunkt der Aufgabe nicht (nur) in der Zuständigkeitsprüfung liegen, sondern bei der Frage, welches Recht anwendbar ist, weil die Aufgabenstellenden beispielsweise davon ausgingen, dass die internationale Zuständigkeit des angerufenen Gerichts gegeben ist. Als Bearbeitende/r hat man also womöglich eine Vorschrift, die die internationale Zuständigkeit begründen kann, übersehen. Möglich ist aber auch, dass man in einem streitigen Punkt eine andere Meinung als die Aufgabenstellenden vertreten hat. Eine nochmalige Überprüfung der Zuständigkeitsregelungen und der Argumente, die man für die Unzuständigkeit des Gerichts anführt, ist in einem solchen Falle angebracht. Kommt man aber auch nach dieser Prüfung zu einer Verneinung der Zuständigkeit, so empfiehlt es sich, die weiteren Probleme der Aufgabenstellung in einem Hilfsgutachten zu erörtern. Sehr vorsichtig formulierte Aufgabenstellungen geben diesen Weg bereits bei den Bearbeitungsvermerken vor.

3. Sachliche, funktionelle und örtliche Zuständigkeit

Ist die internationale Zuständigkeit der deutschen Gerichte bejaht (bei Verneinung derselben folgen diese Untersuchungen in einem Hilfsgutachten), so ist als nächstes zu prüfen, ob das angerufene Gericht sachlich, funktionell und örtlich zuständig ist. Hier gelten die gleichen Grundsätze wie bei rein internrechtlichen Fällen. Die örtliche Zuständigkeit kann sich allerdings ausnahmsweise aus einem europäischen oder internationalen Regelungsinstrument ergeben. So begründet Art. 7 Nr. 1 lit. a Brüssel Ia-VO beispielsweise die Zuständigkeit des Gerichts des *Ortes,* an dem die streitige Verpflichtung erfüllt worden ist oder zu erfüllen wäre, statt nur die Gerichte *des Mitgliedstaates* für zuständig zu erklären, in dem dieser Ort liegt. Die Vorschrift enthält also *auch* eine Regelung der örtlichen Zuständigkeit.

Was die funktionelle Zuständigkeit angeht, so ist dieser Begriff hier und in den Beispielsfällen nicht im allerengsten Sinne gemeint, sondern umfasst auch die häufig unter dem Schlagwort „gesetzliche Geschäftsverteilung" behandelte Abgrenzung der verschiedenen Spruchkörper eines Gerichts, also z.B. die Zuständigkeit des Prozessgerichts oder des Familiengerichts innerhalb des Amtsgerichts.[35]

4. Übrige Prozessvoraussetzungen

Bei den übrigen Prozessvoraussetzungen können sich hier gerade im Zusammenhang mit internationalen Sachverhalten einige besondere Probleme ergeben. So ist beispielsweise der Frage der Parteifähigkeit und der Prozessfähigkeit Aufmerksamkeit zu widmen, wenn es sich um „ausländische" Parteien handelt. Ist die Klägerin eine juristische Person, so ist bereits hier im Bereich der Zuläs-

---

35 Vgl. dazu Stein/Jonas/*Schumann*, ZPO, § 1 Rn. 58 ff.

sigkeitsprüfung ihre Partei- und Prozessfähigkeit zu ermitteln. Darüber hinaus kann die Frage der Sicherheitsleistung bei einem im Ausland wohnhaften Kläger eine besondere Bedeutung entfalten (§ 110 ZPO). Ausländische Rechtshängigkeit als Verfahrenshindernis oder eine ausländische *res iudicata* sind ebenso zu prüfen, wie eine eventuell erhobene Schiedsgerichtseinrede. Soweit verfahrensrechtliche Verträge vorliegen (z.b. ein *pactum de non petendo*) ist stets auch auf die Frage des auf diesen Vertrag anwendbaren Rechts einzugehen.

Die Maxime der Beschränkung auf das Wesentliche verlangt, dass zu diesen Prüfungspunkten in der Niederschrift nur etwas gesagt wird, wenn sich wirklich interessante Probleme ergeben. Dass beispielsweise die geschäftsfähige 25-jährige Italienerin partei- und prozessfähig ist, bedarf keiner weiteren Erläuterung, anders ist es aber, wenn eine *Limited Liability Company* des englischen Rechts klagt.[36]

Kommt der/die Bearbeitende nach Prüfung aller dieser Voraussetzungen zu dem Schluss, dass die Klage zulässig ist, so hat er/sie sich als nächstes mit der Begründetheit der Klage zu befassen. Verneint er/sie hingegen die Zulässigkeit der Klage, so gilt auch hier das bereits oben Gesagte: Wenn sich die Aufgabenstellung nicht mit der Erarbeitung dieser Probleme erschöpft hat, so sind die weiteren Fragen in einem Hilfsgutachten zu behandeln, das im Übrigen den gleichen Grundsätzen wie das Hauptgutachten folgt.

5. Weitere internationalverfahrensrechtliche Probleme

Je nach Gestaltung des Sachverhalts können sich auch noch weitere internationalverfahrensrechtliche Fragestellungen ergeben, auf die näher einzugehen ist. Im Hinblick auf die durch die Aktivitäten der EU entstehende Regelungsdichte bekommen neue Problemkreise eine Examensrelevanz. So können sich beispielsweise Fragen der ordnungsgemäßen Zustellung eines Schriftstücks an eine im Ausland wohnende Person, Fragen der Prozesskostenhilfe für eine in einem anderen Mitgliedstaat der EU wohnende Partei[37] und Probleme einer „grenzüberschreitenden" Beweisaufnahme[38] stellen oder aber Sonderregelungen für die Verfahrensgestaltung eingreifen, wie z.B. die Regelungen der Europäischen Mahnverordnung (EuMahnVVO)[39], der sog. Small-Claims-VO (Verfah-

---

36 Vgl. Fall 2, S. 89 ff.
37 Vgl. dazu §§ 1076–1078 ZPO, die die Prozesskostenhilfe-Richtlinie 2003/8/EG umsetzen.
38 Dazu ist in erster Linie die EuBVO mit §§ 1072–1075 ZPO, sodann das HBÜ heranzuziehen, andernfalls auf weitere Rechtshilfeabkommen oder den vertraglosen Rechtshilfeverkehr zurückzugreifen.
39 VO (EG) Nr. 1896/2006 v. 12.12.2006, ABl. EU 2006 Nr. L 399, S. 1.

ren für geringfügige Forderungen)[40] oder auch der EuVTVO (Verfahren zur Erlangung eines europäischen Vollstreckungstitels für unbestrittene Forderungen).[41]

II. Begründetheit der Klage

Mit der Prüfung der Begründetheit der Klage kommt man – wenn ein internationalverfahrensrechtlicher Teil vorgeschaltet ist – zum zweiten Hauptteil der Aufgabe. Dieser zweite Hauptteil gliedert sich, wenn auch die materiellrechtliche Lösung nachgefragt ist, wiederum in zwei Teile, nämlich zum einen den internationalprivatrechtlichen, zum anderen den materiellrechtlichen Teil.

Für den Aufbau stellt sich als erstes die Frage, ob diese Teile vollständig voneinander zu trennen sind oder in Einzelbereichen zusammen geprüft werden können. Eine generelle Antwort lässt sich hierauf nicht geben, es kommt vielmehr auf die konkrete Aufgabenstellung an. Dafür bietet es sich an, verschiedene Aufgabenstellungen auseinanderzuhalten.

Am einfachsten ist es, wenn sich nur ein Anspruchsteller auf einen Anspruch beruft. In der Regel sollten dann alle für eine einzelne Rechtsfrage bzw. einen einzelnen Anspruch relevanten kollisionsrechtlichen Aspekte in einem ersten Abschnitt gebündelt werden. In einem zweiten Teil sollten dann die sachrechtlichen Fragen erörtert werden – einschließlich etwaiger Besonderheiten und gefolgt von Anschlussfragen wie der Ergebniskorrektur durch Anwendung des *ordre public*. Wird beispielsweise ein Unterhaltsanspruch eines Kindes gegen seinen Vater geltend gemacht, so sind im internationalprivatrechtlichen Teil nicht nur die Frage des Unterhaltsstatuts, sondern auch das Abstammungsstatut, das Recht, das möglicherweise auf Zustimmungen anwendbar ist, das dazugehörige Formstatut etc. zu behandeln.

Manchmal kann es jedoch auch verwirrend und wenig übersichtlich sein, wenn alle kollisionsrechtlichen Fragen vorgezogen werden. Dann kann auch nach einzelnen Sachgesichtspunkten (etwa: Unterhalt/Abstammung/Form) untergliedert und innerhalb dieser einzelnen Punkte jeweils zunächst das anwendbare Recht und dann das Ergebnis der Sachrechtsanwendung dargestellt werden. In unseren Übungsfällen sind einige Beispiele für diese Vorgehensweise enthalten.[42]

---

40 VO (EG) Nr. 861/2007 v. 11.7.2007, ABl. EU 2007 Nr. L 199, S. 1; diese sieht wie die Eu-MahnVVO als *loi uniforme* Verfahrensregelungen für die Mitgliedstaaten bei grenzüberschreitendem Bezug vor.
41 VO (EG) Nr. 805/2004 v. 21.4.2004, ABl. EU 2004 Nr. L 143, S. 15.
42 Vgl. Fall 11, S. 271 ff. und Fall 13, S. 300 ff.

Schwieriger wird der Aufbau, wenn Ansprüche mehrerer Personen oder mehrere Ansprüche einer Person zu prüfen sind. Hier bietet es sich an, für jeden Anspruchsteller bzw. für jeden Anspruch getrennt sowohl eine internationalprivatrechtliche als auch daran anschließend eine materiellrechtliche Prüfung vorzunehmen. Weniger ratsam ist es in solchen Fällen, sämtliche internationalprivatrechtliche Fragen für alle Ansprüche und alle Anspruchsteller gebündelt in einem ersten internationalprivatrechtlichen Teil zu erörtern und danach erst alle materiellrechtlichen Fragen anzuschließen.

Eine feste Regelung, wann eher das eine, wann das andere Vorgehen angezeigt ist, gibt es nicht. Entscheidend sind Übersichtlichkeit, klare Gliederung der Gedankengänge und Verständlichkeit. Auch auf einen einheitlichen Aufbau innerhalb der verschiedenen Teile sollte geachtet werden. Wichtig ist: Ihre Arbeitsgliederung sollte schlüssig, vollständig und konsequent sein, und zwar unbedingt bevor Sie mit der endgültigen Niederschrift der Lösung beginnen! Andernfalls ist gerade im Kollisionsrecht die Gefahr sehr groß, den Überblick zu verlieren und keine widerspruchsfreie Lösung zu erzielen.

Die folgende Arbeitsgliederung hat das Bild einer geschlossenen kollisionsrechtlichen Prüfung im ersten Teil vor Augen, der sich ein materiellrechtlicher Teil anschließt. Sie lässt sich aber natürlich auch für die andere Vorgehensweise verwenden, weil ja jedenfalls bei den einzelnen Themenkomplexen ebenfalls zunächst eine kollisionsrechtliche Prüfung erfolgen muss.

1. Feststellung des anwendbaren Rechts
a) Aufsuchen der maßgeblichen Kollisionsnorm
Nach den obigen Vorüberlegungen ist für die Sachverhaltsfrage (z.B. Kann A von B Zahlung verlangen? Kann die Ehe zwischen C und D geschieden werden?) die maßgebliche kollisionsrechtliche Frage zu formulieren und dafür die entsprechende Kollisionsnorm zu finden. Der zur Diskussion stehende Lebenssachverhalt soll also unter eine vorhandene Kollisionsnorm eingeordnet werden. Die Formulierung in der endgültigen Fassung könnte also beispielsweise lauten: „Ob A von B Zahlung des Kaufpreises verlangen kann, richtet sich nach dem Vertragsstatut." oder „Ob die Ehe zwischen C und D geschieden werden kann, richtet sich nach dem Scheidungsstatut.". Nicht immer aber lässt sich diese Frage so einfach beantworten, da ihr bereits ein Qualifikationsvorgang zugrunde liegt.[43] Verlangt beispielsweise ein Partner Schadensersatz wegen Bruch eines Verlöbnisses, so ist es keineswegs offensichtlich, welches Statut

---

43 Vgl. Fall 7, S. 216 ff. und Fall 19, S. 376 ff.

ermittelt werden muss. Ist es das Deliktsstatut, das Vertragsstatut oder eventuell ein familienrechtliches Statut? In diesen Fällen, in denen die Zuordnung der materiellrechtlichen Frage zu einem bestimmten Statut nicht ganz offensichtlich ist, muss zunächst sehr viel allgemeiner formuliert werden, um nach Auffinden der relevanten kollisionsrechtlichen Rechtsquellen die Qualifikation vorzunehmen. Dabei ist bereits ein Augenmerk darauf zu werfen, welche europäischen Verordnungen und internationalen Abkommen möglicherweise eingreifen könnten. Geht es beispielsweise um eine Frage der Eheauflösung durch Eheaufhebungsklage oder in Form einer Trennung von Tisch und Bett, so wäre es angebracht, zunächst allgemeiner zu formulieren, beispielsweise davon zu sprechen, dass es sich hier um eine eherechtliche Frage handelt, für die möglicherweise ein internationales oder gemeinschaftsrechtliches Regelungsinstrument eingreift.[44]

aa) Europäische Verordnungen und internationale Abkommen

Hat man die kollisionsrechtliche Frage auf diese Weise formuliert, so ist auch in diesem Rahmen zunächst zu prüfen, ob das europäische Kollisionsrecht oder internationale Abkommen eingreifen. Das europäische Kollisionsrecht und staatsvertragliche Kollisionsnormen sind gegenüber dem autonomen deutschen Kollisionsrecht vorrangig anwendbar. Das ist deklaratorisch in Art. 3 EGBGB geregelt, folgt aber unabhängig davon für das europäische Kollisionsrecht aus dem Anwendungsvorrang des Europarechts und für Staatsverträge aus allgemeinen Grundsätzen, nämlich den Vorranggrundsätzen *lex posterior* oder *lex specialis* oder hilfsweise der Annahme, der deutsche Gesetzgeber würde nicht gegen seine staatsvertraglichen Verpflichtungen verstoßen wollen.[45] Nur wenn weder europäische Kollisionsnormen noch staatsvertragliche Regelungen anwendbar sind, darf in der Bearbeitung auf das autonome Kollisionsrecht zurückgegriffen werden. Häufig werden Sie es in Prüfungsarbeiten mit dem europäischen Kollisionsrecht zu tun haben, denn viele klausurträchtige Themen-

---

44 Die Rom III-VO (ABl. EU 2010 Nr. L 343, S. 10) bestimmt das auf die Ehescheidung (nicht auf die Auflösung einer registrierten Lebenspartnerschaft) anwendbare Recht (seit 21.6.2012) – allerdings ursprünglich nur für 14 Mitgliedstaaten, nämlich Deutschland, Frankreich, Italien, Belgien, Luxemburg, Spanien, Portugal, Österreich, Ungarn, Slowenien, Bulgarien, Rumänien, Lettland und Malta sowie durch spätere Bestimmungen Litauen (s. ABl. EU 2012 Nr. L 323, S. 18), Griechenland (ABl EU 2014 Nr. L 23, S. 41) Estland (ABl. EU 2016 Nr. L 216, S. 23); dazu einführend: *J. Stürner*, JURA 2012, 708; das Haager Abkommen zur Regelung des Geltungsbereichs der Gesetze und der Gerichtsbarkeit auf dem Gebiet der Ehescheidung und der Trennung von Tisch und Bett vom 12.6.1902 ist für Deutschland seit 1.8.1934 nicht mehr in Kraft.
45 MüKoBGB/*v. Hein*, Art. 3 EGBGB Rn. 1, 45 und 179.

gebiete (nahezu das gesamte Schuldrecht, das Erbrecht, aber auch wichtige Teile des Familienrechts) sind im europäischen Kollisionsrecht geregelt. Die maßgeblichen europäischen Verordnungen sind in Art. 3 Nr. 1 EGBGB genannt.

Erster Prüfungspunkt ist bei kollisionsrechtlichen Verordnungen der EU sowie bei internationalen Abkommen der Anwendungsbereich. Dabei müssen Sie zwischen dem sachlichen und dem zeitlichen Anwendungsbereich unterscheiden. Im sachlichen Anwendungsbereich findet eine Grobprüfung statt, ob der geltend gemachte Anspruch überhaupt von den Kollisionsregeln der Verordnung erfasst ist. Wichtige Orientierungsmarken sind insofern immer die am Anfang der einzelnen Verordnungen stehenden Normen, in denen der jeweilige Anwendungsbereich und etwaige Ausnahmen festgelegt sowie wichtige Begriffe der jeweiligen Verordnung definiert werden. Wie Sie wissen, behandeln die besonders wichtigen Rom-Verordnungen das vertragliche (Rom I-VO) und das außervertragliche (Rom II-VO) Schuldrecht sowie das Recht der Ehescheidung und -trennung (Rom III-VO). Im übrigen Familienrecht haben die VOen regelmäßig selbsterklärende Namen, wie etwa die EuErbVO (Erbrecht) und die EuUnthVO (Unterhaltsrecht).[46] Regelungen über den zeitlichen Anwendungsbereich befinden sich regelmäßig am Ende der Verordnungen. Der räumlich-persönliche Anwendungsbereich spielt indes keine große Rolle. Denn für das gesamte europäische Kollisionsrecht und auch für viele internationale Abkommen im Bereich des Kollisionsrechts hängt die Anwendbarkeit nicht etwa davon ab, dass eine der Parteien Angehörige eines anderen Vertragsstaates ist oder in sonstiger Weise durch den Sachverhalt eine Verbindung zu einem anderen Vertragsstaat besteht.[47] Die Verordnungen sind vielmehr universell anwendbar.[48] Dann gibt es auch keinen räumlich-persönlichen Anwendungsbereich zu prüfen. Insbesondere im europäischen Kollisionsrecht entfällt also – anders als bei den verfahrensrechtlichen Brüssel Ia- und Brüssel IIb-VOen (s.o. C. I. 2. a) aa)) – der Prüfungspunkt des räumlich-persönlichen Anwendungsbereichs.

Etwas gänzlich anderes betrifft die Frage, ob eine Verordnung überhaupt aus der Perspektive der nationalen Richterin gilt. Für Deutschland ist das ohne Weiteres zu bejahen, weil Deutschland an allen Verordnungen beteiligt ist. Manche Mitgliedstaaten nehmen an bestimmten Verordnungen allerdings nicht teil. Das betrifft vor allem Dänemark: Das Land ist wegen seiner primärrechtlich verankerten Sonderstellung nicht an den Verordnungen beteiligt.[49] Aber auch

---

46 Im Überblick *Schaub*, JURA 2017, 611 (614 f.).
47 Vgl. z.B. ausdrücklich Art. 2 EUntPr.
48 *Schaub*, JURA 2017, 611 (613).
49 Die kollisionsrechtlichen Verordnungen gehören zu den Maßnahmen der Justiziellen Zusammenarbeit (Art. 81 AEUV), an denen Dänemark grundsätzlich nicht beteiligt ist. Es besteht

bei anderen EU-Mitgliedstaaten müssen Sie auf der Hut sein: Beispielsweise gelten die Rom III-VO und die Güterrechtsverordnungen, die „nur" im Wege Verstärkter Zusammenarbeit zustande kamen, nur für eine Reihe von EU-Mitgliedstaaten. Thematisieren müssen Sie diese Frage freilich nur, wenn Sie die Prüfung aus der Sicht eines ausländischen Gerichts vornehmen sollen. Gibt es keine abweichenden Hinweise in der Aufgabenstellung oder im Sachverhalt, prüfen Sie aus der Perspektive eines deutschen Gerichts.

Wenn eine europäische Verordnung oder ein internationales Abkommen anwendbar ist, muss das Verhältnis zum nationalen Recht und zu anderen Staatsverträgen geklärt werden. Ersteres ist einfach, weil das autonome Kollisionsrecht zurücktritt (s.o.). Das Verhältnis zu Staatsverträgen ist etwas diffiziler. Häufig finden sich dazu Regelungen in den Verordnungen selbst (etwa Art. 25 Rom I-VO, Art. 28 Rom II-VO, Art. 62 EuGüVO oder Art. 75 EuErbVO). Kollisionsnormen einer europäischen Verordnung können dabei, obwohl die Verordnung anwendbar ist, gegenüber inhaltsgleichen Regelungen in internationalen Abkommen zurücktreten. Ein für die Fallbearbeitung wichtiges Beispiel bietet die Form letztwilliger Verfügungen. Sie ist in Art. 27 EuErbVO geregelt. Gem. Art. 75 Abs. 1 EuErbVO ist diese Regelung aber nicht in Mitgliedstaaten maßgeblich, die auch Vertragsparteien des HTÜ (Haager Übereinkommen vom 5. Oktober 1961 über das auf die Form letztwilliger Verfügungen anzuwendende Recht) sind. Das HTÜ ist demnach in Deutschland, das Vertragspartei des HTÜ ist, für die Formgültigkeit von Testamenten und gemeinschaftlichen Testamenten maßgeblich, verdrängt also Art. 27 EuErbVO. Für Art. 27 EuErbVO bleibt gleichwohl auch in der Perspektive des deutschen Rechts ein gewisser Anwendungsbereich: Das HTÜ ist nicht auf Erbverträge anwendbar. Deren Form ist also nach Art. 27 EuErbVO zu beurteilen.[50]

bb) Autonomes Kollisionsrecht

Nur soweit das europäische Kollisionsrecht und internationale Abkommen nicht anwendbar sind, ist das autonome Kollisionsrecht zu prüfen. Dabei sollten Sie zumindest gedanklich auch die intertemporale Anwendbarkeit prüfen. Das Internationale Privatrecht ist eine hochdynamische Materie, die mehr als andere Rechtsgebiete einem beständigen Wandel unterliegt. Daher kann oft

---

lediglich eine zeitlich begrenzte opt-in-Möglichkeit, die Dänemark aber bezüglich der kollisionsrechtlichen Verordnungen nicht wahrgenommen hat. Zur Sonderrolle Dänemarks etwa Grabitz/Hilf/Nettesheim/*Hess*, Das Recht der Europäischen Union, 73. EL 05/2021, Art. 81 AEUV Rn. 59–61.
50 MüKoBGB/*Dutta*, Art. 27 EuErbVO Rn. 1.

klärungsbedürftig sein, ob schon eine Neuregelung oder noch eine Altregelung zur Anwendung gelangt. Wenn der Sachverhalt allerdings eindeutig nach Inkrafttreten der jeweiligen Norm spielt, muss die intertemporale Anwendbarkeit in der Lösung nicht erwähnt werden. Ausdrücklich zu diskutieren ist sie vor allem dann, wenn sich im Sachverhalt Hinweise auf intertemporale Probleme finden – etwa die Erwähnung von Regeln, die bis zu einem bestimmten Zeitpunkt galten. Ein Beispiel dafür bietet Fall 12.

b) Qualifikation

Wenn die Anwendbarkeit der Kollisionsnorm geklärt ist, stellt sich oft die Frage, ob ein konkreter Lebenssachverhalt tatsächlich unter den Anknüpfungsgegenstand der jeweiligen Kollisionsnorm subsumiert werden kann. Damit ist das klassische Problem der „Qualifikation" angesprochen, also die Subsumtion des jeweiligen Sachverhalts unter den im Tatbestand der Kollisionsnorm enthaltenen Anknüpfungsgegenstand. Die Qualifikation kann zum einen die Abgrenzung mehrerer potenziell anwendbarer Kollisionsnormen betreffen, also beispielsweise die Frage, ob die in § 1371 Abs. 1 BGB vorgesehene Erhöhung der Erbquote zum Erbstatut oder zum Güterrechtsstatut gehört.[51] Sie kann aber zum anderen auch die Frage beantworten, welcher Kollisionsnorm Rechtsinstitute des ausländischen Rechts zuzuordnen sind, die dem deutschen Recht unbekannt sind – wie beispielsweise die Morgengabe islamisch geprägter Rechtsordnungen.[52] Die Qualifikation ist eine Frage der Auslegung. Sie ist daher ebenso wie die Auslegung im materiellen Recht ein hermeneutisches Problem, das durch ein Hin- und Herwandern des Blicks vom zu qualifizierenden Problem zur Kollisionsnorm und wieder zurück gelöst werden kann. Die Qualifikationsmethoden unterscheiden sich jedoch in einzelnen Punkten, je nachdem, ob internationale Abkommen, das europäische Kollisionsrecht oder das autonome IPR in Rede steht. Diese jeweiligen Besonderheiten sollten Sie in Ihrer Lösung offenlegen.

Die Qualifikation in internationalen Abkommen muss mit Blick auf die in dem Abkommen vorkommenden Begriffe erfolgen, wobei diese Begriffe keineswegs mit den materiellrechtlichen oder auch internationalprivatrechtlichen Be-

---

51 Dazu noch rein aus der Perspektive des autonomen Kollisionsrechts Fall 10 in einer Vorauflage *Coester-Waltjen/Mäsch*, Übungen in Internationalem Privatrecht und Rechtsvergleichung, 3. Aufl. 2008, S. 239, insb. 252 ff.; mit Fallbeispiel und Rechtsprechungsnachweis zur mittlerweile unionrechtlich einheitlichen Qualifikation als Erbstatut: *Andrae*, Internationales Familienrecht, § 4 Rn. 30 sowie *Osterholzer*, JURA 2019, 382 (388 ff.).
52 Näher *Andrae*, Internationales Familienrecht, § 4 Rn 305–316.

griffen des deutschen Rechts identisch zu sein brauchen. Für ihr Verständnis ist also der Wortlaut und die Systematik des Abkommens sowie eventuell vorhandene Materialien entscheidend. Darauf sollten Sie in Ihrer Lösung auch verweisen und dabei den Begriff der „vertragsautonomen Qualifikation" fallenlassen. Für das europäische Kollisionsrecht gilt der Grundsatz der autonomen Auslegung bzw. autonomen Qualifikation. Sie können in geeigneten Fällen auch darauf hinweisen, dass die autonome Qualifikation die einheitliche Anwendung des europäischen Kollisionsrechts in allen Mitgliedstaaten sicherstellen soll. Maßgeblich sind vor allem die Begriffe und Definitionen in den Verordnungen selbst – einschließlich der Erwägungsgründe. Auch die Entstehungsgeschichte der jeweiligen Norm, der natürliche Sprachgebrauch und das rechtsvergleichend ermittelte gemeinsame Begriffsverständnis in den Mitgliedstaaten sind zu berücksichtigen. Selbstverständlich kann die Klausurerstellerin aber nicht erwarten, dass Sie all diese Traditionen für die Lösung parat haben. In der Praxis wird die Qualifikation der Anknüpfungsgegenstände europäischer Kollisionsnormen vor allem durch die Rechtsprechung des EuGH geprägt.[53] Um gewisse Kenntnisse aus dieser Rechtsprechung kommen Sie bei der Falllösung daher kaum herum.

Im Rahmen des autonomen Kollisionsrechts erfolgt die Qualifikation dagegen nicht unionsrechtsautonom. Denn die Normen des autonomen Kollisionsrechts haben keinen internationalen bzw. europäischen Ursprung, so dass der Gedanke einer einheitlichen Handhabung in mehreren Mitgliedstaaten bzw. Vertragsstaaten wegfällt. Vielmehr ist von den Begriffen des deutschen internationalen Privatrechts auszugehen. Diesen Vorgang können Sie in Ihrer Lösung auch als Qualifikation nach der *lex fori* bezeichnen.[54] Letztlich kommt dabei nur ein allgemeingültiger Grundsatz zum Tragen, der die Auslegung jedes Gesetzes prägt: Die Auslegung muss ihren Ausgangspunkt beim Begriffsverständnis nehmen, das das jeweilige Gesetz geprägt hat. Und für das autonome IPR ist dieses Begriffsverständnis eben dasjenige des deutschen Internationalen Privatrechts. Freilich muss man bei der Qualifikation ausländischer Rechtsinstitute auch deren Funktion im ausländischen Recht und daher dessen Normen in ihrer Systematik und Zwecksetzung berücksichtigen. Daher kann man – jedenfalls wenn ein Schwerpunkt des Falls bei einer Qualifikationsfrage liegt – auch erläuternd von „internationalprivatrechtlicher Qualifikation" sprechen, und so die Besonderheiten betonen, die sich gerade im Hinblick auf die internationalprivatrechtliche Fragestellung ergeben. Die Art der Qualifikation ist inzwischen

---

53 Zur Bedeutung des EuGH für IPR und IZVR: *Coester-Waltjen*, Würzburger Europarechtstage 2011, S. 77 ff.
54 Dazu instruktiv *Sendmeyer*, JURA 2011, 588 (589 f.).

weitgehend unbestritten, so dass Sie in der Regel auf andere Meinungen bzw. generell auf die Theorie der Qualifikation nicht vertieft eingehen müssen. Etwas anderes gilt selbstverständlich, wenn offensichtlich der Schwerpunkt einer Arbeit in diesem Bereich liegt.

c) Anknüpfung

Hat man auf diese Weise das Problem qualifiziert und den Sachverhalt dem passenden Anknüpfungsgegenstand (etwa der „Rechtsnachfolge von Todes wegen" i.S.v. Art. 1 Abs. 1 EuErbVO) einer Kollisionsnorm zugeordnet, so ist in einem weiteren Prüfungsschritt der Sachverhalt auch unter die Anknüpfungsmomente (auch: Anknüpfungspunkte) der anwendbaren Kollisionsnorm zu subsumieren, also zu prüfen, in welche Rechtsordnung das von der Kollisionsnorm vorgegebene Merkmal (Staatsangehörigkeit, gewöhnlicher Aufenthalt etc.) in dem konkreten Fall führt. Diesen Vorgang nennt man auch Anknüpfung. Der Grundgedanke der Anknüpfung besteht darin, in typisierter Form den „Sitz" des Rechtsverhältnisses zu bestimmen.[55] Dahinter steht die für das Kollisionsrecht eigenständige Gerechtigkeitslogik, dass ein Fall durch die Rechtsordnung entschieden werden soll, mit der der Sachverhalt die engste Verbindung aufweist. Es kommt damit gerade nicht auf ein bestimmtes inhaltliches Ergebnis an, das aus der Sicht der Rechtsordnung des Gerichtsstaates vorzugswürdig ist. Dieser Grundgedanke wird zwar an vielen Stellen durchbrochen oder modifiziert, prägt aber weiterhin das klassische Bild vom Internationalen Privatrecht.[56] Die Bestimmung dieser engsten Verbindung ist dabei insofern typisiert, als in den Kollisionsnormen abstrakt von Kategorienbegriffen ausgegangen wird (etwa vertragliche Schuldverhältnisse mit den Unterkategorien Beförderungsverträge, Verbraucherverträge etc.), die hierfür Anknüpfungsmomente bereithalten.

aa) Subjektive Anknüpfung (Rechtswahl)

Wenn das anwendbare Sachrecht von einer Rechtswahl bestimmt wird, spricht man auch von subjektiver Anknüpfung. Sie ist gegenüber der Anknüpfung unabhängig von einer Rechtswahl (objektive Anknüpfung) vorrangig. Sie müssen daher bei der Fallbearbeitung zunächst prüfen, ob sich das anwendbare Recht aus einer wirksamen Rechtswahl ergibt. Diesen gedanklichen Prüfungsschritt

---

55 *M. Stürner*, JURA 2018, 349 (350 f.); *Weller/Hategar*, JuS 2016, 969 (969 f.).
56 Vertiefend dazu *Hornung*, Internationales Privatrecht zwischen Wertneutralität und Politik (2021), *passim*.

kann man freilich schnell abhaken und muss ihn nicht zu Papier bringen, wenn von vornherein keine Rechtswahl zulässig ist – wie etwa bei der Rechts- und Geschäftsfähigkeit (vgl. Art. 7 EGBGB). Die subjektive Anknüpfung gewinnt seit einiger Zeit beständig an Bedeutung. Nicht nur im Schuldrecht, sondern auch im Familien- und Erbrecht eröffnet das europäische Kollisionsrecht den Parteien Rechtswahloptionen, deren Voraussetzungen und Grenzen sorgsam zu prüfen sind.[57] Oft, etwa im Vertragsrecht, können die Parteien das anwendbare Recht auch nachträglich wählen, so dass sich das anwendbare Recht sogar erst innerhalb des Prozesses ergeben kann.[58] Allein aus der Argumentation in Bezug auf eine bestimmte Rechtsordnung darf jedoch nicht auf eine konkludente Rechtswahl geschlossen werden.[59] In den prüfungsrelevanten Bereichen des autonomen Kollisionsrechts spielt die Rechtswahl zwar nicht so eine herausgehobene Rolle wie im europäischen Kollisionsrecht. Aber auch hier ist die subjektive Anknüpfung vorrangig. Beispiele bieten etwa Art. 14 Abs. 1 EGBGB oder Art. 10 Abs. 2 EGBGB.[60]

Wenn eine wirksame Rechtswahl vorliegt, hat das kraft Rechtswahl anwendbare Recht Vorrang vor der objektiven Anknüpfung. Ausnahmsweise müssen Sie aber gleichwohl auch die objektive Anknüpfung erörtern. Beispielsweise nötigt der in Art. 6 Abs. 2 S. 2 Rom I-VO vorgesehene Günstigkeitsvergleich bei der Rechtswahl in Verbraucherverträgen dazu, auch das ohne Rechtswahl – also infolge objektiver Anknüpfung – anwendbare Recht zu bestimmen.[61]

bb) Objektive Anknüpfung

Liegt eine Rechtswahl nicht vor oder war sie unwirksam oder unzulässig, muss das anwendbare Recht objektiv ermittelt werden. Unter die jeweils einschlägigen Anknüpfungsmomente der Kollisionsnorm sind die entsprechenden Sachverhaltselemente zu subsumieren. Geht es also beispielsweise um das auf eine Scheidung anwendbare Recht, muss der Katalog der in Art. 8 Rom III-VO festgelegten Anknüpfungsmomente sorgsam und nacheinander durchgeprüft werden. Zunächst stellt sich also die Frage, ob sich dem Sachverhalt ein gemeinsamer gewöhnlicher Aufenthalt der Ehegatten im Zeitpunkt der Anrufung des Gerichts

---

57 Zu Einzelheiten etwa *Arnold*, Gründe und Grenzen der Parteiautonomie im Europäischen Kollisionsrecht, in: Arnold (Hrsg.), Grundfragen des Europäischen Kollisionsrechts (2016), 23.

58 Zu den auftretenden Fragen der Rückwirkung der Rechtswahl vgl. *W. Lorenz*, IPRax 1987, 273; *Lüderitz*, in: FS Keller (1989), 462.

59 Vgl. Fall 19, S. 379 f.

60 Vgl. darüber hinaus Fall 16, S. 348.

61 Vgl. etwa *Arnold*, IPRax 2016, 567; zur Vorgängervorschrift des Art. 29 Abs. 2 EGBGB ausführlich *Mäsch*, Rechtswahlfreiheit und Verbraucherschutz (1993), 32 ff.

entnehmen lässt (vgl. Art. 8 lit. a Rom III-VO). Wenn die allgemeinen Ehewirkungen in Rede stehen, so ist der in Art. 14 Abs. 2 festgeschriebene Katalog der
Anknüpfungsmomente zu prüfen. Kommt es auf die Geschäftsfähigkeit an, so
ist nach Art. 7 Abs. 1 EGBGB zu prüfen, welche Staatsangehörigkeit die betreffende Person hat (bzw. ab dem 1.1.2023 gem. Art. 7 Abs. 2, in welchem Staat die
Person ihren gewöhnlichen Aufenthalt hat). Für die Rechtsfähigkeit kommt es
(auch nach dem 1.1.2023) gem. Art. 7 Abs. 1 EGBGB auf die Staatsangehörigkeit
an.

Manchmal begegnen einem bei der Suche nach dem Anknüpfungspunkt
zusätzliche Probleme, beispielsweise wenn das Heimatrecht einer Person berufen ist, die Feststellung der Staatsangehörigkeit aber schwierig ist (z.B. bei
deutschen Aussiedlern) oder weitere rechtliche Erwägungen erforderlich macht.
Für Flüchtlinge und Asylberechtigte wird die Anknüpfung an die Staatsangehörigkeit gem. Art. 12 Genfer Flüchtlingskonvention durch die Anknüpfung an den
Wohnsitz bzw. gewöhnlichen Aufenthalt ersetzt.[62] Die hier eventuell einschlägigen Regelungen sind in diesem Rahmen zu prüfen. Es ist also kein Fehler, wenn
die Genfer Flüchtlingskonvention nicht zuvor im Bereich der internationalen
Abkommen behandelt worden ist, denn es handelt sich nicht um eine eigenständige Kollisionsnorm, sondern nur um eine Hilfsanknüpfung, die eine an die
Staatsangehörigkeit anknüpfende Kollisionsnorm voraussetzt.

Auch bei der Subsumtion des konkreten Lebenssachverhalts müssen Sie oft
sorgsam argumentieren und dabei auch die genaue Bedeutung der jeweiligen
Anknüpfungsmomente erarbeiten. So kommt es oft fallentscheidend darauf an,
welche Anforderungen an den gewöhnlichen Aufenthalt einer Person[63] oder
auch an den Ort der unerlaubten Handlung zu stellen sind.[64] In Prüfungsarbeiten werden Sie auch oft mit ambivalenten Lebenssachverhalten konfrontiert:
Dann müssen Sie sorgsam mit den tatsächlichen Hinweisen im Sachverhalt argumentieren, um eine plausibel begründete Lösung zu erreichen. Auf das kon-

---

62 Zu Einzelheiten *Arnold*, Der Flüchtlingsbegriff der Genfer Flüchtlingskonvention im Kontext des Internationalen Privatrechts. in: Budzikiewicz et al (Hrsg.), Migration und IPR (2018),
25–62.
63 Vgl. Fall 11, S. 275.
64 Ganz ausführlich zum gewöhnlichen Aufenthalt *Rentsch*, Der gewöhnliche Aufenthalt im
System des europäischen Kollisionsrechts (2017), *passim*, insb. S. 7 ff. zu einer fehlenden einheitlichen Definition, S. 56 ff. zum übereinstimmend angenommenen Begriffskern eines „tatsächlichen Lebensmittelpunktes" und S. 149 ff. zu den zwei Wesenselementen „tatsächlicher
Anwesenheit" und „sozialer Integration"; didaktische Einführung bei *Junker*, IPR, § 6 Rn. 34 ff.;
zum Ort des schadensbegründenden Ereignisses i.S.d. Art. 4 Abs. 1 Rom II-VO siehe im ersten
Zugriff EG 17 Rom II-VO und vertiefend zu den vielen Problemfällen MüKoBGB/*Junker*, Art. 4
Rom II-VO Rn. 18 ff.

krete Ergebnis kommt es dann viel weniger an als auf die Überzeugungskraft Ihrer Begründung. Denken Sie etwa an einen „Mallorca-Rentner", der die letzten drei Jahre seines Lebens je sechs Monate des Jahres in Deutschland und Mallorca verbracht hatte und an beiden Orten gewisse soziale und familiäre Beziehungen hatte. Mit guten Begründungen werden Sie in solchen Fällen als gewöhnlichen Aufenthalt im Todeszeitpunkt sowohl das Ergebnis „Deutschland" als auch „Spanien (Mallorca)" rechtfertigen können. Auch Fragen nach einer Unteranknüpfung sind denkbar, beispielsweise, nach welcher Rechtsordnung zu beurteilen ist, ob es sich um bewegliches oder unbewegliches Vermögen handelt.

d) Reichweite der Verweisung

Ist auf diese Weise ermittelt, welches Recht konkret auf die aufgeworfene Frage anwendbar ist, so ist in einem weiteren Prüfungspunkt der Umfang der Verweisung auf dieses Recht zu prüfen. Auszugrenzen sind Teilfragen, die einer eigenständigen Anknüpfung unterliegen (wie Formfragen, vgl. Art. 11 EGBGB oder auch Art. 11 Rom I-VO) sowie selbständig anzuknüpfende Vorfragen (wie z.B. das Vorliegen einer Ehe bei Anwendung der Rom III-VO).

Gerade im europäischen Kollisionsrecht und in internationalen Abkommen sind manche Fragen auch ausdrücklich ausgenommen, so beispielsweise die Frage der Geschäftsfähigkeit beim Abschluss von Verträgen in Art. 1 Abs. 2 Nr. 1 Rom I-VO oder die elterliche Verantwortung in Art. 1 Abs. 2 lit. f Rom III-VO. Die ausgegrenzten Fragen sollten Sie, wenn der Sachverhalt sie berührt, als weitere Gliederungspunkte einer neuen kollisionsrechtlichen Prüfung festhalten. Eventuell erweitern internationale Abkommen auch den Umfang der Verweisung, wie z.B. Art. 4 HTÜ, der dieses Übereinkommen auch auf die Form letztwilliger Verfügungen mehrerer Personen in derselben Urkunde erstreckt.

Besonderes Augenmerk müssen Sie in der Fallbearbeitung auf *Vorfragen* legen. Damit sind präjudizielle Rechtsverhältnisse gemeint, deren Bestehen geklärt werden muss, um eine Hauptfrage beantworten zu können. Auch für die Beantwortung solcher Vorfragen muss zunächst kollisionsrechtlich die Rechtsordnung ermittelt werden, die über das Bestehen oder Nichtbestehen des in Frage stehenden Rechtsverhältnisses entscheidet.[65] So setzen etwa die Kollisionsnormen der Rom III-VO den Bestand einer Ehe (= Vorfrage!) voraus, denn ohne Ehe ist keine Ehescheidung denkbar.[66] Stellt sich, wie in diesem Beispiel, die Vorfrage schon auf kollisionsrechtlicher Ebene, können Sie in der Klausur auch

---

65 Dazu umfassend Fall 12, S. 292 ff.
66 Zu diesem Beispiel auch *Sendmeyer*, JURA 2011, 588 (591 f.).

von einer „Erstfrage" sprechen. Solche Erstfragen lassen sich auf den ersten Blick unkompliziert lösen: Denn bei der Prüfung der Erstfrage befinden Sie sich ja noch auf der Tatbestandsebene des Kollisionsrechts. Sie haben noch gar nicht endgültig angeknüpft und konnten daher auch noch keine Verweisung als Rechtsfolge feststellen. Viele meinen: Hier muss dann logischerweise zunächst die Erstfrage beantwortet werden. Ein Auseinanderfallen des Rechts des Gerichtsstaates, *lex fori*, und eines durch die *lex fori* berufenen Rechts, *lex causae*, kann es dann aber eigentlich noch gar nicht geben. Für die Beantwortung der Erstfrage sei ausschließlich das inländische Kollisionsrecht, die *lex fori*, maßgeblich.[67] Komplizierter wird es dagegen, wenn Sie einer anderen Meinung folgen: Diese lässt eine hypothetische Anknüpfung ausreichen, die bei einer unterstellt positiven Beantwortung der Erstfrage vorgenommen werden müsste. Dann können *lex fori* und (hypothetische) *lex causae* selbstverständlich auseinanderfallen. Dann ergibt sich dasselbe Entscheidungsproblem wie bei einer Vorfrage im Tatbestand von Sachrechtsnormen, also bei der Anwendung des Sachrechts (sog. Vorfrage i.e.S.).

Bei der Vorfrage i.e.S. – also auf sachrechtlicher Ebene – wurde bereits eine kollisionsrechtliche Verweisung für die Hauptfrage herausgearbeitet. Diese kann Sie auch in ein ausländisches Sachrecht geführt haben, so dass *lex fori* und *lex causae* auseinanderfallen. Dementsprechend sind zwei Wege möglich, um das auf Vorfragen i.e.S. anwendbare Recht zu ermitteln. Erstens kann man die Antwort in demjenigen Sachrecht suchen, dass das Kollisionsrecht der *lex fori* beruft (selbständige Anknüpfung). Zweitens kann man die Antwort auch in demjenigen Sachrecht suchen, dass das Kollisionsrecht der *lex causae* beruft, die auch über die Hauptfrage entscheidet (unselbständige Anknüpfung). Und nun zwei Schritte gedanklich zurück: Dieselbe Frage ergibt sich, wenn Sie im Rahmen einer Erstfrage, also noch auf der Ebene der Kollisionsrechtsprüfung, mit der zuletzt dargestellten Meinung von einer hypothetischen Verweisung auf ein anderes Recht ausgehen, auch hier kann die *lex fori* von der (hypothetisch unterstellen) *lex causae* abweichen. Welche Anknüpfung vorzugswürdig ist, ist grundsätzlich und auch in zahlreichen Einzelfragen umstritten. Als Daumenregel für die Klausur empfiehlt sich: Ziehen Sie im Zweifel die selbständige Anknüpfung (nach dem Kollisionsrecht der *lex fori*) vor, mit dem Argument, dass der innere Entscheidungseinklang grundsätzlich gewichtiger ist als der interna-

---

67 So etwa *Koch/Magnus/Winkler von Mohrenfels*, IPR und Rechtsvergleichung, 4. Aufl. 2010, § 1 Rn. 29; ausgewogenere Darstellung bei *Junker*, IPR, § 6 Rn. 1–19, insb. 1, 3 f., 6 ff., 17 ff.; Grds. ablehnend zur Figur der Vorfrage *Mäsch*, in: Leible/Unberath (Hrsg.), Brauchen wir eine Rom 0-Verordnung? Überlegungen zu einem Allgemeinen Teil des europäischen IPR (2013), 201.

tionale Entscheidungseinklang. Noch wichtiger ist vielleicht folgender Hinweis: Sehr oft kann (und muss!) man die Anknüpfungsfrage offenlassen: Das gilt erstens immer dann, wenn *lex causae* und *lex fori* identisch sind. Zweitens gilt es aber auch, wenn eine gerichtliche oder anerkennungsfähige behördliche Entscheidung über das jeweilige Rechtsverhältnis vorliegt: Denn dann kommt es lediglich auf die verfahrensrechtliche Anerkennung dieser Entscheidung an – eine kollisionsrechtliche Wirksamkeitsprüfung findet gar nicht mehr statt. Und drittens kann der Streit jedenfalls im Ergebnis dahinstehen, wenn die Kollisionsnormen der *lex fori* und der *lex causae* zum gleichen Ergebnis kommen – das gilt es dann natürlich durch Anwendung beider Kollisionsnormen auch aufzuzeigen.

Mehrere Möglichkeiten bestehen beim Prüfungsaufbau: Bei Erstfragen können Sie die Frage, wie das auf Vorfragen anwendbare Recht zu ermitteln ist, im Rahmen der Reichweite der Verweisung prüfen. Sie könnten die Prüfung – etwa für die Ehe – freilich auch schon vorziehen; strenggenommen stellt sich die Frage ja schon beim sachlichen Anwendungsbereich des jeweiligen Instruments.

Auf die Vorfrage i.e.S. stoßen Sie dagegen oft erst bei der Anwendung des Sachrechts – also an sich erst dann, wenn Sie die kollisionsrechtliche Prüfung der Hauptfrage schon abgeschlossen haben. In der Falllösung empfiehlt es sich regelmäßig, die Anknüpfungsfrage dann in die Sachrechtsprüfung „einzuschieben". Alternativ können Sie die Anknüpfung selbst auch schon im kollisionsrechtlichen Teil vornehmen und bei der Sachrechtsanwendung nur entscheiden, welche Anknüpfungsmethode vorzugswürdig ist. Für die Anknüpfung selbst können Sie dann nach oben verweisen. Bei dieser Aufbauvariante können Sie sich allerdings leicht verzetteln.

e) Renvoi

Wenn Sie die Reichweite der Verweisung ermittelt haben, müssen Sie prüfen, ob es sich um eine Gesamtverweisung oder eine Sachnormverweisung handelt. Das Wort „Gesamt*norm*verweisung" sollten Sie übrigens, am Rande bemerkt, tunlichst meiden – es gibt keine „Gesamtnorm", auf die verwiesen werden könnte, und manche KorrektorInnen reagieren sehr gereizt auf dieses Wort. Das autonome deutsche IPR ist im Gegensatz zum europäischen Kollisionsrecht „renvoifreundlich". Denn es behandelt in Art. 4 Abs. 1 EGBGB Verweisungen des autonomen Kollisionsrechts auf das Recht eines anderen Staates grundsätzlich als Gesamtverweisungen, so dass die Verweisungen grundsätzlich auch auf das ausländische IPR bezogen sind. Rück- oder Weiterverweisungen können allerdings ausgeschlossen oder eine Verweisung explizit auf Sachnormen bezogen sein (Art. 4 Abs. 2 EGBGB). Und schließlich kann die Berücksichtigung einer Rück- oder Weiterverweisung, wie Art. 4 formuliert, „dem Sinn der Verweisung" widersprechen. Wann das der Fall ist, ist natürlich äußerst streitig. Häufig spielt der Streit indes für das Ergebnis keine Rolle, wenn nämlich das von der deutschen Kollisionsnorm berufene Recht die Verweisung annimmt und damit sowohl bei einer Sachnormverweisung als auch bei einer Gesamtverweisung das gleiche Recht zur Anwendung kommt. Wie auch sonst bei einem im Ergebnis irrelevanten Meinungsstreit können Sie dann die Entscheidung zwischen Sachnorm- und Gesamtverweisung offenlassen; entscheidend ist, dass Sie das Problem sehen und auch in der Lösung erörtern. Für den Prüfungsaufbau ergibt sich aber die Schwierigkeit, dass die Frage, *ob* der Streit relevant ist, erst bei der – gliederungsmäßig später vorzunehmenden – Prüfung des ausländischen Kollisionsrechts beantwortet werden kann. Dieses Aufbauproblem lässt sich auf verschiedene Weise lösen. Ein besonders akkurater Lösungsweg besteht darin, dass man schon an dieser Stelle des Gutachtens klärt, ob das ausländische Recht die Verweisung annimmt oder nicht – man zieht also die Prüfung des ausländischen Kollisionsrechts vor. Eine weitere Möglichkeit liegt darin, ausnahmsweise auf das Ergebnis einer erst noch folgenden Prüfung Bezug zu nehmen, etwa mit den Worten: „Wie sich jedoch zeigen wird, nimmt das englische Recht die Verweisung an, so dass es auf die Frage der Beachtlichkeit einer Rück- oder Weiterverweisung nicht ankommt." Diese Variante ist allerdings riskant, weil manche Korrektorin und mancher Korrektor diesen Verweis nach unten für eine Verletzung der allgemeinen Regeln für Rechtsgutachten halten können – streng genommen sind ja Verweise nach oben, nicht aber Verweise nach unten zulässig. Möglich ist schließlich auch, sich trotz der Folgenlosigkeit des Streites für eine Sach- oder Gesamtverweisung zu entscheiden; das empfiehlt sich insbesondere dann, wenn nach der Aufgabenstellung offensichtlich eine ausführliche Erörterung der Problematik und eine Entscheidung für eine Lösung gewünscht ist.

Wenn das erstberufene Recht rück- oder weiterverweist, kann die Frage der Gesamt- oder Sachnormverweisung natürlich nicht offengelassen werden. Dann müssen Sie sich mit einem sachlichen Argument für die eine oder andere Ansicht entscheiden. Wenn Sie sich mit Ihrer Entscheidung wesentliche weitere Fragen, die sich nach dem Sachverhalt aufdrängen, abschneiden, sollten Sie – wie in solchen Fällen auch sonst – ein entsprechendes Hilfsgutachten anfertigen.

Sie sehen hier übrigens, wie wichtig die gründliche Erarbeitung des Lösungsweges vor der endgültigen Niederschrift ist. Ohne eine sorgsame Lösungsskizze ist eine flüssige Problemlösung in der Niederschrift wegen der komplexen Zusammenhänge kaum möglich.

Im staatsvertraglichen und europäischen Kollisionsrecht ist der Renvoi eher von untergeordneter Bedeutung. Bei internationalen Abkommen liegen i.d.R. Sachnormverweisungen vor, denn Sinn dieser Regelungsinstrumente ist es, das von den Vertragsstaaten anzuwendende Recht festzulegen. Es wird daher i.d.R. dem Geiste derselben widersprechen, würde man die Verweisung auf eine bestimmte Rechtsordnung nur als Gesamtverweisung verstehen, die dann möglicherweise in andere Rechte weiterverweist. Manche Abkommen (wie z.B. Art. 21 Abs. 1 KSÜ) enthalten ausdrücklich den Ausschluss einer Rück- oder Weiterverweisung. Für das europäische Kollisionsrecht gilt das nahezu durchgängig. Fast alle Verordnungen des europäischen Kollisionsrechts sehen ausdrücklich vor, dass Rück- oder Weiterverweisungen ausgeschlossen sind (vgl. beispielsweise Art. 20 Rom I-VO). Davon gibt es lediglich eine einzige Ausnahme, nämlich Art. 34 EuErbVO.[68] Nach dieser nicht ganz einfach handhabbaren Norm sind drittstaatliche Rück- oder Weiterverweisungen in bestimmten Konstellationen zu beachten. Die Voraussetzungen dieser Norm müssen Sie gegebenenfalls sorgsam prüfen. Sie sollten dabei im internationalen Erbrecht auch mit partiellen Rück- oder Weiterverweisungen rechnen: Sie sind möglich, wenn das von der EuErbVO berufene Erbstatut nur für unbewegliches Vermögen eine Rück- oder Weiterverweisung zugunsten des Belegenheitsrechts vorsieht und die Voraussetzungen des Art. 34 EuErbVO vorliegen.

f) Mehrrechtsordnungen

Die Anknüpfung kann jedoch zu einer Rechtsordnung führen, die keine einheitliche, sondern mehrere Privatrechtsordnungen kennt. Dann müssen Sie klären, welche der einzelnen Privatrechtsordnungen zur Anwendung berufen ist. Ob diese Klärung im Aufbau vor oder nach der Renvoi-Prüfung erfolgt, hängt davon ab, ob die Mehrrechtsordnung über ein allgemeingültiges, für alle Mehrrechtsordnungen maßgebliches Kollisionsrecht verfügt. Ist das der Fall, muss nur dann, wenn dieses allgemeingültige Kollisionsrecht die Verweisung annimmt, überhaupt geklärt werden, welche Teilrechtsordnung anwendbar ist. Anders liegt es dagegen, wenn ein solches gesamtstaatliches IPR fehlt. Wenn die Teilrechtsordnungen jeweils über ein eigenes Kollisionsrecht verfügen (wie etwa in den USA), muss – weil sonst die Frage des Renvoi ja gar nicht beantwortet werden kann – zunächst die konkret anwendbare Teilrechtsordnung ermittelt werden.[69]

---

68 Knapper Überblick dazu auch bei *Zwirlein*, JuS 2015, 981, 984; ausführlich *Köhler*, Examinatorium Internationales Privatrecht, 2. Aufl. 2020, Rn. 82–90.
69 Vgl. BeckOGK/*Lorenz*, Art. 4 EGBGB Rn. 28 m.w.N.

Mehrrechtsordnungen können Ihnen zum einen in Form der territorialen Rechtspaltung begegnen, so dass für verschiedene Teilgebiete eines Staates unterschiedliche territoriale Rechtsordnungen gelten (etwa: die USA, Spanien oder das Vereinigte Königreich). Möglich ist aber auch eine persönliche Rechtsspaltung, bei der für verschiedene Bevölkerungsgruppen abhängig von bestimmten Eigenschaften der Personen verschiedene Rechtsordnungen gelten. In der Praxis entscheidet oft die Religionszugehörigkeit von Personen (beispielsweise im Libanon, Indien oder auch Israel) über das anwendbare Familien- und Erbrecht. Auch unterschiedliche Stammesrechte sind vor allem in manchen afrikanischen Staaten bekannt.

Für die Ermittlung der konkret anwendbaren (Teil-)Rechtsordnung müssen Sie unterschiedliche Normen beachten – je nachdem, welche Kollisionsnorm die Mehrrechtsordnung beruft. Im Bereich des europäischen und des staatsvertraglichen Kollisionsrechts müssen die Verordnungen bzw. Abkommen auf entsprechende Vorschriften hin untersucht werden. Bei den vertraglichen und außervertraglichen Schuldverhältnissen sind bei interlokaler Rechtspaltung gem. Art. 22 Abs. 1 Rom I-VO und Art. 25 Abs. 1 Rom II-VO die einzelnen Teilrechtsordnungen selbst als Staaten zu betrachten, so dass bei ortsbezogenen Anknüpfungspunkten, wie sie die Rom-VOen durchgängig verwenden (gewöhnlicher Aufenthalt, Belegenheitsort von Sachen, Tatort etc.), das ausländische interlokale Privatrecht nicht zur Anwendung gelangt. Die Kollisionsnormen der Rom I-VO und der Rom II-VO bestimmen also selbst unmittelbar die anwendbare Teilrechtsordnung. Außerhalb des Schuldrechts bestehen detaillierte Bestimmungen, die Sie gegebenenfalls genau subsumieren müssen. Für das Scheidungsrecht gilt für die interlokale Rechtspaltung Art. 14 Rom III-VO, der zumindest grundsätzlich dem Ansatz der Art. 22 Abs. 1 Rom I-VO und Art. 25 Abs. 1 Rom II-VO folgt. Für das Unterhaltsrecht sieht Art. 16 HUP eine differenzierende Regelung bei interlokaler Rechtspaltung vor. Nach Art. 36 Abs. 1 EuErbVO ist grundsätzlich das jeweilige interlokale Privatrecht maßgeblich. Zur interpersonalen Rechtspaltung finden sich insbesondere im Familien- und Erbrecht einschlägige Normen, beispielsweise Art. 15 Rom III-VO, Art. 37 EuErbVO und Art. 17 HUP.

Im Bereich des autonomen Kollisionsrechts ist Art. 4 Abs. 3 EGBGB maßgeblich. Die Norm sieht sowohl für die interlokale wie auch für die interpersonelle Rechtspaltung eine Unteranknüpfung vor: Maßgeblich sind also in erster Linie die jeweiligen interlokalen Kollisionsnormen des zur Anwendung berufenen Mehrrechtsstaates. Das interlokale Privatrecht der jeweiligen Rechtsordnungen ist aber dann nicht maßgeblich, wenn die Verweisung des autonomen deutschen IPR schon selbst die maßgebliche Teilrechtsordnung bezeichnet. Das ist – wie oben bei den Rom-VOen – vor allem bei ortsbezogenen Anknüpfungen der Fall, wenn der jeweils maßgebliche Ort sich einem bestimmten Teilrechtsgebiet eindeutig zuordnen lässt. Beispiele bieten der gewöhnliche Aufenthalt (vgl. etwa Art. 19 Abs. 1 S. 1 EGBGB), der Ort, an dem ein Rechtsgeschäft vorgenommen wird (vgl. Art. 11 Abs. 1 EGBGB) oder auch der Belegenheitsort von Sachen (vgl. Art. 43 Abs. 1 EGBGB). Art. 4 Abs. 3 EGBGB ermöglicht so in vielen Fällen einen unmittelbaren „Durchgriff" auf die konkret anwendbare Teilrechtsordnung – und zwar selbst dann, wenn das interlokale Privatrecht des betreffenden Staates zu einem anderen Ergebnis führen würde. In der Lehre wird das rechtspolitisch kritisiert; manche fordern auch teleologische Korrekturen der Norm schon *de lege lata*.[70]

g) Ergebnis

Sind die vorhergehenden Punkte abgearbeitet, sollte als Ergebnis das auf die entsprechenden Rechtsfragen anwendbare Sachrecht bezeichnet werden. Beispielsweise könnten Sie als Ergebnis formulieren: „Die allgemeinen Ehewirkungen richten sich aus Sicht des deutschen Kollisionsrechts nach dem Recht von Kentucky, USA. Dies ist eine Gesamtverweisung." oder auch: „Namensstatut ist englisches Recht. Dies ist eine Sachnormverweisung. Fragen des Namensschutzes sind nicht vom Namensstatut umfasst." Auf der Lösungsskizze sollten die einzelnen Prüfungspunkte, die zu diesem Ergebnis führen, zumindest in Stichworten mit den entscheidenden Argumenten festgehalten worden sein. Nur dann können Sie sich bei der Niederschrift nur noch auf die Formulierung konzentrieren.

h) „Nebenfunde"

Häufig werden Sie durch die intensive Beschäftigung mit den einschlägigen Kollisionsnormen auch weitere Regelungen und Aspekte erkannt haben, die erst für spätere Gliederungspunkte relevant werden. So werden Sie etwa in internationalen Abkommen oder auch im europäischen Kollisionsrecht besondere *ordre public*-Klauseln (vgl. z.B. Art. 21 Rom I-VO, Art. 12 Rom III-VO oder Art. 7 HTÜ) oder Bestimmungen zu Eingriffsnormen (etwa Art. 9 Rom I-VO oder Art. 30 EuGüVO) entdeckt haben. Derlei „Nebenfunde" sollten Sie in der Lösungsskizze bereits im bisher noch nicht weiter ausgeformten Bereich der späteren Teile Ihrer Arbeitsgliederung notieren, um sie nicht zu übersehen. So können Sie beispielsweise nicht – eventuell schon unter Zeitnot – vergessen, dass sich die *ordre public*-Prüfung und auch die weiteren Vorbehalte gegen

---

70 Ausführlich dazu MüKoBGB/*v. Hein*, Art. 4 EGBGB Rn. 200–211.

das anzuwendende materielle Recht nicht nach autonomem deutschen Recht richten.

i) Ausländisches Kollisionsrecht

Das deutsche Kollisionsrecht – zu dem selbstverständlich auch das europäische und staatsvertragliche Kollisionsrecht zählt, soweit es innerstaatliche Geltung in Deutschland hat – kann im Rahmen einer *Gesamtverweisung* auf ausländisches Recht verweisen. Dann müssen Sie auch das ausländische Kollisionsrecht darauf hin prüfen, ob es diese Verweisung annimmt oder zurück- bzw. weiterverweist – also etwa das englische Kollisionsrecht, wenn Art. 21 EuErbVO auf das englische Recht verweist. Für die Gliederung bestehen zwei verschiedene Optionen. Denn fast immer werden noch weitere in Deutschland geltende Kollisionsnormen zu prüfen sein, beispielsweise bislang ausgeklammerte Teilfragen, selbständig anzuknüpfende Vorfragen oder Kollisionsnormen zu anderen Sachverhaltsabschnitten. In welcher Reihenfolge Sie dabei vorgehen, steht Ihnen grundsätzlich frei. Man kann zunächst weitere kollisionsrechtliche Fragen aus der Perspektive des deutschen Kollisionsrechts erörtern, oder aber auch bei Gesamtverweisungen zunächst das ausländische Kollisionsrecht prüfen. Erfahrungsgemäß ist es oft ratsam, zunächst alle kollisionsrechtlichen Fragen für ein spezifisches Sachproblem abschließend zu lösen, also auch gleich das ausländische Kollisionsrecht mit in den Blick zu nehmen. Die Gliederung würde dann beispielsweise folgendermaßen aussehen:

I.   **Erbstatut**
   1.   Deutsches Kollisionsrecht (EuErbVO)
   2.   Englisches Kollisionsrecht
II. **Formstatut**
   1.   HTÜ
   2.   Umfang der Verweisung
III. **Adoptionsstatut**
   1.   Deutsches Kollisionsrecht
   2.   Französisches Kollisionsrecht

Man könnte allerdings auch zunächst das deutsche Kollisionsrecht vollständig behandeln und in einem zweiten Schritt das ausländische Kollisionsrecht abarbeiten (soweit Gesamtverweisungen vorliegen). Daraus ergäbe sich folgende Gliederung:

I. **Deutsches Kollisionsrecht**
   1. Erbstatut (EuErbVO)
   2. Formstatut (HTÜ)
   3. Adoptionsstatut
II. **Ausländisches Kollisionsrecht**
   1. Erbstatut nach englischem Recht
   2. Adoptionsstatut nach französischem Recht

Im Zweifel raten wir zur ersten Gliederungsoption: Meist ist sie für die gedankliche Strukturierung ebenso empfehlenswert wie für die flüssige Niederschrift und die Verständlichkeit des Textes.

Bei der Prüfung des ausländischen Kollisionsrechts müssen Sie zunächst die entsprechende Kollisionsnorm finden. Für die Qualifikation und für die Anknüpfung unter die ausländische Kollisionsnorm gelten nur wenige Besonderheiten. Die Anwendung der ausländischen Kollisionsnorm kann am deutschen *ordre public* scheitern – insbesondere wenn diskriminierende Anknüpfungen vorliegen.[71] Im Übrigen ist das ausländische Kollisionsrecht so anzuwenden, wie es auch in der Praxis des jeweiligen Landes von Gerichten angewendet würde. Dabei muss das gesamte ausländische Kollisionsrecht betrachtet werden, denn möglicherweise legt dieses ganz andere Kategorien zugrunde als das deutsche IPR oder verortet Sachfragen an anderer Stelle. Dadurch kann es zu sog. Rück- oder Weiterverweisungen kraft abweichender Qualifikation kommen. Das lässt sich am besten an einem Beispiel erläutern: Art. 10 Abs. 1 EGBGB verweist für den Ehenamen einer Peruanerin auf das peruanische Recht. Diese eigenständige namensrechtliche Anknüpfung auch beim Ehenamen kennt das peruanische Kollisionsrecht aber gar nicht. Vielmehr qualifiziert das peruanische Recht den Ehenamen als Frage der allgemeinen Ehewirkungen, für die der Ehewohnsitz maßgeblich ist.[72] Das müssen wir in der Falllösung berücksichtigen. Wenn der Ehewohnsitz also in Deutschland liegt, würde aus Sicht einer peruanischen Richterin deutsches Recht über den Ehenamen entscheiden. Daher kommt es in einem solchen Fall zu einer Rückverweisung kraft abweichender Qualifikation, die aus deutscher Sicht zu beachten ist.[73] Ähnlich liegt es, wenn das deutsche Recht wegen eines Verlöbnisbruches aufgrund einer familienrechtlichen Qualifikation auf ein Recht verweist, das diese Frage deliktsrechtlich qualifiziert und auf den Ort der unerlaubten Handlung abstellt. Auch dann kann es zu einer Rück- oder Weiterverweisung kraft abweichender Qualifikation

---

71 Dazu *Coester-Waltjen*, BerDtGesVölkR 1998, 9 (24).
72 BGH, NJW-RR 1999, 873.
73 MüKoBGB/*v. Hein*, Art. 6 EGBGB Rn. 82.

kommen.[74] Zu qualifizieren ist dabei aus der Sicht der ausländischen Richterin, also auch nach der von ihr zu befolgenden Qualifikationsmethode und nach den Auslegungsgrundsätzen ihrer Rechtsordnung.

Verweist das ausländische Kollisionsrecht auf das deutsche Recht zurück, so ergeben sich keine Schwierigkeiten. Das deutsche Recht nimmt diese Verweisung an (Art. 4 Abs. 1 S. 2 EGBGB). Man endet damit beim materiellen deutschen Recht. Verweist das ausländische Kollisionsrecht hingegen auf eine andere Rechtsordnung, so ist hier wiederum zu prüfen, ob es sich dabei um eine Gesamtverweisung oder um eine Sachnormverweisung handelt. Im Falle einer Gesamtverweisung ist dann erneut das ausländische Recht, auf das verwiesen wird, im Hinblick auf seine kollisionsrechtliche Behandlung des Problems zu überprüfen.

2. Anwendung des materiellen Rechts

Dieser Bearbeitungsschritt ist nur vorzunehmen, wenn die Aufgabenstellung auch die materiellrechtliche Lösung mit umfasst. Ist in der Aufgabe nur nach dem anwendbaren Recht gefragt, so kann dieser Punkt entfallen. Das wird vor allem häufig dann der Fall sein, wenn die kollisionsrechtlichen Überlegungen zum deutschen materiellen Recht zurückführen. Umfasst jedoch die Fragestellung auch die materiellrechtliche Lösung, so ist die Lösung nach dem anwendbaren materiellen Recht zu erarbeiten.

a) Anwendung deutschen Rechts

Ist deutsches Recht anwendbar, gelten natürlich zunächst die allgemeinen Grundsätze. Zusätzlich können sich jedoch aus dem Auslandsbezug des Sachverhalts spezifische Fragestellungen ergeben, die zwar nicht im strengen Sinn kollisionsrechtlicher Natur sind, aber gleichwohl zum typischen Arbeitsprogramm von Prüfungsarbeiten im Internationalen Privatrecht gehören.

Dazu zählen zunächst Fragen der *Substitution:* Kann eine Auslandstatsache den Tatbestand einer inländischen Sachnorm erfüllen? Substitutionsfragen stellen sich häufig bei Formfragen. Beispielsweise gilt gem. Art. 11 Abs. 4 EGBGB bei der Auflassung von in Deutschland belegenen Grundstücken deutsches Recht – also insbesondere die Formvorschrift des § 925 BGB. Hier könnte zu erörtern sein, ob diese Form auch durch Auflassung beispielsweise vor einem

---

74 Etwas anderes gilt für sog. unselbständige Anknüpfungsgegenstände, z.B. die Verjährung einer Forderung (vgl. Fall 14) oder die Deliktsfähigkeit im Rahmen des Deliktsstatuts.

niederländischen oder österreichischen Notar gewahrt werden kann.[75] Praktisch wichtig sind Substitutionsfragen auch im Gesellschaftsrecht: Kann etwa die notarielle Form, die das deutsche GmbHG in § 15 für die Übertragung von Gesellschaftsanteilen (und die Verpflichtung zu dieser Übertragung) vorsieht, auch von ausländischen Notaren bejaht werden?[76]

Ein weiterer Klassiker in diesem Prüfungsabschnitt ist das sog. „Handeln unter falschem Recht". Manchmal nehmen Personen bestimmte Rechtshandlungen unter dem (unrichtigen) Eindruck vor, dass eine bestimmte Rechtsordnung Anwendung findet – objektiv ist jedoch eine ganz andere Rechtsordnung anwendbar, als sie glauben. Das praktisch wichtigste Beispiel bietet die Errichtung eines Testaments. In solchen Konstellationen kann eine konkludente Rechtswahl vorliegen, was natürlich schon im Rahmen der kollisionsrechtlichen Prüfung zu erörtern ist. Wenn aber keine wirksame (konkludente) Rechtswahl vorliegt, müssen Sie bei der Auslegung der entsprechenden Erklärungen berücksichtigen, dass der handelnden Person die Institute, Prinzipien und Normen einer ausländischen Rechtsordnung vor Augen standen.[77]

Ist die Lösung hingegen in einem ausländischen materiellen Recht zu suchen, so sind einige andere Besonderheiten zu beachten, auf die im Folgenden eingegangen wird.

b) Anwendung ausländischen Rechts

Oft muss in Klausuren ausländisches Sachrecht angewendet werden. Natürlich kann die Aufgabenerstellerin grundsätzlich nicht erwarten, dass Sie den Inhalt ausländischen Rechts kennen. Sie werden deshalb Angaben dazu im Sachverhalt finden – meist sogar immer dann, wenn die Anwendung ausländischen Rechts überhaupt nur in Betracht kommt. Häufig findet sich auch der Hinweis, dass das ausländische Recht mit dem inländischen Recht identisch ist – wenn es nach Auffassung der Bearbeiterin auf die Anwendung ausländischen Rechts ankommt. Wenn in einer Klausur der Inhalt des ausländischen Rechts nicht angegeben ist und auch der soeben erwähnte Hinweis auf die Identität des ausländischen mit dem inländischen Recht fehlt, gilt: Sie sollten dann offenlegen, dass für die Antwort auf die Rechtsfrage ausländisches Sachrecht anwendbar ist, der Inhalt dieses Sachrechts Ihnen aber nicht bekannt ist und Sie des-

---

75 Ablehnend BGH, NJW 2020, 1670 für einen Notar aus dem schweizerischen Kanton Basel-Stadt; kritisch dazu *Mäsch*, JuS 2020, 1215.
76 Vgl. BGHZ 80, 76 = NJW 1981, 1160 (zur Gleichwertigkeit) und bejahend BGH, NJW 2014, 2026 (für Schweizer Notare).
77 Näher BeckOK-BGB/*Lorenz*, Einl. IPR, Rn. 99.

halb unterstellen, dass das ausländische Recht mit dem deutschen Recht identisch ist.

Bei der Anwendung des ausländischen Rechts sind die Strukturmerkmale und Eigenheiten der jeweils anwendbaren Rechtsordnungen zu berücksichtigen. Arbeitet man beispielsweise im anglo-amerikanischen Recht, so ist die besondere Bedeutung der eventuell vorgegebenen Präzedenzfälle zu beachten. Solche und vergleichbare Eigenheiten des jeweils anwendbaren Sachrechts können Sie in Prüfungsarbeiten natürlich nur beherzigen, wenn Ihnen diese Eigenschaften entweder bekannt oder aber im Sachverhalt mitgeteilt sind.

c) Ersatzrecht

Manchmal ist in der Aufgabenstellung auch angegeben, dass der Inhalt eines bestimmten Rechts nicht festgestellt werden kann. Dann dürfen Sie nicht – wie soeben bei Anwendung ausländischen Rechts für Zweifelsfälle empfohlen – schlicht unterstellen, dass das anwendbare Recht mit dem deutschen Recht identisch ist. Denn mit diesem Hinweis will Sie die Klausurerstellerin auf ein weiteres „klassisches" Anwendungsproblem lenken, nämlich die Frage des Ersatzrechts: Welches Recht sollen Gerichte oder Behörden anwenden, wenn sich die eigentlich anzuwendenden Regeln nicht feststellen lassen?[78] Gilt dann automatisch deutsches Recht (als *lex fori*) oder sollten in erster Linie verwandte Rechtsordnungen oder das „wahrscheinlich geltende" Recht herangezogen werden?

d) Korrekturmechanismen

Die Anwendung ausländischen Sachrechts kann zu unerwarteten Ergebnissen führen, die in der Perspektive des deutschen Rechts vielleicht sogar untragbar erscheinen. Für solche Situationen hält das deutsche Kollisionsrecht eine Reihe von Korrekturmechanismen bereit, die Sie in geeigneten Fällen zur Anwendung bringen müssen.

aa) Ordre public

An erster Stelle steht dabei der *ordre public*. Wenn ein Anwendungsergebnis aus einer Verweisung des autonomen Kollisionsrechts folgt, müssen Sie den Einwand bei Art. 6 EGBGB verorten.[79] Es finden sich auch besondere Ausprägungen

---

78 Dazu BeckOK-BGB/*Lorenz*, Einl. IPR, Rn. 89.
79 Vgl. Fall 12, S. 297 ff.

des *ordre public* für spezifische Konstellationen, so etwa in Art. 13 Abs. 2 EGBGB. Im europäischen Kollisionsrecht ist der *ordre public*-Vorbehalt stets in besonderen Normen der jeweiligen Rechtsquellen verankert (vgl. Art. 21 Rom I-VO, Art. 26 Rom II-VO, Art. 12 Rom III-VO mit Ergänzungen in Artt. 10 und 13 Rom III-VO, Art. 35 EuErbVO, Art. 31 EuGüVO, Art. 31 EuPartVO, Art. 33 EuInsVO). Auch in internationalen Abkommen finden sich meist Spezialregelungen (beispielsweise Art. 22 KSÜ). Bei der Falllösung müssen Sie also darauf achten, die richtige Rechtsgrundlage heranzuziehen.[80] Der Grundgedanke des *ordre public*-Einwands liegt darin, dass ausländisches Recht ausnahmsweise nicht angewendet werden soll, wenn das konkrete Ergebnis der Rechtsanwendung mit wesentlichen Grundsätzen des deutschen Rechts offensichtlich unvereinbar ist. Das ausländische Recht wird dabei nicht abstrakt überprüft (etwa am Maßstab des deutschen bzw. europäischen Verfassungsrechts); vielmehr findet lediglich eine Einzelfallkontrolle der Anwendungsergebnisse statt. Das sollten Sie in der Falllösung auch explizit herausstellen. Für den Prüfungsstandort des *ordre public*-Einwands folgt aus seinem Charakter (Ergebniskontrolle!) auch zwingend, dass er erst nach Ermittlung des konkreten Anwendungsergebnisses ins Spiel gelangt. Auch den Prüfungsmaßstab des *ordre public* sollten Sie erarbeiten: Er liegt in den wesentlichen Grundsätzen des deutschen Rechts, zu denen selbstverständlich auch das Unions- und Völkerrecht gehören kann, das ja zentraler Bestandteil des inländischen Rechts ist.[81] Dennoch sollte man auch im Rahmen des europäischen Kollisionsrechts nicht von einem „europäischen" *ordre public* sprechen, denn das verdeckt, dass der Maßstab immer nur das ggf. europäisch beeinflusste oder fundierte Recht des Gerichtsstaats ist, vgl. den Wortlaut des Art. 21 Rom I-VO. Der *ordre public* ist deshalb die zentrale Einbruchstelle der Grundrechte in das Kollisionsrecht (vgl. Art. 6 S. 2 EGBGB).[82] Häufig, etwa bei diskriminierenden Anwendungsergebnissen, lässt sich die Verletzung wesentlicher Grundsätze unter Bezugnahme auf Normen des deutschen und europäischen Verfassungsrechts begründen. In der Fallbearbeitung muss auch der hinreichende Inlandsbezug des Sachverhalts als ungeschriebene Tatbestandsvoraussetzung geprüft werden. Als Daumenregel können Sie sich merken, dass je gewichtiger der als verletzt geltende deutsche Rechtsgrundsatz und je stärker der Inlandsbezug ist, desto eher kann eine Verletzung des *ordre public* ange-

---

80 Einen guten Überblick mit Beispielsfällen bieten *Köhler*, Examinatorium Internationales Privatrecht, 2. Aufl. 2020, Rn. 132–142 und *Junker*, IPR, § 12.
81 Zur Einwirkung von Europa- und Völkerrecht im Überblick *Holterhus/Mittwoch/El-Ghazi*, JuS 2018, 313, insb. 317 und 321 f. zum Kollisionsrecht; zur Internationalisierung des ordre public *Scholz*, IPrax 2008, 213.
82 *Helms*, IPRax 2017, 153.

nommen werden – und andersherum. Es steht Ihnen frei, ob Sie zuerst die wesentlichen Grundsätze erörtern, oder aber den Inlandsbezug. Wenn letzterer aber offenkundig fehlt, werden längere Ausführungen zu den wesentlichen Grundsätzen jedoch überflüssig. Anders liegt es freilich, wenn der Sachverhalt solche Ausführungen erfordert, weil ein erkennbarer Schwerpunkt darin besteht, ob solche Grundsätze verletzt sein können.

Wird ein *ordre public*-Verstoß bejaht, kann die *ordre public*-widrige ausländische Norm nicht angewendet werden. Das genügt oft, um ein sachgerechtes Ergebnis zu erzielen – beispielsweise, wenn diskriminierende Regelungen des ausländischen Rechts schlicht unangewendet bleiben.[83] Manchmal muss aber auch die Frage nach dem anwendbaren Ersatzrecht beantwortet werden, wenn durch die Nichtanwendung eine ausfüllungsbedürftige Lücke entsteht. Wenn beispielsweise durch das Anwendungsergebnis einer ausländischen Norm zur elterlichen Sorge das Kindeswohl verletzt wird, muss ja entschieden werden, welche Norm stattdessen die elterliche Sorge bestimmen soll.[84] Vorzugsweise sollten solche Lücken durch das ausländische Recht selbst geschlossen werden. Hilfsweise kann deutsches Recht als *lex fori* herangezogen werden.

bb) Eingriffsnormen

Auch die Anwendung oder Berücksichtigung von Eingriffsnormen zählt zu den Korrekturmechanismen, die in der Fallbearbeitung die Anwendung des Sachrechts ergänzt.[85] Während es beim *ordre public* um die Abwehr einer Normanwendung geht, sollen Eingriffsnormen gewissermaßen umgekehrt ganz unabhängig vom kollisionsrechtlich berufenen Sachrecht zum Tragen kommen, also „eingreifen". Eingriffsnormen sind, wie auch die Legaldefinition in Art. 9 Abs. 1 Rom I-VO für das internationale Vertragsrecht zeigt, zwingende Vorschriften mit besonderen politischen, sozialen oder wirtschaftlichen Zwecksetzungen. In der Fallbearbeitung muss dabei zwischen Eingriffsnormen der *lex fori* und ausländischen Eingriffsnormen unterschieden werden (vgl. nur Art. 9 Abs. 2 und Abs. 3 Rom I-VO). Natürlich gilt es auch, in passenden Fällen die teils vorhandenen Regelungen von Eingriffsnormen im europäischen Kollisionsrecht sachverhaltsbezogen anzuwenden. Das gilt insbesondere für Art. 9 Rom I-VO, aber auch für Art. 16 Rom II-VO, Art. 30 EuGüVO und Art. 30 EuPartVO.

---

83 Beispielsweise OLG Frankfurt, ZEV 2011, 135.
84 Vgl. BGH, NJW 1993, 848.
85 Vgl. Fall 7, S. 229.

cc) Angleichung, Anpassung, Transposition

Das Kollisionsrecht spaltet zusammengehörige Lebenssachverhalte oft in viele kleine Teilbereiche auf, für die jeweils eigene Anknüpfungen mit oft unterschiedlichen Anknüpfungsmomenten bestehen. Deshalb können auch verschiedene Sachrechte nebeneinander anzuwenden sein. Daraus können sich Wertungswidersprüche ergeben, weil die Sachrechte zwar in sich jeweils schlüssige Lösungen anbieten mögen, aber im Zusammenspiel versagen, weil sie bestimmte Sachfragen systematisch in Normen berücksichtigen, die gar nicht zur Anwendung berufen sind. Beispielsweise kann eine Rechtsordnung in seinem Unterhaltsrecht keine Auskunftsansprüche vorsehen, weil in dieser Rechtsordnung in Unterhaltsprozessen die Untersuchungsmaxime gilt, so dass materiell-rechtliche Auskunftsansprüche unnötig sind.[86] Wenn aber ein solches Unterhaltsstatut von Gerichten anzuwenden ist, in denen die Unterhaltsvoraussetzungen nicht von Amts wegen zu ermitteln sind (wie etwa in Deutschland), kommt es zu einem Wertungswiderspruch, hier in Form des „Normenmangels": Das berechtigte Informationsinteresse des Unterhaltsgläubigers ist weder prozessual geschützt, weil im deutschen Unterhaltsprozess keine Untersuchungsmaxime gilt. Aber auch ein materiell-rechtlicher Schutz fehlt, weil das anwendbare Unterhaltsrecht keine Auskunftsansprüche vorsieht. Solche Probleme des Normenmangels oder des Normenwiderspruchs ergeben sich erst nach Anwendung des Sachrechts. Die dafür diskutierten Lösungswege – insbesondere die kollisionsrechtliche oder materiellrechtliche Anpassung – sind wichtige Korrekturmechanismen, die in der Prüfung dementsprechend grundsätzlich erst nach der Anwendung des Sachrechts diskutiert werden können. Freilich besteht auch ein gewisser Sachzusammenhang zur Qualifikation, denn Normwidersprüche oder Normenmangel lassen sich in vielen Fällen oft durch eine entsprechende Qualifikation vermeiden. Man kann deshalb in geeigneten Fällen natürlich auch schon bei Qualifikationsfragen beispielsweise mit andernfalls entstehenden Anpassungsproblemen argumentieren. So liegt es etwa beim „Klassiker" des § 1371 Abs. 1 BGB, den der BGH güterrechtlich qualifiziert hatte.[87] Der EuGH qualifizierte die Erhöhung des Erbteils durch pauschalen Zugewinnausgleich dagegen erbrechtlich.[88] Hier können Sie damit argumentieren, dass bestimmte Angleichungsfragen durch diese erbrechtliche Qualifikation hinfällig werden.

Auch in der **Transposition** ausländischer, dem deutschen Recht als solches unbekannter Rechtsinstitute liegt die Korrektur eines Normwiderspruchs, näm-

---

86 Vgl. beispielsweise OLG Hamm NJW-RR 1993, 1155.
87 BGH, NJW 2015, 2185.
88 EuGH v. 1.3.2018 – C-558/16 – *Mahnkopf*, NJW 2018, 1377.

lich die Einfügung solcher Institute in die inländische Rechtsordnung. Dabei müssen Sie erörtern, mit welchen Normen bzw. Rechtsinstituten des deutschen Rechts sich solche ausländischen Rechtsinstitute am ehesten erfassen lassen. Die Transposition bezeichnet dabei die Übertragung solcher Rechtsinstitute in funktionsäquivalente Rechtsinstitute des deutschen Rechts. So lässt sich etwa eine italienische Autohypothek am ehesten in Sicherungseigentum nach deutschem Recht „transponieren".[89] Vor besonderen Herausforderungen wird das deutsche Sachrecht auch bei der Morgengabe gestellt, die ganz unterschiedliche Funktionen erfüllen kann.[90] Als Transpositionsfrage kann auch etwa zu erörtern sein, wie das deutsche Recht mit Vindikationslegaten umgehen kann – also Vermächtnissen mit dinglicher und nicht lediglich schuldrechtlicher Wirkung.[91]

D. Grundschema des Arbeitsplans im Anerkennungs- und Vollstreckungsstadium

Die zahlreichen Rechtsinstrumente der EU im Bereich des internationalen Verfahrensrechts legen es nahe, Aufgabenstellungen in diesem Schwerpunktbereich auch in das Stadium der Anerkennung und/oder Vollstreckung einer ausländischen Entscheidung zu legen. Was muss der Richter beachten, dem eine Partei während des Rechtsstreits entgegenhält, die in diesem Verfahren u.a. streitige Frage des Eigentums an der im Mittelmeer liegenden Segelyacht sei schon durch ein italienisches Gericht zwischen den Parteien entschieden? Was muss eine Richterin tun, der ein Antrag auf Vollstreckbarerklärung eines englischen Urteils zugeht? Welche Überlegungen stellt sie an, wenn ein Schuldner sich gegen ein mit einer Bestätigung als europäischer Vollstreckungstitel versehenes französisches Urteil wehrt? Die möglichen Problemstellungen für den Richter sind vielgestaltig. Dementsprechend variantenreich können die Aufgabenstellungen sein. Oberstes Gebot ist daher auch hier eine genaue Beachtung der Aufgaben- und Fragestellung.

---

89 BGH, NJW 1991, 1415.
90 Dazu jüngst BGH, NJW 2020, 2024 – Zusammenfassend *M. Stürner*, JURA 2020, 1143.
91 Die deutsche Rechtsprechung „transponierte" Vindikationslegate in deutsche Damnationslegate, vgl. BGH, NJW 1995, 58. Nach der Rechtsprechung des EuGH ist allerdings die Nicht-Anerkennung der dinglichen Wirkung von Vindikationslegaten nicht mit der EuErbVO vereinbar (EuGH v. 12.10.2017 – C-218/16 – *Kubicka*, DNotZ 2018, 33).

I. Rechtsquellen

Wichtigster Schritt zur Beantwortung der aufgeworfenen Fragen ist dabei stets die Ermittlung der für die Beurteilung einschlägigen Regelungsinstrumente. Der Kreis der in Betracht kommenden Rechtsquellen ist weit gespannt. Neben mehreren EU-Verordnungen gibt es eine Reihe multilateraler Abkommen für Spezialgebiete,[92] bilaterale Verträge,[93] deutsche Ausführungsgesetze zu diesen europäischen und internationalen Rechtsinstrumenten[94] und die Regelungen des deutschen autonomen Rechts.[95] Orientierungspunkt ist dabei stets die Herkunft der ausländischen Entscheidung. Geht es beispielsweise um das Urteil eines japanischen Gerichts, so ist sehr schnell klar, dass europäische Verordnungen nicht herangezogen werden können, denn diese setzen voraus, dass die zu betrachtende Entscheidung in einem Mitgliedstaat der EU ergangen ist. Bei einem japanischen Urteil wird man daher – soweit nicht eine Spezialmaterie betroffen ist, für die ein internationales Abkommen besteht, dessen Vertragsstaaten sowohl Deutschland als auch Japan sind[96] – sehr schnell beim autonomen deutschen Recht landen. Dabei ist dann als nächstes die Entscheidung zu treffen, ob es sich um eine Angelegenheit der ordentlichen Gerichtsbarkeit i.S.d. ZPO oder der Familien- oder freiwilligen Gerichtsbarkeit i.S.d. FamFG handelt. Bei Entscheidungen aus anderen Nicht-EU-Staaten kann die Prüfung etwas länger dauern. Es empfiehlt sich, zunächst den Blick darauf zu werfen, ob der Ursprungsstaat der Entscheidung Vertragsstaat eines entsprechenden Abkommens ist. Kann bereits dies verneint werden, so erübrigt sich (i.d.R.) die weitere Prüfung des Anwendungsbereichs dieses Abkommens, denn im Gegensatz zu den Regeln der internationalen Zuständigkeit und des anwendbaren Rechts in verschiedenen Abkommen,[97] die auch als *loi uniforme* ausgestaltet sein können, beziehen sich Anerkennungs- und Vollstreckungsregelungen in den Ab-

---

92 Z.B. die HUnthVÜ (*Jayme/Hausmann*, Nr. 180, 181) und demnächst in revidierter Form (s.o. S. 13) das KSÜ (*Jayme/Hausmann*, Nr. 53), das ESÜ (*Jayme/Hausmann*, Nr. 183); neuerdings auch das Haager Gerichtsstandswahl-Übereinkommen (s.o.).

93 Z.B. der deutsch-israelische Vertrag vom 20.7.1977 (*Jayme/Hausmann*, Nr. 191).

94 Z.B. das AVAG, IntFamVerfG, AdWirkG und §§ 1079–1086 ZPO.

95 Z.B. §§ 328, 722, 723 ZPO und §§ 107 ff. FamFG; beachte aber auch die Vorschriften des EG-BGB (z.B. Art. 17, 22) und das über eine bloße Umsetzung des HAdoptÜ hinausgehende Ad-WirkG für die bindende „materiellrechtliche" Anerkennung von Vertragsadoptionen.

96 Bei Unterhaltsentscheidungen ist beispielsweise Deutschland Vertragsstaat des HUnthVÜ, nicht aber Japan, so dass auch dieses Regelungsinstrument nicht eingreift. Anders könnte es beispielsweise in Zukunft bei dem am 1.8.2013 in Kraft getretenen HUntPr (*Jayme/Hausmann*, Nr. 42) oder dem Haager Gerichtsstandswahl-Übereinkommen sein, sofern Japan diese unterzeichnet und ratifiziert.

97 Vgl. z.B. HUÜ und HUntPr (*Jayme/Hausmann*, Nr. 40–42) sowie das Haager Testamentsformübereinkommen (*Jayme/Hausmann*, Nr. 60); siehe auch Art. 6 KSÜ.

kommen bisher jedenfalls nur auf entsprechende Entscheidungen aus Vertrags-staaten.

Im Übrigen ist selbstverständlich der sachliche und zeitliche Anwendungs-bereich des Übereinkommens sorgfältig zu prüfen. Handelt es sich um eine Ent-scheidung aus einem EU-Mitgliedstaat, so ist i.d.R. die vorzunehmende Prü-fung angesichts der Mehrzahl der in Betracht kommenden Verordnungen noch differenzierter. Entscheidend kann dabei die Fragestellung der Aufgabe sein. In jedem Fall ist – zumindest gedanklich – wiederum sehr viel Sorgfalt auf die Prü-fung des Anwendungsbereichs der Verordnungen zu legen. So ist beispielswei-se das Scheidungsurteil eines französischen Gerichts nach der Brüssel IIa-VO in Deutschland anzuerkennen, der Urteilsspruch über Scheidungsfolgesa-chen aber möglicherweise[98] nicht nach der Brüssel IIa-VO, sondern – bei Unter-halt – nach der EuUnthVO oder – bei ehelichem Güterrecht – nach der EuGüVO.

II. Verhältnis der Rechtsquellen zueinander

Möglicherweise ist nicht nur ein Abkommen oder eine Verordnung zur Beant-wortung der aufgeworfenen Fragen relevant, sondern mehrere. Auch hier sind zunächst die in Betracht kommenden Regelungsinstrumente daraufhin zu un-tersuchen, ob sie diese Frage selbst regeln, insbesondere ob sie Vorrang bean-spruchen.[99] In der Regel wird im Bereich der Anerkennung und Vollstreckung das sog. Günstigkeitsprinzip[100] vorherrschen, Pflichten zur Nichtanerkennung sind eher selten.[101] Die Brüsseler Verordnungen entfalten allerdings auch hier innerhalb ihrer Anwendungsbereiche eine Sperrwirkung, soweit sie nicht aus-drücklich (z.B. Art. 67, Art. 71 Brüssel Ia-VO) etwas anderes vorsehen oder spä-teren gemeinschaftsrechtlichen Rechtsakten Anwendungsmöglichkeiten (z.B. die EuVTVO) oder gar -vorrang vom europäischen Gesetzgeber eingeräumt wor-den sind. Die autonomen Anerkennungsregelungen sind von der Brüssel Ia-VO vollständig verdrängt.

III. Anerkennungsvoraussetzungen und -hindernisse

Geht es um die Frage der *res iudicata* oder in ähnlicher Weise um die Anerken-nungsfähigkeit eines ausländischen Urteils, so ist es selbstverständlich, dass als nächstes die Anerkennungsvoraussetzungen und -hindernisse geprüft werden

---

98 Wenn nicht Sorge und Umgang betreffend s. Art. 21, 23 Brüssel IIa-VO.
99 Vgl. z.B. Art. 60 Brüssel IIa-VO.
100 Vgl. z.B. Art. 23 HUnthVÜ.
101 Vgl. Art. 72 Brüssel Ia-VO.

müssen. Ist die Fragestellung auf die Vollstreckung oder Vollstreckbarerklärung gerichtet, so stellt sich diese Frage hingegen möglicherweise erst später[102] oder sogar gar nicht.[103] Ist man bei der Prüfung der Rechtsquellen zu dem Ergebnis gekommen, dass mangels einer gerichtlichen oder behördlichen Entscheidung weder die europäischen und internationalen Rechtsinstrumente eingreifen noch § 328 ZPO oder §§ 107 ff. FamFG anwendbar sind – beispielsweise, weil es sich um eine im Ausland vorgenommene Privatscheidung oder Vertragsadoption handelt – dann ist die sog. materiellrechtliche Anerkennung zu prüfen. Das heißt: Es ist zu untersuchen, ob der Vorgang nach dem vom deutschen IPR berufenen Recht wirksam ist.[104] Bei der verfahrensrechtlichen Anerkennung sind die Anerkennungsvoraussetzungen und -hindernisse dem jeweiligen anwendbaren Regelungsinstrument zu entnehmen. Häufig ungeschrieben ist die Voraussetzung, dass es sich um eine (im Ursprungsstaat) wirksame Entscheidung handeln muss. Ob die Entscheidung rechtskräftig (so die Regel) sein muss oder Vollstreckbarkeit ausreicht (so z.B. Art. 36 ff. Brüssel Ia-VO), ist für das jeweilige Regelungsinstrument und die jeweils aufgeworfene Problemlage zu beurteilen.

Die Zuständigkeit des Ursprungsgerichts ist in vielen internationalen Abkommen und im deutschen autonomen Recht zu prüfen. Sie ist i.d.R. eher als Anerkennungshindernis denn als Anerkennungsvoraussetzung gefasst.[105] Orientierung für die Beurteilung der Zuständigkeit des Erstgerichts geben in den internationalen Abkommen die dortigen Vorschriften über die indirekte Zuständigkeit (auch Anerkennungszuständigkeit genannt).[106] Im deutschen autonomen Recht gilt das sog. Spiegelbildprinzip, d.h. es wird geprüft, ob die Gerichte des Erststaates bei hypothetischer Anwendung der deutschen Zuständigkeitsregeln[107] in diesem Staat als zuständig betrachtet werden können.

Nach den europäischen Verordnungen ist hingegen i.d.R. keine Zuständigkeitsprüfung vorzunehmen (vgl. Art. 45 Abs. 3 Brüssel Ia-VO). Der europäische

---

102 Vgl. z.B. Art. 41 Brüssel I-VO.

103 Vgl. nunmehr Art. 39 Brüssel Ia-VO; Art. 20, 21 EuVTVO.

104 Eine Zwischenlösung sieht hier das AdWirkG vor, das eine bindende Feststellung der Wirkungen einer ausländischen Vertragsadoption ermöglicht, also in Ergänzung zu Art. 22 EGBGB zu beachten ist.

105 Dabei bleibt verschiedentlich unklar, ob die Prüfung von Amts wegen oder nur auf Einwand des Beklagten zu prüfen ist; eine Zuständigkeitsrüge des Klägers des Erstverfahrens dürfte hingegen als *venire contra factum proprium* unbeachtlich sein.

106 Vgl. z.B. Art. 4 Nr. 1, 7, 8, 20 HUnthVÜ.

107 Ungeklärt und streitig ist dabei, ob zu den deutschen Regeln in diesem Sinne auch die Regeln der europäischen Verordnungen, evtl. auch solche internationaler Abkommen, gehören; dazu *Kern*, ZZP 120 (2007), 1; *Schärtl*, IPRax 2006, 438 und *Coester-Waltjen*, in: FS Buxbaum (2000), 101; BeckOK-ZPO/*Bach*, § 328 Rn. 15 ff.

Gesetzgeber geht davon aus, dass mit der Regelung der direkten Zuständigkeit in den Mitgliedstaaten ausreichender Beklagtenschutz gegeben ist, obwohl die Anerkennungspflicht der Mitgliedstaaten sich nicht nur auf Entscheidungen aus anderen Mitgliedstaaten erstreckt, die nach diesen Vorschriften ergangen sind. Anerkennungspflichtig ohne Prüfung der Zuständigkeit sind auch die – z.B. unter Missachtung von Art. 5 Brüssel Ia-VO – in einem exorbitanten Forum ergangenen Entscheidungen. Bei der Anerkennung wird grundsätzlich nach den europäischen Verordnungen nicht geprüft, ob das Ursprungsgericht die Zuständigkeitsregeln derselben angewandt, ob es sie richtig angewandt hat und ob die angenommene Zuständigkeit aus Sicht des Anerkennungsstaates gegen den *ordre public* verstößt.[108] Nur ausnahmsweise sieht die Brüssel Ia-VO die Missachtung der ausschließlichen Zuständigkeit nach Art. 24 Brüssel Ia-VO sowie zweier halbausschließlicher Gerichtsstände (Verbrauchersachen und Versicherungssachen) als Anerkennungsversagungsgrund vor (Art. 45 Abs. 1 lit. e Brüssel Ia-VO). Ansonsten wird der Beklagtenschutz vor unzumutbaren Foren bei den neueren europäischen Rechtsinstrumenten nur im Ursprungsstaat gewährt, wobei sowohl die EuVTVO als auch die EuMahnVVO für den Verbraucher generell (und nicht nur in den besonderen Konstellationen des Art. 17 Brüssel Ia-VO) eine Gerichtspflichtigkeit allein an seinem Wohnsitz vorsehen (vgl. Art. 6 Abs. 2 EuMahnVVO, Art. 6 Abs. 1 lit. d EuVTVO).[109]

Widersprechende Entscheidungen des Anerkennungsstaates, die Verletzung rechtlichen Gehörs und i.d.R. ein allgemeiner *ordre public*-Vorbehalt sind in den meisten Regelungsinstrumenten als Anerkennungsversagungsgründe bei der Inzidentanerkennung oder im Anerkennungsverfahren vorgesehen.[110] Allerdings machen auch hier einige europäische Verordnungen eine Ausnahme, die die direkte Vollstreckbarkeit bestimmter Titel vorsehen und keine Anerkennungsprüfung ermöglichen.

IV. Vollstreckbarerklärung und Vollstreckung

Traditionell überlassen internationale Übereinkommen das Verfahren der Vollstreckbarerklärung – zumindest zum großen Teil – und das Vollstreckungsver-

---

108 Art. 24 Brüssel IIa-VO; Art. 45 Abs. 3 Brüssel Ia-VO; Art. 21 EuVTVO; Art. 19, 21, 22 EuMahnVVO; Art. 20, 22 EuGFVO, Art. 25, 33 EuUnthVO; Art. 22 HUnthVÜ.
109 Dabei mag durchaus zweifelhaft sein, ob dies ein effektiver Schutz ist, denn der europäische Zahlungsbefehl ergeht allein aufgrund der Angaben des Antragstellers zur Zuständigkeit (Art. 7 EuMahnVO); beim europäischen Vollstreckungstitel ist diese Überprüfung nur bei der durch Ankreuzen eines Formblattes auszustellenden Bestätigung der Entscheidung als europäischer Vollstreckungstitel vorgesehen.
110 Vgl. Fall 11, S. 282 ff. Frage 2.

fahren – in der Regel vollständig – dem Vollstreckungsstaat, wobei eine Vollstreckbarerklärung durch den letzteren aus Souveränitätsüberlegungen notwendig sein kann,[111] die Vollstreckbarkeit im Vollstreckungsstaat sich also nicht direkt aus dem ausländischen Titel ergibt. Teils ist durch europäische Verordnungen aufgrund der zurückgedrängten Souveränitätsbarrieren die Vollstreckbarkeit im Ursprungsstaat aber auch ausreichend für eine Vollstreckbarkeit in den anderen Mitgliedstaaten, ohne dass es einer vorherigen Vollstreckbarerklärung im letzteren bedarf[112] – so auch nach der Brüssel Ia-VO (vgl. Art. 39 Brüssel Ia-VO).[113] Zudem enthalten europäische Verordnungen im Falle einer erforderlichen Vollstreckbarerklärung dezidierte Vorschriften über das diesbezügliche Verfahren.

Je nach Regelungsinstrument ist also das Vorgehen zu prüfen. Im Rahmen der Vollstreckbarerklärung werden i.d.R. entweder nach Antragseingang von Amts wegen[114] bzw. auf Einwand des Antragsgegners oder auf einen Rechtsbehelf des Antragsgegners gegen die Vollstreckbarentscheidung die Anerkennungsvoraussetzungen geprüft.[115] Soweit eine Entscheidung – wie im Rahmen bestimmter europäischer Verordnungen – automatisch in den anderen Mitgliedstaaten vollstreckbar ist, bleibt nur zu prüfen, ob ein Grund vorliegt, auf Antrag des Gegners die Vollstreckung zu verweigern,[116] auszusetzen[117] oder ob ein Rechtsbehelf gegen die Vollstreckung nach autonomen Recht gegeben ist.[118]

Hier ist gegebenenfalls auch der Ort, um Ausführungen zur Vollstreckungsimmunität von Staaten zu machen. Vermögensgegenstände eines fremden Staates dürfen dann keinen Vollstreckungsmaßnahmen unterworfen werden, wenn sie hoheitlichen Zwecken dienen, was Art. 22 Abs. 3 WÜD[119] für das Botschaftsgebäude ausdrücklich hervorhebt, aber auch für andere Vermögenswerte wie etwa Bankkonten gilt. Verstöße gegen diese Regel können in Deutschland mit der Vollstreckungserinnerung (§ 766 ZPO) gerügt werden.

---

111 Vgl. Art. 13 HUnthVÜ; Art. 28 Brüssel IIa-VO.
112 Vgl. Art. 20 EuVTVO; Art. 41 Brüssel IIa-VO (für Umgangsentscheidungen); Art. 19 EuMahnVVO; Art. 20 EuGFVO.
113 Zu den wesentlichen Neuerungen zur Anerkennung und Vollstreckung i.R.d. Brüssel Ia-VO s. *v. Hein*, RIW 2013, 97 (107 f.).
114 Vgl. z.B. Art. 17 Abs. 2 HUnthVÜ.
115 Vgl. Art. 33 Brüssel IIa-VO.
116 So Art. 21 EuVTVO; Art. 22 EuMahnVVO; nicht aber beispielsweise vorgesehen bei vollstreckbaren Umgangsentscheidungen, vgl. Art. 40 ff. Brüssel IIa-VO; Art. 46, 45 Brüssel Ia-VO.
117 Vgl. z.B. Art. 23 EuVTVO sowie Art. 38 Brüssel Ia-VO.
118 Vgl. z.B. §§ 766, 771, 767 ZPO – letzteres ist in Bezug auf die EuVTVO streitig.
119 Wiener Übereinkommen vom 18. April 1961 über diplomatische Beziehungen, BGBl. 1964 II S. 957.

E. Niederschrift: Zu beachtende Fehlerquellen

Erst wenn die vorangegangenen Überlegungen abgeschlossen sind und die Lösung des Falles dem Bearbeiter vollständig vor Augen steht, sollte mit der Niederschrift begonnen werden. Die Lösungsskizze, die inzwischen die einzelnen
Prüfungsschritte enthält und mit Argumenten angereichert worden ist, kann
jetzt nicht nur als Gerüst, sondern als Wegweiser für jeden einzelnen Abschnitt
benutzt werden. Die Konzentration liegt nunmehr nicht mehr auf der sachlichen
Lösung, denn diese ist bereits mit den Vorarbeiten geleistet, sondern nur noch
auf einer anschaulichen und sprachlich einwandfreien Formulierung. Hier gelten im Prinzip die gleichen Regelungen, die auch für rein materiellrechtliche
Klausuren zum deutschen Recht zu beachten sind. Die Bearbeitenden sollten
sich dabei stets die Frage stellen, was sie mit dem einzelnen Satz aussagen wollen und wie sich diese Aussage zu dem vorangegangenen Satz verhält.

Die Benutzung der richtigen Fachtermini ist unverzichtbar. Besonders häufig kommen Fehler bei der Benutzung der Begriffe „Statut" und „Anknüpfungspunkt" vor. Das Statut ist das anwendbare Recht. Der Bearbeiter fragt beispielsweise danach, welches Recht auf erbrechtliche Fragen anwendbar ist, also
welches Recht Erbstatut ist. Als Ergebnis erhält er möglicherweise die Antwort,
dass englisches Recht Erbstatut ist. Es wird aber weder an das Statut angeknüpft, noch wird das Statut an etwas angeknüpft. Vielmehr wird das Statut
stets ermittelt. Dabei ist das Statut die abstrakte Bezeichnung, bezogen auf den
Anknüpfungsgegenstand (z.B. deliktsrechtliche Frage), während die jeweilige
lex (z.B. *loci delicti commissi*) die abstrakte Bezeichnung bezogen auf den jeweiligen Anknüpfungspunkt ist. Zur Ermittlung des jeweiligen Statuts benutzt man
die Anknüpfungspunkte. Die Anknüpfungspunkte sind – abgesehen von den
Fällen der akzessorischen Anknüpfung – nicht Rechtsordnungen oder andere
Statute, sondern Sachverhaltselemente, wie beispielsweise der Ort der unerlaubten Handlung oder die Staatsangehörigkeit einer Partei.

§ 2: Besonderheiten einer „Anwaltsklausur"

A. Rechtsgestaltung und vorprozessuale Beratung

Besteht die Aufgabenstellung in einer rechtsberatenden Tätigkeit, sollen also
die Bearbeitenden einen Vertragsentwurf, eine Satzung etc. gestalten oder im
vorprozessualen Stadium beratend tätig sein, so ist i.d.R. eine Gliederung angezeigt, die daneben auch genügend Raum lässt, um die im Falle eines entstehenden Streites zu beachtenden Gesichtspunkte zu berücksichtigen. Geht es bei-

spielsweise um die Frage, welchem Recht der zu entwerfende Vertrag unterstellt werden soll, so ist auch daran zu denken, vor welchen Gerichten eine Partei im Falle eines Streites möglicherweise klagen kann und welches Recht dieses Gericht auf den Vertrag anwenden wird, ob es also beispielsweise eine Rechtswahl für zulässig halten wird, ob eine Gerichtsstandsvereinbarung (zu den Gerichten welcher Rechtsordnung?) möglich ist und sowohl prorogierende als auch derogierende Wirkung hat. Auch in diesem Stadium ist schon daran zu denken, was der Mandant mit einer entsprechenden Entscheidung wird anfangen können (Anerkennungs- und Vollstreckungsmöglichkeiten?) und wie die Mandantin selbst vor ihr ungünstigen Gerichtsständen und Anerkennungs- und Vollstreckungsregelungen geschützt werden kann. Ebenso ist bei der Testamentsgestaltung daran zu denken, in welcher Rechtsordnung dieses Testament Bedeutung erlangen wird und welches Erbstatut von dem dann möglicherweise mit der Angelegenheit beschäftigten Gericht für maßgeblich gehalten werden wird. Bei Meinungsstreitigkeiten ist, sofern gesicherte Rechtsprechung vorliegt, diese dem Rat zugrunde zu legen. Auf abweichende Ansichten sollte nur in Verbindung mit einer Warnung an den Mandanten eingegangen werden. Ergibt sich in einer vorprozessualen Beratung beispielsweise nach der gefestigten Rechtsprechung die Aussichtslosigkeit des Begehrens der Mandantin, so können zwar andere (durch gute Argumente gestützte) Begründungs- und Verteidigungsstrategien entworfen werden. Es darf aber nicht der Hinweis fehlen, dass die Gerichte diesen Überlegungen nur bei Änderung der bisherigen Rechtsprechung folgen werden.

B. Anwaltliche Tätigkeit im prozessualen Bereich

Wird von den Bearbeitenden hingegen die Erstellung einer Klageschrift oder einer Klageerwiderung bzw. eines sonstigen Schriftsatzes verlangt, so muss daran gedacht werden, dass die Anwältin alle für ihre Partei günstigen Argumente vortragen sollte, auch wenn sie nicht der herrschenden oder ihrer eigenen Meinung entsprechen. Während im beratenden Bereich gerade auch die dem Mandanten ungünstigen Rechtsauffassungen zu berücksichtigen sind, besteht hier die Aufgabe darin, nur die Rechtsauffassungen vorzutragen, die das Anliegen des Mandanten stützen. Soweit die Aufgabenstellung nicht andere Anweisungen gibt (also z.B. Erläuterungen zur Klageschrift ermöglicht, in denen die Bearbeitenden den Stellenwert der Argumentation näher beleuchten können), sollte jedoch auch auf die anderen Rechtsmeinungen eingegangen werden. Am besten geschieht dies dadurch, dass man versucht, sie mit möglichst überzeugenden Argumenten zu widerlegen.

Ist die anwaltliche Beratung vor Klageerhebung gefragt, so sind alle in Betracht kommenden internationalen Zuständigkeitsregelungen zu prüfen und – je nach Fragestellung – die Vor- und Nachteile der Klageerhebung vor dem einen oder anderen Gericht zu erörtern. Dazu gehören auf internationalverfahrensrechtlicher Ebene vor allem die Fragen der späteren Anerkennung und der Vollstreckungsmöglichkeiten (z.b. Lage des Mandantenvermögens, Schwerfälligkeit[120] oder Entbehrlichkeit[121] eines Vollstreckbarerklärungsverfahrens). Aber auch vereinfachte Formen grenzüberschreitender Zustellungen oder Beweisaufnahmen können entscheidend für die Wahl des Forums sein. Das Internationale Privatrecht des angerufenen Gerichts wird zudem das anwendbare materielle Recht bestimmen und auch das angewendete Verfahrensrecht des Forums kann für den Mandanten günstig oder weniger günstig sein.

Schließlich ist daran zu denken, welche „Auffangregeln" eingreifen können, wenn die vom Mandanten angegebenen zuständigkeitsbegründenden oder als Anknüpfungspunkte für die Bestimmung des anwendbaren Rechts dienenden Tatsachen bestritten oder widerlegt werden.

Hat man den Beklagten zu beraten, so ist auch daran zu denken, ob eine Nichteinlassung Vorteile für den Mandanten bringen kann,[122] ob eine (rechtzeitige) Rüge der Unzuständigkeit erfolgreich sein wird, ob Zustellungsmängel[123] oder das Vorhandensein einer *res iudicata*[124] gerügt werden sollten.

§ 3: Besonderheiten bei Hausarbeiten und Seminararbeiten

In den Bundesländern, in denen Hausarbeiten und Seminararbeiten im Schwerpunktbereich eine Rolle spielen, kann eine solche Arbeit im Internationalen Privatrecht und der Rechtsvergleichung eine besonders interessante Aufgabe darstellen. Hier sind in erster Linie die Anweisungen, die generell für Haus- und Seminararbeiten gelten, zu beachten. Aufbaumäßig wird sich dabei entsprechend der Aufgabenstellung häufig die zuvor für die entsprechende Klausur geschilderte Gliederung empfehlen. In der Haus- und Seminararbeit ist aber selbstverständlich mit einer sehr viel größeren Tiefe an die Behandlung der

---

120 Im deutschen autonomen Recht beispielsweise das zeit- und kostenaufwändige Erfordernis eines Vollstreckungs*urteils*, § 722 ZPO.
121 Wird die Möglichkeit erörtert, die zu erwartende Entscheidung als europäischen Vollstreckungstitel bestätigen zu lassen, müssen die Zuständigkeitserfordernisse des Art. 6 EuVTVO beachtet werden.
122 Vgl. z.B. Art. 28, 45 Abs. 1 lit. b Brüssel Ia-VO.
123 Vgl. z.B. Art. 45 Abs. 1 lit. b Brüssel Ia-VO.
124 Vgl. z.B. Art. 21 Abs. 1 lit. c EuVTVO.

Probleme heranzugehen. Insbesondere ist es – soweit möglich – zu vermeiden, dass Probleme offengelassen werden. Beim Einstieg in ein ausländisches materielles Recht kann in einer Haus- und Seminararbeit eigene Recherche erwartet werden, während dies bei einer Klausur nicht möglich ist.

2. Kapitel: Methodische Einführung zur Lösung rechtsvergleichender Aufgaben

§ 1: Grundsatz

Allgemeine Grundsätze zum Aufbau einer rechtsvergleichenden Arbeit lassen sich nur schwer aufstellen, weil die Aufgaben in diesem Bereich sehr unterschiedlich gestaltet sein können. Grundregel ist aber hier – wie überall –, dass die Fragestellung genau betrachtet werden muss. Häufig ergibt sich bereits aus dieser die Grundstruktur des Aufbaus. In der Regel empfiehlt es sich, die Lösung zunächst jeweils für jede Rechtsordnung getrennt zu erarbeiten, eventuell auch getrennt darzustellen und erst in einem weiteren Abschnitt die rechtsvergleichende Würdigung vorzunehmen. Die Rechtsvergleichung setzt dabei stets am sozialen Konflikt an. Der Blick darf also nicht auf bestimmte Teilgebiete (z.B. Vertragsrecht, gesetzliche Schuldverhältnisse) beschränkt werden, sondern muss alle Rechtsinstrumente einbeziehen, die nach den betreffenden Rechtsordnungen für die Lösung dieses sozialen Konfliktes relevant sind. Gesellschaftliche Entwicklungen, Rechtswirklichkeit, Beziehungen zur allgemeinen Rechtslehre, Methodenlehre, Rechtsphilosophie und Rechtssoziologie sind dabei – soweit wie möglich – ebenso zu berücksichtigen wie das soziale Umfeld. Selbstverständlich sind in dieser Hinsicht dem einbringbaren Wissen eines Klausurbearbeitenden Grenzen gesetzt. Die Aufgabenstellung wird dem i.d.R. dadurch Rechnung tragen, dass sie entweder einige Grundinformationen enthält oder sich auf solche Rechtsordnungen und Themen beschränkt, bei denen von einem Schwerpunktstudierenden ein entsprechendes Wissen erwartet werden kann.

Im Übrigen gilt auch hier, dass die Ausdrucksweise präzise und verständlich, die Argumentation klar und nachvollziehbar, die Gedankenführung folgerichtig und der Aufbau übersichtlich und logisch sein sollten.

§ 2: Die verschiedenen Arten von Aufgaben

Rechtsvergleichende Aufgaben können in vielen Formen gestellt werden. Möglich ist beispielsweise eine allgemeine theoretische Aufgabe über Inhalt, Methode und Nutzen der Rechtsvergleichung, über die Einteilung und Charakterisierung verschiedener Rechtskreise (Makrovergleichung) oder über den Einfluss einer (Mutter-)Rechtsordnung auf andere Rechtsordnungen desselben Rechtskreises oder anderer Rechtsfamilien. Häufig, insbesondere in Klausuren, wird man hingegen die funktionelle Rechtsvergleichung in Form des Vergleichs der

https://doi.org/10.1515/9783110664157-002

Lösungen zweier Rechtsordnungen verlangen. Dabei kann es sich auch um die Lösung nach einer nationalen Rechtsordnung im Vergleich zum Einheitsrecht handeln.[1] Meistens werden diese Aufgaben in Form einer Themenarbeit oder als Fallbearbeitung gestellt sein. Bei Fallbearbeitungen kann die Aufgabe darin bestehen, für einen vorgegebenen Sachverhalt die Lösung nach deutschem und ausländischem Recht zu finden, es kann aber auch die Entscheidung eines ausländischen Gerichts vorgegeben sein und die Aufgabe in der Analyse der Entscheidungsbegründung mit anschließendem Vergleich zu deutschen Regelungen bestehen.[2] Im letzten Fall empfiehlt es sich, bei der Analyse der ausländischen Entscheidung zunächst nur die ausländische Lösung zu betrachten und Parallelen, Vergleiche und Unterschiede zum deutschen Recht (oder einer anderen Rechtsordnung) erst im Anschluss daran zu ziehen. Wichtig ist, dass die Analyse nicht auf eine bloße Inhaltswiedergabe beschränkt wird, sondern die Probleme herausschält und die Argumente für die Lösung derselben über den Rahmen der Urteilsbegründung hinaus im Lichte der ausländischen Rechtsordnung betrachtet. Beispielsweise sollte die Haftung für Hilfspersonen im Zusammenhang mit den allgemeinen deliktischen oder vertraglichen Haftungsgrundsätzen und die Länge der Verjährungsfrist zusammen mit dem Verjährungsbeginn sowie Hemmungs- und Unterbrechungsmöglichkeiten betrachtet werden. In den anschließenden rechtsvergleichenden Ausführungen, denen eventuell eine kurze Darstellung der deutschen Rechtslage voranzustellen ist, sollten diese Punkte dann noch einmal aufgenommen werden. Dabei sind Unterschiede und Gemeinsamkeiten in der Regelungsmechanik besonders hervorzuheben. Beispielsweise kann in einer Rechtsordnung das Verschuldenserfordernis als Haftungsvoraussetzung durch eine Beweislastumkehr oder durch Erschwerung der Entlastungsmöglichkeiten abgemildert sein, wodurch man in vielen Fällen praktisch zum gleichen Ergebnis kommt, das eine andere Rechtsordnung über die Gefährdungshaftung erzielt. Verfahrensrechtliche Hindernisse können Funktionen wahrnehmen, die in anderen Rechtsordnungen durch materiellrechtliche Regelungen erfüllt werden. Diese Erkenntnisse sind in dem rechtsvergleichenden Teil hervorzuheben. Möglicherweise bieten sich Betrachtungen über die Entstehung eines Rechtsinstituts, die soziale Einbettung etc. an. Gefragt sein können auch rechtspolitische Folgerungen, Reformüberlegungen (u.U. nur für das eigene Recht) und Bewertungen.

Ist hingegen die Lösung eines vorgegebenen Sachverhalts Gegenstand der Aufgabe, so ist diese Lösung nach den zu vergleichenden Rechtsordnungen getrennt zu erarbeiten, wobei es sich anbietet, mit dem ausländischen Recht zu

---

1 Vgl. Fall 20, S. 394 ff.
2 Vgl. Fall 5, S. 164 ff.

beginnen.[3] Auch hier ist vorrangig die konkrete Fragestellung zu beachten. Ergibt sich aus ihr nichts Besonderes, so ist grundsätzlich an dem Aufbau nach Anspruchsgrundlagen festzuhalten. Eine Schwierigkeit kann darin bestehen, die Anspruchsgrundlage im ausländischen Recht zu ermitteln. Wie im deutschen Recht können nicht nur gesetzliche Vorschriften, sondern auch ungeschriebene Rechtsgrundsätze, im anglo-amerikanischen Bereich auch Rechtsfiguren, die sich aus Präjudizien entwickeln lassen, als Anspruchsgrundlage dienen. Wichtig ist, dass bei der Lösung des sozialen Konfliktes die methodischen Grundsätze der jeweiligen Rechtsordnung beachtet werden. So ist beispielsweise bei der Auslegung einer französischen Norm nach dem französischen Auslegungskanon zu verfahren, im anglo-amerikanischen Bereich ist u.U. die Möglichkeit des „distinguishing"[4] gegenüber Vorentscheidungen zu nutzen.

Für den (i.d.R.) im Anschluss daran vorzunehmenden Vergleich der Lösungen gilt grundsätzlich das oben Gesagte. Auch hier sind also in den Mittelpunkt Ausführungen darüber zu stellen, auf welche Weise die verschiedenen Rechtsordnungen den sozialen Konflikt lösen, wo die Unterschiede, wo die Gemeinsamkeiten liegen und mit welchen unterschiedlichen Mechanismen gleiche Ergebnisse erzielt werden, bzw. welche Wertvorstellungen unterschiedliche Lösungen prägen.

Bei Themenarbeiten sind über die bereits eingangs gegebenen allgemeinen Hinweise hinaus kaum verallgemeinerungsfähige Aufbauregeln vorgegeben. Entscheidend ist vor allem die Fragestellung. I.d.R. wird man die Themenbearbeitung mit einer Einleitung beginnen, in der das zu behandelnde Thema in seiner sozialen und rechtlichen Relevanz kurz umschrieben und die Vorgehensweise der folgenden Untersuchung erläutert werden. Dem Hauptteil (i.d.R. Länderberichte und Rechtsvergleich) sollte sich eine Zusammenfassung anschließen, in der die wesentlichen Ergebnisse (Gemeinsamkeiten und Unterschiede) noch einmal in knapper Form hervorgehoben werden. Das leider schon etwas veraltete, aber ohne Neuauflage oder Konkurrenzwerk gebliebene Casebook von *Schwenzer/Müller-Chen*[5] gibt mit seinen thematisch geordneten Materialien und Fällen sowie den jeweils abschließenden Fragen und Bemerkungen gute Anregungen für die Bearbeitung rechtsvergleichender Aufgaben (Worauf muss ich achten? Welche unterschiedlichen Ausgangspunkte nehmen die unterschiedlichen Rechtsordnungen ein?).

---

3 Vgl. Fall 6, S. 188 ff.
4 *Kischel*, Rechtsvergleichung, 2015, § 5 Rn. 29.
5 Siehe Literaturhinweise II.3, S. XXI.

Wie immer rechtsvergleichende Aufgaben gestaltet sein mögen, im Vordergrund steht nicht die Wiedergabe von Wissen, sondern das Begreifen der unterschiedlichen Strukturen und Lösungswege, was allerdings eine sorgfältige Analyse der jeweiligen Rechte voraussetzt.

2. Teil: **Übungsfälle**

1. Kapitel: Fünfstündige Klausuren

A. IPR- und IZPR-Fälle

Fall 1: Internationales Deliktsrecht

Sachverhalt

S ist der noch minderjährige Sohn, T die volljährige Tochter des V aus seiner Ehe mit der bereits verstorbenen M. Alle drei sind Basken spanischer Staatsangehörigkeit. V lebt und arbeitet seit 15 Jahren in München. Er verbringt jedes Jahr seinen Urlaub in seinem Heimatort bei der Familie seines Bruders B. Dieser Ort liegt in einem Teil des spanischen Baskenlandes, in dem kein vom Código Civil abweichendes Foralrecht gilt. Dorthin begleitet ihn im August 2021 auch sein Sohn S, der mit ihm in Deutschland lebt, während T schon vor Jahren nach Spanien zurückgekehrt ist.

Auf einer Autofahrt in der Nähe seines Heimatdorfes geriet V leicht fahrlässig infolge unangepasster Geschwindigkeit mit dem PKW seines Bruders auf den unbefestigten Seitenstreifen der Straße. Dadurch überschlug sich der Wagen. Bei diesem Unfall wurde nicht nur V, sondern auch S und T, die sich ebenfalls im Auto befanden, leicht verletzt. V und S kehrten nach Ende einer kurzen stationären Behandlung im Krankenhaus nach Deutschland zurück, T blieb in Spanien.

Der PKW ist in Spanien zugelassen und bei der in Spanien ansässigen Versicherungsgesellschaft H haftpflichtversichert.

S und T verlangen von V und H im Klagewege vor dem Amtsgericht München die Zahlung eines Schmerzensgeldes in Höhe von je 5.000,– €.

H, die den Schadensfall durch ihre Zweigniederlassung in München abwickelt, bestreitet nicht, dass V grundsätzlich für den vollen Schaden aus dem von ihm verschuldeten Unfall einstehen muss. Aber eine Familie sei eine Solidargemeinschaft, in der jedenfalls aus leichter Fahrlässigkeit kein Schadensersatzanspruch entstehen könne. Sie selbst sei im Übrigen schon deshalb von der Verpflichtung zur Leistung frei, weil B vor dem Unfall die fällige Versicherungsprämie trotz Mahnung mit zweiwöchiger Zahlungsfrist nicht gezahlt habe. Weiterhin wehrt sie sich mit dem Hinweis, dass der Schmerzensgeldbetrag zwar nach deutschen Rechtsvorstellungen gerechtfertigt sei, nicht aber nach dem einschlägigen spanischen Recht; in Spanien gebe es bei geringfügigen Verletzungen nur einen Bruchteil des deutschen Schmerzensgeldes. Die Anwendung deutschen Rechts sei auch deshalb absurd, weil man bei einem Verkehrsunfall

https://doi.org/10.1515/9783110664157-003

in Spanien ja beispielsweise die (hier unproblematische) Frage nach einer Sorgfaltspflichtverletzung des Fahrers nicht an der deutschen StVO messen könne. Schließlich seien die Klagen in Deutschland bereits unzulässig, so dass es auf die Begründetheit gar nicht ankäme. Es sei allzu durchsichtig, dass T und S die spanische Haftpflichtversicherung aus einem Unfall in Spanien nur deshalb in Deutschland verklagen, weil sie hoffen, ein „deutsches" Schmerzensgeld zugesprochen zu bekommen. Dem dürfe ein deutsches Gericht nicht die Hand reichen. T und S erwidern, dass es im Gegenteil wenig Sinn ergebe, das Verfahren gegen H von dem gegen den Unfallverursacher V zu trennen und in Spanien auszufechten.

Frage: Sind die Klagen gegen H vor deutschen Gerichten zulässig und begründet? Ggf. ist ein Hilfsgutachten zu erstellen.

Bearbeitungshinweis: Bei der Bearbeitung ist zu unterstellen, dass die Ausführungen der H hinsichtlich der Höhe des Schmerzensgeldes nach deutschem Recht und der wesentlich geringeren Höhe eines Schmerzensgeldanspruchs nach spanischem Recht bei geringfügigen Verletzungen zutreffend sind.

Abwandlung: Ändert sich etwas bei der Beurteilung der Begründetheit der Klage der T, wenn im Prozess die Vertreter beider Parteien ihren Ausführungen übereinstimmend deutsches Recht zugrunde legen, ohne auf die mögliche Anwendbarkeit ausländischen Rechts überhaupt einzugehen?

Anhang: Spanische Gesetzestexte

I. Código Civil
Art. 1902. Derjenige, der schuldhaft oder fahrlässig durch Handlung oder Unterlassen einem anderen Schaden zufügt, ist zum Schadensersatz verpflichtet.

II. Gesetz über die zivilrechtliche Verantwortlichkeit und Versicherung bei dem Gebrauch von Motorfahrzeugen (MotorfahrzeugG) (RD Leg. 8/2004)
Art. 1 Nr. 1. (1) Der Führer eines Motorfahrzeuges, der aus Anlass des Verkehrs körperliche oder materielle Schäden verursacht, ist verpflichtet, diese entsprechend dem im vorliegenden Gesetz Bestimmten wiedergutzumachen.

(2) Im Falle körperlicher Schäden wird der Fahrzeugführer nicht in die Verantwortung genommen, wenn er beweist, dass die Schäden ausschließlich wegen der Schuld des Geschädigten oder wegen höherer Gewalt außerhalb des

Führens oder der Funktion des Fahrzeugs verursacht wurden. Nicht als Fälle höherer Gewalt werden die Defekte oder der Bruch oder Ausfall eines seiner Teile oder Mechanismen angesehen.

Hinweis: Sowohl Art. 1902 C.C. als auch Art. 1 des MotorfahrzeugG erfassen in Form von immateriellem Schadensersatz auch Schmerzensgeld. Beide Normen sind bei Personenschäden nebeneinander anwendbar.

Art. 7 Nr. 1. [...] Der Versicherer wird von dieser Pflicht nur frei, wenn er beweist, dass die Tatsachen keinen Anspruch aus Art. 1 dieses Gesetzes auslösen.

Der Geschädigte oder seine Rechtsnachfolger haben einen Direktanspruch gegen den [Haftpflicht-]Versicherer auf Erfüllung der Entschädigungsleistung.

III. Spanische Straßenverkehrsordnung (RD 1428/2003)

Art. 3 Nr. 1. Jeder Führer eines Fahrzeugs im Straßenverkehr hat sich korrekt und in einer Weise zu verhalten, dass er keine Gefahr oder Behinderung für den Verkehr darstellt und jeglichen Schaden an Personen oder Gütern, seien sie im privaten oder öffentlichen Eigentum, vermeidet.

Vorbemerkungen

I. Auf den ersten Blick ist klar, dass die Zuständigkeit deutscher Gerichte für eine Klage gegen H problematisch ist, weil H ihren Sitz in Spanien hat, wo auch der Unfall passiert und das von H versicherte Fahrzeug registriert ist. Andererseits hängt die Klage inhaltlich eng mit der gegen den Unfallverursacher V zusammen, für die eine Zuständigkeit in dessen Wohnsitzstaat sicher gegeben ist (Art. 4 Abs. 1 Brüssel Ia-VO). Die Wiedergabe der Argumente der Prozessparteien für und wider die Zuständigkeit soll die Kernfrage verdeutlichen: In welchen Situationen ist das Interesse des Klägers, bei mehreren inhaltlich zusammenhängenden Klagen gegen mehrere Beklagte diese an einem Ort führen zu können, vorrangig vor dem Interesse eines Beklagten, sich nicht an einem für ihn fremden Ort verteidigen zu müssen? Die Aufgabe gibt dem Bearbeiter die Gelegenheit, sich mit praktisch wichtigen, in der Ausbildung bisweilen aber vernachlässigten Zuständigkeitsregeln der 2015 überholten Brüssel Ia-VO[1] vertraut zu machen; eine sachgerechte Lösung können Sie jedoch, wenn Ihnen die

---

1 S. überblicksartig zu den Änderungen gegenüber der Brüssel I-VO: *Pohl*, IPRax 2013, 109; *v. Hein*, RIW 2013, 97; s. auch den Beitrag von *Staudinger/Steinrötter*, JuS 2015, 1.

Grundstrukturen der Brüssel Ia-VO geläufig sind, auch ohne spezielle Vorkenntnisse zu den hier zu behandelnden Normen finden.

II. In materieller Hinsicht liegt der Schwerpunkt der Aufgabe in der Bestimmung des auf deliktische Ansprüche anwendbaren Rechts, dem Deliktsstatut. Seit dem 11. Januar 2009 gelten insofern die Regeln der europäischen Rom II-VO, welche die nationalen Regelungen des Internationalen Deliktsrechts in weiten Teilen abgelöst haben. Die Probleme hinsichtlich des Zusammenspiels der Normen und ihrer Auslegung bleiben jedoch.[2] Ein altes Problem ist der Umstand, dass trotz der Bestimmung eines umfassenden Deliktsstatuts für bestimmte Einzelfragen ein anderes Recht heranzuziehen sein kann; Stichworte sind im vorliegenden Fall die Tatbestandswirkung örtlicher Verkehrsregeln und die Erleichterung des Haftungsmaßstabes auf familienrechtlicher Basis. „Garniert" wird der Fall mit dem Problem des Direktanspruchs des Geschädigten gegen die Haftpflichtversicherung des Schädigers, sowie schließlich der Frage nach den Voraussetzungen für eine stillschweigende Rechtswahl im Prozess.

III. Zum Aufbau der Lösung ist Folgendes zu überlegen:

1. Bei der Prüfung der internationalen Zuständigkeit ist es ratsam, zunächst in der Skizzierung der Lösung die Klagen von S und T gegen H gesondert zu würdigen, um nicht ungewollt mögliche Differenzierungen zu übersehen. Erkennt man dabei, dass der Klägerwohnsitz (der einzige möglicherweise prozessrelevante Umstand, in dem sich beide Klagen unterscheiden) keine Rolle spielt, kann man in der Niederschrift, wie auch hier geschehen, beide gemeinsam behandeln.

2. Anderes gilt für die Begründetheitsprüfung. Zwar stützen sich beide Klagen auf denselben Unfall, jedoch sprechen hier der unterschiedliche gewöhnliche Aufenthalt und die Klausurtaktik dafür, dass die Prüfung nicht in beiden Fällen völlig parallel laufen wird – sonst hätte der Aufgabensteller nur unnötigen Ballast aufgehäuft, was im Zweifel nicht beabsichtigt ist.

3. Innerhalb der Ansprüche von S und T sind grundsätzlich zwei Aufbaumethoden möglich (wie sie bereits im ersten Teil dieses Buches erörtert wurden). Zum einen kann man alle IPR-Fragen, die sich stellen (also etwa Deliktsstatut, Statut des Direktanspruchs, Verkehrsregeln-Statut, Statut des Haftungsmaßstabes), vorweg untersuchen und dann in einem zweiten Schritt auf der Basis der dort gewonnenen Ergebnisse die materielle Lösung darstellen. Zum anderen kann man auch „integrativ" aufbauen: Ausgehend von einem abstrakt benannten Anspruchsgrund (also etwa: Anspruch aus Delikt, Anspruch aufgrund einer familienrechtlichen Haftungsnorm) wird zunächst das Recht bestimmt, dem die

---

2 Für ein gelungenes Aufbauschema zur Arbeit mit den Normen der Rom II-VO s. *Wagner*, IPRax 2008, 1. Einführend auch *Weller/Hategan*, JuS 2016, 1063.

jeweilige konkrete Anspruchsgrundlage zu entnehmen ist. Ist sie gefunden, so werden ihre Tatbestandsvoraussetzungen geprüft. Bei jeder einzelnen Voraussetzung kann sich dann erneut die Frage stellen, ob bei ihr nicht auch die Anwendung ausländischen Rechts eine Rolle spielen kann (hier etwa: örtliche Verkehrsregeln im Rahmen der Prüfung verkehrswidrigen Verhaltens; Haftungsmilderung nach fremdem Recht im Rahmen des Verschuldens). Beide Aufbaumethoden sind gleichwertig, die Entscheidung zwischen ihnen können Sie also aus reinen Praktikabilitätserwägungen treffen. Die erste Methode mag bei der Niederschrift der Lösung eleganter wirken, weil sie die international-privatrechtliche (sog. Metaebene) und die materielle Ebene nach außen sorgfältiger trennt. Sie setzt aber voraus, dass man den Fall zumindest im Kopf bereits nach der zweiten Methode „durchgelöst" hat, weil nur dann klar ist, auf welche IPR-Fragestellungen es überhaupt ankommt.

4. Will bei einem Unfall der Verletzte einen Schadensersatzanspruch gegen den Haftpflichtversicherer eines anderen Unfallbeteiligten geltend machen, so setzt dies voraus, dass zum einen eine Norm zu finden ist, aus der sich ergibt, unter welchen Voraussetzungen und in welchem Umfang die Versicherung direkt gegenüber dem Geschädigten für einen solchen Anspruch einstehen muss (Direktanspruch), und zum anderen, dass materiell ein Schadensersatzanspruch gegen den Beteiligten besteht. In welcher Reihenfolge man beide Komponenten prüft, ist nicht aus logischen Gründen zwingend vorgegeben.[3] Man könnte zunächst das auf den Direktanspruch anwendbare Recht ermitteln, und im Rahmen der diesem Recht entnommenen Anspruchsnorm gegen die Versicherung dann auf das Deliktsstatut und den auf diesem basierenden Schadensersatzanspruch gegen den Unfallverursacher eingehen. Da aber der Direktanspruch alternativ an das Deliktsstatut und das Versicherungsvertragsstatut angeknüpft wird, vereinfacht es die Darstellung, wenn man den anderen Weg wählt: Wer sich zuerst des Schadensersatzanspruchs gegen die Schädiger und damit des Deliktsstatuts annimmt, kann dann im Rahmen des Direktanspruchs auf das Ergebnis der Ermittlung des Deliktsstatuts verweisen. Dieser Aufbau ist daher auch im Folgenden gewählt worden.

---

3 Anderes gilt dann, wenn nach einer der in Betracht kommenden Rechtsordnungen ein Anspruch gegen die Versicherung eines Beteiligten auch ohne einen solchen gegen den Beteiligten selbst denkbar ist (sog. no-fault-insurance). Dann ist die Prüfung natürlich mit dem Anspruch gegen die Versicherung zu beginnen, weil dann der zweite Prüfungsteil möglicherweise überflüssig ist. Da aber weder die deutsche noch die spanische Rechtsordnung eine solche Möglichkeit bietet, kann diese Sonderkonstellation hier außer Betracht bleiben.

Gliederung der Lösung

Lösung

A. Internationale Zuständigkeit für die Klagen von S und T gegen H

Zuständigkeitsregeln in europäischen Verordnungen, die nach Art. 288 Abs. 2 AEUV unmittelbar in den Mitgliedstaaten der EU gelten, und in Staatsverträgen[4] gehen dem autonomen Recht des jeweiligen Mitglieds-/Vertragsstaats vor.[5] Möglicherweise einschlägige Staatsverträge und europäische Verordnungen sind deshalb vorrangig[6] zu prüfen.[7] Hier kommt die Brüssel Ia-VO in Betracht.[8]

---

4 Sofern sie (im Wege der Transformation, dazu *Schweitzer/Dederer*, Staatsrecht III, 12. Auflage. 2020, Rn. 798 ff.) wirksam in das innerstaatliche Recht übernommen worden sind.

5 Zwar fehlt eine ausdrückliche Regelung dieses Rangkonflikts im internationalen Zivilprozessrecht, man kann jedoch auf den Rechtsgedanken verweisen, der der für das IPR geltenden Vorschrift des Art. 3 Nr. 2 EGBGB zugrunde liegt vgl. z.B. *Schack*, IZVR, Rn. 68.

6 Eine Antwort auf die Frage, welcher Rechtsakt vorrangig ist, der Staatsvertrag oder die Verordnung, findet sich meist in den Verordnungen selbst, da sie in den meisten Fällen jüngeren Datums sind, s. z.B. Art. 28 Rom II-VO.

7 Ist der Anwendungsbereich eines solchen Vertrages eröffnet, ohne dass er eine im konkreten Fall passende Zuständigkeitsnorm enthält, fehlt es i.d.R. an der internationalen Zuständigkeit des deutschen Gerichts. Es darf nicht hilfsweise auf die ZPO zurückgegriffen werden, es sei denn, der Vertrag lässt für die Anwendung des autonomen Rechts (nach dem Günstigkeitsprinzip) Raum. Europäische Verordnungen verdrängen ebenso das nationale Zuständigkeitsregime. Sie lassen keinen Raum für das Günstigkeitsprinzip, enthalten aber teilweise Verweisungen auf das autonome Recht (vgl. Art. 6 Abs. 1 Brüssel Ia-VO; Art. 7 Abs. 1, 14 Brüssel IIa-VO).

8 Einführend dazu unlängst *Nitsche*, JuS 2021, 727 ff.

I. Anwendbarkeit der Brüssel Ia-VO

1. Sachlicher Anwendungsbereich

Da sich der vorliegende Rechtsstreit auf eine zivilrechtliche Streitigkeit bezieht, ist der sachliche Anwendungsbereich der Brüssel Ia-VO[9] nach Art. 1 Abs. 1 S. 1 eröffnet. Eine der nach Art. 1 Abs. 2 Brüssel Ia-VO relevanten Ausnahmen liegt nicht vor.[10]

2. Zeitlicher Anwendungsbereich

Die Brüssel Ia-VO gilt gem. Art. 66 Abs. 1 Brüssel Ia-VO für alle Verfahren, die am oder nach dem 10.1.2015 eingeleitet worden sind und findet folglich auch für den vorliegenden Sachverhalt Anwendung.

3. Räumlich-persönlicher Anwendungsbereich

a) Internationaler Sachverhalt

Umstrittene, von der h.M. aber geforderte ungeschriebene Voraussetzung für die Anwendung der Verordnung, ist ein internationaler Sachverhalt.[11] Diese Streitfrage wie auch die Definition des internationalen Sachverhalts im Einzelnen können indes dahingestellt bleiben, da jedenfalls durch den Sitz der Beklagten außerhalb Deutschlands eine i.S. aller Meinungen ausreichende Auslandsberührung gegeben ist. Dahingestellt bleiben kann auch, ob über eine „allgemeine" Auslandsberührung hinaus eine Berührung gerade zu einem anderen Mitgliedsstaat notwendig ist, wie ein Teil der Rechtsprechung meint.[12]

---

9 Bereits an dieser Stelle sei darauf hingewiesen, dass für Auslegungsfragen der Brüssel Ia-VO aufgrund des Kontiunitätsgedankens (vgl. ErwGr. 34 S. 2 Brüssel Ia-VO) regelmäßig auch auf Rechtsprechung und Literatur zu den Vorgängernormen (Brüssel I-VO bzw. EuGVÜ) rekurriert werden kann.

10 Eine Auseinandersetzung mit der Frage, nach welchem Recht der Begriff „Zivil- und Handelssache" zu qualifizieren ist, ist hier nicht angebracht, weil zweifelsfrei eine zivilrechtliche Streitigkeit vorliegt; seit EuGH v. 14.10.1976 – C 29/76 – *LTU/Eurocontrol*, NJW 1977, 489 (490) folgt die Rechtsprechung und die h.M. der autonomen Qualifikationsmethode.

11 Zum EuGVÜ siehe EuGH v. 13.7.2000 – C-412/98 – *Group Josi/Universal Insurance*, IPRax 2000, 520; BGH, IPRax 1999, 246; OLG Hamm, IPRax 1999, 244; zur Brüssel I-VO s. OGH, IPRax 2006, 607; der Sache nach auch *Kropholler/v. Hein*, EuZPR, vor Art. 2 Brüssel I-VO Rn. 6 f.; zur Brüssel Ia-VO s. Rauscher/*Staudinger*, EuZPR/EuIPR, Einl. Brüssel Ia-VO Rn. 20.

12 Dieser Streit zum Anwendungsbereich des EuGVÜ setzt sich auch bei der Brüssel I-VO und deren Neufassung der Brüssel Ia-VO fort, vgl. Rauscher/*Staudinger*, EuZPR/EuIPR, Einl. Brüssel Ia-VO Rn. 20; mit dem EuGH (vgl. EuGH v. 13.7.2000 – C-412/98 – *Group Josi/Universal Insurance*, IPRax 2000, 520 sowie EuGH v. 1.3.2005, – C-281/02 – *Owusu/Jackson* u.a., EuZW 2005, 345 [347]) und der h.M. in der Literatur (vgl. etwa Rauscher/*Gutknecht*, IPRax 1993, 21 [24]; *Coester-*

Auch diese Berührung ist durch den Tatort im Mitgliedsstaat Spanien und jedenfalls durch die Hauptverwaltung der Beklagten in diesem Land erfüllt.[13]

b) Wohnsitz des Beklagten

Damit ist auch die geschriebene Voraussetzung für die Anwendung der Zuständigkeitsregeln der Brüssel Ia-VO gegeben, nämlich der (Wohn-)Sitz[14] des Beklagten in einem Vertragsstaat, Art. 6 Abs. 1, 63 Abs. 1 Brüssel Ia-VO.[15]

II. Internationale Zuständigkeit nach der Brüssel Ia-VO

Weil H außerhalb ihres Sitzstaates verklagt wird und die ausschließlichen Zuständigkeiten des Art. 24 und Art. 25 Brüssel Ia-VO sachlich nicht einschlägig sind, kommt nur eine der besonderen Zuständigkeiten der Art. 7 ff. Brüssel Ia-VO in Betracht.

1. Zuständigkeit in Versicherungssachen

Für Versicherungssachen gelten vorrangig die Art. 10 ff. Brüssel Ia-VO.[16]

Waltjen, in: FS Nakamura [1996], 89; OLG Hamburg, IPRax 1999, 168) war bereits davon auszugehen, dass Berührungspunkte zu mehreren Vertragsstaaten i.R.d. EuGVÜ nicht gegeben sein müssen. Selbiges wurde für die Brüssel I-VO angenommen (s. *Kropholler/v. Hein*, EuZPR, vor Art. 2 Brüssel I-VO Rn. 8) und muss nun für die Brüssel Ia-VO gelten, wofür auch die Verwendung des Singulars („Hoheitsgebiet" anstelle von „Hoheitsgebieten") in Art. 6 Abs. 1 sowie von ErwGr. 13 S. 1 Brüssel Ia-VO spricht, Rauscher/*Staudinger*, EuZPR/EuIPR, Einl. Brüssel Ia-VO Rn. 20.

13 Da der Sachverhalt vorgibt, dass H ihren Sitz in Spanien hat, ist auf Art. 63 Abs. 1 Brüssel Ia-VO nicht einzugehen, der in Zweifelsfällen mit einer vertragsautonomen Alternativlösung weiterhilft.

14 Der „Wohnsitz" wurde als maßgebliches Kriterium auch für natürliche Personen beibehalten (s. Art. 62 Abs. 1 Brüssel Ia-VO), obwohl der Verweis auf nationales Recht aufgrund seiner Rechtsunsicherheit von der Literatur kritisiert worden ist, s. Rauscher/*Staudinger*, EuZPR/EuIPR, Art. 62 Brüssel Ia-VO Rn. 7 ff.

15 Dieses Kriterium macht die Diskussion um die ungeschriebenen Anwendungsvoraussetzungen nicht überflüssig. Zwar kann man sich die Prüfung der ungeschriebenen Tatbestandsvoraussetzungen sparen, wenn über Art. 6 Abs. 1 Brüssel Ia-VO die Brüssel Ia-VO ohnehin nicht anwendbar ist. Aber es gibt gewichtige Ausnahmen von Art. 6 Abs. 1 Brüssel Ia-VO, s. Art. 18 Abs. 1, 21 Abs. 2, 24 und 25 Brüssel Ia-VO. In diesen Fällen kann die Diskussion zu den ungeschriebenen Anwendungsvoraussetzungen entscheidend sein. Schließlich kann der Beklagte – wie hier V, s.o. – auch seinen Wohnsitz gerade in Deutschland haben, so dass zwar die Hürde des Art. 6 Brüssel Ia-VO genommen, nicht aber ein (qualifizierter) Auslandsbezug garantiert ist.

16 S. ausführlich zum EU-Auslandsunfall in der Praxis des deutschen Kfz-Haftpflichtprozesses den Beitrag von *Lafontaine*, ZAP 2016, 909.

a) Begriff der Versicherungssache

Der Begriff der Versicherungssache ist in der Brüssel Ia-VO nicht definiert. Eine Gesamtschau der Art. 10 ff. Brüssel Ia-VO zeigt, dass zunächst Streitigkeiten zwischen den Parteien eines Versicherungsvertrages auf der Grundlage des Versicherungsverhältnisses erfasst sein sollen.[17] Art. 13 Abs. 2 und 3 Brüssel Ia-VO enthalten darüber hinaus aber auch Sonderregeln für die Klage des (am Versicherungsvertrag nicht beteiligten) Geschädigten gegen die hinter dem Schädiger stehende Versicherung auf der Basis seines Anspruchs gegen den ersteren. Folglich unterliegen auch die im vorliegenden Fall zu prüfenden Direktklagen der Unfallopfer S und T gegen H den Regeln der Art. 11 ff. Brüssel Ia-VO.

b) Keine Zuständigkeit nach Art. 13 Abs. 1 Brüssel Ia-VO

Eine Zuständigkeit deutscher Gerichte lässt sich aus Art. 13 Abs. 1 Brüssel Ia-VO nicht herleiten. Art. 13 Abs. 1 Brüssel Ia-VO ist auf die dem deutschen Prozessrecht unbekannte sog. Interventionsklage[18] zugeschnitten, die von der Direktklage des Geschädigten zu unterscheiden ist.

c) Art. 13 Abs. 2 Brüssel Ia-VO

Für die Direktklage bleibt es allein bei dem bereits erwähnten Art. 13 Abs. 2 Brüssel Ia-VO.[19] Nach Art. 13 Abs. 2 Brüssel Ia-VO kann sich der Geschädigte eines Straßenverkehrsunfalls, der unmittelbar gegen die Haftpflichtversicherung des Fahrzeughalters vorgehen will, auf die besonderen Zuständigkeiten aus Art. 11 f. Brüssel Ia-VO berufen, die ansonsten nur dem Versicherungsnehmer vorbehalten sind. Auch das führt aber hier auf den ersten Blick nicht zum

---

17 Maßgeblich für Sonderregeln auf diesem Gebiet waren sozialpolitische Erwägungen. Da der Versicherungsnehmer ebenso wie der Verbraucher, dem die Art. 17 ff. Brüssel Ia-VO gewidmet sind, als die im Verhältnis zum Versicherungsunternehmer im Allgemeinen schwächere und rechtlich unerfahrenere Partei gilt, bedarf er (auch) eines besonderen prozessualen Schutzes, vgl. Rauscher/*Staudinger*, EuZPR/EuIPR, Vorbemerkungen zu. Art. 17 Brüssel Ia-VO Rn. 1.

18 Dabei handelt es sich um die Möglichkeit einer Partei eines laufenden Hauptprozesses, einen Dritten im Klagewege in den Prozess hineinzuziehen, wenn sie im Falle des Unterliegens gegen diesen einen Regressanspruch zu haben glaubt; vgl. knapp *Geimer/Schütze*, EuZVR, Art. 6 Brüssel I-VO Rn. 33. Dies geht über die deutsche Möglichkeit der (bloßen) Streitverkündung hinaus, weil das Interventionsurteil einen Titel gegen den Dritten schafft.

19 Art. 13 Abs. 3 Brüssel Ia-VO betrifft nur die Streitverkündung und ist deshalb hier nicht einschlägig.

Erfolg, weil der Wohnort des Versicherungsnehmers B (Art. 11 Abs. 1 lit. b Brüssel Ia-VO) und der Tatort (Art. 12 Brüssel Ia-VO) in Spanien liegen. Zwar wird auch im Rahmen der Brüssel Ia-VO kontrovers diskutiert, ob der Verweis des Art. 13 Abs. 2 Brüssel Ia-VO auf Art. 11 Abs. 1 lit. b Brüssel Ia-VO (auch) so zu verstehen ist, dass er eine Direktklagemöglichkeit am eigenen Wohnort des *Geschädigten* eröffnet.[20] Dieser Streit wurde zwar von der Rechtsprechung[21] seit dem Urteil des EuGH in Sachen *FBTO Schadeverzekeringen/Odenbreit*[22] entgegen der vorherigen herrschenden Literaturmeinung[23] entschieden, im vorliegenden Fall bedarf dieser aber keiner genaueren Betrachtung, da man bereits über Art. 11 Abs. 1 lit. b Var. 2 Brüssel Ia-VO zum Ziel kommt. Diese Vorschrift eröffnet zumindest eine Klagemöglichkeit am Wohnort des durch die Versicherung Begünstigten bzw. des (Mit-)Versicherten. Da hier der Fahrer V des Unfallwagens in Deutschland wohnt, folgt die internationale Zuständigkeit deutscher Gerichte aus Art. 13 Abs. 2 Brüssel Ia-VO i.V.m. Art. 11 Abs. 1 lit. b Var. 2 Brüssel Ia-VO.

2. Sonstige besondere Gerichtsstände

Art. 10 Brüssel Ia-VO stellt klar, dass in Versicherungssachen neben den besonderen Gerichtsständen in Art. 11–16 Brüssel Ia-VO mit Ausnahme des Art. 7 Nr. 5 Brüssel Ia-VO nicht auf die Gerichtsstände der Art. 7 ff. Brüssel Ia-VO zurückgegriffen werden kann.

a) Art. 8 Nr. 1, 5 Nr. 3 Brüssel Ia-VO

Damit können sich S und T nicht darauf berufen, dass Art. 8 Nr. 1 Brüssel Ia-VO auf europäischer Ebene den im nationalen deutschen Recht unbekannten sogenannten Gerichtsstand der Streitgenossenschaft eröffnet, nach dem bei inhaltlich zusammenhängenden Klagen die Zuständigkeit des Gerichts für die Klage gegen einen Beklagten ausreicht, um die Zuständigkeit dieses Gerichts auch für

---

20 In diesem Sinne noch zur Brüssel I-VO EuGH v. 13.12.2007 – C-463/06 – *FBTO Schadeverzekeringen/Odenbreit*, NJW 2008, 819; so schon BGH, EuZW 2007, 159 (160), Vorlagebeschluss an den EuGH; zuletzt BGH, NJW 2015, 2429 (2430); zur Brüssel Ia-VO s. Rauscher/*Staudinger*, EuZPR/EuIPR, Art. 13 Brüssel Ia-VO.
21 BGH, NJW 2008, 2343; OLG Saarbrücken, NJOZ 2010, 1152;; OLG München, DAR 2008, 590.
22 EuGH v. 13.12.2007 – C-463/06 – *FBTO Schadeverzekeringen/Odenbreit*, NJW 2008, 819; kritisch hierzu *Kropholler*/v. *Hein*, EuZPR, Art. 11 Brüssel I-VO Rn. 4.
23 Bspw. *Fuchs*, IPRax 2001, 425 (426); *ders.*, IPRax 2007, 302; *Lemor*, NJW 2002, 3666 (3667 f.); s. zu dieser mit dem *Jenard*-Bericht (ABl. EG 1979 C 59/1, 32) sowie mit Art. 8 Abs. 1 Nr. 2 EuGVÜ übereinstimmenden Literaturmeinung auch die Nachweise bei Rauscher/*Staudinger*, EuZPR/EuIPR, Art. 13 Brüssel Ia-VO Rn. 6.

die Klage gegen die andere Partei zu begründen. Dies gilt selbst dann, wenn weder diese Partei noch den der Klage zugrundeliegende Sachverhalt etwas mit dem Gerichtsort verbindet. Zwar erscheint es rechtspolitisch zweifelhaft, diesen Gerichtsstand ausgerechnet Versicherungsnehmern oder durch letztere Geschädigten und Verbrauchern[24] vorzuenthalten; am klaren Wortlaut des Art. 10 Brüssel Ia-VO und der Tatsache, dass in Art. 11 Abs. 1 lit. c Brüssel Ia-VO der Gerichtsstand der Streitgenossenschaft in Versicherungssachen (nur) für eine spezielle, hier nicht einschlägige Konstellation eröffnet wird, kommt man *de lege lata* aber nicht vorbei.[25] Wegen des Ausschlusses durch Art. 10 Brüssel Ia-VO ist auch eine Zuständigkeit nach Art. 7 Nr. 2, 3 Brüssel Ia-VO nicht zu prüfen.

b) Art. 7 Nr. 5 Brüssel Ia-VO

Art. 7 Nr. 5 Brüssel Ia-VO würde zur Zuständigkeit des Münchener Gerichts führen, wenn es sich vorliegend um eine Streitigkeit „aus dem Betrieb" der Münchener Zweigniederlassung der H handelt. In diesem Sinne betriebsbezogen sind aber nur solche Streitigkeiten, die aus oder in Zusammenhang mit der Tätigkeit der Zweigniederlassung entstanden sind.[26] Das betrifft etwa Streitigkeiten aus Verbindlichkeiten, die die Niederlassung im Namen des Stammhauses oder das Stammhaus zur Ermöglichung der Tätigkeit der Niederlassung eingegangen sind[27] sowie außervertragliche Verpflichtungen aus der Tätigkeit der Niederlassung. Diese Kriterien sind hier nicht erfüllt. Allein die Tatsache, dass eine Streitigkeit, nachdem sie entbrannt ist, federführend von einer bestimmten Niederlassung der Beklagten betrieben wird, reicht für die Begründung einer Zuständigkeit am Ort dieser Niederlassung nicht aus.

---

24 Für diese findet sich in Art. 17 Brüssel Ia-VO eine dem Art. 10 Brüssel Ia-VO entsprechende Vorschrift.

25 Vgl. folgendes Parallelproblem im Rahmen des Art. 10 Brüssel Ia-VO: Ein Rückgriff auf den Gerichtsstand des Erfüllungsortes (Art. 7 Nr. 1 Brüssel Ia-VO) ist nicht möglich (BeckOK-ZPO/*Eichelberger*, Art 10 Brüssel Ia-VO Rn. 52); der Versicherungsnehmer kann also seine Versicherung nicht am Erfüllungsort verklagen.

26 Vgl. näher EuGH v. 22.11.1978 33/78 – *Somafer/Saar-Ferngas* – RIW 1979, 56; Rauscher/ *Leible*, EuZPR/EuIPR, Art. 7 Brüssel Ia-VO Rn. 161.

27 Also z.B. die Miete des Büros der Niederlassung oder Verbindlichkeiten, die sich aus der Einstellung von Personal für die Niederlassung ergeben.

3. Zwischenergebnis

Die internationale Zuständigkeit deutscher Gerichte ist für die Klagen von S und T gegeben.

B. Begründetheit der Klage des S[28]

Die Klage ist begründet, wenn S gegen V ein Schmerzensgeldanspruch in Höhe von 5.000,– € zusteht und er diesen ggf. direkt gegen H, die Haftpflichtversicherung des Fahrzeughalters B, geltend machen kann.

I. Schmerzensgeldanspruch gegen V

Zunächst ist das anwendbare Recht zu ermitteln. Da ein deutsches Gericht mit dem Fall beschäftigt ist, sind deutsche bzw. über Art. 3 Nr. 1 EGBGB vorrangige europäische Kollisionsnormen einschließlich der für die Bundesrepublik Deutschland geltenden – in der Regel vorrangigen (Art. 3 Nr. 2 EGBGB) – internationalen Abkommen heranzuziehen.

1. Qualifikation

Vertragliche Beziehungen bestehen zwischen den Beteiligten nicht. Ersatzansprüche wegen des Unfalls können sich daher nur aus dem Deliktsrecht oder auf familienrechtlicher Basis ergeben.

2. Deliktsstatut
a) Staatsvertragliche Regelung

Eine nach Art. 3 Nr. 2 EGBGB den autonomen Kollisionsnormen vorgehende staatsvertragliche Regelung ist vorliegend nicht zu berücksichtigen. Die Bundesrepublik ist nicht Vertragsstaat des Haager Übereinkommens über das auf Straßenverkehrsunfälle anwendbare Recht vom 4.5.1971.[29]

---

28 Da nicht danach gefragt ist, wer mitwirken muss, damit der minderjährige S einen etwaigen Anspruch gegen seinen Vater geltend machen kann (das wäre in der Zulässigkeitsstation zu klären), muss die Frage nach seiner Vertretung und dem insoweit anwendbaren Recht nicht bearbeitet werden.

29 Abgedruckt in der Sammlung von *Jayme/Hausmann*, Nr. 100.

b) Anwendungsbereich der Rom II-VO

Gem. Art. 3 Nr. 1 lit. a EGBGB sind die Kollisionsnormen der Rom II-VO dem autonomen deutschen Kollisionsrecht in Art. 40 ff. EGBGB vorrangig. Voraussetzung hierfür ist aber, dass der sachliche und zeitliche Anwendungsbereich der Verordnung eröffnet ist.[30]

aa) Sachlicher Anwendungsbereich

Der sachliche Anwendungsbereich bestimmt sich nach Art. 1 Rom II-VO. Demnach muss es sich in der Sache um ein außervertragliches Schuldverhältnis in Zivil- und Handelssachen handeln und insgesamt eine Verbindung zu dem Recht mehrerer Staaten aufweisen. Ein außervertragliches Schuldverhältnis liegt nach autonomen Gesichtspunkten vor, wenn im Gegensatz zu dem vertraglichen Schuldverhältnis nach der Rom I-VO eine unfreiwillig eingegangene Verpflichtung vorliegt.[31] Bei der Haftung aus einem Verkehrsunfall handelt es sich nicht um eine freiwillig eingegangene Verpflichtung. Des Weiteren ist kein Hoheitsträger beteiligt, so dass auch eine Zivilsache gegeben ist.[32]

Der Ausnahmenkatalog des Art. 1 Abs. 2 Rom II-VO ist ebenfalls nicht einschlägig. Die Verbindung zu mehreren Staaten besteht hier unzweifelhaft durch den Tatort und die verschiedenen gewöhnlichen Aufenthalte der beteiligten Personen.

bb) Zeitlicher Anwendungsbereich

Der zeitliche Anwendungsbereich richtet sich gem. Art. 31, 32 Rom II-VO nach dem Zeitpunkt des schadensbegründenden Ereignisses. Dieses liegt im August 2021 und somit nach dem 11. Januar 2009.

c) Subjektive Anknüpfung

Gem. Art. 14 Rom II-VO ist eine nachträgliche Rechtswahl der Parteien möglich. Diese ist hier jedoch nicht erfolgt.

---

30 Weil die Rom II-VO anders als die Brüssel Ia-VO (vgl. oben A.I.3.b) keine besonderen räumlich-persönlichen Anwendungsvoraussetzungen kennt, sind solche in der Niederschrift der Lösung auch nicht anzusprechen.

31 Rauscher/*Unberath*/*Cziupka*, EuZPR/EuIPR, Art. 1 Rom II-VO Rn. 21.

32 Zu dem Begriff der Zivil- und Handelssache insgesamt s. Rauscher/*Unberath*/*Cziupka*, EuZPR/EuIPR, Art. 1 Rom II-VO Rn. 7 ff.

d) Objektive Anknüpfung
aa) Anknüpfung an den Erfolgsort

Gem. Art. 4 Abs. 1 Rom II-VO unterliegen Deliktsansprüche dem Recht des Staates, in dem der Schaden eintritt (sog. Erfolgsort[33]). Damit läge ein Verweis auf die spanische Rechtsordnung vor, da der Unfall, der die Verletzung der Kläger zu Folge hat, sich in Spanien ereignet hat. Bei diesem Verweis handelt es sich nach Art. 24 Rom II-VO um eine Sachnormverweisung.

bb) Gemeinsamer gewöhnlicher Aufenthaltsort

Es gibt Fallkonstellationen, in denen engere gemeinsame Beziehungen der Beteiligten zu einer anderen Rechtsordnung die Anknüpfung an den Tatort als unangemessen erscheinen lassen.[34] Solch ein engerer Bezug ist gem. Art. 4 Abs. 2 Rom II-VO dann gegeben, wenn Schädiger und Geschädigter ihren gewöhnlichen Aufenthalt in einem gemeinsamen anderen Staat als dem Tatortstaat haben. Art. 4 Abs. 2 Rom II-VO ist als Sonderregel vorrangig zu Art. 4 Abs. 1 Rom II-VO.[35] Sowohl S als auch V haben ihren Lebensmittelpunkt (vgl. Art. 23 Rom II-VO) in Deutschland, weshalb für den Anspruch des S gegen V auf deutsches Recht verwiesen wird.

cc) Wesentlich engere Verbindung nach Spanien?

Zu prüfen bleibt, ob eine offensichtlich (noch) engere Verbindung zu einem anderen Staat i.S.d. Art. 4 Abs. 3 Rom II-VO die Anwendung dessen Rechts erfordert.

In Betracht kommt allein das spanische (Tatort-)Recht. Zwar ist es grundsätzlich möglich, über die Anwendung der Ausweichklausel zum zunächst von Art. 4 Abs. 2 Rom II-VO verdrängten Recht des Erfolgsortes zurückzukehren.[36] Für die Anknüpfung an das Aufenthaltsrecht spricht insbesondere bei Kfz-Unfällen jedoch die Notwendigkeit eines angemessenen Regulierungsstandards bei der schadensrechtlichen Abwicklung. Umfang, Art und Höhe des Schadensausgleichs müssen sich an den „Standards" des Rechts am Lebensmittelpunkt des Schädigers und Opfers orientieren, soll der Schadensausgleich seine Aufgabe

---

33 Insofern entfällt die nach dem EGBGB bisher vorgenommene Differenzierung zwischen der primären Anknüpfung an den Handlungsort nach Art. 40 Abs. 1 S. 1 und der Ausübung des Optionsrechtes zu Gunsten des Erfolgsrechts nach Art. 40 Abs. 1 S. 2 EGBGB.
34 Vgl. BGH, NJW 1974, 495 (496); BGH, NJW 1977, 496 (497 f.).
35 BeckOK-BGB/*Spickhoff*, Art. 4 Rom II-VO Rn. 2; NK-BGB/*Lehmann*, Art. 4 Rom II-VO Rn. 118.
36 Grüneberg/*Thorn*, Art. 4 Rom II-VO Rn. 14.

erfüllen. In einer solchen Konstellation bedürfte es besonders starker zusätzlicher Umstände, um eine noch engere gemeinsame Verbindung zum Recht des Tatorts anzunehmen. Solche sind nicht ersichtlich: Insbesondere hilft der Hinweis auf das Eltern-Kind-Verhältnis zwischen den Parteien nicht weiter. Dieses unterliegt nach Art. 21 EGBGB nämlich ebenfalls dem deutschen Recht als dem Recht des gewöhnlichen Aufenthaltsorts des S. Zwar sind V und S beide spanische Staatsangehörige. Ist jedoch für den gerechten privaten Ausgleich der Schadensfolgen die Einbettung beider Parteien in das Recht einer bestimmten Umwelt maßgebend, so kommt der Staatsangehörigkeit als bloße Ausprägung der öffentlich-rechtlichen Zugehörigkeit zur selben staatlichen Gemeinschaft kein großes Gewicht zu, wenn sie – wie hier – nicht zugleich zum Lebensmittelpunkt der Beteiligten führt.[37]

Entsprechendes gilt für die Zulassung des am Unfall beteiligten Kfz: Für die sachgerechte Zuordnung der Schadensabwicklung im Verhältnis zwischen dem *Fahrer* V, der nicht selbst Versicherungsnehmer ist, und dem *Insassen* S, ist sie ohne Bedeutung. Zwar hat V ein Interesse daran, nur insoweit zu haften, als auch die Kfz-Haftpflichtversicherung geradestehen muss, was wiederum möglicherweise indirekt über das Versicherungsvertragsstatut vom Ort der Zulassung abhängt. Jedoch ist dieses einseitige und daher relativ schwache Interesse nicht geeignet, eine engere Beziehung zum spanischen Recht zu begründen, wenn es nur von einem ebenso schwachen Umstand (Staatsangehörigkeit) unterstützt wird, aber dem starken Kriterium des gemeinsamen gewöhnlichen Aufenthalts gegenübersteht.[38]

Damit bleibt es bei der Verweisung auf deutsches Recht nach Art. 4 Abs. 2 Rom II-VO (a.A. vertretbar).

e) Umfang der Verweisung

Das Deliktsstatut entscheidet grundsätzlich über alle Voraussetzungen einer Haftung aus unerlaubter Handlung, also etwa über Tatbestand, Kausalität, Rechtswidrigkeit und Verschulden.[39]

---

37 BGHZ 119, 137 (143) = NJW 1992, 3091 (3092).

38 A.A. wohl Grüneberg/*Thorn*, Art. 4 Rom II-VO Rn. 14. Nach der Begründung des Regierungsentwurfs zu Art. 41 EGBGB a.F. soll sich das Recht des Zulassungsortes dann gegen Art. 41 Abs. 2 EGBGB a.F. durchsetzen, wenn mehr als zwei [!] an einem Verkehrsunfall beteiligte Fahrzeuge in diesem Staat zugelassen sind: Begr.RegE- BT-Drucks. 14/343, S. 12.

39 *v. Bar/Mankowski*, IPR II, § 2 Rn. 379 ff.; MüKoBGB/*Junker*, Art. 15 Rom II-VO Rn. 11; generell hat die Staatsangehörigkeit als Anknüpfungspunkt an Bedeutung verloren, Rauscher/*Unberat/Cziupka/Pabst*, EuZPR/EuIPR, Art. 4 Rom II-VO Rn. 71.

aa) Straßenverkehrsvorschriften

Besonderes gilt aber gem. Art. 17 Rom II-VO für die im Straßenverkehr zu beachtenden Verhaltensvorschriften. Die insoweit maßgeblichen Regeln sind nicht automatisch die des Deliktsstatuts. Da solche Verhaltensnormen ortsgebunden sind, kommt es – unabhängig vom Deliktsstatut – auf die Regeln an, die am Platz der Deliktshandlung gelten. Im Rahmen der dem Deliktsstatut zu entnehmenden Haftungsnorm entfalten die örtlichen Verhaltensnormen Tatbestandswirkung als sog. *local data*.[40] Im vorliegenden Fall kommt es also, auch wenn das Deliktsstatut das deutsche Recht ist, auf die spanischen Straßenverkehrsvorschriften an.

bb) Familienrechtliche Haftungserleichterung

Beurteilt sich nach dem oben Gesagten das Verschulden nach dem Deliktsstatut, so beantwortet dieses im Grundsatz auch die Frage nach dem notwendigen Verschuldensgrad. Fraglich ist, ob das auch dann gilt, wenn, wie hier von H gefordert, eine Haftungsprivilegierung vor einem familienrechtlichen Hintergrund zu erwägen ist. Zu den Regeln des Internationalen Deliktsrechtes nach EGBGB a.F. war anerkannt, dass für *Rechtfertigungs*gründe der Eltern das Statut der Eltern-Kind-Beziehung eingreifen kann, diese also als Teilfrage gesondert angeknüpft werden. Es liegt nahe, auch im Rahmen des *Verschuldens* eine Antwort auf die Frage, ob die Haftung der Eltern gegenüber ihren Kindern entschärft ist, nicht dem Delikts-, sondern im Wege der Sonderanknüpfung einer Teilfrage dem Statut der Eltern-Kind-Beziehung zu entnehmen.[41] Dafür spricht, dass einer solchen Haftungsprivilegierung genuin familienrechtliche Überlegungen (Familie als Haftungs- und Solidargemeinschaft) zugrunde liegen, die mit speziell deliktsrechtlichen Interessen nichts zu tun haben (und deshalb auch bei außerdeliktischen Ansprüchen eine Rolle spielen können). Allerdings ist bis zu einer Klärung durch den EuGH zweifelhaft, ob sich diese Überlegungen gegen Art. 15 lit. b Rom II-VO durchsetzen können, der ausdrücklich bestimmt, dass „jede" Haftungsbeschränkung nach dem Deliktsstatut zu beurteilen ist. Dies kann im Ergebnis aber offenbleiben. Nach dem oben Gesagten ist

---

40 NK-BGB/*Lehmann*, Art. 17 Rom II-VO Rn. 1 ff.; vgl. hierzu ausführlich *Pfeiffer*, in: Liber Amicorum Schurig (2012), 229 (229 ff.); v. *Hoffmann/Thorn*, IPR, § 11 Rn. 58; BGHZ 42, 385 (388) = NJW 1965, 489; BGHZ 119, 137 (140) = NJW 1992, 3091 (3091) zum alten Recht. Es handelt sich dabei nicht um eine gesonderte Anknüpfung, sondern um eine an die Besonderheiten eines Auslandssachverhaltes angepasste Anwendung des materiellen Rechts des Deliktsstatuts, *Stoll*, IPRax 1989, 89 (92).
41 So schon *Seetzen*, VersR 1970, 1 (1); zur generellen Frage, wann Haftungserleichterungen der Rom II-VO unterfallen, NK-BGE/*Nordmeier*, Art. 15 Rom II-VO Rn. 9.

das Deliktsstatut deutsches Recht, und auch für das Rechtsverhältnis zwischen den Eltern und ihrem Kind ist deutsches Recht maßgeblich, weil es nach Art. 21 EGBGB[42] auf den gewöhnlichen Aufenthalt des Kindes ankommt. S lebt laut Sachverhaltsinformationen dauerhaft in Deutschland. Damit entscheidet deutsches Recht über eine mögliche Haftungsprivilegierung des Vaters V.

3. Das auf einen familienrechtlichen Ausgleichsanspruch anwendbare Recht
a) Verweisungsnorm

V könnte durch den von ihm verursachten Unfall auch seine Pflichten aus der elterlichen Sorge für den minderjährigen Sohn verletzt haben. Ein daraus möglicherweise erwachsender Schmerzensgeldanspruch fände damit seine Grundlage in dem Sorgerechtsverhältnis zwischen dem Kind und seinen Eltern. Das Sorgerecht beurteilt sich nach dem Statut der Eltern-Kind-Beziehung. Folglich unterliegt auch ein solcher Anspruch[43] Art. 17 KSÜ bzw. in seltenen Ausnahmekonstellationen Art. 21 EGBGB,[44] deren Anwendung im vorliegenden Fall, wie bereits oben dargelegt, zum deutschen Recht führt.

b) Umfang der Verweisung

Das deutsche Recht entscheidet als Statut der Eltern-Kind-Beziehung umfassend über Voraussetzungen und ggf. Umfang eines Schmerzensgeldanspruchs auf der Grundlage der Sorgerechtsbeziehung zwischen V und S.

Es ist also festzuhalten, dass ein möglicher Schmerzensgeldanspruch des S sowohl auf delikts- als auch familienrechtlicher Basis insgesamt deutschem Recht unterliegt.

---

42 Intertemporal ist Art. 21 EGBGB auch dann in seiner seit dem 1.7.1998 geltenden Fassung durch das KindRG anzuwenden, wenn S vor diesem Datum geboren wurde. Dies ergibt sich im Umkehrschluss aus Art. 224 §§ 1–3 EGBGB, der nur für hier nicht einschlägige Ausnahmefälle die Anwendung alten Rechts anordnet. Wie der Anwendungsbereich von Art. 21 EGBGB zu dem von Art. 17 des Haager Übereinkommens über die Zuständigkeit, das anzuwendende Recht, die Anerkennung, Vollstreckung und Zusammenarbeit auf dem Gebiet der elterlichen Verantwortung und der Maßnahmen zum Schutz von Kindern (KSÜ; in der Sammlung von *Jayme/ Hausmann* unter Nr. 53) abzugrenzen ist (vgl. auch unten, B.I.3.a), ist nicht ganz zweifelsfrei, muss hier aber nicht geklärt werden, weil beide Normen zum gleichen Ergebnis führen.
43 Vgl. BGH, NJW 1993, 2305 (2306).
44 Zur Abgrenzung etwa BeckOK-BGB/*Heiderhoff*, Art. 21 EGBGB Rn. 1 ff. S. zu diesem Problem schon oben, Fn. 42.

4. Materielles deutsches Recht
a) §§ 823 Abs. 1, 253 Abs. 2 BGB
aa) Allgemeine Voraussetzungen

V hat durch sein Verhalten den Körper des S adäquat kausal verletzt. Er wäre
nach § 823 Abs. 1 BGB aber dann nicht schadensersatzpflichtig, wenn er sich
verkehrsgerecht verhalten, d.h. die im Straßenverkehr geltenden Verhaltensvorschriften beachtet hätte.[45] Nach dem oben Gesagten ist insoweit auf die am
Ort des Geschehens maßgebenden spanischen Straßenverkehrsregeln zurückzugreifen; dabei ist evident, dass V wegen seiner unangepassten Geschwindigkeit gegen Art. 3 Nr. 1 RD 1428/2003 verstoßen hat. Dass S freiwillig in das Fahrzeug gestiegen ist, nimmt seiner Verletzung nicht die Rechtswidrigkeit, denn
unabhängig von der Frage nach der Einwilligungsfähigkeit des minderjährigen
S[46] muss eine Einwilligung in den Verletzungserfolg selbst vorliegen. Die Einwilligung in eine vorgelagerte Handlung, die nicht auf die Verletzung abzielt, sondern „nur" ein u.U. erhöhtes Verletzungsrisiko birgt, reicht nicht aus.[47]

bb) Haftungserleichterung im Verhältnis Vater/Kind?

Allerdings handelte V nur leicht fahrlässig. Ein Schmerzensgeldanspruch des S
scheidet daher dann aus, wenn er gegenüber seinem Sohn für leicht fahrlässig
verursachte Schäden nicht haftet. Eine solche Haftungserleichterung könnte
sich möglicherweise aus § 1664 BGB ergeben. Nach § 1664 BGB haften Eltern
gegenüber ihren unter der elterlichen Sorge stehenden, also minderjährigen,
Kindern bei Ausübung der elterlichen Sorge über § 277 BGB nur für Vorsatz und
grobe Fahrlässigkeit. Dies gilt im Grundsatz auch, wenn das Verhalten eine deliktische Haftungsnorm erfüllt.[48] Im Wege der teleologischen Reduktion ist
§ 1664 BGB jedoch bei Verkehrsunfällen, die ein Elternteil als Führer eines Kfz
verursacht, nicht anzuwenden,[49] weil ein Verstoß gegen die jedermann treffen-

---

45 Nach einer älteren BGH-Entscheidung (BGHZ 24, 21 [26] = BGH, NJW 1957, 785) ist verkehrsgerechtes Verhalten nicht rechtswidrig, während die Literatur hierin eine Frage des Verschuldens (vgl. hierzu Grüneberg/*Sprau*, § 823 BGB Rn. 36) oder der Tatbestandsmäßigkeit (Verletzung einer Handlungspflicht, *Larenz/Canaris*, Schuldrecht II/2, 13. Aufl. 1994, § 75 II 3c) sieht.
46 Die h.M. fordert zwar nicht Geschäfts-, wohl aber Einsichtsfähigkeit in die Tragweite des
Eingriffs, vgl. BGHZ 29, 33 (36) = NJW 1958, 811 (811).
47 BGHZ 34, 355 = NJW 1961, 655; zustimmend *Medicus/Lorenz*, SchuldR BT, 18. Aufl. 2018,
§ 72 Rn. 26.
48 Grüneberg/*Götz*, § 1664 BGB Rn. 3; *Gernhuber/Coester-Waltjen*, Familienrecht, 7. Aufl. 2020,
§ 58 Rn. 68; Erman/*Döll*, § 1664 BGB Rn. 4; MüKoBGB/*Huber*, § 1664 Rn. 7.
49 Grüneberg/*Götz*, § 1664 BGB Rn. 4; *Gernhuber/Coester-Waltjen*, Familienrecht, 7. Aufl. 2020,
§ 58 Rn. 68; vgl. BGHZ 61, 101 (104 f.) = NJW 1973, 1654 zur Parallelvorschrift des § 1359 BGB.

den und gegenüber jedermann zu erfüllenden Pflichten aus den Straßenverkehrsvorschriften nicht im Zusammenhang mit der elterlichen Sorge im Eltern-
Kind-Verhältnis steht.[50] Damit bleibt es hier beim „normalen" Haftungsmaßstab
des § 276 Abs. 1 S. 2 BGB, nach dem auch leichte Fahrlässigkeit zur Begründung
des Schuldvorwurfs ausreicht.

Es besteht folglich gem. §§ 823 Abs. 1, 253 Abs. 2 BGB ein Schmerzensgeldanspruch. Laut Sachverhalt ist die Höhe des Anspruchs von 5.000,– € als angemessen zu unterstellen.

b) §§ 823 Abs. 2 BGB i.V.m. Schutzgesetz, § 253 Abs. 2 BGB

Ein Schmerzensgeldanspruch könnte sich auch auf §§ 823 Abs. 2, 253 Abs. 2 BGB
stützen. Erforderlich ist ein Verstoß gegen ein Schutzgesetz. Auch hier sind
die örtlichen Verkehrsregeln als potentielle Schutzgesetze heranzuziehen.[51]
V hat gegen die Verhaltensnorm des Art. 3 Nr. 1 RD 1438/2003 verstoßen. Ob
dies ein Schutzgesetz ist, beurteilt sich allerdings – weil es sich um ein Tatbestandsmerkmal einer materiellen deutschen Norm handelt – aus der Sicht
des deutschen Rechts. Da die entsprechende Grundnorm der deutschen StVO
(§ 1 StVO) als Schutzgesetz eingestuft wird,[52] ist auch die spanische Vorschrift
als solche zu behandeln. Der Verschuldensmaßstab ist auch hier § 276 BGB.
Damit stützt sich der Schmerzensgeldanspruch auch auf §§ 823 Abs. 2, 253
Abs. 2 BGB.

---

50 Die hinter dieser Einschränkung unausgesprochen stehende ratio ist allerdings eine andere: Würde § 1664 BGB hier angewandt, würde nicht der fahrende Elternteil, sondern nur die
weniger schutzbedürftige Haftpflichtversicherung entlastet.
51 Vgl. *v. Hoffmann/Thorn*, IPR, § 11 Rn. 58 a.E.; *Staudinger/Nitkowski*, DAR 2020, 471 (476).
Nach *v. Bar/Mankowski*, IPR II, 1. Aufl. 1991, Rn. 714 mit Fn. 402 (vgl. zu dieser Frage mit anderer Akzentuierung auch *v. Bar/Mankowski*, IPR II, 2. Aufl. 2019, § 2 Rn. 421 ff.) sollen ausländische Gesetze zwar nicht als Schutzgesetze i.S.d. § 823 Abs. 2 BGB herangezogen werden, sie
sollen aber – ohne ausdrückliche Bezugnahme auf die local-data-Lehre – im Rahmen des § 823
Abs. 1 BGB bei der Bestimmung der im Verkehr erforderlichen Sorgfalt zu berücksichtigen sein.
Jedenfalls in Bezug auf die vorliegende konkrete Fragestellung erscheint es wenig konsequent,
zwar bei § 823 Abs. 1 BGB, nicht aber bei Abs. 2 derselben Vorschrift örtliche Verkehrsregeln zu
berücksichtigen, weil die Fragestellung in beiden Fällen dieselbe ist: Aus welchen Normen
ergeben sich die Anforderungen an ein verkehrsgerechtes Verhalten? Im Übrigen spricht gegen
die Differenzierung von v. Bar/Mankowski, dass im Bereich des Vermögensschutzes, bei dem
allein § 823 Abs. 2 BGB helfen kann, u.U. empfindliche Schutzlücken aufgerissen werden.
52 BGHZ 23, 90 (97) = NJW 1957, 674.

c) §§ 18, 11 S. 2 StVG, § 253 Abs. 2 BGB

Als zusätzliche Anspruchsgrundlage für Schmerzensgeld kommen §§ 18, 11 S. 2 StVG, § 253 Abs. 2 BGB[53] in Betracht.[54]

V hat als Führer eines Kfz bei Betrieb desselben die Gesundheit des S verletzt. Ein Ausschluss der Haftung wegen höherer Gewalt nach § 7 Abs. 2 StVG ist nicht ersichtlich. Ebenso kann sich V nicht gem. § 18 Abs. 1 S. 2 StVG exkulpieren. Er hat den Unfall fahrlässig verursacht. S hat somit einen zusätzlichen Anspruch auf Schmerzensgeld gegen V aus §§ 18, 11 S. 2 StVG, § 253 Abs. 2 BGB.

d) § 1664 BGB

Zwar ist § 1664 BGB nach h.M. nicht nur eine Norm zur Haftungsprivilegierung, sondern stellt darüber hinaus auch eine eigene Anspruchsgrundlage für einen Schadensersatzanspruch[55] des Kindes bei schuldhaft pflichtwidrigem Verhalten eines Elternteils in Ausübung der elterlichen Sorge dar. Aber die Vorschrift ist bei Schädigungen im Straßenverkehr nach dem oben Gesagten nicht anwendbar.

5. Zwischenergebnis

S hat gem. §§ 823 Abs. 1 und § 823 Abs. 2, 253 Abs. 2 BGB i.V.m. Art. 3 Nr. 1 RD 1438/2003 sowie §§ 18, 11 S. 2 StVG, § 253 Abs. 2 BGB gegen V einen Schmerzensgeldanspruch in Höhe von 5.000,– €.

II. Direktanspruch gegen den Versicherer

Fraglich bleibt, ob S diesen gegen V gerichteten Anspruch direkt gegenüber der Haftpflichtversicherung H geltend machen kann.

---

53 § 253 Abs. 2 BGB gewährt Schmerzensgeld in allen Fällen, in denen Schadensersatz geltend gemacht werden kann, wenn die in § 253 Abs. 2 BGB aufgezählten Rechtsgüter verletzt sind.

54 §§ 7, 11 StVG, § 253 Abs. 2 BGB gewähren einen Anspruch gegen den Halter des Fahrzeugs, B, der nicht verklagt wurde.

55 Grüneberg/*Götz*, § 1664 BGB Rn. 1; abweichend *Gernhuber/Coester-Waltjen*, Familienrecht, 7. Aufl. 2020, § 58 Rn. 65: § 1664 BGB ist nicht selbst eine Anspruchsgrundlage, sondern setzt eine solche als ungeschriebenen Grundsatz voraus. Im Ergebnis macht dies keinen Unterschied.

1. Anwendbares Recht

Gem. Art. 18 Rom II-VO ist diese Frage alternativ nach dem Deliktsstatut oder nach dem auf den Versicherungsvertrag anwendbaren Recht zu beantworten. Das Deliktsstatut ist das deutsche Recht. Das auf den Versicherungsvertrag zwischen dem Fahrzeughalter B und der Versicherung H anwendbare Recht wird mangels Rechtswahl über Art. 7 Abs. 3 S. 3 Rom I-VO ermittelt. Maßgeblich ist demnach die Belegenheit des versicherten Risikos zum Zeitpunkt des Vertragsschlusses. Dieser Belegenheitsort ist der Ort der Zulassung des Fahrzeugs.[56] Insofern läge alternativ ein Verweis auf das spanische Recht vor. Da es sich im europäischen Raum bei den Kraftfahrzeughaftpflichtversicherungen immer um Pflichtversicherungen handelt,[57] sind insofern die Bestimmungen des Art. 7 Abs. 4 Rom I-VO mit zu beachten. Selbst wenn Spanien von der Ermächtigung des Art. 7 Abs. 4 lit. b Rom I-VO Gebrauch gemacht hat,[58] so führt diese Anknüpfung zu dem Staat, welcher die Versicherungspflicht vorschreibt, und somit ebenfalls zur spanischen Rechtsordnung. Welche Regel danach gilt, kann dahinstehen, wenn das deutsche Recht in der vorliegenden Situation einen Direktanspruch bejaht. Die alternative Anknüpfung sorgt zugunsten des Geschädigten dafür, dass es ausreicht, wenn eines der Rechte einen Direktanspruch gegen den Versicherer vorsieht; ob das andere Recht dies genauso sieht, spielt keine Rolle.

2. Direktanspruch nach deutschem Recht

Der Direktanspruch gegen den Versicherer ist im deutschen Recht in § 115 Abs. 1 VVG geregelt. Voraussetzung ist neben dem oben bereits bejahten deliktischen Anspruch gegen den Schädiger selbst, dass ein Versicherungsverhältnis besteht, das den Schadenersatzanspruch gegen V abdeckt. Ein Problem ist insoweit nicht ersichtlich, weil die vom Halter abzuschließende Kfz-Haftpflichtversicherung nach § 1 PflVersG auch Ansprüche gegen den Fahrer des versicherten Fahrzeugs einbezieht. Allerdings besteht der Direktanspruch grundsätzlich nur „im Rahmen der Leistungspflicht" des Versicherers aus dem Versicherungsvertrag. H könnte nach ihrem eigenen Vorbringen hier gem. § 38 Abs. 2 VVG wegen des Zahlungsverzuges des Versicherungsnehmers B von der Leistungsverpflichtung frei geworden sein. § 115 Abs. 1 VVG verweist aber auf § 117

---

56 S. BeckOGK/*Lüttringhaus*, Art. 7 Rom I-VO Rn. 57.
57 S. Richtlinie 2009/103/EWG des Rates vom 16. September 2009 betreffend die Angleichung der Rechtsvorschriften der Mitgliedstaaten bezüglich der Kraftfahrzeug-Haftpflichtversicherung und der Kontrolle der entsprechenden Versicherungspflicht.
58 In Deutschland findet sich die entsprechende Norm in Art. 46c EGBGB.

Abs. 1, 2, 3 VVG, wonach der Versicherer dem geschädigten Dritten gegenüber diese Einwendung nicht entgegenhalten kann.

III. Ergebnis

Die Klage des S ist demnach begründet.

C. Begründetheit der Klage der T

I. Anwendbares Recht: Deutsches IPR
1. Art. 4 Abs. 1 Rom II-VO

Art. 4 Abs. 1 Rom II-VO verweist auch für die deliktischen Schadenersatzansprüche[59] der T auf das spanische Recht als dem Recht am Erfolgsort. Art. 4 Abs. 2 Rom II-VO greift nicht ein, weil T ihren gewöhnlichen Aufenthalt nicht wie der Schädiger V in Deutschland, sondern in Spanien hat.

2. Kein Eingreifen des Art. 4 Abs. 3 Rom II-VO

Im Verhältnis T zu V liegen keine Voraussetzungen vor, die eine „offensichtlich" engere Verbindung des Sachverhalts im Sinne des Art. 4 Abs. 3 Rom II-VO zum deutschen Recht nahelegen. T's gewöhnlicher Aufenthaltsort liegt in Spanien, wo auch das Kfz registriert ist. Die enge persönliche Beziehung zum in Deutschland lebenden Schädiger reicht, wie ein Umkehrschluss aus Art. 4 Abs. 2 Rom II-VO nahe legt, für sich allein nicht aus, um eine Entschädigung nach deutschem Standard zu fordern, wenn das Opfer selbst nicht in einer durch deutsche Verhältnisse geprägten Rechtsumwelt wohnt.[60] Auch die Tatsache, dass sich die Ansprüche des bei demselben Unfall verletzten Bruders S nach deutschem Recht richten, ändert hieran nichts. Das Ziel der Gleichbehandlung der durch einen Unfall Verletzten ist nicht von ausreichendem Gewicht, um die Tatortregel des Art. 4 Abs. 1 Rom II-VO zu durchbrechen, wenn es – wie hier für T – an der inneren Rechtfertigung für die Auflockerung fehlt.[61]

---

59 Da T bereits volljährig ist, kommt ein Schadensersatzanspruch aus der Verletzung der elterlichen Sorge nicht in Betracht.
60 Vgl. BGH, NJW 1993, 1009 (1010) zum alten Recht.
61 BGH, NJW 1993, 1009 (1010) zum alten Recht.

3. Zwischenergebnis

Damit bleibt es bei der Verweisung auf spanisches Recht nach Art. 4 Abs. 1 Rom II-VO. Nach Art. 24 Rom II-VO handelt es sich hierbei um eine Sachnormverweisung, so dass sich Probleme eines etwaigen Renvoi durch das oben erwähnte von Deutschland nicht ratifizierte Haager Übereinkommen über das auf Straßenverkehrsunfälle anwendbare Recht vom 4.5.1971 über den Vertragsstaat Spanien[62] zumindest diesbezüglich erledigt haben.[63]

II. Spanisches materielles Recht

Die Voraussetzungen der Gefährdungshaftung nach Art. 1 MotorfahrzeugG (RD Leg. 8/2004) liegen vor. Insbesondere besteht keine Exkulpationsmöglichkeit nach Art. 1 Abs. 2 MotorfahrzeugG (RD Leg. 8/2004). Auch die Voraussetzungen für eine Verschuldenshaftung aus Art. 1902 C.C. liegen vor. Nach dem als richtig zu unterstellenden Vortrag der H wird nach spanischem Recht jedoch bei leichteren Verletzungen ein nur sehr geringes Schmerzensgeld geschuldet.[64]

III. Direktanspruch
1. Art. 18 Rom II-VO

Für den Direktanspruch gilt über die Anwendung des Art. 18 Rom II-VO nach dem oben Gesagten ebenfalls spanisches Recht.

2. Direktanspruch nach spanischem Recht

Auch das spanische Recht sieht in Art. 7 Nr. 1 MotorfahrzeugG (RD Leg. 8/2004) einen Direktanspruch gegen H vor. Mit dem Vortrag, B habe seine Versiche-

---

62 Diese Information kann man in der Sammlung von *Jayme/Hausmann* der Fn. 1 zum Text des Abkommens (Nr. 100) entnehmen.

63 Das Haager Übereinkommen bleibt ansonsten aber trotz der Vereinheitlichung durch die Rom II-VO anwendbar (vgl. Art. 28 Abs. 1 Rom II-VO, die Ausnahme des Art. 28 Abs. 2 Rom II-VO greift nicht ein, denn das Haager Übereinkommen ist nicht nur zwischen Mitgliedstaaten abgeschlossen). Dieser Vorrang gilt jedoch nur aus Sicht der Vertragsstaaten des Übereinkommens und kann daher nur durch die geschickte Auswahl des Gerichtsstandes (forum shopping) wirksam werden und zu etwaigen anderen Anknüpfungsergebnissen führen. Zu der daraus folgenden Aufspaltung des Kollisionsrechts s. *Staudinger*, SVR 2005, 441 (445 f.) noch zum alten VO-Entwurf und *v. Hein*, VersR 2007, 440 (451 f.).

64 Entschädigung für Personenschäden bei Verkehrsunfällen gibt es in Spanien nach einem gesetzlich festgesetzten Tabellensystem; dabei umfasst die Entschädigung u.a. Schmerzensgeld; vgl. dazu *Schomerus/Hartmann*, DAR 2015, 484 (487); *Backu*, VersR 2006, 760.

rungsbeiträge nicht bezahlt, wird H nach Art. 7 Nr. 1 S. 3 MotorfahrzeugG (RD Leg. 8/2004) nicht gehört.

IV. Ergebnis

Die Klage der T ist demnach begründet.

D. Abwandlung

In der Abwandlung könnte auch der Anspruch der T nach deutschem Recht zu beurteilen sein, wenn eine wirksame Wahl des deutschen Rechts vorliegt.

I. Rechtswahl im internationalen Deliktsrecht

Nach Art. 14 Abs. 1 lit. a Rom II-VO ist eine nach Begehung der unerlaubten Handlung getroffene Vereinbarung über das anzuwendende Recht zulässig.[65] Diese ist auch stillschweigend möglich und kann dementsprechend grundsätzlich auch dem Prozessverhalter der Parteien entnommen werden.[66]

II. Stillschweigende Rechtswahl durch Prozessverhalten?

Fraglich ist aber, ob es für die Annahme einer Rechtswahl bereits genügen soll, dass sich die Parteien im Prozess vor einem deutschen Gericht auf deutsches Recht berufen, ohne die mögliche Anwendbarkeit ausländischen Rechts überhaupt zu erörtern. Viele – auch höchstrichterliche – Urteile lassen dies sowohl bei einer Rechtswahl eines vertraglichen als auch bei einem außervertraglichen Schuldverhältnis ausreichen.[67] Dem ist jedoch entgegenzuhalten, dass die Rechtswahl eine rechtsgeschäftliche Vereinbarung darstellt. Das Verhalten der Parteien im Prozess muss sich deshalb – wenn wie hier deutsches Recht als ge-

---

65 So auch bereits vor Inkrafttreten der Rom II-VO, s. Art. 42 EGBGB.

66 Vgl. MüKoBGB/*Junker*, Art. 14 Rom II-VO Rn. 29, 32 f. Für eine ausdrückliche Erwähnung, dass die Rechtswahl sich auch aus den Umständen des Falles ergeben kann, s. auch ErwGr. 31 der Rom II-VO.

67 Deutlich das Urteil des BGH v. 22.12.1987 (NJW-RR 1988, 534 [535]), zitiert bei *v. Hoffmann*, IPRax 1988, 306: „Denn die Beurteilung des Streitfalls nach deutschem materiellen Recht ist jedenfalls deshalb bedenkenfrei, weil die Parteien in beiden Tatsacheninstanzen übereinstimmend den Ansprüchen der Kl. deutsche Rechtsnormen zugrunde gelegt und damit zumindest stillschweigend eine ihnen mögliche Vereinbarung über das auf diese Ansprüche anzuwendende Recht getroffen haben"; vgl. ferner *Leible*, RIW 2008, 257 (261).

wählt gelten soll und dieses deshalb entweder durch die Anwendung der *lex fori*[68] oder durch eine analoge Anwendung des Art. 3 Abs. 5 i.V.m. Art. 10 Abs. 1 Rom I-VO[69] über die Voraussetzungen der Einigung entscheidet – als Kundgabe eines auf die Herbeiführung einer bestimmten Rechtsfolge gerichteten Willens darstellen.[70] Die bloße Bezugnahme auf deutsche Vorschriften enthält bei objektiver Betrachtung diesen Erklärungswert nicht, denn dies kann – und wird häufig auch – darauf beruhen, dass den im IPR unerfahrenen Parteien und ihren RechtsvertreterInnen die gesetzliche Anknüpfung im Deliktsrecht und die davon abweichende Wahlmöglichkeit ohne einen entsprechenden Hinweis durch die Richterin nicht bekannt sein werden und sie wie selbstverständlich davon ausgehen, dass in einem Prozess vor einem deutschen Gericht deutsches Recht Anwendung findet. Drückt sich deshalb i.d.R. in der Bezugnahme auf deutsche Rechtsnormen nur eine mehr oder weniger reflektierte Vorstellung über das objektiv ohnehin anwendbare Recht aus, so liegt darin – ohne weitere Anhaltspunkte – nicht zugleich eine stillschweigende rechtsgeschäftliche Erklärung, die Anwendung dieses Rechts herbeiführen zu wollen. Parteien, die hingegen bewusst eine Rechtswahl treffen wollen, werden sich kaum mit einer unsicheren stillschweigenden Erklärung begnügen. Die bloße Argumentation auf der Basis des materiellen deutschen Rechts stellt deshalb mit der überwiegenden Literaturmeinung[71] keine gültige stillschweigende Rechtswahl im Prozess dar.[72] Es bleibt deshalb im vorliegenden Fall auch in der Abwandlung bei der Anwendung spanischen Rechts.

III. Ergebnis
Die Klage ist somit ebenfalls begründet.

---

68 MüKoBGB/*Junker*, 6. Aufl. 2015, Art. 14 Rom II-VO Rn. 26 (weniger ausdrücklich nunmehr in Rn. 26 der 8. Aufl. 2021).
69 So auch Rauscher/*Picht*, EuZPR/EuIPR, Art. 14 Rom II-VO Rn. 27 m.w.N. in Fn. 97.
70 Vgl. *Musielak*, Grundkurs BGB, 16. Aufl. 2019, Rn. 42 ff.
71 MüKoBGB/*Junker*, Art. 14 Rom II-VO Rn. 32 f. m.w.N.; *Schack*, NJW 1984, 2736 (2739); *Hohloch*, NZV 1988, 161. Diese Autoren stellen allerdings weniger auf einen mangelnden Erklärungstatbestand, sondern auf das fehlende innere Erklärungsbewusstsein ab. Im Ergebnis besteht zu der hier vertretenen Auffassung kein Unterschied. A.A. *v. Hoffmann*, IPRax 1988, 306 (306 f.) (Erklärungsbewusstsein ist unerheblich, da es sich vielmehr um eine Präklusion von Rechtsausführungen im Prozess handelt); zur Problematik der Rückwirkung der Rechtswahl: *Lorenz*, IPRax 1987, 769; *Reinhardt*, IPRax 1995, 367.
72 Bezogen auf die stillschweigende Abänderung einer früheren Rechtswahl im Prozess so auch der BGH, NJW-RR 2000, 1002 (1002): „Die [ohne beiderseitigen Gestaltungswillen] übereinstimmend geäußerte irrige Auffassung, eine bestimmte Rechtsordnung sei maßgeblich, reicht nicht aus"; BGH, NJW 2004, 2523 (2524) bestätigt hingegen die ständige Rechtsprechung.

Fall 2: Internationales Prozess- und Vertragsrecht

Sachverhalt*

Die Firma Holiday GmbH mit Sitz in Offenburg/Deutschland vertreibt Ferien-immobilien in verschiedenen Ländern, unter anderem in Südspanien. In Offen-burg verkaufte sie mit privatschriftlichem Vertrag am 21.4.2021 dem deutschen Staatsangehörigen Bodo Baumer, der im Elsass/Frankreich wohnt, ein Ferien-haus in Marbella in Andalusien/Spanien zum Preise von 230.000 €. Im Vertrag heißt es unter anderem:

„2. Eine Anzahlung in Höhe von 23.000 € ist sofort fällig; die Restsumme von 207.000 € ist nach Eigentumsübergang zu zahlen. Dieser erfolgt mit Un-terschrift unter die escritura púbица beim spanischen Notar Alfonso in Marbella.

...

7. Erfüllungsort für die Zahlung des Kaufpreises ist Offenburg."

Baumer überwies die Anzahlung am 28.4.2021 auf das deutsche Konto der Holi-day GmbH. Am 23.6.2021 wurde in Marbella vor dem spanischen Notar Alfonso eine sogenannte „escritura pública" ausgefertigt, in der unter Bezugnahme auf den privatschriftlichen Vertrag vom 21.4.2021 und unter Wiedergabe seines In-halts festgestellt wurde, dass das Eigentum nunmehr übergehen solle.

In der Folgezeit zahlte Baumer den Restkaufpreis trotz mehrerer Mahnun-gen nicht. Die Holiday GmbH hatte bereits am 24.5.2021 – vertreten durch ihre Geschäftsführer Kent und Keller, die zugleich die Gesellschafter der GmbH sind – privatschriftlich die Restkaufpreisforderung in Offenburg an das Unterneh-men Kent's and Keller's Holiday abgetreten. Dieses Unternehmen ist von den beiden Gesellschaftern der Holiday GmbH, Kent und Keller, im Jahre 2016 in Form einer partnership in London in Einklang mit den englischen Rechtsvor-schriften gegründet worden. Ihre Geschäfte, die unter anderem in der Verwal-tung der Außenstände der Holiday GmbH bestehen, betreibt diese partnership von Basel/Schweiz aus.

Am 7.7.2021 erhebt die Kent's and Keller's Holiday partnership, vertreten durch ihre Geschäftsführer und alleinigen Gesellschafter Kent und Keller, vor dem Landgericht Offenburg durch anwaltlichen Schriftsatz Klage gegen Baumer auf Zahlung von 207.000 €. Der Anwalt von Baumer rügt in der Klageerwide-

* Der Fall wurde im Ersten Staatsexamen 1995/II in Bayern als Klausur in der Wahlfachgrup-pe 3 (IPR und Rechtsvergleichung) gestellt. Der Aufgabentext ist bis auf die angepassten Ka-lenderdaten und die Währung unverändert.

rung die Unzuständigkeit des Landgerichts Offenburg und äußert sich im Übrigen dahin, dass der Vertrag deutschem Recht unterliege, womit er formnichtig sei. Auf alle Fälle solle man sich die kosten- und zeitaufwendige Anwendung ausländischen Vertragsrechts ersparen. Der Prozessbevollmächtigte der Kent's and Keller's Holiday partnership erwidert daraufhin, dass Kent und Keller grundsätzlich nichts dagegen einzuwenden hätten, wenn auf den Vertrag deutsches Recht angewandt werde. Die Frage der Form müsse sich aber gemäß Art. 11 Abs. 4 EGBGB bei einem spanischen Grundstück nach spanischem Recht beurteilen. Dieses kenne eine besondere Form für Grundstücksgeschäfte nicht.

Frage: Ist die Klage der Kent's and Keller's Holiday partnership gegen Bodo Baumer zulässig und begründet?

Hinweise zum ausländischen Recht

1. Eine partnership des englischen Rechts entspricht im Wesentlichen der deutschen OHG. Sie ist nach englischem Recht nicht rechts-, wohl aber parteifähig gemäß Practice Direction 7A Ziff. 5A.3 zu den Civil Procedure Rules (CPR) Part 7. Sie wird gerichtlich und außergerichtlich durch ihre Geschäftsführer vertreten.

2. Das spanische Recht kennt keine dem § 311b Abs. 1 BGB entsprechende Formvorschrift für Grundstückskaufgeschäfte; es lässt Erfüllungsortvereinbarungen auch in allgemeinem Geschäftsbedingungen zu und verlangt für die Wirksamkeit der Abtretung einer Forderung einen (formfreien) Vertrag zwischen Alt- und Neugläubiger ohne Zustimmung des Schuldners. Es ist zu unterstellen, dass das spanische Recht für die Wirksamkeit der Abtretung kein wirksames Kausalverhältnis fordert.

3. Soweit spanisches Recht maßgeblich sein sollte, ist im Übrigen allein auf den Código civil zurückzugreifen. Es ist davon auszugehen, dass in Andalusien für die hier interessierenden Fragen keine grundsätzlich vorrangigen regionalen Normen (sogenannte Foralrechte) bestehen. Militär- und fremdenrechtliche Erwerbsbeschränkungen bleiben außer Betracht.

4. Auf die im Folgenden auszugsweise abgedruckten Vorschriften des schweizerischen und spanischen Rechts wird hingewiesen.

Anhang: Schweizerische und spanische Gesetzestexte

I. Schweizerisches Bundesgesetz über das internationale Privatrecht vom 18. Dezember 1987 (IPRG)

Art. 14. Sieht das anwendbare Recht eine Rückverweisung auf das schweizerische Recht oder eine Weiterverweisung auf ein anderes Recht vor, so ist sie zu beachten, wenn dieses Gesetz sie vorsieht.

Art. 154. (1) Gesellschaften unterstehen dem Recht des Staates, nach dessen Vorschriften sie organisiert sind, wenn sie die dazu vorgeschriebenen Publizitäts- oder Registervorschriften dieses Rechts erfüllen oder, falls solche Vorschriften nicht bestehen, wenn sie sich nach dem Recht dieses Staates organisiert haben.

(2) Erfüllt eine Gesellschaft diese Voraussetzungen nicht, so untersteht sie dem Recht des Staates, in dem sie tatsächlich verwaltet wird.

II. Spanischer Código Civil vom 24.7.1889 (CC)

Art. 10 Nr. 1. Der Besitz, das Eigentum und die übrigen Rechte an unbeweglichen Gütern sowie ihre Öffentlichkeit richten sich nach dem Recht des Ortes, an dem sie sich befinden.

Art. 11 Nr. 1. Die Formen und Förmlichkeiten der Verträge, Testamente und übrigen Rechtsgeschäfte regeln sich nach dem Recht des Landes, in dem sie vorgenommen werden. Dessen ungeachtet sind auch diejenigen gültig, die nach den Formen und Förmlichkeiten vorgenommen werden, welche von dem Recht gefordert werden, das auf ihren Inhalt anwendbar ist, sowie diejenigen, die nach dem Heimatrecht des Verfügenden bzw. dem gemeinsamen Heimatrecht der Beteiligten vorgenommen worden sind. Rechtsgeschäfte und Verträge, die sich auf unbewegliche Güter beziehen, sind auch gültig, wenn sie gemäß den Formen und Förmlichkeiten des Ortes vorgenommen wurden, an dem sie belegen sind.

Art. 609. (2) Das Eigentum und die übrigen Rechte an Sachen werden erworben und übertragen ... als Folge bestimmter Verträge mittels Übergabe.

Art. 1462. (2) Wird der Kaufvertrag mittels öffentlicher Urkunde (escritura pública) geschlossen, so steht deren Ausfertigung der Übergabe der Sache, welche Gegenstand des Vertrages ist, gleich, wenn sich nicht aus der Urkunde selbst das Gegenteil ergibt oder unzweideutig folgern lässt.

Vorbemerkungen

I. Die Sachverhaltsfrage ist weiter als beim ersten Fall. Sie zielt nicht nur auf die internationale Zuständigkeit deutscher Gerichte und die Begründetheit der Klage, sondern auch auf eine umfassende Erörterung ihrer Zulässigkeit ab. Die Prüfung der Zulässigkeit ist im Gutachten stets voranzustellen. Wenn Sie zur Unzulässigkeit der Klage kommen, müssen Sie zur Begründetheit ein Hilfsgutachten anfertigen.

II. Der Schwerpunkt der Aufgabe liegt im prozessualen Bereich. Den Beginn macht die Frage nach dem Gerichtsstand des Erfüllungsortes im Rahmen der Brüssel Ia-VO, weitere Probleme wirft die Prüfung der Partei- und Prozessfähigkeit der Klägerin auf. In Fortsetzung des Falles 1 wird weiterhin die nachträgliche Rechtswahl im Prozess durch die Prozessvertreter der Parteien näher beleuchtet. In materieller Hinsicht geht es vor allem darum, sorgfältig zu arbeiten. Die Feststellung des Vertragsstatuts löst nicht alle internationalprivatrechtlichen Probleme; die wichtige Teilfrage der Form wird ebenso gesondert angeknüpft wie die materielle und formelle Seite der Abtretung. Hinzukommt der Aspekt des „Auslandssachverhalts": Wer hinsichtlich der an den Vertragsschluss zu stellenden formellen Anforderungen zum deutschen Sachrecht vorgedrungen ist, ist damit noch nicht am Ziel, sondern muss die deutschen Normen in einer der besonderen Auslandsbeziehung des Falles angepassten Weise auslegen und anwenden.

III. Die Klausur ist recht umfangreich und stellt schon von daher hohe Anforderungen. Die hier vorgestellte Musterlösung soll, wie bereits eingangs angedeutet, gleichwohl nicht abschreckend wirken: Bei einer klausurmäßigen Bearbeitung ohne Hilfsmittel und mit zeitlicher Begrenzung kann nicht erwartet werden, dass alle Probleme, die der Fall aufwirft, gesehen und in aller Tiefe mit allen Meinungsvarianten erörtert werden. Wichtig ist hingegen, dass Sie die Schwerpunktfragen erkennen, angemessen darstellen und begründete Lösungen entwickeln.

IV. Hinsichtlich des Aufbaus der Falllösung bietet nur die Begründetheitsprüfung Schwierigkeiten. Man kann „integrativ" vorgehen, also materielle und internationalprivatrechtliche Prüfung verschränken, oder aber auch letztere isoliert vorziehen.[1] In der Musterlösung ist der zweite Weg gewählt worden, weil andernfalls die Lösung sehr unübersichtlich zu werden droht; Sie können sich aber selbstverständlich auch anders entscheiden. Wenn Sie der hier vorgeschlagenen Variante folgen, so gilt in besonderem Maße die bereits in den Vor-

---

1 Näher dazu die Vorbemerkungen zu Fall 1.

bemerkungen zu Fall 1 ausgesprochene Warnung: Die Niederschrift der Lösung macht ein vorheriges genaues Durchdenken des gesamten Falles einschließlich der materiellen Probleme erforderlich.

Gliederung der Lösung

Lösung

Erster Teil: Zulässigkeit der Klage

A. Internationale Zuständigkeit

Die internationale Zuständigkeit könnte sich aus der in ihrem Anwendungsbereich den Regeln der ZPO vorrangigen Brüssel Ia-VO ergeben.[2]

---

2 Die Brüssel Ia-VO geht als sekundäres Gemeinschaftsrecht dem nationalen Zivilprozessrecht vor (Art. 288 Abs. 2 AEUV); vgl. grundlegend EuGH v. 15.7.1964, 6/64 – *Costa/ENEL*, NJW 1964, 2371.

I. Anwendungsbereich der Brüssel Ia-VO

Es handelt sich um eine zivilrechtliche Angelegenheit, so dass der sachliche Anwendungsbereich der Brüssel Ia-VO nach Art. 1 Abs. 1 Brüssel Ia-VO eröffnet ist. Da der Beklagte Bodo Baumer (B) seinen Wohnsitz in Frankreich hat, ist die Brüssel Ia-VO auch in räumlich-persönlicher Hinsicht anwendbar, Art. 4 Abs. 1, 6 Abs. 1 Brüssel Ia-VO. Auch zeitlich ist die Verordnung anwendbar, da das Verfahren nach dem 10.1.2015 eingeleitet worden ist, Art. 66 Abs. 1 Brüssel Ia-VO.[3]

II. Gerichtsstand nach der Brüssel Ia-VO – Art. 7 Nr. 1 lit. a Brüssel Ia-VO

Die internationale Zuständigkeit deutscher Gerichte könnte sich aus Art. 7 Nr. 1 lit. a Brüssel Ia-VO ergeben (Erfüllungsort).

1. Anwendbarkeit des Art. 7 Nr. 1 Brüssel Ia-VO
a) Kein ausschließlicher oder halb-ausschließlicher Gerichtsstand

Art. 7 Nr. 1 Brüssel Ia-VO ist anwendbar, da B außerhalb seines Wohnsitzlandes verklagt wird und kein ausschließlicher (Art. 24 Brüssel Ia-VO) oder halb-ausschließlicher Gerichtsstand (z.B. Art. 15, 19 oder 23 Brüssel Ia-VO) entgegensteht.

b) Anspruch aus einem Vertrag i.S.d. Art. 7 Nr. 1 Brüssel Ia-VO

Die Kent's and Keller's Holiday partnership (K) klagt einen Anspruch „aus einem Vertrag" i.S.d. Art. 7 Nr. 1 Brüssel Ia-VO ein. Zwar bestreitet B die Wirksamkeit dieses Vertrages. Dies allein kann jedoch nicht zur Unanwendbarkeit des Art. 7 Nr. 1 Brüssel Ia-VO führen, denn sonst könnte sich jeder Beklagte mit einem sehr einfachen Mittel dem Gerichtsstand des Erfüllungsortes entziehen und Art. 7 Nr. 1 Brüssel Ia-VO verlöre weitgehend seine praktische Bedeutung.[4] Deshalb ist dem EuGH darin zu folgen, dass es ausreicht, wenn sich aus dem Vortrag des Klägers ohne Beachtung der Einwendungen des Beklagten das Vorliegen eines wirksamen Vertrages schlüssig ergibt.[5] Letzteres ist der Fall, so dass der Gerichtsstand des Erfüllungsortes nicht ausgeschlossen ist.

---

3 Für eine etwas ausführlichere Prüfung der Anwendungsvoraussetzungen der Brüssel Ia-VO vgl. Fall 1.
4 Vgl. *Gottwald*, IPRax 1983, 13 (14).
5 EuGH v. 4.3.1982 – 38/81 – *Effer/Kantner*, IPRax 1983, 31 (31); s. auch Rauscher/*Leible*, EuZPR/EuIPR, Art. 7 Brüssel Ia-VO Rn. 13.

2. Bestimmung des Erfüllungsortes nach Art. 7 Nr. 1 lit. a Brüssel Ia-VO
a) Klagemöglichkeit am Erfüllungsort

Wie Art. 7 Nr. 1 lit. c Brüssel Ia-VO klarstellt, ist zunächst zu prüfen, ob ein Fall des lit. b vorliegt, in dem (nur für prozessuale Zwecke) für alle Verpflichtungen aus bestimmten Vertragstypen unter Anknüpfung an die charakteristische Vertragsleistung ein jeweils einheitlicher Erfüllungsort festgelegt wird. Bei dem streitigen Grundstückskaufvertrag handelt es sich aber weder um einen Dienstleistungsvertrag noch um einen Kaufvertrag über bewegliche Sachen, so dass über lit. a vorzugehen ist, der im Gegensatz dazu eine Klagemöglichkeit (nur) am Erfüllungsort der konkreten streitigen Verpflichtung eröffnet.[6]

b) Erfüllungsort der Kaufpreiszahlung

Die streitige Verpflichtung ist hier die Kaufpreiszahlung. Fraglich ist, ob diese, u.U. aufgrund der diesbezüglichen Vereinbarung unter Ziff. 7 des streitgegenständlichen Vertrages, in Deutschland zu erfüllen ist.

aa) Erfüllungsort nach nationalem Recht

Dafür ist zunächst zu klären, welches Recht die Kriterien für die Ermittlung des Erfüllungsortes vorgibt. Zum EuGVÜ hatte der EuGH die Ansicht vertreten, dass eine vertragsautonome Bestimmung im Falle des Erfüllungsort-Begriffs mangels einer verallgemeinerungsfähigen gemeinsamen Basis in den Rechten der Mitgliedstaaten nicht möglich ist. Es blieb folglich nichts anderes übrig, als den Erfüllungsort nach dem nationalen Recht zu bestimmen, das auch in materieller Hinsicht über den geltend gemachten Anspruch entscheidet (Vertragsstatut, lex causae). Welches Recht das ist, war – wie sonst auch – über die Kollisionsnormen der lex fori, also des „eigenen" Rechts des befassten Gerichts, zu ermitteln.[7] An diesem Ansatz hat sich auch für Art. 7 Nr. 1 lit. a Brüssel Ia-VO nichts geändert, weil der europäische Gesetzgeber in Kenntnis der Rechtsprechung des EuGH gerade nur für die von Art. 7 Nr. 1 lit. b Brüssel Ia-VO erfassten Verträge eine verordnungsautonome und einheitliche Bestimmung des Erfüllungsorts vorgegeben hat.[8]

---

6 Vgl. EuGH v. 6.10.1976 – 14/76 – *de Bloos/Bouyer*, NJW 1977, 490 (490) zu Art. 5 Nr. 1 Hs. 1 EuGVÜ (seither st. Rspr.), der mit Art. 5 Nr. 1 lit. a) Brüssel I-VO sowie mit Art. 7 Nr. 1 lit. a) Brüssel Ia-VO identisch ist.

7 Vgl. EuGH v. 6.10.1976 – 12/76 – *Tessili/Dunlop*, NJW 1977, 491 (492), bestätigt in EuGH v. 28.9.1999 – C-440/97 – *GIE Groupe Concorde/Kapitän des Schiffes „Suhadiwarno Panjan"*, RIW 1999, 951 (952).

8 Vgl. EuGH v. 23.4.2009 – C-533/07 – *Falco Privatstiftung/Weller-Lindhorst*, NJW 2009, 1865 (1867); Rauscher/*Leible*, EuZPR/EuIPR, Art. 7 Brüssel Ia-VO Rn. 38 ff.

bb) Keine Umgehungsabsicht

Nach der lex causae beurteilen sich folgerichtig auch die Wirksamkeit und die Wirkungen einer Erfüllungsortvereinbarung.[9] Auch wenn eine Erfüllungsortvereinbarung über Art. 7 Nr. 1 Brüssel Ia-VO[10] den gleichen Effekt wie eine Gerichtsstandsvereinbarung haben kann, welche ihrerseits im Anwendungsbereich der Brüssel Ia-VO den besonderen, insbesondere formellen Voraussetzungen des Art. 25 Brüssel Ia-VO genügen muss, muss die Erstere die Form des Art. 25 Brüssel Ia-VO jedenfalls dann nicht wahren, wenn sie tatsächlich die Festlegung des Ortes bezweckt, an dem der Schuldner seine Leistung zu erbringen hat, und nicht lediglich – in Umgehung der Vorschriften für Gerichtsstandsvereinbarungen – „abstrahiert" von den materiellen Vertragspflichten die prozessuale Wirkung der Gerichtsstandsfestlegung haben soll.[11] Für eine solche Umgehungsabsicht gibt es indes keine Anhaltspunkte. Es ist demnach die Erfüllungsortvereinbarung allein an dem über das deutsche Kollisionsrecht zu ermittelnden Vertragsstatut zu messen.

cc) Anwendbarkeit der Rom I-VO

Wie Art. 3 EGBGB deklaratorisch darlegt, sind Kollisionsnormen in Verordnungen der Europäischen Union[12] sowie völkerrechtliche Verträge vorrangig vor den autonomen deutschen Kollisionsnormen des EGBGB. Zwar wäre bei der Wahl zwischen dem möglicherweise einschlägigen UN-Kaufrecht (CISG) und der Rom I-VO gem. Art. 25 Abs. 1 Rom I-VO in erster Linie an das CISG zu denken. Dieses erfasst indes nach Art. 1 Abs. 1 CISG keine Grundstückskaufverträge, weil Immobilien keine „Waren" (= bewegliche Güter) sind. Das führt zu der Frage, ob der Anwendungsbereich der Rom I-VO eröffnet ist.

---

9 EuGH v. 17.1.1980 – 56/79 – *Zelger/Salinitri*, IPRax 1981, 89 (92).

10 Die Zulässigkeit von Erfüllungsortvereinbarungen für Kauf- und Dienstleistungsverträge ergibt sich ausdrücklich aus Art. 7 Nr. 1 lit. b Brüssel Ia-VO. Dies bedeutet allerdings nicht, dass solche Vereinbarungen im Rahmen von lit. a nicht ebenfalls zuständigkeitsbegründend wirken. S. zur Wirksamkeit von Erfüllungsortvereinbarungen hinsichtlich des zu lit. a wortidentischen Art. 5 Nr. 1 EuGVÜ schon EuGH v. 17.1.1980 – 56/79 – *Zelger/Salinitri*, IPRax 1981, 89 (92).

11 So hinsichtlich Art. 17 EuGVÜ entschieden in EuGH v. 20.2.1997 – C-106/95 – *Mainschiffahrts-Genossenschaft eG (MSG)/Les Gravières Rhénanes SARL*, NJW 1997, 1431 (1431); s. zu Erfüllungsortvereinbarungen umfassend Rauscher/Leible, EuZPR/EuIPR, Art. 7 Brüssel Ia-VO Rn. 52 ff.

12 Vgl. Art. 288 Abs. 2 AEUV.

(1) Sachliche Anwendbarkeit

Der sachliche Anwendungsbereich ist nach Art. 1 Rom I-VO eröffnet: Bei dem Zahlungsanspruch handelt es sich um eine freiwillig eingegangene Verpflichtung in einer Zivilsache, ohne dass ein Ausschlusstatbestand nach Art. 1 Abs. 1 Satz 2, Abs. 2 Rom I-VO einschlägig wäre.

(2) Zeitliche Anwendbarkeit

Da der Vertrag nach dem 17.12.2009 geschlossen wurde, ist die Verordnung auch in zeitlicher Hinsicht anwendbar (Art. 28 Rom I-VO).

dd) Wirksame Erfüllungsortvereinbarung

Über eine Rechtswahl nach Art. 3 Abs. 1 Rom I-VO oder die objektive Anknüpfung nach Art. 4 Abs. 1 lit. c Rom I-VO[13] kommen das deutsche oder das spanische materielle Recht als Vertragsstatut in Betracht. Da sowohl nach deutschem (vgl. § 269 BGB[14]) als auch nach spanischem Recht (vgl. den Bearbeitungshinweis) Erfüllungsortvereinbarungen zulässig und Hindernisse für die Wirksamkeit der Vereinbarung nach beiden Rechten nicht zu erkennen sind, muss die Frage nach dem Vertragsstatut an dieser Stelle noch nicht entschieden werden.[15] Die Erfüllungsortvereinbarung ist wirksam. Die deutschen Gerichte sind international zuständig nach Art. 7 Nr. 1 lit. a Brüssel Ia-VO.

B. Örtliche Zuständigkeit

Art. 7 Nr. 1 lit. a Brüssel Ia-VO legt auch die örtliche Zuständigkeit fest, weil er nicht die Gerichte des Landes beruft, in dem die streitige Verpflichtung zu erfüllen ist, sondern ausdrücklich zum Gericht am Erfüllungsort weist. Damit ergibt sich die örtliche Zuständigkeit der Gerichte in Offenburg ebenfalls aus Art. 7 Nr. 1 lit. a Brüssel Ia-VO, ohne dass auf § 29 ZPO zurückgegriffen werden darf.

---

13 Obwohl ein Verbraucher am Vertrag beteiligt ist, ist Art. 6 Rom I-VO nicht einschlägig, da dieser in Abs. 4 lit. c Grundstückskaufverträge ausdrücklich aus seinem Anwendungsbereich ausschließt.

14 § 29 Abs. 2 ZPO steht als prozessuale Regelung für Gerichtsstandsvereinbarungen der Erfüllungsortvereinbarung nicht entgegen.

15 Selbstverständlich wäre es kein Fehler, bereits an dieser Stelle das Vertragsstatut zu ermitteln und die hier erst im zweiten Teil unter A.I. vorgenommene Prüfung vorzuziehen.

C. Sachliche Zuständigkeit

Die sachliche Zuständigkeit des LG Offenburg ergibt sich aus §§ 23, 71 GVG.

D. Parteifähigkeit der K

Fraglich ist, ob K parteifähig ist.

I. Anwendbares Recht

Die Meinungen darüber, wie die Parteifähigkeit ausländischer Personenvereinigungen zu bestimmen ist, sind geteilt. Einige wollen bei § 50 Abs. 1 ZPO ansetzen und die bürgerlichrechtliche Rechtsfähigkeit entscheiden lassen, wobei Letztere nach dem Grundgedanken des nur für natürliche Personen geltenden Art. 7 EGBGB auf der Grundlage des Heimatrechts der Gesellschaft zu ermitteln ist.[16] Die herrschende Ansicht geht hingegen von einer (ungeschriebenen) Kollisionsregel des deutschen internationalen Zivilprozessrechts aus, wonach die Parteifähigkeit ausländischer Gesellschaften ohne Umweg über die Rechtsfähigkeit unmittelbar den prozessualen Regeln des Heimatrechts zu entnehmen ist.[17] Die letztere Auffassung erscheint vorzugswürdig. Die besondere Schutzvorschrift des § 55 ZPO setzt für die Prozessfähigkeit ausländischer natürlicher Personen den ungeschriebenen Grundsatz voraus, dass sich diese unmittelbar nach den prozessualen Normen ihres Heimatrechts richtet und nicht etwa gemäß § 52 ZPO von ihrer über Art. 7 EGBGB zu ermittelnden bürgerlichrechtlichen Geschäftsfähigkeit abhängt. Es gibt keinen Grund, die Parteifähigkeit anders zu

---

16 OLG Hamm, GmbHR 2011, 598 (599); *Schütze*, DIZPR, Rn. 186; vgl. MüKoBGB/*Lipp*, Art. 7 EGBGB Rn. 12; Zöller/*Althammer*, ZPO, § 50 Rn. 2.

17 Grundlegend *Pagenstecher*, ZZP 64 (1951), 249 (251 ff.); ebenso z.B. BGHZ 51, 27 (28) = IPRax 2000, 21 (22); OLG Koblenz, RIW 1986, 137 (137); OLG Zweibrücken, NJW 1987, 2168 (2168); Stein/Jonas/*Bork*, ZPO, § 50 Rn. 51; *Rosenberg/Schwab/Gottwald*, ZPR, 18. Aufl. 2018, § 43 Rn. 3. Nach einer dritten Meinung (*Geimer*, IZPR, Rn. 2203; MüKoBGB/*Kindler*, IntGesR Rn. 568), die ungeachtet des unterschiedlichen dogmatischen Ansatzes beide Ansätze kombiniert, ist eine Partei parteifähig, wenn sie nach ihrem Personalstatut entweder rechtsfähig (§ 50 Abs. 1 ZPO) oder parteifähig (§ 55 ZPO analog) ist. In der Sache bringt sie aber keine Abweichung von der h.M., die das Personalstatut „nur" nach der Prozessfähigkeit befragen will, denn in wohl jedem Prozessrecht ist eine Personenvereinigung wie vor deutschen Gerichten jedenfalls dann prozessfähig, wenn sie rechtsfähig ist. Zweifelhafter erscheinen die Fälle einer Prozessfähigkeit ohne (volle) Rechtsfähigkeit (wie im deutschen Recht etwa nach §§ 124 Abs. 1, 161 Abs. 2 HGB); insoweit aber ist nach beiden Meinungen – anders als nach der Mindermeinung – ebenfalls die Position des Heimatrechts maßgeblich.

behandeln, zumal § 50 Abs. 1 ZPO ebenso wie § 52 ZPO eine auf Inländer ausgerichtete Norm des internen Verfahrensrechts ist, welche nicht unmittelbar die
internationalverfahrensrechtliche Frage der Parteifähigkeit ausländischer Personenzusammenschlüsse zu lösen vermag. Eine Entscheidung des Streits kann
letztlich jedoch dahinstehen, wenn beide Auffassungen hier nicht zu unterschiedlichen Ergebnissen gelangen. Zunächst ist für beide Ansätze das „Heimatrecht" der K zu ermitteln.

II. Heimatrecht der K
1. Grundsätze der Anknüpfung
Das Heimatrecht bestimmt sich, wie erwähnt, gem. Art. 7 Abs. 1 EGBGB bei
einer natürlichen Person nach dem Recht ihrer Staatsangehörigkeit. Bei einer
juristischen Person und Personengruppierungen, die (möglicherweise) keine
eigene Rechtspersönlichkeit aufweisen, ist das Personalstatut der Gesellschaft
(Gesellschaftsstatut) mangels Staatsangehörigkeit auf andere Weise zu bestimmen.

2. Internationale Abkommen
Das Brüsseler EWG-Übereinkommen über die gegenseitige Anerkennung von
Gesellschaften und juristischen Personen v. 29.2.1968[18] ist nicht in Kraft getreten
und wird dies aller Voraussicht nach auch nicht mehr.

3. Autonomes Recht
Eine gesetzliche Regelung zur Bestimmung des Personalstatuts von Gesellschaften fehlt.[19] Nach h.L.[20] und ständiger obergerichtlicher Rspr.[21] wird grundsätzlich an den tatsächlichen Sitz der Hauptverwaltung (Sitztheorie) angeknüpft.
Die Gegenmeinung hält hingegen das Recht für maßgeblich, nach dem die Ge-

---

18 BGBl. 1972 II, 370.
19 Zu – bislang i.W. erfolglosen – Initiativen für eine Kodifikation der kollisionsrechtlichen
Grundsätze MüKoBGB/*Kindler*, IntGesR Rn. 64 ff.
20 Zahlreiche Nachweise bei MüKoBGB/*Kindler*, IntGesR Rn. 423 ff. Für die Argumentation vor
Ergehen der wesentlichen EuGH-Rspr. s. Staudinger/*Großfeld*, IntGesR (1998) Rn. 38.
21 Z.B. BGHZ 53, 181 (183) = NJW 1970, 998(998); BGHZ 78, 318 (334) = NJW 1981, 522 (522);
BGHZ 134, 116 (118) = NJW 1997, 657 (658); BayObLGZ 1992, 113 (115); BayObLG DB, 1998, 2318
(2319); OLG Hamm, RIW 1997, 236 (237); KG, DB 1997, 1124 (1125); OLG Düsseldorf, JZ 2000, 203
(203).

sellschaft gegründet wurde (Gründungstheorie).[22] Weil die Sitztheorie im Ergebnis dazu führt, dass eine Gesellschaft ihren tatsächlichen Sitz nicht nach oder aus Deutschland heraus verlegen kann, ohne ihre Rechtspersönlichkeit nach dem Gründungsrecht zu verlieren, ist die Sitztheorie jedenfalls im Kontext der europäischen Niederlassungsfreiheit (Art. 49 und 54 AEUV = ex-Art. 43 und 48 EGV)[23] problematisch. Auf Vorlage des BGH[24] hat der EuGH im Jahre 2002 dann auch in seiner Überseering-Entscheidung[25] festgestellt, dass es die Niederlassungsfreiheit verletzt, wenn einer Gesellschaft, die in einem anderen Mitgliedstaat ordnungsgemäß gegründet wurde, nach einer Sitzverlegung in einen anderen Mitgliedstaat die Rechtsfähigkeit abgesprochen werde.[26] Der Schutz von Gläubigerinteressen oder Minderheitsgesellschaftern, Arbeitnehmern oder des Fiskus kann nicht als Rechtfertigung dienen.[27]

Folgte man dieser Argumentation, so fand bis zum Brexit auf in England gegründete Gesellschaften englisches Recht Anwendung. Grundsätzlich gelten

---

22 Zahlreiche Nachweise bei MüKoBGB/*Kindler*, IntGesR Rn. 364 ff. Zu Literaturstimmen vor der Intervention durch den EuGH s. *Bungert*, ZVgRWiss 93 (1994), 117 (121) Fn. 8.
23 Zu beachten ist außerhalb der europarechtlichen Problematik, dass auch die h.M., die grundsätzlich der Sitztheorie „anhängt", der Auffassung ist, dass im Verhältnis zu den USA aufgrund einer staatsvertraglichen Spezialregel in Art. XXV Abs. 5 des deutsch-amerikanischen Freundschafts-, Handels- und Schifffahrtsvertrags vom 29.10.1954 die Gründungstheorie gilt (dazu etwa *Ulmer*, IPRax 1996, 100). Gleiches gilt wegen des CETA-Abkommens im Verhältnis der EU-Mitgliedstaaten zu Kanada, vgl. nur *Freitag*, NZG 2017, 615.
24 BGH, RIW 2000, 555 (555 ff.).
25 EuGH v. 5.11.2002, C-208/00 – *Überseering BV/Nordic Construction Company Baumanagement GmbH* – IPRax 2003, 65 (73).
26 Diese Argumentation bestätigend EuGH v. 30.9.2003 – C-167/01 – *Kamer van Koophandel en Frabrieken voor Amsterdam/Inspire Art Ltd.*, NJW 2003, 3331 (3331) und EuGH v. 16.12.2008 – C-210/06 – *Cartesio*, NZG 2009, 61 (67 f.).
27 Vor der Entscheidung über die Vorlagefrage war dies sehr umstritten: kein Verstoß: EuGH v. 27.9.1988, 81/87 – *The Queen/Daily Mail*, NJW 1989, 2186 (2186 ff.); dieser Entscheidung folgend aus der deutschen Rspr. etwa OLG Düsseldorf, JZ 2000, 203 (203); BayObLGZ 1992, 113 (116 ff.) = DNotZ 1993, 187 (189 f.); a.A. anstelle vieler: *Behrens*, RabelsZ 52 (1988), 498 (517 ff.). Nach h.M. änderte sich an der Vereinbarkeit der Sitztheorie mit dem EG-Vertrag durch die enigmatische „Centros"-Entscheidung des EuGH (EuGH v. 9.3.1999 – C-212/97 – *Centros Ltd./Erhvervs-og Selskabsstyrelsen*, NJW 1999, 2027 [2027 ff.]) ebenfalls nichts, weil sie „nur" eine bestimmte Ausgestaltung der (dänischen) Gründungstheorie betraf; vgl. etwa *Sonnenberger/Großerichter*, RIW 1999, 721 (726); a.A. anstelle vieler: *Meilicke*, DB 1999, 627 (628) (zu Unrecht davon ausgehend, dass Dänemark der Sitztheorie folgt). Selbst im Anschluss an die EuGH-Entscheidung im Falle „*Überseering*" (Fn. 25) hielten einige an der Vereinbarkeit der Sitztheorie mit der Niederlassungsfreiheit fest, vgl. *Kindler*, NJW 2003, 1073 (1077). Erst nach der insoweit noch eindeutigeren „*Inspire Art*"- Entscheidung (Fn. 26) fand eine fast einhellige Abkehr von der Sitztheorie statt, vgl. Grüneberg/*Thorn*, Anh. zu Art. 12 EGBGB Rn. 6 f. m.w.N.; s. auch Zöller/*Althammer*, ZPO, § 50 Rn. 31.

mit Inkrafttreten des Austrittsabkommens die EU-Verträge für das Vereinigte Königreich aber nicht mehr, Art. 50 Abs. 3 EUV.[28] Die Austrittsabkommen[29] haben daran zunächst nichts geändert. Umstritten ist allerdings, ob sie dazu führen, dass englische Gesellschaften nach ihrem Gründungsrecht anzuerkennen sind, wenn sie im Gründungsstaat England auch *substantive business operations* (substanzielle Geschäftstätigkeiten) ausüben.[30] Aber selbst wenn man auf die nach englischem Recht gegründete K die Sitztheorie anwendet, gelangt man zur Anwendung englischen Rechts: Der maßgebliche tatsächliche Sitz der Gesellschaft (= der Hauptverwaltung) ist dort, wo die grundlegenden Entscheidungen der Unternehmensleitung effektiv in laufende Geschäftsführungsakte umgesetzt werden.[31] Hier werden die Geschäfte von Basel aus geleitet, damit ist Schweizer Recht berufen. Die Verweisung auf das Schweizer Sitzrecht ist aber entsprechend dem Grundgedanken des (auf ungeschriebenes Kollisionsrecht nicht unmittelbar anwendbaren) Art. 4 Abs. 1 Hs. 1 EGBGB eine Gesamtverweisung[32], womit einer eventuellen Rück- oder Weiterverweisung des Schweizer Kollisionsrechts zu folgen ist. Die Schweiz folgt, anders als zuvor die Bundesrepublik, gem. Art. 154 IPRG grundsätzlich der Gründungstheorie, hält also das Recht am Inkorporationsort für maßgeblich; nur subsidiär gilt die Sitztheorie. Damit verweist das Schweizer Recht weiter auf englisches Recht. Dies ist nach Art. 14 IPRG mangels ausdrücklicher anderer Bestimmung in Art. 154 IPRG eine Sachnormverweisung, sodass englisches IPR nicht mehr befragt werden muss. Englisches Sachrecht ist anwendbar.

Heimatrecht der K ist also englisches Recht.

---

28 Der BGH hat ausdrücklich klargestellt, dass sich eine britische *private company limited by shares* infolge des Brexits nicht mehr auf die Niederlassungsfreiheit berufen kann, siehe: BGH, ZIP 2021. 566 (567). Zustimmend z.B. *Schollmeyer*, NZG 2021, 692 (694); *Mankowski*, EuZW-Sonderausgabe 1/2020, 3 (8). Zu den internationalprivatrechtlichen Auswirkungen des Austritts des Vereinigten Königreichs aus der EU auf in Deutschland ansässige Ltd., LLP und PLC ausführlich *Mäsch/Gausing/Peters*, IPRax 2017, 49.

29 Relevant ist insofern insbesondere das Handels- und Kooperationsabkommen, ABl. EU 2020 Nr. L444, S. 20 ff.

30 Dafür: *Zwirlein-Forschner*, IPRax 2021, 357 (360 f.); *Fischer*, NZG 2021, 483 (483); *J.Schmidt*, GmbHR 2021, 229 (232). Einigkeit besteht jedenfalls insoweit, als eine Anerkennungspflicht bzw. die Geltung der Gründungstheorie bei reinen Briefkastengesellschaften ausscheidet.

31 Vgl. BGHZ 97, 269 (272) = NJW 1986, 2194 (2196).

32 OLG Hamburg, RIW 1988, 816 (816); OLG Frankfurt a.M., NJW 1990, 2204 (2205); Staudinger/*Henrich* (2019), Art. 4 EGBGB Rn. 230; a.A. BeckOK-BGB/*Mäsch*, Anh. II Art. 12 EGBGB Rn. 23.

III. Parteifähigkeit nach englischem Sachrecht

Nach englischem Sachrecht ist die partnership zwar nicht rechts-, wohl aber parteifähig (siehe Hinweis für die Bearbeiter).

IV. Folgerungen für den deutschen Prozess

Folgt man der oben wiedergegebenen h.M. zu §§ 50, 55 ZPO, so ist damit auch die Parteifähigkeit für einen deutschen Prozess gegeben.

Schließt man sich hingegen der Mindermeinung an, folgt zwar aus der fehlenden Rechtsfähigkeit der partnership im englischen Recht zunächst die mangelnde Parteifähigkeit in einem deutschen Prozess. Jedoch bleibt die Mindermeinung bei diesem Ergebnis nicht stehen, sondern möchte hilfsweise aus Gründen des Verkehrsschutzes entsprechend Art. 12 EGBGB die Parteifähigkeit des nicht rechtsfähigen Gebildes vor deutschen Gerichten bejahen, wenn sie nach deutschem Recht gegeben wäre.[33] Gem. § 105 Abs. 1, Abs. 2 HGB wäre die K nach deutschem Recht als OHG anzusehen und damit nach § 124 HGB parteifähig. Auch bei dieser Lösung ist also von der Parteifähigkeit der K auszugehen.[34]

K ist parteifähig.[35]

E. Prozessfähigkeit/ordnungsgemäße Vertretung

Ob juristische Personen bzw. allgemein parteifähige Personenzusammenschlüsse als solche prozessfähig sind, ist umstritten.[36] Der Streit ist jedoch müßig, da unabhängig von der Position in dieser Grundsatzfrage die juristische

---

33 *Schütze*, DIZPR, Rn. 187.

34 Wer der Mindermeinung folgen will, aber – was vertretbar ist – eine Analogie zu Art. 12 EGBGB mit dem Argument ablehnt, die Zuerkennung der aktiven Prozessfähigkeit eines nicht rechtsfähigen Personenzusammenschlusses könne nicht dem Schutz des (hier im Beklagten verkörperten) Rechtsverkehrs dienen, kommt zum Ergebnis, dass allein die Gesellschafter (als notwendige Streitgenossen) klagen können. Da vorliegend alle Gesellschafter die partnership vertreten und die Verwendung eines Gesamtnamens als Parteibezeichnung nicht schadet (vgl. MüKoZPO/*Lindacher*, § 50 Rn. 27), kann man aber zumindest hilfsweise davon ausgehen, dass die Gesellschafter die Kläger sind und nur eine entsprechende Richtigstellung der Parteibezeichnung zu erfolgen hat.

35 Wer unter Anwendung deutschen Prozessrechts die Parteifähigkeit verneint hat (vgl. Fn. 17), muss die Gesellschafter als Kläger ansehen.

36 Bejahend z.B.: Zöller/*Althammer*, ZPO, § 52 Rn. 2; verneinend z.B.: Stein/Jonas/*Jacoby*, ZPO, § 51 Rn. 13.

Person nur durch ihre Organvertreter handeln kann, nach beiden Auffassungen also im Prozess vorrangig die Frage der ordnungsgemäßen organschaftlichen Vertretung zu klären ist.[37] Hier wiederholt sich der oben zur Parteifähigkeit dargestellte Streit darüber, ob das deutsche Recht über eine ungeschriebene prozessuale Kollisionsnorm zur Feststellung der ordnungsgemäßen organschaftlichen Vertretung im Prozess direkt auf das Heimatrecht der Partei verweist oder die lex fori entscheidet.[38] Weil diese aber gem. § 52 ZPO die Prozessfähigkeit an die Geschäftsfähigkeit koppelt, was bei Gesellschaften gleichbedeutend ist mit der Prüfung der ordnungsgemäßen organschaftlichen Vertretung, welche ihrerseits nach dem Heimatrecht zu beurteilen ist, führt der Weg hier nach beiden Auffassungen für K zum englischen Recht; nach diesem vertreten die Geschäftsführer die Gesellschaft gerichtlich und außergerichtlich. K wird daher von Kent und Keller wirksam vertreten.

K ist aufgrund der ordnungsgemäßen Vertretung auch prozessfähig.

F. Weitere Zulässigkeitshindernisse

Weitere Zulässigkeitshindernisse sind nicht ersichtlich.

G. Ergebnis

Die Klage ist zulässig.

Zweiter Teil: Begründetheit der Klage

A. Internationalprivatrechtliche Fragestellungen

K macht einen abgetretenen vertraglichen Erfüllungsanspruch geltend. Es ist also zunächst das auf den Vertrag und die Abtretung in materieller und formeller Hinsicht anwendbare Recht zu ermitteln (unten I–IV). Für die Frage der Heilung eines möglichen Formmangels könnte auch das auf die dinglichen Rechte an der verkauften Immobilie anzuwendende Recht eine Rolle spielen (unten V).

---

37 Vgl. Musielak/Voit/*Weth*, ZPO, § 51 Rn. 6.
38 Vgl. *Schütze*, DIZPR, Rn. 189; *Geimer*, IZPR, Rn. 2221; nach beiden Meinungen ist § 55 ZPO in dem Fall zu beachten, in dem es an der Prozessfähigkeit bzw. Geschäftsfähigkeit nach dem Heimatrecht fehlt.

I. Vertragsstatut

Nach Art. 25 Abs. 1 Rom I-VO dem europäischen Recht vorrangige internationale Abkommen greifen nicht ein; insbesondere erfasst, wie bereits festgestellt, das UN-Kaufrecht (CISG) Grundstückskaufverträge nicht. Wie im Rahmen der Zulässigkeitsprüfung bereits dargelegt, ist der Anwendungsbereich der Rom I-VO eröffnet.

1. Zulässigkeit und Vorliegen einer Rechtswahl nach Art. 3 Abs. 1 Rom I-VO
a) Keine ausdrückliche Rechtswahl

Nach Art. 3 Abs. 1 S. 1 Rom I-VO ist eine Rechtswahl bei schuldrechtlichen Verträgen zulässig. An einer ausdrücklichen Rechtswahl fehlt es hier, allerdings ist sie auch konkludent möglich, wie Art. 3 Abs. 1 S. 2 Rom I-VO klarstellt, sofern die Umstände des Falles einen hinreichend sicheren Schluss auf eine solche stillschweigende Vereinbarung zulassen.

b) Voraussetzungen einer konkludenten Rechtswahl

Die Annahme einer konkludenten Rechtswahl setzt eine tatsächliche (nicht fingierte) Willensübereinkunft der Parteien voraus. Sie müssen den Willen haben, dass eine bestimmte Rechtsordnung zur Anwendung kommen soll und diesen Willen durch schlüssiges Verhalten dokumentieren.[39] Letzteres kann etwa geschehen durch die Bezugnahme auf Normen einer speziellen Rechtsordnung oder die Verwendung von juristisch-technischen Klauseln, die auf ein bestimmtes Recht zugeschnitten sind; Indizwirkung haben auch eine Gerichtsstands- oder Schiedsgerichtsvereinbarung.[40] (Rein) objektive Kriterien, die eine bestimmte Verbindung der Parteien oder des Vertragsgegenstandes mit einer bestimmten Rechtsordnung belegen (hier: Sitz der Verkäuferin und Vertragsschluss in Deutschland, deutsche Staatsangehörigkeit des Käufers) haben hier hingegen außer Betracht zu bleiben, da sie einen Rückschluss auf eine rechtsgeschäftliche Vereinbarung der Parteien zum anwendbaren Recht nicht zulassen; Platz bleibt für sie allein bei der objektiven Anknüpfung des Vertrages nach Art. 4 Rom I-VO.

c) Keine konkludente Rechtswahl im Vertrag

Im Vertrag der Parteien vom 21.4.2021 fehlt es an hinreichenden Indizien für eine stillschweigende Rechtswahl: Der Hinweis auf die „escritura pública" be-

---

39 BGH, DNotZ 1987, 292 m. Anm. *Lichtenberger.*
40 „Qui eligit iudicem eligit ius", vgl. MüKoBGB/*Martiny*, Art. 3 Rom I-VO Rn. 47, 49 ff.

inhaltet zwar einen juristisch-technischen Begriff des spanischen Rechts, steht aber ersichtlich nur im Zusammenhang mit der Eigentumsübertragung und dem daran geknüpften Fälligkeitszeitpunkt der Kaufpreiszahlung, ohne eine weitergehende Rolle auf schuldrechtlicher Ebene zu spielen. Es erscheint deshalb zu weitreichend, allein aus diesem Begriff auf die Wahl des spanischen Rechts zu schließen. Umgekehrt ist aus ähnlichen Erwägungen die Vereinbarung des deutschen Erfüllungsortes für die Kaufpreiszahlung für sich genommen ein nur schwacher Hinweis auf die Wahl des deutschen Rechts, der zudem nicht durch andere Indizien unterstützt wird. Die Wahl der Vertragssprache beruht im Regelfall auf praktischen Gründen der einfacheren Verständigung, ohne das anwendbare Recht zu präjudizieren. Die gewählte Währung schließlich gilt sowohl in Spanien als auch in Deutschland, so dass dahin stehen kann, inwieweit aus der Wahl einer bestimmten nationalen Währung ein Indiz für eine Rechtswahl abgeleitet werden könnte.[41]

d) Nachträgliche Rechtswahl durch Prozessverhalten

Eine Rechtswahl kann aber auch nachträglich getroffen werden, Art. 3 Abs. 2 S. 1 Rom I-VO, und sich insbesondere aus dem Prozessverhalten ergeben. Hier erklären beide Vertreter im Bewusstsein der kollisionsrechtlichen Problematik, dass deutsches Recht angewandt werden soll.[42] Dies reicht nach allgemeiner Meinung für die Annahme einer Rechtswahl aus.[43] Fraglich ist vorliegend allerdings, ob K, die nicht Vertragspartnerin ist, eine solche Rechtswahl (mit) treffen kann, denn sie ist durch die Abtretung – deren Wirksamkeit vorausgesetzt – nur Inhaberin der Forderung geworden, nicht aber als Vertragspartnerin anstelle von H in den Vertrag eingetreten. Zum einen kann aber die Rechtswahl auf Teile des Vertragsverhältnisses beschränkt werden, Art. 3 Abs. 1 S. 3 Rom I-VO, zum anderen besteht hier Personenidentität zwischen den hinter K und H stehenden natürlichen Personen, so dass davon ausgegangen werden kann, dass die Rechtswahl auch für H getroffen wird.

---

41 Die h.M. ist insoweit eher zurückhaltend. Die Währung, in der Zahlungen aus einem Vertrag zu leisten sind, wird aber häufig aus Gründen (Währungsstabilität und -konvertibilität, Vereinfachung des Zahlungsverkehrs) bestimmt, die mit den auf die Vertragsbeziehungen ansonsten anzuwendenden Rechtsregeln nichts zu tun haben. Die h.M. sieht daher die Währung allenfalls im Zusammenspiel mit anderen, gewichtigeren Faktoren als Indiz für eine Rechtswahl an, vgl. Reithmann/Martiny/*Martiny*, Int. Vertragsrecht, Rn. 2253; Staudinger/*Magnus* (2016), Art. 3 Rom I-VO Rn. 98.
42 Darin liegt der Unterschied zu Fall 1.
43 Vgl. Staudinger/*Magnus* (2016), Art. 3 Rom I-VO Rn. 82, 84; MüKoBGB/*Junker*, Art. 14 Rom II-VO Rn. 32 f.

Allerdings ist bei einer nachträglichen Wahl des Vertragsstatuts zu beachten, dass durch sie keine Formungültigkeit eintritt, wenn der Vertrag nach dem bisherigen Vertragsstatut, das über Art. 11 Abs. 1 Rom I-VO Bedeutung auch für die Ermittlung der einzuhaltenden Formvorschriften hat, formwirksam war, Art. 3 Abs. 2 S. 2 Rom I-VO.

2. Wirksamkeit der Rechtswahl

Die Wirksamkeit der Rechtswahl richtet sich gemäß Art. 3 Abs. 5 Rom I-VO i.V.m. Art. 10, 11 und 13 Rom I-VO nach dem gewählten Recht, vorliegend also nach deutschem Recht. Gegen die Annahme einer wirksamen Einigung bestehen keine Bedenken.[44]

3. Wirksame Vertretung bei der Rechtswahl

Allerdings ist die Rechtswahl im Prozess für die Parteien durch deren Prozessvertreter getroffen worden. Sie bindet die Ersteren deshalb nur dann, wenn die Anwälte insoweit vertretungsberechtigt waren.

a) Auf die Prozessvollmacht anzuwendendes Recht

Die Anknüpfung der rechtsgeschäftlich erteilten Vertretungsmacht (Vollmacht) war lange Zeit nicht durch nationale oder vereinheitlichte Kollisionsnormen geregelt und ist nicht zuletzt gem. Art. 1 Abs. 2 lit. g Rom I-VO vom Anwendungsbereich der Rom I-VO ausgenommen. Der daran anschließende Streit,

---

44 Wer eine gegenüber den Parteien wirksame nachträgliche Rechtswahl (entgegen der richtigen Lösung) verneint, muss das Vertragsstatut nach Art. 4 Rom I-VO ermitteln. Nach Art. 4 Abs. 1 lit. c Rom I-VO ist zwar spanisches Recht anwendbar. Allerdings greift vorliegend aufgrund der anderen engen Verbindungen zum deutschen Recht (Sitz der Verkäuferin, Nationalität des Käufers, deutscher Erfüllungsort bezüglich der Zahlung, deutsche Währung, Vertrag in deutscher Sprache, deutscher Vertragsabschlussort; dagegen allerdings: Wohnsitz des Käufers nicht in Deutschland) die Ausweichklausel des Art. 4 Abs. 4 Rom I-VO. Danach ist deutsches Recht Vertragsstatut. Es erscheint aber auch vertretbar, es hier bei dem Regeltatbestand des Art. 4 Abs. 1 lit. c Rom I-VO zu belassen. Damit gelangt man zu spanischem Recht als Vertragsstatut, was einige weitere Lösungsprobleme vereinfacht (Formwirksamkeit des Vertrages nach spanischem Recht und damit Überflüssigkeit der Prüfung einer Heilung), andererseits bei den Ausführungen zu Art. 11 Abs. 1 Rom I-VO Genauigkeit verlangt. Die Verweisungen durch die Art. 3 ff. Rom I-VO sind Sachnormverweisungen (Art. 20 Rom I-VO), so dass es bei Annahme eines Verweises ins spanische Recht auf eine Rück- oder Weiterverweisung nicht ankommt.

wonach das Vollmachtsstatut zu bestimmen war,[45] hat sich infolge der Einfügung von Art. 8 in das EGBGB nunmehr erledigt. Die detaillierte Systematik der Vorschrift kommt hier jedoch nicht zur Anwendung: Im speziellen Falle der Erteilung einer Prozessvollmacht an einen Rechtsanwalt sind sich alle einig, dass unabhängig von der grundsätzlichen Anknüpfung von Vollmachten in grenzüberschreitenden Sachverhalten die lex fori entscheidet, also das Recht des Gerichts, vor dem der Anwalt auftreten soll.[46] Dies führt hier zum deutschen Recht.

b) Umfang der Prozessvollmacht nach deutschem Recht
Im deutschen Recht ist unstreitig, dass die Prozessvollmacht über den Wortlaut des § 81 ZPO hinaus nicht nur zu Prozesshandlungen, sondern auch zu rechtsgeschäftlichen Willenserklärungen materiellrechtlichen Inhalts im Namen der vertretenen Partei ermächtigt, soweit sie sich auf den Streitgegenstand beziehen und der Erreichung des Prozessziels dienen.[47] Dies schließt den Abschluss einer Rechtswahlvereinbarung im Hinblick auf den dem Klageanspruch zugrunde liegenden Vertrag ein.[48]

4. Umfang des Vertragsstatuts
Den Umfang des Vertragsstatuts bestimmen Art. 1, 10 und 12 Rom I-VO. Das Vertragsstatut regelt danach insbesondere Zustandekommen und Wirksamkeit des Vertrages. Formfragen werden hingegen über Art. 11 Rom I-VO gesondert angeknüpft.

II. Formstatut
Zur Ermittlung der für den Grundstückskaufvertrag maßgeblichen Formvorschriften nach Art. 11 Rom I-VO sind zunächst die Grundregeln des Art. 11 Abs. 1–3 Rom I-VO zu prüfen, um anschließend gegebenenfalls eine Korrektur nach Art. 11 Abs. 5 Rom I-VO vorzunehmen. Art. 11 Abs. 4 EGBGB, den der Pro-

---

45 Zu den ehemals vertretenen Positionen umfassend MüKoBGB/*Spellenberg*, Art. 8 EGBGB Rn. 2 ff.; Erman/*Stürner*, Art. 8 EGBGB Rn. 3 ff.
46 Vgl. z.B. BGH, IPRax 1991, 247 (247); Grüneberg/*Thorn*, Art. 8 EGBGB Rn. 4; *Nagel/Gottwald*, IZPR, Rn. 5.55; *Schack*, IZVR, Rn. 666. So auch ausdrücklich Begr. RegE. BT-Drs. 18/10714, S. 24.
47 MüKoZPO/*Toussaint*, § 81 Rn. 25.
48 Musielak/Voit/*Weth*, ZPO, § 81 Rn. 8; Stein/Jonas/*Bork*, ZPO, § 81 Rn. 10; Wieczorek/Schütze/*Smid/Hartmann*, ZPO, § 81 Rn. 11; wohl auch *Schack*, NJW 1984, 2736 (2739); Zöller/*Vollkommer*, ZPO, § 81 Rn. 11.

zessbevollmächtigte der Kent's and Keller's Holiday partnership ins Spiel bringt, betrifft nur die für dingliche Wirkungen notwendige Form und kann deshalb hier, wo es nur um das schuldrechtliche Geschäft geht, außer Betracht bleiben.

1. Art. 11 Abs. 1 bis 3 Rom I-VO
a) Maßgeblicher Absatz
Zunächst ist zu klären, welche der drei Grundregeln der Absätze 1 bis 3 zur Anwendung kommt, da diese sich gegenseitig ausschließen. Abs. 3 erfasst lediglich einseitige Rechtsgeschäfte und findet daher keine Anwendung auf den vorliegenden Fall. Abs. 1 und 2 unterscheiden hinsichtlich der Ortsform zwischen den Fällen, in denen beide Parteien oder ihre Vertreter zum Zeitpunkt des Vertragsschlusses im selben Land sind, und denen, in denen sie sich in verschiedenen Staaten befinden. Hierbei ist unter dem Begriff „Befinden" allein der schlichte, nicht der gewöhnliche Aufenthalt zu verstehen.[49] Die Parteien befanden sich im Zeitpunkt der Abgabe ihrer Willenserklärungen in Offenburg/Deutschland; somit im selben Staat, so dass die maßgeblichen Formvorschriften zunächst nach Abs. 1 zu bestimmen sind.

b) Alternative Anknüpfung nach Art. 11 Abs. 1 Rom I-VO
Abs. 1 sieht eine alternative Anknüpfung an das Geschäfts- oder an das Ortsrecht vor, um besonders vielen Verträgen zur Formwirksamkeit zu verhelfen. Das Geschäftsrecht ist das Sachrecht, das auf den Vertrag nach der Rom I-VO anzuwenden ist, d.h. das Vertragsstatut.[50] Vertragsstatut ist nach den obigen Ausführungen aufgrund der nachträglichen Rechtswahl im Prozess das deutsche Recht.[51] Unter Ortsrecht ist das Recht des Staates, in dem der Vertrag geschlossen wird, zu verstehen.[52] Da der Vertrag vorliegend in Deutschland geschlossen wurde, ist Ortsrecht ebenfalls deutsches Recht. Als Sachnormverweisung (vgl. Art. 20 Rom I-VO) richtet sich die notwendige Form damit allein nach deutschem Recht. Sollte danach der Vertrag formunwirksam sein, ist allerdings, wie oben bereits erwähnt, Art. 3 Abs. 2 S. 2 Rom I-VO zu beachten. (Nur) In diesem

---

49 Rauscher/*v. Hein*, EuZPR/EuIPR, Art. 11 Rom I-VO Rn. 16.
50 Rauscher/*v. Hein*, EuZPR/EuIPR, Art. 11 Rom I-VO Rn. 13.
51 Wer (zu Unrecht) zum spanischen Recht als Vertragsstatut gekommen ist, kann sich auf die Prüfung (und Bejahung) der Formwirksamkeit nach spanischem Recht beschränken, vgl. zweiter Teil B.I.3.
52 Rauscher/*v. Hein*, EuZPR/EuIPR, Art. 11 Rom I-VO Rn. 16.

Fall müsste hilfsweise die nachträgliche Rechtswahl hinweggedacht und das Vertragsstatut nach den objektiven Kriterien des Art. 4 Rom I-VO ermittelt werden, um zu prüfen, ob dies zu einem anderen Recht führt, dessen Formvorschriften möglicherweise eingehalten sind. Diese Prüfung kann entfallen, wenn sich im Folgenden ergibt, dass der Vertrag in Anwendung deutscher Formvorschriften formwirksam ist.

2. Art. 11 Abs. 5 Rom I-VO

Vor der materiellrechtlichen Prüfung der Formwirksamkeit ist noch an das Korrektiv des Art. 11 Abs. 5 Rom I-VO zu denken. Nach dieser Vorschrift bestimmt sich die Formwirksamkeit bei Grundstückskaufverträgen im Falle, dass am Belegenheitsort der unbeweglichen Sache international zwingende Normen existieren, nicht alternativ nach den gem. Abs. 1 ermittelten Rechten, sondern nach dem Recht des Belegenheitsortes.[53] Unter „zwingenden Formvorschriften" sind sowohl kollisionsrechtlich als auch materiellrechtlich zwingende Vorschriften, d.h. solche zu verstehen, die (1) aus der Sicht des IPR am Belegenheitsort ohne Rücksicht auf die „üblichen" Kollisionsregeln für die Form gelten sollen, also unabhängig vom Ort des Vertragsschlusses oder des Geschäftsstatuts (lit. a), und von denen (2) im materiellen Recht des Belegenheitsstaates nicht abgewichen werden darf (lit. b).[54] Zweck dieses Korrektivs ist die Vermeidung undurchsetzbarer Rechtslagen.[55] Wie Art. 11 Nr. 1 S. 3 des Código Civil zeigt („auch"), fehlt es hier schon an der Voraussetzung des Art. 11 Abs. 5 lit. a Rom I-VO. Folglich bleibt es vorliegend bei der Regelanknüpfung des Abs. 1.

III. Abtretungsstatut
1. Abtretbarkeit und Verhältnis Neugläubiger/Schuldner

Gemäß Art. 14 Abs. 2 Rom I-VO richtet sich die Abtretbarkeit und das Verhältnis zwischen dem Neugläubiger und dem Schuldner, also insbesondere die Frage, ob die Abtretung gegenüber dem Schuldner wirksam ist, unter welchen Voraussetzungen der Zessionar Erfüllung verlangen und welche Einwendungen der Schuldner dem entgegenhalten kann, nach dem Statut, dem die abgetretene Forderung unterliegt. Weil der Vertrag, auf dem die abgetretene Forderung beruht, nach dem oben Gesagten dem deutschen Recht unterliegt, wird damit

---

53 BeckOK-BGB/*Mäsch*, Art. 11 Rom I-VO Rn. 62.
54 MüKoBGB/*Spellenberg*, Art. 11 Rom I-VO Rn. 73.
55 MüKoBGB/*Spellenberg*, Art. 11 Rom I-VO Rn. 67; Rauscher/*v. Hein*, EuZPR/EuIPR, Art. 11 Rom I-VO Rn. 31.

auch als Sachnormverweisung (vgl. wiederum Art. 20 Rom I-VO) insoweit auf deutsches Recht verwiesen (näher zu internationalen Abtretungen Fall 8).

2. Verhältnis Altgläubiger/Neugläubiger

Fragen des Verhältnisses zwischen Altgläubiger (hier H) und Neugläubiger (hier K) spielen für die Prüfung des Zahlungsanspruchs des Zessionars K gegen den Schuldner B keine Rolle, so dass es nicht darauf ankommt, welches Recht nach Art. 14 Abs. 1 Rom I-VO ihre (schuldrechtlichen) Beziehungen regiert.

IV. Form der Abtretung

Auch bei der Abtretung sind Formfragen nach Art. 11 Rom I-VO gesondert anzuknüpfen.[56] Der Anwendung des Art. 11 Rom I-VO steht auch nicht entgegen, dass die Abtretung, soweit – wie hier – der Übertragungsvorgang selbst und nicht das schuldrechtliche Verhältnis zwischen Alt- und Neugläubiger in Frage steht, ein Verfügungsgeschäft ist.[57] Da sich sowohl H als auch K in demselben Staat befinden, und die Übertragung einer Forderung ein zweiseitiges Rechtsgeschäft ist, ist die Regelanknüpfung nach Art. 11 Abs. 1 Rom I-VO mit ihrer alternativen Anknüpfung an Geschäfts- und Ortsrecht maßgeblich. Die Form der Abtretung unterliegt vorliegend dem deutschen Recht, das sowohl das Recht am Ort der Abtretung als auch das Abtretungsstatut stellt.

V. Sachenrechtsstatut
1. Keine vorrangigen europäischen oder staatsvertraglichen Regelungen

Europäische Verordnungen oder dem autonomen Kollisionsrecht vorrangige Staatsverträge greifen nicht ein.

2. Art. 43 Abs. 1 EGBGB

Gemäß Art. 43 Abs. 1 EGBGB richtet sich die sachenrechtliche Lage nach dem Recht des Belegenheitsortes. Für eine wesentlich engere Verbindung zu einem anderen Recht i.S.v. Art. 46 EGBGB sind keine Anhaltspunkte ersichtlich.[58] Weil

---

56 Staudinger/*Hausmann* (2016), Art. 14 Rom I-VO Rn. 77; MüKoBGB/*Martiny*, Art. 14 Rom I-VO Rn. 48.
57 BeckOK-BGB/*Mäsch*, Art. 11 Rom I-VO Rn. 21.
58 Bei der Anwendung des Art. 46 EGBGB darf die grundsätzliche Trennung zwischen dem Statut für das schuldrechtliche Geschäft und dem Sachenrechtsstatut nicht überspielt werden.

das Grundstück in Spanien liegt, ist spanisches Recht anwendbar. Diese Verweisung ist nach Art. 4 Abs. 1 S. 1 Hs. 1 EGBGB eine Gesamtverweisung, weshalb das spanische Kollisionsrecht zu einer eventuellen Rück- oder Weiterverweisung zu befragen ist. Aus Art. 10 Nr. 1 CC folgt aber, dass auch das spanische Recht für sachenrechtliche Fragen die lex rei sitae für anwendbar erklärt, die Verweisung also annimmt.[59] Es bleibt also insoweit bei der Anwendung spanischen Rechts.

VI. Zwischenergebnis

Im Ergebnis ist also die Berechtigung des von K geltend gemachten Anspruchs insgesamt nach deutschem Recht zu beurteilen. Lediglich die sachenrechtliche Lage, sofern es auf sie ankommt, richtet sich nach spanischem Recht.

B. Materiellrechtlicher Teil

Der Anspruch der Klägerin ist aus §§ 433 Abs. 2, 398 BGB begründet, wenn ein wirksamer Kaufvertrag zwischen der Holiday GmbH und dem Beklagten abgeschlossen worden (unten I), die daraus erwachsende Kaufpreisforderung noch besteht und durchsetzbar ist (II), und sie der Klägerin wirksam abgetreten wurde (III).

Es ist deshalb ausgeschlossen, allein aus der Tatsache, dass der Grundstückskaufvertrag hier deutschem Recht unterliegt, zu folgern, dass auch in sachenrechtlicher Hinsicht eine engere Verbindung zum deutschen Recht besteht. Beschränkt man sich deshalb auf die sachenrechtliche Ebene, sind bei Verfügungen über Immobilien, die wegen ihrer unveränderlichen Lage und der häufigen Einbindung in ein System öffentlicher Registrierung der an ihnen bestehenden Rechte keine Fälle vorstellbar, in denen eine engere Verbindung zum Sachenrecht eines anderen Staates vorliegt, vorsichtiger BT-Drucks. 14/343, S. 19 („kaum einmal relevant"). Trotz des insoweit indifferenten Wortlauts ist deshalb Art. 46 EGBGB auf bewegliche Sachen beschränkt, soll aber auch in diesem Rahmen nach der Gesetzesbegründung nur zur Abwehr von durch Art. 43–45 EGBGB berufener „extrem [!] sachfremder Rechtsordnungen" genutzt werden, BT-Drucks. 14/343, S. 18 f. Vgl. zu dieser Intention auch *Hornung*, Internationales Privatrecht zwischen Wertneutralität und Politik (2021), 199 f.

59 Wegen der nahezu weltweiten Geltung der situs-Regel wird die Prüfung des Renvoi bei Art. 43 EGBGB kaum einmal zu einem vom deutschen Recht abweichenden Ergebnis führen. Anderes könnte im Rahmen der nicht vielen Rechten vertrauten Ausweichklausel des Art. 46 EGBGB gelten, soweit diese Vorschrift nicht ohnehin „nur" dazu genutzt wird, trotz ausländischer Belegenheit zum deutschen Recht zurückzukehren. Zu Art. 46 EGBGB ist aber h.M., dass es sich um eine Sachnormverweisung handelt, die nach Art. 4 Abs. 1 Hs. 2 EGBGB die Beachtung eines Renvoi ausschließt, vgl. Grüneberg/*Thorn*, vor Art. 43 EGBGB Rn. 2.

I. Wirksamer Vertragsschluss

Die Wirksamkeit des Vertrages zwischen der Holiday GmbH und dem Beklagten könnte vorliegend daran scheitern, dass er privatschriftlich und nicht, wie § 311b Abs. 1 BGB fordert, in notariell beurkundeter Form abgeschlossen wurde.

1. Auslegung des § 311b Abs. 1 BGB

Zwar vertritt eine Mindermeinung, dass § 311b Abs. 1 BGB einschränkend auszulegen und seinem Sinn und Zweck nach nur auf inländische Grundstücke anzuwenden sei,[60] womit Kaufverträge über im Ausland belegene Grundstücke bei Anwendung deutschen Rechts formlos geschlossen werden könnten. Die h.M. aber ist anderer Meinung und wendet § 311b Abs. 1 BGB auch bei ausländischen Grundstücken an.[61] Der letzteren Auffassung ist zu folgen, weil zum einen die Beschränkung auf inländische Grundstücke dem Wortlaut der Norm nicht zu entnehmen ist, und zum anderen ihr Zweck, nämlich der Schutz vor übereilten und unüberlegten Geschäftsabschlüssen sowie sachgemäße Beratung und Abfassung des Vertrags, eher für als gegen die Einbeziehung auch von Kaufverträgen über ausländische Grundstücke streitet.[62]

2. Folgen des Formverstoßes

Die Folgen eines Formverstoßes beurteilen sich nach der Rechtsordnung, der die verletzte Formvorschrift entnommen wurde. Damit ist der Kaufvertrag hier zunächst nach § 125 S. 1 BGB nichtig, was jedoch eventuell über § 311b Abs. 1 S. 2 BGB geheilt worden sein könnte.

Nach dem Wortlaut von § 311b Abs. 1 S. 2 BGB wird ein Formmangel des Grundstückskaufvertrags durch „Auflassung und die Eintragung in das Grundbuch" geheilt. Dies kann sich, wörtlich genommen, nur auf (deutsche) Grund-

---

60 *Wengler*, NJW 1969, 2237 (2237) noch zu § 313 S. 1 BGB a.F.

61 Vgl. z.B. BGHZ 52, 239 (241), st. Rspr.; *Spellenberg*, IPRax 1990, (298) (jeweils zu § 313 S. 1 BGB a.F.); Grüneberg/*Thorn*, Art. 11 Rom I-VO Rn. 5 m.w.N.; MüKoBGB/*Ruhwinkel*, § 311b Rn. 11 m.w.N.

62 BGHZ 53, 189 (195) = NJW 1970, 999 (1001) (noch zu § 313 S. 1 BGB). Derjenige, der sich hingegen der Mindermeinung anschließen will – etwa mit dem Argument, dass § 311b Abs. 1 S. 1 BGB erkennbar mit der Heilungsmöglichkeit aus § 311b Abs. 1 S. 2 BGB zusammenhänge, welche wiederum auf in inländische Grundbücher eingetragene Grundstücke abziele –, kommt hier zum Ergebnis, dass der privatschriftliche Vertrag nach deutschem Recht in Ermangelung einer anwendbaren Formvorschrift formwirksam ist; die Frage der Heilung muss er nicht mehr ansprechen.

stücke im Bereich deutscher Grundbücher beziehen. Bei ausländischen Grundstücken findet eine Eintragung der Auflassung in ein deutsches Grundbuch nicht statt. Deshalb ist in diesem Rahmen eine angepasste Anwendung des § 311b Abs. 1 S. 2 BGB notwendig („Auslandssachverhalt").[63] Dabei hat man sich am Zweck der Vorschrift zu orientieren. Grundgedanke des § 311b Abs. 1 S. 2 BGB ist es, eine Ausnahme vom Grundsatz der Nichtigkeit dann zuzulassen, wenn der Kaufvertrag trotz des Formmangels durch den Eigentumsübergang (der in Deutschland Auflassung und Eintragung erfordert) vollzogen worden ist. Also ist bei einem ausländischen Grundstück allein entscheidend, dass (und nicht wie) nach dem maßgeblichen Recht das Eigentum an dem Grundstück übergegangen und damit der Kaufvertrag vollzogen ist.[64]

3. Heilung durch Eigentumsübergang

Nach dem für den Eigentumsübergang anwendbaren spanischen Recht geht das Eigentum an einem Grundstück gemäß Art. 609 Abs. 2 CC „als Folge" eines wirksamen diesbezüglichen Vertrages mit Übergabe an den Erwerber über. Art. 1462 Abs. 2 CC lässt sich entnehmen, dass mit diesem Vertrag nicht ein gesonderter dinglicher, sondern der schuldrechtliche Vertrag gemeint ist; Spanien folgt also dem „Titulus/Modus"-System.[65]

a) Wirksamkeit des Kaufvertrags nach spanischem Recht

Die Wirksamkeit des Kaufvertrages vom 21.4.2021 ist hier, da es um die mit ihm verbundene mögliche Änderung der dinglichen Lage aus Sicht der spanischen lex rei sitae geht, an dem Recht zu messen, zu dem das spanische IPR führt.[66] Problematisch ist allenfalls die Formwirksamkeit. Insoweit ist aber nach Art. 11 Nr. 1 S. 3 CC die Einhaltung der am Belegenheitsort geforderten, hier also der spanischen Form ausreichend. Nach dem Bearbeitungshinweis verlangt das spanische Recht nicht die Beurkundung eines Grundstückskaufvertrages; Art. 1462 Abs. 2 CC macht die „escritura pública" nicht zur Pflicht, sondern eröffnet nur die Möglichkeit, die Übergabe durch ein Surrogat zu ersetzen (dazu

---

63 Allgemein zur angepassten Anwendung deutscher Normen, wenn eines ihrer Elemente aufgrund der Auslandsbeziehung des Sachverhalts nicht wortgetreu angewandt werden kann, *v. Hoffmann/Thorn*, IPR, § 1 Rn. 129; MüKoBGB/*v. Hein*, Einl. IPR Rn. 262 ff.

64 BGHZ 73, 391 (396 f.) = NJW 1979, 1773 (1774); OLG Frankfurt, RIW 1995, 1033 (1034).

65 Titulus steht für den (schuldrechtlichen) Vertrag über die Eigentumsübertragung, Modus für die Übergabe bzw. ein Übergabesurrogat.

66 Vgl. Staudinger/*Stoll* (2015), Internationales Sachenrecht, Rn. 224.

sogleich unten). Damit genügt aus spanischer Sicht die privatschriftliche Niederlegung des Vertrages für seine Wirksamkeit.

b) Unbeachtlichkeit der fehlenden Übergabe

Die für den Eigentumsübergang nach Art. 609 Abs. 2 CC weiterhin erforderliche Übergabe ist hier dem Sachverhalt nicht zu entnehmen. Nach Art. 1462 Abs. 2 CC ist sie aber nicht notwendig, wenn stattdessen über den Kaufvertrag eine „escritura pública" angefertigt wird. Das ist vorliegend geschehen. Damit ist aus spanischer Sicht das Eigentum an dem Hausgrundstück auf den Beklagten übergegangen.

Folglich ist der Formmangel des Kaufvertrages nach § 311b Abs. 1 S. 2 BGB geheilt. Die Prüfung, ob ohne die nachträgliche Rechtswahl ein anderes als das deutsche Recht das Vertragsstatut und damit über Art. 3 Abs. 2 S. 2, Art. 11 Abs. 1 Rom I-VO eines der Formstatute gestellt hätte (s. oben zweiter Teil A.II.), kann daher entfallen.

II. Bestand und Durchsetzbarkeit der Forderung

Anhaltspunkte für ein Erlöschen der Forderung oder ihre mangelnde Durchsetzbarkeit sind nicht ersichtlich.

III. Wirksamkeit der Abtretung

Auf alle mit der Abtretung zusammenhängenden Fragen ist vorliegend deutsches Recht anwendbar. Nach deutschem Recht bestehen gegen die Wirksamkeit der Abtretung keine Bedenken (§§ 398 ff. BGB).[67]

Da die partnership selbst nicht rechtsfähig ist, sind Inhaber der Forderung die in dem Unternehmen verbundenen und unter ihr auftretenden Partner geworden.

C. Ergebnis

Die Klage ist begründet.

---

67 Wer als Statut des Kaufvertrages spanisches Recht angenommen hat, muss die Wirksamkeit der Abtretung nach Art. 14 Abs. 2 Rom I-VO hier nach spanischem Recht prüfen. Entsprechend dem Bearbeitervermerk sind die Voraussetzungen erfüllt.

Fall 3: Gerichtsstandsvereinbarungen

Sachverhalt

Zwischen der in Aachen ansässigen B-GmbH (im Folgenden B), die in Fernost produzierte Modebekleidung in Europa vertreibt, und der Werbeagentur W-Ltd. (im Folgenden W), einer nach irischem Recht gegründeten *private company limited by shares*, die ihren tatsächlichen Verwaltungssitz in Dublin hat, bestehen langjährige Geschäftsbeziehungen. In deren Rahmen konzipiert und realisiert W Werbekampagnen für B. Da deren hauptsächliches Absatzgebiet die deutschsprachigen Märkte sind (Deutschland, Österreich, deutschsprachige Schweiz), wird die Arbeit vereinbarungsgemäß von der Hamburger Niederlassung der W aus geleistet, wobei einige Reisen nach Österreich und in die Schweiz erforderlich sind. Alleingesellschafter und Geschäftsführer der B ist der im zehn Kilometer von Aachen entfernten Kerkrade (Niederlande) wohnhafte A.

Den einzelnen Verträgen lagen in der Vergangenheit jeweils aufgrund ausdrücklicher Abrede die allgemeinen Geschäftsbedingungen der B zugrunde, in denen u.a. bestimmt ist, dass deutsches Recht anzuwenden und Wien (der frühere Wohnort des A) der ausschließliche Gerichtsstand für alle Streitigkeiten aus diesem Vertrag ist; beides soll ausdrücklich auch für etwaige Rechtsstreitigkeiten mit A persönlich auf der Grundlage dieser Vertragsverhältnisse gelten. Am 3.3.2020 sandte B ein Schreiben an W, das A in eigenem Namen und für B unterzeichnet hatte. Darin wurde W angeboten, zum Pauschalpreis von 200.000,– € die Werbekampagne für die Herbst-/Wintersaison 2020/2021 für B durchzuführen; die allgemeinen Geschäftsbedingungen der B waren auf der Rückseite des Schreibens abgedruckt, ohne dass auf der Vorderseite auf sie Bezug genommen wurde.

W bestätigte gegenüber B den Auftrag mit Schreiben vom 5.3.2020 (überschrieben „Auftragsbestätigung"), in dem festgehalten wird, dass – wie in der Vergangenheit üblich – auch A selber Vertragspartner sein soll, damit er für die Zahlung des Honorars persönlich haftet und sich im besonderen Maße persönlich für die Zusammenarbeit zwischen B und W verantwortlich fühlt.

In der Folgezeit führte W die Werbekampagne im Zusammenwirken mit B und A durch, erhielt aber keine Zahlungen von der finanziell klammen B.

W verklagt daraufhin im März 2021 A persönlich vor dem Landgericht Hamburg auf Zahlung von 200.000,– €. W wird dabei von ihrem Vorstand *(director)* vertreten.

Der Prozessvertreter des A macht geltend, deutsche Gerichte seien wegen des Wohnsitzes des A in den Niederlanden und der Gerichtsstandsklausel in den AGB der B, der W nicht widersprochen habe, international unzuständig; im

Übrigen sei keine wirksame Einigung über die persönliche Mithaftung des A für das Honorar ersichtlich.

Der Rechtsanwalt der W meint, eine Gerichtsstandsvereinbarung sei nicht wirksam zustande gekommen und wäre im Übrigen unbeachtlich, weil A Verbraucher sei. A hafte schon deshalb persönlich für das Honorar für die Kampagne 2020/2021, weil dies in der Vergangenheit immer so gehandhabt worden sei; zumindest sei eine diesbezügliche Vereinbarung für dieses Jahr nach den Regeln über das kaufmännische Bestätigungsschreiben zustande gekommen, weil A und B der Auftragsbestätigung der W nicht widersprochen, sondern den Vertrag abgewickelt haben.

Frage: Hat die Klage der W Aussicht auf Erfolg?

Abwandlung: A ist erbost über dieses Vorgehen und kann nicht fassen, dass W sich nicht an die Gerichtsstandsvereinbarung hält. Er will sich nicht ohne Weiteres auf ein Verfahren vor dem Landgericht Hamburg einlassen und strengt deshalb nach der Klageeinleitung der W eine negative Feststellungsklage vor dem Wiener Landesgericht für Zivilsachen an. Der Rechtsanwalt der W ist der Meinung, die Klage des A sei unbeachtlich, weil sie nach der Klage des W erhoben wurde. Wie ist der Verfahrensgang?

Hinweise zum ausländischen Recht
1. Ein kaufmännisches Bestätigungsschreiben kann im irischen Recht, das der Familie des Common Law angehört, u.U. die gleiche Bedeutung wie im deutschen Recht entfalten.[1] Im Übrigen bestehen keine einschlägigen internationalen Handelsbräuche.
2. Die „Ltd." ist nach irischem Recht rechts- und parteifähig und wird kraft Gesetzes durch ihren Vorstand (*director*) vertreten. Nach irischem Kollisionsrecht bestimmt sich das Gesellschaftsstatut nach dem Recht, nach dem die Gesellschaft gegründet wurde.

Bearbeitungshinweis
Soweit es nach Auffassung des Bearbeiters/der Bearbeiterin für die Lösung auf ausländische Normen ankommt, deren Inhalt hier nicht wiedergegeben

---

[1] Vgl. insofern zum Common Law *Lando/Beale*, Principles of European Contract Law (2000), Art. 2:210 Note 3; *Rust v. Abbey Life Ins. Co. [1979] 2 Lloyd's Rep 334*; a.A. etwa Ferrari/Kieninger/*Ferrari*, IntVertragsR, Art. 10 Rom I-VO Rn. 37.

ist, so ist zu unterstellen, dass sie den einschlägigen deutschen Normen entsprechen.

In einem Gutachten ist auf alle aufgeworfenen Rechtsfragen, gegebenenfalls hilfsgutachterlich, einzugehen.

Vorbemerkungen

I. Da nach den Erfolgsaussichten der Klage der W gefragt ist, sind deren Zulässigkeit und Begründetheit zu prüfen, wobei der Schwerpunkt auf dem ersten Gesichtspunkt und hier wiederum bei der Bestimmung der internationalen Zuständigkeit der angerufenen Gerichte liegt. In diesem Rahmen muss sich der Bearbeiter mit dem Gerichtsstand des Erfüllungsortes nach Art. 7 Nr. 1 Brüssel Ia-VO und hier insbesondere mit der Funktionsweise des Art. 7 Nr. 1 lit. b auseinandersetzen. Sodann kommt die Gerichtsstandsklausel in den AGB der B und damit Art. 25 Brüssel Ia-VO ins Blickfeld – eine Vorschrift, die erst 2015 neu gefasst wurde[2] und ebenso wichtig für die Praxis wie schwierig zu handhaben ist; letzteres gilt gleichermaßen für die hier ebenfalls aufgeworfene Frage nach den Konturen des Verbraucherbegriffs in Art. 17 Abs. 1 Brüssel Ia-VO.

II. Die Begründetheitsprüfung dient vor allem der Erinnerung, dass Hauptvertrag, Rechtswahl und Vereinbarung über den Gerichtsstand drei auseinanderzuhaltende Verträge darstellen, auch wenn die letzteren beiden nur unscheinbare Klauseln im Rahmen des ersten bilden. Ihre Wirksamkeit ist nach unterschiedlichen Regeln zu beurteilen – ihr Schicksal kann deshalb ein unterschiedliches sein.

III. In der Abwandlung kommt die sog. Torpedo-Klage in den Fokus der Überlegungen. Um diese zumindest im Rahmen von Gerichtsstandsvereinbarungen zu unterbinden, hat der europäische Gesetzgeber in Art. 29 ff. Brüssel Ia-VO Regelungen geschaffen, die vor allem praktische Auswirkungen haben, jedoch auch in theoretischer Hinsicht Potential für wissenschaftliche Diskussionen bieten.

---

2 Zu den nennenswerten Änderungen mit Blick auf Gerichtsstandsvereinbarungen s. *Wais*, GPR 2015, 142.

Gliederung der Lösung

Lösung

A. Zulässigkeit

I. Internationale Zuständigkeit

Die internationale Zuständigkeit deutscher Gerichte könnte sich aus den Normen der Brüssel Ia-VO ergeben.[3]

1. Anwendbarkeit der Brüssel Ia-VO

a) Sachlicher Anwendungsbereich

Der sachliche Anwendungsbereich der Brüssel Ia-VO ist nach Art. 1 Abs. 1 Brüssel Ia-VO für die vorliegende zivilrechtliche Streitigkeit eröffnet. Es liegt keine Ausnahme nach Art. 1 Abs. 2 Brüssel Ia-VO vor.

b) Zeitlicher Anwendungsbereich

Die Verordnung ist nach Art. 66 Abs. 1 Brüssel Ia-VO auf Klagen anwendbar, die am 10.1.2015 oder danach eingeleitet worden sind. Die Klage ist im März 2021 erhoben worden. Somit ist die Verordnung zeitlich anwendbar.

---

3 Zum Vorrang der Brüssel Ia-VO vor dem autonomen deutschen Zivilprozessrecht s. Fall 2 Fn. 2.

c) Räumlich-persönlicher Anwendungsbereich

In räumlich-persönlicher Hinsicht ist nach Art. 6 Abs. 1 Brüssel Ia-VO jedenfalls ausreichend, dass die beklagte Partei ihren Wohnsitz in einem Mitgliedstaat der EU hat; das ist hier erfüllt.[4] Der *internationale* Sachverhalt, den die h.M. zusätzlich voraussetzt,[5] ist wegen der in verschiedenen Staaten gelegenen Sitze der Parteien gegeben. Weil beide (Wohn-)Sitze in einem anderen Mitgliedstaat als Deutschland liegen, ist auch die von einem Teil der Rechtsprechung aufgestellte Forderung erfüllt, der Fall müsse darüber hinaus Berührungspunkte zu einem anderen Mitgliedsstaat als dem Forumsstaat aufweisen.[6]

d) Zwischenergebnis

Die Brüssel Ia-VO ist demnach im vorliegenden Fall anwendbar.

2. Zuständigkeit aus der Brüssel Ia-VO

Da A außerhalb seines Wohnsitzlandes verklagt wird und Art. 24 Brüssel Ia-VO ersichtlich nicht eingreift, kommt als Grundlage für die internationale Zuständigkeit deutscher Gerichte nur einer der besonderen Gerichtsstände des Art. 7 Brüssel Ia-VO in Betracht. Einschlägig ist möglicherweise Art. 7 Nr. 1 Brüssel Ia-VO.

a) Art. 7 Nr. 1 Brüssel Ia-VO – Gerichtsstand des Erfüllungsortes
aa) Anwendbarkeit des Art. 7 Nr. 1 lit c, a Brüssel Ia-VO bei Bestreiten eines wirksamen Vertrages

Nach Art. 7 Nr. 1 lit. c, a Brüssel Ia-VO kann eine vertragliche Verpflichtung im Land des Erfüllungsortes geltend gemacht werden. Dies gilt auch dann, wenn

---

4 Sofern in einem Klausurfall Zweifel daran auftauchen, wo sich der Wohnsitz einer natürlichen Person befindet, entscheidet über Art. 62 Abs. 1 Brüssel Ia-VO das internationale Privatrecht des befassten Gerichts, bei einem deutschen Gericht also das deutsche IPR. Geht es um den Sitz einer Gesellschaft, ist dieser vertragsautonom zu bestimmen. Art. 63 Brüssel Ia-VO stellt drei Anknüpfungsmomente bereit, die in einem Alternativverhältnis stehen (vgl. Rauscher/*Staudinger*, EuZPR/EuIPR, Art. 63 Brüssel Ia-VO Rn. 1).

5 Vgl. dazu die Ausführungen oben Fall 1 und bei Rauscher/*Staudinger*, EuZPR/EuIPR, Einl. Brüssel Ia-VO Rn. 19; zur Brüssel I-VO siehe *Krophol ler/v. Hein*, EuZPR, vor Art. 2 Brüssel I-VO Rn. 6 f.; *Geimer/Schütze*, EuZVR, Art. 4 Brüssel Ia-VO Rn. 101 ff. (insbes. Rn. 103).

6 BGH, IPRax 1990, 318 (319); OLG München, IPRax 1991, 46 (47) (speziell zu Art. 17 I EuGVÜ). Diese Forderung lässt sich nach den Entscheidungen des EuGH v. 13.7.2000 – C-412/98 – *Group Josi*, NJW 2000, 3121 und EuGH v. 1.3.2005 – C-281/02 – *Owusu/Jackson*, EuZW 2005, 345 (beide zum EuGVÜ) nur schwer halten; zum Meinungsstand auch Staudinger/*Hausmann* (2016), Verfahrensrecht für internationale Verträge Rn. 33.

darüber gestritten wird, ob überhaupt ein wirksamer Vertrag zustande gekommen ist.[7] Denn, wenn eine Partei nur das Nichtbestehen eines Vertrages zu behaupten brauchte, um die Zuständigkeit auszuschalten, wäre Art. 7 Nr. 1 Brüssel Ia-VO rasch bedeutungslos.

bb) Ort der vertragscharakteristischen Leistung

Maßgeblich für den Vertragsgerichtsstand ist ausweislich des Wortlauts des Art. 7 Nr. 1 lit. a Brüssel Ia-VO der Erfüllungsort derjenigen Verpflichtung, die Gegenstand der Klage ist, hier also der Zahlungsverpflichtung. Allerdings legt Art. 7 Nr. 1 lit. b Brüssel Ia-VO für alle Einzelpflichten aus Kaufverträgen über bewegliche Sachen und Dienstleistungsverträgen einen einheitlichen und gemeinsamen Erfüllungsort vertragsautonom am Ort der vertragscharakteristischen Leistung fest.[8] Der Dienstleistungsbegriff umfasst alle entgeltlichen gewerblichen, kaufmännischen, handwerklichen und freiberuflichen Tätigkeiten, die nicht unter den Kauf-, Verbraucher- oder Arbeitsvertrag fallen.[9] Um einen solchen Vertrag handelt es sich bei der entgeltlichen Durchführung von Werbekampagnen. Damit ist gem. Art. 7 Nr. 1 lit. b, 2. Spiegelstrich Brüssel Ia-VO (auch) für die Klage auf Zahlung des Honorars der Ort maßgeblich, an dem die Dienstleistung zu erbringen war.[10] W wurde vor allem in Deutschland, aber auch in der Schweiz und in Österreich für B tätig. Bei solchen grenzüberschreitenden Dienstleistungen muss auf ihren geographischen *Schwerpunkt* abgestellt werden.[11] Dieser lag bei nur „einigen" Reisen in die beiden Alpenrepubliken

---

7 S. schon Fall 2; auch BeckOK-ZPO/*Thode*, Art. 7 Brüssel Ia-VO Rn. 17.

8 Beachte den Unterschied zu den kollisionsrechtlichen Regelungen der Art. 28 Abs. 2 EGBGB und Art. 4 Abs. 1 lit. a, lit. b Rom I-VO zur Bestimmung des auf einen Vertrag anwendbaren Rechts: Dort ist zwar auch die vertragscharakteristische Leistung maßgeblich, angeknüpft wird aber nicht an den Ort, wo sie zu erbringen ist, sondern an den gewöhnlichen Aufenthaltsort der sie erbringenden Vertragspartei.

9 Vgl. zu dem Ganzen Rauscher/*Leible*, EuZPR/EuIPR, Art. 7 Brüssel Ia-VO Rn. 66 ff.; lehrreich hierzu auch: EuGH v. 23.4.2009 – C-533/07 – *Falco Privatstiftung u.a./Weller-Lindhorst*, EuZW 2009, 510 (510 f.); EuGH v. 25.2.2010 – C-381/08 – *Car Trim GmbH/KeySafety Systems Srl*, EuZW 2010, 301 (301 f.); EuGH v. 11.3.2010 – C-19/09 – *Wood Floor Solutions Andreas Domberger/Silvia Trade*, NJW 2010, 1189 sowie EuGH v. 19.12.2013 – C-9/12 – *Corman-Collins SA/La Maison du Whisky SA*, EuZW 2014, 181.

10 Vgl. *Rauscher*, NJW 2010, 2251 (2252).

11 Vgl. BGH, NJW 2006, 1806 (1808). Sollte der geographische Schwerpunkt der Hauptdienstleistung nicht ermittelbar sein, weil mehrere Orte gleichermaßen eine enge Nähe zum Sachverhalt aufweisen, steht dem Kläger ausnahmsweise ein Wahlrecht zwischen all diesen Orten zu, vgl. Rauscher/*Leible*, EuZPR/EuIPR, Art. 7 Brüssel Ia-VO Rn. 90 ff.; EuGH v. 9.7.2009 – C-204/08 – *Rehder/Air Baltic*, NJW 2009, 2801 (2801 ff.), zum Falle eines Beförderungsvertrages

offenbar in Hamburg, so dass über Art. 7 Nr. 1 lit. b Brüssel Ia-VO die internationale Zuständigkeit deutscher Gerichte begründet wäre.

b) Derogierende Wirkung der Gerichtsstandsvereinbarung

Diese Zuständigkeit würde allerdings dann ausscheiden, wenn die in den Geschäftsbedingungen der B enthaltene Klausel, nach der die Gerichte in Wien *ausschließlich* zuständig sind, zu einer wirksamen Gerichtsstandsvereinbarung zwischen B und W geführt hat. Weil A das Angebotsschreiben der B nach dem Sachverhalt ausdrücklich auch in eigenem Namen unterschrieben hat, würde die Klausel in diesem Fall Wirkung auch für und gegen ihn entfalten.[12]

aa) Anwendbarkeit des Art. 25 Brüssel Ia-VO

Ob die Gerichtsstandsvereinbarung wirksam zustande gekommen ist, richtet sich nach Art. 25 Brüssel Ia-VO. Im Gegensatz zur Brüssel I-VO, die noch einen Parteienwohnsitz im Mitgliedstaat forderte, verbleibt unter der Brüssel Ia-VO nunmehr als einzige Voraussetzung und unabhängig vom Wohnsitz der Parteien die Prorogation eines Gerichts eines Mitgliedstaats.[13] Die Gerichtsstandsvereinbarung legt Wien als Gerichtsstand fest. Somit ist diese Voraussetzung erfüllt und Art. 25 Brüssel Ia-VO anwendbar.

bb) Wirksamkeit der Gerichtsstandsvereinbarung unter Art. 25 Brüssel Ia-VO
(1) Ausschluss der Gerichtsstandsvereinbarung mit einem Verbraucher, Art. 25 Abs. 4 i.V.m. Art. 19 Brüssel Ia-VO

Die Gerichtsstandsvereinbarung könnte wegen Art. 25 Abs. 4 i.V.m. Art. 19 Brüssel Ia-VO keine Wirkung entfalten, weil an ihr ein Verbraucher beteiligt ist und keiner der in Art. 19 Brüssel Ia-VO genannten Ausnahmetatbestände hilft (Derogationsverbot). Verbraucher ist nach der Legaldefinition des Art. 17 Abs. 1 Brüs-

---

von Personen im Luftverkehr, in dessen Rahmen die Dienstleistung ihrer Natur nach untrennbar und einheitlich vom Ort des Abfluges bis zum Ort der Ankunft des Flugzeuges erbracht wird, ein gesonderter Teil der Leistung demnach gerade nicht ausgemacht werden kann, und der Kläger daher ein Wahlrecht zwischen dem Ort des Abfluges und dem Ort der Ankunft wählen kann.

12 Vgl. zu Art. 17 EuGVÜ: OLG Köln, NJW-RR 1998, 1350 (1350 f.). Zur Drittwirkung von Prorogationen s. EuGH v. 7.2.2013 – C-543/10 – *Refcomp SpA/Axa Corporate Solutions Assurance SA u.a.*, EuZW 2013, 316; *Gebauer*, IPRax 2001, 471; *Geimer*, NJW 1985, 533.

13 Vgl. Musielak/Voit/*Stadler*, ZPO, Art. 25 Brüssel Ia-VO Rn. 3; Rauscher/*Mankowski*, EuZPR/EuIPR, Art. 25 Brüssel Ia-VO Rn. 8.

sel Ia-VO jede (natürliche) Person, die einen Vertrag abgeschlossen hat, der nicht ihrer beruflichen oder gewerblichen Tätigkeit zugerechnet werden kann. Es kommt also nicht auf persönliche Eigenschaften der Partei, sondern auf den Charakter der streitgegenständlichen Transaktion an (funktionelle Betrachtungsweise). Als Verbraucher handelt demnach nur derjenige, der ein *privates Konsumgeschäft* abschließt;[14] anders ausgedrückt: Es fallen nur solche Verträge unter die Vorschrift des Art. 17 Brüssel Ia-VO, die eine Person zur Deckung ihres Eigenbedarfs beim privaten Verbrauch eingeht.[15] Um ein solches Geschäft handelt es sich hier ersichtlich nicht. Es geht um die Begründung von Pflichten des A, die in engstem Zusammenhang mit seiner beruflichen Tätigkeit als Geschäftsführer der B stehen. Durch seine Einbindung in den Vertrag wollte sich die W nicht nur im Hinblick auf die Honorarzahlung absichern, sondern auch eine persönliche Kontinuität in der Befassung mit den Werbekampagnen auf der Seite ihres Vertragspartners erreichen. Damit ist der Vertrag der beruflichen Tätigkeit des A zuzurechnen;[16] eine Berufung auf Art. 19 Brüssel Ia-VO scheidet aus.[17]

(2) Wirksame Vereinbarung in der von Art. 25 Abs. 1 Brüssel Ia-VO verlangten Form

Die Gerichtsstandsvereinbarung muss aber materiell und formell für A zustande gekommen sein. Zunächst ist zu prüfen, ob eine der besonderen Anforderungen, die Art. 25 Abs. 1 S. 3 lit. a–c Brüssel Ia-VO[18] alternativ an das Zustandekommen einer wirksamen Gerichtsstandsvereinbarung stellt, erfüllt sind.[19]

---

14 OLG Nürnberg, IPRax 2005, 248 (250); *Hess*, IPRax 2000, 370.

15 Ob sich nach dem *deutschen* Verbraucherbegriff Abweichendes ergeben würde (§ 13 BGB schließt nur die *selbstständige* berufliche Tätigkeit aus dem Schutzbereich aus), ist unerheblich, weil Art. 17 Abs. 1 Brüssel Ia-VO verordnungsautonom auszulegen ist, vgl. Rauscher/*Staudinger*, EuZPR/EuIPR, Art. 17 Brüssel Ia-VO Rn. 1 m.w.N.

16 Vgl. für eine ähnliche Konstellation OLG Nürnberg, IPRax 2005, 248.

17 Deshalb muss nicht der Frage nachgegangen werden, ob der Schutz des Art. 19 Brüssel Ia-VO verzichtbar ist, d. h. die Gerichtsstandsvereinbarung als wirksam anzusehen ist, wenn sich nicht die Gegenseite, sondern der beklagte Verbraucher selbst – wie hier der A – ausdrücklich auf sie stützt, um eine Klageabweisung zu erreichen. Dafür spricht, dass nach h.M. auch im Bereich des Art. 19 Brüssel Ia-VO eine rügelose Einlassung möglich ist und die Gerichte neuerdings eine Belehrungspflicht gem. Art. 26 Abs. 2 trifft (Rauscher/*Staudinger*, EuZPR/EuIPR, Art. 19 Brüssel Ia-VO Rn. 1); zu der Problematik von Gerichtsstandsvereinbarungen in AGB gegenüber Verbrauchern: Rauscher/*Mankowski*, EuZPR/EuIPR, Art. 25 Brüssel Ia-VO Rn. 296 f.

18 S. ausführlich zur Formwirksamkeit der Gerichtsstandsvereinbarung *Hohmeier*, IHR 2014, 217 (219 ff.).

19 Grundsätzlich ist eine zweigeteilte Prüfung der Gerichtsstandsvereinbarung notwendig, die sich zum einen auf die materielle Willenseinigung zwischen den Parteien und zum anderen auf

(a) Schriftliche Vereinbarung

Nach Art. 25 Abs. 1 S. 3 lit. a Alt. 1 Brüssel Ia-VO kann eine Gerichtsstandsvereinbarung schriftlich abgeschlossen werden. Erforderlich ist hierfür, dass
jede Partei ihre Willenserklärung schriftlich abgegeben hat. Dies kann in der
Form geschehen, dass beide Parteien *ein* Schriftstück unterzeichnen, in dem
(1) die Gerichtsstandsvereinbarung selbst enthalten ist oder (2) *ausdrücklich* auf
die AGB *verwiesen* wird, die die Gerichtsstandsklausel enthalten, wobei im letzteren Fall hinzukommen muss, dass der Vertragspartner bei normaler Sorgfalt von den AGB tatsächlich Kenntnis nehmen konnte.[20] Im vorliegenden Fall
haben die Parteien nicht gemeinsam ein Schriftstück unterzeichnet. Anders
als nach § 126 Abs. 2 BGB[21] genügen aber auch *getrennte* Schriftstücke der Parteien wie ein Briefwechsel oder der Austausch von Fernschreiben, wenn nur
die Einigung über die Gerichtsstandsvereinbarung aus den Schreiben selbst
hervorgeht. Das ist selbstverständlich dann der Fall, wenn die Klausel in beiden
Schreiben ausdrücklich enthalten ist.[22] Ist die Klausel hingegen in den AGB nur
einer der Parteien verborgen, so muss es sich bei der Willenserklärung, in der
auf diese Bezug genommen wird, um das *Angebot* handeln – nur dann kann
man nämlich davon ausgehen, dass in der schriftlichen Erklärung der anderen
Partei, also der Annahme, zugleich eine Zustimmung zur Gerichtsstandsklausel

---

die notwendige Form erstreckt. Scheinbar stellt Art. 25 Abs. 1 S. 3 lit. a–c Brüssel Ia-VO nur
Formerfordernisse auf. Diese sind aber in Wahrheit nicht immer von der materiellen Willensei-
nigung zu trennen, was sich insbes. im Rahmen der Einbeziehung kraft internationalem Handelsbrauch zeigt (vgl. zu Art. 23 Brüssel I-VO *Kropholler/v. Hein*, EuZPR, Art. 23 Brüssel I-VO
Rn. 27). Die Einhaltung einer der Formen des Art. 25 Abs. 1 S. 2 lit. a–c Brüssel Ia-VO soll im
Übrigen gerade gewährleisten, dass die materielle Einigung tatsächlich feststeht. In diesem
Zusammenhang stellt der EuGH daher eine Vermutung auf, dass die Parteien sich einig sind,
wenn die Form erfüllt ist (EuGH v. 20.2.1997 – C-106/95 – *MSG/Les Gravières Rhenanes*, NJW
1997, 1431 [1432]). Deshalb sollte man in der Klausur zunächst die einzelnen Abschlusstatbe-
stände des Art. 25 Brüssel Ia-VO prüfen. (Nur) Für die von diesem nicht erfassten Fragen wie
Geschäftsfähigkeit, Willensmängel und Stellvertretung ist auf das über das IPR des Forums auf
die Gerichtsstandsvereinbarung für anwendbar erklärte nationale Recht zurückzugreifen. Auch
wenn die Gerichtsstandsvereinbarung ein vom Hauptvertrag zu trennender eigenständiger
materiellrechtlicher Vertrag (mit prozessualer Wirkung) ist, so wird doch i.d.R. das Proroga-
tionsstatut mit der lex causae des letzteren übereinstimmen, vgl. *Schack*, IZVR, Rn. 557;
v. Hoffmann/Thorn, IPR, § 3 Rn. 245.
20 Vgl. BGH, NJW 1996, 1819: Ausdrücklicher Hinweis auf „Versteigerungsbedingungen" mit
einer Gerichtsstandsklausel reicht nicht aus, wenn nicht klar ist, an welcher Stelle diese niedergelegt sind.
21 Stichwort: Autonome Auslegung der Verordnung (dazu etwa BeckOK-ZPO/*Gaier*, Art. 25
Brüssel Ia-VO Rn 33).
22 Vgl. Rauscher/*Mankowski*, EuZPR/EuIPR, Art. 25 Brüssel Ia-VO Rn. 131 f.

liegt.[23] Hier war die Gerichtsstandsklausel zwar auf der Rückseite des Angebots abgedruckt, ohne dass jedoch im Angebot selbst, also auf der Vorderseite auf ihre vom Offerenten beabsichtigte Geltung *hingewiesen* wurde. Das ist nicht hinreichend.[24]

(b) Schriftliche Bestätigung einer mündlichen Vereinbarung („Halbe Schriftlichkeit")

Nach Art. 25 Abs. 1 S. 3 lit. a Alt. 2 Brüssel Ia-VO reicht auch eine schriftliche Bestätigung einer mündlich getroffenen Gerichtsstandsvereinbarung aus. Die Einhaltung dieser sog. „halben" Schriftlichkeit setzt voraus, dass die Parteien mündlich einen Vertrag geschlossen haben, sich dabei für beide Seiten erkennbar wenigstens stillschweigend über die Zuständigkeitsregelung geeinigt haben und letzteres von einer Seite in ein Bestätigungsschreiben aufgenommen worden ist. Für die Einigung reicht es aus, wenn sich die Parteien mündlich über die Anwendung der eine Gerichtsstandsklausel enthaltenden AGB eines Vertragspartners verständigt haben und diese der anderen Seite beim Vertragsschluss vorlagen.[25] Nach einem Urteil des EuGH[26] gilt die Einigung „nach Treu und Glauben" auch dann als erzielt, wenn ein Vertrag im Rahmen laufender Geschäftsbeziehungen zwischen den Parteien mündlich geschlossen wird und feststeht, dass diese Beziehungen in ihrer Gesamtheit bestimmten AGB unterliegen, die eine Gerichtsstandsklausel enthalten (woraus dann auf eine konkludente Einigung über die AGB-Einbeziehung auch für den konkreten Fall geschlossen wird[27]).

In jedem Fall also ist Voraussetzung, dass der Bestätigung ein mündlicher Vertragsschluss vorangegangen ist, bei dem die AGB wenigstens konkludent einbezogen wurden. Daran fehlt es hier: Die „Auftragsbestätigung" der W hatte konstitutive Wirkung. Durch sie sollte der Vertrag erst zustande kommen. Mangels vorausgegangener mündlicher Einigung gab es nichts, was i.S.v. Art. 25 Abs. 1 S. 3 lit. a Alt. 2 Brüssel Ia-VO hätte bestätigt werden

---

23 Vgl. Stein/Jonas/*Bork*, ZPO, § 38 Rn. 30; zur Brüssel I-VO siehe BGH, NJW 1994, 2699 (2700); *Kropholler/v. Hein*, EuZPR, Art. 23 Brüssel I-VO Rn. 33.

24 Rauscher/*Mankowski*, EuZPR/EuIPR, Art. 25 Brüssel Ia-VO Rn. 140; MüKoZPO/*Gottwald*, Art. 25 Brüssel Ia-VO Rn. 31.

25 BGH, NJW 1994, 2699 (2700); zur Brüssel I-VO siehe *Geimer/Schütze*, EuZVR, Art. 25 Brüssel Ia-VO Rn. 88.

26 EuGH v. 14.12.1976 – 25/76 – *Segoura/Bonakdarian*, NJW 1977, 495; vgl. dazu Schlosser/*Hess*, EuZPR, Art. 25 Brüssel Ia-VO Rn. 1, 23.

27 Vgl. *Müller*, RIW 1977, 163 (165); *Kropholler/v. Hein*, EuZPR, Art. 23 Brüssel I-VO Rn. 42 mit Fn. 140.

können.[28] Die den AGB des B unterliegende bestehende Geschäftsbeziehung *allein* reicht nicht aus.

(c) Einbeziehung kraft Gepflogenheit

Weiterhin kommt auch eine Einbeziehung der Gerichtsstandsklausel kraft „Gepflogenheit" zwischen den Parteien in Betracht. Die Gepflogenheit muss sich nach dem Wortlaut der Vorschrift gerade auf die besondere Art der *Einbeziehung* in den Vertrag, nicht auf die Geltung als solche beziehen. W wäre demnach dann an die Klausel gebunden, wenn bereits in der Vergangenheit die AGB der B jeweils durch einseitige Erklärung im Rahmen der Annahme einbezogen wurden und W dies nie beanstandet hätte, sondern die Verträge auf dieser Basis abgewickelt hätte. Aus dem Sachverhalt geht aber Gegenteiliges hervor: Bislang wurden die AGB der B immer durch eine ausdrückliche Vereinbarung der Parteien und nicht durch bloßen Abdruck auf der Rückseite des Angebots zur Grundlage der Vertragsabwicklung gemacht. Mit dieser Gepflogenheit stimmt das Vorgehen der B im hier zu beurteilenden Fall nicht überein. Art. 25 Abs. 1 Satz 3 lit. b Brüssel Ia-VO greift deshalb nicht ein.

(d) Einbeziehung kraft internationalem Handelsbrauch

Zu erwägen ist weiterhin eine Einbeziehung der Gerichtsstandsklausel kraft internationalem Handelsbrauch, Art. 25 Abs. 1 Satz 2 lit. c Brüssel Ia-VO. Das Institut des kaufmännischen Bestätigungsschreibens soll nach dem Willen des Gesetzgebers grundsätzlich als ein solcher internationaler Handelsbrauch gelten,[29] hilft hier aber schon deshalb nicht weiter, weil die Gerichtsstandsklausel in den Geschäftsbedingungen enthalten ist, die dem *Angebot* der B beigefügt waren, welches unter keinem Gesichtspunkt als „Bestätigungsschreiben" aufgefasst werden kann.[30] Einen Handelsbrauch dergestalt, dass das Schweigen auf die

---

28 BGH, NJW 1994, 2699 (2700); vgl. auch OLG Celle, EuZW 2010, 118; *Schlosser*, RIW 1984, 911 (912).

29 Bericht *Schlosser* zum EuGVÜ, ABl. EG Nr. C 59/71 vom 5.3.1979, Nr. 179, S. 125; zustimmend Rauscher/*Mankowski*, EuZPR/EuIPR, Art. 25 Brüssel Ia-VO Rn. 192; *Schlosser*/Hess, EuZPR, Art. 25 Brüssel Ia-VO Rn. 27; zur Brüssel I-VO siehe *Kropholler*/v. Hein, EuZPR, Art. 23 Brüssel I-VO Rn. 61; v. *Hoffmann/Thorn*, IPR, § 3 Rn. 246; vgl. *Geimer/Schütze*, EuZVR, Art. 25 Brüssel Ia-VO Rn. 121.

30 Beachten Sie, dass auch die erstmalige Aufnahme einer Gerichtsstandsklausel in das Annahmeschreiben nicht ausreicht, weil dieses den Vertrag erst zustande bringt und deshalb keinen bereits vollzogenen Vertragsschluss bestätigen kann. Dies gilt auch dann, wenn die Annahme mit „Auftragsbestätigung" o.ä. überschrieben ist.

dem Angebot beigefügten AGB, auf die das Angebot selbst keinen Bezug nimmt, zu deren Einbeziehung führt, gibt es nicht.

(3) Zwischenergebnis
Im Ergebnis liegt deshalb keine nach Art. 25 Abs. 1 Brüssel Ia-VO wirksame Gerichtsstandsvereinbarung vor. Auf die durch Art. 25 Abs. 1 S. 1 Brüssel Ia-VO weiter aufgeworfene Frage, ob die Gerichtsstandsvereinbarung materiell wirksam ist, kommt es daher nicht mehr an.[31]

c) Ergebnis
Damit sind deutsche Gerichte nach Art. 7 Nr. 1 Brüssel Ia-VO international zuständig.

II. Sachliche Zuständigkeit
Das LG Hamburg ist gem. §§ 71 Abs. 1, 23 Nr. 1 GVG sachlich zuständig, weil der Streitwert 5.000,– € übersteigt.

III. Örtliche Zuständigkeit
Die örtliche Zuständigkeit des LG Hamburg ergibt sich ebenfalls aus Art. 7 Nr. 1 Brüssel Ia-VO. Nach dem klaren Wortlaut der Vorschrift (Gericht des „Ortes") ist (anders als etwa bei Art. 4 Abs. 1 oder Art. 18 Brüssel Ia-VO) die örtliche Zuständigkeit von der Norm ebenso erfasst wie die internationale.[32]

IV. Parteifähigkeit
1. Parteifähigkeit des A
A ist gem. § 50 Abs. 1 ZPO parteifähig, weil er rechtsfähig ist (§ 1 BGB).

2. Parteifähigkeit der W-Ltd
Fraglich ist die Parteifähigkeit der irischen W-Ltd. Der Streit über den richtigen Ansatzpunkt für diese Prüfung (gem. § 50 Abs. 1 ZPO Ermittlung der Rechtsfä-

---

31 S. hierzu ausführlich Hk-ZPO/*Dörner*, Art. 25 Brüssel Ia-VO Rn. 15 ff.; MüKoZPO/*Gottwald*, Art. 25 Brüssel Ia-VO Rn. 17 ff.
32 Rauscher/*Mankowski*, EuZPR/EuIPR, Art. 7 Brüssel Ia-VO Rn. 4; Schlosser/*Hess*, EuZPR, Art. 7 Brüssel Ia-VO Rn. 1.

higkeit nach dem Gesellschaftsstatut oder – über eine ungeschriebene Kollisionsregel des deutschen internationalen Zivilprozessrechts – Bestimmung der Prozessfähigkeit nach den prozessualen Regeln des Heimatrechts der Gesellschaft[33]) kann dahinstehen, wenn die W-Ltd. nach ihrem Gesellschaftsstatut sowohl rechts- als auch parteifähig ist.

Ebenfalls dahinstehen kann die Frage nach dem richtigen Weg zur Bestimmung des Gesellschaftsstatuts: Weil die W-Ltd. sowohl nach irischem Recht gegründet wurde, als auch ihren tatsächlichen Sitz in Irland hat, ist sowohl nach der Gründungs- als auch nach der Sitztheorie[34] insoweit irisches Recht maßgeblich. Es handelt sich um eine Gesamtverweisung (Art. 4 Abs. 1 EGBGB), die das irische Recht annimmt, das auf das Gründungsrecht abstellt.[35]

Die W-Ltd. ist nach irischem Recht rechts- und parteifähig. Damit ist sie auch in einem Prozess vor einem deutschen Gericht parteifähig.[36]

V. Prozessfähigkeit/organschaftliche Vertretung

A ist nach §§ 52, 51 Abs. 1 ZPO i.V.m. §§ 104 ff. BGB prozessfähig. Durch welche Organe eine ausländische Gesellschaft vertreten wird, richtet sich ebenso wie die Frage der Parteifähigkeit nach allgemeiner Auffassung nach dem Gesellschaftsstatut,[37] wobei offenbleiben kann, ob man zu diesem Ergebnis über § 52 ZPO oder einer von § 55 ZPO vorausgesetzten ungeschriebenen prozessualen Kollisionsnorm gelangt.[38] Der Weg führt hier für die W zum irischen Recht; nach diesem ist der Vorstand *(director)* zur Vertretung legitimiert.

---

33 Ausführlich zu den verschiedenen Ansätzen oben Fall 2.

34 Ausführlicher zu den beiden Theorien und der Frage ihrer Verträglichkeit mit europarechtlichen Vorgaben oben Fall 2.

35 MüKoBGB/*Kindler*, IntGesR Rn. 509.

36 In der Klausurpraxis dürften die Fälle, in denen es bei der Frage nach der Prozessfähigkeit einer ausländischen juristischen Person nicht darauf ankommt, welcher Meinung man zum richtigen Ansatz dieser Prüfung und zur Ermittlung des Gesellschaftsstatuts folgt, nicht selten sein. Immer dann, wenn (1) Gründungsrecht und Recht des Verwaltungssitzes übereinstimmen und (2) nach diesem Recht für die fragliche Gesellschaft Rechts- und Prozessfähigkeit parallel laufen, sind die Meinungsstreite ohne Bedeutung. Der Klausurbearbeiter sollte dem Rechnung tragen und in einem solchen Fall von einer langatmigen Darstellung der widerstreitenden Positionen und der vorgebrachten Argumente absehen. In der Benotung schlägt sich erfahrungsgemäß eine effiziente Bearbeitung unter Beschränkung auf das Wesentliche vorteilhafter nieder als eine Ausbreitung von für die Falllösung unnötigem Wissen. Entsprechendes gilt hier für die sogleich anzuschließende Prüfung der Prozessfähigkeit.

37 *Geimer*, IZPR, Rn. 2221.

38 Vgl. näher Fall 2.

VI. Anwaltszwang

Beide Parteien sind anwaltlich vertreten, wie es nach § 78 Abs. 1 ZPO erforderlich ist.

Sonstige Zulässigkeitsprobleme sind nicht ersichtlich.

VII. Ergebnis

Die Klage ist zulässig.

B. Begründetheit

Ein Anspruch der W gegen A persönlich auf Zahlung von 200.000,– € könnte sich aus dem Vertrag zwischen W und B ergeben, wenn A aufgrund der diesbezüglichen Passage in der „Auftragsbestätigung" der W auf Seiten der B Vertragspartner geworden ist.

I. Anwendbares Recht
1. Maßgebliche Kollisionsnormen

Das auf die Zahlungspflicht anzuwendende Recht könnte nach den Vorschriften der Rom I-VO zu bestimmen sein, da es sich vorliegend um einen schuldrechtlichen Anspruch handelt und diesbezüglich keine der Rom I-VO nach deren Art. 25 Abs. 1 vorgehende Regelungen in völkerrechtlichen Vereinbarungen einschlägig sind.[39] Dazu muss der Anwendungsbereich der Rom I-VO eröffnet sein.

a) Sachlicher Anwendungsbereich

Der sachliche Anwendungsbereich ist nach Art. 1 Rom I-VO zu bestimmen. Bei dem Zahlungsanspruch handelt es sich um eine freiwillig eingegangene Verpflichtung in einer Zivil- oder Handelssache, und es ist kein Ausschlusstatbestand nach Art. 1 Abs. 1 Satz 2, Abs. 2 Rom I-VO einschlägig.

---

[39] Eine solche vorrangige völkerrechtliche Regelung findet sich beispielsweise im UN-Kaufrecht (United Nations Convention on Contracts for the International Sale of Goods, CISG), abgedruckt in der Sammlung von *Jayme/Hausmann* unter Nr. 77, dass hier jedoch nicht einschlägig ist, weil es nach Art. 1 Abs. 1 UN-Kaufrecht nur auf Kaufverträge über Waren Anwendung findet.

b) Zeitlicher Anwendungsbereich

Da der maßgebliche Vertrag nach dem 17. Dezember 2009 geschlossen wurde, ist die Verordnung auch im Hinblick auf ihren aus Art. 28 Rom I-VO vorgegebenen zeitlichen Anwendungsbereich einschlägig.

2. Ermittlung des Vertragsstatuts nach Art. 3 ff. Rom I-VO

Das anwendbare Recht ist über Art. 3 ff. Rom I-VO zu ermitteln. Gem. Art. 10 Abs. 1 Rom I-VO bestimmt das Vertragsstatut auch über die Frage, ob ein Vertrag wirksam zustande gekommen ist.

In Betracht kommt im Hinblick auf die in den Geschäftsbedingungen der B enthaltene entsprechende Klausel eine Rechtswahl nach Art. 3 Abs. 1 Rom I-VO. Ob eine Rechtswahlabrede wirksam zustande gekommen ist, richtet sich gem. Art. 3 Abs. 5 i.V.m. Art. 10 Abs. 1 Rom I-VO grundsätzlich nach dem gewählten Recht. Art. 10 Abs. 1 Rom I-VO beruft also für die Prüfung der wirksamen Einigung das Recht, das anwendbar wäre, wäre die Rechtswahlvereinbarung wirksam (sog. Vorwirkung des gewählten Rechts oder „bootstraps rule").[40] Dieses ist das deutsche Recht. Auf dessen Basis ist also zu untersuchen, ob die „im Kleingedruckten" enthaltene Klausel Vertragsbestandteil geworden ist.

a) Keine Anwendung der § 305 Abs. 2 und 3 BGB

Zwar enthalten § 305 Abs. 2 und 3 BGB Regeln über die Einbeziehung von Allgemeinen Geschäftsbedingungen, wie sie hier gem. der Definition in § 305 Abs. 1 S. 1 BGB vorliegen; demnach wäre nach § 305 Abs. 2 Nr. 1 BGB ein (hier nicht erfolgter) ausdrücklicher Hinweis auf die beabsichtigte Einbeziehung der Geschäftsbedingungen notwendig gewesen. Diese Normen finden aber nach § 310 Abs. 1 S. 1 BGB keine Anwendung auf AGB, die gegenüber einem Unternehmer i.S.d. § 14 BGB verwendet werden; dass W zu diesem Personenkreis gehört, steht außer Frage.

b) Einbeziehung von AGB ohne ausdrücklichen Hinweis im Unternehmensverkehr

Im Verkehr mit Unternehmern bleibt es bei den Regeln, die die Rechtsprechung vor Inkrafttreten des § 305 BGB und seiner Vorgängervorschrift (§ 2 AGBG) entwickelt hat.[41] Diese Regeln sind flexibler als § 305 Abs. 2 BGB, weil Unternehmer

---

40 Staudinger/*Magnus* (2016), Art. 3 Rom I-VO Rn. 171.

41 MüKoBGB/*Basedow*, § 305 Rn. 101.

weniger schutzbedürftig sind als Verbraucher: Im geschäftlichen Verkehr werden AGB auch ohne ausdrücklichen Hinweis des Verwenders Vertragsbestandteil, sofern die Gegenseite wusste oder wissen musste, dass der Verwender seinen Geschäften regelmäßig AGB zugrunde legt, und er ihre Anwendung nicht ausgeschlossen hat.[42] So liegt es hier: Den Abdruck der Geschäftsbedingungen auf der Rückseite konnte W nur dahingehend verstehen, dass B diese zur Grundlage ihres aktuellen Vertrages machen wollte, so wie es zwischen ihnen schon während der Gesamtdauer ihrer bisherigen Geschäftsbeziehung praktiziert worden war. Hätte W die Geltung der Geschäftsbedingungen diesmal nicht gewollt, hätte er das ausdrücklich kundtun müssen. Das ist nicht geschehen; folglich sind die AGB der B mit der Rechtswahlklausel wirksam Bestandteil des Vertrages geworden,[43] zumal eben durch Abdruck der AGB auf der Rückseite des Angebots auch dem Erfordernis Genüge getan ist, dass der Verwendungsgegner die Möglichkeit gehabt haben musste, sich in zumutbarer Weise Kenntnis von ihrem Inhalt zu verschaffen.[44]

3. Art. 10 Abs. 2 Rom I-VO

Dieses auf der Grundlage des deutschen Rechts erreichte Ergebnis könnte über Art. 3 Abs. 5 i.V.m. Art. 10 Abs. 2 Rom I-VO zu korrigieren sein. Dazu müsste sich aus den Umständen ergeben, dass es für W nicht zumutbar ist, sich an der Rechtswahlklausel der B festhalten zu lassen, da und soweit aus dem irischen Recht als dem Recht an seinem gewöhnlichen Aufenthaltsort in der gegebenen Situation keine Bindung folgen würde. Ob dem so ist, kann hier dahinstehen, da von einer unzumutbaren Überraschung des W mit den unangenehmen Folgen einer ihm unbekannten deutschen Regelung keine Rede sein kann: Die Geschäftsbedingungen der B lagen mitsamt der Rechtswahlklausel zum deutschen Recht bereits ihrer gesamten Geschäftsbeziehung zugrunde.[45] Damit ist der Zahlungsanspruch der W nach deutschem Recht zu beurteilen.

---

42 MüKoBGB/*Basedow*, § 305 Rn. 103 m.w.N.

43 Einer *Inhalts*kontrolle nach Maßgabe des § 307 BGB darf eine Rechtswahlklausel in AGB nicht unterzogen werden, vgl. MüKoBGB/*Spellenberg*, Art. 10 Rom I-VO Rn. 190.

44 MüKoBGB/*Basedow*, § 305 Rn. 103.

45 Wer die wirksame Einbeziehung der Rechtswahlklausel ablehnt, muss das anwendbare Recht nach der objektiven Anknüpfung bestimmen. Art. 6 Abs. 1 Rom I-VO ist nicht anwendbar, weil es sich nicht um einen Verbrauchervertrag i.S. dieser Vorschrift handelt. Damit richtet sich das anwendbare Recht nach Art. 4 Rom I-VO. Art. 4 Abs. 1 Rom I-VO enthält für wichtige Vertragstypen besondere Regelanknüpfungen. Wie oben bereits dargestellt, handelt es sich bei dem Vertrag um einen Dienstleistungsvertrag. Dem steht nicht entgegen, dass dieses Ergebnis zur Brüssel I-VO gewonnen wurde und die Rom I-VO autonom auszulegen ist, da der Europäi-

II. Zahlungsanspruch W gegen A nach deutschem Recht

W hat gegen A einen Anspruch auf Zahlung von 200.000,– € gem. § 611 Abs. 1 BGB,[46] wenn er auf Seiten der B Vertragspartner der W geworden ist.

1. Vertrag zwischen W und B

Das setzt zunächst voraus, dass der Vertrag zwischen W und B zustande gekommen ist. Daran bestehen keine Zweifel.[47]

2. Einbeziehung des A in den Vertrag zwischen W und B

Ein Angebot auf Einbeziehung des A in den Vertrag zwischen W und B ist in der *Auftragsbestätigung* der W zu sehen. Eine Annahme dieses Angebots durch A ist nicht ersichtlich. Es muss auch nicht entschieden werden, ob zu seinen Lasten das Rechtsinstitut des *Schweigens auf ein kaufmännisches Bestätigungsschreiben* eingreift, da die *Auftragsbestätigung* der W in Wahrheit erst die Annahme des Angebots der B darstellt und deshalb nicht einen (vermeintlichen oder tatsächlichen) vorangegangenen Vertragsschluss (erst recht nicht mit A) bestätigt.[48] Die

---

sche Gesetzgeber, wie in Erwägungsgrund 7 der Rom I-VO klargestellt, eine einheitliche Auslegung der Verordnungen wünscht. Der Vertrag unterliegt also der Regelanknüpfung des Art. 4 Abs. 1 lit. b Rom I-VO und damit dem Recht des Staates, in dem der Dienstleister seinen gewöhnlichen Aufenthalt hat. Art. 19 Rom I-VO bestimmt, was bei juristischen Personen unter dem gewöhnlichen Aufenthalt zu verstehen ist und eröffnet in seinem Abs. 2 eine von dem Hauptverwaltungssitz abweichende Definition. Ist nach Art. 19 Abs. 2 Var. 2 Rom I-VO für die Erfüllung gemäß dem Vertrag eine Zweigniederlassung, Agentur oder sonstige Niederlassung verantwortlich, so steht der Ort des gewöhnlichen Aufenthaltes dem Ort gleich, an dem sich die Zweigniederlassung, Agentur oder sonstige Niederlassung befindet. Dem Vertrag zufolge sollten die Werbeaktivitäten der W von ihrer deutschen Niederlassung in Hamburg aus erbracht werden. Unter dem gewöhnlichen Aufenthaltsort ist somit Hamburg zu verstehen, sodass Art. 4 Abs. 1 lit. b Rom I-VO deutsches Recht zur Anwendung beruft. Eine engere Verbindung zu einem anderen Recht (Art. 4 Abs. 3 Rom I-VO) ist nicht ersichtlich. Das Ergebnis der objektiven Anknüpfung weicht also nicht von dem der subjektiven ab.

46 Zur Einstufung eines Vertrages über die Planung und Durchführung von Werbeaktivitäten als Dienstvertrag s. OLG München, NJW-RR 1996, 626; Grüneberg/*Retzlaff*, Einf. vor § 631 BGB Rn. 29.

47 Dies gilt wegen § 306 Abs. 1 BGB selbst dann, wenn man die wirksame Einbeziehung der AGB der B ablehnt. Die Tatsache, dass W mit der „Auftragsbestätigung" (= Annahme des Angebots der B) zugleich eine Einbeziehung des A in den Vertrag zu erreichen versucht, führt nicht zu einer Annahme mit Abweichungen (= § 150 Abs. 2 BGB) gegenüber B, sondern zu einem insoweit neuen Angebot gegenüber A.

48 Zum kaufmännischen Bestätigungsschreiben vgl. Graf von Westphalen/Thüsing/*Thüsing*, Vertragsrecht und AGB-Klauselwerke, 46. EL 2020, Gerichtsstandsklauseln Rn. 51; *Lettl*, JuS 2008, 849.

Tatsache allein, dass in der Vergangenheit A immer persönlich als Vertragspartner beteiligt war, vermag die rechtsgeschäftliche Einigung nicht zu ersetzen.

C. Ergebnis

Die Klage der W ist zulässig, aber unbegründet.

Abwandlung

W hat A vor dem Hamburger Landgericht verklagt, während A erst in einem
zweiten Schritt Klage beim Wiener Landesgericht für Zivilsachen eingereicht
hat. Fraglich ist, welches der beiden Gerichte zuständig ist und welches sein
Verfahren aussetzen muss.[49]

A. Prioritätsgrundsatz nach Art. 29 Abs. 1 Brüssel Ia-VO

Werden bei Gerichten verschiedener Mitgliedstaaten Klagen wegen desselben
Anspruchs zwischen denselben Parteien anhängig gemacht, gilt gemäß Art. 29
Abs. 1 Brüssel Ia-VO grundsätzlich der Prioritätsgrundsatz, wonach das später
angerufene Gericht das Verfahren aussetzt, bis die Zuständigkeit des zuerst angerufenen Gerichts feststeht. Stellt man auf diese Vorschrift ab, fällt der Fall in
die Zuständigkeit des LG Hamburg.

B. Ausnahme nach Art. 31 Abs. 2 Brüssel Ia-VO

Eine Ausnahme davon findet sich in Art. 31 Abs. 2 Brüssel Ia-VO für den Fall,
dass ein gemäß einer Vereinbarung ausschließlich zuständiges Gericht angerufen wird. In diesem Fall setzen andere Gerichte das Verfahren so lange aus, bis
das aufgrund der Vereinbarung angerufene Gericht über seine Zuständigkeit
entschieden hat.[50] Beide Klagen beziehen sich auf den Vertrag zur Durchfüh-

---

49 Vgl. zu dieser Problematik ausführlich Rauscher/*Leible*, EuZPR/EuIPR, Art. 31 Brüssel Ia-
VO Rn. 1 ff.
50 Vor Einführung der Brüssel Ia-VO normierte der alte Art 27 Brüssel I-VO den strikten Prioritätsgrundsatz, wonach bei mehreren Verfahren zu identischen Streitgegenständen das zeitlich

rung der Werbekampagne für 200.000,– €. Das Landgericht Hamburg wurde zuerst angerufen, das Landesgericht Wien ist jedoch nach der Gerichtsstandsvereinbarung in den AGB der B ausschließlich zuständig. Nach Art. 31 Abs. 2 Brüssel Ia-VO müsste das Landgericht Hamburg sein Verfahren aussetzen.

C. Prüfungsumfang des zuerst angerufenen Gerichts

Allerdings stellt sich die Frage, ob bzw. welchen Prüfungsumfang das zuerst angerufene Gericht bei der Prüfung der Wirksamkeit der vorgebrachten Gerichtsstandsvereinbarung anzulegen hat, bevor es sein Verfahren aussetzt.

I. Auslegung nach dem Wortlaut

Dem Wortlaut des Art. 31 Abs. 2 Brüssel Ia-VO[51] lassen sich keine Anhaltspunkte dafür entnehmen, dass die Vereinbarung aus Sicht des prorogierten Gerichts überhaupt wirksam sein muss.[52]

II. Auslegung nach dem Sinn und Zweck

Jedoch könnte andernfalls die bloße Berufung auf eine vermeintliche Gerichtsstandsklausel die automatische Verfahrensaussetzung des zuerst angerufenen Gerichts nach sich ziehen.[53] Das würde aber wiederum sog. umgekehrte Tor-

---

zuerst angerufene Gericht zuständig war. Dadurch sollte ein ungestörter Verfahrensablauf ermöglicht und divergierende Entscheidungen vermieden werden. Auf der anderen Seite barg die uneingeschränkte Befolgung des strikten Prioritätsgrundsatzes die Gefahr, dass eine Partei, bevor sie verklagt wird, ein negatives Feststellungsverfahren vor einem offensichtlich unzuständigen und langsamen Gericht anstrengt um einer schnellen Entscheidung auszuweichen. Diese missbräuchliche Prozesstaktik der sog. Torpedo-Klagen hat sich in der Praxis stark etabliert. Der europäische Gesetzgeber intendiert, dieses Prinzip durch Art. 31 Abs. 2 Brüssel Ia-VO zu durchbrechen. Zumindest bei ausschließlichen Gerichtsstandsvereinbarungen vermeidet diese Regelung unnötige und vor allem missbräuchliche Behinderungen des Verfahrens, da das prorogierte Gericht unabhängig von der Verfahrensaussetzung des zuerst angerufenen Gerichts sein Verfahren fortsetzen kann (Erwägungsgrund 22 Abs. 1 S. 5 zur Brüssel Ia-VO); zur gesamten Thematik vgl. *Kindler*, in: FS Coester-Waltjen (2015), 485 (485 ff.).
51 Anders *Weller*, GPR 2012, 34 (40 f.), der davon ausgeht, der Wortlaut setze eine wirksame Gerichtsstandsvereinbarung voraus.
52 *Kindler*, in: FS Coester-Waltjen (2015), 485 (493).
53 Vgl. *Mankowski*, RIW 2015, 17 (21).

pedo-Klagen erleichtern, indem die am gesetzlichen Gerichtsstand verklagte Partei das Bestehen einer ausschließlichen Gerichtsstandsvereinbarung schlicht behaupten könnte, um dadurch eine Verfahrensaussetzung am womöglich eigentlich zuständigen Gericht auszulösen.[54] Der Schutz von Gerichtsstandsvereinbarungen würde so über das erforderliche Maß ausgeweitet, der grundsätzlich geltende Prioritätsgrundsatz über Gebühr beschnitten.[55]

1. Erste Ansicht: Vollständige Prüfung

Zwar würden die umgekehrten Torpedo-Klagen vermieden, sollte das ursprünglich angerufene Gericht eine *vollständige* Prüfung der Formvorschriften des Art. 25 Brüssel Ia-VO durchführen.[56] Dem dadurch gewonnen Mehr an Rechtssicherheit steht jedoch eine mitunter äußerst umfangreiche Prüfung am ursprünglich angerufenen Gericht entgegen, bspw. wenn internationale Handelsbräuche in Rede stehen.[57] Die Annahme einer vollständigen formellen Prüfungskompetenz würde ferner den durch Art. 31 Abs. 2 Brüssel Ia-VO bezweckten Vorrang des prorogierten Gerichts aushebeln[58], der ausweislich des Art. 31 Abs. 4 Brüssel Ia-VO nur für spezielle Ungültigkeitsgründe, nämlich im Falle besonders schutzwürdiger Kläger, ausgeschlossen wird.[59]

2. Vorzugswürdige Ansicht: Eingeschränkte Prüfungskompetenz

Richtig scheint ein vermittelnder Weg: Verglichen mit dem HGÜ (Art. 6 lit. b-d) HGÜ), finden sich in Art. 31 Brüssel Ia-VO keine Ausnahmetatbestände für die Aussetzung des Verfahrens durch das zuerst angerufene Gericht.[60] Daraus lässt sich schließen, dass vor dem Hintergrund der Gefahr umgekehrter Torpedoklagen höchstens eine eingeschränkte Prüfkompetenz beim zuerst angerufenen Gericht verbleibt.[61] Die Literatur behilft sich mit einem Rückgriff auf Grundsätze des französischen Rechts: Nach Art. 1448 Abs. 1 des *code de procédure civile* können staatliche Gerichte trotz Vorliegens einer Schiedsvereinbarung tätig werden, wenn die Schiedsvereinbarung „ganz offensichtlich ungültig oder un-

---

54 *Mankowski*, RIW 2015, 17 (21).
55 *Kindler*, in: FS Coester-Waltjen (2015), 485 (493).
56 So *Weller*, GPR 2012, 34 (40 f.).
57 *v. Hein*, RIW 2013, 97 (105); *Kindler*, in: FS Coester-Waltjen (2015), 485 (493).
58 S. zu dieser Zielsetzung Erwägungsgrund 22; vgl. auch *Mankowski*, RIW 2015, 17 (17 f.).
59 *Kindler*, in: FS Coester-Waltjen (2015), 485 (493).
60 *Kindler*, in: FS Coester-Waltjen (2015), 485 (493); *v. Hein*, RIW 2013, 97 (105).
61 *Kindler*, in: FS Coester-Waltjen (2015), 485 (493).

anwendbar ist".[62] Eine solche Evidenzkontrolle des zuerst angerufenen Gerichts erscheint richtig. Sie vermeidet unnötige Verzögerungen beim zuerst angerufenen Gericht, trägt aber zugleich der Gefahr Rechnung, bloß behaupteten, aber (offensichtlich) unwahren Gerichtsständen folgen zu müssen.[63]

3. Anwendung auf den Fall

Die allgemeinen Geschäftsbedingungen wurden in der Vergangenheit immer in die jeweiligen Verträge mit einbezogen. Aufgrund der vorliegenden Umstände kann nicht ausgeschlossen werden, dass es sich in diesem Fall ebenso verhält. Somit ist die Vereinbarung nicht *ganz offensichtlich unwirksam*. Weil A sich auch ersichtlich nicht rügelos auf das Verfahren vor dem Hamburger Landgericht einlässt (vgl. Art. 26 Abs. 1 Brüssel Ia-VO), besitzt die Prüfungskompetenz daher das Landesgericht für Zivilsachen in Wien.

D. Ergebnis

Sobald sich das Wiener Landesgericht wegen der Unwirksamkeit der Gerichtsstandsvereinbarung für unzuständig erklärt, nimmt das Hamburger Landgericht das Verfahren nach § 150 ZPO wieder auf.[64]

---

62 *Domej*, RabelsZ 78 (2014), 508 (536); zustimmend *Kindler*, in: FS Coester-Waltjen (2015), 485 (494).

63 Zum genauen Streitstand hinsichtlich des Prüfungsumfangs im Verfahren vor dem zuerst angerufenen Gericht siehe *Kindler*, in: FS Coester-Waltjen (2015), 485, 493 f.

64 Art. 31 Brüssel Ia-VO ist *lex specialis* zu Art. 29 Brüssel Ia-VO (*Schlosser*/Hess, EuZPR, Art. 31 Brüssel Ia-VO Rn. 1). Die Aussetzung des Verfahrens nach Art. 29 Brüssel Ia-VO richtet sich nach nationalem Recht, also § 148 ZPC (Rauscher/*Leible*, EuZPR/EuIPR, Art. 29 Brüssel Ia-VO Rn. 40). Sollte das Wiener Landesgericht seine Zuständigkeit aufgrund der Vereinbarung jedoch (in einem anderen Fall) positiv feststellen, müsste sich das Landgericht Hamburg gem. Art. 31 Abs. 3 Brüssel Ia-VO für unzuständig erklären.

Fall 4: Schiedsverfahrensrecht

Grundfall

A aus Berlin hatte mit der Cumulus AG (C) aus Nürnberg einen Webhosting-Vertrag über die Bereitstellung von Raum im Internet und die Unterbringung von Daten für As private Webseite geschlossen. In dem Webhosting-Vertrag, der von C für alle derartigen Verträge gestellt wird und den beide Seiten unterzeichneten, heißt es auf Seite 4:

§ 9 Schiedsverfahren. [1]Alle Streitigkeiten, die sich im Zusammenhang mit diesem Vertrag oder über seine Gültigkeit ergeben, werden durch ein Schiedsgericht unter Ausschluss des ordentlichen Rechtsweges endgültig entschieden. [2]Der Ort des schiedsrichterlichen Verfahrens ist Nürnberg. [3]Das Schiedsverfahren unterliegt dem Recht des Fürstentums Liechtenstein. [4]Das Schiedsgericht entscheidet abschließend über seine Zuständigkeit. [5]Die Anzahl der Schiedsrichter beträgt drei. [6]Jede Seite benennt einen Schiedsrichter, die gemeinsam den dritten Schiedsrichter benennen. [7]Sollte eine Seite nicht mit Klageerhebung oder Klagebeantwortung ihren Schiedsrichter benannt haben, geht das Benennungsrecht auf die jeweils andere Seite über.

§ 10 Anwendbares Recht. Das materiell anwendbare Recht ist das Recht des Fürstentums Liechtenstein.

Als A mehrere Monate in Folge trotz zahlreicher Mahnungen fällige Webhostinggebühren nicht an C entrichtete, erhob C Schiedsklage auf Zahlung von 320 €. Mit Klagebeantwortung rügte A die Unzuständigkeit des Schiedsgerichts mit der Begründung, der Schiedsort in Nürnberg benachteilige ihn unangemessen. Hilfsweise machte er Ausführungen zur Begründetheit der Klage. Einen Schiedsrichter benannte er nicht. Zwei Schiedsrichter wurden von C benannt, die sich gemeinsam auf einen dritten als Obmann einigten. Das Schiedsgericht bejahte durch Zwischenentscheid seine Zuständigkeit. Der Zwischenentscheid ging A am 7.2.2021 per E-Mail und am 15.2.2021 per Post zu. A beantragt am 7.3.2021 beim OLG München eine gerichtliche Entscheidung über die Zuständigkeit des Schiedsgerichts.

Frage 1: Wie wird das Gericht entscheiden?

Abwandlung

Wie der Grundfall mit folgenden Abweichungen: A blieb während des Schieds-verfahrens völlig passiv; er verteidigte sich nicht, erschien nicht zur mündlichen Verhandlung und rügte zu keiner Zeit die Zuständigkeit des Schiedsgerichts. Das Schiedsgericht sprach mit Endschiedsspruch vom 28.5.2021 der C-AG den gegen A geltend gemachten Zahlungsbetrag zu. Das Schiedsgericht hatte das liechtensteinische Recht angewandt. C stellt vier Monate nach Übermittlung des Schiedsspruchs an beide Parteien Antrag auf Vollstreckbarerklärung des Schiedsspruchs beim OLG München. A bleibt auch in diesem Verfahren untätig.

Frage 2: Wird das Gericht den Schiedsspruch für vollstreckbar erklären?

Hinweis zum ausländischen Recht

In Liechtenstein gilt seit 1.11.2010 ein neues Schiedsverfahrensrecht, das in die §§ 594–635 der liechtensteinischen ZPO integriert ist. Die Totalrevision des liechtensteinischen Schiedsverfahrensrechts hat sich im Wesentlichen am UNICTRAL-Modellgesetz ausgerichtet. Soweit es im Folgenden auf liechtensteinisches Recht ankommt, soll unterstellt werden, dass die Regelungen identisch mit dem deutschen Recht sind.

Vorbemerkungen

I. Dieser Sachverhalt hat seinen maßgeblichen Schwerpunkt im Schiedsverfahrensrecht, das dem internationalen Zivilverfahrensrecht, nicht aber dem internationalen Zivilprozessrecht, zuzurechnen ist. Auf Grund der enormen Zunahme von Schiedsgerichtsvereinbarungen auch im nicht-unternehmerischen Bereich (in den USA sollen bereits 90% der Verbraucherverträge eine Schiedsvereinbarung enthalten) bekommt diese Problematik eine enorme praktische Bedeutung.

II. Vorliegend geht es dabei zum einen um die Frage der Wirksamkeit einer Schiedsvereinbarung in Verbraucherverträgen, zum anderen aber auch um die Frage, ob und wie weit sich die Partei einer unwirksamen Schiedsvereinbarung gegen das Schiedsverfahren wehren muss oder ob auch bei ihrer völligen Passivität die Vollstreckbarkeit des Schiedsspruchs verneint werden kann. Insofern ergeben sich teilweise parallele Fragestellungen zu den unten in Fall 16 (S. 343–346) behandelten Problemen von Gerichtsstandsvereinbarungen gegenüber Verbrauchern, die nicht in den situativen Anwendungsbereich des Art. 15 EuGVVO fallen.

III. Da die Materie in ihren Einzelheiten auch für Studierende des Schwerpunktbereichs Internationales Verfahrensrecht relativ unbekannt sein wird, ist die Lösung sehr ausführlich. Insbesondere in den Fußnoten finden sich viele weiterführende Hinweise, deren Kenntnis in einer Examensklausur nicht verlangt werden würde. Im Wesentlichen lässt sich auch diese Klausur mit dem Gesetzestext und einem problemgeschärften Blick lösen, wenn eine Sensibilität für die Verwendung von Schiedsgerichtsvereinbarungen in AGB vorhanden ist.

Gliederung der Lösung

Lösung

Frage 1

Bei dem Antrag des A handelt es sich um einen Antrag auf eine gerichtliche Entscheidung über die Zuständigkeit des Schiedsgerichts gem. § 1040 Abs. 3 S. 2 ZPO.

A. Zulässigkeit des Antrags

I. Statthaftigkeit: § 1040 Abs. 3 S. 2 ZPO

Der Antrag ist statthaft zur Einleitung des Verfahrens der externen Zuständigkeitskontrolle nach § 1040 Abs. 3 S. 2 ZPO.[1]

II. Örtliche und sachliche Zuständigkeit: § 1062 Abs. 1 Nr. 2 Alt. 2, Abs. 5 ZPO i.V.m. § 7 GZVJu

Es ist *nicht* das OLG Nürnberg zuständig, denn Bayern hat mit § 7 GZVJu von der Konzentrationsermächtigung nach § 1062 Abs. 5 ZPO Gebrauch gemacht. Demnach ist das angerufene OLG München örtlich und sachlich zuständig (§ 1062 Abs. 1 Nr. 2 Alt. 2, Abs. 5 ZPO i.V.m. § 7 GZVJu[2]).

---

[1] Der Antrag nach § 1040 Abs. 3 S. 2 ZPO wird überwiegend als solcher bezeichnet (OLGR Oldenburg 2003, 340; BGH, SchiedsVZ 2003, 133; OLGR München 2006, 767; BGH, WM 2016, 1189), das OLG Bremen (SchiedsVZ 2007, 51) allerdings bezeichnet ihn als Beschwerde. Die Antragsformulierungen in der Rspr. laufen auseinander, es finden sich folgende Varianten: „auf gerichtliche Entscheidung, dass das xyz-Schiedsgericht nicht zuständig sei", „auf gerichtliche Entscheidung über die Gültigkeit der Schiedsvereinbarung", „auf gerichtliche Entscheidung über die Zuständigkeit".

[2] Verordnung über gerichtliche Zuständigkeiten im Bereich des Staatsministeriums der Justiz (Gerichtliche Zuständigkeitsverordnung Justiz – GZVJu) vom 11. Juni 2012, GVBl. S. 295 BayRS 300-3-1-J. Für einen Überblick über die Sonderzuständigkeiten an den Oberlandesgerichten im Bereich der Schiedsgerichtsbarkeit s. *Kraft*, SchiedsVZ 2007, 318 (319).

III. Anwendungsvoraussetzungen des § 1040 ZPO

§ 1040 ZPO ist anwendbar, da der Schiedsort im Inland liegt (§§ 1025 Abs. 1, 1043 Abs. 1 S. 1 ZPO). Das Schiedsgericht hat sich bereits konstituiert (§ 1040 Abs. 3 S. 1 ZPO).[3] Das Schiedsgericht hat einen kompetenzbejahenden Zwischenentscheid[4] gefällt (§ 1040 Abs. 3 S. 1 ZPO).

A muss aber auch die Monatsfrist gewahrt haben. Die Frist beginnt mit dem Empfang der begründeten schriftlichen Entscheidung durch den Antragsteller (§ 1040 Abs. 2 S. 2 ZPO i.V.m. § 1054 Abs. 4 analog[5]) und berechnet sich nach § 222 Abs. 1 ZPO i.V.m. §§ 186 ff. BGB.[6] § 1054 ZPO verlangt Übermittlung (es bedarf *keiner* förmlichen Zustellung)[7] des unterschriebenen Schiedsspruchs[8] in einer Originalausfertigung.[9] Die einfache Übermittlung per E-Mail genügt hierfür jedenfalls nicht. (Ob eine elektronische Signatur genügen kann, ist zweifelhaft; kann hier aber offenbleiben, da nicht von einer Übermittlung mit elektronischer Signatur ausgegangen werden kann.) Die Frist beginnt daher erst am Dienstag, dem 16.2.2021 um 0 Uhr und endet am Montag, dem 15.3.2021 um 24 Uhr.

Ergebnis: Der Antrag ist zulässig.[10]

B. Begründetheit

Der Antrag ist begründet, wenn das Schiedsgericht für die Entscheidung der Streitigkeit zwischen A und B nicht zuständig ist.

I. Ausschließliche Kompetenz-Kompetenz des Schiedsgerichts?

Die Parteien haben vorgesehen, dass das Schiedsgericht abschließend über seine Zuständigkeit entscheiden solle und wollten ihm damit die endgültige Kompetenz-Kompetenz übertragen (§ 9 S. 4 des Vertrages). Fraglich ist, wie sich

---

3 MüKoZPO/*Münch*, § 1040 Rn. 48.

4 BeckOK-ZPO/*Wolf/Eslami*, § 1040 Rn. 21.

5 MüKoZPO/*Münch*, § 1040 Rn. 50; Musielak/Voit/*Voit*, ZPO, § 1040 Rn. 11.

6 MüKoZPO/*Münch*, § 1040 Rn. 50; zum Fristbeginn (Eingang des Antrags bei Gericht) für § 1032 Abs. 2 ZPO: BGH, GRUR 2012, 95.

7 BeckOK-ZPO/*Wilske/Markert*, § 1054 Rn. 22; MüKoZPO/*Münch*, § 1054 Rn. 38.

8 So auch MüKoZPO/*Münch*, § 1054 Rn. 7; Musielak/Voit/*Voit*, ZPO § 1054 Rn. 9.

9 Zu den verschiedenen Ansichten unlängst OLG München, BeckRS 2020, 25424 Rn. 30.

10 Zu den Besonderheiten in der Verfahrensdurchführung bei den Verfahren nach §§ 1032, 1034 f., 1037 f., 1040 f., 1059–1061 ZPO s. § 1063 ZPO (und für das Exequaturverfahren auch § 1064 ZPO).

dies auf die Überprüfung der Schiedsvereinbarung durch das staatliche Gericht auswirkt. Ist diese Übertragung möglich, so beschränkt sich die Kontrolle des staatlichen Gerichts auf die Wirksamkeit der Kompetenz-Kompetenz-Klausel. Unter dem früheren Schiedsverfahrensrecht waren derartige Klauseln nach der h.M. und Rspr. des BGH zulässig.[11] Der Gesetzgeber des Schiedsverfahrensrechtsänderungsgesetzes von 1997 wandte sich explizit von dieser Rechtsprechung ab und wollte künftig dem staatlichen Gericht die endgültige Kompetenz-Kompetenz vorbehalten.[12] Durch die Übertragung der endgültigen Kompetenz-Kompetenz würde die auf mehreren Verfahrensstufen vorgesehene staatliche Kontrolle über die Zuständigkeit des Schiedsgerichts unterlaufen (vgl. §§ 1032 Abs. 2, 1040 Abs. 2, Abs. 3, 1059 Abs. 2 Nr. 1 lit. a i.V.m. 1060 Abs. 2 S. 1, 1061 Abs. 1 S. 1 ZPO i.V.m. Art. V Abs. 1 lit. a UNÜ; vgl. als Vorlage zu § 1040 ZPO Art. 16 UNCITRAL-Modellgesetz) und die notwendige staatliche Kontrollbefugnis zu weit zugunsten der Privatautonomie zurückgedrängt. Daran ändert im Ergebnis auch der Umstand nichts, dass die Schiedsvereinbarung das Schiedsverfahren liechtensteinischem Recht unterstellt (§ 9 S. 3 des Vertrages). Denn in § 1025 Abs. 1 ZPO ist ein grundsätzlich strikter Territorialitätsgrundsatz niedergelegt: Wenn – wie hier – der Schiedsort in Deutschland liegt (§ 1043 Abs. 1 ZPO), finden die §§ 1025 ff. ZPO Anwendung. Das inländische Verfahren kann nicht als solches ausländischem Recht unterstellt werden.[13] Jedoch soll nach wohl überwiegender Meinung eine solche Wahl ausländischen Verfahrensrechts als Vereinbarung gedeutet werden, das X. Buch abzubedingen und durch die ausländischen Regelungen zu ersetzen, soweit es dispositiv ist.[14] Dispositiv sind die §§ 1025 ff. ZPO zwar ganz überwiegend,[15] aber nach dem expliziten gesetzgeberischen Willen kann die endgültige Kompetenz-Kompetenz des staatlichen Gerichts bei deutschem Schiedsort eben nicht (mehr) abbedungen werden.[16] Die Zuständigkeitsprüfung erstreckt sich daher auf die gesamte Schiedsvereinbarung.

---

11 BGHZ 68, 356, 366 = NJW 1977, 1397 (1400); BGH, NJW 1991, 2215 m.w.N. Für einen Überblick über den Meinungsstand zum alten Recht s. *Wieczorek/Schütze*, 3. Aufl. 1995, § 1025 ZPO Rn. 49; *Gehrlein*, ZIP 1995, 964 (965).

12 Begr. RegE, BT-Drs. 13/5274, S. 26 r. Sp., S. 44 r. Sp.

13 MüKoZPO/*Münch*, § 1025 Rn. 10; Musielak/Voit/*Voit*, ZPO, § 1025 Rn. 3.

14 Stein/Jonas/*Schlosser*, ZPO, § 1025 Rn. 2; Musielak/Voit/*Voit*, ZPO, § 1025 Rn. 4 f.

15 Vgl. nur § 1042 Abs. 3 ZPO – Wahl der Verfahrensregeln, § 1034 Abs. 1 ZPO – Anzahl der Schiedsrichter, § 1035 Abs. 1 ZPO – Konstituierung des Schiedsgerichts, § 1037 Abs. 1 ZPO – Ablehnungsverfahren, § 1039 Abs. 2 ZPO – Ersatzbestellung, § 1043 ZPO – Schiedsort, Tagungsort, § 1044 – Beginn des Verfahrens, § 1045 ZPO – Verfahrenssprache, § 1046 ZPO – Schriftsatzfristen; § 1047 ZPO – mdl. Verhandlung oder schriftliches Verfahren, § 1048 Abs. 4 S. 2 ZPO – Säumnisfolgen, § 1051 ZPO – Anwendbares Recht.

16 Begr. RegE, BT-Drs. 13/5274, S. 26 r. Sp., S. 44 r. Sp.

Dem Schiedsgericht verbleibt daher nur noch die vorläufige Kompetenz-Kompetenz (vgl. § 1040 Abs. 2 ZPO). Auch der BGH und die ganz h.M. halten (endgültige) Kompetenz-Kompetenz-Vereinbarungen heute für unzulässig.[17] Die Klausel ist daher unwirksam.

II. Das auf die Schiedsvereinbarung anwendbare Recht

Fraglich ist, welches Recht auf die Schiedsvereinbarung anwendbar ist.[18] Das Schiedsvereinbarungsstatut ist zu trennen vom materiell anwendbaren Recht (s. § 1051 ZPO und unten Frage 2 B.III.1.), von dem auf das Schiedsverfahren (s. § 1025 Abs. 1 ZPO und soeben), auf die Schiedsrichterverträge (Rechtswahlfreiheit, ansonsten str. – Verfahrensstatut[19] oder Rom I-Verordnung[20]), auf die Form (str. – bei inländischem Schiedsort zwingend § 1031 ZPO[21] oder Art. 11 EGBGB[22]), auf die subjektive Schiedsfähigkeit (Art. 7 EGBGB[23]) und von dem auf die objektive Schiedsfähigkeit (bei inländischem Schiedsort zwingend § 1030 ZPO[24]) anwendbaren Recht. Retrospektiv enthalten § 1059 Abs. 2 Nr. 1 lit. a ZPO (aus der Perspektive des Verfahrens vor staatlichen Gerichten zur Aufhebung inländischer Schiedssprüche), § 1059 Abs. 2 Nr. 1 lit. a ZPO i.V.m. § 1060 Abs. 2 S. 1 ZPO (in Exequaturverfahren inländischer Schiedssprüche) und § 1061 Abs. 1 S. 1 ZPO i.V.m. Art. V Abs. 1 lit. a UNÜ (in Exequaturverfahren ausländischer Schiedssprüche)[25] einen Anhaltspunkt, der auch der ganz h.M. entspricht: Die Rechtswahl steht frei, subsidiär gilt die *lex loci arbitri*,[26] also bei deutschem Schiedsort deutsches Recht.[27] Eine explizite Rechtswahl haben die Parteien

---

17 BGHZ 162, 9 Rn. 14 ff. m.w.N. in Rn. 16 = SchiedsVZ 2005, 95 (96 f.); aus der Lit. vgl. nur Stein/Jonas/*Schlosser*, ZPO, § 1032 Rn. 18a, § 1040 Rn. 1.
18 MüKoZPO/*Münch*, § 1029 Rn. 27; Musielak/Voit/*Voit*, ZPO; § 1029 Rn. 28.
19 Zöller/*Geimer*, ZPO, § 1035 Rn. 23; *Kronke*, RIW 1998, 257 (258).
20 MüKoZPO/*Münch*, Vor. §§ 1034 ff. Rn. 9; BeckOGK/*Köhler*, Art. 4 Rom I-VO Rn. 573.
21 BeckOK-ZPO/*Wolf/Eslami*, § 1031 Rn. 6; MüKoZPO/*Münch*, § 1031 Rn. 20 f.
22 *Schütze/Thümmel*, Schiedsgericht und Schiedsverfahren, 7. Aufl. 2021, § 5 Rn. 62.
23 *Schütze/Thümmel*, Schiedsgericht und Schiedsverfahren, 7. Aufl. 2021, § 2 Rn. 9.
24 MüKoZPO/*Münch*, § 1030 Rn. 22; *Kronke*, RIW 1998, 257 (259).
25 New Yorker Übereinkommen über die Anerkennung und Vollstreckung ausländischer Schiedssprüche vom 10. Juni 1958; für die BRD in Kraft getreten am 28.9.1961, BGBl. 1962 II, 102; derzeit von 166 Staaten ratifiziert.
26 Vgl. § 1059 Abs. 2 Nr. 1a ZPO: „[wenn] die Schiedsvereinbarung nach dem *Recht, dem die Parteien sie unterstellt haben* oder, falls die Parteien hierüber nichts bestimmt haben, *nach deutschem Recht* ungültig ist" und Art. V Abs. 1 lit. a UNÜ: „[wenn] die Vereinbarung nach dem *Recht, dem die Parteien sie unterstellt haben*, oder, falls die Parteien hierüber nichts bestimmt haben, *nach dem Recht des Landes, in dem der Schiedsspruch ergangen ist*".
27 Stein/Jonas/*Schlosser*, ZPO, § 1029 Rn. 5; MüKoZPO/*Münch*, § 1029 Rn. 31.

nicht getroffen. Für eine konkludente Rechtswahl bedarf es hinreichender Anhaltspunkte.[28] Gegen eine konkludente Rechtswahl spricht, dass die Parteien das auf das Schiedsverfahren und das materiell anwendbare Recht explizit geregelt haben. Da ohne Rechtswahl die *lex loci arbitri* auf Schiedsverfahren und Schiedsvereinbarung Anwendung findet (§§ 1025 Abs. 1, 1043 Abs. 1, 1059 Abs. 2 Nr. 1 lit. a ZPO), hätte es bei entsprechendem Willen nahe gelegen, auch für das auf die Schiedsvereinbarung anwendbare Recht auf das Recht Liechtensteins zu verweisen. Mangels expliziter und konkludenter Rechtswahl ist daher die Wirksamkeit der Schiedsvereinbarung am deutschen Recht zu messen.[29]

III. Wirksamkeit der Schiedsvereinbarung
1. Wirksamkeitsvoraussetzungen, §§ 1029–1031 ZPO
a) Allgemeine Voraussetzungen

Die Schiedsvereinbarung muss sich auf ein bestimmtes oder bestimmbares[30] Rechtsverhältnis beziehen (§ 1029 Abs. 1 ZPO). Dies ist hier der Fall, da sich die Schiedsvereinbarung auf den Webhostingvertrag bezieht, in dem sie enthalten ist. Gerade die Parteien der Schiedsvereinbarung müssen von der Zuständigkeit des Schiedsgerichts erfasst sein (Bindung Dritter nur ausnahmsweise)[31] (§ 1029 Abs. 1 ZPO). Dies ist hier unproblematisch, da A und C die Schiedsvereinbarung geschlossen haben. Die Schiedsklausel muss die Entscheidungskompetenz eines zumindest urteilsfähigen Teils[32] der Streitigkeit auf das Schiedsgericht übertragen (§ 1029 Abs. 1 ZPO). Auch dies ist hier der Fall („Alle Streitigkeiten [...] im Zusammenhang mit diesem Vertrag"); der Zahlungsanspruch aus dem Franchisevertrag ist von der Reichweite der Schiedsvereinbarung umfasst. Schließlich muss der Streitgegenstand objektiv schiedsfähig sein. Als vermögensrechtliche

---

28 Man wird sich hier – wie bei der Wahl des materiellen Rechts (vgl. MüKoZPO/*Münch*, § 1051 Rn. 13) – an Art. 3 Abs. 1 S. 2 Rom I-VO orientieren können („Die Rechtswahl muss ausdrücklich erfolgen oder sich eindeutig aus den Bestimmungen des Vertrags oder aus den Umständen des Falles ergeben").

29 Will man eine konkludente Rechtswahl bejahen, so ergeben sich die Wirksamkeitsvoraussetzungen der Schiedsvereinbarung aus liechtensteinischem Recht. Da dieses nach dem Bearbeitervermerk mit dem deutschen Recht identische Regelungen enthalten soll, ist der Lösungsweg derselbe, wenngleich die Rechtsprechung des EuGH für Liechtenstein nicht verbindlich ist. Dies hindert aber nicht, eine Unwirksamkeit der Vereinbarung auch nach liechtensteinischem Recht anzunehmen.

30 Zu ermitteln durch Auslegung nach allgemeinen Grundsätzen anhand des erkennbaren Parteiwillens bei Abschluss der Schiedsvereinbarung – Musielak/Voit/*Voit*, ZPO, § 1029 Rn. 16.

31 BGH, NJW 2000, 2346; BeckOK-ZPO/*Wolf/Eslami*, § 1029 Rn. 16; Stein/Jonas/*Schlosser*, ZPO, § 1029 Rn. 70.

32 Etwa nach dem Vorbild des Grundurteils nach § 304 ZPO.

Streitigkeit (§ 1030 Abs. 1 S. 1 ZPO)[33] ist der Zahlungsanspruch aus dem Webhostingvertrag ohne weiteres schiedsfähig.[34]

b) Formerfordernisse

Die Schiedsklausel muss die Form des § 1031 ZPO wahren. Die Schiedsvereinbarung zwischen A und B ist in einem von beiden Parteien unterzeichneten Dokument enthalten, § 1031 Abs. 1 ZPO. A handelte jedoch als Verbraucher (§ 13 BGB), so dass die Formvorschrift des § 1031 Abs. 5 ZPO gilt. Die Form des § 1031 Abs. 5 S. 3 Hs. 1 ZPO (besondere Urkunde, die keine anderen Vereinbarungen als die Schiedsvereinbarung enthält) wurde missachtet, da sich die Schiedsklausel in einem Dokument mit den sonstigen Vereinbarungen befindet. Dieser Mangel der Form könnte jedoch durch (rügelose) Einlassung auf die schiedsgerichtliche Verhandlung zur Hauptsache geheilt sein (§ 1031 Abs. 6 ZPO). Eine Einlassung i.S.d. §§ 1025 ff. ZPO liegt vor, wenn (der Kläger Schiedsklage erhoben hat und wenn) der Beklagte über die Begründetheit des Anspruchs verhandelt hat, wobei auch eine schriftliche Einlassung genügen kann.[35] Kenntnis vom Formmangel ist für die Heilung nicht erforderlich.[36] Fraglich ist, ob § 1031 Abs. 6 ZPO dem besonderen Schutzbedürfnis von Verbrauchern zuwiderläuft. Abgesehen von § 1031 Abs. 5 ZPO sind die §§ 1025 ff. ZPO für Verbraucherbelange blind.[37] Gerade die zahlreichen Präklusionsvorschriften (vgl. §§ 1027, 1031 Abs. 6, 1034 Abs. 2, 1040 Abs. 2, Abs. 3, 1059 Abs. 3 ZPO), die eine Balance zwischen dem Schutz einer Partei und der Ermög-

---

33 Vermögensrechtlich ist die Streitigkeit, 1) wenn der prozessuale Anspruch auf Geld oder geldwerte Gegenstände gerichtet ist (dann ohne Rücksicht auf die Natur des zugrundeliegenden Rechtsverhältnisses) oder 2) wenn der prozessuale Anspruch auf einem vermögensrechtlichen Rechtsverhältnis beruht, das also auf Gewinn oder Erhaltung von Geld oder geldwerten Gegenständen gerichtet sein muss; auch wenn der prozessuale Anspruch auf eine Leistung, Feststellung oder Gestaltung gerichtet ist, die nicht in Geld oder Geldwert besteht – MüKoZPO/*Münch*, § 1030 Rn. 13; Zöller/*Geimer*, ZPO, § 1030 Rn. 1.

34 Auf die Vergleichsfähigkeit kommt es nach dem seit 1.1.1998 geltenden Recht nur noch für nichtvermögensrechtliche Streitigkeiten an (§ 1030 Abs. 1 S. 2 ZPO).

35 BeckOK-ZPO/*Wolf/Eslami*, § 1031 Rn. 26; Hk-ZPO/*Saenger*, § 1031 Rn. 15; *Schütze/Thümmel*, Schiedsgericht und Schiedsverfahren, 7. Aufl. 2021, § 5 Rn. 56.

36 OLG München, MDR 2005, 1186 (1187). Zustimmend etwa Musielak/Voit/*Voit*, ZPO, § 1031 Rn. 13.

37 Dies lässt sich v.a. darauf zurückführen, dass der deutsche Gesetzgeber das UNCITRAL Modellgesetz über die *internationale Handelsschiedsgerichtsbarkeit* mit nur geringen Änderungen als allgemeines Schiedsverfahrensrecht auch für nationale Sachverhalte und auch für Schiedsverfahren außerhalb des „Handels" eingeführt hat. Schutzmechanismen zugunsten der strukturell schwächeren Partei sind daher rar.

lichung eines effizienten Schiedsverfahrens herstellen sollen, können Verbraucher hart treffen. Jedenfalls für § 1031 Abs. 6 ZPO scheidet ein weitergehender Schutz des Verbrauchers aus – die systematische Stellung der Heilungsvorschrift (Absatz 6) nach der Sondervorschrift für Verbraucher (Absatz 5) zeigt deutlich, dass eine rügelose Einlassung auch bei Verbraucherbeteiligung möglich ist.[38] Vor einer völlig uninformierten Einlassung schützt § 1044 S. 2 ZPO, der im Antrag auf Einleitung des schiedsrichterlichen Verfahrens einen Hinweis auf die Schiedsvereinbarung fordert und so dem (beklagten) Verbraucher Anlass gibt, sich mit der Existenz und Wirksamkeit der Schiedsvereinbarung auseinanderzusetzen.[39]

Damit stellt sich die Frage, ob die Rüge des A ausreichte, um die Heilung zu verhindern, denn A hatte die Unzuständigkeit des Schiedsgerichts zwar gerügt, sich zur Begründung jedoch nur auf die unangemessene Benachteiligung durch die Entfernung zwischen seinem Wohnsitz und dem Schiedsort gestützt. Dagegen, dass diese Rüge auch den Formmangel erfasst, spricht die Gefahr einer Aushöhlung des Rügeerfordernisses. Das Zuständigkeits-/Aufhebungs-/Exequaturverfahren würde ausgeweitet, wenn die Rüge mangelhafter Schiedsbindung aus einem Grund die Angreifbarkeit aus jedem anderen Unzuständigkeitsgrund offenhalten würde. Daher können auch nach dem BGH, Vorbehalte gegen die Zuständigkeit, die in keinem Zusammenhang mit der Formwirksamkeit stehen, dem Schiedsbeklagten die Berufung auf diese Einrede nicht offenhalten. Die mangelnde Formwirksamkeit ist durch die *insoweit* rügelose Einlassung zur Hauptsache geheilt worden.[40]

2. Wirksame Einbeziehung in den Vertrag, §§ 305 ff. BGB[41]

Fraglich ist, ob die Schiedsvereinbarung wirksam in den Vertrag einbezogen wurde.

---

38 Für die Anwendung des § 1031 Abs. 6 ZPO auf Verbraucher etwa auch MüKoZPO/*Münch*, § 1031 Rn. 45; *Weihe*, Der Schutz der Verbraucher im Recht der Schiedsgerichtsbarkeit (2005), 181; implizit Stein/Jonas/*Schlosser*, ZPO, § 1031 ZPO Rn. 31.
39 *Weihe*, Der Schutz der Verbraucher im Recht der Schiedsgerichtsbarkeit (2005), 180 f.
40 BGH, SchiedsVZ 2005, 259 (260); hierzu *Kröll*, SchiedsVZ 2006, 203, (209); so auch schon zum alten Schiedsverfahrensrecht BGH, Beschl. v. 27.11.1986 – Az. III ZR 62/86 (juris); wohl a.A. MüKoZPO/*Münch* § 1031 Rn. 67.
41 AGB-Schiedsvereinbarungen sind am Maßstab der §§ 305 ff. BGB zu messen, vgl. Nachw. bei *Weihe*, Der Schutz der Verbraucher im Recht der Schiedsgerichtsbarkeit (2005), 184, Fn. 1017.

a) Einbeziehung

Die Schiedsvereinbarung ist eine AGB i.S.d. Legaldefinition des § 305 Abs. 1 BGB, da sie eine für eine Vielzahl von Verträgen vorformulierte Vertragsbedingung ist, die nicht im Einzelnen ausgehandelt und von C gestellt (s.a. die Fiktion des § 310 Abs. 3 Nr. 1 BGB) wurde. Die Einbeziehungsvoraussetzungen liegen vor – die Kenntnisnahme war für A zumutbar, sein Einverständnis darf angenommen werden (§ 305 Abs. 2 BGB), völlig überraschend war die Klausel nicht (§ 305c BGB).[42]

b) Inhaltskontrolle

Spezielle Klauselverbote (§§ 309, 308 BGB) greifen nicht ein.
Fraglich ist, ob die Schiedsvereinbarung den A unangemessen benachteiligt (§ 307 BGB).

aa) Grundsätzliche Zulässigkeit

Dass überhaupt ein Schiedsgericht anstatt des ordentlichen Gerichts zur Entscheidung berufen sein soll, ist für sich genommen noch keine unangemessene Benachteiligung. Eine Schiedsvereinbarung stellt nach ganz h.M.[43] an sich keine Benachteiligung dar, ein besonderes Bedürfnis für eine schiedsrichterliche Streiterledigung ist nicht erforderlich; die Erwähnung von Schiedsvereinbarungen im Anhang der Klauselrichtlinie[44] zeigt nach Ansicht des BGH, dass grundsätzlich AGB-Schiedsvereinbarungen mit Verbrauchern zulässig sind.[45] Eine unangemessene Benachteiligung kann jedoch in der besonderen Ausgestaltung des Schiedsverfahrens liegen.

---

42 A.A. erscheint vertretbar, wenn man auf die Missachtung des Erfordernisses einer separaten Urkunde (§ 1031 Abs. 5 ZPO) abstellt.
43 Für Nachw. zu Gegenstimmen, die für Schiedsvereinbarungen mit Verbrauchern ein besonderes gerechtfertigtes Interesse fordern s. *Coester-Waltjen*, in: FS Siehr (2010), sub 2.2.3. Fn. 44; zum alten Recht auch *Spieker*, ZIP 1999, 2138 (2139).
44 Anhang 1 lit. q RL 93/13/EWG: Zu den Klauseln, die für missbräuchlich erklärt werden können, gehören solche, durch die *„dem Verbraucher die Möglichkeit, Rechtsbehelfe bei Gericht einzulegen oder sonstige Beschwerdemittel zu ergreifen, genommen oder erschwert wird, und zwar insbesondere dadurch, dass er ausschließlich auf ein nicht unter die rechtlichen Bestimmungen fallenden Schiedsgerichtsverfahren verwiesen wird, [...].“*.
45 BGHZ 162, 9 = NJW 2005, 1125 = SchiedsVZ 2005, 95 Rn. 26 f., 29; zustimmend *Werle/Quinke*, JZ 2005, 932 (934).

bb) Schiedsort

Fraglich ist, ob eine unangemessene Benachteiligung darin gesehen werden kann, dass der Schiedsort in Nürnberg liegt. Unmittelbar einschlägige Rechtsprechung des EuGH gibt es nicht. Denn die Anwendung der Richtlinie 93/13/EWG obliegt dem nationalen Gericht,[46] die Klausel ist unter Berücksichtigung des Vertragsgegenstandes, der Umstände des Vertrages (Art. 4 RL 93/13/EWG) und des sie umgebenden nationalen Rechtssystems zu würdigen. Der EuGH kann lediglich allgemeine Hinweise aufstellen, ohne sie auf den konkreten Fall anzuwenden. Dies tat er in sehr weitgehender Weise, indem er in *Océano Grupo* feststellte, die dort in Streit stehende Klausel über die örtliche Zuständigkeit der staatlichen Gerichte erfülle „alle Kriterien ..., um als missbräuchlich ... qualifiziert werden zu können" und dabei den nationalen Kontext außer Betracht ließ[47] – ausnahmsweise, weil die Klausel ausschließlich und ausgleichslos vorteilhaft für den Gewerbetreibenden war.[48] In diesem Fall und in *Pannon* ging es um eine Gerichtsstandklausel, die, so der EuGH, als missbräuchlich angesehen werden könne, wenn sie die ausschließliche Zuständigkeit des Gerichts vorsieht, in dessen Bezirk der Gewerbetreibende seinen Sitz hat, weil sie das Erscheinen des Verbrauchers vor Gericht erschwert und ihn bei geringem Streitwert von einer Rechtsverteidigung abhalten kann.[49]

Mit Blick auf EU-Nachbarrechtsordnungen kann festgestellt werden, dass das österreichische Recht besonders streng ist: Zwischen Verbrauchern und Unternehmern sind nicht individuell ausgehandelte Schiedsvereinbarungen für den Verbraucher unverbindlich;[50] selbst individuell ausgehandelte Klauseln sind unwirksam, wenn nicht von vornherein für das Schiedsgericht ein Ta-

---

46 Art. 267 AEUV.

47 EuGH v. 27.6.2000 – C-240–244/98 – *Océano Grupo Editorial SA gegen Rocío Marciano Quintero et al.*, ZIP 2000, 1165 (1166 Rn. 21–24).

48 Zu dieser Spezialkonstellation näher EuGH v. 1.4 2004 – C-237/02 – *Freiburger Kommunalbauten GmbH Baugesellschaft & Co. KG gegen Ludger und Ulrike Hofstetter*, ZIP 2004, 1053 (1055 Rn. 23); EuGH v. 4.6.2009 – C-243/08 – *Pannon GSM Zrt. gegen Erzsébet Sustikné Györfi*, NJW 2009, 2367 (2369).

49 So hatte das ungarische Gericht an der Gerichtsstandklausel in *Pannon* bemängelt, dass der prorogierte Gerichtsstand am Geschäftssitz des Unternehmers 275 km vom Verbraucherwohnsitz bei schlechter Verkehrsverbindung entfernt lag (id., Rn. 16). Zu beiden Urteilen auch *Coester-Waltjen*, in: FS Sieher (2010), sub 2.2.3.

50 § 6 Abs. 2 Nr. 7 öst. Konsumentenschutzgesetz, vgl. Schwimann/Kodek/*Apathy*, ABGB Praxiskommentar, Bd. 5a, 4. Aufl. 2015, § 6 KSchG Rn. 1; Kosesnik-Wehrle/*Lange*, Konsumentenschutzgesetz Kurzkommentar, 4. Aufl. 2015, § 6 KSchG Rn. 105c.

gungsort bestimmt ist, der dem Wohn-, Aufenthalts- oder Beschäftigungsort des Verbrauchers entspricht.[51]

Eindeutige Positionen in der deutschen Literatur und Rechtsprechung zu der Frage, wie sich Distanzen zwischen Verbraucherwohnsitz und Schiedsort auf die Zulässigkeit von AGB-Schiedsvereinbarungen auswirken, gibt es nicht. Mehrere deutsche Oberlandesgerichte haben in den *Subway*-Fällen Schiedsklauseln für unwirksam erachtet, die für Streitigkeiten zwischen dem niederländischen Franchisegeber und den in Deutschland ansässigen Franchisenehmern ein Schiedsverfahren in den USA vorsahen.[52] Die Entscheidungen sehen eine grobe Benachteiligung darin, dass der Franchisenehmer gezwungen sein soll, seine Rechte „auf einem fremden, entfernten Kontinent" wahrzunehmen.[53] Das OLG Celle hätte stattdessen einen Schiedsort am Sitz einer (!) der Parteien oder dazwischen vorgezogen[54] – das bedeutete im dortigen Fall, dass u.a. zulässigerweise Amsterdam als Schiedsort hätte bestimmt werden können, was für den Verbraucher aus Hannover eine Anreise von ca. 330 km bedeutet hätte.

In der deutschen Literatur wird eine Schiedsvereinbarung zwar nicht dann schon für grob benachteiligend für den Verbraucher gehalten, wenn das Schiedsgericht den Verhandlungsort nicht exakt nach dem System der §§ 12ff. ZPO festlegt,[55] aber der Verhandlungsort dürfe den Verbraucher nicht erheblich benachteiligen (als Beispiel für eine erhebliche Benachteiligung wird eine Distanz wie München – Hamburg [ca. 770 km] genannt, wenn im staatlichen Verfahren § 29c ZPO einschlägig wäre).[56] Dem ist zuzustimmen, wobei nicht die bloße Distanz zählen sollte, sondern auch andere Umständen wie die Verkehrsverbindung und die vom EuGH angedeutete Relation von Anreisemühen und Streitwert in die Abwägung einbezogen werden sollten.

---

51 Öst. OGH, 25.10.1994, 5 Ob 537/94; Schwimann/Kodek/*Apathy*, ABGB Praxiskommentar, Bd. 5a, 4. Aufl. 2015, § 14 KSchG Rn. 1 m. zahlr. Nachw. Vgl. auch § 14 öst. KSchG. Zu beiden Normen auch *Coester-Waltjen*, in: FS Siehr (2010), sub 2.2.3.

52 OLG Celle, IPRspr 2008, Nr. 207; OLG Dresden, IPRspr 2007 Nr. 222, 631; OLG Bremen, MDR 2009, 465; OLG Jena v. 31.1.2011, Az. 1 Sch 1/08 – juris = IPRspr 2011, Nr. 293, 781; zu den Entscheidungen *Schulz/Niedermaier*, SchiedsVZ 2009, 196; *Kraayvangar*, IHR 2008, 119; *Hilbig*, SchiedsVZ 2010, 74; *Eichel*, IPRax 2010, 219.

53 Vgl. nur OLG Bremen, MDR 2009, 495 Rn. 24.

54 OLG Celle, Beschl. v. 4.12.2008, Az. 8 Sch 13/07 – juris = IPRspr 2008, Nr 207, 658, unter II.1.a.

55 Auf eine Festlegung des Schiedsorts/Verhandlungsorts in der Schiedsvereinbarung wird also nicht bestanden.

56 *Wagner/Quinke*, JZ 2005, 932 (936); a.A. de lege lata *Mäsch*, in: FS Schlosser (2005), 529 (537 f.).

Die Vereinbarung eines Schiedsorts in spürbarer Distanz von einem oder beiden Partnern ist vor allem üblich und sinnvoll unter grenzüberschreitend tätigen Vertragspartnern, die ihre Geschäfte an verschiedenen Orten vorzunehmen pflegen und sogar Interesse daran haben können, ein neutrales „Forum" für ihr Schiedsverfahren zu finden. Bei Verfahren mit typischerweise stärker ortsgebundenen Verbrauchern kann hingegen die Notwendigkeit einer aufwändigen Anreise den Verbraucher schnell einseitig belasten und an der besonderen Neutralität eines bestimmten Ortes wird ihm regelmäßig nichts liegen.

Der Vergleich mit den strengen Anforderungen an Gerichtsstandsvereinbarungen (§§ 38 ff. ZPO, Art. 17, 23 EuGVVO, Art. 2, 5, 6 Haager Gerichtsstandsübereinkommen) lässt das unzureichende Schutzniveau vor Schiedsvereinbarungen deutlich hervortreten; wenn, wie der BGH betont, gerichtliches und schiedsrichterliches Verfahren gleichwertigen Rechtsschutz bieten, so müssten doch gerade auch an Schiedsvereinbarungen, die einen Schiedsort nicht am Wohnsitz des Verbrauchers vorsehen, ähnliche Anforderungen gestellt werden.[57] Vorgeschlagen wird daher eine Vermutung der Unangemessenheit der Vereinbarung, wenn der Tagungsort/Schiedsort an einem anderen Ort als dem ausschließlichen Gerichtsstand (bei Verbrauchern v.a. Art. 17 EuGVVO; §§ 29a, 29c, 32b ZPO) liegt und der ausschließliche Gerichtsstand zumindest auch dem Schutz der Parteien und nicht nur öffentlichen Interessen zu dienen bestimmt ist.[58] Je nach den Umständen des Einzelfalls kann die Vermutung widerlegt werden, etwa wenn der Verbraucher besonders erfahren ist, vertraut ist mit dem Tagungsort oder Schiedsort oder – bei ausländischem Schiedsort – bewandert ist im Recht des Schiedsorts, wenn das Recht des Schiedsorts (und das dadurch vermittelte Kollisions- und materielle Recht) keine erheblichen Unterschiede zu dem Recht aufweist, das anwendbar wäre, wenn der Schiedsort am Wohnsitz des Verbrauchers lokalisiert wäre[59] oder wenn die Anreise zum Tagungsort oder Schiedsort durch finanzielle Beiträge oder tatsächliche Transportangebote erleichtert wird.[60]

---

57 *Coester-Waltjen*, in: FS Siehr (2010), sub 2.2.2.

58 *Coester-Waltjen*, in: FS Siehr (2010), sub 2.2.3. bei Fn. 47 f.

59 So etwa, wenn ausschließlich Model-Law-Staaten involviert sind, die eine dem Art. 28 ML entsprechende Norm für das materiell anwendbare Recht kennen. Im deutschen Recht – § 1051 ZPO – wurde Art. 28 ML aber schon deutlich vereinfacht und von der Suche nach einem IPR zweiten Grades befreit, vgl. Art. 28 Abs. 2 ML: „(2) Failing any designation by the parties, the arbitral tribunal shall apply *the law determined by the conflict of laws rules which it considers applicable*" im Gegensatz zu § 1051 Abs. 2 ZPO: „(2) Haben die Parteien die anzuwendenden Rechtsvorschriften nicht bestimmt, so hat das Schiedsgericht *das Recht des Staates anzuwenden, mit dem der Gegenstand des Verfahrens die engsten Verbindungen aufweist.*"

60 So *Coester-Waltjen*, in: FS Siehr (2010), sub 2.2.3. nach Fn. 51.

Der vorliegende Fall stellt sich danach wie folgt dar: Ein ausschließlicher Gerichtsstand greift für die Streitigkeit nicht ein. Der Schiedsort liegt im Inland. Mit Pkw und Bahn sind die Städte gut miteinander verbunden. Die schnellste Pkw-Strecke zwischen Berlin und Nürnberg hat eine Länge von ca. 430 km, die geschätzte Fahrtzeit beträgt ca. 4 Stunden. Die Zugverbindung mit dem ICE dauert ca. 4 Stunden und 30 Minuten und kostet pro einfache Strecke ohne Ermäßigungen ca. € 90. As Fahrtkosten von ca. € 180 belaufen sich zwar auf mehr als die Hälfte des Streitwerts, aber auch im staatlichen Verfahren können bei kleinen Streitwerten die mit der Rechtsverteidigung verbundenen Aufwendungen einen ähnlichen Anteil des Streitwerts ausmachen. Ein besonderes Interesse (außer der Ersparnis von Reisekosten der C-AG) an Nürnberg als Schiedsort oder eine Kompensation dieses Nachteils für den Verbraucher sind nicht ersichtlich. Es ist nicht bekannt, nach welchen Regeln das Schiedsgericht die Verfahrenskosten verteilen würde. Dem Sachverhalt lässt sich nicht entnehmen, dass die Fahrtkosten für A eine besondere Belastung darstellen oder seine finanzielle Situation dergestalt ist, dass er vor einem staatlichen Gericht erfolgreich Prozesskostenhilfe – die das Schiedsverfahren nicht kennt[61] – beantragen könnte. Damit dürfte nach hier vertretener Ansicht (a.A. gut vertretbar[62]) die räumliche Distanz von Schiedsort und Verbraucherwohnsitz noch nicht zu einer unangemessenen Benachteiligung i.S.d. § 307 BGB führen.

cc) Schiedsrichterbestellung

Zusätzliche benachteiligende Wirkung entfaltet der Schiedsrichterbestellungsmodus, nämlich die Vereinbarung, dass bei nicht fristgerechter Schiedsrichterbenennung das Ernennungsrecht auf die andere Partei übergehen soll.[63] Versäumt A die Benennung, führt dies dazu, dass C unmittelbar die Mehrheit der Schiedsrichter nach seinen Wünschen bestimmt. Unabhängig davon, ob und bis zu welchem Maße man eine gewisse Nähebeziehung des parteiernannten Schiedsrichters zu „seiner" Partei zulassen möchte,[64] beanstandet das Gesetz ein solches objektives Übergewicht, wenn es die plausible Besorgnis der Benachteiligung einer Partei begründet: § 1034 Abs. 2 ZPO gibt in derartigen Fällen

---

61 *Coester-Waltjen*, in: FS Siehr (2010), sub 2.2.2.; *Schütze/Thümmel*, Schiedsgericht und Schiedsverfahren, 7. Aufl. 2021, Einleitung Rn. 45.

62 Dazu auch MüKoBGB/*Wurmnest*, § 307 Rn. 268.

63 Schon beanstandet vom OLG Neustadt, NJW 1955, 635 (636) zu §§ 1029, 1045 a.F.

64 Vgl. zur angloamerikanischen Sicht zu den Neutralitätsanforderungen parteiernannter Schiedsrichter (*„partisan he may be, but not dishonest"*), die sich in Deutschland nicht durchgesetzt hat, Stein/Jonas/*Schlosser*, ZPO, § 1036 Rn. 25.

(ohne dass berechtigte Zweifel an Unabhängigkeit oder Unparteilichkeit oder subjektive Momente erforderlich wären[65]) der benachteiligten Partei das Recht, bei einem staatlichen Gericht eine Abänderung der Schiedsrichterbenennung zu verlangen. § 1034 Abs. 2 ZPO ist *lex specialis* zu § 138 BGB und zu §§ 307 ff. BGB.[66] Hier hat A zwar sein Antragsrecht nach § 1034 Abs. 2 ZPO (befristet auf zwei Wochen nach Kenntnis von der Zusammensetzung des Schiedsgerichts) nicht genutzt und ist daher – sofern der hier vertretenen Ansicht gefolgt wird, dass die Präklusion auch zu Lasten von Verbrauchern eintritt – später mit Einwänden gegen die Zusammensetzung des Schiedsgerichts präkludiert. Ob eine Klausel angemessen ist oder nicht, muss jedoch im Zeitpunkt geprüft werden. Insofern führt der Benennungsmodus zu ganz erheblichen Benachteiligungen des A.

dd) Schiedsverfahrensrecht

Weiterhin muss auch die Vereinbarung liechtensteinischen Verfahrensrechts als benachteiligend in die Betrachtung eingestellt werden. Die Wahl kann zwar nur zur Derogation der dispositiven Normen der §§ 1025 ff. ZPO führen (s.o.), aber diese sind zahlreich und die partielle Anwendung des fremden Verfahrensrechts könnte für A mit erheblichen Schwierigkeiten bei seiner Durchdringung und – da Rechtsbeistand mit deutschen und liechtensteinischen Rechtskenntnissen erforderlich ist – mit erhöhten Kosten für anwaltliche Beratung und Vertretung verbunden sein, auch wenn das liechtensteinische Recht im Ergebnis die gleichen Regelungen wie das deutsche Recht enthält (*s. Bearbeitervermerk*).

ee) Gesamtabwägung

Eine Schiedsvereinbarung kann sich auch wegen der Häufung mehrerer für sich genommen noch nicht unbedingt unzulässig belastender Einzelbestimmungen als unangemessen i.S.v. § 307 BGB darstellen.[67] Ein Schiedsverfahren bietet dem Verbraucher kaum Vorteile, wenn ihm, wie typischerweise, Vertraulichkeit nicht wichtig ist, er kein besonderes Interesse am Erhalt der Geschäftsbeziehung hat und die Materie nicht die Sachkunde eines Experten erfordert.[68] Es fällt daher bei Verbrauchern schon i.d.R. schwerer, Nachteile durch typische

---

65 BeckOK-ZPO/*Wolf/Eslami*, § 1034 Rn. 8; MüKoZPO/*Münch*, § 1034 Rn. 9.

66 Stein/Jonas/*Schlosser*, ZPO, § 1034 Rn. 3.

67 So *Coester-Waltjen*, in: FS Siehr (2010), sub 2.2.3. nach Fn. 56.

68 *Wagner/Quinke*, JZ 2005, 932 (936); *Coester-Waltjen*, in: FS Siehr (2010), sub 2.2.2.; vgl. ausf. *Weihe*, Der Schutz der Verbraucher im Recht der Schiedsgerichtsbarkeit (2005), 42 ff.

schiedsverfahrensrechtliche Vorteile (z.B. freie Schiedsrichterwahl, Wahl eines neutralen Orts, kürzere Verfahrensdauer durch Ausschaltung des Instanzenzugs) kompensiert zu sehen. Hier kommt hinzu, dass die freie Schiedsrichterwahl sich nur zugunsten der C-AG verwirklicht hat und dass kein neutraler, sondern ein für die C-AG günstiger Ort gewählt wurde. Ferner würde A die Verteidigung durch die Einbindung liechtensteinischer Verfahrensvorschriften, für die kein legitimes Interesse der C-AG ersichtlich ist, besonders erschwert. Insgesamt wirkt die Schiedsvereinbarung für A unangemessen belastend und ist daher gem. § 307 BGB unwirksam (aA selbstverständlich gut vertretbar).

C. Ergebnis

Das Schiedsgericht ist nicht zuständig, über die Klage der C-AG zu entscheiden. Der Antrag des A ist zulässig und begründet.

Frage 2 (Abwandlung)

Fraglich ist, ob ein Antrag der C auf Vollstreckbarerklärung des Schiedsspruchs (§§ 1059, 1062ff. ZPO) zulässig und begründet ist.

A. Zulässigkeit

I. Statthaftigkeit (§§ 1054, 1060 ZPO)

Statthaft ist der Antrag insoweit, als ein (str., ob lediglich verurteilender[69]) Schiedsspruch i.S.v. § 1054 ZPO[70] vorliegt. Ein zur Zahlung verurteilender Endschiedsspruch ist zulässiger Gegenstand des Exequaturverfahrens.[71]

II. Örtliche und sachliche Zuständigkeit: § 1062 Abs. 1 Nr. 2 Alt. 2, Abs. 5 ZPO i.V.m. § 7 GZVJu

Das OLG München ist örtlich und sachlich zuständig (§ 1062 Abs. 1 Nr. 2 Alt. 2, Abs. 5 ZPO i.V.m. § 7 GZVJu[72]).

---

69 Für die h.M., die keinen vollstreckbaren Schiedsspruch fordert: BGH, NJW-RR 2006, 995; Hk-ZPO/*Saenger*, § 1060 Rn. 2 m.w.N.; für das Erfordernis eines vollstreckbaren Inhalts plädierend Musielak/Voit/*Voit*, ZPO, § 1060 Rn. 2.

70 Oder – hier nicht ersichtlich – Schiedsspruch mit vereinbartem Wortlaut (§ 1053 Abs. 2 ZPO).

71 BeckOK-ZPO/*Wilske/Markert*, § 1060 Rn. 2.

III. Keine Fristgebundenheit

Der Antrag ist nicht fristgebunden.

B. Begründetheit

Der Antrag ist begründet, wenn keine Exequaturverweigerungsgründe nach §§ 1060 Abs. 2 S. 1, 1059 Abs. 2 ZPO entgegenstehen.[73]

I. Unwirksame Schiedsvereinbarung, §§ 1060 Abs. 2 S. 1, 1059 Abs. 2 Nr. 1 lit. a Alt. 2 ZPO

Das Exequatur ist zu versagen, wenn „der Antragsteller begründet geltend macht, dass [...] die Schiedsvereinbarung [...] nach deutschem Recht ungültig ist", §§ 1060 Abs. 2 S. 1, 1059 Abs. 2 Nr. 1 lit. a, Alt. 2 ZPO. Dieser Exequaturverweigerungsgrund wird jedoch nicht von Amts wegen geprüft. A als Antragsgegner hätte ihn also geltend machen müssen. Eine richterliche Hinweispflicht ist insofern im deutschen Recht nicht vorgesehen.[74]

Außerdem wäre A mit diesem Einwand präkludiert, da er nicht binnen drei Monaten nach Übermittlung des Schiedsspruchs (§§ 1054 Abs. 4, 222 ZPO, 186 ff. BGB) Antrag auf Aufhebung des Schiedsspruchs gestellt hat (§§ 1060 Abs. 2 S. 3 i.V.m. 1059 Abs. 3 ZPO).[75]

Fraglich ist aber, ob die Sperre des § 1059 Abs. 3 ZPO gegen Gemeinschaftsrecht verstößt, insbesondere ob sie die Durchsetzung der Klauselrichtlinie 1993/13/EWG unmöglich macht oder übermäßig erschwert (sog. Effektivitätsgrundsatz). Der EuGH hat in früheren Fällen die zweimonatige Frist spanischen Rechts[76] und die dreimonatige Frist niederländischen Rechts[77] für die Geltend-

---

72 Verordnung über gerichtliche Zuständigkeiten im Bereich des Staatsministeriums der Justiz, Gerichtliche Zuständigkeitsverordnung Justiz – GZVJu, vom 11. Juni 2012, GVBl. S. 295.

73 Und wenn – hier nicht ersichtlich – keine nach Erlass des Schiedsspruchs entstandenen Einwendungen vorliegen.

74 Hk-ZPO/*Saenger*, § 1040 Rn. 6.

75 Beachten Sie, dass für ausländische Schiedssprüche (z.B. in Sachen *Subway*, s.o. Fn. 52) eine Aufhebung nach § 1059 ZPO nicht in Betracht kommt; dort sind Einwendungen im Rahmen der Vollstreckbarerklärung nach § 1061 ZPO i.V.m. Art. V UNÜ zu prüfen, für die nach Ansicht des BGH eine Präklusion nicht in Betracht kommt: BGH, NJW 2011, 1290; ähnlich bereits BGH, IPRax 2009, 167.

76 EuGH v. 6.10.2009 – C-40/08 – *Asturcom Telecomunicationes SL gegen Cristina Rodríguez Nogueira*, SchiedsVZ 2010, 110 = EuZW 2009, 852, Rn. 44; dazu auch *Hilbig*, SchiedsVZ 2010, 74 (77 ff.).

machung von Aufhebungsgründen gegen einen Schiedsspruch als vereinbar mit dem Effektivitätsgrundsatz passieren lassen. Daher ist davon auszugehen, dass auch die dreimonatige Frist des § 1059 Abs. 3 ZPO konform ist mit dem Effektivitätsgrundsatz (s. aber sogleich unten III.).

II. Unzulässige Zusammensetzung des Schiedsgerichts, §§ 1060 Abs. 2 S. 1, 1059 Abs. 2 Nr. 1 lit. d ZPO

Das Exequatur ist ferner zu versagen, wenn „der Antragsteller begründet geltend macht, dass ... die Bildung des Schiedsgerichts ... einer Bestimmung dieses Buches ... nicht entsprochen hat und anzunehmen ist, dass sich dies auf den Schiedsspruch ausgewirkt hat", §§ 1060 Abs. 2 S. 1, 1059 Abs. 2 Nr. 1 lit. d ZPO.

Auf die potentielle Auswirkung (vgl. § 1059 Abs. 2 Nr. 1 lit. d ZPO a.E.) auf den Schiedsspruch kommt es bei fehlerhafter Besetzung nicht an, weil in diesen Fällen eine Auswirkung nie ausgeschlossen werden kann.[78] Jedoch fehlt es an einer Geltendmachung durch A.

Ferner wäre A auch mit diesem Einwand präkludiert. Denn im Falle eines Übergewichts einer Partei bei der Schiedsgerichtsbesetzung kann die benachteiligte Partei nur binnen zwei Wochen nach Kenntnis von der Zusammensetzung des Schiedsgerichts Antrag nach § 1034 Abs. 2 ZPO stellen (s.o.). Lässt die benachteiligte Partei die Frist verstreichen, kann sie sich später nicht mehr auf die benachteiligende Zusammensetzung berufen.

Darauf, ob das objektive Ungleichgewicht bei der Besetzung überhaupt einen Besetzungsmangel i.S.d. § 1059 Abs. 2 Nr. 1 lit. d ZPO darstellt, kommt es daher nicht mehr an.

III. Verletzung des *ordre public*, §§ 1060 Abs. 2 S. 1, 1059 Abs. 2 Nr. 2 lit. b ZPO

Schließlich ist das Exequatur zu versagen, wenn „das Gericht feststellt, dass [...] die [...] Vollstreckung des Schiedsspruchs zu einem Ergebnis führt, das der öffentlichen Ordnung *(ordre public)* widerspricht" (§ 1059 Abs. 2 Nr. 2 lit. b ZPO). Verstöße gegen den verfahrensrechtlichen oder materiellrechtlichen *ordre public* oder die Missachtung fehlender objektiver Schiedsfähigkeit sind von Amts wegen zu prüfen, § 1059 Abs. 2 Nr. 2 ZPO, ebenso Art. V Abs. 2 UNÜ. Als *ordre public* wird der Kernbereich von Normen des zwingenden Rechts verstanden, die die Grundlagen des staatlichen und wirtschaftlichen Lebens in einer freien

---

77 EuGH v 1.6.1999 – C-126/97 – *Eco Swiss China Time Ltd. gegen Benetton International NV*, EuZW 1999, 565 (568 Rn. 47); dazu auch *Hilbig*, SchiedsVZ 2010 74 (77 ff.).
78 BGH, NJW-RR 2015, 1087; Stein/Jonas/*Schlosser*, ZPO, § 1059 Rn. 42.

Gesellschaft berühren und aus bestimmten staatspolitischen, sozial- oder wirtschaftspolitischen Zielsetzungen heraus erlassen worden sind.[79]

1. Verletzung des materiellen *ordre public* wegen Anwendung liechtensteinischen materiellen Rechts

Fraglich ist, ob sich aus der Anwendung liechtensteinischen materiellen Rechts auf den Fall eine Verletzung des *ordre public* ergibt.

Grundsätzlich kann im Schiedsverfahren das anwendbare materielle Recht frei gewählt werden, § 1051 Abs. 1 S. 1 ZPO. Ob dies nur dann gilt, wenn der Sachverhalt einen Auslandsbezug hat, ist streitig.[80] Daran würde es hier fehlen.

Auch wenn man einen solchen Auslandsbezug nicht für notwendig hält, könnte die Rechtswahl hier aber möglicherweise an der Verbrauchereigenschaft des A scheitern. Da die Verfasser des UNCITRAL-Modellgesetzes allein an den Handel und dessen Bedürfnisse gedacht haben, sollen nach Ansicht einiger Autoren die internationalprivatrechtlichen Rechtswahlbeschränkungen wegen eines besonderen Schutzbedürfnisses auch bei der Rechtswahl im Rahmen eines Schiedsverfahrens gelten.[81] Danach wäre die Vereinbarung hier an Art. 6 Rom I-VO zu messen; da Art. 6 Abs. 1 lit. a Rom I-VO einschlägig ist, könnte die Rechtswahl den A nicht dem Schutz zwingender deutscher Vorschriften entziehen (Art. 6 Abs. 2 Rom I-VO).

Nach anderer Ansicht soll eine Vermutung für die Unwirksamkeit einer Rechtswahl sprechen, wenn dadurch vor staatlichen Gerichten nicht abdingbares Recht ausgeschaltet werden soll.[82] Die Vermutung kann aber widerlegt werden, wenn das gewählte Recht die gleichen Schutzstandards bietet wie das anderenfalls anwendbare Recht, oder wenn der Verbraucher mit dem gewählten Recht vertraut ist.[83] Danach wäre die Vermutung hier widerlegt, weil laut Sachverhalt zu unterstellen ist, dass das einschlägige liechtensteinische Zivilrecht den Regelungen im deutschen Recht entspricht.

Auf die Schranken der Rechtswahlfreiheit kommt es aber letztlich nicht (oder nur mittelbar) an: Selbst wenn die Rechtswahl (vollständig) unwirksam wäre und die Schiedsrichter das „falsche" materielle Recht auf den Vertrag an-

---

79 Vgl. nur Stein/Jonas/*Schlosser*, ZPO, Anhang § 1051 Rn. 316 m.w.N.
80 Dafür MüKoZPO/*Münch*, § 1051 Rn. 22; *McGuire*, SchiedsVZ 2011, 257 (264); dagegen: Musielak/Voit/*Voit*, § 1051 Rn. 3; *Kondring*, ZIP 2017, 706 (709); Stein/Jonas/*Schlosser*, ZPO, § 1051 Rn. 12.
81 MüKoZPO/*Münch*, § 1051 Rn. 20.
82 So *Coester-Waltjen*, in: FS Siehr (2010), sub 2.2.3. nach Fn. 53.
83 *Coester-Waltjen*, in: FS Siehr (2010), sub 2.2.3. vor Fn. 54.

gewandt hätten, würde dies für sich genommen noch keinen *ordre public*-Verstoß begründen. Ein *ordre public*-Verstoß könnte zum einen dann angenommen werden, wenn die Anwendung liechtensteinischen Rechts durch die Schiedsrichter völlig willkürlich erscheint; dies ist hier wegen der Rechtswahlklausel nicht der Fall. Zum anderen könnte ein *ordre public*-Verstoß vorliegen, wenn das Ergebnis des Schiedsspruchs mit Grundwertungen der deutschen Rechtsordnung völlig unvereinbar ist. Auch daran fehlt es hier, da die angewandten liechtensteinischen Normen den deutschen Regelungen entsprechen.

2. Verletzung des *ordre public européen*

Fraglich ist aber, ob die Unwirksamkeit der Schiedsklausel wegen unangemessener Benachteiligung des Verbrauchers eine Verletzung des *ordre public européen*[84] begründet.

Was der EuGH bereits 2006 im Urteil *Mostaza Claro*[85] angedeutet hatte, bekräftigte und konkretisierte er im Oktober 2009 im Urteil *Asturcom:*[86] Art. 6 der Klauselrichtlinie muss gleichrangig mit nationalen Vorschriften der öffentlichen Ordnung behandelt werden. Art. 6 Abs. 1 RL 93/13/EWG gebietet, dass die Missbräuchlichkeit einer Klausel zu ihrer Unverbindlichkeit für den Verbraucher führt, und umspannt damit sämtliche vorhergehenden Normen zur Missbräuch-

---

84 Die Begriffsbezeichnung divergiert in diesem Kontext: So sind neben der gewählten Formulierung ebenso die französischen Zusätze *unional* oder (in Anlehnung an die Ursprünge zu Zeiten der EG) *communautaire* üblich, vgl. zur Terminologie *Frey/Pfeifer*, EuR 2015, 723 (721). Alternativ kann freilich auch schlicht vom *europäischen* oder *europäisierten* Vorbehalt gesprochen werden.

85 EuGH v. 26.10.2006 – C-168/05 – *Elisa María Mostaza Claro gegen Centro Móvil Milenium SL*, SchiedsVZ 2007, 46 (48 Rn. 35–38); hierzu krit. *Schlosser*, IPRax 2008, 497; *Liebscher*, CMLR 45 (2008), 545; *Hilbig*, SchiedsVZ 2010, 74 (78 ff.).

86 EuGH v. 6.10.2009 – C-40/08 – *Asturcom Telecomunicationes SL gegen Cristina Rodríguez Nogueira*, SchiedsVZ 2010, 110 = EuZW 2009, 852, Rn. 52 f.; hierzu krit. *Coester-Waltjen*, in: FS Siehr (2010), sub 2.3. bei Fn. 68 f. und *Hilbig*, SchiedsVZ 2010, 74 (78 ff.).

Dabei führt die deutsche Fassung des Urteils *Asturcom* irre: der EuGH spricht hier von „zwingenden Bestimmungen", tatsächlich ist aber der ordre public gemeint. An der Stelle der „zwingenden Bestimmungen" in der deutschen Fassung ist in der englischen Fassung des Urteils von „rules of public policy", in der französischen von „normes d'ordre public", in der italienischen von „norme di ordine pubblico" und in der spanischen von solche „de orden público" die Rede.

Ferner gleicht die Argumentation ganz deutlich der, mit der der EuGH in *Eco Swiss* das Kartellverbot (Art. 101 AEUV) dem *ordre public communautaire* zuordnete (EuGH, v. 1.6.1999 – C-126/97 – *Eco Swiss China Time Ltd. gegen Benetton International NV*, Slg. 1999, I-3055 Rn. 35 ff.).

lichkeit an sich (Art. 1–5 RL 93/13/EWG).[87] Der EuGH rechnet also weite Teile der Klauselrichtlinie zum *ordre public européer/communautaire*, dem gemeineuropäischen *ordre public*.

Über Existenz, Inhalt und Behandlung des *ordre public européen* besteht keine Einigkeit.[88] Fest steht, dass der EuGH ihn nicht beim Namen nennt.[89] Einige verstehen den *ordre public européen/communautaire* als eigenständige Kategorie,[90] andere als Teil des jeweiligen mitgliedstaatlichen nationalen *ordre public*,[91] also als Anreicherung des nationalen *ordre public*, als *ordre public national* gemeineuropäischen Ursprungs.[92] Für die Zugehörigkeit zum einen oder anderen Verständnis kann, da Ausgangspunkt für eine Konkretisierung des *ordre public* die Vorstellungen einer bestimmten Rechtsordnung sind,[93] entscheidend sein, wie stark man entweder die Europäische Union als eigenständige Rechtsordnung betrachtet oder ob man sie letztlich auf den Nationalstaat zurückführt und den Einflüssen des europäischen Rechts lediglich eine korrigierende und komplementäre Funktion in eng umgrenzten Bereichen bei-

---

87 Vgl. Wolf/Lindacher/*Pfeiffer*, AGB-Recht, 7. Aufl. 2020, RL (EWG) 93/13 Art. 6 Rn. 3 ff.

88 Ausführlich *Hornung*, Internationales Privatrecht zwischen Wertneutralität und Politik (2021), 212 ff.

89 Vgl. in *Asturcom* Rn. 52: „Daher ist [...] festzustellen, dass Art. 6 der Richtlinie als eine Norm zu betrachten ist, die den nationalen Bestimmungen, die im nationalen Recht zwingend sind, gleichwertig ist." und in *Eco Swiss* Rn. 39: Art. 81 EG „kann [...] als Vorschrift betrachtet werden, die der öffentlichen Ordnung [i.S.d. UNÜ] zuzurechnen ist".

90 So noch *Basedow*, in: FS Sonnenberger (2004), 291 (293); *ders.*, in: FS Lagarde (2005), 55 (55 f.); *Jayme*, Gesammelte Schriften Band 4 (2009), 369; *Siehr*, IPR, 2001, 488 f. (aber unter ausdrücklicher Zurückweisung einer über den ordre public-Vorbehalt erfolgenden Harmonisierung); aus der Rspr. etwa BGH, NJW-RR 2007, 145 Rn. 37; TC Bruxelles (2ᵉ ch.), 15.10.1975 – *Preflex gg. Lipski*, JT 1976, S. 493 (494); GA Saggio, EuGH, v. 1.6.1999, ECLI:EU:C:1999:97– Schlussanträge *Eco Swiss*; wohl auch ICC Nr. 1397, 1966, JDI 1974, 878 (880).

91 Je nach Fallgestaltung geht es entweder um den mitgliedstaatlichen *ordre public* „interne" [*Mostaza Claro*, *Asturcom* – inländischer Schiedsspruch, nationaler Sachverhalt] oder den *ordre public* „international" [*Eco Swiss*, oder auch die *Subway*-Fälle – ausländischer Schiedsspruch, internationaler Sachverhalt].

92 Vgl. etwa *Rühl*, Statut und Effizienz (2011), 420; *Schmitz*, Die Rechtswahlfreiheit im europäischen Kollisionsrecht (2017), 295; *Sahner*, Materialisierung der Rechtswahl im Internationalen Familienrecht (2019), 312 f.; *D. Martiny*, Handbuch des Internationalen Zivilverfahrensrechts, Bd. III/1 (1984), 446 f., Rn. 983. Wohl ebenso *Berger*, International Economic Arbitration (1993), 693 (*ordre public interne gemeinschaftsrechtlichen Ursprungs*), aber widersprüchlich in Bezug auf das EG-Kartellrecht – einerseits spricht er von *ordre public international* (a.a.O. S. 454), andererseits von *ordre public communautaire* (a.a.O. S. 456); *Kropholler*, IPR, § 36 III 2, 250; CA Paris, 18.11.2004 – *Thalès c/Euromissile*, JDI 2005, 357 (360) („il est indéniable que l'ordre public international des États membres a également une source communautaire").

93 *Basedow*, in: FS Sonnenberger (2004), 291 (291) („nationales Bollwerk").

misst.[94] Dass der EuGH[95] die Mitgliedstaaten zur Behandlung der jeweiligen europäischen *ordre public*-Normen wie nationale *ordre public*-Normen aufruft, kann in beide Richtungen interpretiert werden („als" eine nationale *ordre public*-Norm [kein eigenständiger *ordre public européen*] oder „entsprechend" einer nationalen *ordre public* Norm [eigenständiger *ordre public européen*]).

Bislang wurden zum *ordre public européen* – sei er national verankert oder eigenständig – vor allem die wesentlichen Bestimmungen über die Grundfreiheiten und die Wettbewerbsordnung gezählt.[96] Die in *Mostaza Claro* und *Asturcom* unternommene Erweiterung in den Bereich des verbraucherschützenden Sekundärrechts muss zu einer Revision des Verständnisses des *ordre public européen* führen.

In *Eco Swiss* wurde deutlich, dass der EuGH für diese von ihm zum *ordre public européen* gerechneten europäischen Normen (in concreto das allgemeine Kartellverbot) auch eine besondere, in allen Mitgliedstaaten einheitliche und somit von der nationalen *ordre public*-Dogmatik (gegebenenfalls) abweichende Behandlung fordert, nämlich eine verschärfte Kontrolle von Schiedssprüchen (im Wege eines gesenkten Verletzungsmaßstabs und einer erhöhten Prüfungstiefe). In *Asturcom* wiederholte er dies nicht, aber der Sachverhalt gab zu derartigen Ausführungen auch kaum Anlass. Daher bleibt bislang offen, ob der EuGH zwischen Anforderungen an die Behandlung offensichtlich elementarer Regelungen wie Grundfreiheiten und Wettbewerbsvorschriften einerseits und verbraucherschützendem Sekundärrecht andererseits zu unterscheiden gedenkt.

Zur Begründung des *ordre public*-Charakters stützt sich der EuGH darauf, dass erstens Art. 6 Abs. 1 RL 93/13/EWG zwingend sei, da er die materielle Ausgewogenheit der Rechte und Pflichten der Vertragsparteien wiederherstelle, und zweitens unerlässlich sei als Maßnahme nach ex-Art. 3 Abs. 1 lit. t EG[97] zur Aufgabenerfüllung der Gemeinschaft (nun: Union) und zur Hebung der Lebenshaltung und der Lebensqualität in der ganzen Gemeinschaft.[98]

---

94 Zu dieser Frage etwa *Sahner*, Materialisierung der Rechtswahl im Internationalen Familienrecht (2019), 305; *Lechner*, Die Reichweite des Erbstatuts in Abgrenzung zum Sachenrechtsstatut anhand der Europäischen Erbrechtsverordnung 650/2012 (2017), 258.

95 S. v.a. oben in Fn. 86, 89.

96 *Hornung*, Internationales Privatrecht zwischen Wertneutralität und Politik (2021), 213 ff.; *Brulard/Quintin*, Journal of International Arbitration 2001, 533 (543).

97 Vgl. nun anders Art. 4 Abs. 2 lit. f AEUV.

98 EuGH v. 6.10.2009 – C-40/08 – *Asturcom Telecomunicationes SL gegen Cristina Rodríguez Nogueira*, SchiedsVZ 2010, 110 = EuZW 2009, 852, Rn. 30, 51; vgl. auch EuGH v. 26.10.2006 – C-168/05 – *Elisa María Mostaza Claro gegen Centro Móvil Milenium SL*, SchiedsVZ 2007, 46 und EuGH v. 1.6.1999 – C-126/97 – *Eco Swiss China Time Ltd. gegen Benetton International NV*, EuZW 1999, 565 (567 Rn. 35–37).

Diese Ansicht des EuGH wird überwiegend kritisch beurteilt.[99] Als Argumente werden folgende aufgeführt: Letztlich übergehe der EuGH so das differenzierte System und die Balance aus staatlicher Überprüfung (vgl. §§ 1032 Abs. 2, 1040 Abs. 3, 1059 Abs. 2 Nr. 1 lit. a–d i.V.m. 1060 Abs. 2 S. 1, 1061 Abs. 1 S. 1 ZPO i.V.m. Art. V Abs. 1 lit. a–d UNÜ; § 1034 Abs. 2 ZPO) und Präklusionsvorschriften (vgl. §§ 1027, 1034 Abs. 2, 1040 Abs. 2, 1059 Abs. 3 ZPO; analog angewandt im UNÜ[100]), das staatliche Kontrollmöglichkeiten ebenso gewährleiste wie ein effektives Schiedsverfahren und den Schutz vor treuwidrigem Verhalten einer Partei.[101] Es erscheine auch inhaltlich nicht unbedingt überzeugend, jedweden Klauselrichtlinienverstoß zur *ordre public*-Verletzung zu erheben, da die *ordre public*-Kontrolle als *ultima ratio* wirklich schwerwiegenden, nachgerade anstößigen Fehlern vorbehalten bleiben solle.[102] Dem entspricht auch, dass die deutsche Literatur bislang allenfalls den *Kernbereich* von Verbraucherschutznormen zum *ordre public* i.S.d. § 1059 ZPO zählt.[103] Die Herangehensweise des EuGH widerspricht auch der im deutschen Recht ganz herrschenden Auffassung,[104] dass es für die *ordre public*-Verletzung nicht darauf ankommen darf, ob ein Element des *Schiedsspruchs* selbst, sondern ob die „*Vollstreckung* des Schiedsspruchs zu einem Ergebnis führt, das der öffentlichen Ordnung *(ordre public)* widerspricht" (so der Wortlaut des § 1059 Abs. 2 Nr. 2 lit. b ZPO). Daher komme es für den materiellrechtlichen *ordre public* nicht darauf an, ob jenseits des Tenors eine Rechtsverletzung stattgefunden hat, sondern darauf, ob mit A's Verurteilung zur Leistung ein *ordre public*-widriger Zustand perpetuiert wird. Hierfür ist nichts ersichtlich, da die Vorschriften des liechtensteinischen Rechts den einschlägigen deutschen entsprechen und kein Hinweis für eine fehlerhafte Beurteilung der materiellen Rechtslage durch die Schiedsrichter ersichtlich ist.

Es wird daher gegen die vom EuGH zuletzt in *Asturcom* vertretene völlige Fokussierung auf die Missbräuchlichkeit der Schiedsvereinbarung nach der Klauselrichtlinie eine stärkere Orientierung an der ursprünglichen Unwirksam-

---

99 *Liebscher*, CMLR 45 (2008), 545 ff.; *Wagner*, SchiedsVZ 2007, 49 (51); *Jordans*, GPR 2007, 48 (50); Schlussanträge *Tizzano* Rn. 56 zu EuGH v. 26.10.2006 – C-269/05 – *Elisa María Mostaza Claro gegen Centro Móvil Milenium SL*, Slg. 2006, I-10421; *Hilbig*, SchiedsVZ 2010, 74 (78 ff.).
100 Vgl. MüKoZPO/*Adolphsen*, § 1061 Anhang 1 UNÜ, Art. V Rn. 6 ff.
101 *Coester-Waltjen*, in: FS Siehr (2010), sub 2.3. bei Fn. 63 ff.
102 Ob der EuGH die fehlerhafte Beurteilung materiellrechtlich unzulässiger Klauseln oder die Missachtung anderer verbraucherschützender Richtlinien durch ein Schiedsgericht ebenso bewerten würde, ist offen.
103 Stein/Jonas/*Schlosser*, ZPO, Anhang § 1061 ZPO Rn. 350; Prütting/Gehrlein/*Raeschke-Kessler*, 13. Aufl. 2021, § 1059 ZPO Rn. 64. Siehe aber BGH, NJW 2009, 1215 (1216) (§ 307 BGB nicht Bestandteil des *ordre public*; indes im Fall keine Verbraucherbeteiligung).
104 Vgl. nur Stein/Jonas/*Schlosser*, ZPO, Anhang § 1061 ZPO Rn. 321; BGH, IPRax 2009, 519.

keit und der nachfolgenden Heilung gefordert – gerade die Heilung der Unwirksamkeit müsse unerträglich erscheinen, etwa weil der Verbraucher nicht hinreichend informiert wurde oder wegen Sprachbarrieren oder weil er aus sonstigen Gründen keine Gelegenheit zur Rüge hatte.[105] Dies sind Fragen, die unter der Verletzung des verfahrensrechtlichen *ordre public* diskutiert werden. Bei diesen ist grundsätzlich davon auszugehen, dass diejenigen Fehler, für die der Gesetzgeber eine Heilungsmöglichkeit eingeräumt hat, keine Verstöße gegen den verfahrensrechtlichen *ordre public* darstellen.[106] Die Heilung ist allerdings dann irrelevant, wenn sie unter unzureichender Gewährung rechtlichen Gehörs erfolgte.[107] Denn rechtliches Gehör ist ein „elementares Verfahrensgrundrecht, gehört zum unverzichtbaren Standard eines rechtsstaatlichen Verfahrens und ist damit (sogar auch) Teil des internationalen *ordre public*".[108] Dafür, dass A passiv blieb, weil das Schiedsgericht sein Recht auf rechtliches Gehör verletzte, ist hier aber nichts ersichtlich.

Trotz dieser Kritik sind die Vorgaben des EuGH aus *Mostaza Claro* und *Asturcom* klar und deutlich. Sobald das nationale Recht einem Richter gestattet, wegen einer *ordre public*-Verletzung einzugreifen (und der Richter über die Kenntnis der sonstigen rechtlichen und die tatsächlichen Grundlagen verfügt), verpflichtet ihn der EuGH dazu, an dieser Stelle der Klauselrichtlinie Geltung zu verschaffen. Die Problematik unterfällt daher nicht (nur) § 1059 Abs. 2 Nr. 1 lit. a ZPO/Art. V Abs. 1 lit. a UNÜ (unwirksame Schiedsvereinbarung),[109] sondern ist stattdessen in § 1059 Abs. 2 Nr. 2 lit. b ZPO/Art. V Abs. 2 lit. b UNÜ (materiellrechtlicher *ordre public*) zu behandeln. Damit verbunden ist eine doppelte Privilegierung – Verstöße gegen den *ordre public* prüft das Gericht des Aufhebungs- oder Exequaturverfahrens von Amts wegen und losgelöst von der dreimonatigen Ausschlussfrist, die für die Gründe nach § 1059 Abs. 2 Nr. 1 ZPO/Art. V Abs. 1 UNÜ gilt (§§ 1059 Abs. 3, 1060 Abs. 2 S. 3 ZPO).

Kommt man daher hier zu dem Ergebnis, dass die Schiedsvereinbarung unwirksam nach §§ 307 ff. BGB ist und dass diese Unwirksamkeit wegen Verbraucherbeteiligung gleichzeitig einen Verstoß gegen die Klauselrichtlinie 93/13/EWG darstellt (oben Frage 1), so muss dies im nachträglichen Exequatur- oder Aufhebungsverfahren unabhängig vom Verhalten des Verbrauchers im

---

105 *Coester-Waltjen*, in: FS Siehr (2010), sub 2.3. bei Fn. 70 f.
106 So für die Beachtlichkeit formloser Schiedsvereinbarungen und ein einfaches Parteiübergewicht auf der Richterbank MüKoZPO/*Münch*, § 1059 Rn. 46.
107 Hk-ZPO/*Saenger*, § 1059 Rn. 26 unter Verweis auf BayObLG NJW-RR 2000, 807; vgl. auch BGH, SchiedsVZ 2009, 126.
108 So BayObLG, NJW-RR 2000, 807 (808).
109 Bei einem ausländischen Schiedsspruch oben Fn. 75.

Schiedsverfahren und nachträglichen staatlichen Verfahren als Exequaturverweigerungs- oder Aufhebungsgrund angesehen werden.

C. Ergebnis

Der Antrag der C-AG ist daher als unbegründet abzuweisen und gleichzeitig der Schiedsspruch in Gänze aufzuheben (§ 1060 Abs. 2 S. 1 ZPO).

B. Rechtsvergleichende Fälle

Fall 5: Deliktshaftung und *culpa in contrahendo* im deutschen und französischen Recht

A. Cass. civ. 14.2.1979, Bull. civ. 1979 II No 51

L'exploitant d'un fonds de commerce est gardien du sol et des détritus qui, par leur présence, créent un danger pour les clients.

Cet exploitant est donc responsable du dommage subi par une cliente qui, marchant normalement le long d'un passage réservé à la clientèle, a glissé sur une épluchure de légume.

14 février 1979   Rejet.
La Cour;
– Sur le moyen unique:

Attendu, selon l'arrêt confirmatif attaqué, que s'étant blessée en glissant sur un déchet de légume dans le magasin de Ducourneau, la dame Laporte lui a réclamé ainsi qu'à son assureur, la compagnie L'Alsacienne, la réparation de son préjudice; que la Caisse primaire d'assurance maladie des Landes est intervenue dans l'instance;

Attendu qu'il est fait grief d'avoir déclaré Ducourneau responsable en application de l'article 1384, 1ᵉʳ alinéa, du Code civil alors que dans leurs conclusions qui auraient été laissées sans réponse Ducourneau et son assureur avaient soutenu que la „présomption de responsabilité" ne jouerait pas quand la chose à laquelle est imputé l'accident n'a joué qu'un rôle passif et ne peut être considérée comme une chose inanimée dont le propriétaire a la garde, mais une chose à laquelle ne saurait être attribué un gardien parce qu'elle ne peut faire l'objet de la propriété ou de la détention d'aucune personne physique ou morale déterminée; qu'en pareil cas, la responsabilité du gardien ne pourrait être engagée que sur le fondement de l'article 1382 du Code civil; qu'au surplus si le propriétaire du sol est responsable de l'état de celui-ci en tant que gardien du sol, il ne pourrait l'être des choses qui n'y sont pas incorporées et qui y sont tombées par cas fortuit sans qu'il soit possible de savoir comment elles s'y trouvent, ce qui aurait été prétendu dans les conclusions;

Mais attendu qu'après avoir énoncé que l'exploitant d'un fonds de commerce est gardien du sol et des détritus qui, par leur présence, créent un danger pour ses clients, l'arrêt relève que la dame Laporte s'est blessée en glissant dans le magasin d'alimentation de Ducourneau sur une épluchure de légume, que l'arrêt ajoute que la victime marchait normalement le long du passage réservé à la clientèle; que de ces constatations et énonciations, d'où il résulte que, rendu anormalement glissant par les déchets qui le jonchaient, le sol dont Ducourneau avait la garde a été l'instrument du dommage, la Cour d'appel, répondant aux conclusions, a pu déduire que Ducourneau était entièrement responsable;

D'où il suit que le moyen n'est pas fondé;
PAR CES MOTIFS:
REJETTE le pourvoi formé contre l'arrêt rendu le 24 février 1977 par la Cour d'appel de Pau. N° 77-12.551.

Deutsch:
Der Geschäftsinhaber ist obhutspflichtig hinsichtlich des Bodens und der Abfälle, die durch ihre Anwesenheit eine Gefahr für die Kunden darstellen.

Der Inhaber ist deshalb haftbar für den Schaden, den eine Kundin erlitt, nachdem sie auf einem Gemüseblatt ausrutschte, während sie in normaler Weise den für Kunden vorgesehenen Gang entlang schritt.

14. Februar 1979   Zurückweisung

Nach dem angegriffenen, der Klage stattgebenden Urteil hatte sich Frau Laporte verletzt, als sie auf einem Gemüseblatt im Geschäft des Ducourneau ausrutschte. Sie verlangte von ihm sowie seinem Versicherer, der Compagnie L'Alsacienne, Schadensersatz.

Es wird dem Urteil vorgeworfen, Ducourneau in Anwendung des Art. 1384 Abs. 1 C.C. für schadensersatzpflichtig gehalten zu haben, ohne die Einlassungen von Ducourneau und seinem Versicherer zu berücksichtigen. Nach denen greife die Verschuldensvermutung nicht ein, wenn die Sache, der der Unfall angelastet wird, nur eine passive Rolle gespielt hat, und wenn sie nicht als eine leblose Sache angesehen werden kann, über die der Eigentümer die Obhut hat, sondern als eine Sache, der man keinen Sachhalter zuzuordnen vermag, weil sie nicht Gegenstand des Eigentums oder der tatsächlichen Gewalt einer bestimmten natürlichen oder juristischen Person sein kann. In einem solchen Fall könne der Sachhalter nur auf der Grundlage des Art. 1382 C.C. haftbar sein. Selbst wenn der Eigentümer des Bodens für dessen Zustand als Sachhalter verantwortlich sei, so sei er es aber nicht für Sachen, die nicht sein Bestandteil sind, und die durch Zufall heruntergefallen sind, ohne dass man herausfinden könne, wie dies geschehen ist.

Das Urteil stellt jedoch fest, dass der Geschäftsinhaber obhutspflichtig hinsichtlich des Bodens und der Abfälle ist, die durch ihre Anwesenheit eine Gefahr für seine Kunden darstellen. Es hebt weiter hervor, dass sich Frau Laporte verletzte, indem sie im Lebensmittelgeschäft des Ducourneau auf einem Gemüseblatt ausrutschte. Das Urteil fügt hinzu, dass das Opfer in normaler Weise den Gang entlang schritt, der für die Kunden vorgesehen war. Aus diesen Feststellungen folgt, dass der Boden, der durch die auf ihm liegenden Abfälle über den Normalzustand hinaus rutschig geworden war und in der Obhut des Ducourneau stand, den Schaden verursacht hat. Das Berufungsgericht, auf die Einlassungen antwortend, konnte daraus schließen, dass Ducourneau für den Schaden voll verantwortlich ist.

Die Revisionsbegründung greift nicht durch. Aus diesen Gründen wird die Revision gegen das Berufungsurteil der Cour d'appel von Pau vom 24. Februar 1977 verworfen.

B. BGHZ 66, 52, Urteil v. 28. Januar 1976, VIII ZR 246/74

Sachverhalt

Am 2. November 1963 begab sich die damals 14 Jahre alte Klägerin mit ihrer Mutter in die Filiale der Beklagten in Sch., einen kleineren Selbstbedienungsladen. Während die Mutter nach Aussuchen der Waren noch an der Kasse stand, ging die Klägerin um die Kasse herum zur Packablage, um ihrer Mutter beim Einpacken behilflich zu sein. Dabei fiel sie zu Boden und zog sich einen schmerzhaften Gelenkbluterguss am rechten Knie zu, der eine längere ärztliche Behandlung erforderlich machte.

Mit der Behauptung, sie sei auf einem Gemüseblatt ausgerutscht, hat die Klägerin die Beklagte aus Verletzung der Verkehrssicherungspflicht auf Schadensersatz in Anspruch genommen.

Das Berufungsgericht hat der Klage unter Berücksichtigung eines Mitverschuldens der Klägerin von 1/4 überwiegend stattgegeben. Die zugelassene Revision der Beklagten hatte keinen Erfolg.

Aus den Gründen

I. ...

II. Nach Ansicht des Berufungsgerichts hat die Bekl. den ihr obliegenden Nachweis, dass sie hinsichtlich der Verkehrssicherheit in ihrem Ladenlokal alle ihr zuzumutende Sorgfalt beachtet habe und der Unfall nur darauf zurückzuführen sei, dass ein anderer Kunde kurz zuvor ein Gemüseblatt habe zu Boden fallen lassen, nicht geführt. Auch diese Ausführungen sind nicht zu beanstanden ...

III. ...

IV. ... Die Haftung aus *culpa in contrahendo* ... beruht auf einem in Ergänzung des geschriebenen Rechtes geschaffenen gesetzlichen Schuldverhältnis, das aus der Aufnahme von Vertragsverhandlungen entspringt und vom tatsächlichen Zustandekommen eines Vertrages und seiner Wirksamkeit weitgehend unabhängig ist (BGHZ 6, 330 (333); ständige Rechtsprechung; vgl. *Larenz,* Schuldrecht, 11. Aufl. Bd. I S. 94 (96 f.) m.w.N.). Die aus diesem Schuldverhältnis hergeleitete Haftung für die Verletzung von Schutz- und Obhutspflichten findet bei Fällen der vorliegenden Art ihre Rechtfertigung darin, dass der Geschädigte sich zum Zwecke der Vertragsverhandlungen in den Einflussbereich des anderen Teils begeben hat und damit redlicherweise auf eine gesteigerte Sorgfalt seines Verhandlungspartners vertrauen kann (vgl. dazu auch Senatsurteil vom 5. Januar 1960 – VIII ZR 1/59 = NJW 1960, 720 = WM 1960, 582; *Larenz* a.a.O. sowie MDR 1954, 515; *Nirk,* in: Festschrift für Möhring 1965, S. 385 ff. (392)). Das bestätigt gerade der vorliegende Fall, in dem die Mutter der Klägerin zum Zwecke des Kaufabschlusses die Verkaufsräume der Beklagten aufsuchen und sich damit einer Gefährdung, wie sie erfahrungsgemäß der verstärkte Publikumsverkehr vor allem in der Kassenzone eines Selbstbedienungsladens mit sich bringt, aussetzen musste. Voraussetzung für eine Haftung aus *culpa in contrahendo* ist bei derartigen Kaufverträgen aber stets, dass der Geschädigte sich mit dem Ziel des Vertragsabschlusses oder doch der Anbahnung „geschäftlicher Kontakte" (so *Larenz,* Schuldrecht a.a.O. S. 94 ff. und MDR 1954, 515) – also als zumindest *möglicher* Kunde, wenn auch vielleicht noch ohne feste Kaufabsicht – in die Verkaufsräume begeben hat (vgl. BGH Urteil vom 26. September 1961 – VI ZR 92/61 a.a.O.; *Nirk* a.a.O. S. 392). Dabei mag dahinstehen, ob es angesichts der Besonderheiten des Kaufes in einem Selbstbedienungsladen bereits ausreicht, wenn der Kunde beim Betreten der Verkaufsräume zunächst lediglich die Absicht hat, sich einen Überblick über das Warenangebot zu verschaffen und sich dadurch möglicherweise zum Kauf anregen zu lassen, oder wenn er vorerst nur einen vorbereitenden Preisvergleich mit Konkurrenzunternehmen vornehmen will. Jedenfalls fehlt es für eine über die deliktische Haftung hinausgehende vertragliche Haftung aus *culpa in contrahendo* dann an einer hinreichenden Rechtfertigung, wenn die den Selbstbedienungsladen betretende Person von vornherein gar keine Kaufabsicht hatte, – etwa weil sie, abgesehen von dem vom Berufungsgericht erwähnten Fall des Ladendiebes, die Geschäftsräume ausschließlich als Schutz vor Witterungseinflüssen aufsuchen oder als

Durchgang zu einer anderen Straße oder überhaupt nur als Treffpunkt mit anderen Personen benutzen wollte. Die Abgrenzung mag im Einzelfall vor allem deswegen schwierig sein, weil sie auf eine innere und somit schwer beweisbare Willensrichtung abstellt. Im vorliegenden Fall ist jedoch unstreitig, dass die Klägerin von vorneherein nicht die Absicht hatte, selbst einen Kaufvertrag mit der Beklagten abzuschließen, vielmehr lediglich ihre Mutter begleitete und diese bei ihrem Kauf unterstützen wollte. Eine unmittelbare Anwendung der Haftung aus Verschulden der Beklagten bei Vertragsschluss der Klägerin gegenüber scheidet mithin aus.

V. Gleichwohl erweist sich das Berufungsurteil im Ergebnis als richtig, weil die Hilfserwägung des Berufungsgerichts die Entscheidung trägt.

1. Wäre die Mutter der Klägerin auf dieselbe Weise wie ihre Tochter zu Schaden gekommen, so bestünden gegen die Haftung der Beklagten aus *culpa in contrahendo* – davon geht ersichtlich auch die Revision aus – keine Bedenken. Dabei bedarf es keiner Stellungnahme zu der im Schrifttum umstrittenen Frage, ob in einem Selbstbedienungsladen der Kaufvertrag dadurch zustande kommt, dass der Käufer das ihm mit der Aufstellung der Waren gemachte Angebot durch Vorweisen der ausgesuchten Ware an der Kasse – sich bis zu diesem Zeitpunkt eine endgültige Entscheidung vorbehaltend – annimmt, oder ob in dem Aufstellen der Ware lediglich eine Aufforderung zur Abgabe eines Angebots liegt, das der Kunde seinerseits mit dem Vorweisen gegenüber der Kassiererin abgibt und das letztere durch Registrieren für den Selbstbedienungsladen annimmt (vgl. zum Meinungsstand *Mezger* in BGB-RGRK, 12. Aufl. vor § 433 Rn. 55 m.w.N.). Jedenfalls lässt der Zusammenhang der Urteilsgründe, wenn es auch an einer ausdrücklichen Feststellung des Berufungsgerichts in dieser Richtung fehlt, erkennen, dass im Unfallzeitpunkt zwischen der Beklagten und der Mutter der Klägerin, die die zum Kauf vorgesehenen Waren bereits endgültig ausgewählt hatte, bereits ein die Haftung aus *culpa in contrahendo* rechtfertigendes gesetzliches Schuldverhältnis (BGHZ 6, 330 (333)) bestand.

2. Auf dieses gesetzliche Schuldverhältnis kann sich auch die Klägerin zur Rechtfertigung ihrer vertraglichen Schadensersatzansprüche berufen. Es entspricht seit langem gefestigter Rechtsprechung insbesondere des erkennenden Senats, dass unter besonderen Voraussetzungen auch außenstehende, am Vertragsschluss selbst nicht beteiligte Dritte in den Schutzbereich eines Vertrages einbezogen sind mit der Folge, dass ihnen zwar kein Anspruch auf Erfüllung der primären Vertragspflicht, wohl aber auf den durch den Vertrag gebotenen Schutz und die Fürsorge zusteht, und dass sie aus der Verletzung dieser vertraglichen Nebenpflichten Schadensersatzansprüche in eigenem Namen geltend machen können (Senatsurteile vom 16. Oktober 1963 – VIII ZR 28/62 = WM 1963, 1327 = NJW 1964, 33, vom 23. Juni 1965 – VIII ZR 201/63 = WM 1965, 871 = NJW

1965, 1757, vom 10. Januar 1968 – VIII ZR 104/65 = WM 1968, 300 = LM BGB § 328 Nr. 33; BGHZ 49, 350; 56, 269; 61, 227). Die rechtsdogmatische Frage, ob sich ein derartiger „Vertrag mit Schutzwirkung zugunsten Dritter" (s. *Larenz*, Schuldrecht a.a.O. S. 183f. und NJW 1960, 77f.) – wovon bisher die Rechtsprechung ausgegangen ist – aus der ergänzenden Auslegung eines insoweit lückenhaften Vertrages herleitet (§§ 133, 157 BGB), oder ob sich unmittelbare vertragsähnliche Ansprüche, wie im Schrifttum im zunehmenden Maße angenommen wird, aus vom hypothetischen Parteiwillen losgelösten Gründen – etwa aus Gewohnheitsrecht oder aufgrund richterlicher Rechtsfortbildung – ergeben, bedarf hier keiner Vertiefung und Entscheidung (vgl. zur letztgenannten Ansicht etwa Palandt/*Heinrichs*, BGB, 35. Aufl. § 328 Anm. 2b; *Larenz*, Schuldrecht a.a.O. S. 185; *Gernhuber*, Festschrift für Nikisch 1958 S. 249ff. und JZ 1962, 553; *Esser*, Schuldrecht, 4. Aufl. Teil I S. 399; *Canaris*, JZ 1965, 475). Nach beiden Auffassungen kommt es jedenfalls entscheidend darauf an, dass der Vertrag nach seinem Sinn und Zweck und unter Berücksichtigung von Treu und Glauben eine Einbeziehung des Dritten in seinen Schutzbereich erfordert und die eine Vertragspartei – für den Vertragsgegner erkennbar – redlicherweise damit rechnen kann, dass die ihr geschuldete Obhut und Fürsorge in gleichem Maße auch dem Dritten entgegengebracht wird (vgl. BGHZ 51, 91 (96); 56, 269; BGH Urteil vom 15. Mai 1959 – VI ZR 109/58 = NJW 1959, 1676). Kaufverträge generell von dieser rechtlich möglichen Vertragsgestaltung auszunehmen, besteht – das zeigen insbesondere Käufe in Ladenlokalen, bei denen sich der Käufer u.U. mit dem Dritten in den Einflussbereich des Verkäufers begeben muss – kein rechtfertigender Anlass. Das nimmt auch der VI. Zivilsenat in der o.g. Entscheidung BGHZ 51, 91 (96) nicht an.

3. Allerdings erfordert die Einbeziehung Dritter in den Schutzbereich eines Vertrages – soll die vom Gesetzgeber getroffene unterschiedliche Ausgestaltung von Vertrags- und deliktischer Haftung nicht aufgegeben oder verwischt werden – eine Beschränkung auf eng begrenzte Fälle (BGH Urteil vom 25. April 1956 – VI ZR 34/55 = NJW 1956, 1193 mit Anmerkung von *Larenz*; Senatsurteil vom 9. Oktober 1968 – VIII ZR 173/66 = WM 1968, 1354 = NJW 1969, 41; BGH Urteil vom 30. September 1969 – VI ZR 254/67 = WM 1969, 1358 = NJW 1970, 38; BGHZ 51, 91 (96) und 61, 227 (234)). Ob insoweit der bloße Umstand, dass der Kunde sich bei der Anbahnung und Abwicklung des Kaufvertrages in einem Selbstbedienungsladen eines Dritten bedient, für die Annahme der Schutzwirkung ausreichen würde, kann dahingestellt bleiben; denn im vorliegenden Fall kommt hinzu, dass die Mutter der Klägerin im Innenverhältnis „für Wohl und Wehe" ihrer Tochter verantwortlich war (BGHZ 51, 91 (96)) und damit – auch für die Beklagte erkennbar – allein schon aus diesem Grunde redlicherweise davon ausgehen durfte, dass die sie begleitende Tochter denselben Schutz genießen

würde wie sie selbst. In einem derartigen engen familienrechtlichen Band hat die Rechtsprechung von jeher eine Rechtfertigung für die Erstreckung der vertraglichen Schutzwirkung gesehen (BGH Urteil vom 8. Mai 1965 – VI ZR 58/55 = LM BGB § 254 [E] Nr. 2; Senatsurteil vom 16. Oktober 1963 – VIII ZR 28/62 = WM 1963, 1327 = NJW 1964, 33; BGHZ 61, 227 (234)).

4. Dass im vorliegenden Fall der Kaufvertrag im Zeitpunkt des Unfalls noch nicht abgeschlossen war, ist im Ergebnis ohne entscheidende rechtliche Bedeutung. Gerade wenn man die Schutz- und Fürsorgepflicht als maßgeblichen Inhalt des durch die Anbahnung von Vertragsverhandlungen begründeten gesetzlichen Schuldverhältnisses ansieht und berücksichtigt, dass der Vertragspartner diese Obhutspflicht gleichermaßen vor wie nach Vertragsabschluss schuldet, ist die Einbeziehung dritter, in gleicher Hinsicht schutzwürdiger Personen in dieses gesetzliche Schuldverhältnis nur folgerichtig (vgl. *Larenz*, Schuldrecht a.a.O. S. 188). Es würde im Übrigen auch an jedem vernünftigen rechtfertigenden Grund dafür fehlen, die vertragliche Haftung vom reinen Zufall abhängig zu machen, ob die Vertragsverhandlungen im Zeitpunkt der Schädigung schon zum endgültigen Vertragsabschluss geführt hatten; das zeigt eindringlich der vorliegende Fall, in dem die „Kaufverhandlungen" im Wesentlichen abgeschlossen waren und der Vertragsschluss im Unfallzeitpunkt – möglicherweise bedingt durch eine von der Mutter der Klägerin nicht zu verantwortende Verzögerung bei der Abfertigung an der Kasse – jedenfalls unmittelbar bevorstand. Die Meinung der Revision, eine Kumulation von Haftung aus *„culpa in contrahendo"* und „Einbeziehung eines Dritten in die Schutzwirkung eines Vertrages" führe zu einer nicht mehr überschaubaren Ausweitung des Risikos für den Verkäufer, wendet sich im Grunde gegen die Berechtigung beider Rechtsinstitute überhaupt. Der insoweit in der Tat nicht von der Hand zu weisenden Gefahr einer Ausuferung hat die Rechtsprechung jedoch, wie bereits ausgeführt wurde, von jeher dadurch Rechnung getragen, dass sie an die Einbeziehung Dritter in den Schutzbereich eines Vertrages strenge Anforderungen gestellt hat. Im Rahmen lediglich *vor*vertraglicher Rechtsbeziehungen mag hierbei möglicherweise besondere Zurückhaltung geboten sein. Aber auch bei noch so enger Grenzziehung bestehen jedenfalls dann gegen die Erstreckung der Schutzwirkung keine Bedenken, wenn – wie hier – der Schädiger sich dem Ansinnen der die Vertragsverhandlungen führenden Mutter, ihrem später zu Schaden gekommenen Kind von vorneherein ausdrücklich den gleichen Schutz wie ihr selbst einzuräumen, redlicherweise nicht hätte widersetzen können. Soweit schließlich die Revision meint, die lange Verjährungsfrist – verbunden zudem mit einer Umkehr der Beweislast – verschlechtere in derartigen Fällen die Beweissituation für den als Schädiger in Anspruch Genommenen in unerträglicher Weise, bietet sich als Korrektiv die Verwirkung an, für deren Vorliegen es hier allerdings an jedem Anhalt fehlt.

Da somit der Klägerin unmittelbare und im Hinblick auf § 195 BGB nicht verjährte Schadensersatzansprüche gegen die Beklagte zustehen, ist die angefochtene Entscheidung im Ergebnis rechtlich nicht zu beanstanden.

C. Aufgaben

1. Beschreiben Sie die grundsätzlichen Unterschiede in Aufbau und Inhalt eines Urteils der französischen Cour de Cassation zu einem BGH-Urteil!
2. Vergleichen Sie die rechtlichen Erwägungen, die das französische und das deutsche Gericht ihrer Entscheidung zugrunde gelegt haben!
3. Wieso musste der BGH im Jahr 1976 das ungeschriebene Rechtsinstitut der „*culpa in contrahendo*" heranziehen? Welche Lücken sollten hierdurch geschlossen werden? Wie ist heute die Lage im deutschen Recht?
4. Warum bedarf es der Lösung über die *culpa in contrahendo* im französischen Recht nicht? Welches sind die Schwächen der französischen Regelung?
5. Gibt es noch einen anderen Weg im deutschen Recht, um zu einem Schadensersatzanspruch des Geschädigten in Fällen wie dem vorliegenden zu gelangen?

D. Anhang: Gesetzestexte

1. Art. 1382 Code civil (C.C.)[1]
„Tout fait quelconque de l'homme, qui cause à autrui un dommage, oblige celui par la faute duquel il est arrivé à le réparer."

Deutsch:
„Jede Handlung eines Menschen, die einem anderen einen Schaden verursacht, verpflichtet den, durch dessen Verschulden derselbe entstanden ist, ihn zu ersetzen."

---

1 Durch die Schuldrechtsreform in Frankreich haben die Art. 1382 ff. C.C. (a.F.) mit Wirkung zum 1.10.2016 eine neue Nummerierung erhalten (Art. 1240 ff. C.C. n.F., eingeführt durch die Ordonnance n°2016-131 du 10 février 2016 – art. 2); da dies allerdings mit keiner inhaltlichen Änderung einhergeht, wird auf Grund der besseren Übersichtlichkeit die Nummerierung aus dem zitierten Urteil, mithin Art. 1382 und 1384 C.C., in der Folge beibehalten.

2. Art. 1384 C.C.

„(1) On est responsable non seulement du dommage que l'on cause par son propre fait, mais encore de celui qui est causé par le fait des personnes dont on doit répondre, ou des choses que l'on a sous sa garde.

(2)–(4) ...

(5) Les maîtres et les commettants [sont responsables] du dommage causé par leurs domestiques et préposés dans les fonctions auxquelles ils les ont employés;

(6)–(8) ...".

Deutsch:

„(1) Man ist nicht nur für den Schaden verantwortlich, den man durch seine eigene Handlung verursacht, sondern auch für den, der durch die Handlung von Personen verursacht ist, für die man einstehen muss, oder durch Sachen, die man in seiner Obhut hat.

(5) Dienstherren und Geschäftsherren [sind verantwortlich] für den Schaden, den ihre Hausbediensteten und Gehilfen in den ihnen übertragenen Geschäften verursachen."

E. Hinweise

Art. 1384 Abs. 1 C.C. wird heute, soweit es um die Sachhalterhaftung geht, allgemein als eigene Anspruchsgrundlage angesehen. Bis zum Beweis des Gegenteils gilt der Eigentümer einer Sache als derjenige, in dessen Obhut sie steht („gardien", Sachhalter). Der Geschädigte braucht ein Verschulden des „gardien" nicht nachzuweisen, dieses wird vielmehr vermutet. Die Vermutung kann nur durch den Nachweis widerlegt werden, dass der Schaden auf höherer Gewalt, Zufall, Verschulden des Geschädigten selbst oder eines Dritten beruht. Die Haftung ist schließlich auch dann ausgeschlossen, wenn die fragliche Sache bei der Schadensverursachung eine rein passive Rolle gespielt hat („rôle purement passif"). Das ist dann der Fall, wenn sie sich an einem „normalen Ort" und in einem „normalen Zustand" befindet. Die Haftung für Verrichtungsgehilfen nach Abs. 5 setzt – nach deutscher Terminologie – ein Verschulden (faute) des Verrichtungsgehilfen voraus, nicht aber ein solches des Geschäftsherrn.

Vor der Reform des französischen Verjährungsrechts im Jahre 2008 verjährten außervertragliche Schadensersatzansprüche innerhalb von zehn Jahren ab dem Zeitpunkt des Auftretens oder der Verschlimmerung des Schadens (Art. 2270-1 C.C. a.F.), während Schadensersatzansprüche wegen der Verletzung vertraglicher Nebenpflichten im Regelfall in 30 Jahren verjährten

(Art. 2262 C.C. a.F.). Da diese Fristen teilweise als exzessiv empfunden wurden, belaufen sie sich seit der Anpassung „nur" noch auf fünf (Regelverjährungsfrist u.a. für vertragliche Nebenpflichtverletzungen, Art. 2224 C.C.) bzw. zehn Jahre (Frist für die Verjährung von Ansprüchen aus Körperschäden, Art. 2226 C.C.).

F. Vorbemerkungen

„One can be a very much better English lawyer for knowing some French law" *(F.H. Lawson).*

Eines der Ziele der Rechtsvergleichung ist die bessere Erkenntnis des *eigenen* Rechts. Sie gibt demjenigen, der sein eigenes Recht studiert, die nötige Distanz, um dessen Umrisse und Eigenarten besser zu verstehen. Manche heimischen Regeln, die man als selbstverständlich und vielleicht sogar zwingend geboten hinzunehmen geneigt ist, offenbaren im Licht der Rechtsvergleichung oft einen eher zufälligen, historisch bedingten Charakter.[2] So dient auch die hier zu bearbeitende Aufgabe nicht in erster Linie dazu, die BearbeiterInnen Kenntnisse des französischen Rechts ausbreiten (oder erst erwerben) zu lassen. Die Auswahl zweier Urteile, die einen nahezu identischen Fall auf sehr unterschiedlichen Wegen einem wiederum nahezu identischen Ergebnis zuführen, soll Sie vielmehr dazu bringen, zum einen die Stilunterschiede bei der Abfassung eines Urteils zu erkennen, und zum anderen vor dem Hintergrund des französischen Rechts die Besonderheiten des deutschen Deliktsrechts und dadurch auch die Rolle, die die *culpa in contrahendo* hier spielt, besser zu begreifen. Weil der deutsche Gesetzgeber zwar mit dem Schuldrechtsmodernisierungsgesetz von 2001 (SMG) das vorher gesetzlich nicht ausdrücklich geregelte Rechtsinstitut der *culpa in contrahendo* in § 311 Abs. 2 BGB im Zusammenspiel mit §§ 241 Abs. 2, 280 Abs. 1 BGB ins Gesetz eingefügt hat, dabei aber lediglich die bestehende Rechtsprechung bestätigen und aus dieser abgeleitete „Grundsätze" regeln wollte,[3] ist insoweit die Beschäftigung auch mit einem bereits älteren BGH-

---

2 *David/Grasmann/Neumayer*, Einführung in die großen Rechtssysteme der Gegenwart, 2. Aufl. 1988, Tz. 17; *Gaillet*, in: Marsch/Vilain/Wendel (Hrsg.), Französisches und Deutsches Verfassungsrecht (2015), 7 (8); *Gottwald*, in: FS Schlosser (2005), 227 ff.

3 Vgl. Begr. RegE, BT-Drucks. 14/6040 S. 162: *„Die culpa in contrahendo hat sich zu einem der zentralen Rechtsinstitute des deutschen Zivilrechts entwickelt. Die Grundsätze dieses Rechtsinstituts sollen deshalb auch im Bürgerlichen Gesetzbuch als der zentralen deutschen Zivilrechtskodifikation ihren textlichen Ausdruck finden. Der Entwurf will das Institut der culpa in contrahendo nicht in allen Einzelheiten regeln ... Es soll vielmehr ... eine abstrakte Regelung vorgesehen werden ...".*

Urteil und seinem Lösungsweg äußerst lehrreich und fördert das Verständnis der aktuellen Gesetzeslage in Deutschland.[4]

Der Aufbau der Lösung dürfte keine besonderen Probleme aufwerfen, da man sich an den einzelnen, relativ präzisen Fragen zu orientieren hat. In der inhaltlichen Gestaltung der Lösung sind Sie natürlich bei einer solchen „Aufsatz-"Klausur wesentlich freier als etwa bei der gutachterlichen Bearbeitung eines IPR-Falles. Insofern gilt hier im besonderen Maße, dass die folgenden Lösungshinweise nicht die allein richtige Musterlösung darstellen, sondern lediglich Anhaltspunkte dafür bieten, welche Gedanken den Verfassern im Rahmen der Aufgabenstellung als wichtig erschienen.

Gliederung der Lösung

Lösungshinweise

Frage 1[5]

Das markanteste Kennzeichen eines Urteils der Cour de Cassation ist, dass es äußerlich aus einem einzigen Satz besteht. Er lautet im Regelfall entweder (bei

---

4 So ist die Vereinheitlichung des deutschen Leistungsstörungsrechts nicht zuletzt auf die zahlreichen rechtsvergleichenden Gutachten im Zuge von dessen Neustrukturierung zurückzuführen, s. *Kadner Graziano*, RIW 2014, 473 (478); zu der zunehmenden Relevanz der Rechtsvergleichung insbesondere nach der Schuldrechtsreform s. *Gruber*, ZvglRWiss 101 (2002), 38 ff.

5 Vgl. zu dieser Frage allgemein *Neumann/Berg*, Einführung in das französische Recht, 1. Aufl. 2020, Rn. 49; *Hübner/Constantinesco*, Einführung in das französische Recht, 4. Aufl. 2001, § 2, 3; *Zweigert/Kötz*, Einführung in die Rechtsvergleichung, 3. Aufl. 1996, § 9 I, 121; *Kötz*, RabelsZ 52 (1988), 644; *Witz/Wolter*, RIW 1998, 278 (278 f.); *Guimezanes*, Introduction au droit français, 2. Aufl. 1999, 33.

Erfolglosigkeit des Rechtsmittels, wie im vorliegenden Fall) „La Cour ... rejette le pourvoi formé contre l'arrêt rendu par la Cour de ...“[6] oder „La Cour ... casse et annule l'arrêt rendu par la Cour de ... et renvoie devant la Cour de ...“.[7] Die gesamte Urteilsbegründung findet sich zwischen Subjekt und Prädikat dieses Satzes in einer mehr oder weniger großen Zahl von Nebensätzen, die jeweils mit der Formel „attendu que“ (in der Erwägung, dass ...) beginnen.[8] Der Tenor *(dispositif)* des Urteils steht somit, anders als nach deutscher Konzeption, am Ende des Textes. Der Schilderung des Sachverhalts und der Prozessgeschichte wird kein von den Entscheidungsgründen getrennter eigener Abschnitt gewidmet. Der Sachverhalt wird vielmehr nur insoweit und oft nur in bruchstückhaften Andeutungen wiedergegeben, als es für das Verständnis der Revisionsrügen *(moyens),* der Entscheidung der Vorinstanz und der eigenen Auffassung erforderlich erscheint.

Inhaltlich unterscheidet sich ein Urteil der Cour de Cassation von einem des BGH vor allem durch das auffallende Bemühen um Knappheit, selten wird es länger als 1–2 Seiten, häufig sind es nur 10–20 Zeilen. Das Urteil ist möglichst so abgefasst, dass der Eindruck erweckt wird, die Lösung werde allein und ohne jeden Ansatz für einen Zweifel aus dem Gesetzestext selbst abgeleitet. Eine eingehende dogmatische Herleitung des Ergebnisses ist der Entscheidung in der Regel nicht zu entnehmen, eine Auseinandersetzung mit Literaturmeinungen findet man ebenso wenig wie die in BGH-Urteilen zahlreich anzutreffenden Zitate von Vorentscheidungen des erkennenden Senats oder eines anderen Gerichts. Kurz: Es wird ein Ergebnis mitgeteilt, die eigentliche Begründung dafür aber häufig im Dunklen gelassen – oder: „La Cour décide, elle ne discute pas.“[9,] [10] Der französische Stil prägt i.Ü. auch die Urteile des EuGH: Selbst wenn diese

---

6 Etwa: „Das Gericht verwirft die Kassationsbeschwerde (die Revision) gegen das Urteil des ...“.
7 Etwa: „Das Gericht kassiert (von casser = zerbrechen) das Urteil des Gerichts von ... und verweist an das Gericht von ... zurück.“
8 Eine wortwörtliche Übersetzung dieser Übung ins Deutsche würde wegen der Endstellung des Verbs im Nebensatz die Verständlichkeit des Textes im Vergleich zum französischen Original sehr beeinträchtigen. Man tut deshalb gut daran, in der Übersetzung den einen französischen Satz in mehrere deutsche aufzulösen; zu den sprachlichen Besonderheiten in Beschlüssen französischer Gerichte s. ausführlich *Ballansat,* „Attendu que“ – Französische Gerichtsurteile als Herausforderung für den Übersetzer (2010), abrufbar unter http://www.tradulex.com/ Actes2000/ballansat.pdf [letzter Abruf: 30.6.2021].
9 Etwa: „Das Gericht entscheidet, es diskutiert nicht“.
10 Ausführlich *Weber,* Der Begründungsstil von Conseil constitutionnel und Bundesverfassungsgericht (2019), 3 ff. Eine wichtigere Rolle als in Deutschland spielen deshalb die Urteilsanmerkungen, s. v. Bogdandy/Huber/*Ziller,* Ius Publicum Europaeum VIII, 1. Aufl. 2019, § 130, Abschnitt II.5.b), Rn. 64. Sie enthalten nicht nur Kritik, Zustimmung oder abweichende Lösungsvorschläge aus der Sicht der Literatur, sondern dienen vor allem auch der Aufarbeitung

meist erheblich länger sind, so findet man auch in ihnen zumeist keine vertiefte Auseinandersetzung mit kontroversen Auffassungen zu dem zu entscheidenden Sachproblem.[11]

Dieser besondere Urteilsstil folgt im französischen Recht nicht aus einer speziellen gesetzlichen Anordnung (Art. 455 des Code de procédure civile stellt lediglich grundlegende Anforderungen an Urteile im Allgemeinen, wobei aber zumindest auf die Ausführungen der Parteien nur knapp [„succinctement"] Bezug genommen werden soll),[12] sondern findet seine historischen Wurzeln in der Gewaltenteilungslehre *Montesquieus*, an der zumindest äußerlich die Cour de Cassation bis heute streng festhält. Ist der Richter nur „la bouche qui prononce les paroles de la loi",[13] ist die Lösung also immer bereits im Gesetz eindeutig vorgezeichnet, dann darf es keine Abwägung, keine Zweifel, kein pro und contra im Urteil geben.[14] Kritik an der knappen Formulierung höchstrichterlicher Entscheidungen, bei der häufig sprachliche Präzision mit inhaltlicher Nebulosität einhergeht, ist auch in Frankreich selbst bereits vor Jahrzehnten wach geworden;[15] im Gegenzug plädieren jedoch auch Stimmen für eine Beibehaltung der knappen Formulierungsweise.[16] Infolge der Diskussionen hat der Conseil constitutionnel (frz. Verfassungsgericht) im Jahre 2016 begonnen, von seiner bisherigen Urteilspraxis – die derjenigen der Cour de Cassation im Wesentlichen entsprach – abzuweichen, um der Begründung mehr Raum zu geben.[17] Inzwischen hat auch die Cour de Cassation angekündigt, in Zukunft der Argumentation in Urteilen größeren Raum einräumen und zu diesem Zweck auch die Gliederung von den Entscheidungen anpassen zu wollen.[18] Damit reagierte die

---

der Rechtsprechung selber, indem der der Entscheidung zugrundeliegende Sachverhalt ausführlicher dargestellt und der dogmatische Kontext erhellt wird.

11 *Gruber,* DZWIR 2018, 556 (557 f.). Dennoch ist dem EuGH die Methode der Rechtsfortbildung nicht schlechthin verwehrt, was sich aus den dahingehenden Traditionen anderer europäischer Länder wie England oder Deutschland ableiten lässt, s. Streinz/*Huber,* EUV/AEUV, 3. Aufl. 2018, Art. 19 EUV Rn. 16 und BVerfGE 75, 223 (243 f.).

12 *Babusiaux,* JZ 2021, 637 (637). Anders ist es z.B. in Italien: Hier hat der Gesetzgeber selbst es den Richtern verboten, juristische Autoren in der Urteilsbegründung zu erwähnen, vgl. dazu und zu den Gründen *Kötz,* RabelsZ 52 (1988), 644 (647).

13 *Montesquieu,* De l'esprit des lois, livre XI, chapitre VI. In Deutsch etwa: „Der Mund, der die Worte des Gesetzes ausspricht".

14 *Weber,* Der Begründungsstil von Conseil constitutionnel und Bundesverfassungsgericht (2019), 1. Vgl. auch *Kötz,* RabelsZ 52 (1988), 644 (647).

15 Vgl. *Touffait/Tunc,* Rev.trim.dr.civ. 1974, 487; *Lindon,* JCP 1975 I, 2681.

16 S. etwa *Croze,* in: LA P. Maulaurie (2005), 181 ff.

17 Dazu *Weber,* Der Begründungsstil von Conseil constitutionnel und Bundesverfassungsgericht (2019), 1 f.

18 Zu den Einzelheiten *Babusiaux,* JZ 2021, 637 (638 ff.).

französische Rechtsprechung nicht zuletzt auf Rügen des EGMR, der in der apodiktischen Begründungspraxis mehrfach Verstöße gegen das Recht auf ein faires Verfahren und rechtliches Gehör erblickt hatte.[19] Erste Urteile belegen, dass die Richterinnen bestrebt sind, die neuen Vorgaben umzusetzen.[20]

Frage 2

I. Cour de Cassation

Die Cour de Cassation hat die Einstandspflicht des Geschäftsinhabers für die Unfallschäden der Kundin auf eine *deliktische* Grundlage, nämlich auf Art. 1384 Abs. 1 C.C. gestützt.[21] Die Grundnorm des Deliktsrechts bildet die Generalklausel des Art. 1382 C.C. Sie setzt allerdings voraus, dass die in Anspruch genommene Person selbst schuldhaft eine tatbestandsmäßige Handlung vorgenommen hat, durch die ein anderer geschädigt wurde *(fait personnel)*. Art. 1384 C.C. bringt demgegenüber eine Erweiterung der Haftung für unerlaubte Handlungen anderer – *du fait d'autrui* – und für Schäden durch Sachen – *du fait des choses* –, wobei hier die zweite Alternative zum Tragen kommt.[22] Der für eine Sache Obhutspflichtige *(gardien)*, i.d.R. deren Eigentümer, haftet aufgrund vermuteten Verschuldens für Schäden, die durch diese Sache anderen entstehen (Sachhalterhaftung). Einen der Gründe, mit denen das Verschulden widerlegt werden kann, konnten die Beklagten offenbar nicht geltend machen.[23] Sie versuchten

---

19 Die Hintergründe beleuchtete unlängst *Babusiaux,* JZ 2021, 637 (646).

20 Für eine Analyse siehe *Babusiaux,* JZ 2021, 637 (645 f.).

21 Vgl. allgemein zur Sachhalterhaftung im französischen Zivilrecht *Malaurie/Aynès/Stoffel-Munck,* Droit des obligations, 11. Aufl. 2020, 99 ff.; *Bénabent,* Droit des obligations, 19. Aufl. 2021, 465 ff.; *Fages,* Droit des obligations, 11. Aufl. 2021/22, 358 ff.; *Porchy-Simon,* Les obligations, 13. Aufl. 2020, Kap. 14; aus dem deutschen Schrifttum: *Oertel,* Objektive Haftung in Europa (2010), 244 ff.; *Schreiber,* Die Sachhalterhaftung des Art. 1384 Abs. 1 Code civil, verglichen mit dem deutschen Recht (1987); *Hübner,* Die Haftung des Gardien im französischen Zivilrecht (1972); eingehend erläutert für den Beispielsfall von Schäden durch Bäume durch *Weick,* NJW 2011, 1702 (1704 f.).

22 Art. 1384 Abs. 1 C.C. war von den Verfassern des Code Civil wohl als bloße Ankündigung der Bestimmungen zur Haftung für andere Personen und (spezieller) Sachen in den folgenden Artikeln konzipiert worden. Die berühmten Entscheidungen *Teffaine* (16.6.1896, D. 1897 I, 433) und vor allem *Jand'heur* (13.2.1930, D. 1930 I, 57) der Cour de Cassation ebneten aber den Weg zu einer allgemeinen Haftungsnorm für Schäden durch Sachen; vgl. zu dieser Entwicklung rechtsvergleichend *J. Schmidt,* Zivilrechtskodifikation in Brasilien (2009), 520 f.

23 Sie greifen insofern nicht, z.B. wegen höherer Gewalt, die Vermutungswirkung an, sondern verneinen schon die Eigentümer – oder zumindest Sachhalterstellung bzgl. des Gemüseblatts, was bereits die Vermutung als solche – unabhängig von etwaigen Ausnahmen – nicht eingreifen lassen würde.

deshalb, an einer anderen Stelle anzusetzen: Der Geschäftsinhaber sei zwar als „*gardien*" verantwortlich für den Boden in seinem Eigentum, nicht aber für Abfälle auf dem Boden, die aus ungeklärter Ursache dorthin gelangt sind. Diese feinsinnige Differenzierung hat die Cour de Cassation verworfen: Der durch die Abfälle *rutschige Boden* sei die Schadensursache und damit der Geschäftsinhaber haftbar für die Folgen des Sturzes. Gleichzeitig ist dadurch der Einwand, die fragliche Sache habe bei dem Sturz nur eine „passive Rolle" gespielt, entkräftet. Ein durch Abfälle besonders rutschiger Fußboden befindet sich nicht in einem „normalen" Zustand, sondern schafft erhöhte Gefahren für die Kunden, woraus eine „aktive" Rolle der Sache beim Unfall folgt.

II. BGH[24]

Die Haftungsgrundlage bildet hier die *culpa in contrahendo (c.i.c.).*[25] Diese wurde zunächst auf eine Analogie zu §§ 122, 179, 307 BGB a.F. gestützt und galt sodann als gewohnheitsrechtlich anerkannt.[26] Heute ist die *culpa in contrahendo* ein *gesetzliches* Schuldverhältnis, ist sie doch in § 311 Abs. 2 BGB n.F. geregelt.[27] Die Haftung aus diesem Schuldverhältnis folgt den Grundsätzen der *vertraglichen* Haftung. Die vorvertragliche rechtliche Sonderverbindung begründet (wie der geschlossene Vertrag) erhöhte Rücksichts- und Sorgfaltspflichten, darunter auch Schutzpflichten hinsichtlich der körperlichen Integrität, aus deren schuldhafter Verletzung eine Schadensersatzverpflichtung entsteht.

Die Klägerin hat sich im Ladenlokal des beklagten Unternehmens bei einem Sturz verletzt. Eine Haftung für die Unfallschäden wegen der Verletzung einer Schutzpflicht auf der Grundlage der *c.i.c.* setzt nach dem oben Gesagten grundsätzlich voraus, dass gerade zwischen Schädiger und Geschädigtem eine vorvertragliche Sonderverbindung bestand. Die Geschädigte müsste sich zum Zwecke eines Vertragsabschlusses oder doch zumindest der Anbahnung rechtsgeschäftlichen Kontaktes in das Geschäft begeben haben. Hier begleitete das geschädigte Kind aber nur seine Mutter beim Einkauf und hatte selbst keinerlei Kaufabsichten.

Deshalb musste der BGH zusätzlich die Figur des *Vertrages mit Schutzwirkung zugunsten Dritter* bemühen, um zu einem Schadensersatzanspruch der

---

24 Vgl. zu diesem Fall die Besprechung von *Hohloch*, JuS 1977, 302 und die Anm. von *Kreuzer*, JZ 1976, 776 (778 ff.).
25 Die Lehre von der culpa in contrahendo geht zurück auf *Rudolf von Jherings* gleichnamige Abhandlung in Jahrbücher für die Dogmatik des heutigen römischen und deutschen Rechts, 4 (1861), 1 ff.
26 Vgl. BGH, NJW 1979, 1983.
27 *Westermann/Bydlinski/Arnold*, BGB-Schuldrecht Allgemeiner Teil, 9. Aufl. 2020, Rn. 73.

Klägerin zu gelangen: Wenn der *abgeschlossene* Vertrag Schutzwirkung für Dritte entfaltet hätte, dann muss das auch schon für den Eintritt in die Vertragsverhandlungen zutreffen. Das Gericht sieht zu Recht keinen vernünftigen Grund dafür, die Haftung nach vertraglichen Maßstäben gegenüber einem Dritten davon abhängig zu machen, ob im Zeitpunkt der Schädigung die Vertragsverhandlungen bereits zu einem Vertragsschluss geführt haben oder nicht. Voraussetzungen der Schutzwirkung eines Vertrages oder einer vorvertraglichen Sonderverbindung sind neben der Schutzbedürftigkeit des Dritten[28] zum einen seine Leistungsnähe,[29] zum anderen ein besonderes Interesse des Gläubigers am Schutz des Dritten, weil er ihm gegenüber selber zu Schutz und Fürsorge verpflichtet ist,[30] und schließlich die Erkennbarkeit der beiden eben genannten Erfordernisse für den Vertragspartner.[31] Der BGH sieht diese Voraussetzungen im vorliegenden Fall ohne nähere Begründung als gegeben an. Folge ist, dass der geschützte Dritte (hier die Klägerin) ebenso wie der eigentliche Partner des Geschäftsinhabers in den Vertragsverhandlungen im eigenen Namen einen Schadensersatzanspruch wegen der Verletzung einer vorvertraglichen Schutzpflicht geltend machen kann.

Die Schutzpflicht muss schließlich zwar schuldhaft verletzt worden sein. Der BGH geht jedoch in der vorliegenden Entscheidung von einer *Beweislastumkehr* analog § 282 BGB a.F.[32] aus: Der Schädiger muss sich entlasten und darle-

---

28 Diese fehlt, wenn er wegen des Sachverhalts, aus dem er seinen Anspruch herleitet, einen inhaltsgleichen Anspruch gegen einen anderen Beteiligten hat, BGHZ 70, 327 (330) = NJW 1978, 883; Grüneberg/*Grüneberg*, § 328 BGB Rn. 18.

29 D.h., dass dieser ebenso wie der Gläubiger selbst den Gefahren einer vertraglichen Pflichtverletzung ausgesetzt sein muss, MüKoBGB/*Gottwald*, § 328 Rn. 184.

30 „Wohl-und-Wehe"-Erfordernis; dieses Kriterium wurde allerdings im Laufe der Zeit durch die Rechtsprechung für Fallgruppen wie bspw. Gutachter und Sachverständige aufgegeben. Danach kann u.U. bereits ein besonderes Näheverhältnis zwischen Gläubiger und Drittem ausreichen, um ein Einbeziehungsinteresse des Gläubigers zu bejahen, näher *Westermann/Bydlinski/Arnold*, BGB-Schuldrecht Allgemeiner Teil, 9. Aufl. 2020, Rn. 1181 und Rn. 1187–1189; BeckOK-BGB/*Janoschek*, § 328 Rn. 55.

31 Vgl. ausführlich *Brockmann/Künnen*, JA 2019, 729 (730 ff.); *Dahm*, JZ 1992, 1167 ff. Eine solche Erkennbarkeit hat der BGH etwa im Verhältnis von Wirtschaftsprüfern zu Anlegern (unter Heranziehung der Wertungen aus § 323 HGB) verneint, s. Ls. zu BGH v. 11.11.2008 – III ZR 313/07 = BeckRS 2008, 24194.

32 § 282 BGB a.F.: „*Ist streitig, ob die Unmöglichkeit der Leistung die Folge eines von dem Schuldner zu vertretenden Umstandes ist, so trifft die Beweislast den Schuldner*". Die spätere Rspr. des BGH – z.B. BGH, NJW 1987, 639 (640) – rückte hingegen von § 282 BGB ab und verteilte die Darlegungs- und Beweislast bei der positiven Forderungsverletzung wie bei der c.i.c. nach Verantwortungs- und Gefahrenbereichen. In Fällen wie dem vorliegenden änderte sich in der Sache nichts: Das Geschäftslokal gehört zum Verantwortungsbereich der Beklagten, womit ihr ebenso wie nach § 282 BGB der (hier nicht gelungene) Entlastungsbeweis aufgebürdet wurde.

gen, dass er alle ihm zumutbare Sorgfalt beachtet habe, um Schäden zu verhindern. Dieser Entlastungsbeweis ist der Beklagten hier nicht gelungen.

Frage 3

a) Die Lehre von den Schutzpflichten aus dem Vertragsanbahnungsverhältnis wurde im Hinblick darauf entwickelt, dass das Deliktsrecht in vielen Fällen außervertraglicher Schädigungen bei traditioneller Sichtweise keinen als ausreichend empfundenen Schutz gewährt und deshalb eine Haftung nach vertraglichen Grundsätzen vorzuziehen ist, wenn zwischen Schädiger und Geschädigtem eine vorvertragliche Sonderverbindung besteht, die eine verschärfte Haftung rechtfertigt:[33]

– Der Geschäftsherr muss für *Fehlverhalten Dritter* in Ausführung einer ihnen übertragenen Tätigkeit nur nach § 831 BGB einstehen. Diese Norm enthält eine doppelte Schwächung gegenüber der im vertraglichen Bereich geltenden Regelung des § 278 BGB: Zum einen ist der Personenkreis kleiner, für den gehaftet wird. Verrichtungsgehilfe i.S.d. § 831 BGB ist nur, wer *abhängig und weisungsgebunden* für den Geschäftsherrn tätig ist,[34] während nach § 278 BGB im Rahmen der (vor-)vertraglichen Haftung jeder vom Schuldner zur Erfüllung seiner Pflichten eingeschaltete Dritte (Erfüllungsgehilfe) die Haftung auslösen kann, mag er auch selbstständig und an Weisungen nicht gebunden sein. Zum anderen wird nach § 278 BGB das Verschulden des Erfüllungsgehilfen dem Schuldner zugerechnet, während der Geschäftsherr nach § 831 Abs. 1 S. 2 BGB lediglich für *eigenes* Verschulden bei der Auswahl und Überwachung seiner Verrichtungsgehilfen haftet. Zwar liegt in beiden Fällen die Beweislast i.d.R. beim Schuldner bzw. Geschäftsherrn; aus der Regelung des § 831 Abs. 1 S. 2 BGB zur Exkulpation folgt jedoch, dass grundsätzlich ein Auswahlverschulden des Geschäftsherrn vermutet wird. Der Beweis, den Gehilfen ordnungsgemäß ausgewählt, instruiert und überwacht zu haben, ist aber regelmäßig wesentlich einfacher zu führen als der bei § 278 BGB erforderliche Beweis, dass den Erfüllungsgehilfen selbst kein Verschulden am konkreten Schadensfall trifft; dies vor allem deshalb, weil die Rechtsprechung seit langem auch den sog. *dezentralisierten* Entlas-

---

33 Vgl. z.B. *Stoll*, in: FS v. Caemmerer (1978), 435 (454); *ders.*, in: FS Flume (1978), 741 (752); *Kreuzer*, JZ 1976, 778 (780); *Hohloch*, JuS 1977, 302 (305 f.); *v. Bar*, JZ 1979, 728 (729); s. auch *Westermann/Bydlinski/Arnold*, BGB-Schuldrecht Allgemeiner Teil, 9. Aufl. 2020, Rn. 53 und 473. Kritisch zu diesem Ansatz *Canaris*, in: FS Kitagawa (1992), 59 (91).
34 Statt aller MüKoBGB/*Wagner*, § 831 Rn. 14.

tungsbeweis anerkennt:[35] Die Inhaberin eines in mehrere Hierarchie-Ebenen gegliederten Unternehmens genügt ihrer Beweislast dadurch, dass sie sich (nur) hinsichtlich der sorgfältigen Auswahl und Überwachung der obersten Leiterin des Personalwesens entlastet, auch wenn die schadensstiftende Handlung von einem Hilfsarbeiter begangen wurde.[36]

– Auch außerhalb des § 831 BGB ist im Deliktsrecht die Beweislastverteilung für den Geschädigten ungünstiger. Im Deliktsrecht, etwa im Rahmen der Haftung nach § 823 Abs. 1 BGB, muss der Geschädigte grundsätzlich den Beweis für alle Anspruchsvoraussetzungen führen, also auch für das Verschulden. Sonderregeln bestehen nur für bestimmte Bereiche (§§ 831 ff. BGB). Im Vertragsrecht hingegen muss der Gläubiger zwar im Rahmen eines Anspruchs wegen Schutzpflichtverletzung die objektive Sorgfaltspflichtverletzung beweisen,[37] jedoch obliegt dem Schuldner hinsichtlich der subjektiven Seite der Fahrlässigkeit die Entlastung in Form einer Exkulpation, § 280 Abs. 1 S. 2 BGB.

– Wichtiger noch ist, dass eine Haftung für reine Vermögensschädigungen im Rahmen des Deliktsrechts nur über §§ 823 Abs. 2, 826 BGB (und § 839 BGB) erreichbar ist. Ansonsten ist die deliktische Haftung auf die Verletzung absoluter Rechte und Rechtsgüter beschränkt.[38]

– Überdies bestand bis zur Schuldrechtsmodernisierung 2001 auch bei der Verjährung der Ansprüche ein großer Unterschied: Deliktische Ansprüche verjährten gem. § 852 BGB a.F. innerhalb von 3 Jahren ab Kenntnis vom schädigenden Ereignis und vom Schädiger, für vertragliche Schadensersatzansprüche galt gem. § 195 BGB die ordentliche 30-jährige Verjährungsfrist.

– Schließlich kann die Haftung aus *c.i.c.* auch durch vertragliche Klauseln beschränkt oder gar ausgeschlossen werden.[39] Eine solche Möglichkeit besteht für deliktische Ansprüche grundsätzlich nicht.[40]

---

35 Leitentscheidung BGHZ 4, 1 = NJW 1952, 415; vgl. BeckOGK/*Spindler*, § 831 Rn. 45 ff; MüKoBGB/*Wagner*, § 831 Rn. 49 ff; NK-BGB/*Staudinger*, § 831 Rn. 13.

36 Vgl. (kritisch) dazu *Medicus/Lorenz*, SchuldR BT, 18. Aufl. 2018, § 80 Rn. 18; *Larenz/Canaris*, Schuldrecht II/2, 13. Aufl. 1994, § 79 III 3. b).

37 MüKoBGB/*Ernst*, § 280 Rn. 151; näher zum Begriff der „Sorgfalt", insbesondere zur möglichen Aufspaltung in „innere" und „äußere", *Deutsch*, in: FS E. Lorenz (2014), 575 ff.

38 Vgl. etwa BGH, NJW 2015, 1174 (Rn. 15); ausführlich dazu *Jansen*, Die Struktur des Haftungsrechts (2003), 524 ff.

39 Jedenfalls in Blick auf AGB allerdings nur in den Grenzen der §§ 307, 309 Nr. 7 BGB; vgl. BGH, NJW 1986, 2757 (2758); s. auch KG, NJW 1981, 2822; BeckOGK/*Herresthal*, § 311 Rn. 282.

40 Allerdings kann der – im Rahmen des Zulässigen vereinbarte – Ausschluss vertraglicher Schadensersatzansprüche dann auch konkurrierende Ansprüche aus unerlaubter Handlung

Allerdings hat die „vertragliche Lösung" auch Nachteile:
- Will man Dritten, die nicht selbst unmittelbar in Vertragsverhandlungen mit dem Schädiger standen, einen eigenen Anspruch gewähren, so ist, wie der vorliegende Fall zeigt, die gewagte Konstruktion des vorvertraglichen Vertrauensverhältnisses mit Schutzwirkung zugunsten Dritter notwendig,[41] die zudem nicht immer weiterhilft: Wer sich ohne kaufwillige und fürsorge-pflichtige Begleitung in einem Kaufhaus aufhält, fällt durch das *c.i.c.*-Raster.
- Die Anwendung vertragsrechtlicher Grundsätze hat zur Folge, dass nur ein *geschäftsfähiger* Schädiger über die *c.i.c.* in Anspruch genommen werden kann[42].

b) Durch das Schuldrechtsmodernisierungsgesetz von 2001 (SMG) ist das vorher gesetzlich nicht ausdrücklich geregelte Rechtsinstitut der *culpa in contrahendo* in § 311 Abs. 2 BGB in Form von allgemein formulierten Generalklauseln ins Gesetz eingefügt worden, um einerseits auf die Ergebnisse der bisherigen Recht-sprechung zurückgreifen zu können[43] und sich andererseits die für die Ausdiffe-renzierung und Fortentwicklung durch die zukünftige Rechtsprechung notwen-dige Flexibilität zu bewahren.[44] Deshalb hat sich im Vergleich zum BGH-Urteil von 1976 nicht viel mehr geändert, als dass jetzt als Anspruchsgrundlage nicht mehr die „*culpa in contrahendo*", sondern § 311 Abs. 2 i.V.m. § 241 Abs. 2 und § 280 Abs. 1 BGB und als Grundlage für die Beweislastumkehr hinsichtlich des Verschuldens des Schädigers § 280 Abs. 1 S. 2 BGB heranzuziehen ist. Auch die Schwierigkeiten, das geschädigte Kind in den Schutzbereich des vorvertragli-chen Vertrauensverhältnisses zwischen Mutter und Geschäftsinhaber einzube-ziehen, bleiben dieselben: Unabhängig davon, ob man gegen die wohl h.M. in § 311 Abs. 3 BGB einen gesetzlichen Ansatzpunkt für den Vertrag oder das vor-vertragliche Vertrauensverhältnis *mit Schutzwirkung zugunsten Dritter* sieht,[45] sind jedenfalls die einzelnen Tatbestandsvoraussetzungen dort nicht im Einzel-

---

erfassen, wenn die Freizeichnungsklausel sie ausdrücklich oder jedenfalls in hinreichend deut-licher Weise einbezieht, Grüneberg/*Sprau*, Einf. v. § 823 BGB Rn. 10, 14, 21.

41 Kritisch zum Vorgehen des BGH im vorliegenden Fall, eine Schutzwirkung der Kaufver-tragsverhandlungen für Dritte ohne klare Begründung anzunehmen, *Hohloch*, JuS 1977, 302 (304 f.). *S. Lorenz*, ZEuP 1994, 218 (241 f.) spricht von einem „konstruktiven Kunstgriff". Einen Rückgriff auf die Grundsätze von Treu und Glauben befürwortet deshalb *Zenner*, NJW 2009, 1030 (1032).

42 BeckOK-BGB/*Sutschet*, § 311 Rn. 41; MüKoBGB/*Emmerich*, § 311 Rn. 59.

43 S.o. S. 166 ff.; vgl. auch Hk-BGB/*Schulze*, § 311 Rn. 1.

44 Begr. RegE, BT-Drucks. 14/6040 S. 162.

45 Ausführlich zum Streitstand Staudinger/*Klumpp*, Neub. 2020, § 328 BGB Rn. 101 ff.

nen niedergelegt, so dass man weiterhin auf den oben wiedergegebenen Katalog des BGH rekurrieren muss. Die Verjährungsfrist für vertragliche und deliktische Schadenersatzansprüche wurde allerdings in § 195 BGB auf einheitlich drei Jahre zusammengeführt (Verjährungsfristbeginn § 199 BGB), so dass der BGH nach heutiger Rechtslage dem Kind, dessen Klage erst sieben Jahre nach dem Unfall erhoben worden war, nicht mehr mit vertraglichen Ansprüchen hätte helfen können.

Frage 4

Die französischen Gerichte müssen deshalb nicht auf das Vertragsrecht „ausweichen", weil die oben skizzierten „Schwachstellen" des deutschen Deliktsrechts in Frankreich jedenfalls nicht in diesem Maße existieren:[46]
– Nach Art. 1384 Abs. 5 C.C. haftet der Geschäftsherr für die schuldhafte unerlaubte Handlung eines Verrichtungsgehilfen *ohne Exkulpationsmöglichkeit*.[47] Auch die umfassende Haftung aus vermutetem Verschulden für Schäden durch Sachen, deren Sachhalter man ist, geht weiter als im deutschen Deliktsrecht, lässt man einmal die Fortentwicklung des § 823 Abs. 1 BGB durch die Lehre von den Verkehrssicherungspflichten außer Acht (dazu unten zu Frage 5).
– Das französische Deliktsrecht ermöglicht eine Haftung auch für primäre Vermögensschädigungen, weil Art. 1382 ff. C.C. nicht auf die Verletzung absoluter Rechte beschränkt sind.[48] Deshalb können auch andere Fallgruppen der *c.i.c.*, in denen (anders als bei Körper- oder Sachschäden) kein absolutes Recht betroffen ist,[49] in Frankreich über das Deliktsrecht gelöst werden.[50]

---

46 Vgl. *Neumann/Berg*, Einführung in das französische Recht, 1. Aufl. 2020, Rn. 306 ff., 449, 458, 481 ff.; Sonnenberger/Classen/*Sonnenberger*, Einführung in das französische Recht, 4. Aufl. 2012, 177; *Hübner/Constantinesco*, Einführung in das französische Recht, 4. Aufl. 2001, § 21, 1a).
47 Näher dazu *Albrecht*, Die deliktische Haftung für fremdes Verschulden im französischen und deutschen Recht (2013), 15 ff.
48 Vgl. *Neumann/Berg*, Einführung in das französische Recht, 1. Aufl. 2020, Rn. 449, 452, 458; *Hübner/Constantinesco*, Einführung in das französische Recht, 4. Aufl. 2001, § 23, 5b. Zur Rechtfertigung, warum im BGB letztendlich trotz eines abweichenden ersten Entwurfs auf eine „große" Generalklausel wie den Art. 1382 C.C. verzichtet wurde, *Larenz/Canaris*, Schuldrecht II/2, 13. Aufl. 1994, § 75 I 3.
49 Nichtzustandekommen eines Vertrages, unwirksame Verträge, inhaltlich nachteilige Verträge durch die Verletzung vorvertraglicher Aufklärungs- und Rücksichtnahmepflichten, vgl. zu den Fallgruppen Grüneberg/*Grüneberg*, § 311 BGB Rn 29 ff.

– Deliktische Schadensersatzansprüche für Körperverletzungen verjährten zwar seit 1985 nach einer kürzeren Verjährungsfrist als vertragliche, aber mit einer 10-Jahres-Frist immer noch erheblich später als nach deutschem Recht; es bestand somit keine Notwendigkeit dazu, der französischen Anspruchsinhaberin mit den Mitteln des Vertragsrechts zur Seite zu stehen. Nachdem die Regelverjährungsfrist nunmehr deutlich abgesenkt wurde und außervertraglichen Ansprüchen infolge Körperverletzungen sogar eine längere Zeitspanne zur Geltendmachung eingeräumt wird, gilt dies umso mehr.

Fragen der vorvertraglichen Haftung werden deshalb in Frankreich nach ganz h.M. ausschließlich dem Deliktsrecht zugeordnet:[51] Ohne Vertrag keine Haftung nach vertraglichen Grundsätzen.[52] Diese hätte im Übrigen auch einen gravierenden Nachteil gegenüber der deliktsrechtlichen Lösung: Nach Art. 1150 C.C. (nunmehr Art. 1231–3 C.C.) ist die Vertragshaftung auf den bei Vertragsschluss vorhersehbaren Schaden begrenzt, während nach Deliktsrecht der gesamte Schaden zu ersetzen ist.[53] Nicht zu vergessen ist, dass es im Rahmen der Deliktshaftung nicht auf die Geschäftsfähigkeit des Schädigers ankommt, die im deutschen Recht erst den Weg zur *c.i.c.* eröffnet.[54] Schließlich sind auch Frei-

---

50 Vgl. *Hidding/Hornung*, ZfRV 2017, 273 (274 f.); *S. Lorenz*, ZEuP 1994, 218 ff.; speziell zur Verletzung vorvertraglicher Aufklärungspflichten *Chaussade-Klein*, Vorvertragliche „obligation de renseignements" im französischen Recht (1992), 92 ff.
51 Insofern m.w.N. *Fages*, in: Bien/Borghetti (Hrsg.), Die Reform des französischen Vertragsrechts (2018), 13 (24 f.); *Neumann/Berg*, Einführung in das französische Recht, 1. Aufl. 2020, Rn. 469; *Wied*, Zivilprozessuale Qualifikationsprobleme im Spannungsfeld von Vertrag und Delikt (2010), 87; *Schmidt-Szalewski*, Rev.int.dr.comp. 1990, 545; *Hübner/Constantinesco*, Einführung in das französische Recht, 4. Aufl. 2001, § 21, 1.a); *S. Lorenz*, ZEuP 1994, 218 ff.; *Schmidt*, in: Weick (Hrsg.), Entwicklung des Deliktsrechts in rechtsvergleichender Sicht (1987), 141; *Ferid/Sonnenberger*, Das französische Zivilrecht, 2. Aufl. 1994, Bd. I, Rn. 1 F 267.
52 Das gilt auch nach der Schuldrechtsreform 2016 (oben Fn. 1), mit der in den neuen Art. 1112, 1112–1 und 1112–2 C.C. erstmals spezielle, im vorliegenden Fall irrelevante culpa-in-contrahendo-Aspekte (der Abbruch von Vertragsverhandlungen sowie vorvertragliche Informations- und Geheimhaltungspflichten) gesetzlich geregelt wurden. Trotz des Standorts dieser Regelungen abseits der „Responsabilité extracontractuelle" soll die sich an ihre Verletzung anschließende Haftung weiterhin eine außervertragliche sein, vgl. *Hidding/Hornung*, ZfRV 2017, 273 (277 ff.).
53 Sonnenberger/Classen/*Sonnenberger*, Einführung in das französische Recht, 4. Aufl. 2012, 195; *Ferid/Sonnenberger*, Das französische Zivilrecht, Bd. I, 2. Aufl. 1994, Rn. 1 F 272; rechtsvergleichend außerdem *Neumann/Berg*, Einführung in das französische Recht, 1. Aufl. 2020, Rn. 456 f.
54 Eine besondere Deliktsfähigkeit, wie sie in § 828 BGB normiert ist, kennt der Code Civil nicht. Im Gegenteil bestimmt der 1968 eingefügte Art. 489-2, dass auch Geistesgestörte und Geisteskranke für unerlaubte Handlungen einzustehen haben. Außerhalb dieser Spezialnorm,

zeichnungs- oder Haftungsbeschränkungsklauseln anders als im französischen Vertragsrecht (und anders als im deutschen Recht)[55] im Hinblick auf deliktische Ansprüche ohne Wirkung.[56]

Die größere Flexibilität des französischen Deliktsrechts, die es ermöglicht, auch die vorvertragliche Haftung einer angemessenen Lösung zuzuführen, wird allerdings – auch das darf nicht übersehen werden – mit einer größeren Rechtsunsicherheit erkauft: Die Generalklausel des Art. 1382 C.C. und die Zustandshaftung aus Art. 1384 C.C. würden bei einer allein am Gesetzeswortlaut orientierten Anwendung zu einer uferlosen Ausweitung der Haftung führen. Es ist deshalb eine anhand nur geringer Wertungsvorgaben nicht einfach zu bewältigende Aufgabe der Rechtsprechung, das Haftungsrecht konkretisierend fortzubilden und sinnvoll eingrenzende Kriterien zu finden.[57] Nicht zu Unrecht spricht man vom „gouvernement des juges en matière de responsabilité civile".[58] Ein Beispiel für eine richterrechtliche Begrenzung ist etwa das Kriterium der „rôle purement passif" im Rahmen der Zustandshaftung.[59]

---

also insbesondere bei Kindern, dient das Tatbestandsmerkmal der faute (die u.a. auch das Element des Verschuldens beinhaltet) zu einer gewissen Begrenzung der deliktischen Haftung: Vorwerfbar und damit eine Schadensersatzpflicht auslösend ist eine Handlung nur für den, der im Augenblick der Tat einsichts- und willensfähig ist. Vgl. dazu *Neumann/Berg*, Einführung in das französische Recht, 1. Aufl. 2020, Rn. 461 ff.; *Ferid/Sonnenberger*, Das französische Zivilrecht, Bd. II, 2. Aufl. 1986, Rn. 2 O 154 ff.; zur generell anerkannten Zurechnungsfähigkeit bei Kindern s. die Entscheidung der Cour de Cassation in der Rechtssache *Lemaire*, Bulletin 1984 Assemblée plénière n° 2 (525).

55 Vertragliche Haftungsbegrenzungsklauseln ergreifen auch konkurrierende deliktische Ansprüche, soweit sie hinreichend deutlich Bezug auf solche nehmen: BGH, NJW 1979, 2148; BeckOGK/*Spindler*, § 823 BGB Rn. 39; differenzierend: MüKoBGB/*Wagner*, Vor § 823 Rn. 88 ff.; Grüneberg/*Sprau*, Einf. v. § 823 Rn. 10; NK-BGB/*Katzenmeier*, Vor §§ 823 ff. Rn. 68–72.

56 *Ferid/Sonnenberger*, Das französische Zivilrecht, Bd. I, 2. Aufl. 1994, Rn. 1 F 273.

57 Darin sieht auch *Larenz/Canaris*, Schuldrecht II/2, 13. Aufl. 1994, § 75 I 3c) a.E. die „Hauptschwäche" der großen Generalklausel. In Frankreich ist somit eine „dogmatisch fundierte Haftungseingrenzung" erforderlich, s. *Hassemer*, Heteronomie und Relativität in Schuldverhältnissen (2007), 181. Zu den Vor- und Nachteilen dieser Offenheit für eine dynamische Auslegung vgl. *Witz/Kull*, NJW 2004, 3757 (3760).

58 *Hübner/Constantinesco*, Einführung in das französische Recht, 4. Aufl. 2001, § 23, 5b) unter Verwendung eines Zitats von *Savatier*.

59 Vgl. dazu *Neumann/Berg*, Einführung in das französische Recht, 1. Aufl. 2020, Rn. 480; Sonnenberger/Classen/*Sonnenberger*, Einführung in das französische Recht, 4. Aufl. 2012, 208; so auch schon *le Tourneau*, La responsabilité civile, 3. Aufl. 1982, Tz. 2250 ff; zur Entwicklung dieses Entlastungsbeweises i.A. und bestimmten Einzelfällen s. *Kaczmarek*, La Responsabilité pour fait normal (2012), 84 ff.

Frage 5

Grundsätzlich sind Fälle, in denen es zu Körper- oder Eigentumsschäden (also Verletzungen eines absoluten Gutes) im vorvertraglichen Rahmen kommt, auch im Deliktsrecht über die Lehre von der Verletzung von *Verkehrssicherungspflichten*[60] im Rahmen des § 823 Abs. 1 BGB lösbar. Derjenige, der innerhalb seines räumlich-gegenständlichen Herrschaftsbereichs einen Verkehr öffnet (hier: wer sein Ladenlokal dem Publikum frei zugänglich macht), muss im Rahmen des Zumutbaren alle notwendigen Vorkehrungen treffen, um Verkehrsteilnehmer vor möglichen Gefahrenquellen zu schützen.[61] Konkret heißt das: Die Verkehrssicherungspflicht in Selbstbedienungsgeschäften erfordert eine regelmäßige Reinigung des Bodens in kurzen Abständen, die durch die jeweiligen Gegebenheiten (z.B. Kundenzahl, Art der angebotenen Waren, Witterung) und den davon abhängigen Grad der Verunreinigung bestimmt werden.[62]

Eine Haftung löst die Verletzung dieser Pflicht zwar nur dann aus, wenn sie schuldhaft ist, was nach dem oben Gesagten der Geschädigte beweisen muss. Aber dies ist keine unüberwindbare Hürde: Zum einen geht es hier um ein *eigenes Organisationsverschulden* des Geschäftsinhabers (bzw. seiner Organe nach § 31 BGB) im Rahmen der Haftung nach § 823 Abs. 1 BGB, nicht um die der Exkulpation unterliegende Haftung nach § 831 BGB für Verrichtungsgehilfen: Der Geschäftsinhaber muss die notwendigen Organisationsmaßnahmen zur Gefahrenverhinderung treffen. Zum anderen ist auch hier der *Nachweis* des Verschuldens erleichtert, selbst wenn § 280 Abs. 1 S. 2 BGB nicht zur Anwendung kommt: Sind Verkehrssicherungspflichten objektiv verletzt worden, so spricht eine Vermutung auch für die Verletzung der inneren Sorgfalt.[63] Zwar ist umstritten, ob diese Vermutung zu einer echten Beweislast*umkehr*[64] führt oder „nur" einen Beweis des ersten Anscheins (*prima-facie*-Beweis) darstellt,[65] den der Geschä-

---

60 BGH, NJW 2013, 48; zum Begriff: MüKoBGB/*Wagner*, § 823 Rn. 433; BeckOGK/*Spindler*, § 823 BGB Rn. 391 ff.; *Larenz/Canaris*, Schuldrecht II/2, 13. Aufl. 1994, § 76 III.

61 Vgl. zu dieser speziellen Untergruppe von Verkehrssicherungspflichten m.w.N. aus der Rspr. Geigel/*Haag*, Der Haftpflichtprozess, 28. Aufl. 2020, Rn. 28 ff.; dazu auch schon *Larenz/Canaris*, Schuldrecht II/2, 13. Aufl. 1994, § 76 III 3a); allgemein zu diesem Thema etwa *Medicus/Lorenz*, Schuldrecht BT, 18. Aufl. 2018, § 72 Rn. 12 ff.; MüKoBGB/*Wagner*, § 823 Rn. 475 ff.

62 OLG Köln, NJW 1972, 1950.

63 BGH, NJW 1986, 2757 (2758); Grüneberg/*Sprau*, § 823 BGB Rn. 54.

64 So *v. Bar*, Verkehrspflichten (1980), § 10 III 2a).

65 So *Förster*, JA 2017, 721 (728); vgl. BGH, NJW 1994, 945; offengelassen von BGH VersR 1986, 765 (766). Im Bereich der *Produkthaftung* nach § 823 BGB ist allerdings wohl unumstritten, dass (u.a.) hinsichtlich des Verschuldens die Beweislast umgekehrt ist, vgl. BGH, NJW 1991, 1948

digte lediglich erschüttern muss.[66] In der Praxis verschwimmen jedoch die Konturen beider Figuren, so dass dieser Streit letztlich hier unentschieden bleiben kann.[67]

Schließlich ist der Verschuldensmaßstab ein geringer: Das Verschulden, also insbesondere der Fahrlässigkeitsvorwurf, muss sich zwar nach der klaren Fassung des § 823 Abs. 1 BGB auf die Verletzung eines der dort genannten Rechtsgüter und nicht nur auf die Verletzung der Verkehrssicherungspflicht beziehen. Dabei reicht aber aus, dass der Schädiger die Möglichkeit einer Beeinträchtigung der betreffenden Art *im Allgemeinen* hätte erkennen müssen; nicht für erforderlich gehalten wird, dass die eingetretene Rechtsgutverletzung in der *konkreten* Form voraussehbar war.[68]

Damit ist im Ergebnis eine Haftung im Gemüseblatt- und ähnlichen Fällen,[69] also bei der Verletzung eines absoluten Rechtsguts, im Wege der „Ersetzung" des § 831 BGB durch § 823 Abs. 1 BGB i.V.m. dem Gedanken des eigenen Organisationsverschuldens des Geschäftsinhabers erreichbar. Des vorvertraglichen Vertrauensverhältnisses mit Schutzwirkung zugunsten Dritter bedarf es also eigentlich nicht, weil das Deliktsrecht auf diesem Wege den gleichen Schutz bietet. Umgekehrt ist mit der Schuldrechtsmodernisierung der einzige Grund entfallen, der in Fällen wie dem vorliegenden das Deliktsrecht attraktiver als das Vertragsrecht machte: Nach § 847 BGB a.F. gab es ein Schmerzensgeld nur auf deliktischer Basis, während heute auch eine Haftung nach Vertragsgrundsätzen zu einem solchen führen kann, § 253 Abs. 2 BGB.

(1950); Grüneberg/*Sprau*, § 823 BGB Rn. 188; *Medicus/Lorenz*, SchuldR BT, 18. Aufl. 2018, § 16 Rn. 12.

66 Zum Beweis des ersten Anscheins und seinem Verhältnis zur Beweislastumkehr allgemein *Jacoby*, Zivilprozessrecht, 17. Aufl. 2020, 176 ff.; *Jauernig/Hess*, Zivilprozessrecht, 30. Aufl. 2011, § 50 V.

67 So auch MüKoBGB/*Wagner*, § 823 Rn. 34 ff.

68 Grundlegend *Larenz/Canaris*, Schuldrecht II/2, 13. Aufl. 1994, § 76 III 7a).

69 Vgl. z.B. BGH, NJW 1986, 2757 (gelockerter Bodenbelag in Selbstbedienungsgeschäft).

Fall 6: Stellvertretung im deutschen und im US-Recht

Sachverhalt[1]

A ist Weingroßhändler. Er beauftragt den Weinkommissionär K, gegen eine ordentliche Provision im eigenen Namen, aber für Rechnung des A maximal 30 Fuder (das ist eine alte Maßeinheit u.a. für Wein, abgeleitet von „Fuhre") Wein des vielversprechenden Jahrgangs 1999 aus dem Rheingau zu erwerben. K gelingt es, im eigenen Namen insgesamt 25 Fuder Wein zum angemessenen Preis von insgesamt 80.000,– € von dem ihm von früheren Kommissionsgeschäften bekannten Winzer W zur Lieferung an A zu kaufen.

Variante 1:

Der Wein wird vereinbarungsgemäß direkt an A geliefert und von diesem mit großem Gewinn weiterverkauft. K sieht sich leider aufgrund zahlreicher „vorrangiger" Verpflichtungen aus Krediten seiner Hausbank B nicht in der Lage, den Kaufpreis von 80.000,– € an W zu zahlen. Als W bei A auf Zahlung drängt, erwidert dieser, er habe bereits, wie mit K vereinbart, 100.000,– € auf dessen Konto bei B überwiesen. Wenn K aus dieser Summe den Kaufpreis nicht an W weiterleitet, sondern, wie er jetzt erfahre, die B befriedigt, gehe ihn (A) das nichts an.

Welche Ansprüche hat W gegen A und K?

Variante 2:

K zahlt sofort bei Vertragsschluss 80.000,– € an W, während der erworbene Wein erst nach einer gewissen Lagerungszeit geliefert werden soll. In der Zwischenzeit gerät K in Zahlungsschwierigkeiten gegenüber anderen Gläubigern. Auf Drängen seines Gläubigers G tritt er ihm seine Ansprüche auf Lieferung des Weins gegen W ab. A ist empört, weil G weiß, dass der Wein für ihn bestimmt war; zudem hat A bereits 100.000,– € an K gezahlt.

Kann A erreichen, dass W den Wein an ihn liefern muss?

Aufgabe 1: Geben Sie die Antwort auf die Fragen zu den beiden Varianten nach deutschem Recht und dem Recht des US-Bundesstaates X (im Folgenden verkürzt „US-Recht" oder „US-amerikanisches Recht" genannt), wobei davon auszugehen ist, dass die dort geltenden Bestimmungen den unten abgedruckten

---

1 Der Fall ist angelehnt an die Entscheidung des BGH v. 8.10.1964, NJW 1965, 249.

Regelungen des *Restatement of the Law, Second, Agency 2d und 3rd* entsprechen. Zum deutschen Recht wird auf die §§ 383 ff. HGB (Kommissionsgeschäft) hingewiesen.

Aufgabe 2: Beschreiben Sie, worin der wesentliche Unterschied im Recht der Stellvertretung zwischen dem deutschen und dem US-Recht liegt. In welchen Fällen kommt man trotz dieses unterschiedlichen Ansatzes zu gleichen oder ähnlichen Lösungen, in welchen Fällen wirkt sich dieser Unterschied im Ergebnis aus?

Aufgabe 3: Erörtern Sie, inwiefern sich Regelsammlungen in Form von *Restatements* auch in der Europäischen Union als nützlich erweisen könnten!

Anhang: Restatement of the Law, Second, Agency 2d (1958) [Auszüge]²

Vorbemerkung: Das „US-amerikanische Zivilrecht" gibt es nicht. Die Zuständigkeiten des Gesamtstaates im Zivilrecht sind nur gering. Jeder Bundesstaat hat neben dem eigenen Gesetzesrecht *(statutes)* auch sein eigenes, durch die bindenden Entscheidungen seiner Obergerichte *(binding precedents)* ausgeformtes Fallrecht *(common law)*. Zwar finden sich aufgrund der gemeinsamen Wurzeln im englischen Recht, der gemeinsamen Ausbildung der JuristInnen und der grenzüberschreitenden Beachtung der Entscheidungen der Gerichte auch anderer Bundesstaaten als *persuasive precedents* sehr viele Gemeinsamkeiten im *common law* der Bundesstaaten. Dennoch machen die induktive, statt systematische Entwicklung des Fallrechts, die schiere Anzahl veröffentlichter Gerichtsentscheidungen und die aus ihnen naturgemäß folgenden Variationen der in den einzelnen Staaten geltenden Regeln sowie die mangelnde Präzision in der Verwendung juristischer Termini *uncertainty* und *complexity* zu den *chief defects* des US-Rechts. Das 1923 gegründete *American Law Institute*, eine private Organisation, hat sich zum Ziel gesetzt, hier Abhilfe zu schaffen. Es hat nach sorgfältigen Studien Sammlungen veröffentlicht, die für einzelne Rechtsgebiete die dem Fallrecht aller Bundesstaaten entnommenen gemeinsamen Regeln sys-

---

2 Aus Platzgründen wird hier auf den Abdruck einer deutschen Übersetzung verzichtet. Zwar würde sie bei einer Examensklausur wohl mitgeliefert. Allerdings werden bei einer Übersetzung der *Restatements*-Regeln in vertraute deutsche Termini die grundsätzlichen Unterschiede eher verdeckt als hervorgehoben. Sie sollten sich daher ohnehin am besten mit der englischen Originalfassung auseinandersetzen. Entsprechende Englischkenntnisse sind dafür natürlich unverzichtbar; sie werden heute von Ihnen allerdings erwartet.

tematisch in Form eines Gesetzbuches erfassen sollen.[3] Ein solches *Restatement* gibt es auch für das Recht der Stellvertretung (zweite Auflage 1958; dritte Auflage 2006). Auch wenn diese Sammlung anders als ein wirkliches Gesetzbuch keine bindende Kraft hat, können Sie bei der Bearbeitung davon ausgehen, dass das *Restatement (Third) of Agency (2006)* (im Folgenden: Rest. 3rd Agency) die in der Mehrzahl der US-Bundesstaaten geltenden Normen widerspiegelt. Weil Fragen der Abtretung im Rest. 3rd Agency, anders als in der Vorauflage, nicht mehr ausdrücklich angesprochen sind, werden zur Arbeitserleichterung für den Bearbeiter die einschlägigen Regeln der zweiten Auflage (Rest. 2nd Agency) mit abgedruckt.

Rest. 3rd Agency

Chapter 1. Introductory Matters

Topic 1. Definitions And Terminology
§ 1.01 Agency Defined
Agency is the fiduciary relationship that arises when one person (a "principal") manifests assent to another person (an "agent") that the agent shall act on the principal's behalf and subject to the principal's control, and the agent manifests assent or otherwise consents so to act.

§ 1.04 Terminology
(1) Coagents. Coagents have agency relationships with the same principal. A coagent may be appointed by the principal or by another agent actually or apparently authorized by the principal to do so.
(2) Disclosed, undisclosed, and unidentified principals.
   (a) Disclosed principal. A principal is disclosed if, when an agent and a third party interact, the third party has notice that the agent is acting for a principal and has notice of the principal's identity.
   (b) Undisclosed principal. A principal is undisclosed if, when an agent and a third party interact, the third party has no notice that the agent is acting for a principal.

---

3 Siehe zu den *Restatements* etwa *Hay*, US-amerikanisches Recht, 7. Aufl. 2020, Rn. 32; *Metzger*, Extra legem, intra ius: Allgemeine Rechtsgrundsätze im europäischen Privatrecht (2009), 140 ff.; *Blumenwitz*, Einführung in das anglo-amerikanische Recht, 7. Aufl. 2003, § 8.3 b dd); *Reimann*, Einführung in das US-amerikanische Privatrecht, 2. Aufl. 2004, § 4.3.

(c) Unidentified principal. A principal is unidentified if, when an agent and a third party interact, the third party has notice that the agent is acting for a principal but does not have notice of the principal's identity.

...

(7) Power of attorney. A power of attorney is an instrument that states an agent's authority.

(8) Subagent. A subagent is a person appointed by an agent to perform functions that the agent has consented to perform on behalf of the agent's principal and for whose conduct the appointing agent is responsible to the principal. The relationship between an appointing agent and a subagent is one of agency, created as stated in §1.01.

...

Chapter 2. Principles Of Attribution

Topic 1. Actual Authority
§ 2.01 Actual Authority

An agent acts with actual authority when, at the time of taking action that has legal consequences for the principal, the agent reasonably believes, in accordance with the principal's manifestations to the agent, that the principal wishes the agent so to act.

§ 2.02 Scope Of Actual Authority

(1) An agent has actual authority to take action designated or implied in the principal's manifestations to the agent and acts necessary or incidental to achieving the principal's objectives, as the agent reasonably understands the principal's manifestations and objectives when the agent determines how to act.

(2) An agent's interpretation of the principal's manifestations is reasonable if it reflects any meaning known by the agent to be ascribed by the principal and, in the absence of any meaning known to the agent, as a reasonable person in the agent's position would interpret the manifestations in light of the context, including circumstances of which the agent has notice and the agent's fiduciary duty to the principal.

(3) An agent's understanding of the principal's objectives is reasonable if it accords with the principal's manifestations and the inferences that a reasonable person in the agent's position would draw from the circumstances creating the agency.

Topic 2. Apparent Authority
§ 2.03 Apparent Authority

Apparent authority is the power held by an agent or other actor to affect a principal's legal relations with third parties when a third party reasonably believes the actor has authority to act on behalf of the principal and that belief is traceable to the principal's manifestations.

Chapter 6. Contracts And Other Transactions With Third Parties

Topic 1. Parties To Contracts
§ 6.01 Agent for Disclosed Principal

When an agent acting with actual or apparent authority makes a contract on behalf of a disclosed principal,
(1) the principal and the third party are parties to the contract; and
(2) the agent is not a party to the contract unless the agent and third party agree otherwise.

§ 6.02 Agent for Unidentified Principal

When an agent acting with actual or apparent authority makes a contract on behalf of an unidentified principal,
(1) the principal and the third party are parties to the contract; and
(2) the agent is a party to the contract unless the agent and the third party agree otherwise.

§ 6.03 Agent For Undisclosed Principal

When an agent acting with actual authority makes a contract on behalf of an undisclosed principal,
(1) unless excluded by the contract, the principal is a party to the contract;
(2) the agent and the third party are parties to the contract; and
(3) the principal, if a party to the contract, and the third party have the same rights, liabilities, and defenses against each other as if the principal made the contract personally, subject to §§ 6.05–6.09.

Topic 2. Rights, Liabilities, And Defenses
Title A. General
§ 6.06 Setoff

(1) When an agent makes a contract on behalf of a disclosed or unidentified principal, unless the principal and the third party agree otherwise,

(a) the third party may not set off any amount that the agent independently owes the third party against an amount the third party owes the principal under the contract; and

(b) the principal may not set off any amount that the third party independently owes the agent against an amount the principal owes the third party under the contract.

(2) When an agent makes a contract on behalf of an undisclosed principal,

(a) the third party may set off

(i) any amount that the agent independently owed the third party at the time the agent made the contract and

(ii) any amount that the agent thereafter independently comes to owe the third party until the third party has notice that the agent acts on behalf of a principal against an amount the third party owes the principal under the contract;

(b) after the third party has notice that the agent acts on behalf of a principal, the third party may not set off any amount that the agent thereafter independently comes to owe the third party against an amount the third party owes the principal under the contract unless the principal consents; and

(c) the principal may not set off any amount that the third party independently owes the agent against an amount that the principal owes the third party under the contract, unless the principal and the third party agree otherwise.

(3) Unless otherwise agreed, an agent who is a party to a contract may not set off any amount that the principal independently owes the agent against an amount that the agent owes the third party under the contract. However, with the principal's consent, the agent may set off any amount that the principal could set off against an amount that the principal owes the third party under the contract.

Title B. Subsequent Dealings Between Third Party And Principal Or Agent
§ 6.07 Settlement with Agent By Principal Or Third Party

(1) A principal's payment to or settlement of accounts with an agent discharges the principal's liability to a third party with whom the agent has made a contract on the principal's behalf only when the principal acts in reasonable reliance on a manifestation by the third party, not induced by misrepresentation by the agent, that the agent has settled the account with the third party.

(2) A third party's payment to or settlement of accounts with an agent discharges the third party's liability to the principal if the agent acts with actual or apparent authority in accepting the payment or settlement.

(3) When an agent has made a contract on behalf of an undisclosed principal,

    (a) until the third party has notice of the principal's existence, the third party's payment to or settlement of accounts with the agent discharges the third party's liability to the principal;

    (b) after the third party has notice of the principal's existence, the third party's payment to or settlement of accounts with the agent discharges the third party's liability to the principal if the agent acts with actual or apparent authority in accepting the payment or settlement; and

    (c) after receiving notice of the principal's existence, the third party may demand reasonable proof of the principal's identity and relationship to the agent. Until such proof is received, the third party's payment to or settlement of accounts in good faith with the agent discharges the third party's liability to the principal.

§ 6.08 Other Subsequent Dealings between Third Party And Agent

(1) When an agent has made a contract with a third party on behalf of a disclosed or unidentified principal, subsequent dealings between the agent and the third party may increase or diminish the principal's rights or liabilities to the third party if the agent acts with actual or apparent authority or the principal ratifies the agent's action.

(2) When an agent has made a contract with a third party on behalf of an undisclosed principal,

    (a) until the third party has notice of the principal's existence, subsequent dealings between the third party and the agent may increase or diminish the rights or liabilities of the principal to the third party if the agent acts with actual authority, or the principal ratifies the agent's action; and

    (b) after the third party has notice of the principal's existence, subsequent dealings between the third party and the agent may increase or diminish the principal's rights or liabilities to the third party if the agent acts with actual or apparent authority or the principal ratifies the agent's action.

Rest. 2nd Agency

Chapter 10. Liability of Third Person to Principal

Topic 1. Contracts; Disclosed Agency
§ 301. Unauthorized Assignment of Contract by Agent
If a document evidencing a contract which an agent has made with another on behalf of the principal is in such form that the principal has reason to believe that third persons may reasonably believe the agent to be the owner of the contract or to have power of disposition of it, and if the agent had power to bind the principal by a contract in that form, the claim of the principal against the other party is destroyed by the agent's unauthorized transfer to a bona fide purchaser of the rights against the other party under the contract.

Topic 2. Contracts; Undisclosed Agency
§ 307 A. Unauthorized Assignment of Contract by Agent
If an agent assigns an assignable contract which he has made for an undisclosed principal to one who pays value and has no notice of the principal's interests, the transferee is entitled to the contract.

Vorbemerkungen

I. Das Recht der rechtsgeschäftlichen Stellvertretung ist im *common law* gänzlich anders strukturiert als im Deutschen. Statt zwischen direkter und indirekter Stellvertretung wird zwischen *undisclosed* und *disclosed agency,* also verdecktem und offenem Handeln für einen Geschäftsherrn unterschieden, mit der Zwischenform der offenen Vertretung für einen *unidentified principal.* So müssen Sie bei der Beschäftigung mit dem US-Recht Ihnen fundamental erscheinende Differenzierungen lösen; gerade darin liegt der Reiz der Rechtsvergleichung auf diesem Gebiet. Die Aufgabe ist nicht einfach. Der Einstieg wird allerdings dadurch erleichtert, dass der Sachverhalt als solcher eher einfach gelagert ist. Die „deutsche" Lösung scheint zwar zu erschweren, dass die handelsrechtlichen Normen für das Kommissionsgeschäft in den meisten Bundesländern nicht zum Pflichtstoff für das erste Staatsexamen zählen. Zu diesem gehört aber die Figur der mittelbaren Stellvertretung als solche, welche im Kommissionsgeschäft, das eine besondere Form der Geschäftsbesorgung (§ 675 BGB) ist, lediglich ihren klassischen Anwendungsbereich hat. Die grundsätzliche Lösungsstruktur sollte daher von jedem und jeder zu erarbeiten sein; über den Inhalt der §§ 383 ff.

HGB, auf die in der Aufgabenstellung ausdrücklich hingewiesen wird, sind nicht mehr Kenntnisse erforderlich, als durch bloße Gesetzeslektüre gewonnen werden können. Gleichermaßen sollte die Lektüre der Regeln des *Restatements*, deren systematische Erfassung der Abdruck auch der zugehörigen Abschnittsüberschriften erleichtern soll, die Erarbeitung der Lösung nach US-amerikanischem *common law* möglich machen.

Wenn Sie den Fall nach deutschem und US-amerikanischem Recht gelöst haben, ist die Basis für einen Vergleich beider Ansätze gelegt. Natürlich können Sie, wenn Sie sich vielleicht sogar zum ersten Mal mit dem US-amerikanischen *law of agency* beschäftigen, keine erschöpfende Bearbeitung dieses Themas leisten, über das schon viele kluge Köpfe lange nachgedacht haben; die Klärung der Ansprüche nach Fragen 1–3 müsste aber genug Stoff ergeben, um die unterschiedlichen Grundlinien und ihre Folgen darlegen zu können.

II. Der Aufbau der Falllösung dürfte keine Schwierigkeiten bereiten; er ist durch die präzisen Fragen vorgegeben.

III. Welche Stellung die verschiedenen *Restatements* im US-amerikanischen Rechtssystem haben und welche Funktion sie dort erfüllen, wird in jedem Einführungsbuch zum US-Recht beschrieben[4] und wohl auch in jeder rechtsvergleichenden Vorlesung, die sich mit dem anglo-amerikanischen Rechtskreis beschäftigt, erwähnt.

IV. Die Frage nach dem potentiellen Nutzen eines *Restatements* in Europa erfordert von Ihnen ein wenig Phantasie sowie zumindest rudimentäre Vorstellungen von der Vielfalt der in der Europäischen Union geltenden Normen, der Verschachtelung verschiedener Normebenen und den Bemühungen um eine gewissen Harmonisierung der nationalen Rechte und der zersplitterten europäischen Regelungen. Einen guten Einstieg finden Sie über Gedanken darüber, inwieweit die Gründe für die Schaffung von *Restatements* in den Vereinigten Staaten auch für die Europäische Union zutreffen.

Gliederung der Lösung

---

4 Vgl. die Quellen in Fn. 3.

Lösung

A. Aufgabe 1: Fall-Lösung Variante 1

I. Lösung nach deutschem Recht
1. Ansprüche gegen A
a) Anspruch aus § 433 Abs. 2 BGB

W kann gegen A nur dann einen vertraglichen Zahlungsanspruch in Höhe von 80.000,– € geltend machen, wenn A Partei des Kaufvertrages, d.h. „Käufer" i.S.d. § 433 Abs. 2 BGB ist. Das ist A nur dann, wenn K den Vertrag mit Vertretungsmacht für A als dessen direkter Stellvertreter abgeschlossen hat, § 164 Abs. 1 BGB. Dazu muss K aber offenkundig im Namen des A gehandelt haben, was nach dem Sachverhalt nicht der Fall ist. K hat den Vertrag zwar für Rechnung des A und zur Lieferung des Weins an diesen, aber in eigenem Namen geschlossen. Folglich schuldet nur er dem W die Zahlung des Kaufpreises. W kann keinen vertraglichen Zahlungsanspruch gegen A als „Hintermann" seines Vertragspartners geltend machen, auch wenn durch die direkte Lieferung an A klar war, dass dieser der Auftraggeber des K ist und wirtschaftlich von der Leistung des W profitieren sollte.

b) Anspruch aus §§ 677, 683, 670 BGB

Ein Aufwendungsersatzanspruch gegen A aus Geschäftsführung ohne Auftrag setzt zunächst voraus, dass W in der Lieferung des Weins ein „Geschäft" des A besorgt hat. Der Begriff des „Geschäfts" i.S.d. § 677 BGB ist derselbe wie in § 662 BGB.[5] Gegenstand eines Auftrags nach § 662 BGB kann (nur) eine solche Tätigkeit sein, die „eigentlich" eine Angelegenheit des Auftraggebers ist und die er (die notwendigen Fähigkeiten vorausgesetzt) auch selber oder durch eine andere Person hätte vornehmen können,[6] hätte er sie nicht an den konkreten Auftragnehmer delegiert. Das betrifft vor allem Tätigkeiten, die auch Gegenstand eines Werk- oder Dienstvertrages sein könnten.[7] Den Besitz und das Eigentum an bis dahin fremden Waren kann sich der Erwerber – gutgläubigen Erwerb und Ersitzung einmal außer Betracht gelassen – aber ohne Mitwirkung des Berech-

---

5 Grüneberg/*Sprau*, § 677 BGB Rn. 2, BeckOK-BGB/*Gehrlein*, § 677 Rn. 10.

6 Vgl. BeckOK-BGB/*Fischer*, § 662 Rn. 8; s. auch die Formel des Reichsgerichts in RGZ 97, 61 (65 f.): „Von der Besorgung eines Geschäfts kann nur dann die Rede sein, wenn eine Tätigkeit ausgeübt wird, die an und für sich der Sorge des anderen (= Geschäftsherrn) obliegen würde, diesem aber von dem Handelnden abgenommen wird.".

7 MüKoBGB/*Schäfer*, § 662 Rn. 18; jurisPK-BGB/*Otto*, § 662 Rn. 20.

tigten nicht selbst verschaffen. Damit liegt in der Lieferung des Weins allein die Erfüllung der vertraglich gegenüber K übernommenen Pflichten und nicht eine Geschäftsbesorgung für A.[8] Ein Anspruch des W aus §§ 677, 683, 670 BGB scheidet demnach aus.

c) Anspruch aus § 812 Abs. 1 S. 1 Alt. 2 BGB

Unabhängig von der Frage, ob ein Rechtsgrund für die Erlangung von Besitz und Eigentum am Wein durch A fehlt, kommt ein gegen diesen gerichteter Bereicherungsanspruch schon deshalb nicht in Betracht, weil W mit der Lieferung eine Leistung an seinen Vertragspartner K erbracht hat. Der Vorrang der Leistungsbeziehung verhindert es, dass in Fällen mittelbarer Stellvertretung Bereicherungsansprüche gegen den Geschäftsherrn des mittelbaren Stellvertreters durchgesetzt werden können.[9]

d) Ansprüche aus § 823 Abs. 1 und Abs. 2 BGB

aa) Keine Verletzung eines Rechtsguts oder absoluten Rechts

Ein Anspruch aus § 823 Abs. 1 BGB setzt die Verletzung eines Rechtsguts oder eines absoluten Rechts voraus. Eine solche ist hier nicht gegeben. Insbesondere stellt die indirekte Schädigung eines Gewerbetreibenden durch eine dessen Befriedigung gefährdende Zahlungsweise an einen Dritten keinen gezielten Eingriff in einen eingerichteten und ausgeübten Gewerbebetrieb dar.[10]

bb) Keine Verletzung eines Schutzgesetzes

Ebenso fehlen Anhaltspunkte für die Verletzung eines Schutzgesetzes i.S.d. § 823 Abs. 2 BGB.

---

8 In den Fällen, in denen Gegenstand des Ausführungsgeschäfts des mittelbaren Stellvertreters anders als hier eine Dienstleistung ist, müsste man sich hingegen mit der Figur des „auch fremden" Geschäfts auseinandersetzen, mit der die Rspr. unter starker Kritik in der Literatur gelegentlich GoA-Ansprüche auch desjenigen bejaht hat, der „eigentlich" zur Erfüllung eigener vertraglicher oder gesetzlicher Verpflichtungen gehandelt hat (Nachweise aus der Rspr. bei MüKoBGB/*Schäfer*, § 677 Rn. 41). Richtigerweise fehlt es in einer solchen Konstellation an dem für die Geschäftsführung ohne Auftrag i.S.d. § 677 BGB notwendigen Fremdgeschäftsführungswillen (zurückhaltender daher insofern z.B. BGH, NJW 2000, 72 [73]).
9 Vgl. Grüneberg/*Sprau*, § 812 BGB Rn. 55; jurisPK-BGB/*Martinek/Heine*, § 812 Rn. 141.
10 Vgl. zum Erfordernis des „betriebsbezogenen" gezielten Eingriffs die Nachweise bei Grüneberg/*Sprau*, § 823 BGB Rn. 139; grundsätzlich kritisch zum Recht am Gewerbebetrieb etwa *Larenz/Canaris*, Schuldrechts II/2, 13. Auflage 1994, § 81.

e) Anspruch aus § 826 BGB
aa) Unredliches Verhalten nach BGH
Nach Ansicht des BGH ist es als unredliches Verhalten im Geschäftsverkehr und damit als sittenwidrig i.S.d. § 826 BGB anzusehen, wenn der Kommittent durch die Art seiner Zahlung an den sich in Zahlungsschwierigkeiten befindlichen Kommissionär dessen Absicht (oder die seiner Gläubiger) fördert, unter Inkaufnahme der Schädigung des Vertragspartners des Ausführungsgeschäfts den gezahlten Aufwendungsersatz zur Befriedigung „sachfremder" Forderungen anderer Gläubiger zu verwenden.[11]

bb) Voraussetzung des Schädigungsvorsatzes
Allerdings setzt die sittenwidrige Schädigung einen Schädigungsvorsatz voraus; Fahrlässigkeit, auch grobe, genügt nicht. Zwar ist bedingter Vorsatz ausreichend; der Handelnde muss also „lediglich" das Bewusstsein haben, dass das eigene Verhalten möglicherweise einen anderen schädigt, und dies billigend in Kauf nehmen.[12] Auch das erfordert aber im vorliegenden Fall, dass A *bei Überweisung des Betrages* auf dessen Konto bei B von den Zahlungsschwierigkeiten des K und seinen Verbindlichkeiten gegenüber B wusste, denn nur dann wäre ihm vorzuwerfen, dass er sehenden Auges das Risiko in Kauf genommen hat, dass W den Kaufpreis für den Wein nicht erhalten würde. Diese Kenntnis ist nicht nachzuweisen. Da die Beweislast für den Vorsatz des Schädigers den geschädigten Anspruchsteller trifft,[13] wirkt sich die fehlende Aufklärbarkeit zu Lasten des W aus. Ein Anspruch aus § 826 BGB gegen A ist nicht gegeben.

2. Ansprüche gegen K
a) Anspruch aus § 433 Abs. 2 BGB
Da K im eigenen Namen gehandelt hat, ist er nach § 433 Abs. 2 BGB zur Zahlung des Kaufpreises an W verpflichtet.

b) Anspruch auf Abtretung des Aufwendungsersatzanspruchs gegen A?
K handelt als gewerblicher Kommissionär im Rahmen eines Kommissionsvertrages i.S.d. §§ 383ff. HGB für A (Kommittent). Der Kommissionsvertrag ist eine

---

11 Vgl. im einzelnen BGH, NJW 1965, 249 (250 f.): Überweisung auf ein in debet geführtes Konto des Kommissionärs zur Ermöglichung des Zugriffs durch die Bank statt Übergabe eines Schecks.

12 Jauernig/*Teichmann*, § 826 BGB Rn. 10; BGH, WM 1976, 498 (500).

13 BGH, NJW-RR 2013, 550 (552); Staudinger/*Hager* (2018), § 826 BGB Rn. 129 ff.

spezielle Form eines Geschäftsbesorgungsvertrages,[14] auf den über § 675 BGB die dort genannten Vorschriften des Auftragsrechts Anwendung finden. K steht daher gegen A ein Aufwendungsersatzanspruch aus § 670 BGB zu. Liegt die Aufwendung wie hier in der Eingehung einer Verbindlichkeit gegenüber einem Dritten, so kann der Kommissionär vom Kommittent nach § 257 BGB Befreiung von dieser Verbindlichkeit verlangen. Dies geschieht bei Geldleistungspflichten i.d.R. durch Zahlung an den durch den Kommissionär zu befriedigenden Gläubiger.[15] Der Befreiungsanspruch *kann* an den Gläubiger abgetreten werden;[16] ein *Anspruch* auf Abtretung steht diesem allerdings in Ermangelung einer entsprechenden Anspruchsgrundlage nicht zu. Der Gläubiger, der sich auf einen vom Kommissionär im eigenen Namen geschlossenen Vertrag einlässt, hat das Risiko zu tragen, dass sein Vertragspartner seine Zahlungsverpflichtung nicht erfüllt. Im vorliegenden Fall kommt im Übrigen hinzu, dass A schon an K gezahlt hat; der Aufwendungsersatzanspruch ist damit bereits durch Erfüllung erloschen.[17]

---

14 Unstr., s. nur *K. Schmidt*, Handelsrecht, 6. Auflage 2014, § 31 III 1b) und MüKoHGB/*Häuser*, § 383 Rn. 48.

15 Grüneberg/*Grüneberg*, § 257 BGB Rn. 2 (dort auch zu anderen Befreiungsformen); Erman/ *Artz*, § 257 BGB Rn. 3.

16 Grüneberg/*Grüneberg*, § 257 BGB Rn. 1.

17 Man könnte schließlich noch an einen Anspruch des W gegen A auf Schadenersatz in Höhe des offenen Kaufpreises aus § 280 Abs. 1 BGB des Kommissionsvertrages zwischen A und K denken. Dies setzt voraus, dass (1) die Handlungsweise des A seine Pflichten aus dem Kommissionsvertrag verletzt und (2) dieser Vertrag insoweit Schutzwirkung zugunsten des W hat. Zwar erscheint in letzterer Hinsicht nicht ausgeschlossen, W in den Schutzbereich des Kommissionsvertrages einzubeziehen, weil sowohl „Leistungsnähe" als auch „Gläubigernähe" (vgl. zu diesen Kriterien und ihrer Ausfüllung Grüneberg/*Grüneberg*, § 328 BGB Rn. 16 ff.) jedenfalls nicht von vornherein fehlen. Zum ersten Kriterium kann man darauf hinweisen, dass der Ersatz der Aufwendungen von K durch den Kommittenten A bei normalem Verlauf über die Weiterleitung des Kaufpreisanteils tatsächlich dem W zugekommen soll, während die Tatsache, dass der selbst aus dem Ausführungsgeschäft verpflichtete K ein Interesse an der Befriedigung des W hat, das zweite Kriterium stützen könnte (Schutzwirkungen des Kommissionsvertrages zugunsten des Vertragspartners des Ausführungsgeschäfts bejaht *K. Schmidt*, Handelsrecht, 6. Auflage 2014, § 31 VI 1c) bb)). Jedoch setzt eine Haftung des A gegenüber W über die Figur des Vertrages mit Schutzwirkung zugunsten Dritter zunächst voraus, dass der erstere eine dem K als Vertragspartner des Kommissionsvertrages gegenüber bestehende Pflicht verletzt hat. Es fehlt insoweit jegliche Grundlage für die Annahme, dass den Kommittenten gegenüber dem Kommissionär eine Pflicht trifft, den ihm geschuldeten Aufwendungsersatz so zu leisten, dass dieser tatsächlich dem Vertragspartner des Kommissionärs aus dem Ausführungsgeschäft zugutekommt. Aus der Sicht des Kommissionärs können gute Gründe dafürsprechen, bei Zahlungsschwierigkeiten den Aufwendungsersatz vorrangig zur Befriedigung anderer, „lästigerer" Gläubiger zu nutzen. Will der Kommittent dies verhindern, so handelt er zum Schutz des Vertragspartners des Ausführungsgeschäfts. Den Kommittenten trifft

II. Lösung nach US-Recht

1. Vertraglicher Zahlungsanspruch gegen A

a) Zahlungsanspruch gegen den Geschäftsherrn auch bei indirekter Stellvertretung

(1) Grundsätzliche Unterscheidung

Das US-amerikanische Recht, wie es aus dem *Restatement* hervorgeht, unterscheidet nicht zwischen direkter und indirekter Stellvertretung, also zwischen offenkundigem Vertragsschluss im Namen eines Dritten und einem Vertragsschluss im eigenen Namen, aber im Auftrag und für Rechnung eines wirtschaftlich allein an dem Geschäft interessierten Dritten (Geschäftsherr). Das US-Recht behandelt beide Konstellationen im Grundsatz gleich. In beiden Fällen geht es um das Handeln „für" einen Dritten (Prinzipal), also um *agency* i.S.d. § 1.01 Rest. 3rd Agency. Unterschieden wird, wie § 1.04 (2) Rest. 3rd Agency darlegt, lediglich zwischen *disclosed* und *undisclosed agency* (mit der Zwischenform des Handelns für einen *unidentified principal*), also danach, ob der *agent* die Existenz eines Prinzipals, für dessen Rechnung er tätig ist, offengelegt hat oder nicht. Für die Frage des Zahlungsanspruchs des Vertragspartners des *agent* gegen den Prinzipal spielt aber auch diese Unterscheidung im Grundsatz keine Rolle: In beiden Fällen wird der Geschäftsherr des *agent* aus dessen Geschäft verpflichtet, wenn der letztere im Rahmen seiner *authority*, also der ihm durch den Geschäftsherrn verliehenen (oder auf Rechtsschein beruhenden) Befugnisse, gehandelt hat. Für die *disclosed agency* kann man das aus § 6.01 (1) Rest. 3rd Agency schließen, der die Regel aufstellt, dass der Prinzipal Vertragspartner des Dritten wird. Für den *undisclosed principal* ist § 6.03 (1) Rest. 3rd Agency maßgeblich. Danach ist auch er durch die vom *agent* im Rahmen seines Auftrags eingegangenen Verträge unmittelbar gegenüber dem Dritten gebunden, sofern dies nicht im Vertrag explizit ausgeschlossen ist. A ist also verpflichtet, den Kaufpreis an W zu zahlen, wenn K im Rahmen seiner Befugnisse gegenüber A gehandelt hat.

---

aber keine Schutzpflicht gegenüber dem Kommissionär, diesen von einer solchen Handlungsweise abzuhalten. Von Studierenden vor dem ersten Staatsexamen ist, da vertiefte Kenntnisse des Kommissionsrechts nicht zum Pflichtstoff gehören, sicher nicht zu erwarten, dass sie sich zu möglichen Schutzwirkungen des Kommissionsvertrages zugunsten des Vertragspartners des Kommissionärs fundiert äußern. Eine Lösung, in der diese Erörterung fehlt, würde deshalb nicht mit Punktabzügen „bestraft". Es gilt allenfalls umgekehrt, dass man hier Pluspunkte ernten kann.

(2) Authority des agent

A hat K beauftragt, ihm Wein aus dem Rheingau zu beschaffen. Für Zweifel an der Wirksamkeit dieses Auftrags bestehen keine Anhaltspunkte. Damit folgt aus diesem Auftrag die *authority*, die zu seiner Durchführung erforderlichen Verträge abzuschließen, § 2.02 (1) Rest. 3rd Agency. Der Vertrag mit W, einem Winzer aus dem Rheingau, ist ein solcher Vertrag. K hat sich innerhalb der von A gewünschten Maximalmenge gehalten. Der vereinbarte Preis ist angemessen, weshalb nichts dafür spricht, dass K insoweit den von A gesteckten Rahmen verlassen hat; tatsächlich hat A ja anstandslos diese Summe und die Provision an K ausgezahlt. Folglich hat K den Vertrag innerhalb der ihm gegenüber A zustehenden Befugnisse geschlossen. Damit ist A durch den Vertrag gebunden, unabhängig davon, ob K die Tatsache, dass er „für" ihn handelte, bei Vertragsschluss offengelegt hat. W hat gegen A einen Anspruch auf Zahlung von 80.000,– €.

b) Auswirkung der Zahlung des A an K

Fraglich ist, wie sich die Tatsache auswirkt, dass A bereits 100.000,– € an K gezahlt hat. Die Antwort findet sich in § 6.07 (1) Rest. 3rd Agency; sie hängt wiederum nicht davon ab, ob K die Tatsache, dass er den Wein im Auftrag eines anderen erwerben sollte, offengelegt hat oder nicht. Im Verhältnis zum Vertragspartner entlastet weder den *disclosed* noch den *undisclosed principal* die Zahlung an seinen *agent*, es sei denn, der Vertragspartner selbst hat beim Prinzipal den Eindruck erweckt, seine Forderung sei vom *agent* bereits beglichen worden. Dies war aber nicht der Fall. Folglich muss A die Kaufpreisforderung des K in Höhe von 80.000,– € befriedigen.

2. Vertraglicher Zahlungsanspruch gegen K

Kann W nach dem oben Gesagten den Kaufpreisanspruch mit Erfolg gegen A geltend machen, fragt sich, ob er zusätzlich Zahlung auch von K fordern kann. An dieser Stelle wirkt sich die Unterscheidung zwischen dem offengelegten und verborgenen Auftragsverhältnis zum Prinzipal aus. Während der Dritte bei der *disclosed agency* nur den Prinzipal auf Erfüllung der vertraglich versprochenen Leistung in Anspruch nehmen kann, weil vorbehaltlich einer hier nicht erkennbaren abweichenden Vereinbarung nur dieser, nicht der *agent* selbst Vertragspartner wird (§ 6.01 (1) und (2) Rest. 3rd Agency), kann er bei der *undisclosed agency* sowohl gegen den Prinzipal (§ 6.03 (1) Rest. 3rd Agency) als auch gegen den *agent* (§ 6.03 (2) Rest. 3rd Agency) vorgehen, weil auch dieser als Vertragspartner gilt. Entscheidend ist also, ob K im vorliegenden Fall bei Vertragsschluss deutlich gemacht hat, dass er *on account* (auf Rechnung = im Auftrag) des A (nicht unbedingt in dessen Namen!) handelt. Der Sachverhalt enthält die Hinweise, dass W aus früheren Geschäften die Tätigkeit des K als Kommissionär bekannt war und dass die Parteien die unmittelbare Lieferung des Weins an A vereinbart haben. Das lässt den Schluss zu, dass K auch bei diesem Geschäft gegenüber W als Kommissionär, also als im Auftrag eines Anderen, des A, Handelnder, aufgetreten ist. Folglich steht W kein Zahlungsanspruch gegen K zu.

B. Aufgabe 1: Fall-Lösung Variante 2

I. Lösung nach deutschem Recht
1. Eigener Anspruch des A gegen W aus § 433 Abs. 2 BGB
Ein eigener Anspruch gegen W auf Lieferung des Weins aus §§ 433 Abs. 1 S. 1 BGB steht A nicht zu, weil er nicht Vertragspartner ist. Mit der Feststellung, dass der Kommittent Ansprüche aus dem Ausführungsgeschäft des Kommissionärs erst nach Abtretung geltend machen kann, wiederholt § 392 Abs. 1 HGB etwas Selbstverständliches.

2. Abgetretener Lieferungsanspruch aus §§ 433 Abs. 2, 398 BGB
a) Anspruch auf Abtretung
A kann aber dann gegen W vorgehen, wenn ihm K seinen Lieferungsanspruch aus § 433 Abs. 2 BGB abtritt. Die Abtretung kann A erzwingen: Die Pflicht zur „Herausgabe" des durch die Geschäftsbesorgung Erlangten nach § 384 Abs. 2 HGB umfasst auch die dem Ausführungsgeschäft entspringenden Forderungen.[18]

b) Unmöglichkeit der Abtretung?
Allerdings könnte die Abtretung an A daran scheitern, dass K die Forderung bereits an G abgetreten hat, denn eine wirksame Abtretung nach §§ 398 ff. BGB setzt voraus, dass der Zedent Inhaber der Forderung oder zumindest verfügungsberechtigt ist; an beidem fehlt es K nach der Abtretung an G. Jedoch bestimmt § 392 Abs. 2 HGB, dass Forderungen aus dem Ausführungsgeschäft (nur)

---

18 Vgl. BeckOK-HGB/*Baer*, § 384 Rn. 27; Koller/Kindler/Roth/Drüen/*Roth*, HGB, § 384 Rn. 17. Für diejenigen, die – trotz des Hinweises – § 384 Abs. 2 HGB nicht gefunden haben, müsste sich das Ergebnis jedenfalls über §§ 675, 677 BGB begründen lassen.

im Verhältnis zwischen dem Kommittenten und dem Kommissionär oder dessen Gläubigern als Forderungen des Kommittenten „gelten". Daraus folgt, dass K *bei der Abtretung an G* aus der Sicht des A als Nichtberechtigter einzustufen ist und diese Abtretung somit – relativ im Verhältnis zu A – unwirksam ist,[19] wobei unerheblich ist, ob G wusste, dass K ihm eine für fremde Rechnung erworbene Forderung abtreten wollte.[20] Folgerichtig gilt K gegenüber A weiterhin als Inhaber der Forderung und eine nachfolgende Abtretung an A bleibt weiterhin möglich.[21]

II. Lösung nach US-Recht:

1. Eigener Lieferungsanspruch des A

Es wurde oben festgestellt, dass A als Prinzipal des K aus dem von diesem abgeschlossenen Vertrag verpflichtet wird. Umgekehrt kann er aber auch gegen W unmittelbar aus eigenem Recht den Lieferungsanspruch geltend machen, ohne auf eine Abtretung durch K angewiesen zu sein. § 6.01 (1) Rest. 3rd Agency bestätigt dies für den *disclosed principal*, nach § 6.03 (1) und (3) Rest. 3rd Agency gilt Gleiches für die *undisclosed agency*, vorbehaltlich eines ausdrücklichen Ausschlusses des Prinzipals vom Vertrag. Es ist deshalb auch an dieser Stelle unerheblich, ob K gegenüber W offengelegt hat, dass er für und im Auftrag des A handelte.

2. Wirkung der Abtretung

Fraglich ist allerdings, ob A an der Geltendmachung des Lieferungsanspruchs dadurch gehindert ist, dass K diesen an G abgetreten hat.

a) Differenzierung zwischen verdeckter und offener agency

Das US-amerikanische Recht differenziert hier im Ansatz, nicht aber im Ergebnis, zwischen der offengelegten und verdeckten *agency*.

Handelt es sich um eine *undisclosed agency*, wird also der *agent* nach § 6.03 (2) Rest. 3rd Agency Vertragspartner des Ausführungsgeschäfts, soll das Vertrauen eines Dritten darauf geschützt werden, dass der *agent* als tatsächli-

---

19 Vgl. BGHZ 104, 123 (127) = NJW 1988, 3203 (3204). Wer § 392 Abs. 2 HGB übersieht, könnte das Ergebnis allenfalls mit § 242 BGB unter Anlehnung an den Rechtsgedanken des § 161 BGB erreichen.
20 *K. Schmidt*, Handelsrecht, 6. Auflage 2014, § 31 VI 4a). Zu etwaigen Ausnahmen aus Schutzgesichtspunkten Oetker/*Bergmann*, HGB, 7. Aufl. 2021, § 392 Rn. 10.
21 Vgl. BGHZ 104, 123 (128) = NJW 1988, 3203 (3204).

cher Inhaber der vertraglichen Forderung aus dem von ihm im eigenen Namen geschlossenen Vertrag über diese verfügen kann, ohne das Einverständnis einer anderen Person zu benötigen. Umgekehrt erscheint der Dritte nicht als schutzwürdig, wenn er keine Gegenleistung erbringt *(to pay value)* oder von der Tatsache Kenntnis hat, dass der *agent* die fragliche Forderung auf Rechnung eines Prinzipals erworben hat; dann ist ihm zuzumuten, sich zu erkundigen, ob der letztere mit der Abtretung einverstanden ist. Aus dieser Abwägung erwächst die in § 307 A. Rest. 2nd Agency niedergelegte Regel: Die Abtretung an einen Dritten durch den *agent* ist, obwohl der *agent* nach § 6.03 (2) Rest. 3rd Agency (auch) als Vertragspartner und damit als Forderungsinhaber gilt, nur wirksam, wenn der eine Gegenleistung erbringende Dritte im Hinblick auf die fehlende Bindung an einen Prinzipal gutgläubig ist. Bei der *disclosed agency* ist der Ausgangspunkt zunächst ein anderer, weil der *agent* nicht Vertragspartner und damit auch nicht Inhaber der Forderung wird, § 6.01 (1) Rest. 3rd Agency. Allerdings kann u.U. trotz des gegenüber dem Partner des Ausführungsgeschäfts offengelegten Auftragsverhältnisses zu einem Prinzipal das Geschäft im Einklang mit dem Auftrag in einer die *agency* – gegenüber dem Dritten – nicht erkennen lassenden Weise abgeschlossen sein. Dritte, die am Ausführungsgeschäft nicht beteiligt sind, sind hier in der gleichen Position wie bei der *undisclosed agency*, weil und soweit sie dem Vertrag selbst das Auftragsverhältnis zum Prinzipal nicht entnehmen können. Folglich muss auch hier das Vertrauen auf die Verfügungsmacht des *agent* geschützt werden; folgerichtig bestimmt § 301 Rest. 2nd Agency, dass die Abtretung an einen insoweit gutgläubigen Dritten dem Prinzipal gegenüber wirksam ist.

b) Folgen für den Fall
Für den vorliegenden Fall heißt das: K hat nach dem oben Gesagten in Form der *disclosed agency* gehandelt. Damit ist § 301 Rest. 2nd Agency maßgeblich. Die Abtretung ist im Verhältnis zu A nur dann wirksam, wenn G nicht wusste, dass K den Kaufvertrag mit W als Kommissionär für A abgeschlossen hat. Laut Sachverhalt war dem G aber bekannt, dass der Wein für A bestimmt war. Damit kann er nicht als gutgläubig angesehen werden. Die Abtretung ist im Verhältnis zu A unwirksam.

3. Ergebnis
Dieser kann nach wie vor von W Erfüllung des Kaufvertrages verlangen.

C. Aufgabe 2: Unterschiede zwischen dem deutschen und dem US-Recht

I. Deutsches Recht

Im deutschen Recht ist die fundamentale Unterscheidung zwischen unmittelbarer und mittelbarer Stellvertretung jeder Juristin und jedem Juristen seit den Anfangssemestern vertraut. Die mittelbare Stellvertretung ist keine Stellvertretung i.S.d. §§ 164 ff. BGB, weil der mittelbare Stellvertreter im eigenen Namen handelt. Was sie aber mit der „echten" Stellvertretung gemein hat, ist, dass wirtschaftlich der „Hintermann" in den Genuss der Früchte des Stellvertreterhandelns kommt und auch die dafür notwendigen Aufwendungen letztlich tragen soll. (Auch) Der mittelbare Stellvertreter handelt „auf Rechnung" seines Auftraggebers. Der Prototyp der mittelbaren Stellvertretung ist das Kommissionsgeschäft i.S.d. §§ 383 ff. HGB. Der Kommissionär handelt zwar im Auftrag des Kommittenten (Geschäftsbesorgungsvertrag nach § 675 BGB), schließt aber den Vertrag mit dem Dritten zur Ausführung des Vertrages im eigenen Namen ab. Im hier gegebenen Fall der Einkaufskommission (der Kommissionär soll Ware für den Kommittenten von einem Dritten erwerben), wird deshalb nur der Kommissionär zur Zahlung des Kaufpreises verpflichtet; nur er ist auch Inhaber des Lieferungsanspruchs und sonstiger vertraglicher Ansprüche gegen den Dritten. Lediglich im Innenverhältnis zum Kommittenten ist er verpflichtet, die erworbene Ware an diesen weiter zu reichen, während letzterer Ersatz der Aufwendungen zu leisten hat. Die Relativität vertraglicher Rechte und Pflichten, d.h. ihre Begrenzung auf die am Vertrag Beteiligten, ist zusammen mit dem Offenkundigkeitsprinzip (Vertragspartner kann nur derjenige sein, in dessen Namen der Vertrag geschlossen wurde) ein Ordnungsprinzip unseres Privatrechts, das Klarheit und Sicherheit für die Vertragspartner schaffen (Vertrauensschutz)[22] und damit auch dem Verkehrsschutz dienen soll. Dennoch stellt sich die Frage, inwieweit dem wirtschaftlichen Interesse des Kommittenten an dem für ihn getätigten Ausführungsgeschäft des Kommissionärs Rechnung zu tragen ist, wenn die Abwicklung dieses Geschäfts auf Schwierigkeiten stößt. Der Kommittent steht diesem Vertrag näher als andere, weil er auf seine Veranlassung und in seinem Interesse geschlossen wurde. Es lassen sich drei Unterfragen konkretisieren: Inwieweit kann der Geschäftsherr des Kommissionärs durch dessen Vertragspartner aus Verpflichtungen des Ausführungsgeschäfts „im Durchgriff" in Anspruch genommen werden? Inwieweit kann er selbst Rechte gegen den Vertragspartner des Ausführungsgeschäfts geltend machen? Kann er seine „besseren" Rechte an dem vom Kommissionär durch das Ausführungsgeschäft Erworbenen gegen den Zugriff anderer Gläubiger des Kommissionärs durchsetzen?

---

22 *K. Schmidt*, Handelsrecht, 6. Auflage 2014, § 31 VI 1b).

Die Antwort fällt differenziert aus, wie die Lösung des Falls zeigt:
- Der Vertragspartner des Ausführungsgeschäfts kann seine Forderungen grundsätzlich nur gegen den Kommissionär durchsetzen. Zahlt dieser nicht, muss er gegen ihn einen Titel erwirken und Zwangsvollstreckungsmaßnahmen einleiten, wozu auch die Pfändung des Aufwendungsersatzanspruchs gegen den Kommittenten gehören kann. Fruchtet dies nicht (weil andere Gläubiger schneller waren oder der Kommittent bereits an den Kommissionär gezahlt hat), kann er den Kommittenten nicht weiter in die Pflicht nehmen. Eine Ausnahme gilt nur bei der Mitwirkung des Kommittenten an einer sittenwidrigen Schädigung des Vertragspartners; die Hürde des § 826 BGB aber wird der letztere nur selten überspringen können.
- Umgekehrt sieht es für den Kommittenten ein wenig besser aus. Zwar kann auch der Kommittent nicht unmittelbar gegen den Vertragspartner des Ausführungsgeschäfts vorgehen, sondern muss sich die Ansprüche vom Kommissionär abtreten lassen (§ 392 Abs. 1 HGB). Immerhin hat er auf diese Abtretung einen Anspruch (§ 384 Abs. 2 HGB).
- Zudem sind die Ansprüche bereits vor Abtretung an ihn über § 392 Abs. 2 HGB vor dem Zugriff anderer Gläubiger des Kommissionärs geschützt.

II. US-amerikanisches Recht

Das US-amerikanische Recht kommt, für den deutschen Juristen ungewohnt, ohne die Unterscheidung in direkte und indirekte Stellvertretung aus. Handeln im eigenen Namen, aber für fremde Rechnung und Handeln im Namen (und auf Rechnung) eines anderen wird grundsätzlich gleichbehandelt und unter dem Begriff *agency* zusammengefasst. Wichtig ist deshalb nicht, ob ein Vertrag in eigenem oder fremdem Namen abgeschlossen, sondern ob offenbart wurde, dass *für fremde Rechnung* gehandelt wurde. Wird das Handeln für Rechnung eines anderen dem Vertragspartner kundgetan, handelt es sich um *disclosed agency*, andernfalls um *undisclosed agency*. Diese gänzlich andere Grundkonzeption der *agency* setzt sich auch bei der Antwort auf die oben zum deutschen Recht bereits gestellten Fragen zur „Beteiligung" des Geschäftsherrn des *agent* an den Rechten und Pflichten des Ausführungsgeschäfts fort.

1. Disclosed Agency

Der *disclosed principal* ist nach US-amerikanischem Recht Vertragspartner des vom *agent* geschlossenen Vertrages. Er kann deshalb – wie der Vertretene im deutschen Recht – unmittelbar die vertraglichen Ansprüche aus dem Ausführungsgeschäft geltend machen, ist seinerseits aber auch allen Ansprüchen des Vertragspartners ausgesetzt. Hat er den Kaufpreis bereits als Aufwendungsersatz an den *agent* gezahlt, so entlastet ihn das gegenüber dem Vertragspartner nur dann, wenn dieser selbst für den Eindruck verantwortlich ist, er selbst sei vom *agent* bereits befriedigt worden. Auch insoweit ist die Regelung dem deutschen Vertretungsrecht vergleichbar.

Handelt der *agent* bei der *disclosed agency* aber trotz der Aufdeckung des Geschäftsherrn im eigenen Namen, so werden die Unterschiede zum deutschen Recht sichtbar. Ein entsprechender Vorgang wird im deutschen Recht als „mittelbare Stellvertretung" eingeordnet, die nur den Stellvertreter im Außenverhältnis zum Vertragspartner berechtigt und verpflichtet. Das amerikanische Recht ermöglicht demgegenüber den Schutz des Geschäftsherrn über seine Rolle als Vertragspartner. Schlechter als nach deutschem Recht ist – in beiden Varianten der *disclosed agency* – der Schutz des Prinzipals vor der Abtretung vertraglicher Ansprüche durch den *agent*: Gegen die Abtretung an einen gutgläubigen Dritten, also jemanden, der nicht weiß, dass der *agent* für einen Prinzipal gehandelt hat, ist der letztere machtlos.

2. Undisclosed Agency

In der Konstellation der *undisclosed agency* kommt als Vergleichsfigur des deutschen Rechts ohnehin nur die mittelbare Stellvertretung in Betracht. Auch hier sind die Unterschiede evident: Zwar wird – wie im deutschen Recht – der *agent* Vertragspartner (§ 6.03 (2) Rest. 3rd Agency), grundsätzlich erwirbt aber auch der Geschäftsherr einen Anspruch gegen den Vertragspartner (§ 6.03 (1) Rest. 3rd Agency) und ist diesem verpflichtet (§ 6.03 (3) Rest. 3rd Agency; § 186 Rest. 2nd Agency). Der Prinzipal soll auch dann, wenn seine Existenz dem Vertragspartner des vom *agent* geschlossenen Ausführungsgeschäfts bei Vertragsschluss unbekannt geblieben war, unmittelbar durch den Vertrag gebunden sein und umgekehrt auch Ansprüche gegen den Vertragspartner erheben können.[23] Eine Grenze stellt nur der Rechtsmissbrauch dar, wenn also beispielswei-

---

[23] Was auch aus anglo-amerikanischer Sicht eine „Anomalie" innerhalb des Vertragsrechts ist. Das *common law* betont die *privity of contract*, also die grundsätzliche Beschränkung vertraglicher Rechte und Pflichten auf die Vertragsparteien, noch stärker als das deutsche, vgl. zum US-Recht *Perillo*, Calamari and Perillo on Contracts, 7. Auflage 2014, § 1. Deshalb fällt die Begründung für die Einbindung einer bei Vertragsschluss nicht einmal erwähnten Person in die gegenseitigen vertraglichen Verpflichtungen schwer. Ausführlich aus deutscher Sicht zu den Versuchen einer solchen Begründung *Müller-Freienfels*, RabelsZ 17 (1952), 578 und 18 (1953), 12; im Rahmen dieser Klausur wurde natürlich nicht erwartet, dass Sie zur dogmatischen Einordnung der *undisclosed agency* Stellung beziehen.

se der *agent* seinen Prinzipal bewusst verschwiegen hat, weil er wusste, dass sein Vertragspartner aus anzuerkennenden Gründen mit diesem kein Geschäft hätte machen wollen. Bei der *undisclosed agency* ist aber im besonderen Maße Vertrauensschutz zugunsten des Vertragspartners notwendig, der ja den *agent* für seinen (einzigen) Kontrahenten hält und sich möglicherweise deshalb durch Leistung an diesen oder Aufrechnung gegenüber diesem befreien wollte oder bei Eingehung seiner Verpflichtungen gerade auf dessen Bonität vertraut hat. Für alle diese Situationen sieht das Rest. 3rd Agency Regeln vor, die den Vertragspartner vor Nachteilen aufgrund der Bindung an den ihn unbekannten Prinzipal schützen sollen (vgl. §§ 6.06–6.08 Rest. 3rd Agency). Insbesondere ist der *agent* neben dem Prinzipal Vertragspartei und als solche zur Erbringung der vertraglich versprochenen Leistung verpflichtet; der Vertragspartner hat also zwei statt nur einen Schuldner (§ 6.03 Rest. 3rd Agency). Gleichzeitig schützt diese Konstruktion aber auch den Geschäftsherrn, der Inhaber der Forderung wird. Was die Abtretung durch den *agent* angeht, so ist auch hier der *undisclosed principal* in der gleichen Lage wie der *disclosed principal:* Eine Abtretung durch den *agent* an einen gutgläubigen Dritten ist wirksam (§§ 301, 307 A. Rest. 2nd Agency).

III. Vergleich beider Rechtsordnungen

Beiden Rechtsordnungen stellt sich die Aufgabe, in Fällen indirekter Stellvertretung einen angemessenen Ausgleich zwischen den schutzwürdigen Interessen des Vertragspartners des Ausführungsgeschäfts und denen des Prinzipals des Vertreters zu erreichen.

Im Vergleich lässt sich insoweit feststellen: Das deutsche Stellvertretungsrecht hält es in besonderem Maße für notwendig, den „Geltungsradius"[24] vertraglicher Beziehungen offenkundig und klar abzustecken. Der Vertragspartner einer Mittelsperson soll sich an die letztere halten können und nur dieser verpflichtet sein, soweit nicht erkennbar im Namen des Prinzipals kontrahiert wird. Die Kehrseite ist, dass der Vertragspartner kaum Möglichkeiten hat, sich an den Prinzipal zu halten, wenn der Kommissionär seine Forderung nicht befriedigt; ebenso hat der Kommittent keinen direkten Zugriff auf den Vertragspartner, um die Leistung an sich selber sicherzustellen. Dem wirtschaftlichen Zusammenhang der Vertragsbeziehungen Kommittent – Kommissionär einerseits und Kommissionär – Vertragspartner andererseits wird also rechtlich nur

---

24 *Fuchs*, Wege und Irrwege juristischen Denkens (1936), 124, zitiert nach *Müller-Freienfels*, RabelsZ 17 (1952), 578 (582).

sehr eingeschränkt Rechnung getragen.[25] Allerdings werden die Interessen des Geschäftsherrn gegenüber den Gläubigern des Kommissionärs über § 392 Abs. 2 HGB durchgesetzt.

Das US-amerikanische Recht zeigt demgegenüber, dass der Vertrauensschutz des Vertragspartners nicht zwingend eine Unterscheidung zwischen direkter und indirekter Stellvertretung erforderlich macht; auch im letzteren Fall kann er sich auf den Prinzipal einstellen, sofern ihm nur deutlich gemacht wird, dass das Geschäft letztlich auf dessen Rechnung abgewickelt werden soll. Wirtschaftlich betrachtet sind deshalb direkte und indirekte Stellvertretung „Holz vom gleichen Stamm".[26]

Auf dieser Basis ist der Weg frei für eine Stärkung der Interessen des Geschäftsherrn, der auch bei Verträgen, die nicht in seinem Namen geschlossen wurden, Inhaber der vertraglichen Rechte und Pflichten wird. Umgekehrt werden auch die direkten Zugriffsmöglichkeiten des Vertragspartners auf den Prinzipal verstärkt. Wenn das US-Recht dies auch auf die Fallgestaltungen der *verdeckten* Stellvertretung ausdehnt, muss es natürlich Gegenmaßnahmen ergreifen, um das Gleichgewicht wiederherzustellen; dies geschieht durch die oben dargelegten Vertrauensschutzregeln zugunsten des Vertragspartners. Vertrauensschutz wird auch am Ausführungsgeschäft unbeteiligten Dritten gewährt: Sind sie gutgläubig, ist – anders als nach deutschem Recht bei der mittelbaren Stellvertretung – eine Abtretung durch den *agent* auch gegenüber dem Prinzipal wirksam. Die deutsche Regelung ist also alles andere als eine Notwendigkeit. Der Ansatz des *common law* scheint der wirtschaftlichen Realität eher gerecht zu werden, in der die Unterschiede zwischen Vertragsschlüssen „für eine andere Person" oder „für ihre Rechnung", „in ihrem Auftrag" oder „in ihrem Interesse" verschwimmen. Allerdings muss die rechtliche Einheitslösung mit differenzierten Vertrauensschutzregelungen bei verdeckter Stellvertretung erkauft werden. Auch ist die Verdoppelung der Vertragspartnerposition bei der *undisclosed agency* systematisch zumindest ungewöhnlich. Insgesamt findet sich daher in beiden Rechtsordnungen Licht und Schatten.

D. Aufgabe 3: Nutzen eines Restatements in Europa

Wie oben angedeutet, haben sich *Restatements* im US-amerikanischen Recht aufgrund der mangelnden systematischen Entwicklung des *common law* und der zahlreichen „Variationen" im Recht der einzelnen Bundesstaaten als nützli-

---

25 Vgl. zu dieser Diagnose *Hager*, AcP 180 (1980), 239 (262).
26 *Kötz*, Europäisches Vertragsrecht, § 16 C, 433.

cher Wegweiser für die Praxis erwiesen. Beide Gesichtspunkte erlangen auch in der Europäischen Union Relevanz: Die Privatrechte der Mitgliedstaaten der Europäischen Union weisen nicht unerhebliche Unterschiede auf. Ihre Harmonisierung spielt eine wesentliche Rolle bei der Schaffung des europäischen Binnenmarktes. Allerdings hat die Union keine allgemeine Kompetenz für die Privatrechtsvereinheitlichung. Privatrechtssetzung durch die Union ist nur zulässig, soweit dies unter Berücksichtigung des Subsidiaritätsprinzips (Art. 5 EUV) für das Funktionieren des Gemeinsamen Marktes (Art. 3 Abs. 1 lit. b, 114, 115 AEUV)[27] oder sonstiger im AEUV oder EUV definierter Ziele und Politiken (etwa: Gleichstellung von Mann und Frau im Arbeitsleben, Art. 157 AEUV) erforderlich ist. Dementsprechend gibt es auch nur punktuelle privatrechtsangleichende Regelungen, etwa zu missbräuchlichen Vertragsklauseln,[28] im sonstigen Verbraucherrecht[29] und zu zahlreichen Einzelfragen des Gesellschaftsrechts.[30] Grundsätzlich bestehen jedoch nationale Privatrechte unharmonisiert nebeneinander fort, wobei es freilich – wiederum punktuell – zu einer Überlagerung durch unmittelbar wirksames europäisches Primärrecht kommen kann.[31] Aber auch innerhalb der harmonisierten Regelungsbereiche gibt es in der Praxis des Rechts oft einen eher geringen Harmonisierungseffekt: Zum einen werden unbestimmte Rechtsbegriffe bei der Richtlinienumsetzung unterschiedlich interpretiert,[32] zum anderen schreiben manche Richtlinien nur eine Mindestharmonisierung vor, lassen also dem Ziel der Richtlinie förderliche, über diese aber

---

27 Zu den einzelnen Kompetenzgrundlagen und der Frage, inwiefern sie sich als Grundlage zur Privatrechtsvereinheitlichung eignen, vgl. *Sahner*, Materialisierung der Rechtswahl im Internationalen Familienrecht (2019), 67 ff.; für eine entsprechende Betrachtung zu Zeiten der EG s. *Herresthal*, in: Langenbucher (Hrsg.), Europarechtliche Bezüge des Privatrechts (2008), § 2 Rn. 23 ff.; die Kompetenzgrundlagen speziell für ein gemeinsames europäisches Kaufrecht beleuchtet *Remien*, in: FS Martiny (2014), 987.

28 RL 93/13/EWG, ABl. EG Nr. L 95/29.

29 Näher *Alexander/Jüttner*, JuS 2020, 1137.

30 Vgl. zu den gesellschaftsrechtlichen Richtlinien umfassend *Habersack/Verse*, Europäisches Gesellschaftsrecht, 5. Auflage 2019, Zweiter Teil, S. 103 ff.

31 *Herresthal*, in: Langenbucher (Hrsg.), Europarechtliche Bezüge des Privatrechts (2008), § 2 Rn. 35 ff. Einführend speziell zum Anerkennungsprinzip im IPR *Hornung*, Internationales Privatrecht zwischen Wertneutralität und Politik (2021), 230 ff.

32 Beispiele aus dem Internationalen Privatrecht sind die schwammigen kollisionsrechtlichen Regeln in Art. 6 Abs. 2 Klausel-Richtlinie und Art. 9 RL 94/47/EG, die höchst unterschiedlich umgesetzt wurden, vgl. *Sonnenberger*, JZ 1998, 982 (983) m.w.N. („Zerstörung erreichter Rechtseinheit durch Harmonisierung"); *Kieninger/Leible*, EuZW 1999, 37 (38); Art. 9 der alten Time-Sharing-Richtlinie hat in Art. 12 Abs. 2 der neuen Richtlinie eine Präzisierung erfahren; für Bsp. konkreter Definitionen in kollisionsrechtlichen RL auch über einen mitgliedstaatlichen Konsens – etwa zu Fragen der gleichgeschlechtlichen Ehe – hinaus s. *Hornung*, Internationales Privatrecht zwischen Wertneutralität und Politik (2021), 227 ff.

hinaus gehende nationale Bestimmungen unberührt.[33] Hinzu kommt, dass eine Abstimmung zwischen den Richtlinien (die von unterschiedlichen Dienststellen der Kommission vorbereitet werden) häufig unterbleibt; unterschiedliche Begriffsbestimmungen in den Richtlinien oder gar Widersprüche zu früherem europäischen Recht sind die Folge.[34] Insgesamt ergibt sich für die europäische Rechtsanwenderin immer noch ein komplexes Bild mehrerer interdependenter und ineinander verschachtelter Normebenen, welche die systembildende Ordnung nationaler Kodifikationen sprengen und in der praktischen Handhabung erhebliche Schwierigkeiten aufwerfen. Zwei Folgerungen drängen sich auf: Zum einen könnte die punktuelle Rechtsvereinheitlichung durch den europäischen Gesetzgeber ergänzt werden durch die Vertiefung der Harmonisierung „von unten", d.h. die Herausarbeitung von gemeinsamen Grundlinien der *nationalen Zivilrechtsordnungen,* auf die der europäische Gesetzgeber aufbauen kann und die er zu beachten hat. Zum anderen könnte eine *systematische* Kompilation der *unionsrechtlichen Normen* hilfreich sein: Würde man sie in den jeweiligen größeren Regelungszusammenhang eines bestimmten Rechtsgebiets einordnen, könnte ihr Verständnis erleichtert und eine stringente, in sich stimmige Fortentwicklung des europäischen Rechts gefördert werden. Beide Ziele können durch *Restatements* auf europäischer Ebene verfolgt werden, in denen, wie bei ihrem amerikanischen Vorbild, die in einzelnen Rechtsgebieten zu berücksichtigenden Komponenten des europäischen „Mehrebenenregimes"[35] systematisch zusammengefasst und mit Kommentaren und Illustrationen versehen werden. Erste Ansätze zu solchen *Restatements* gibt es bereits;[36] ihre Ausweitung wird

---

33 Vgl. etwa Art. 11 der alten Time-Sharing-Richtlinie; anders die Verbraucherrechtericht-linie, die grundsätzlich ein Vollharmonisierungskonzept verfolgt. Das bedeutet, dass bei der Umsetzung der Richtlinien weder Abweichungen „nach oben" noch „nach unten" zulässig sind (vgl. Art. 4 Verbraucherrechterichtlinie), wovon aber in einigen Bereichen Ausnahmen gemacht werden, vgl. z.B. Art. 5 Abs. 4 Verbraucherrechterichtlinie. Ebenso die aktualisierte Time-Sharing-Richtlinie, dazu *Franzen,* NZM 2011, 217 (218); zur aktuellen Entwicklung hin zur Vollharmonisierung auch: *Heiderhoff;* Europäisches Privatrecht, 5. Auflage 2020, Rn. 23.

34 Art. 12 Abs. 2 Fernabsatz-Richtlinie und Art. 6 Abs 2 Klausel-Richtlinie erfassen offenbar aus bloßer Unkenntnis der Richtlinienverfasser auch Fälle, für die bereits Art. 5 EVÜ (Vorgängervorschrift zu Art. 6 Rom I-VO) eine Kollisionsnorm enthielt, näher *Kieninger/Leible,* EuZW 1999, 37 (38); *Jayme/Kohler,* IPRax 1996, 377 (378).

35 *Metzger,* Extra legem, intra ius: Allgemeine Rechtsgrundsätze im europäischen Privatrecht (2009), 109 ff.; *Schmid,* in: Neuordnungsperspektiven im europäischen Privatrecht, Jahrbuch Junger Zivilrechtswissenschaftler 1999 (2000), 33 (36).

36 Insbesondere: *Lando/Beale,* Principles of European Contract Law, Parts I and II Combined and Revised (2000); *Lando/Clive/Prüm/Zimmermann,* Principles of European Contract Law, Part III (2003) [ohne Berücksichtigung des europäischen Sekundärrechts]; deutschsprachig bei *v. Bar/Zimmermann,* Grundregeln des Europäischen Vertragsrechts, Teile I und II (2002),

gefordert.[37] Die EU hat das Problem erkannt und bemüht sich[38] um eine Lösung. Erster Ansatz hierzu war der sog. Gemeinsame Referenzrahmen *(Common Frame of Reference, CFR)*,[39] der von zwei Gruppen von Wissenschaftlern, der Study Group on a European Civil Code[40] und der European Research Group on Existing EC Private Law (Acquis Group), bis Ende 2007 ausgearbeitet wurde. Der Referenzrahmen diente der Kommission zunächst als Leitfaden und wurde bis Mai 2011 von einer von der Kommission eingesetzten Expertengruppe erneut überarbeitet. Ergebnis dieser Überarbeitung war die sog. „Feasibility Study"[41], die der EU- Kommission als Grundlage für einen ersten legislativen Vorschlag, den Vorschlag für eine Verordnung zum Gemeinsamen Europäischen Kaufrecht (GEKR),[42] diente.[43] Dieses Projekt hat in jüngerer Zeit jedoch einige Rückschläge

---

Teil III (2005); Research Group on the Existing EC Contract Law (Acquis Group) (Hrsg.), Principles of the existing EC Contract Law, Contract I (2007), Contract II (2009), Contract III (2014); Study Group on a European Civil Code (Hrsg.), Benevolent Intervention in Another's Affairs (2006), Commercial Agency, Franchise and Distribution Contracts (2006), Service Contracts (2006), Personal Security (2007), Lease of Goods (2007), Sales (2008), Unjustified Enrichment (2010), Acquisition and Loss of Ownership of Goods (2011), Trusts (2014), Proprietary Security in Movable Assets (2014); *v. Voss/Waas*, Restatement of Labour Law in Europe, Vol. I (2017), Vol. II (2020); übersichtsartig auch *Metzger*, Extra legem, intra ius: Allgemeine Rechtsgrundsätze im europäischen Privatrecht (2009), 223 ff., 323 ff.; jüngste Harmonisierungsansätze im Prozessrecht beleuchtet *Wilke*, EuZW 2021, 187 ff.; allgemein zum Nutzen "europäischer Restatements": *Gisewski*, Methodik der Auslegung im kontinentaleuropäischen und angelsächsischen Recht, Vergleich und Synthese juristischer Denkweisen vor dem Hintergrund der europäischen Privatrechtsangleichung (2008); speziell zu den UNIDROIT-Prinzipien *Brödermann*, IWRZ 2019, 7 ff.

37 In jüngerer Vergangenheit etwa *Zimmermann*, ZEuP 2018, 862 ff.; davor schon z.B. *Ebke*, in: FS Großfeld (1999), 189 (215) (für das Unternehmensrecht); *Schmid*, in: Neuordnungsperspektiven im europäischen Privatrecht, Jahrbuch Junger Zivilrechtswissenschaftler 1999 (2000), 33 (60 ff.); *ders.*, Oxford Journal of Legal Studies 19 (1999), 673 (687).

38 Auf Problempunkte weist *Micklitz*, GPR 2007, 2 (12 ff.) hin.

39 Zum Gemeinsamen Referenzrahmen siehe *Antoniolli/Fiorentini*, A Factual Assessment of the Draft Common Frame of Reference (2011); MüKoBGB/*Ernst*, Einleitung Schuldrecht Rn. 77–80.

40 Näher dazu *Metzger*, Extra legem, intra ius: Allgemeine Rechtsgrundsätze im europäischen Privatrecht (2009), 226 f.

41 Vgl. dazu die Pressemitteilung IP/11/523 der Kommission vom 3.5.2011.

42 KOM(2011) 635 endg.

43 Diesen Vorschlag hatte die Europäische Kommission am 11.10.2011 vorgelegt. Er hatte ein optionales Instrument zum Inhalt, das die Parteien nach erfolgter Information durch Aushändigung eines Standardinformationsblattes über die damit verbundenen rechtlichen Konsequenzen frei wählen können. Vgl. zur Wirkungsweise den Beitrag der damaligen Vizepräsidentin der EU-Kommission, *Viviane Reding*, in: Schulze/Stuyck (Hrsg.), Towards a European Contract Law (2011), 9 ff.; s. ferner *Staudenmayer*, NJW 2011, 3491 (3494); Statement of the European Law Institute on the Proposal for a Regulation on a Common European Sales Law, ab-

verkraften müssen. Das GEKR ist gescheitert;[44] im Rahmen der unionalen Strategie eines digitalen Binnenmarktes[45] wurden 2019 dann eher punktuell digitale Aspekte reguliert.[46] Freilich werden auch institutionelle Lösungsansätze verfolgt: Basierend auf dem American Law Institute als Vorbild wurde im Juni 2011 das European Law Institute mit administrativem Sitz in Wien gegründet. Ziel des Instituts ist, durch Beratung von politischen Entscheidungsträgern und staatlichen Stellen sowie Vorschläge zur Neufassung von europäischen Rechtsvorschriften in allen Bereichen einen einheitlichen europäischen Rechtsraum zu schaffen.[47] Problematisch ist allerdings, dass die europäischen Staaten anders als die (überwiegende Zahl der) Einzelstaaten der USA weder über eine gemeinsame Sprache noch über eine im Wesentlichen gemeinsame Entwicklung und Rechtskultur verfügen. Das Auffinden gemeinsamer Prinzipien ist daher ungleich schwieriger, die Absicherung einer harmonisierten künftigen Entwicklung der gefundenen Grundsätze angesichts unterschiedlicher Rechtstraditionen (insbesondere im Hinblick auf Methodik, Rechtsfortbildung und Auslegung) problematisch.[48]

---

rufbar unter https://www.europeanlawinstitute.eu/fileadmin/user_upload/p_eli/Publications/ S-2-2012_Statement_on_the_Proposal_for_a_Regulation_on__a_Common_European_Sales_ Law.pdf.

44 Vgl. nur *Basedow*, ZEuP 2015, 432 ff.

45 COM(2015) 192 final, Abschnitt 2.1; *Graf von Bernstorff*, AW-Prax 2015, 297 f., *Karstedt-Meierrieks/Wurster*, EuZW 2015, 371.

46 Vgl. die zum 1.1.2022 umgesetzten Digitale-Inhalte-RL, RL EU 2019/770, ABl. EU 2019 Nr. L136, S. 1 und Warenkauf-RL, RL EU 2019/771, ABl. EU 2019 Nr. L136, S. 28 und dazu einführend u.a. *Bach*, NJW 2019, 1705; *Kipker*, MMR 2020, 71.

47 http://www.europeanlawinstitute.eu/, s. dazu auch *Graf von Westphalen*, ZIP 2011, 1555; kritisch etwa *Basedow*, EuZW 2011, 41.

48 Vgl. *Reding*, in: Schulze/Stuyck (Hrsg.), Towards a European Contract Law (2011), 9 (20), die ein obligatorisches Europäisches Zivilgesetzbuch aufgrund der in der Union bestehenden Vielfalt im Vergleich zum Uniform Commercial Code der USA nicht als gangbaren Weg sieht.

2. Kapitel: Zweistündige Klausuren

A. IPR- und IZPR-Fälle

Fall 7: Menschenrechtsschutz im Internationalen Zivilverfahrensrecht und im Internationalen Privatrecht

Sachverhalt*

K arbeitet in einer Schuhfabrik in Lahore, Pakistan. Die Fabrik wird von U, einer Kapitalgesellschaft pakistanischen Rechts mit Hauptsitz in Pakistan, betrieben. U produziert überwiegend Schuhe für B, eine Kapitalgesellschaft US-amerikanischen Rechts mit satzungsmäßigem Hauptsitz und Hauptverwaltung in den USA. Die Geschäftsbeziehungen zwischen U und B werden von einer deutschen Zweigniederlassung der B in Münster verwaltet. Sie basieren u.a. auf einem Verhaltenskodex, der U zur Wahrung der Mindestvorgaben im Hinblick auf die Menschenrechte der Beschäftigten verpflichtet, insbesondere deren Arbeitsbedingungen und Arbeitssicherheit.

Indes erfüllen die tatsächlichen Zustände in der Fabrik die vorgesehenen Arbeitsschutzmaßnahmen nicht, was der B bekannt ist. Bei einem Einsturz des Fabrikgebäudes aufgrund einer fehlerhaften Dachkonstruktion im Jahr 2018 verletzt sich K schwer. Sie erhebt gegen B vor dem Landgericht Münster Klage auf Schmerzensgeld. Dabei beruft sie sich auf den Verhaltenskodex. K möchte, dass deutsches Recht angewendet wird. Sie meint, ein entsprechendes Wahlrecht stehe ihr hier doch aus Art. 4 Abs. 3 Rom II-VO zu.

Frage 1: Ist das LG Münster für die Klage der K international zuständig?

Frage 2: Unterstellt, das LG Münster ist international zuständig: Welches Sachrecht wird es anwenden?

Fortführung:

Leider hat der von K beauftragte Anwalt aufgrund der schwierigen Rechtsfragen die Klage erst 25 Monate nach dem Unglück erhoben. Nach einem Blick auf das pakistanische Verjährungsrecht meint er, dass es doch wohl nicht anginge, dass ein deutsches Gericht solche Vorschriften anwende. Er fragt rhetorisch versiert:

---

* Der Fall ist angelehnt an den sog. *KiK*-Fall des LG Dortmund, IPRax 2019, 317.

https://doi.org/10.1515/9783110664157-004

„Wo käme man denn da hin, wenn wir Anwälte jetzt nicht einmal mehr die nötige Zeit für eine Runde Golf ... ähm, ich meine die Bearbeitung unserer Fälle hätten?"

Frage 3: Unterstellt, dass das Landgericht pakistanisches Sachrecht anwenden muss: Gilt dennoch deutsches Verjährungsrecht für die Durchsetzbarkeit möglicher Ansprüche?

Abwandlung:
B ist ein französisches Großunternehmen i.S.d. Art. L. 225-102-5 des französischen Code de Commerce.

Frage 4: Unterstellt, es ist gem. Art. 4 Abs. 1 Rom II-VO pakistanisches Sachrecht anwendbar: Gelten aus Sicht französischer Gerichte daneben auch Sachnormen des französischen Rechts?

Hinweise zum ausländischen Recht
1. Das pakistanische Recht sieht bei Ansprüchen aufgrund der Verletzung einer Person im Limitation Act von 1908 eine einjährige Verjährungsfrist für vertragliche Ansprüche und eine zweijährige Verjährungsfrist für außervertragliche Ansprüche vor. Die Fristen laufen grundsätzlich ab dem Zeitpunkt des schadensbegründenden Ereignisses, wobei es für den Lauf der Verjährung auf die Kenntnis des Geschädigten von seinem Anspruch nicht ankommt.
2. Das französische Recht verpflichtet Großunternehmen zur Einhaltung und Überwachung menschenrechtlicher Sorgfaltspflichten auch bei ihren Zulieferern. Bei einem Verstoß hiergegen sieht Art. L. 225-102-5 des Code de Commerce eine Rechtsgrundverweisung auf die deliktische Generalklausel der Art. 1240, 1241 Code Civil vor. Der französische Gesetzgeber geht ausweislich der Gesetzesbegründung davon aus, dass es sich hierbei um zwingendes Recht („loi impérative") handelt.

Vorbemerkungen

I. Der Fall beschäftigt sich schwerpunktmäßig mit dem Menschenrechtsschutz im Kontext des Internationalen Privatrechts, hier speziell im Rahmen der Rom II-VO. Er behandelt die viel diskutierte Frage der Verantwortung internationaler Unternehmen für menschenrechtsgerechte Produktionsbedingungen.

II. Zunächst ist die internationale Zuständigkeit deutscher Gerichte zu untersuchen. Da die Brüssel Ia-VO am Vorliegen eines Drittstaatensachverhaltes (Beklagtenwohnsitz bzw. -niederlassung nicht in einem Mitgliedstaat) scheitert, gelangt man schnell zur Anwendbarkeit der ZPO. Hier spielt der besondere Gerichtsstand der Niederlassung (§ 21 ZPO) eine entscheidende Rolle, wobei – neben der doppelfunktionalen Wirkung der Norm – v.a. die Übertragung auf Zweigniederlassungen zu diskutieren ist.

III. Die Frage nach dem anwendbaren Recht fordert zu Beginn eine Qualifikation des zugrundeliegenden Verhältnisses zwischen K und B, um die Anwendbarkeit der Rom I- bzw. Rom II-VO bestimmen zu können. In Betracht kommen – jedenfalls nach deutschem Verständnis der jeweiligen Rechtsbeziehungen – ein Vertrag zugunsten Dritter, ein Vertrag mit Schutzwirkung für Dritte sowie eine deliktische Haftung; entscheidend kommt es insofern auf die Einordnung des Verhaltenskodexes an. Im Rahmen der (letztlich überzeugenderen) Anwendung der Rom II-VO muss untersucht werden, ob in Konstellationen des internationalen Menschenrechtsschutzes eine Abweichung von der lex loci damni (Art. 4 Abs. 1 Rom II-VO) erreicht werden kann. Das könnte möglicherweise im Sinne einer Opferbegünstigung durch ein Wahlrecht der K zugunsten des deutschen Rechts auf Grundlage von Art. 4 Abs. 3 Rom II-VO erreicht werden. Denkbar ist auch die Anwendung von Art. 17 Rom II-VO. Die weiteren Möglichkeiten – insbesondere die Anwendung des ordre public oder die Lösung über Eingriffsnormen – lassen sich gut im Rahmen von Frage 3 und der Fallabwandlung diskutieren.

IV. In Frage 3 geht es darum, ob die deutschen Verjährungsnormen als Eingriffsnormen zu qualifizieren sind. Im Nachgang ist außerdem die Vereinbarkeit kürzerer und unabhängig von der Kenntnis des Anspruchsinhabers eintretender Verjährungsregeln mit dem deutschen ordre public zu erörtern.

V. In der Fallabwandlung soll erörtert werden, wie ein konkretes Gesetz zur Einhaltung von Arbeitsstandards in der Wertschöpfung als Eingriffsnorm wirken kann. Diese Frage hat hierzulande wegen des deutschen „Lieferkettengesetzes" an Relevanz gewonnen. Dabei geht es vorrangig darum, sauber unter die Tatbestandselemente dieser Kontrollinstrumente zu subsumieren, um die grenzüberschreitende Wirksamkeit inländischer Normen überzeugend zu begründen.

Gliederung der Lösung

Lösung

Frage 1:

Das deutsche Landgericht könnte international zuständig sein.

A. Zuständigkeit nach der Brüssel Ia-VO

Diese Zuständigkeit könnte sich aus der Brüssel Ia-VO ergeben, die nach Art. 288 Abs. 2 AEUV unmittelbare Geltung in allen Mitgliedsstaaten entfaltet und aufgrund des Anwendungsvorrangs europäischen Rechts autonomes Prozessrecht sperrt. Dafür muss die Verordnung jedoch überhaupt anwendbar sein. Das setzt die Eröffnung des sachlichen, zeitlichen und räumlich-persönlichen Anwendungsbereiches voraus.

I. Sachliche Anwendbarkeit

Die Schmerzensgeldansprüche betreffen eine Zivilsache i.S.d. Art. 1 Abs. 1 S. 1 Brüssel Ia-VO.

II. Zeitliche Anwendbarkeit

Die Verordnung ist auch zeitlich gemäß Art. 66 Abs. 1, 81 Brüssel Ia-VO anwendbar.

III. Räumlich-persönliche Anwendbarkeit

Allerdings muss die Verordnung auch räumlich-persönlich anwendbar sein.

1. Grundsatz: Wohnsitz im Hoheitsgebiet eines Mitgliedsstaates

Die räumlich-persönliche Anwendbarkeit ist grundsätzlich gegeben, wenn die Beklagte B ihren Wohnsitz im Hoheitsgebiet eines Mitgliedsstaates der Brüssel Ia-VO hat, Art. 4 Abs. 1 Brüssel Ia-VO und Art. 6 Brüssel Ia-VO e contrario. Die Bestimmung des Wohnsitzes einer juristischen Person richtet sich nach den Regeln zur Bestimmung des Gesellschaftssitzes, Art. 63 Abs. 1 Brüssel Ia-VO. B hat ihren satzungsmäßigen Sitz sowie ihre Hauptverwaltung in den USA, die kein Mitgliedstaat der Verordnung, sondern vielmehr Drittstaat sind. Die Zweigniederlassung in Deutschland ist auch keine Hauptniederlassung i.S.d. Art. 63 lit. c Brüssel Ia-VO. Damit hat B keinen Sitz im Hoheitsgebiet eines Mitgliedsstaates der Verordnung.

2. Gleichstellung der Zweigniederlassung nach Art. 11 Abs. 2, 17 Abs. 2 und 20 Abs. 2 Brüssel Ia-VO

Allerdings stellen die Art. 11 Abs. 2, 17 Abs. 2 und 20 Abs. 2 Brüssel Ia-VO die Zweigniederlassung dem Wohnsitz gleich, sodass die Abschnitte 3–5 der Verordnung einschlägig sein können. K klagt jedoch weder gegen einen Versicherer i.S.d. Art. 11 Abs. 1 Brüssel Ia-VO noch als Verbraucherin gegen ihren Vertragspartner i.S.d. Art. 17 Abs. 1 Brüssel Ia-VO. Auch klagt sie nicht gegen ihre Arbeitgeberin, die U, sondern gegen eine Geschäftspartnerin derselben. Damit liegt auch keine Klage eines Arbeitnehmers gegen den Arbeitgeber i.S.d. Art. 21 Brüssel Ia-VO vor. Daher kommen die Abschnitte 3–5 der Verordnung nicht zur Anwendung.

3. Sonderzuständigkeit bei Beklagtem in einem Drittstaat nach Art. 6 Abs. 1 Brüssel Ia-VO

Zuletzt sieht die Verordnung bei einem Beklagten in einem Drittstaat noch Sonderzuständigkeiten vor, die in Art. 6 Abs. 1 Brüssel Ia-VO abschließend aufgezählt sind. Allerdings liegt gerade keine Verbraucher- oder Arbeitnehmersache i.S.d. Art. 18 Abs. 1, 21 Abs. 2 Brüssel Ia-VO vor. Ebenso liegt weder eine ausschließliche Zuständigkeit nach Art. 24 Brüssel Ia-VO noch eine Prorogation i.S.d. Art. 25 Abs. 1 Brüssel Ia-VO vor.

4. Zwischenergebnis

Daher ist die Brüssel Ia-VO nicht räumlich-persönlich anwendbar.

IV. Unanwendbarkeit der Brüssel Ia-VO

Aufgrund ihrer Unanwendbarkeit ergibt sich die Zuständigkeit nach Art. 6 Abs. 1 Brüssel Ia-VO a.E. nach dem Recht des Mitgliedstaates des angerufenen Gerichtes.

B. Internationale Zuständigkeit nach der ZPO

Daher kann sich die internationale Zuständigkeit nur aus dem autonomen Internationalen Verfahrensrecht ergeben. In deutscher Perspektive könnte sich die internationale Zuständigkeit insbesondere aus Bestimmungen der ZPO ergeben.

I. Kein allgemeiner Gerichtsstand nach §§ 12, 17 Abs. 1 ZPO

B hat ihren Sitz in den USA und damit nicht in Deutschland, sodass eine internationale Zuständigkeit aufgrund des allgemeinen Gerichtsstands juristischer Personen nach §§ 12, 17 Abs. 1 ZPO nicht in Betracht kommen.

II. Besonderer Gerichtsstand der Niederlassung nach § 21 Abs. 1 ZPO

Allerdings könnte der besondere Gerichtsstand der Niederlassung, § 21 Abs. 1 ZPO, einschlägig sein. Hiernach können Klagen bei dem Gericht erhoben werden, an dessen Ort sich eine Niederlassung des Beklagten befindet, soweit die Klage einen Bezug zum Geschäftsbetrieb der Niederlassung hat.

1. Selbstständigkeit der Niederlassung nach § 21 Abs. 1 ZPO

B betreibt eine Zweigniederlassung am Gerichtsort. Der Wortlaut von § 21 Abs. 1 ZPO setzt zwar voraus, dass von der Niederlassung aus unmittelbar Geschäfte geschlossen werden, also eine gewisse Selbstständigkeit vorliegt.[1] Angesichts des von der Zweigniederlassung aus betriebenen Geschäfts-verhältnisses zur U in Pakistan liegt eine solche Selbstständigkeit aber auch vor.

2. Bezug der Klage zur unternehmerischen Zweigniederlassung

Die Klage muss zudem einen bestimmten Bezug zur unternehmerischen Zweig-niederlassung der B in Deutschland aufweisen. K nimmt in ihrer Klage Bezug auf den zwischen U und B vereinbarten Verhaltenskodex. Damit besteht ein solcher Bezug.

3. Zwischenergebnis

Somit folgt aus § 21 Abs. 1 ZPO ein Gerichtsstand am Ort der Niederlassung der B.

III. Doppelfunktionalität bzw. analoge Anwendung der Vorschriften zur örtlichen Zuständigkeit

Allerdings regelt § 21 ZPO seinem Wortlaut nach nur die örtliche Zuständigkeit des Beklagten („bei dem Gericht des Ortes"). Es ist indes allgemein anerkannt, dass die örtlichen Zuständigkeitsvorschriften des deutschen Prozessrechts dop-pelfunktional bzw. analog anzuwenden sind, sodass sie auch die internationale Zuständigkeit mitregeln.[2]

C. Ergebnis

Das deutsche Landgericht ist daher nach § 21 Abs. 1 ZPO in doppelfunktionaler bzw. analoger Anwendung international zuständig.

Frage 2:

Das anwendbare Recht bestimmt sich aus der Sicht des LG Münster nach den Regeln des deutschen Internationalen Privatrechts.

---

1 Dabei kommt es nur auf eine tatsächliche, nicht auf eine rechtliche Selbstständigkeit – bei-spielsweise als eigenständige juristische Person – an. Näher BeckOK-ZPO/*Toussaint*, § 21 Rn. 9; Hk-ZPO/*Bendtsen*, § 21 Rn. 2.
2 Stein/Jonas/*Stein/Jonas*, ZPO, Vorbemerkungen zu § 12 Rn. 32b; *Schack*, IZVR, § 8 Rn. 288.

A. Bestimmung des Sachrechts

Fraglich ist, ob das anwendbare Sachrecht nach dem Vertrags- oder dem Deliktsstatut zu bestimmen ist. Dies hängt davon ab, ob der von K geltend gemachte Anspruch auf einem vertraglichen Schuldverhältnis i.S.d. Art. 1 Abs. 1 Rom I-VO beruht, oder ob eine Schadenshaftung auf der Grundlage eines außervertraglichen Schuldverhältnisses i.S.d. Art. 2 Abs. 1 Rom II-VO geltend gemacht wird, sodass nach Art. 1 Abs. 1 Rom II-VO die Rom II-VO anwendbar ist.

I. Vertragliche Qualifikation

Ein vertragliches Schuldverhältnis i.S.d. Art. 1 Abs. 1 Rom I-VO wird nach der autonomen, an Art. 7 Nr. 1, 2 Brüssel Ia-VO angelehnten, Definition durch das Eingehen einer freiwilligen, rechtlichen Verpflichtung gegenüber einer anderen Person begründet, in deren Folge zwischen den Parteien eine Sonderverbindung rechtsgeschäftlicher Art entsteht.[3] An einer solchen Sonderverbindung fehlt es allerdings regelmäßig im Verhältnis der geschädigten Person zu dem importierenden Unternehmen, dessen Haftung begründet werden soll. Vereinzelt finden sich insofern Stimmen, die einen Vertrag zugunsten Dritter annehmen möchten, bei dem Schutzpflichten zugunsten der Arbeitnehmer einen Teil der Vereinbarung zwischen dem ausländischen Tochterunternehmen und dem inländischen Mutterunternehmen bzw. zwischen dem Export- und dem Importunternehmen bilden sollen.[4] Es dürfte aber an einem für derartige Nebenpflichten erforderlichen Bindungswillen fehlen, da die inländischen Mutterunternehmen in aller Regel gerade kein Interesse daran haben, durch die *Codes of Conduct* ein eigenes Einstehen zu begründen.[5] Das gilt umso mehr, als die Figur des Vertrags zugunsten Dritter im Common Law, an dem sich das pakistanische Recht orientiert, traditionell größeren Bedenken begegnet als im hiesigen Rechtsraum.[6] Anzudenken ist noch ein Vertrag mit Schutzwirkung für Dritte, für den erneut auf das Vertragsverhältnis zwischen den Unternehmen zu rekurrieren wäre.[7] Auch insoweit liegt ein Einbeziehungsinteresse aber gerade in einem Common Law-Kontext fern. Auch spricht sich die h.M. gegen eine ver-

---

3 EuGH v. 21.1.2016 – C-359/14, C-475/14 – *ERGO Insurance/P&C Insurance ua*, NJW 2016, 1005 (1005 Rn. 44).

4 So etwa *Schneider*, NZG 2019, 1369 (1376).

5 Überzeugend *Thomale/Murko*, EuZA 2021, 40 (51).

6 Statt aller BeckOGK/*Mäsch*, § 328 BGB Rn. 238 ff. Dazu am Fall *Ostendorf*, IPRax 2019, 297 (300).

7 Zur Abgrenzung in diesem Kontext *Heinlein*, NZA 2018, 276 (279).

tragliche Qualifikation dieser Dreiecksbeziehung i.R.d. Rom-Verordnungen aus.[8] Im Übrigen würden sich aus einer vertraglichen Qualifikation kaum Unterschiede gegenüber dem nach dem Deliktsstatut anwendbaren Recht (dazu unter B.) ergeben, führen doch auch Art. 4 Abs. 1 lit. a und b bzw. Art. 4 Abs. 2 Rom I-VO in den meisten Fällen zur Anwendung des Rechts am Aufenthaltsort des Zulieferers.[9] Insgesamt spricht daher wenig für eine vertragliche Qualifikation.[10]

II. Deliktische Qualifikation

Näher liegt eine deliktische Qualifikation und die Anwendung der Rom II-VO. Diese ist bei außervertraglichen Schuldverhältnissen in Zivil- und Handelssachen anwendbar (Art. 1 Abs. 1 Rom I-VO). Dabei begründen unerlaubte Handlungen gem. Art. 2 Abs. 1 Rom II-VO ein solches außervertragliches Schuldverhältnis. Hier steht eine unerlaubte Handlung im Raum, so dass gemäß Art. 1 Abs. 1 i.V.m Art. 2 Abs. 1 Rom II-VO die Rom II-VO anzuwenden ist.

B. Anwendbares Sachrecht nach der Rom II-VO

Eine Rechtswahl i.S.v. Art. 14 Abs. 1 Rom II-VO liegt nicht vor. Maßgeblich ist daher die objektive Anknüpfung.

I. Anknüpfung nach Art. 4 Abs. 1 Rom II-VO (lex loci damni)

Mangels Eingreifens einer spezielleren Anknüpfungsregel i.S.d. Art. 5–9 Rom II-VO ist Art. 4 Abs. 1 Rom II-VO maßgeblich. Art. 4 Abs. 2 Rom II-VO ist nicht erfüllt. Daher greift das in der allgemeinen Kollisionsnorm Art. 4 Abs. 1 Rom II-VO festgelegte Erfolgsortprinzip. Danach ist auf ein außervertragliches Schuldverhältnis aus unerlaubter Handlung das Recht des Staates anzuwenden, in dem der Schaden eintritt (lex loci damni). Die Verletzung der K und damit ihr Schaden ist bei dem Fabrikunglück in Lahore, Pakistan, eingetreten. Danach wäre pakistanisches Recht anzuwenden.

---

8 Zum Meinungsstand m.w.N. BeckOGK/*Paulus*, Art. 1 Rom I-VO Rn. 37; Erman/*Stürner*, Art. 1 Rom I-VO Rn. 2b; MüKoBGB/*Martiny*, Art. 1 Rom I-VO Rn. 17.
9 *Habersack/Ehrl*, AcP 219 (2019), 155 (181 f.).
10 Vgl. auch die materiellrechtlichen Erwägungen des LG Dortmund, IPRax 2019, 317 (321 Rn. 41 f.).

II. Engere Verbindung zu Deutschland nach Art. 4 Abs. 3 Rom II-VO

Dies ist jedoch dann nicht der Fall, wenn aufgrund der Gesamtheit der Umstände anstelle der Grundanknüpfung an den Schadensort das Recht des Staates anzuwenden ist, zu dem eine offensichtlich engere Verbindung besteht, Art. 4 Abs. 3 Rom II-VO. Es kommt eine engere Verbindung zu dem Staat Deutschland und dessen Recht in Betracht.

1. Überwiegen des Einzelfallinteresses

Dabei ist zu beachten, dass Art. 4 Abs. 3 Rom II-VO als Abweichung von der Regelanknüpfung nur eingreift, wenn die internationalprivatrechtliche Interessenlage im konkreten Einzelfall deutlich von der der Regelanknüpfung des Art. 4 Abs. 1 Rom II-VO zugrunde gelegten Typisierung abweicht.[11] Allein dann ist die Anwendung der Ausweichklausel gerechtfertigt, weil das Einzelfallinteresse das abstrakte Interesse an Rechtssicherheit überwiegt.[12] Die Rom II-VO geht nämlich nach ihrem Erwägungsgrund 16 davon aus, dass die Anknüpfung an die lex loci damni grundsätzlich einen fairen Ausgleich zwischen den Interessen des Geschädigten und des Schädigers gewährleistet, sodass i.S.d. Erwägungsgrundes 14 Rom II-VO eine Abweichung nur für Einzelfälle zulässig ist.

a) Wahlrecht des Geschädigten

Es lässt sich jedoch argumentieren, dass die Rom II-VO aufgrund ihrer grundsätzlichen Entscheidung zugunsten des Erfolgsortes die Interessen des Opfers favorisiert, sodass ein Wahlrecht des Geschädigten hinsichtlich des anzuwendenden Sachrechts besteht.[13]

aa) Abstrakte Zweckrichtung: Opferbegünstigung

Die Rom II-VO knüpft damit nämlich in der Regel an das Recht des Aufenthaltsorts an, den das Opfer für gewöhnlich innehat und mit dem das Opfer vertraut ist. Anders gesagt: Der Gesetzgeber hat sich mit dieser Anknüpfung gerade gegen den „täterbezogenen" Handlungsort entschieden. Nimmt man eine solche Opferbegünstigung der Rom II-VO an, ließe sich daraus schlussfolgern, dass gerade dann doch das Recht des Handlungsortes zur Anwen-

---

11 BeckOK-BGB/*Spickhoff*, Art. 4 Rom II-VO Rn. 12; Erman/*Stürner*, Art. 4 Rom II-VO Rn. 16.
12 *Wendelstein*, RabelsZ 83 (2019), 111 (141); *Schmitt*, BKR 2010, 366 (370).
13 Auch zum Folgenden: *Thomale/Hübner*, JZ 2017, 385 (391 f.); *Weller/Thomale*, ZGR 2017, 509 (524 f.).

dung kommen soll, wenn dies den Interessen des Opfers entspricht. Verbindet man diesen Günstigkeitsgedanken mit dem Umstand, dass gerade das deutsche Rechtssystem aufgrund seiner ausgebildeten rechtsstaatlichen Strukturen ausgesprochen effektiven Rechtsschutz gewährleistet, lässt sich eine teleologische Korrektur dahingehend erwägen, dass deutsches Recht zur Anwendung kommen soll, wenn der Geschädigte dies analog Art. 40 Abs. 1 S. 3 EGBGB so bestimmt.

bb) Konkrete Erwägungen: Gläubigerfreundlichkeit des deutschen Verjährungsrechts

K hat erst nach 25 Monaten Klage gegen B erhoben. Angesichts der ein- bzw. zweijährigen Verjährungsfrist des Limitation Acts 1908 sind ihre Ansprüche offensichtlich verjährt. Nach deutschem Verjährungsrecht wären die Ansprüche hingegen angesichts §§ 195, 199 Abs. 1 BGB noch nicht verjährt. K will auch deutsches Recht angewendet wissen. Folgt man diesen Erwägungen, wäre nach Art. 4 Abs 3 Rom II-VO deutsches Recht anzuwenden.

b) Unbeachtlichkeit des Wunsches der K

Dagegen spricht jedoch, dass die Rom II-VO bewusst auf ein Wahlrecht des Geschädigten verzichtet hat und dieses nur in Art. 7 Rom II-VO bei Umweltschädigungen vorsieht.[14] Art. 4 Abs. 3 Rom II-VO hat nicht die Funktion, diese rechtspolitische Entscheidung zu korrigieren. Art. 4 Abs. 3 Rom II-VO zielt auf kollisionsrechtliche Gerechtigkeit ab, nicht aber auf materiellrechtliche Begünstigung. Zudem überzeugt schon die Prämisse nicht, Art. 4 Abs. 1 Rom II-VO beinhalte eine Maxime zugunsten des Opferschutzes. Die Regelung beruht vielmehr auf dem räumlichen Bezug des Delikts zum Erfolgsort.

c) Zwischenergebnis

Danach ist der Wunsch der K, deutsches Recht anzuwenden, unbeachtlich.

2. Keine Anwendbarkeit der Ausweichklausel

Aufgrund des Erfolgsortes und des gewöhnlichen Aufenthalts der B in Pakistan besteht damit keine engere Verbindung zum deutschen Recht, sodass die Ausweichklausel des Art. 4 Abs. 3 Rom II-VO nicht zur Anwendung

---

14 Zum Ganzen: *Mansel*, ZGR 2018, 439 (457 f.); *Habersack/Ehrl*, AcP 219 (2019), 155 (184 ff.); *Ostendorf*, IPRax 2019, 297 (298).

kommt.[15] Der bloße Umstand, dass B eine Niederlassung in Deutschland betreibt, reicht ebenso wenig aus, da die für K fremde Nationalität überhaupt erst den internationalen Bezug begründet, den die Anwendung der Rom II-VO voraussetzt.[16]

III. Anwendung von Art. 17 Rom II-VO

Über dies könnte angedacht werden, über Art. 17 Rom II-VO das Recht am Handlungsort des Mutterunternehmens zu berufen.[17] Dem steht aber entgegen, dass Telos der Vorschrift ist, die individuellen Partei- mit globaleren Verkehrsinteressen in Einklang zu bringen; eine unmittelbare Modifizierung der Verweisung ist indes nicht angedacht.[18]

IV. Rückgriff auf sonstige Kontrollinstrumente: ordre public und Eingriffsnormen

Auch über die Instrumente des ordre public oder der Eingriffsnormen gelingt es nicht, die Heranziehung des pakistanischen Rechts zu verhindern. Abgesehen davon, dass ihnen sowieso lediglich eine korrigierende Wirkung im Einzelfall zukommt, gehen sie in den typischen Menschenrechtskonstellationen regelmäßig fehl: In seiner negativen Funktion ist der ordre public lediglich darauf gerichtet, unangemessenen Rechtsfolgen vorzubeugen, was etwa die höhenmäßige Deckelung von Schadenspositionen nach sich ziehen kann;[19] einen Anspruch entgegen der Regelanknüpfung zu begründen, entzieht sich dagegen seinem Anwendungsbereich.[20] Für den Schutz fundamentaler Garantien auf der Basis von Eingriffsnormen fehlt es den Menschenrechten wiederum an ausreichend spezifischen Handlungsaufforderungen;[21] nur durch klar formulierte gesetzliche Verpflichtungen mit den Unternehmen als Handlungsadressaten könnten Normen wie Art. 16 Rom II-VO in dieser Hinsicht an Bedeutung gewinnen.[22]

---

15 Allgemein dazu: *Weller/Kaller/Schulz*, AcP 216 (2016), 387 (394); *Stürner*, in: FS Coester-Waltjen (2015), 843 (850 f.).

16 *Rudkowski*, RdA 2020, 232 (233 f.); allgemein zur Notwendigkeit eines internationalen Bezugs: MüKoBGB/*Junker*, Art. 1 Rom II-VO Rn. 9.

17 Dafür etwa *Görgen*, Unternehmerische Haftung in transnationalen Menschenrechtsfällen (2019), 200.

18 Überzeugend daher *G. Wagner*, RabelsZ 80 (2016), 717 (742 f.).

19 *G. Wagner*, RabelsZ 80 (2016), 717 (748 f.).

20 Ausführlich zur Lückenfüllung BeckOGK/*Stürner*, Art. 6 EGBGB Rn. 178, 280 ff.

21 Ausführlich dazu *Pförtner* in: Gössl (Hrsg.), Politik und Internationales Privatrecht (2017), 93 (100 ff.); siehe auch BeckOGK/*Maultzsch*, Art. 16 Rom II-VO Rn. 76.

22 Siehe dazu Frage 4.

C. Ergebnis

Damit ist gemäß Art. 4 Abs. 1 Rom II-VO pakistanisches Recht anzuwenden.

Frage 3:

Die Anwendung deutscher Verjährungsvorschriften könnte sich dadurch errei-chen lassen, dass diese als Eingriffsnormen qualifiziert werden (A.) oder die Anwendung des pakistanischen Verjährungsrechts als Verstoß gegen den ordre public verstanden wird (B.), woraufhin zur Lückenfüllung auf deutsches Recht zurückgegriffen werden müsste.

A. Deutsche Verjährungsvorschriften als Eingriffsnorm

Um die deutschen Verjährungsregeln als Eingriffsnormen qualifizieren zu kön-nen, müssen diese den Sachverhalt international zwingend regeln, Art. 16 Rom II-VO.

I. Zwingende Norm

Dabei ist eine Norm dann als im grenzüberschreitenden Kontext zwingend an-zusehen, wenn ihre Einhaltung von einem Staat als so entscheidend für die Wahrung seines öffentlichen Interesses, insbesondere seiner politischen, sozia-len oder wirtschaftlichen Organisation, angesehen wird, dass sie ungeachtet des nach Maßgabe der Verordnung auf den Vertrag anzuwendenden Rechts auf alle Sachverhalte anzuwenden ist, vgl. Art. 9 Abs. 1 Rom I-VO.[23]

1. Verjährungsrecht als Regelbeispiel nach Art. 15 lit. h Rom II-VO

Mit Blick auf das Verjährungsrecht ist insofern zu beachten, dass Art. 15 lit. h Rom II-VO es als „Regelbeispiel" für den Geltungsbereich des anzuwendenden

---

[23] Diese Legaldefinition aus der Rom I-VO lässt sich aufgrund des Gedankens der Kohärenz und Harmonisierung der Rechtsinstrumente des europäischen Kollisionsrechts, Erwägungs-grund 7 der Rom II-VO, analog auf die Rom II-VO übertragen, EuGH v. 14.5.2019 – C-55/18 – *Da Silva Martins/Dekra Claims Services Portugal SA*, EuZW 2019, 134 (134 Rn. 28). Zur Übertragbar-keit des Maßstabs siehe auch BeckOKG/*Maultzsch*, Art. 16 Rom II-VO Rn. 9; NK-BGB/*Knöfel*, Art. 16 Rom II-VO Rn. 8.

Rechts nennt, also trotz der Unterschiede in den nationalen Rechtsordnungen auf eine einheitliche Anknüpfung pocht.[24] Daher sind strenge Anforderungen an die Bestimmung einer Eingriffsnorm im Bereich des Verjährungsrechts zu stellen: Es müssen besonders wichtige Gründe für ihre Qualifikation vorliegen, wie etwa eine offensichtliche Beeinträchtigung des Rechts auf einen wirksamen Rechtsbehelf und auf effektiven gerichtlichen Rechtsschutz.[25]

2. Eigenständige Bestimmung der Verjährungsfristen

Es ist aber jeder Rechtsordnung selbst überlassen, die konkreten Verjährungsfristen eigenständig zu bestimmen.[26] Weder der Wortlaut noch die Systematik oder der Sinn und Zweck der §§ 194 ff. BGB deuten darauf hin, dass der deutsche Gesetzgeber die Verjährungsfristen absolut setzen wollte, zumal Verjährungsvorschriften typischerweise nicht darauf ausgerichtet sind, herausragende öffentliche Belange zu schützen.[27]

II. Zwischenergebnis

Daher handelt es sich bei den deutschen Verjährungsvorschriften nicht um Eingriffsnormen, die den Sachverhalt zwingend regeln.

B. Unvereinbarkeit der Anwendung des pakistanischen Limitation Acts mit der deutschen öffentlichen Ordnung

Allerdings könnte i.S.d. Art. 26 Rom II-VO die Anwendung des pakistanischen Limitation Acts von 1908 im konkreten Einzelfall mit der deutschen öffentlichen Ordnung offensichtlich unvereinbar sein.

I. Inlandsbezug

Da B eine Zweigniederlassung in Münster betreibt, die für die Verwaltung der Geschäftsbeziehungen zu U zuständig ist, liegt der für eine ordre public-Prüfung erforderliche Inlandsbezug vor.

---

24 Für eine Änderung de lege ferenda indes *Kadner Graziano*, ZEuP 2021, 668 (690 f.).
25 EuGH v. 14.5.2019 – C-55/18 – *Da Silva Martins/Dekra Claims Services Portugal SA*, EuZW 2019, 134 (135 Rn. 33 f.); zustimmend BeckOGK/*Maultzsch*, Art. 16 Rom II-VO Rn. 73. Für eine beispielhafte Argumentation siehe *Kadner Graziano*, ZEuP 2021, 668 (685 f.).
26 OLG Hamm, NJW 2019, 3527 (3528 Rn. 25) (im Hinblick auf den ordre public).
27 Einführend zu den Zwecken der Verjährung z.B. Staudinger/*Peters/Jakoby* (2019), Vorbemerkungen zu §§ 194–225 BGB Rn. 5 ff.

II. Konkretes Ergebnis im Einzelfall

Die Anwendung der pakistanischen Verjährungsvorschriften führte dazu, dass der Anspruch der K nicht durchsetzbar ist, während dies nach der dreijährigen Verjährungsfrist der §§ 195, 199 Abs. 1 BGB nach deutschem Recht nicht der Fall ist.

III. Widerspruch des Ergebnisses zu Grundgedanken der deutschen Regelungen

Dieses Ergebnis muss zu Grundgedanken der deutschen Regelungen und den ihnen zugrundeliegenden Gerechtigkeitsvorstellungen in so erheblichem Widerspruch stehen, dass ihre Anwendung nach innerstaatlichen Vorstellungen unerträglich erscheint.[28]

Das Institut der Verjährung dient dem Rechtsfrieden und der Rechtssicherheit:[29] Ein Schuldner soll sich irgendwann darauf verlassen dürfen, dass ein Anspruch gegen ihn nicht mehr geltend gemacht wird. Bleibt sein Gläubiger untätig, wird die Klärung des geltend gemachten Anspruchs erschwert. Die damit verbundene Verschlechterung der Beweislage auch auf Seiten des Schuldners soll eingedämmt werden, indem einer uferlosen Rechtsverfolgung durch die Verjährungsvorschriften Einhalt geboten wird.[30]

1. Unverjährbarkeit

Folglich würde eine ausländische Normanwendung, welche die Unverjährbarkeit einer Forderung nach sich zieht, gegen den deutschen ordre public verstoßen.[31] Um einen solchen Fall geht es hier aber gerade nicht.

2. Kürzere Verjährungsfristen

Vielmehr sind die Verjährungsvorschriften des pakistanischen Limitation Acts von 1908 mit ihren ein- bzw. zweijährigen Fristen als vergleichsweise kurz anzusehen. In diesem Kontext ist aber zu berücksichtigen, dass das deutsche Recht Abweichungen von der gesetzlich vorgesehenen Verjährung in den Grenzen des § 202 BGB durchaus zulässt. Da es die normierten Fristen somit schon

---

28 Zu den Maßstäben des ordre public im Rahmen der Rom II-VO statt aller MüKoBGB/*Junker*, Art. 26 Rom II-VO Rn. 1.
29 Siehe nur Jauernig/*Mansel*, § 194 BGB Rn. 6.
30 OLG Hamm, NJW 2019, 3527 (3528 Rn. 25 f.).
31 So z.B. jurisPK/*Engel*, Art. 26 Rom II-VO Rn. 8.

intern für dispositiv erachtet, verstößt eine bloße Verkürzung des Zeitraums infolge der grenzüberschreitenden Sachverhaltskonstellation regelmäßig nicht gegen die deutsche „öffentliche Ordnung".

3. Beginn der Verjährung ohne subjektive Kenntnis des Gläubigers

Anders sieht es dagegen aus, wenn die lex causae den Lauf der Verjährung von dem subjektiven Element auf Seiten des Anspruchsinhabers löst: In Fällen, in denen der Gläubiger von seinem Anspruch keine Kenntnis hatte oder sich grob fahrlässige Unkenntnis vorwerfen lassen muss, sein Anspruch aber womöglich bereits nach einem Jahr unerkannt verjährt, kann das konkrete Ergebnis bei Zugrundelegung deutscher Maßstäbe unbillig erscheinen.[32] Denn in solchen Fällen fehlt dem Gläubiger jede faire Chance, seinen Anspruch durchzusetzen.

K hatte jedoch Kenntnis von den anspruchsbegründenden Tatsachen. Ihr ist zwar zuzutehalten, dass sie zunächst Ermittlungen über die Möglichkeit der Inanspruchnahme des deutschen Gerichtsstandortes anstellen musste und damit auch über das ihr fremde, deutsche Recht. Dennoch besaß sie die Möglichkeit, den Anspruch gemäß den pakistanischen Verjährungsregeln rechtzeitig geltend zu machen. Das Verschulden ihres Rechtsanwaltes muss sich K nach dem Rechtsgedanken des § 85 Abs. 2 ZPO[33] zurechnen lassen.

IV. Zwischenergebnis

Eine Korrektur mittels des ordre public ist mangels eines offensichtlich untragbaren Widerspruchs gegen innerstaatliche Gerechtigkeitsvorstellungen nicht erforderlich.

Die Anwendung der Verjährungsvorschriften nach dem pakistanischen Limitation Act von 1908 verstößt nicht gegen den ordre public.

C. Ergebnis

Daher ist ein Rückgriff auf deutsches Sachrecht mittels der Qualifizierung deutschen Verjährungsrechts als Eingriffsnormen oder der Annahme eines ordre public-Verstoßes nicht möglich. Es ist das pakistanische Sachrecht und damit der Limitation Act von 1908 anzuwenden.

---

32 OLG Hamm, NJW 2019, 3527 (3528 Rn. 27); *Kadner Graziano*, ZEuP 2021, 668 (688).
33 Hk-ZPO/*Bendtsen*, § 85 Rn. 5; MüKoZPO/*Toussaint*, § 85 Rn. 4.

Frage 4 (Abwandlung):

Es könnte punktuell auf Regelungen der französischen lex fori zurückzugreifen sein, sofern Art. 16 Rom II-VO deren Anwendung anordnet. Konkret kommt Art. L. 225-102-5 des Code de Commerce in Betracht, der die deliktische Verantwortung in der Wertschöpfungskette normiert.

A. Eingriffsnormcharakter von Art. L 225-102-5

Art. L. 225-102-5 des Code de Commerce muss dafür eine Eingriffsnorm darstellen, also den Sachverhalt gerade auch angesichts des internationalen Bezuges zwingend regeln.

Die Vorschrift soll nach dem Willen des Gesetzgebers eine loi impérative, also zwingendes Recht sein.[34] Durch die Verweisung auf die deliktischen Generalklauseln der Art. 1240, 1241 des Code Civil hat der französische Gesetzgeber unmissverständlich zum Ausdruck gebracht, dass französisches Recht Anwendung finden soll.[35] Der ausdrückliche legislative Wunsch nach einer grenzüberschreitenden Wirkung kann eine teleologische Untersuchung der Norm zwar nicht ersetzen,[36] immerhin aber als Indiz für die qualifizierte Bedeutung einer nationalen Vorschrift dienen.

Darüber hinaus streiten jedoch auch normimmanente Gründe dafür, Art. L. 225-102-5 des Code de Commerce eine international zwingende Wirkung zuzusprechen: Das Ziel der Regelung besteht darin, menschenrechtlichen Anforderungen an die Arbeitssicherheit, v.a. in Situationen, die sich durch einen dezentralisiert-grenzüberschreitenden Geschehensablauf auszeichnen, effektiv und universal zur Geltung zu verhelfen. Insofern bildet die Notwendigkeit, von dem eigentlich berufenen ausländischen Recht abzuweichen, geradezu das Herzstück der französischen Reform.[37] Würde entgegen diesem eindeutigen Regelungswillen von Art. L. 225-102-5 des Code de Commerce pakistanisches Recht zur Anwendung gebracht, würde die Norm faktisch leerlaufen.[38]

---

34 Vgl. Hinweise zum ausländischen Recht Nr. 2. In der Rechtsrealität ist die Frage, inwieweit den Normen tatsächlich Eingriffsnormcharakter beigemessen werden kann, indes noch nicht abschließend geklärt, s. *Mansel*, ZGR 2018, 439 (470 Fn. 116); *Thomale/Murko*, EuZA 2021, 40 (57).

35 Einführend zu dem französischen Gesetz: *Mansel*, ZGR 2018, 439 (444 f.).

36 Dazu *Hornung*, Internationales Privatrecht zwischen Wertneutralität und Politik (2021), 45 ff.

37 *Hartmann*, in: Krajewski/Saage-Maaß (Hrsg.), Die Durchsetzung menschenrechtlicher Sorgfaltspflichten von Unternehmen (2018), 281 (304 f.).

38 *Nasse*, ZEuP 2019, 774 (800) m.w.N.; *Rudkowski*, RdA 2020, 232 (237 f.).

Es handelt sich daher um eine zwingende Regelung i.S.d. Art. 16 Rom II-VO. Damit liegt eine Eingriffsnorm vor.

B. Tatbestand: Großunternehmen i.S.d. Art. L 225-102-5

Es handelt sich bei B zudem um ein Großunternehmen i.S.d. Art. L. 225-102-5 des Code de commerce, sodass der Tatbestand der Eingriffsnorm erfüllt ist.

C. Ergebnis

Damit findet gem. Art. 16 Rom II-VO entgegen der Regelanknüpfung Art. L. 225-102-5 des Code de Commerce Anwendung, der wiederum auf die speziellen Sorgfaltsanforderungen verweist und die Haftung an den deliktischen Grundregeln in Art. 1240, 1241 Code Civil misst. Da die realen Arbeitsbedingungen vor Ort den französischen Vorgaben nicht entsprechen, würde daraus die deliktische Verantwortlichkeit des Mutterunternehmens resultieren.

Fall 8: Internationale Sicherungsabtretung

Sachverhalt

Die luxemburgische Handelsvertreterin Héloïse Holl (H) hat ihren Wohnsitz in Deutschland, wo sie auch ihre Geschäftsräume unterhält. Im Frühjahr 2021 tritt sie zur Sicherheit für ein Darlehen ihre Provisionsforderungen gegen ihren luxemburgischen Prinzipal (P) an die in Nürnberg ansässige D-Bank ab. Dies wird dem P nicht mitgeteilt. Drei Monate später tritt H dieselben Provisionsforderungen an die L-Bank mit Sitz in Luxemburg ab, welche dem P die Abtretung anzeigt. Wenige Wochen später wird ein Insolvenzverfahren über das Vermögen der H eröffnet. Beide Banken behaupten nun, Inhaberin der Provisionsforderungen zu sein.

Frage

Aus der Sicht deutscher Gerichte: Kann L von P Zahlung der Provisionsansprüche verlangen?

Hinweis zum ausländischen Recht

Gemäß Art. 1690 des luxemburgischen Code civil entfaltet eine Forderungsabtretung erst Wirkung gegenüber Dritten, wenn sie dem Schuldner angezeigt wurde. Das gilt auch dann, wenn eine frühere Abtretung unter einer Rechtsordnung stattfand, die – wie das deutsche Recht – keine Benachrichtigung des Schuldners für die Drittwirksamkeit erfordert.

Vorbemerkungen

I. Mit dem internationalen Abtretungsrecht widmet sich der Fall einer kollisionsrechtlichen Problematik, die in Vorlesungen und Klausuren häufig eher stiefmütterlich behandelt wird, allerdings aus methodischer und praxisnaher Sicht interessante Fragestellungen eröffnet. Vorrangig geht es hier darum, das auf die Drittwirkungen einer Abtretung anwendbare Recht festzustellen. Der Begriff ist insofern missverständlich, als das Abtretungsrecht (in Deutschland etwa die §§ 398 ff. BGB) klassischerweise bereits drei Parteien erfasst. Insofern bezieht sich der Begriff des „Dritten" in diesem Zusammenhang auf Personen, die neben die übliche Drei-Parteien-Konstellation (Zedent, Zessionar, Schuldner) treten. Gefragt ist also nach der Rechtsordnung, der die grenzüberschreitenden Rechtsbeziehungen unterliegen, wenn eine Forderung ursprünglich mehreren Gläubigern zustand oder mehrfach abgetreten wird. Da der EuGH sich unlängst zu der Anknüpfung in solchen Fällen geäußert und auch mehrere instanzgerichtliche Entscheidungen jedenfalls für die Praxis Klarheit geschaffen haben, eignet sich der Sachverhalt gut für die Wiederholung von Abtretungsproblematiken im IPR.

II. Daneben wird in dem Fall die viel diskutierte Frage erörtert, nach welchen Vorschriften der Rom I-VO sich Ansprüche aus Handelsvertreterverträgen bemessen. Vertreten werden kann insofern Vieles, entscheidend ist, dass Problembewusstsein gezeigt und die Natur des Vertrages in den Blick genommen wird. Dies gilt umso mehr, als es im Ergebnis unabhängig von der Positionierung im Meinungsstreit auf dieselbe Rechtsordnung hinausläuft.

Gliederung der Lösung

Lösung

A. Anspruch der L-Bank gegen P auf Zahlung der Provisionsansprüche

Der Anspruch der L-Bank gegen P setzt einen (noch) bestehenden Anspruch der H gegen P (I.) und eine wirksame Abtretung an L (II.) voraus.

I. Anspruch H gegen P

Der Anspruch der H gegen P muss zunächst bestehen.

1. Anwendbares Recht (Forderungsstatut)

Fraglich ist, welches Recht auf die Forderung Anwendung findet. Aufgrund des Vorrangs des europäischen Rechts nach Art. 288 AEUV[1] bestimmt sich das anwendbare Recht vorrangig nach vereinheitlichtem Recht, hier mglw. in Form der Rom I-VO (vgl. Art. 3 Nr. 1 lit. b EGBGB). Dazu muss die Rom I-VO aber überhaupt anwendbar sein.

a) Sachlicher Anwendungsbereich, Art. 1 Rom I-VO

Gemäß Art. 1 Abs. 1 Rom I-VO findet diese auf vertragliche Schuldverhältnisse in Zivil- und Handelssachen Anwendung. Der sachliche Anwendungsbereich ist damit unproblematisch[2] eröffnet.

b) Zeitlicher Anwendungsbereich, Art. 28 Rom I-VO

Zeitlich ist die Rom I-VO auf Verträge, die ab dem 17. Dezember 2009 geschlossen wurden, anwendbar.

Der Anwendungsbereich der Rom I-VO ist eröffnet.

---

1 EuGH v. 15.7.1964 – C-6/64 – *Costa/ENEL*, NJW 1964, 2371.

2 Zu den Einzelheiten der Qualifikation näher die Einführung und Fälle 7, 9, 18, 19.

c) Anknüpfung nach der Rom I-VO
aa) Vorrangige Rechtswahl, Art. 3 Rom I-VO

Eine vorrangige Rechtswahl nach Art. 3 Rom I-VO haben H und P nicht getroffen.

bb) Objektive Anknüpfung

Somit ist objektiv anzuknüpfen. Wonach sich Handelsvertreteransprüche i.R.d. Rom I-VO bemessen, wird unterschiedlich beurteilt.

(1) Art. 4 Abs. 1 lit. f Rom I-VO

Es wird vertreten, bei dem Handelsvertretervertrag handele es sich um einen Vertriebsvertrag. Was unter diesem Begriff – und dem ebenfalls in der Norm verwendeten Begriff des „Vertriebshändlers" – zu verstehen ist, muss infolge autonomer Auslegung ermittelt werden.[3]

Für die Einordnung des Handelsvertreters als Vertriebshändler spricht insbesondere, dass der Handelsvertreter in ähnlicher Weise selbstständig tätig wird und im Rahmen seiner Tätigkeit insgesamt eine vergleichbare Stellung im Vertriebssystem des Unternehmers einnimmt. Vor diesem Hintergrund verdient er es nicht zuletzt aus Schutzgesichtspunkten, derselben Anknüpfung unterworfen zu werden.[4]

Dagegen lässt sich indes anführen, dass der Handelsvertreter kein eigenes Absatzrisiko trägt und daher eher einem Vertriebsmittler (Absatzhelfer) gleicht, sodass eine Gleichstellung mit dem Vertriebshändler unbillig erscheint.[5] Des Weiteren streitet ein Wortlautargument für diese Sichtweise: Während der Handelsvertreter im englischen Recht als „agent" und im französischen Recht als „agent commercial" bezeichnet wird, spricht Art. 4 Abs. 1 lit. f Rom I-VO von einem „distribution contract" bzw. einem „contrat de distribution". Anders als in der deutschen Fassung folgt daraus die klare Intention, auch sprachlich zwischen diesen unterschiedlichen Tätigkeiten zu trennen.[6]

---

3 jurisPK-BGB/*Ringe*, Art. 4 Rom I-VO Rn. 36; Reithmann/Martiny/*Häuslschmid*, Int. Vertragsrecht, Rn. 6.1496.

4 Grüneberg/*Thorn*, Art. 4 Rom I-VO Rn. 19; Rauscher/*Thorn*, EuZPR/EuIPR, Art. 4 Rom I-VO Rn. 55.

5 BeckOGK/*Köhler*, Art. 4 Rom I-VO Rn. 439; BeckOK-BGB/*Spickhoff*, Art. 4 Rom I-VO Rn. 46; MüKoBGB/*Martiny*, Art. 4 Rom I-VO Rn. 144.

6 Reithmann/Martiny/*Häuslschmid*, Int. Vertragsrecht, Rn. 6.1496.

(2) Art. 4 Abs. 1 lit. b Rom I-VO

Letztlich kann der Streit jedoch offenbleiben: Wenn der Handelsvertreter nicht unter lit. f subsumiert wird, ist er zweifellos Dienstleister i.S.d. Art. 4 Abs. 1 lit. b Rom I-VO; die Dienstleistung besteht in der selbständigen Vermittlung von Verträgen oder in deren Abschluss im Namen des Unternehmers[7]. Es macht letztlich keinen Unterschied, ob auf den gewöhnlichen Aufenthalt des Vertriebshändlers (lit. f) oder den des Dienstleisters (lit. b) abgestellt wird.[8]

(3) Zwischenergebnis

Sowohl lit. b als auch lit. f knüpfen an den gewöhnlichen Aufenthalt des Handelsvertreters i.S.d. Art. 19 Abs. 1 S. 2 Rom I-VO an. H hat ihre Geschäftsräume und damit ihre (Haupt-)Niederlassung in Deutschland. Mithin ist deutsches Recht auf die Provisionsforderungen von H gegen P anwendbar.

2. Bestand der Forderung nach deutschem Recht

An dem Bestand der Forderung nach dem deutschen Recht bestehen keine Zweifel.

II. Wirksame Abtretung der H an die L-Bank

In einem nächsten Schritt muss die Wirksamkeit der Abtretung dieser Forderungen an die L-Bank geprüft werden.

1. Anwendbares Recht

Insofern ist zunächst das auf die Abtretung anwendbare Recht, also das „Statut der Sicherungsabtretung", zu ermitteln.

a) Keine Rechtswahl, Art. 3 Rom I-VO

Eine Rechtswahl haben die Parteien nicht getroffen.

b) Art. 4 Abs. 1 Rom I-VO

Die Abtretung fällt unter keine der in Art. 4 Abs. 1 Rom I-VO genannten Kategorien.

---

7 Staudinger/*Magnus* (2021), Art. 4 Rom I-VO Rn. 40.
8 Zur fehlenden Praxisrelevanz der Diskussion nur BeckOGK/*Köhler*, Art. 4 Rom I-VO Rn. 439.

c) Art. 4 Abs. 2 Rom I-VO

Folglich ist auf Abs. 2 abzustellen, der die „vertragscharakteristische Leistung" in den Mittelpunkt rückt.[9] Diese besteht bei der Sicherungsabtretung darin, die Sicherheit zu stellen.[10] Da H mit gewöhnlichem Aufenthalt in Deutschland diese erbracht hat, würde deutsches Recht Anwendung finden.

d) Ausweichklausel, Art. 4 Abs. 3 Rom I-VO

Dem kann jedoch Abs. 3 entgegenstehen, sofern eine „offensichtlich engere Verbindung" zu einem anderen Staat besteht.[11] Bei Sicherungsverträgen, welche die Erfüllung von Verbindlichkeiten aus einem anderen Vertrag garantieren, ist eine solche qualifizierte Beziehung zu dem Recht anzunehmen, dem der besicherte Vertrag unterliegt.[12] Mit Blick auf den Darlehensvertrag gelangt man so über Art. 4 Abs. 1 lit. b oder Art. 4 Abs. 2 Rom I-VO zu dem Recht am gewöhnlichen Aufenthaltsort des Darlehensgebers, also luxemburgischem Recht (Sitz der L-Bank).

2. Wirksame Abtretung nach deutschem Recht

Auch dieser Streit muss indes nicht entschieden werden, sofern der Vertrag zwischen L und H nach beiden Rechtsordnungen, also auch nach dem deutschen Recht, wirksam war.

a) Einigung

Nach § 398 BGB genügt eine bloße formlose Einigung zwischen dem Zedenten und dem Zessionar.[13] Eine Information des Schuldners ist nicht erforderlich, aber auch nicht schädlich.[14]

---

9 Zum Begriff der „vertragscharakteristischen Leistung" statt aller: BeckOK-BGB/*Spickhoff*, Art. 4 Rom I-VO Rn. 55; vgl. auch Fall 3.

10 So schon *Kieninger/Schütze*, ZIP 2003, 2181 (2182).

11 Zum Begriff der „offensichtlich engeren Verbindung" statt aller: BeckOGK/*Köhler*, Art. 4 Rom I-VO Rn. 164; vgl auch Fall 1.

12 MüKoBGB/*Martiny*, Art. 4 Rom I-VO Rn. 301; NK-BGB/*Leible*, Art. 4 Rom I-VO Rn. 76.

13 Dazu nur BeckOK-BGB/*Rohe*, § 398 Rn. 46; MüKoBGB/*Roth/Kieninger*, § 398 Rn. 34.

14 Hk-BGB/*Fries/Schulze*, § 398 Rn. 2; MüKoBGB/*Roth/Kieninger*, § 398 Rn. 39.

b) Verfügungsberechtigung

Darüber hinaus muss der Zedent aber im Zeitpunkt der Abtretung verfügungsberechtigt, also Inhaber der Forderung gewesen sein; ein gutgläubiger Erwerb scheidet aus.[15]

aa) Wirksame Abtretung zwischen H und der D-Bank

Daran fehlt es, wenn die vorherige Abtretung von H an D wirksam war.

(1) Anwendbares Recht

Auch in diesem Kontext ist das anwendbare Recht gesondert zu ermitteln. Die zusätzliche Besonderheit des Falles liegt darin, dass H die Provisionsforderungen mehrfach abgetreten hat, sodass sich die Frage der Drittwirkung der Abtretung stellt. Welches Recht insofern heranzuziehen ist, ist eine seit Langem kontrovers diskutierte Problematik.[16] Der EuGH hat in einer dem Sachverhalt ganz ähnlich gelagerten Konstellation inzwischen entschieden, dass die Frage nicht in Art. 14 Rom I-VO geregelt ist und dass sich die Lösung auch nicht in Analogie zu Art. 14 Rom I-VO bestimmt.[17] Das anwendbare Recht muss daher auf der Grundlage des autonomen Kollisionsrechts bestimmt werden.[18] Das autonome deutsche Kollisionsrecht enthält allerdings keine ausdrückliche Regelung über das auf die Drittwirkung der Abtretung anwendbare Recht.[19]

(a) Forderungsstatut

Eine nicht zuletzt in der Rechtsprechung[20] vertretene Ansicht plädiert dafür, das Forderungsstatut heranzuziehen. Schließlich sei es dieses Statut, auf das der Schuldner regelmäßig vertraue.[21] Außerdem gewährleiste es eine grundsätzliche Stabilität des Anknüpfungskriteriums, da es sich im Laufe der Zeit nicht

---

15 BeckOGK/*Lieder*, § 398 Rn. 73; Hk-BGB/*Fries/Schulze*, § 398 Rn. 2.

16 Vgl. S. 169 ff. (Fn. 22–36) in der Vorauflage dieses Werkes.

17 EuGH v. 9.10.2019 – C-548/18 – *BGL BNP Paribas SA/TeamBank AG Nürnberg*, EuZW 2019, 939 (Rn. 31); so schon zuvor etwa *Mann/Nagel*, WM 2011, 1499 (1499); a.A. z.B. *Flessner*, IPRax 2009, 35 (39 ff.).

18 Vgl. OLG Saarbrücken, WM 2020, 981 (985 Rn. 41); dazu auch: *Arnold/Zwirlein-Forschner*, GPR 2021, 205 (205).

19 Zu diesem Umstand nur: *Schmitt*, EuZW 2019, 939 (941); *Stefer*, IPRax 2021, 155 (158).

20 Zum alten Recht gestützt auf Art. 33 Abs. 1 a.F. EGBGB (= Art. 12 Abs. 2 EVÜ) vgl. BGH, NJW 1991, 637; NJW 1991, 1414; NJW 1999, 940; BeckRS 2010, 27592 (Rn. 33).

21 Vgl. zu diesem Argument etwa *Arnold/Zwirlein-Forschner*, GPR 2021, 205 (206).

ändere.[22] Bei näherer Betrachtung überzeugen diese Argumente indes kaum: So steht im Falle antizipierter Abtretungen künftiger Forderungen im Zeitpunkt der Abtretung das Forderungsstatut noch nicht zwingend fest, was erneut Rechtsunsicherheit schafft.[23] Ähnlich unübersichtlich und kompliziert wird die Anknüpfung im Falle einer Globalzession, die mehrere Forderungen umfasst.[24] Auch ist irrelevant, dass der Schuldner auf die Anwendung des Forderungsstatuts vertraut, werden seine wesentlichen Rechtsbeziehungen doch ohnehin in Art. 14 Abs. 2 Rom I-VO geregelt – zusätzlichen Schutzes bedarf er daher nicht.[25]

(b) Sitz des Schuldners

Andere Stimmen sprechen sich dafür aus, sich am Sitz des Schuldners zu orientieren. Dem ist in erster Linie zugutezuhalten, dass dieser Dritten i.d.R. bekannt ist, sodass die Anknüpfung leicht erkennbar wäre.[26] Gegen diesen Weg spricht jedoch, dass er das Kollisionsrecht der Forderungsabtretung erheblich verkompliziert, indem er der Diskussion eine weitere Rechtsordnung hinzufügt.[27] Zudem hat der Sitz des Schuldners keine Bedeutung für das Verhältnis zwischen dem Zedenten und den Mehrfachzessionaren,[28] obwohl es im IPR gerade auf die „engste Verbindung" ankommen soll. Geht es um eine Haftung mehrerer Schuldner, führt dieser Vorschlag i.Ü. zu großen Problemen.[29] In den bereits zuvor angesprochenen Fällen der antizipierten Abtretung verliert das Argument der Erkennbarkeit überdies an Überzeugungskraft, da Dritte von derartigen Absprachen nicht zwangsläufig etwas erfahren.[30]

---

22 OLG Saarbrücken, WM 2020, 981 (986 Rn. 52); *Mann/Nagel*, WM 2011, 1499 (1501).
23 Zu diesem Problem schon *Mäsch*, in: Leible (Hrsg.), Das Grünbuch zum Internationalen Vertragsrecht (2004), 193 (201).
24 *Schroeter/Maier-Lohmann*, EWiR 2020, 33 (34).
25 Dazu bereits *Mäsch*, in: Leible (Hrsg.), Das Grünbuch zum Internationalen Vertragsrecht (2004), 193 (202).
26 *Hübner*, ZEuP 2019, 41 (56) zu Art. 4 Abs. 1 DrittW-VO-E; *Mann/Nagel*, WM 2011, 1499 (1501).
27 So im Vorlagebeschluss OLG Saarbrücken, ZIP 2019, 437 (440); aus der Lit. etwa Staudinger/*Magnus* (2021), Art. 14 Rom I-VO Rn. 81.
28 S. nur *Mäsch*, in: Leible (Hrsg.), Das Grünbuch zum Internationalen Vertragsrecht (2004), 193 (202).
29 *Mann/Nagel*, WM 2011, 1499 (1501).
30 Instruktiv *Leible/Müller*, IPRax 2012, 491 (498).

(c) Zessionsstatut

Um diesen Problematiken entgegenzuwirken, wird weiter vertreten, das Zessionsstatut solle über die Drittwirkungen bestimmen.[31] Im Kollisionsrecht, das lediglich in Art. 14 Abs. 2 Rom I-VO eine Ausnahme vorsehe, ließe sich so ein Gleichlauf von Verpflichtungs- und Verfügungsstatut erreichen.[32] Kritisch lässt sich hingegen anmerken, dass die Interessen des Dritten in dieser Konstellation völlig außer Acht gelassen werden; es ist für ihn angesichts der Möglichkeit einer Rechtswahl schlechterdings nicht vorhersehbar, welchem Recht die Zession unterliegt.[33] Zudem stehen bei Mehrfachabtretungen gerade zwei Zessionsstatute im Raum; der Reflex, diesen Konflikt durch das Prioritätsprinzip aufzulösen, entspringt der deutschen, nicht verallgemeinerbaren Perspektive (die auch in Art. 14 Rom I-VO keinerlei Widerhall findet).[34]

(d) Sitz des Zedenten

Am ehesten überzeugt die Anknüpfung an den Sitz des Zedenten. Der Bezugspunkt des Dritten ist schließlich der Zedent, weshalb auch die Erwartungen ursprünglich „externer" Personen auf die Anwendung des Rechts am Sitz des Zedenten gerichtet sind.[35] Dieser Sitz steht ferner bereits im Abtretungszeitpunkt fest, ohne vom Statut der betroffenen Forderung abhängig zu sein.[36] Mit dieser Lösung fände nur ein einziges Recht Anwendung, das leicht ermittelbar und vorhersehbar wäre.[37] Freilich können Probleme bei langen Abtretungsketten, in denen es dann jeweils auf die Wirksamkeit einer Zession ankommt, auch mit dieser Ansicht nicht ohne Weiteres vermieden werden.[38] Dennoch stellt der Kommissionsvorschlag für eine Verordnung, die genau die hier diskutierten

---

31 So beispielsweise der niederländische Hoge Raad (Anwendung des Art. 12 Abs. 1 EVÜ) v. 16.5.1997, ECLI:NL:HR:1997:ZC2373 – NJ 1998, 585; hierzu kritisch: *Joustra*, IPRax 1999, 280 (283); vgl. auch österr. OGH, BeckRS 2012, 81419.
32 Vgl. *Mann/Nagel*, WM 2011, 1499 (1503); zu Recht kritisch ggü. diesem Argument *Mäsch*, in: Leible (Hrsg.), Das Grünbuch zum Internationalen Vertragsrecht (2004), 193 (199).
33 Einführend zu dieser Problematik *Hübner*, ZEuP 2019, 41 (60); ähnlich schon *Mäsch*, in: Leible (Hrsg.), Das Grünbuch zum Internationalen Vertragsrecht (2004), 193 (199).
34 *Mann/Nagel*, WM 2011, 1499 (1503).
35 Ferrari/*Kieninger*, IntVertragsR, Art. 14 Rom I-VO Rn. 12.
36 So schon *Mäsch*, in: Leible (Hrsg.), Das Grünbuch zum Internationalen Vertragsrecht (2004), 193 (202 f.).
37 BeckOGK/*Hübner*, Art. 14 Rom I-VO Rn. 35; *Einsele*, IPRax 2019, 477 (479); Ferrari/*Kieninger*, IntVertragsR, Art. 14 Rom I-VO Rn. 12; *Mann/Nagel*, WM 2011, 1499 (1500).
38 *Hübner*, ZEuP 2019, 41 (59).

Fragen für das unionale IPR lösen soll, grundsätzlich auf den Sitz des Zedenten ab.[39]

(e) Zwischenergebnis

Insgesamt überzeugt es, an den Sitz des Zedenten anzuknüpfen. Damit kommt es auf den gewöhnlichen Aufenthalt (Art. 19 Rom I-VO) des H an, der in Deutschland liegt. Deutsches Recht findet auf die Frage der Drittwirkungen Anwendung.

(2) Wirksame Abtretung nach deutschem Recht

Nach den bereits oben dargelegten, geringen Anforderungen des § 398 BGB genügte für die Abtretung zwischen H und D eine formlose Einigung. Abtretungsverbote kamen nicht in Betracht.

bb) Zwischenergebnis

Die Abtretung zwischen H und D war wirksam.

3. Zwischenergebnis

Infolgedessen war H bei der Abtretung an die L-Bank nicht (mehr) verfügungsbefugt, was zur Unwirksamkeit der Abtretung in diesem Verhältnis führt.

B. Ergebnis

Ein Zahlungsanspruch der L-Bank gegen P scheidet deshalb aus.

---

[39] Vgl. Art. 4 DrittW-VO-E aus dem Kommissionsvorschlag über das auf die Drittwirkung von Forderungsübertragungen anzuwendende Recht vom 12.3.2018, COM(2018) 96 final.

Fall 9: Internationales Sachenrecht

Sachverhalt*

Die L-GmbH (L) ist eine im Jahre 1921 gegründete Land- und Forstwirtschaftsgesellschaft. Im Jahre 1935 hatte die L einen Mercedes-Benz 500 K Spezialroadster als Neuwagen erworben. Zwischen Herbst 1944 und Sommer 1945 nutzten amerikanische Truppen gegen den Willen der L deren Anwesen, auf dem sich der Wagen befand, als Stützpunkt. Der Roadster war insbesondere bei den Offizieren sehr beliebt. Eines Nachts war der Wagen verschwunden. Sein weiterer Verbleib ist ungeklärt. Im August 2019 erlangte die L Kenntnis davon, dass der Wagen im kalifornischen Monterey versteigert werden sollte. Im Auktionsexposé hieß es zutreffend, der Mercedes habe sich im Besitz des kalifornischen Sammlers S befunden. Wie S zu dem Roadster kam, ist ungeklärt. Den Zuschlag zum Preis von 3,95 Mio. US-Dollar erhielt die niederländische N-BV (N). N ließ den Wagen nach Deutschland verschiffen, wo er sich seit 2019 befindet.

Im Mai 2020 verklagt L die N nun vor dem LG Hamburg auf Herausgabe des Fahrzeugs. N meint, sie sei Eigentümerin des Oldtimers. Im Übrigen sei ein etwaiger Herausgabeanspruch der L längst verjährt.

Frage: Ist die zulässige Klage der L begründet?

Bearbeitungshinweis: Ansprüche aus Besitzschutz, Bereicherungs- und Deliktsrecht sind nicht zu prüfen.

Hinweise zum ausländischen Recht

1. In den Vereinigten Staaten von Amerika besteht kein gesamtstaatlich einheitliches materielles Zivilrecht oder IPR. Gehen Sie davon aus, dass das kalifornische internationale Sachenrecht Rechte an einer Sache dem Recht des Belegenheitsstaates unterwirft (*lex rei sitae*), vgl. Restatement of the Law, Second, Conflict of Laws, § 244 (2) bzw. § 246.[1]

---

* Mit leichten Änderungen nach OLG Hamburg, IPRax 2014, 541.
1 So auch OLG Hamburg, IPRax 2014, 541. Tatsächlich folgt Kalifornien anders als die meisten anderen US-Bundesstaaten aber nicht der *lex rei sitae*-Regel, sondern der *lex domicilii*-Regel, was sich aus § 946 des California Civil Code ergibt: „If there is no law to the contrary, in the place where personal property is situated, it is deemed to follow the person of its owner, and is governed by the law of his domicile", vgl. auch *Cairns v. Franklin Mint Co.*, 24 F. Supp. 2d 1013 (C.D. Cal. 1998), 292 F. 3d 1139 (9th Cir. 2002); dazu *Eades*, 66 Brook. L. Rev. 1301, 1314 ff.

2. Auch das kalifornische Recht kennt Ausnahmen von der Regel, dass ein dingliches Recht nur vom Berechtigten erworben werden kann. Diese sind in Section 2-403 (1) des kalifornischen Uniform Commercial Code (Cal-UCC) geregelt.[2] Ein gutgläubiger Erwerb („transfer a good title to a good faith purchaser") abhandengekommener Sachen gibt es in den US-amerikanischen Rechten grundsätzlich aber nicht.[3]

3. Anders als das deutsche Recht (§ 935 Abs. 2 BGB) sieht das kalifornische Recht keine Sonderregeln für den gutgläubigen Erwerb bei (öffentlichen) Versteigerungen vor.

4. Die US-amerikanischen Rechte kennen die mit dem Rechtsinstitut der Ersitzung vergleichbare *adverse possession*. Dabei geht das Eigentum an den Nichtberechtigten über, nachdem der Herausgabeanspruch des Berechtigten nicht mehr einklagbar ist.[4] Das kalifornische Recht kennt eine *adverse possession* nur bei Immobilien.[5]

5. Ein Anspruch auf Herausgabe von beweglichen Sachen ist im kalifornischen Recht gemäß § 338 (c) (1) des California Code of Civil Procedure innerhalb von drei Jahren einklagbar. Die Frist beginnt grundsätzlich mit dem Zeitpunkt des Entstehens des Anspruchs.[6]

6. Anders als in den meisten US-amerikanischen Rechten (und anders als im deutschen Recht, s. § 198 BGB) werden im kalifornischen Recht frühere Be-

---

(2001). Einen kurzen Überblick zum internationalen Sachenrecht der US-amerikanischen Rechtsordnungen bietet Staudinger/*Mansel* (2015), Anhang II zu Art. 43–46 EGBGB Rn. 327 ff.

2 Der kalifornische Uniform Commercial Code beruht auf dem vom American Law Institute in Zusammenarbeit mit der National Conference of Commissioners on Uniform State Laws erarbeiteten Uniform Commercial Code (U.C.C.). Dieses Modellgesetz wurde von (fast) allen Bundesstaaten der USA (nahezu) unverändert übernommen. Es enthält Regeln zu Kaufverträgen, einschließlich sich diesbezüglich stellender sachenrechtlichen Fragen, sowie weitergehende Regeln, etwa zu Anlage-Wertpapieren.

3 Vgl. nur *Kenyon v. Abel*, 36 P.3d 1161, 46 UCC2d 660 (Wyo. 2001): Section 2-403(1) UCC „does not create a voidable title where the goods have been wrongfully taken, as by theft or robbery".

4 *Merrill/Smith*, The Oxford Introduction to U.S. Law: Property, 2010, S. 34.

5 *David Cassirer v. Thyssen-Bornemisza Collection Foundation*, 153 F. Supp. 3d 1148 (C.D. Cal. 2015); *Society of California Pioneers v. Baker*, 50 Cal.Rptr.2d 865, (Cal. App. 1996). Dies ist eine Besonderheit Kaliforniens. In den meisten US-Bundesstaaten findet die *adverse possession* auch Anwendung bei beweglichen Sachen.

6 *Köhling*, Der Eigentumserwerb abhanden gekommener Kunstgegenstände im amerikanischen Recht, 1999, S. 36. Nach dem hier *nicht einschlägigen* § 338 (c) (2) des California Code of Civil Procedure beginnt die Verjährungsfrist für abhandengekommene Gegenstände von historischer, interpretatorischer, wissenschaftlicher oder künstlerischer Bedeutung („*article of historical, interpretive, scientific, or artistic significance*") erst, sobald der Berechtigte den Aufenthaltsort des Gegenstandes kannte bzw. kennen musste.

sitzzeiten bei der Bestimmung des Fristablaufs nicht angerechnet (kein sog. „tacking"[7]).[8]

Vorbemerkungen

I. Im Mittelpunkt des Falles stehen Fragen des internationalen Sachenrechts. Seine Kodifikation durch das IPR-Ergänzungsgesetz vom 21.5.1999 beschränkte sich im Wesentlichen auf die Zusammenfassung von bisher richterrechtlich entwickelten Grundregeln. Sie geben die Richtung für die Lösung praktischer Fälle vor, beantworten aber nicht alle Fragen, die sich in diesem Rahmen stellen können. Für die Fallbearbeitung ist es deshalb wichtig, sich über die Lektüre des Gesetzestextes hinaus mit typischen Problemen des internationalen Sachenrechts vertraut zu machen.

II. Ein solches typisches Problem ist der Statutenwechsel, wie er im vorliegenden Fall behandelt wird. Der Wagen befand sich sukzessiv in verschiedenen Ländern und damit im Bereich verschiedener Sachenrechtsordnungen, während gleichzeitig unterschiedliche sachenrechtliche Vorgänge abliefen. Die Grundsatzanknüpfung im internationalen Sachenrecht an das Belegenheitsrecht (*lex rei sitae*), so einfach sie klingt, führt bei einem solchen Statutenwechsel zu erheblichen Problemen. Der Schutz wohlerworbener Rechte einerseits und die Verkehrsinteressen andererseits erfordern eine modifizierte Anwendung.[9]

III. Der Aufbau sollte hier der integrativen Methode folgen.[10] Stellt man die internationalprivatrechtlichen Probleme voran, so besteht die Gefahr, dass dem Leser unklar bleibt, warum die spezielle Frage erörtert werden muss und in welchem Bezug sie zu dem von V geltend gemachten Herausgabeanspruch steht. Besser ist es deshalb, zunächst die Anspruchsgrundlage zu ermitteln und dann im Rahmen ihrer Tatbestandsvoraussetzungen den Einfluss der verschiedenen Veräußerungsvorgänge und des insoweit anwendbaren Rechts festzustellen.

IV. Wird die Herausgabe einer abhandengekommenen Sache begehrt, ist grundsätzlich immer auch an Besitzschutzansprüche zu denken. Auch diese unterliegen dem Sachstatut.[11] Eine vollständige Prüfung aller in Betracht kom-

---

7 Hierzu *Gerstenblith*, The Adverse Possession of Personal Property, 37 Buff. L. Rev. 119, 145 ff. (1988).

8 *Naftzger v. American Numismatic Society*, 42 Cal.App. 4th 421 (Cal. Ct. App. 1996).

9 Vgl. *v. Hoffmann/Thorn*, IPR, § 12 Rn. 28.

10 Zu den unterschiedlichen Möglichkeiten des Prüfungsaufbaus s. oben 1. Teil 1. Kap. § 1 C. II., S. 22 ff.

11 Erman/*Stürner*, Art. 43 EGBGB Rn. 15 m.w.N.

menden Ansprüche (etwa auch mögliche deliktische und bereicherungsrechtliche) würde aber den Rahmen einer zweistündigen Klausur deutlich sprängen. Entsprechend dem Bearbeitungshinweis beschränkt sich die Darstellung daher auf die Vindikation.

Gliederung der Lösung

Lösung

A. Herausgabeanspruch der L gegen die N

L könnte gegen N einen Anspruch auf Herausgabe des Mercedes-Benz 500 K Spezialroadster haben.

I. Anwendbares Recht
1. Qualifikation des Anspruchs
L begehrt die Herausgabe eines Fahrzeugs und damit einer beweglichen Sache. Vertragliche Ansprüche zwischen L und N bestehen nicht. Der Herausgabeanspruch kann daher nur auf die Eigentümerstellung gestützt werden und ist damit dinglicher Natur.

2. Vorrangige internationale Abkommen
Europäische Verordnungen und vorrangige internationale Abkommen des internationalen Sachenrechts sind nicht ersichtlich.[12] Somit findet autonomes deutsches Kollisionsrecht Anwendung.

3. Autonomes Kollisionsrecht
Das deutsche internationale Sachenrecht ist in den Art. 43 ff. EGBGB geregelt.

a) Anknüpfung am Recht des Herkunftsstaates?
Bei dem Eigentum am Kraftfahrzeug handelt es sich nicht um ein Recht an einem in Art. 45 EGBGB genannten Transportmittel, sodass die Sonderanknüpfung des Art. 45 EGBGB nicht einschlägig ist.[13]

---

12 Insbesondere nicht einschlägig ist das UN-Kaufrecht, da es zum einen Eigentumsfragen ausklammert, Art. 4 S. 2 lit. b CISG, und zum anderen vorliegend ohnehin nicht nach den eigentumsrechtlichen Folgen eines Kaufvertrages zwischen den Beteiligten gefragt wird.
13 Vgl. auch BT-Drs. 14/343, S. 17: „[F]ür Kraftfahrzeuge [wird] von einer Sonderregelung abgesehen". Für eine analoge Anwendung des Art. 45 EGBGB speziell auf Kraftfahrzeuge, die zum internationalen Transport eingesetzt werden BeckOK-BGB/*Spickhoff*, Art. 45 EGBGB Rn. 7.

b) Anknüpfung an den *situs* der Sache

Somit ist die Regelanknüpfung des Art. 43 Abs. 1 EGBGB heranzuziehen. Sachenrechtliche Fragen sind nach dieser Vorschrift nach dem Recht des Belegenheitsstaates zu beurteilen (*lex rei sitae*), genauer: Sie sind nach dem Recht des Ortes zu beurteilen, an dem sich die Sache zur Zeit des zu prüfenden rechtlichen Vorgangs befindet.[14]

Der relevante Zeitpunkt ist damit im vorliegenden Fall der des Herausgabeverlangens. Zu diesem Zeitpunkt befand sich der Mercedes in Deutschland, sodass grundsätzlich deutsches Sachenrecht Maß gibt.

II. Voraussetzungen des Anspruchs nach materiellem deutschen Recht (§ 985 BGB)

L könnte gegen N einen Anspruch auf Herausgabe des Mercedes gemäß § 985 BGB haben. Dazu müsste L Eigentümerin des Mercedes sein und N dessen Besitzerin ohne Recht zum Besitz.

1. Eigentum der L

a) L als ursprüngliche Eigentümerin

Im Jahre 1935 hat L das Eigentum am Mercedes erworben. Sie war ursprünglich Eigentümerin.

b) Eigentumserwerb des Sammlers S?

Wie der Sammler S zum Roadster kam, ist laut Sachverhalt ungeklärt.[15] Mangels tatsächlicher Angaben kann daher – unabhängig davon, welches Sachrecht einschlägig ist – nicht geprüft werden, ob S Eigentümer des Autos geworden ist. Auch die kollisionsrechtliche Prüfung erübrigt sich damit.

---

14 MüKoBGB/*Wendehorst*, Art. 43 EGBGB Rn. 115; v. *Hoffmann/Thorn*, IPR, § 12 Rn. 7.

15 Vorliegend findet der auf die Herausgabe des Roadsters gerichtete Zivilprozess in Deutschland vor dem zuständigen LG Hamburg statt, welches deutsches Zivilprozessrecht anwendet (*forum regit processum*). Somit gilt, dass die Unaufklärbarkeit von Tatsachen (sog. „non liquet"-Situation") zu Lasten derjenigen Partei geht, die die (objektive) Beweislast trägt. Diese Beweislast liegt grds. bei der Partei, für die die jeweiligen Tatsachen für ihren Angriff oder ihre Verteidigung wesentlich sind. Bezüglich des Obigen ist dies N. Vgl. allg. dazu Hk-ZPO/*Saenger*, § 286 Rn. 34, 53 ff.

c) Eigentumserwerb der N im Jahre 2019?

Die N könnte das Eigentum am Mercedes im Jahre 2019 im Rahmen der Versteigerung erworben haben.

aa) Anwendbares Recht

(1) Erneute Anknüpfung nach Art. 43 Abs. 1 EGBGB

Das auf den Eigentumserwerb der N anwendbare Recht bestimmt sich wiederum nach Art. 43 Abs. 1 EGBGB. Das Kfz befindet sich im Jahre 2019 zum Zeitpunkt der Versteigerung in den USA, im Bundesstaat Kalifornien. Art. 43 Abs. 1 EGBGB verweist hier also auf einen Staat mit Teilrechtsordnungen. Dieser Verweis ist eine Gesamtverweisung i.S.d. Art. 4 Abs. 1 S. 1 HS 1 EGBGB.[16] Da die USA kein gesamtstaatliches IPR besitzen und der Verweis in Art. 43 Abs. 1 EGBGB im Übrigen den maßgeblichen Teilstaat selbst bezeichnet (Art. 4 Abs. 3 S. 1 EGBGB), muss direkt das kalifornisches Kollisionsrecht befragt werden, ob es die deutsche Verweisung annimmt. Das kalifornische Recht folgt nach dem Hinweis auch der *lex rei sitae*-Regel, erklärt also das eigene Recht für anwendbar. Damit ist kalifornisches Sachrecht anzuwenden.

(2) Anknüpfung an den Ort des Abhandenkommens?

Eine Mindermeinung will speziell für den Fall, dass eine Sache abhandengekommen ist, über die Ausweichklausel des Art. 46 EGBGB an den Belegenheitsort im Zeitpunkt des Abhandenkommens der Sache anknüpfen (sog. *lex furti*).[17] In diesem Fall soll ein besonderes Bedürfnis nach erhöhtem Eigentümerschutz bestehen, weshalb Vertreter dieser Ansicht die materiellen Wertungen des § 935 BGB ins Kollisionsrecht transponieren wollen.[18] Nach der hypothetischen *lex furti* soll sich auch beurteilen, ob ein Abhandenkommen vorliegt.[19]

Damit würde vorliegend das deutsche Sachrecht berufen, da das Auto in Deutschland abhandengekommen ist (§ 935 BGB).

---

16 BeckOGK/*Prütting*, Art. 43 EGBGB Rn. 41 m.w.N.; grds. a.A. *Mäsch*, RabelsZ 61 (1997), 285 (307 f.).

17 Staudinger/*Mansel* (2015), Art. 46 EGBGB Rn. 63; *ders.*, IPRax 1988, 268 (271); jedenfalls für die „Teilfrage", ob die Sache abhandengekommen ist auch *Hanisch*, in: FS Müller-Freienfels (1986), 193 (215).

18 Staudinger/*Mansel* (2015), Art. 46 EGBGB Rn. 65.

19 Staudinger/*Mansel* (2015), Art. 46 EGBGB Rn. 63.

Welche der beiden Anknüpfungen Maß gibt, ist nur dann zu entscheiden, wenn beide Lösungen zu einem unterschiedlichen Ergebnis kommen sollten.[20]

(a) Bewertung nach kalifornischem Sachrecht
(aa) Rechtsgeschäftlicher Eigentumserwerb
Ein nach Section 2-403 (1) Uniform Commercial Code grundsätzlich möglicher rechtsgeschäftlicher Eigentumserwerb der N scheitert vorliegend daran, dass der Wagen der L abhandengekommen ist.

(bb) Ersitzung
In Betracht käme grundsätzlich eine Ersitzung in Form der *adverse possession*. In Kalifornien ist dies jedoch bei beweglichen Sachen nicht möglich, sodass eine Ersitzung des Autos bereits deshalb ausgeschlossen ist.
N hat den Mercedes-Benz Roadster also nicht erworben; L ist folglich Eigentümerin des Wagens geblieben.

(b) Bewertung nach deutschem Sachrecht
Die Anwendung deutschen materiellen Rechts führt zum gleichen Ergebnis: § 935 Abs. 1 BGB hindert den gutgläubigen Erwerb. Da N das Auto zudem noch keine zehn Jahre im Eigenbesitz hat, ist auch eine Ersitzung (§ 937 BGB) ausgeschlossen. Auch § 943 BGB hilft nicht weiter, da unklar ist, ob und wie lange S als einzig bekannter Rechtsvorgänger der N Ersitzungsbesitzer war.

bb) Zwischenergebnis
Sowohl nach deutschem als auch nach kalifornischem Recht ist N demnach nicht Eigentümerin des Roadsters geworden. Ein Streitentscheid über die richtige Anknüpfung erübrigt sich damit.

2. Besitz der N
N müsste zudem Besitzerin des Wagens sein. Wie oben festgestellt, beurteilen sich die Voraussetzungen des Herausgabeanspruchs nach Art. 43 Abs. 1 EGBGB

---

[20] Die kollisionsrechtliche Frage kann man freilich nur offenlassen, wenn die Lösungen *aller* in Betracht kommenden Rechtsordnungen nicht voneinander abweichen; s. *Mäsch*, NJW 1996, 1453 (1454).

nach deutschem Recht. N ist demnach als Inhaberin der tatsächlichen Sachherrschaft Besitzerin, §§ 854 ff. BGB.

3. Kein Recht zum Besitz
Ein Recht der N zum Besitz ist nach dem einschlägigen deutschen Sachrecht (s.o.) nicht ersichtlich.

4. Zwischenergebnis
L hat gegen N einen Anspruch auf Herausgabe des Mercedes Roadster nach § 985 BGB.

III. Anspruch durchsetzbar
Die Klage ist nur begründet, wenn der Herausgabeanspruch der L auch durchsetzbar ist. Hier könnte die Verjährung des Anspruchs die wirksame Durchsetzung des Anspruchs hindern.

1. Das auf die Verjährung anwendbare Recht
Zunächst ist das auf die Verjährung anwendbare Recht zu ermitteln. So wie die dingliche Berechtigung einer Person dem Sachstatut unterstellt wird, erfasst es auch die Frage, ob dieser daran gehindert ist, sein Recht effektiv durchzusetzen. Auch die Frage der Verjährung dinglicher Ansprüche unterliegt damit dem Sachstatut.[21]

Zum Zeitpunkt der Erhebung der Verjährungseinrede im Mai 2019 befand sich das Auto in Deutschland, sodass gemäß Art. 43 Abs. 1 EGBGB deutsches Recht Anwendung findet.

2. Verjährung nach deutschem Recht
Dem Anspruch der L könnte die von N erhobene Verjährungseinrede (§ 214 Abs. 1 BGB) entgegenstehen. Die Verjährungsfrist beträgt im vorliegenden Fall

---

21 OLG Hamburg, IPRax 2014, 541 (543); *v. Bar/Mankowski*, IPR II, § 3 Rn. 205; Staudinger/ *Mansel* (2015), Art. 43 EGBGB Rn. 742; Grüneberg/*Thorn*, Art. 43 EGBGB Rn. 4; *Engel*, IPRax 2014, 520 (521 f.); *Gomille*, JURA 2017, 54 (59 f.).

gemäß § 197 Abs. 1 Nr. 2 BGB[22] 30 Jahre. § 198 BGB bestimmt zudem, dass zur Bestimmung dieser Frist grundsätzlich auch frühere Besitzzeiten anzurechnen sind.

a) Anrechnung früherer Besitzzeiten in Deutschland?

Ob sich der Wagen ab Sommer des Jahres 1945 noch in Deutschland befand, ist nicht bekannt, so dass keine „deutschen" Besitzzeiten angerechnet werden können.

b) Anrechnung früherer Besitzzeiten im Ausland?

In Betracht kommt aber die Anrechnung früherer Besitzzeiten für die Zeit, in der der Wagen im Ausland war.

§ 198 BGB wurde nicht ausschließlich mit Blick auf inländische Vorgänge konzipiert und erlaubt die Anrechnung von Besitzzeiten im Ausland. Damit könnten die Besitzzeiten in Kalifornien grundsätzlich berücksichtigt werden. Speziell zu der Frage, inwiefern im Ausland verwirklichte dingliche Erwerbs- und Verlusttatbestände zu berücksichtigen sind, wenn das anzuwendende Sachenrecht sich (in Folge eines Belegenheitswechsels) ändert (sog. *Statutenwechsel*), ist aber in den Art. 43 Abs. 2 und 3 EGBGB eine – wenn auch unvollkommene – Regelung enthalten.

aa) Statutenwechsel, Art. 43 Abs. 2 und 3 EGBGB

Art. 43 Abs. 2 EGBGB ist die Aussage zu entnehmen, dass unter fremdem Sachstatut begründete Rechte nach einem Statutenwechsel unter dem neuen Sachrecht weiter bestehen.[23] Das neue Statut übernimmt die Sache mit der sachenrechtlichen Prägung, die ihr das bisherige Statut verliehen hat[24] (sog. *schlichter Statutenwechsel*). Art. 43 Abs. 3 EGBGB erfasst die Sonderkonstellation, dass ein sachenrechtlicher Tatbestand unter der Herrschaft des alten Statuts erst teilweise verwirklicht ist (= *gestreckter bzw. offener Tatbestand*).[25] In diesem Fall unter-

---

22 Nach Art. 229 § 6 S. 1 EGBGB gilt auch nach dem SchuldRModG (BT-Drs. 14/7052, S. 6) grundsätzlich das neue Verjährungsrecht. Das gilt nach seinem S. 2 zwar nicht für den Verjährungsbeginn. Der hier einschlägige § 200 BGB entspricht aber inhaltlich der Regelung des § 198 BGB a.F. (= die ab dem 1.1.1900 geltende Fassung).
23 Vgl. nur *v. Bar/Mankowski*, IPR II, § 3 Rn. 41; *Junker*, IPR, § 17 Rn. 47.
24 So BGH, NJW 1963, 1200 (1200); BGH, NJW 1966, 879 (880); BGH, NJW 1991, 1415 (1416); näher zu diesem als „Prägungstheorie" bezeichneten Ansatz *Engel*, IPRax 2014, 520 (522 ff.).
25 Statt aller Staudinger/*Mansel* (2015), Art. 43 EGBGB Rn. 1309.

liegt der gesamte Vorgang dem neuen Statut, wobei die im Ausland verwirklichten Vorgänge wie inländische angerechnet werden (sog. *qualifizierter Statutenwechsel*).[26]

Art. 43 Abs. 2 und 3 EGBGB beziehen sich nach Ihrem Wortlaut auf den Recht*serwerb* (bzw. die Rechtsausübung). Gleichwohl gelten die Regeln auch für die Fragen des Rechtsverlustes[27] und damit auch für die Verjährung.[28]

Somit stellt sich vorliegend die Frage, ob das kalifornische Altstatut die Frage der Verjährung bereits abschließend beantwortet hat, ob also der Verjährungstatbestand im vorliegenden Fall bereits abgeschlossen oder noch offen ist.

bb) Verjährung des Herausgabeanspruchs nach kalifornischem Recht

Nach § 338 (c) (1) California Code of Civil Procedure ist der Vindikationsanspruch nur innerhalb von drei Jahren einklagbar. Dass das kalifornische Recht Verjährungsfragen nicht im materiellen Recht regelt, sondern wie viele *common law*-Staaten[29] als Frage der Klagbarkeit ansieht und daher dem Prozessrecht zuordnet, ist für die Anwendbarkeit der Vorschrift kein Hindernis.[30] Denn nach der heute ganz herrschenden Meinung kommt es für die Qualifikation eines Rechtsinstituts nicht auf die Einordnung nach der jeweiligen ausländischen *lex causae* an.[31] Vielmehr ist – in den Worten des BGH – die „ausländische Rechtsvorschrift nach Sinn und Zweck zu erfassen, ihre Bedeutung vom Standpunkt des ausländischen Rechts her zu würdigen und mit der deutschen Einrichtung funktional zu vergleichen".[32] Wie die in §§ 194 ff. BGB geregelte Verjährung verhindert § 338 (c) (1) California Code of Civil Procedure die Durchsetzung des Herausgabeanspruchs. Damit ist die Vorschrift funktional mit einer Verjährung nach deutschem Verständnis vergleichbar und somit auch als Teil des Sachstatuts anzuwenden.

---

26 *v. Hoffmann/Thorn*, IPR, § 12 Rn. 29.

27 MüKoBGB/*Wendehorst*, Art. 43 EGBGB Rn. 166; Grüneberg/*Thorn*, Art. 43 EGBGB Rn. 11.

28 OLG Hamburg, IPRax 2014, 541 (543), s. auch oben 4. III. 1.

29 *Schack*, IZVR, Rn. 639 f. m.w.N.; *Edler*, RabelsZ 40 (1976), 43; vgl. auch *Conrads*, Verjährung im englischen Recht, 1996.

30 Vgl. nur BGH, NZI 2013, 1042 (1045). Anders noch das RG im berühmten Tennessee-Wechsel-Fall (RGZ 7, 21; dazu *Kegel/Schurig*, IPR, § 2 II 3 b); sowie *Meyer*, JURA 2015, 270.

31 Vgl. nur *Junker*, IPR, § 7 Rn. 26; *v. Hoffmann/Thorn*, IPR, § 6 Rn. 27, 30; *Kegel/Schurig*, IPR, § 7 III 2 b), und 3 b).

32 St. Rspr. seit BGH, NJW 1959, 717 (718); zuletzt BGH, WM 2014, 1614 (1621). Näher zur sog. funktional-teleologischen Qualifikationsmethode MüKoBGB/*v. Hein*, Einl. IPR Rn. 121 ff., und (zu den Besonderheiten im europäischen IPR) Rn. 133 ff.; BeckOK-BGB/*Lorenz*, Einl. IPR Rn. 58 ff.; *Kropholler*, IPR, § 17.

Bei der Berechnung dieser Dreijahresfrist ist zu beachten, dass nach dem Recht Kaliforniens frühere Besitzzeiten nicht angerechnet werden. Die N kann sich somit nach kalifornischem Recht nicht auf Besitzzeiten des Sammlers S (oder andere frühere Besitzer) berufen.

Auch wenn die Verjährungsfrist nach kalifornischem Recht damit im Zeitpunkt des Herausgabeverlangens (Mai 2019) noch nicht abgelaufen ist, hat es die vorliegend zu prüfende Frage, ob frühere Besitzzeiten anzurechnen sind, *abschließend* bewertet: Das kalifornische Recht sieht ein „*tacking*" nicht vor, sodass eine solche Anrechnung nicht stattfindet.[33]

Würde das deutsche Recht diese Besitzzeiten gleichwohl im Rahmen des § 198 BGB anrechnen, käme es zu einer Umdeutung des kalifornischen Rechts.[34] Diesen abgeschlossenen, vom kalifornischem Recht geprägten, Vorgang darf das deutsche Recht deshalb nicht neu bewerten (Art. 43 Abs. 2 EGBGB).[35]

c) Zwischenergebnis

Eine Anrechnung früherer Besitzzeiten im Rahmen des § 198 BGB findet damit bis zur Rückkehr des Mercedes Roadsters nach Deutschland im Jahr 2019 nicht statt. Demnach beginnt die Verjährung des Herausgabeanspruchs ab diesem Zeitpunkt. Die dreißigjährige Verjährungsfrist ist damit im Mai 2019 noch nicht abgelaufen.

3. Zwischenergebnis

Der Herausgabeanspruch der L ist nicht verjährt. Der Anspruch ist durchsetzbar.

B. Ergebnis

L hat gegen N einen Anspruch auf Herausgabe des Fahrzeugs. Die Herausgabeklage der L ist somit begründet.

---

[33] Str. ist, ob man das Gleiche annehmen darf, wenn das Altstatut für den Herausgabeanspruch gar keine Verjährung vorsieht (dafür *Jayme*, IPRax 1995, 43; a.A. LG München I, IPRax 1995, 43; NK-BGB/*Plehwe*, Art. 43 EGBGB Rn. 39), wie etwa das schweizerische Recht (vgl. Bundesgericht, BGE 48 [1922] II 38 [45 f.] wo es die deutsche Verjährungsregelung als seltsame und künstliche Lösung [„strana ed artificiosa soluzione"] bezeichnet; s. auch *Siehr*, ZRP 2001, 346).
[34] So auch OLG Hamburg, IPRax 2014, 541; *Engel*, IPRax 2014, 520 (524).
[35] Vgl. MüKoBGB/*Wendehorst*, Art. 43 EGBGB Rn. 148 f.; Grüneberg/*Thorn*, Art. 43 EGBGB Rn. 6; Erman/*Stürner*, Art. 43 EGBGB Rn. 21; *Gomille*, JURA 2017, 54 (60); pointiert *Raape*, Internationales Privatrecht, 5. Aufl. 1961, S. 596: „Nein bleibt Nein".

Fall 10: Internationales Zivilverfahrensrecht

Sachverhalt

K aus Belgien und L aus den Niederlanden gehörten zu den ersten Paaren, die sich nach der Einführung der „Ehe für alle" als gleichgeschlechtliches Paar in den Niederlanden trauen ließen. Ihren gewöhnlichen Aufenthalt hatten sie zuletzt in Kanada. Nach einiger Zeit fällt L jedoch in eine Sinnkrise, wendet sich von K ab und zieht zu ihrer Mutter und alten Freunden nach Deutschland, wo sie auch schnell Arbeit findet und zunächst weiter wohnen möchte. Nach dem obligatorischen Trennungsjahr beantragt L vor einem deutschen Familiengericht die Ehescheidung (die auch in Belgien und den Niederlanden anerkannt würde). Das deutsche Familiengericht ist von der europäischen Rechtsvereinheitlichung restlos begeistert und meint, für seine internationale Zuständigkeit käme es auf nationales Verfahrensrecht gar nicht an. K hat daran ihre Zweifel: Zwar sind mittlerweile neben Deutschland auch in Belgien, Dänemark, Finnland, Frankreich, Irland, Luxemburg, Malta, den Niederlanden, Österreich, Portugal, Schweden und Spanien gleichgeschlechtliche Ehen zugelassen. Ob sich dies aber auf die europäische Ebene übertragen lasse, sei fraglich. K bringt zudem vor, sie sei Diplomatin in der belgischen Botschaft in Ottawa (Kanada) und damit ohnehin gegen jedes Gerichtsverfahren immun. Darüber hinaus sei die L doch schon längst, allerdings erst nach Zustellung des Scheidungsantrags, weiter nach Südafrika gezogen, um dort mit ihrer Jugendliebe eine Familie zu gründen.

Frage: Ist der Antrag zulässig?

Abwandlung

Angenommen, L stellt den Antrag auf Scheidung vor einem deutschen Gericht, das korrekterweise das österreichische materielle Recht anwendet. Zu diesem Zeitpunkt leben L und K bereits seit über drei Jahren in verschiedenen Wohnungen, auch ansonsten führen sie getrennte Haushalte. Das Gericht möchte den Antrag allerdings mit dem Hinweis ablehnen, dass das österreichische Familienrecht es dem Gericht ermögliche, von einer Scheidung abzusehen, wenn eine erneute Beziehung der Partner in baldiger Zukunft zu erwarten sei. Davon sei auszugehen, da – was zutrifft – L und K sich seit kurzer Zeit wieder regelmäßig träfen, ein gemeinsamer Urlaub anstünde und sie auch schon die Hochzeit eines befreundeten Paares gemeinsam besucht hätten. L meint, dieses noch zarte und beileibe nicht gesicherte Aufkeimen einer erneuten Liebe dürfe für die Scheidung ja wohl keine Rolle spielen. Vor einem deutschen Gericht müsste für Beweis- und Vermutungsregelungen doch wohl selbst bei einem grenzüberschreitenden Sachverhalt auf die deutschen Vorgaben zurückgegriffen werden, schließlich entscheide auch eine deutsche Richterin. Und im deutschen Recht sei es nach § 1566 Abs. 2 BGB nun einmal so, dass bei einem dreijährigen Getrenntleben die Vermutung für das Scheitern der Ehe nicht widerlegt werden könne.

Frage: Muss das Gericht die Scheidung aussprechen?

Hinweis zum ausländischen Recht
§ 55 Abs. 1 des österreichischen EheG lautet:
Ist die häusliche Gemeinschaft der Ehegatten seit drei Jahren aufgehoben, so kann jeder Ehegatte wegen tiefgreifender unheilbarer Zerrüttung der Ehe deren Scheidung begehren. Dem Scheidungsbegehren ist nicht stattzugeben, wenn das Gericht zur Überzeugung gelangt, daß die Wiederherstellung einer dem Wesen der Ehe entsprechenden Lebensgemeinschaft zu erwarten ist.

Vorbemerkungen

I. Der Ausgangsfall fordert allein eine Prüfung der Zulässigkeit des von L gestellten Antrages. Es ist mithin lediglich Internationales Zivilprozessrecht zu prüfen, das materielle Kollisionsrecht bleibt außer Betracht. Beim Einstieg in die Prüfung muss zunächst der Diplomatenstatus der K thematisiert werden. Dabei ist erforderlich, sauber mit den eher unbekannten Normen des WÜD zu arbeiten und auf die Zwecke der diplomatischen Immunität Rücksicht zu nehmen. Der Schwerpunkt des Falles liegt in der viel diskutierten Frage, ob die Brüssel IIa-VO auf die Scheidung gleichgeschlechtlicher Ehen Anwendung findet. Diese Frage gilt es ausführlich zu diskutieren. Gelangt man in der Folge zur Anwendung der deutschen Zuständigkeitsnormen, ist sodann auch die Zuordnung zu § 98 bzw. § 103 FamFG analog zu problematisieren. Abschließend muss noch mit der perpetuatio fori im Rahmen der Internationalen Zuständigkeit umgegangen werden – ein klassisches Problem des IZVR.

II. Die Abwandlung betrifft die internationalprivatrechtliche Behandlung von Normen über das Beweismaß und die Beweislast sowie von gesetzlichen Vermutungen. Die maßgeblichen Normen müssen dabei richtig verortet werden.

Gliederung der Lösung

Lösung (Ausgangsfall)

Der Antrag ist zulässig, wenn er die Prozess- und Sachentscheidungsvoraussetzungen erfüllt.

A. Prozessvoraussetzungen

I. Deutsche Gerichtsbarkeit
Dafür muss zunächst die deutsche Gerichtsbarkeit eröffnet sein. Zweifel bestehen angesichts der Immunitätsregelungen in Art. 31 WÜD.

1. Anwendbarkeit von Art. 31 WÜD bei Angelegenheiten der freiwilligen Gerichtsbarkeit
Auf die Norm kann freilich nur Bezug genommen werden, wenn ihr Anwendungsbereich eröffnet ist. Daran bestehen hier Zweifel, weil Ehesachen in Deutschland im FamFG geregelt, also der Prozessordnung der freiwilligen Gerichtsbarkeit unterstellt sind, Art. 31 Abs. 1 S. 2 Var. 1 WÜD aber lediglich von der Zivilgerichtsbarkeit spricht. Jedoch sind die Familiensachen neben der freiwilligen Gerichtsbarkeit ein eigenständiger Sachbereich und als solche Teil der Zivilgerichtsbarkeit.

2. Diplomatenstatus der K
Auch die Sonderstellung der K steht einer Verhandlung in Deutschland im konkreten Fall nicht entgegen: K ist zwar als Diplomatin gemäß Art. 31 Abs. 1 S. 2 Var. 1 WÜD von der Zivilgerichtsbarkeit des Empfangsstaates befreit. Ihr Empfangsstaat ist jedoch Kanada. Der Antrag wurde hingegen in Deutschland eingereicht. In einem anderen als dem Empfangsstaat besteht nicht das Risiko, dass ein Diplomat durch fabrizierte Vorwürfe unter Druck gesetzt wird und so in seiner Amtsausübung beeinträchtigt wird.

II. Zwischenergebnis
Daher ist die deutsche Gerichtsbarkeit eröffnet.

B. Sachentscheidungsvoraussetzungen

I. Internationale Zuständigkeit
Deutsche Gerichte müssen aber auch international zuständig sein.

1. Anwendungsvorrang des Europarechts

Bei der Kognitionsbefugnis des angerufenen Familiengerichtes muss die Überformung des deutschen Verfahrensrechts durch das europäische Zuständigkeitsregime beachtet werden. Das Europarecht genießt Anwendungsvorrang vor nationalem Verfahrensrecht.[1]

a) Zuständigkeit nach der Brüssel IIa-VO

Eine Zuständigkeit kann sich zunächst aus der Brüssel IIa-VO ergeben. In Betracht kommt insbesondere Art. 3 Abs. 1 lit. a) Spiegelstrich 5 Brüssel IIa-VO.

aa) Anwendbarkeit der Brüssel IIa-VO

Dafür muss die Brüssel IIa-VO aber überhaupt anwendbar sein.

(1) Zeitliche Anwendbarkeit

Ihre zeitliche Anwendbarkeit ergibt sich aus den Art. 64, 72 Brüssel IIa-VO.

(2) Sachliche Anwendbarkeit

Sie muss jedoch auch sachlich anwendbar sein. Gemäß Art. 1 Abs. 1 lit. a) Brüssel IIa-VO gilt die Verordnung für die Ehescheidung, die Trennung ohne Auflösung des Ehebandes und die Ungültigerklärung der Ehe. Mit der zu behandelnden Scheidung ist eine solche Statusfrage betroffen. Allerdings wird eine Ehe herkömmlich als Verbindung zwischen Mann und Frau angesehen, sodass die Einbeziehung von gleichgeschlechtlichen Ehen nicht ohne Weiteres angenommen werden kann.

Die Entstehungsgeschichte der Verordnung lässt aber weder unmittelbar darauf schließen, dass gleichgeschlechtliche Ehen vom Anwendungsbereich der Verordnung erfasst werden sollen, noch, dass das Gegenteil der Fall sein soll.[2] Zum Erlasszeitpunkt der Verordnung stand gleichgeschlechtlichen Paaren in den Mitgliedsstaaten die Möglichkeit der Eheschließung jedoch noch nicht

---

1 EuGH v. 15.7.1964 – C-6/64 – *Costa/ENEL*, NJW 1964, 2371.
2 Statt aller Staudinger/*Spellenberg* (2015), Art. 1 Brüssel IIa-VO Rn. 3; so auch schon zur Vorgänger-Richtlinie *Dornblüth*, Die europäische Regelung der Anerkennung und Vollstreckbarerklärung von Ehe- und Kindschaftsentscheidungen (2003), 42; vgl. ferner *Wagner*, IPRax 2001, 281 (282).

offen.[3] Das deutet eher darauf hin, dass ein traditioneller, verschiedengeschlechtlicher Ehebegriff zugrunde gelegt wurde.[4]

Fraglich ist, ob die Einführung gleichgeschlechtlicher Ehen in vielen Mitgliedsstaaten daran etwas ändert.[5] Das setzt voraus, dass rechtsvergleichend eine relevante Anzahl der Mitgliedsstaaten ein erweitertes Eheverständnis zugrunde legt. Weiterhin muss die Brüssel IIa-VO für eine dynamische Interpretation des Ehebegriffs überhaupt offen sein.

(a) Rechtsvergleichend erweitertes Eheverständnis

Mittlerweile steht gleichgeschlechtlichen Paaren neben Deutschland auch in Belgien, Finnland, Frankreich, Irland, Luxemburg, Malta, den Niederlanden, Österreich, Portugal, Schweden und Spanien die Ehe offen.[6] Das sind immerhin zwölf der 26 von der Verordnung betroffenen Mitgliedsstaaten. Da damit fast die Hälfte aller Mitgliedsstaaten die gleichgeschlechtliche Ehe anerkennen, lässt sich ein gewandeltes Begriffsverständnis auch rechtsvergleichend konstatieren.

(b) Möglichkeit eines dynamischen Eheverständnisses

Inwieweit die Brüssel IIa-VO eine dynamische Interpretation des Ehebegriffs überhaupt zulässt, muss unter systematischen und teleologischen Gesichtspunkten untersucht werden.

(aa) Pro: Effektivität, Uniformer Personenstand, Gleichlauf mit der Rom III-VO

Wie hinlänglich bekannt, ist gerade der Rechtsetzungsprozess auf europäischer Ebene aufgrund von divergierenden Ansichten der Mitgliedsstaaten mitunter behäbig. Nach dieser Lesart ist eine dynamische Interpretation erforderlich, um flexibel auf neue Herausforderungen reagieren zu können; wie eben zum

---

3 *Helms*, FamRZ 2002, 1593 (1594); *Kohler*, NJW 2001, 10 (15); *Andrae*, Internationales Familienrecht, Teil I § 2 A.II.1.a) Rn. 17.

4 Staudinger/*Pirrung*, Brüssel IIa-VO (2018), Rn. C. 18; Hk-ZPO/*Dörner*, Art. 1 Brüssel IIa-VO Rn. 7; Rauscher/*Rauscher*, EuZPR/EuIPR, Art. 1 Brüssel IIa-VO Rn. 6.

5 Überblick bei *Mankowski*, IPRax 2017, 541 (546) m.w.N.; mit der gesellschaftlichen Entwicklung argumentiert auch NK-BGB/*Gruber*, Art. 1 Brüssel IIa-VO Rn. 3.

6 Die Zulässigkeit der gleichgeschlechtlichen Eheschließung im Vereinigten Königreich und in Dänemark ist für die hier vorgenommene Betrachtung nicht relevant: Das Vereinigte Königreich ist seit dem 1.1.2021 kein Mitgliedsstaat der Europäischen Union mehr und Dänemark nimmt an der Verordnung nicht teil (Art. 2 Nr. 3 Brüssel IIa-VO).

Beispiel das vermehrte Auftreten gleichgeschlechtlicher Ehen.[7] Ein starres Festhalten am tradierten Eheverständnis trägt die Gefahr der Versteinerung in sich.

Zudem liegt es auch im Interesse des EU-Gesetzgebers, dass die Brüssel IIa-VO einen möglichst weiten Anwendungsbereich erhält. Geht man in teleologischer Hinsicht davon aus, dass die Brüssel IIa-VO allein auf eine uniforme Beurteilung des Personenstandes abzielt, um den grenzüberschreitenden Verkehr zu erleichtern, kann es keinen Unterschied machen, welchem Geschlecht die Ehegatten angehören.[8]

Weiterhin soll nach teilweise vertretener Ansicht die kollisionsrechtliche Rom III-VO auch auf gleichgeschlechtliche Ehen anwendbar sein.[9] Da der europäische Gesetzgeber einen Gleichlauf von verfahrensrechtlichen und kollisionsrechtlichen Regelungen anstrebt, liegt es nahe, auch für die Brüssel IIa-VO einen Einbezug gleichgeschlechtlicher Ehen zu fordern.[10]

(bb) Contra: Rechtssicherheit, Mitspracherecht der Mitgliedstaaten, EuGüVO/EuPartVO

Gegen eine dynamische Interpretation spricht jedoch der Aspekt der Rechtssicherheit und Rechtsklarheit. Der Ehebegriff ist autonom auszulegen.[11] Es stellt sich daher die Frage, welche Anzahl von Mitgliedstaaten überhaupt erforderlich ist, um eine solche „Umdeutung" vornehmen zu dürfen. Solange der europäische Gesetzgeber sich nicht ausdrücklich hierzu geäußert hat, sollte es der Rechtsanwenderin verwehrt bleiben, durch die „Hintertür" aufgrund einzelner mitgliedstaatlicher Gesetzesänderungen der Verordnung ein anderes Eheverständnis beizumessen. Eine solche richterrechtliche Rechtsfortbildung ist auch unter Gewaltenteilungsaspekten kritisch zu sehen – hier ist vielmehr der Unionsrechtsgesetzgeber gefragt.[12]

---

7 In diese Richtung NK-BGB/*Gruber*, Art. 1 Brüssel IIa-VO Rn. 3 und *Mankowski*, IPRax 2017, 541 (546).

8 *Dornblüth*, Die europäische Regelung der Anerkennung und Vollstreckbarerklärung von Ehe- und Kindschaftsentscheidungen (2003), 43; *Winkler v. Mohrenfels*, in: FS Ansay (2006), 527 (538 f.); *D'Oliveira*, in: LA Siehr (2000), 527 (534).

9 Hausmann/Odersky/*Hausmann*, Internationales Privatrecht in der Notar- und Gestaltungspraxis, 3. Auflage 2017, § 11 Rn. 150; NK-BGB/*Gruber*, Art. 1 Brüssel IIa-VO Rn. 3; a.A. *Andrae*, FPR 2010, 505 (506).

10 NK-BGB/*Gruber*, Art. 1 Brüssel IIa-VO Rn. 3; *Gruber*, IPRax 2012, 381 (382).

11 MüKoFamFG/*Gottwald*, Art. 1 Brüssel IIa-VO Rn. 5; Staudinger/*Spellenberg* (2015), Art. 1 Brüssel IIa-VO Rn. 3.

12 Althammer/*Arnold*, 1. Auflage 2014, Art. 1 Brüssel IIa-VO Rn. 6; für eine Lösung durch die Gemeinschaft schon *Helms*, FamRZ 2002, 1593 (1594).

Überdies ist zu beachten, dass der EU-Gesetzgebungsprozess bewusst so ausgestaltet ist, dass die Interessen aller Mitgliedsstaaten berücksichtigt werden und nicht über ihren Kopf hinweg entschieden wird. Dem würde nicht Genüge getan, wenn eine autonome Definition trotz fehlender Einigkeit „fingiert" würde.

Zudem zeigt das zuletzt harmonisierte Güterkollisionsrecht, dass der europäische Gesetzgeber auch heute doch noch keinen einheitlichen Ehebegriff zugrunde legt. Mit der Güterrechts-VO (EuGüVO) und der Lebenspartnerschafts-VO (EuPartVO) wurde das Güterkollisionsrecht von verschiedengeschlechtlichen und gleichgeschlechtlichen Ehen – trotz eines weitgehenden Gleichlaufs in der Sache – formal in zwei unterschiedlichen Rechtsakten niedergelegt.[13]

(c) Vermittelnde Ansicht

Vermittelnd ließe sich auch argumentieren, dass zumindest dann eine dynamische Interpretation angezeigt ist, wenn in dem Gerichtsstaat die gleichgeschlechtliche Ehe zugelassen ist.[14] Das überzeugt jedoch nur bedingt, weil eine unterschiedliche Auslegung eines autonomen Rechtsinstruments durch die mitgliedsstaatlichen Gerichte die vom Europarecht angemahnte Einheitlichkeit der Rechtsanwendung gefährdet.[15]

bb) Anknüpfung nach der Brüssel IIa-VO

Hält man die Brüssel IIa-VO für anwendbar, kann sich die internationale Zuständigkeit aus Art. 3 Abs. 1 lit. a) Spiegelstrich 5 Brüssel IIa-VO ergeben. Dafür muss L ihren gewöhnlichen Aufenthalt in Deutschland begründet haben. Dort lebte sie zum Zeitpunkt der Zustellung des Antrages seit mittlerweile einem Jahr im Kreise ihrer Familie und mit einer festen Arbeit. Daher hatte sie dort ihren gewöhnlichen Aufenthalt.

---

13 Hk-ZPO/*Dörner*, Art. 1 Brüssel IIa-VO Rn. 7; Rauscher/*Rauscher*, EuZPR/EuIPR, Art. 1 Brüssel IIa-VO Rn. 5.

14 *Hausmann*, Internationales und Europäisches Familienrecht, 2. Auflage 2018, A. Ehesachen Rn. 33; NK-FamR/*Rieck*, 3. Auflage 2018, Art. 1 Brüssel IIa-VO Rn. 1; wohl auch *Boele-Woelki/Gozáles-Beilfuss*, in: Boele-Woelki/Gozáles-Beilfuss (Hrsg.), Brussels II bis: Its Impact and Application in the Member States (2007), 23 (29).

15 Erman/*Hau*, § 98 FamFG Rn. 5; a.A. *Kohler/Pintens*, FamRZ 2019, 1477 (1480).

b) Zwischenergebnis

Damit ergäbe sich, hielte man die Brüssel IIa-VO für anwendbar, die internationale Zuständigkeit des Familiengerichtes aus Art. 3 Abs. 1 lit. a) Spiegelstrich 5 Brüssel IIa-VO.

2. Nationale Zuständigkeit

Verneint man hingegen die sachliche Anwendbarkeit der Brüssel IIa-VO, muss das nationale Zuständigkeitsrecht geprüft werden.

a) Zuständigkeit nach §§ 98 Abs. 1 Nr. 4, 121 Nr. 1 FamFG

Da das Verfahren die Scheidung einer Ehe betrifft, kann sich die internationale Zuständigkeit des erkennenden Gerichts aus §§ 98 Abs. 1 Nr. 4, 121 Nr. 1 FamFG ergeben.[16] Dafür spricht, dass die materiell-rechtliche Öffnung in § 1353 Abs. 1 BGB eine Gleichstellung von gleichgeschlechtlichen und verschiedengeschlechtlichen Ehen bezweckt.[17] L hatte ihren gewöhnlichen Aufenthalt bei der Zustellung des Antrags in Deutschland. Nach dem Sachverhalt ist zudem davon auszugehen, dass der Scheidungsbeschluss auch in den Staaten, denen die Ehegattinnen angehören (Niederlande und Belgien), anerkannt würde, sodass auch der Ausschlusstatbestand des § 98 Abs. 1 Nr. 4 FamFG nicht erfüllt ist.

b) Analoge Anwendung des § 103 FamFG

Allerdings wurde vor der Einführung der „Ehe für Alle" auf gleichgeschlechtliche Ehen, die nach dem Recht eines anderen Staates wirksam geschlossen worden waren, § 103 FamFG analog[18] angewandt. Dafür spricht auch weiterhin, dass der Gesetzgeber kollisionsrechtlich nach Art. 17b EGBGB (siehe dessen Abs. 4) anknüpft und damit einen Gleichlauf mit den Lebenspartnerschaftssachen herstellt. Ein rechtsvergleichender Konsens über die Zulässigkeit von gleichgeschlechtlichen Ehen besteht gerade nicht. Dies könnte man auch für die nach deutschem Recht geschlossenen gleichgeschlechtlichen Ehen so fortfüh-

---

16 So ohne Begründung Bumiller/Harders/Schwamb/*Bumiller*, 12. Auflage 2019, § 103 FamFG Rn. 1; Keidel/*Dimmler*, 20. Auflage 2020, § 98 FamFG Rn. 3; davon ging wohl auch der Regierungsentwurf des Umsetzungsgesetzes zur Eheöffnung aus: Begr. RegE, BT-Drucks, 19/4670, S. 27.

17 Schulte-Bunert/*Weinreich*, 6. Auflage 2019, § 98 FamFG Rn. 13; zum materiellen Recht: BeckOK-BGB/*Hahn*, § 1353 Rn. 2; Jauernig/*Budzikiewicz*, § 1353 BGB Rn. 1.

18 Zur früheren Rechtslage Kemper/Schreiber/*Kemper*, 2. Auflage 2009, § 98 FamFG Rn. 2; vgl. auch MüKoFamFG/*Rauscher*, § 98 Rn. 14a.

ren.[19] Dann würde sich die internationale Zuständigkeit aus § 103 Abs. 1 Nr. 2 FamFG analog ergeben, da L ihren gewöhnlichen Aufenthalt in Deutschland hatte.

c) Zuständigkeit auch nach nationalem Recht

Es ist also unerheblich, ob die internationale Zuständigkeit aus §§ 98 Abs. 1 Nr. 4, 121 Nr. 1 FamFG oder aus § 103 Abs. 1 Nr. 2 FamFG analog begründet wird. Das deutsche Familiengericht ist auch nach nationalem Verfahrensrecht international zuständig.

3. Zwischenergebnis

Sowohl aus dem europäischen als auch dem deutschen Verfahrensrecht ergibt sich dem Grunde nach die internationale Zuständigkeit des Familiengerichts.

4. Umzug der L

Allerdings ist L nach Zustellung des Scheidungsantrages nach Südafrika gezogen mit dem Willen, dort mit ihrer Jugendliebe eine neue Familie zu gründen.

a) Änderung des gewöhnlichen Aufenthalts durch Umzug

Der gewöhnliche Aufenthalt einer Person ändert sich bereits mit dem Umzug zu dem neuen Wohnort, solange dieser aufgrund der intendierten Integration in ein soziales und familiäres Umfeld als neuer Daseinsmittelpunkt gelten soll.[20] Dadurch hat L einen neuen gewöhnlichen Aufenthalt in Südafrika begründet. Legt man diesen Umstand zugrunde, würden die angenommenen Zuständigkeitsgründe in Art. 3 Abs. 1 lit. a) Spiegelstrich 5 Brüssel IIa-VO sowie §§ 98 Abs. 1 Nr. 4, 121 Nr. 1 FamFG bzw. § 103 Abs. 1 Nr. 2 FamFG analog aufgrund ihrer Anknüpfung an den gewöhnlichen Aufenthalt der L scheitern. Auch alle anderen denkbaren Zuständigkeitsgründe in Art. 3 Abs. 1 lit. a), 6 lit. a)–b) Brüssel IIa-VO und §§ 98 Abs. 1, 121 Nr. 1 FamFG bzw. § 103 Abs. 1 FamFG analog blieben unerfüllt.

---

19 BeckOK/*Sieghörtner*, § 98 FamFG Rn. 12. Zudem können sich bei § 98 FamFG Zuständigkeitslücken ergeben, näher: MüKoFamFG/*Rauscher*, § 98 Rn. 14a.
20 BeckOK-BGB/*Lorenz*, Art. 5 EGBGB Rn. 16; NK-BGB/*Makowsky/Schulze*, Art. 5 EGBGB Rn. 18.

b) Perpetuatio fori

Allerdings berührt gemäß § 261 Abs. 3 Nr. 2 ZPO eine Veränderung der die Zuständigkeit des Prozessgerichts begründenden Umstände die Zuständigkeit nicht (sog. Versteinerung). Eine einmal begründete Zuständigkeit soll erhalten bleiben, um Doppelprozesse zu vermeiden (Prozessökonomie).[21] Zudem soll der Antragsteller davor geschützt werden, dass sich der Beklagte durch einen Umzug seiner Gerichtspflicht entzieht. Bei einem Wegzug ins Ausland ist dieser Umstand sogar noch bedeutender als bei reinen Inlandssachverhalten, da mit der internationalen Zuständigkeit eines Gerichts in einem anderen Land ein anderes Kollisionsrecht Anwendung findet, was wiederum zu einer Veränderung des anwendbaren Sachrechts führen kann. Dieser Rechtsgedanke der perpetuatio fori gilt auch im europäischen Zuständigkeitsrecht und findet damit auch im Rahmen der Brüssel IIa-VO Anwendung.[22] Hinsichtlich des nationalen Zuständigkeitsrechts ordnet § 2 Abs. 2 FamFG eine parallele Handhabung in Bezug auf die örtliche – und analog wohl auch die internationale – Zuständigkeit an; auch der Verweis auf die Grundsätze der ZPO in § 113 Abs. 1 S. 2 FamFG stützt diese Vorgehensweise.[23]

c) Kein Einfluss des Wegzugs

Daher ändert der Wegzug der L aus Deutschland nichts an der zum Zeitpunkt der Zustellung des Scheidungsantrages bestehenden internationalen Zuständigkeit des deutschen Familiengerichtes.[24]

II. Zwischenergebnis

Dieses ist damit international zuständig.

C. Ergebnis

Der Antrag ist daher zulässig.

---

21 Hk-ZPO/*Saenger*, § 261 Rn. 22; Stein/Jonas/*Roth*, ZPO, § 261 Rn. 35.
22 BGH, NJW 2011, 2515 (2517).
23 Dazu etwa Keidel/*Dimmler*, 20. Auflage 2020, § 97 FamFG Rn. 8.
24 Beachtenswert ist insoweit noch, dass die europäischen Verordnungen bzgl. der Anrufung des Gerichts in aller Regel auf die bloße Einreichung eines verfahrenseinleitenden Schriftstücks abstellen (siehe etwa Art. 16 Abs. 1 lit a Brüssel IIa-VO), wohingegen das deutsche Prozessrecht in §§ 253 Abs. 1, 261 Abs. 1 ZPO die Zustellung der Klageschrift an den Beklagten fordert.

Lösung (Abwandlung)

Das Gericht muss die Scheidung aussprechen, wenn die materiellen Voraussetzungen nach dem österreichischen Scheidungsrecht vorliegen.

A. Begehren eines Ehegatten

L hat einen Antrag auf Scheidung gestellt, wie § 55 Abs. 1 S. 1 öEheG es vorsieht.

B. Auflösung der häuslichen Gemeinschaft

Weiterhin ist nach dem österreichischen Scheidungsrecht erforderlich, dass die „häusliche Gemeinschaft" seit drei Jahren aufgehoben ist. Auch diese Voraussetzung ist gegeben, da L und K über einen entsprechenden Zeitraum in getrennten Wohnungen lebten und auch ansonsten isolierte Leben führten.

C. Tiefgreifende unheilbare Zerrüttung der Ehe

Die Norm verlangt, dass das Scheidungsbegehren infolge „tiefgreifender unheilbarer Zerrüttung der Ehe" erfolgt ist. Dabei ist dem Scheidungsbegehren nicht stattzugeben, wenn das Gericht zur Überzeugung gelangt, dass die Wiederherstellung einer dem Wesen der Ehe entsprechenden Lebensgemeinschaft zu erwarten ist.

I. Zu erwartende Wiederherstellung der Lebensgemeinschaft
Die Ehegatten könnten sich trotz der fehlenden häuslichen Gemeinschaft seelisch und körperlich wieder angenähert haben und die Umstände somit für eine Wiederaufnahme der Beziehung sprechen. Wie aus § 55 Abs. 1 S. 2 öEheG hervorgeht, kann eine Zerrüttung selbst dann abgelehnt werden, wenn die zeitlichen Vorgaben der Norm eigentlich erfüllt sind.[25] Es liegt nahe, dass die „Wiederherstellung einer dem Wesen der Ehe entsprechenden Lebensgemeinschaft" sich zwischen L und K anbahnt: Sie treffen sich nicht nur regelmäßig, sondern planen auch längere gemeinsame Aufenthalte zu Urlaubszwecken. Vor allem

---

25 Zu den Einzelheiten etwa Gitschthaler/Höllwerth/*Aichhorn*, 2008, § 55 EheG Rn. 10 f.

wiegt insofern aber schwer, dass K und L die Hochzeit von Freunden gemeinsam besuchten, da sie auf diese Weise ihre enge Verbindung auch nach außen offen zeigten. Das Gericht hat daher überzeugend begründet, dass die Wiederherstellung einer dem Wesen der Ehe entsprechenden Lebensgemeinschaft zu erwarten ist.

II. Anwendung des § 1566 Abs. 2 BGB an Stelle des § 55 Abs. 1 S. 2 öEheG?

Problematisch ist jedoch, ob deutsche Gerichte § 55 Abs. 1 S. 2 öEheG überhaupt anwenden können, oder ob nicht vielmehr § 1566 Abs. 2 BGB gilt. § 1566 Abs. 2 BGB stellt ebenfalls eine Vermutung für das Scheitern der Ehe bei dreijährigem Getrenntleben auf. Die Norm lässt jedoch – im Gegensatz zum österreichischen Recht – keine Widerlegung dieser Vermutung zu. § 1566 Abs. 2 BGB regelt also eine beweisbezogene Frage, nämlich ob der Beweis des Gegenteils einer gesetzlichen Vermutung möglich ist. Aus Sicht deutscher Gerichte ist die Norm anwendbar, wenn es sich dabei um eine verfahrensrechtliche Frage handelt, für die die lex fori gilt.

Das auf beweisrechtliche Fragen anwendbare Recht ist gesetzlich nur teilweise geregelt. Während das deutsche EGBGB darüber schweigt, weisen Art. 18 Abs. 1 Rom I-VO und Art. 22 Abs. 1 Rom II-VO Vermutungen und sonstige Beweislastregelungen der lex causae zu. Unter welchen Umständen eine Vermutung widerlegt werden kann, wird von dieser Zuordnung konsequenterweise ebenfalls erfasst.[26] Diese Akzessorietät zur lex causae entspricht auch den Vorhersehbarkeitsinteressen der Parteien.[27] Sie lässt sich daher auf die Rom III-VO übertragen, auch wenn diese keine entsprechende Norm beinhaltet. Geht es dagegen nicht um die Beweislast, sondern um die Beweiswürdigung, insbesondere das Beweismaß, gilt die lex fori.[28]

§ 1566 Abs. 2 BGB wäre also als Norm der deutschen lex fori nur heranzuziehen, wenn die Norm die Beweiswürdigung regeln würde – also etwa das Beweismaß oder die Beweiserheblichkeit. Indes handelt es sich bei § 1566 Abs. 2 BGB um eine unwiderlegliche gesetzliche Vermutung. Unwiderlegliche Vermutungen sind jedoch keine auf die Beweiswürdigung bezogene Normen. Sie re-

---

26 Siehe nur MüKoBGB/*Spellenberg*, Art. 18 Rom I-VO Rn. 16; NK-BGB/*Limbach*, Art. 22 Rom II-VO Rn. 2.

27 Ausführlich zu diesen und weiteren Argumenten *Seibl*, Die Beweislast bei Kollisionsnormen (2008), 133 ff.

28 So z.B. Stein/Jonas/*Thole*, § 286 ZPO Rn. 297; NK-BGB/*Limbach*, Art. 22 Rom II-VO Rn. 3; BeckOK-BGB/*Spickhoff*, Art. 22 Rom II-VO Rn. 3; i.E. a.A. nach Abwägung der Pro- und Contra-Argumente *Seibl*, Die Beweislast bei Kollisionsnormen (2008), 139 ff. Zur Differenzierung aus der Rspr.: BGH, NZG 2016, 1187 (Rn. 15); KG, BeckRS 2017, 130817 (Rn. 16).

geln i.Ü. auch nicht etwa die Beweislast, weil Beweislastnormen regeln, wie im Falle eines *non liquet* – also bei Unsicherheiten auf tatbestandlicher Ebene – zu entscheiden ist. Vielmehr haben unwiderlegbare gesetzliche Vermutungen überhaupt keine Beweis- oder Beweislastfunktion, sondern erschöpfen sich in einer rein materiell-rechtlichen Bedeutung.[29] Auch § 1566 Abs. 2 BGB betrifft nicht etwa ein Aufklärungsproblem auf tatsächlicher Ebene (das über eine Beweislastnorm bzw. eine widerlegbare Vermutung gelöst würde), sondern verkörpert schlicht einen sachrechtlichen Unterschied zum österreichischen Recht. § 1566 Abs. 2 ist daher nicht anwendbar. Es bleibt vielmehr bei der Anwendbarkeit des § 55 Abs. 1 S. 2 öEheG.

D. Ergebnis

Da das Gericht unter Zugrundelegung nachvollziehbarer Argumente und in Entsprechung mit dem anwendbaren österreichischen Sachrecht zu der Überzeugung gelangt ist, dass eine Wiederaufnahme der Partnerschaft zwischen K und L ansteht, war es nicht gezwungen, dem Scheidungsbegehren stattzugeben.

---

29 Vgl. nur MüKoZPO/*Prütting*, § 292 Rn. 4. Einführend zur Verortung von Vermutungen in Beweisfragen *Kalbfleisch*, JuS 2020, 722 ff.

Fall 11: Internationales Abstammungsrecht

Sachverhalt*

Das Ehepaar F und M lebt in Münster (Deutschland). F und M sind reich, gesund und gebildet. M hat die deutsche, F die ukrainische Staatsangehörigkeit. Beide reisten im Mai 2020 – als die Inzidenzen in Deutschland im einstelligen Bereich lagen und erneute Reisebeschränkungen nicht zu erwarten waren – in die Ukraine, um dort über die Vermittlung einer Leihmutterschaftsagentur mithilfe der unverheirateten Leihmutter L (die gesund, aber arm und ohne Schulabschluss ist) ein Kind zu bekommen. Dafür wurde L in der Ukraine eine mit dem Sperma eines anonymen Spenders befruchtete Eizelle einer anonymen Eizellenspende eingesetzt. M, F und L schlossen vorab einen Leihmutterschaftsvertrag, in dem alle ihr Einverständnis damit erklärten, dass das von L geborene Baby rechtliches Kind von M und F sein soll und dass M und F das Kind nach seiner Geburt nach Deutschland bringen und sich dort um es kümmern, sobald es reisefähig ist. Gegenüber dem ukrainischen Standesamt erklärten M und F im September 2020 unter Vorlage des Leihmutterschaftsvertrags, dass sie die Elternschaft für das Kind K übernehmen wollen, das voraussichtlich im März 2021 geboren wird. M erkannte dabei mit Einverständnis der L die Vaterschaft für K vor dem ukrainischen Standesamt an. L gebar das gesunde Kind K am 10.3.2021 in einer Klinik in Kiew. Das Standesamt in Kiew stellte am Folgetag eine Geburtsurkunde aus, die F und M als Eltern von Kind K ausweist.

Am 12.3.2021 verhängte die Ukraine ein Einreiseverbot für alle Reisenden aus Deutschland, das zu der Zeit mit einer dort erstmals aufgetretenen neuen Virusvariante kämpfte, um die weitere Ausbreitung des Sars-CoV-2-Virus in der Ukraine einzudämmen. F und M konnten K daher nicht wie geplant in Kiew abholen und nach Münster bringen. Seit seiner Geburt bis zum heutigen Tag lebt K in der Klinik; Krankenschwestern kümmern sich um ihn. Er erhält dort gelegentlich auch Besuch von Leihmutter L, die durchaus Zuneigung für Kind K empfindet, aber unsicher ist, ob sie sich zutraut, Verantwortung für K zu übernehmen. M und F sind verzweifelt. F hatte sich vor allem auf die ersten Wochen und Monate mit K gefreut, um ein besonders enges emotionales Band zu K aufzubauen. Sie ist unsicher, ob sie ohne diese erste gemeinsame Zeit echte Mutterliebe zu K entwickeln kann. Sie will sich aber gleichwohl weiterhin um K kümmern. M ist weiterhin jedenfalls dann bereit, sich um K zu kümmern,

---

* Der Sachverhalt ist fiktiv und lediglich an die realen Entwicklungen rund um die Corona-Pandemie angelehnt.

wenn er und F auch aus Sicht der deutschen Behörden die rechtlichen Eltern des Kindes sind. Er sucht daher die Fachanwältin für Familienrecht Dr. Wohlgemut auf und bittet sie um Auskunft zu der Frage, ob Kind K aus Sicht deutscher Behörden von F und M abstammt. Er möchte von ihr auch wissen, ob es nicht den deutschen ordre public verletzt, sollte nicht L, sondern F als Mutter anzusehen sein.

Frage 1: Welche Auskunft wird Dr. Wohlgemut erteilen?

Frage 2: Was würde sich ändern, wenn die Elternschaft von M und F in einer unter Anhörung aller Betroffenen ergangenen gerichtlichen Entscheidung eines ukrainischen Gerichts festgestellt worden wäre?

Bearbeitungshinweis:
Bearbeitungszeitpunkt ist der 10.6.2021. Auf §§ 1591 ff. BGB wird hingewiesen.

Hinweis zum ausländischen Recht:
Nach ukrainischem Familienrecht sind die Wunscheltern, F und M, auch als rechtliche Eltern anzusehen.

Vorbemerkungen

I. Der Fall beschäftigt sich mit dem globalen Phänomen der Leihmutterschaft, auf das die deutsche Rechtsordnung trotz des inländischen Verbots reagieren muss, sobald die Kinder nach Deutschland kommen. Dabei wird die Problematik der „Corona-Babies" in den Blick genommen, die wegen der weltweiten Lockdowns und Reiseverbote in ihren Mutterländern verbleiben mussten.

II. Zunächst muss die Eintragung von M und F ins ukrainische Geburtenregister verfahrens- bzw. kollisionsrechtlich qualifiziert werden. Im Rahmen der kollisionsrechtlichen Abstammungsprüfung i.S.d. Art. 19 EGBGB kommt es dann schwerpunktmäßig auf die Bestimmung des gewöhnlichen Aufenthalts von K an. Diese ist bei Neugeborenen äußerst komplex, die Argumente für einen Aufenthalt in der Ukraine bzw. in Deutschland müssen umso sorgfältiger gegeneinander abgewogen werden. Dabei spielen sowohl Erwägungen zur Dauer des aktuellen Aufenthalts in der Ukraine, als auch die Absicht, K nach der Geburt nach Deutschland zu bringen, eine Rolle. Letztlich ist wohl beides vertretbar.

III. Für die rechtliche Abstammung von M ergeben sich nach Art. 19 EGBGB keine weiteren Probleme, da alle Anknüpfungen nach hier vertretener Ansicht zum deutschen Recht gelangen und auch nach § 1592 Nr. 2 BGB eine Vaterschaft durch Anerkennung möglich ist.

IV. Problematischer ist die Abstammung des K von F: Wird der gewöhnliche Aufenthalt des K in Deutschland angenommen, führen die alternativen Anknüpfungen in Art. 19 Abs. 1 S. 1 bzw. S. 2 EGBGB zu einem Normwiderspruch – nach deutschem Recht ist L Mutter des K, nach ukrainischem Recht ist es F. Der Umgang mit „konkurrierenden" Abstammungen ist ein typisches Problem des Art. 19 EGBGB, das im Sinne des Günstigkeitsprinzips zum Wohl des Kindes aufgelöst werden sollte.

V. Kommt man zur Abstammung des K von F, ist sodann eine ordre public-Prüfung gemäß Art. 6 EGBGB vorzunehmen, da das deutsche Recht die Leihmutterschaft explizit verbietet. Die Prüfung der Vereinbarkeit mit der öffentlichen Ordnung ist wieder eine typische Fragestellung des IPR.

VI. In der Abwandlung zeigen sich die Differenzen zwischen der kollisionsrechtlichen und verfahrensrechtlichen Anerkennungsprüfung. Die Frage des unterschiedlichen Prüfungsmaßstabs des verfahrens- und kollisionsrechtlichen ordre public wird diskutiert.

Gliederung der Lösung

Lösung

Frage 1: Auskunft der Dr. Wohlgemut

A. Verfahrensrechtliche Anerkennung i.S.d. §§ 108, 109 FamFG

In Betracht kommt eine verfahrensrechtliche Anerkennung gem. §§ 108, 109
FamFG. Eine i.S.d. §§ 108, 109 FamFG grundsätzlich anerkennungsfähige Entscheidung liegt vor, wenn der Akt eines ausländischen Gerichts in funktioneller
Hinsicht einer gerichtlichen Tätigkeit entspricht.[1] Zwar genügt grundsätzlich
eine Prüfung auf eher formaler Grundlage, nicht ausreichend ist jedoch eine
Eintragung im ukrainischen Geburtenregister, ebenso wenig eine aufgrund dessen ausgestellte Geburtsurkunde.[2] Die vom Standesamt in Kiew am 11.3.2021
ausgestellte Geburtsurkunde, die F und M als Eltern von Kind K ausweist, ist
somit keine anerkennungsfähige Entscheidung. Daher scheidet die verfahrensrechtliche Anerkennung aus.

B. Abstammungsstatut, Art. 19 Abs. 1 S. 1 EGBGB: Gewöhnlicher Aufenthalt des Kindes

Maßgeblich für die Abstammung ist daher das Abstammungsstatut, das nach
den Regeln des Internationalen Privatrechts zu ermitteln ist. Mangels staatsver-
traglicher oder europarechtlicher Regelung des Abstammungsstatuts ist das

---

1   BeckOK-FamFG/*Sieghörtner*, § 108 Rn. 30; MüKoFamFG/*Rauscher*, § 108 Rn. 10.
2   Vgl. BGH, NJW 2019, 1608 (1608); a.A. OLG Celle, NZFam 2017, 658 (660).

autonome Kollisionsrecht maßgeblich, aus Sicht deutscher Gerichte und Behörden also Art. 19 EGBGB.

Nach Art. 19 Abs. 1 S. 1 EGBGB unterliegt die Abstammung eines Kindes dem Recht des Staates, in dem das Kind seinen gewöhnlichen Aufenthalt hat. Bei dessen Ermittlung muss vor allem bei Neugeborenen berücksichtigt werden, wo die Bezugspersonen des Kindes, die es betreuen und versorgen, ihren gewöhnlichen Aufenthalt haben.[3] In der Regel teilt das Kind den gewöhnlichen Aufenthalt seiner Eltern, wenn es sich bei ihnen befindet.[4] Allerdings leitet sich der gewöhnliche Aufenthalt von Kindern nicht automatisch von demjenigen ihrer Eltern ab, sondern muss selbstständig bestimmt werden.[5] Der gewöhnliche Aufenthalt des Kindes und seiner Eltern können also auch auseinanderfallen.[6] Der gewöhnliche Aufenthalt von Kindern liegt an ihrem Daseinsmittelpunkt, also dem Schwerpunkt ihrer Lebensbeziehung. Hierfür ist auf die konkreten Umstände des Einzelfalls abzustellen. Zu berücksichtigen sind insbesondere absehbare Entwicklungen in der Zukunft des Kindes.[7] Zu prüfen ist also vor allem, ob das Kind den Aufenthalt bald wechseln oder voraussichtlich an seinem gegenwärtigen Aufenthalt verbleiben wird.[8] Dafür ist auch maßgeblich, wer faktisch über den Aufenthalt des Kindes bestimmen wird und wo sich das Kind voraussichtlich künftig aufhalten wird.[9] Die Verweildauer am Geburtsort ist ein starkes Indiz im Hinblick auf den gewöhnlichen Aufenthalt. Der Geburtsort ist nur dann der gewöhnliche Aufenthalt des Kindes, wenn es dort für längere Zeit bleibt. Als Richtwert dient ein Mindestaufenthalt von 6 Monaten. Bei einer kürzeren Verweildauer liegt dagegen der gewöhnliche Aufenthalt regelmäßig am geplanten Lebensort.[10]

Die Wunscheltern F und M des K leben in Münster (Deutschland). Laut dem vorab geschlossenen Leihmutterschaftsvertrag zwischen F, M und L sollte K auch, sobald er reisefähig ist, von M und F nach Deutschland gebracht werden, wo sich F und M um ihn kümmern wollen. K wurde sodann am 10.3.2021 in ei-

---

3 EuGH v. 22.12.2010 – C-497/10 PPU – *Mercredi*, FamRZ 2011, 617; BGH, FamRZ 2019, 892 (894) (m.Anm. *v. Bary*, 895).

4 BGH, FamRZ 2019, 892 (894) (m.Anm. *v. Bary*, 895).

5 OLG Celle, NJW-RR 2011, 1157 (1158); MüKoBGB/*v. Hein*, Art. 19 EGBGB Rn. 8; Staudinger/*Henrich* (2019), Art. 19 EGBGB Rn. 13.

6 BGH, FamRZ 2019, 892 (894) (m.Anm. *v. Bary*, 895).

7 Speziell zur Leihmutterschaft: BGH, FamRZ 2019, 892 (894) (m.Anm. *v. Bary*, 895); Staudinger/*Henrich* (2019), Art. 19 EGBGB Rn. 13.1.

8 Diese und weitere Kriterien beleuchtet etwa MüKoBGB/*v. Hein*, Art. 5 EGBGB Rn. 177 ff.

9 Zur Rolle einer gerichtlichen Sorgerechtsentscheidung in diesem Zusammenhang EuGH v. 9.10.2014 – C-376/14 PPU – *C./M.*, IPRax 2015, 239, Rn. 55 f.

10 BGH, FamRZ 2019, 892 (893) (m.Anm. *v. Bary*, 895).

ner Klinik in Kiew geboren. Aufgrund des am 12.3.2021 verhängten ukrainischen Einreiseverbots für alle Reisenden aus Deutschland zur Eindämmung des Sars-CoV-2-Virus konnten F und M jedoch K nicht wie geplant abholen und nach Münster bringen. Seit seiner Geburt bis zum heutigen Tag lebt K deshalb in der ukrainischen Klinik, wo sich Krankenschwestern um ihn kümmern. Inzwischen sind 3 Monate vergangen, in denen K in der Ukraine lebt. Der Richtwert für eine längere Verweildauer am Geburtsort von 6 Monaten ist noch nicht erreicht, jedoch immerhin dessen Hälfte. Die Wunscheltern F und M hatten aufgrund des Einreiseverbots bisher keinen unmittelbaren Kontakt zu K, obwohl sie sich diesen sehnlichst wünschen. Wäre das Einreiseverbot nicht verhängt worden, wäre K schon in Münster und sein gewöhnlicher Aufenthalt ließe sich dementsprechend in Deutschland verorten. Bis jetzt sind aber vielmehr die Krankenschwestern der ukrainischen Klinik sowie die ihn gelegentlich besuchende Leihmutter L Bezugspersonen des K. Nach ukrainischem Recht stehen diese aber in keiner familienrechtlichen Beziehung zu K, sondern F und M. M hat sogar die Vaterschaft für K mit Einverständnis der unverheirateten L vor dem ukrainischen Standesamt anerkannt. K weist folglich eine nähere Beziehung zu M und F auf, obwohl diese ihn tatsächlich noch nie von Angesicht zu Angesicht gesehen haben. Der gewöhnliche Aufenthalt von K liegt daher in Deutschland.

Anmerkung: Die Falllösung ist ergebnisoffen, ebenso gut lässt sich als gewöhnlicher Aufenthalt von K die Ukraine begründen.

Somit ist deutsches Recht anwendbar.

I. Vater M
M könnte rechtlicher Vater von K sein.

1. Anwendung der deutschen Vorschriften
Nach deutschem Sachrecht gilt: Gemäß §§ 1592 Nr. 2, 1594, 1595 BGB ist M durch die Anerkennung der Vaterschaft für K mit Zustimmung der unverheirateten Leihmutter L Vater geworden – vorbehaltlich der sogleich zu prüfenden Formgültigkeit der Vaterschaftsanerkennung. Dass die Anerkennung vor der Geburt des K erfolgte, ist gemäß § 1594 Abs. 4 BGB unerheblich. § 1597a BGB steht der Wirksamkeit der Anerkennung nicht entgegen. § 1597a BGB hat einen spezifisch aufenthaltsrechtlichen Schutzzweck,[11] der hier nicht eingreift: M geht es nicht

---

11 BeckOGK/*Balzer*, § 1597a BGB Rn. 2; MüKoBGB/*Wellenhofer*, § 1597a Rn. 1.

darum, K lediglich ein Aufenthaltsrecht (über die Staatsbürgerschaft) zu verschaffen, vielmehr möchte er Verantwortung für das Kind übernehmen und auch sozial für es Sorge tragen.[12]

2. Formgültigkeit der Anerkennung

Ob die Anerkennung vor dem ukrainischen Standesamt formgültig ist, ist gesondert nach Art. 11 Abs. 1 EGBGB anzuknüpfen, wonach die Ortsform oder die Form der lex causae maßgeblich ist. Die Ortsform ist durch die Anerkennung in der Ukraine vor dem ukrainischen Standesamt jedenfalls gewahrt. Die Form der lex causae, öffentliche Beurkundung gemäß § 1597 Abs. 1 BGB, ist gewahrt, sofern das ukrainische Standesamt funktionell dieselben Zwecke wie deutsche öffentlich beurkundende Stellen (u.a. Notare und Standesämter) erfüllt.[13] In erster Linie geht es hierbei um die Zwecke der Warnung und Beweissicherung.[14] Es ist davon auszugehen, dass das ukrainische Standesamt diese Zwecke ebenso gut umsetzt wie deutsche öffentlich beurkundende Stellen. Damit ist auch die Form der lex causae gewahrt. Die Anerkennung vor dem ukrainischen Standesamt ist nach beiden Anknüpfungsmomenten formgültig.

Möglicherweise verletzt die Vaterschaftsanerkennung in der Ukraine mit Blick auf § 1597a BGB den ordre public gemäß Art. 6 EGBGB. Allerdings gilt auch insofern, dass das Verhalten des M nicht dem Schutzzweck der inländischen Vorschrift unterfällt.

3. Materiellrechtliche Lösung bei gewöhnlichem Aufenthalt in der Ukraine

Nimmt man hingegen (was vertretbar ist, vgl. oben) an, dass der gewöhnliche Aufenthalt von K in der Ukraine liegt, so verweist Art. 19 Abs. 1 S. 1 EGBGB auf das ukrainische Recht. Danach gilt (sofern man davon ausgeht, dass das ukrainische Recht die Verweisung annimmt und keinen Renvoi ausspricht): M ist Vater des K.

Dieses Ergebnis der Anwendung ausländischen Sachrechts könnte den ordre public gemäß Art. 6 EGBGB verletzen. Aber: Hier ist die Verletzung des ordre public durch die konkrete abstammungsrechtliche Zuordnung des K zu M schon deshalb ausgeschlossen, weil das ukrainische Recht genau zu dem Ergebnis

---

12 Zu Fallgruppen siehe MüKoBGB/*Wellenhofer*, § 1597a Rn. 6 ff.

13 Zu den allgemeinen Grundsätzen: MüKoBGB/*Spellenberg*, Art. 11 EGBGB Rn. 96; NK-BGB/*Bischoff*, Art. 11 EGBGB Rn. 20 ff.; Staudinger/*Winkler von Mohrenfels* (2019), Art. 11 EGBGB Rn. 196.

14 BeckOK-BGB/*Hahn*, § 1597 Rn. 1; MüKoBGB/*Wellenhofer*, § 1597 Rn. 1.

führt, das auch die Anwendung des deutschen Sachrechts bringt, nämlich, dass M Vater ist. Nach deutschem Sachrecht ist er es durch Vaterschaftsanerkennung geworden (das müsste hier inzident geprüft werden, wie oben). Beide Sachrechte kommen zum selben Ergebnis, sodass der ordre public gemäß Art. 6 EGBGB nicht verletzt ist.[15]

4. Art. 19 Abs. 1 S. 2 EGBGB: Personalstatut des jeweiligen Elternteils

Die Abstammung kann im Verhältnis zu jedem Elternteil auch nach dem Personalstatut des jeweiligen Elternteils bestimmt werden, Art. 19 Abs. 1 S. 2 EGBGB. M ist deutscher Staatsangehöriger, sodass sich die Abstammung des K von ihm selbst nach deutschem Recht bestimmt. (s.o.)

5. Art. 19 Abs. 1 S. 3 EGBGB: Ehewirkungsstatut bei verheirateter Mutter

Gemäß Art. 19 Abs. 1 S. 3 EGBGB kann bei einer verheirateten Mutter auch das Ehewirkungsstatut bei der Geburt des Kindes gemäß Art. 14 Abs. 2 EGBGB angewandt werden. Nach Art. 14 Abs. 2 Nr. 1 EGBGB ist dabei grundsätzlich der gemeinsame gewöhnliche Aufenthalt der Ehegatten bei der Geburt maßgeblich. Das Bestehen einer gültigen Ehe, das Art. 19 Abs. 1 S. 3 EGBGB voraussetzt, ist eine Vorfrage, hier in Form der Erstfrage. Ob sie selbständig (so die hM[16]) oder unselbständig anzuknüpfen ist, kann jedoch offen bleiben, weil *lex causae* und *lex fori* identisch sind. Für die materielle Wirksamkeit der Eheschließung ist also Art. 13, für die formelle Wirksamkeit Art. 11 EGBGB maßgeblich. Allerdings gibt es keinerlei Anhaltspunkte für eine Unwirksamkeit der Ehe der F. F ist verheiratet. Die rechtliche Mutterschaft der F unterstellt, kommt aufgrund des Lebensmittelpunktes des Ehepaars F und M bei der Geburt des K in Münster deutsches Recht zur Anwendung. (s.o.)

6. Zwischenergebnis

M ist nach allen denkbaren Lösungsalternativen rechtlicher Vater von K.

II. Mutter F

F könnte rechtliche Mutter von K sein.

---

15 BVerfG, NJW 2008, 2835 (2836); NK-BGB/*Makowsky*/*Schulze*, Art. 6 EGBGB Rn. 29.
16 BeckOK-BGB/*Heiderhoff*, Art. 19 EGBGB Rn. 20 m.w.N.

1. Lösung nach dem gewöhnlichen Aufenthalt des Kindes

Nimmt man mit der oben vertretenen Abwägung an, dass der gewöhnliche Aufenthalt von K in Deutschland liegt, kommt deutsches Recht zur Anwendung. Hiernach ist gemäß § 1591 BGB die Frau, die das Kind geboren hat, rechtliche Mutter des Kindes. L hat K am 10.3.2021 geboren und ist folglich seine Mutter.

Sofern der gewöhnliche Aufenthalt des K abweichend in der Ukraine verortet wird, kommt ukrainisches Recht zur Anwendung. Nach ukrainischem Familienrecht ist F rechtliche Mutter des K.

2. Art. 19 Abs. 1 S. 2 EGBGB: Personalstatut des jeweiligen Elternteils

F hat die ukrainische Staatsangehörigkeit, sodass sich die Abstammung des K von ihr selbst nach ukrainischem Recht richtet. Nach ukrainischem Recht ist F Mutter des K.

3. Art. 19 Abs. 1 S. 3 EGBGB: Ehewirkungsstatut bei verheirateter Mutter

Das Ehewirkungsstatut der verheirateten F (ihre rechtliche Mutterschaft unterstellt) kommt zur Anwendung deutschen Rechts (s.o.). Nach deutschem Recht ist gemäß § 1591 BGB L Mutter des K.

4. Problem: Normwiderspruch

Aufgrund der Gleichrangigkeit der Anknüpfungsmomente (h.M.[17]) stellt sich das Problem konkurrierender Mutterschaften von L versus F. Dieses Problem soll nach dem Günstigkeitsprinzip so aufgelöst werden, dass dem Kindeswohl am besten gedient ist.[18] Der bei der Vaterschaft angewandte Prioritätsgedanke,[19] also die Konkretisierung anhand der zeitlich ersten sicheren Vaterschaft, hilft nicht weiter, da die Mutterschaft nach deutschem Recht ab der Geburt besteht.

Deshalb könnte bei Leihmutterschaften grundsätzlich das Recht angewendet werden, das zur Elternschaft der Wunscheltern führt. Empirisch betrachtet wird dieser Lösungsansatz meist kindeswohlförderlich sein.[20] Dies veranschaulicht auch der vorliegende Fall. F und M sind reich, gesund und gebildet. Es ist

---

17 OLG Hamm, FamRZ 2005, 291 (291); BeckOK-BGB/*Heiderhoff*, Art. 19 EGBGB Rn. 23; *Looschelders*, IPRax 1999, 420 (421); a.A. *v. Hoffmann/Thorn*, IPR, § 8 Rn. 132.
18 MüKoBGB/*Helms*, Art. 19 EGBGB Rn. 66 f.; Staudinger/*Henrich* (2019), Art. 19 EGBGB Rn. 77a.
19 Erman/*Stürner*, Art. 19 EGBGB Rn. 17a; MüKoBGB/*Helms*, Art. 19 EGBGB Rn. 17.
20 BGH, DNotZ 2019, 54 (56); BeckOK-BGB/*Heiderhoff*, Art. 19 EGBGB Rn. 26.

davon auszugehen, dass sie im Gegensatz zu der armen, unverheirateten und weniger gebildeten L dem K ein besseres Lebensumfeld bieten können. F und M haben sich bewusst für ein Kind entschieden. Dass sie aufgrund der ungewöhnlichen Umstände an ihrer Entscheidung zweifeln, ist menschlich. Zumindest aber wollen sie grundsätzlich noch die gemeinsame Sorge für K übernehmen. L hingegen empfindet zwar Zuneigung zu K, ist sich jedoch unsicher, ob sie sich die Übernahme der Verantwortung für K zutraut. K wird bei den Wunscheltern folglich wohl ein kinderwohlförderlicheres Umfeld auffinden. Folgt man mit dieser Argumentation dem Vorrang der zur Mutterschaft der Wunschmutter führenden Anknüpfung, setzt sich die Anknüpfung nach Art. 19 Abs. 1 S. 2 EGBGB (und – soweit man Ukraine als gewöhnlichen Aufenthalt von K ansieht – auch Art. 19 Abs. 1 S. 1 EGBGB) durch. F ist dann Mutter.

Ein anderer Lösungsansatz liegt darin, das Anknüpfungsmoment durchschlagen zu lassen, das der grundlegenden Wertungsentscheidung des deutschen Rechts gegen die Leihmutterschaft zur Anwendung verhilft (hier ggf. Art. 19 Abs. 1 S. 1 EGBGB oder Art. 19 Abs. 1 S. 3 EGBGB). Damit würde dem Präventionsgedanken Rechnung getragen.[21]

Dieser darf jedoch nicht zu Lasten der Kinder gehen.[22] Das Kindeswohl (vgl. auch Art. 2 Abs. 1, Art. 6 Abs. 2 S. 1 GG, Art. 8 EMRK, Art. 24 EU-Grundrechte-Charta, Art. 3 UN-Kinderrechtskonvention) ist ein hohes Gut, sodass hier dem kinderwohlförderlichen Ansatz der Zuordnung zu den Wunscheltern gefolgt werden sollte. *(a.A. vertretbar)*

Somit ist F Mutter von K. *(nach a.A. wäre L Mutter von K)*

5. Ordre public, Art. 6 EGBGB

(ggf. hilfsgutachterlich zu prüfen, sofern man deutsches Recht zur Anwendung bringt, vgl. konkrete Frage des M an Dr. Wohlgemut)

Für den ordre public gemäß Art. 6 EGBGB ist entscheidend, ob die konkret in Rede stehende abstammungsrechtliche Zuordnung des K zu der F als Mutter mit wesentlichen Grundsätzen des deutschen Rechts, insbesondere den Grundrechten, offensichtlich unvereinbar ist.[23] Maßgeblich ist hierbei vor allem das im Einzelfall zu prüfende Kindeswohl, dem gemäß Art. 2 Abs. 1, Art. 6 Abs. 2 S. 1

---

21 *Looschelders*, IPRax 1999, 420 (423); *Engels*, ZEuP 2014, 538 (558).
22 Staudinger/*Henrich* (2019), Art. 19 EGBGB Rn. 77a.1; *Dethloff*, JZ 2014, 922 (926); *v. Bar*/*Mankowski*, IPR, Rn. 988.
23 Zu den Maßstäben: BGH, NJW 2020, 3592 (3598); HK-BGB/*Dörner*, Art. 6 EGBGB Rn. 3 ff.; MüKoBGB/*v. Hein*, Art. 6 EGBGB Rn. 126; *Arnold*, in: Arnold/Bernat/Kopetzki (Hrsg.), Das Recht der Fortpflanzungsmedizin (2015), 125.

GG, Art. 8 EMRK, Art. 24 EU-Grundrechte-Charta, Art. 3 UN-Kinderrechtskonvention besonderer Schutz gebührt. Natürlich muss auch das Leihmutterschaftsverbot als wesentliche Wertungsentscheidung der deutschen Rechtsordnung und Präventionsziel beachtet werden.[24]

Im vorliegenden Fall muss der ordre public besonders umsichtig geprüft werden, weil K genetisch von keinem der beiden Wunscheltern abstammt, sondern mittels anonym gespendeten Spermas und einer anonym gespendeten Eizelle gezeugt wurde. Die Gefahr des Kinderhandels und die generelle Missbrauchsgefahr sind in solchen Fällen besonders groß.

Wie oben erläutert, erscheint die Zuordnung des K zu der F als Mutter kindeswohlförderlich. Aus der Armut und Ungebildetheit der L sowie der Vermittlung durch eine Leihmutterschaftsagentur kann nicht per se geschlossen werden, dass M und F die L für ihre Zwecke missbraucht haben. L hat mit M und F jedoch vorab einen Leihmutterschaftsvertrag geschlossen, sodass sie wusste, was auf sie zukam. Ferner hat sie der Anerkennung der Vaterschaft des M zugestimmt und somit kein weiteres Interesse an K gezeigt. Dass sie aufgrund der unvorhergesehenen Umstände K gelegentlich besucht, kann nicht als grundsätzliche Willensänderung aufgefasst werden: L ist sich vielmehr nicht sicher, ob sie wirklich Verantwortung für K übernehmen kann.

Im Gegensatz dazu bemüht sich das Ehepaar F und M um die Elternschaft des K. Zwar macht M seine elterliche Sorge für K von der rechtlichen Elternschaft abhängig. Zumindest will aber F, auf die es hier ankommt, sich weiterhin vorbehaltlos um K kümmern. Da M rechtlicher Vater von K geworden ist, kann sie dabei auch auf dessen Unterstützung setzen. Zwar zweifelt F daran, ob sie aufgrund der fehlenden ersten Wochen und Monate echte Mutterliebe zu K aufbauen kann. Dies bezeugt aber vielmehr, dass sie sich schon jetzt um das Wohlbefinden des K sorgt. Ihre Zweifel sind in erster Linie durch die unvorhergesehene Situation entstanden. Sie auf ein umständlicheres Adoptionsverfahren zu verweisen, während M schon jetzt rechtlicher Vater des K ist, erscheint unbillig.

Auch im Hinblick darauf, dass es sich hierbei um eine kollisionsrechtliche „Anerkennung" handelt, bei welcher der ordre public schneller eingreifen könnte als bei der verfahrensrechtlichen Anerkennung,[25] sollte das gefundene Ergebnis nicht korrigiert werden. Es ist kindeswohldienlich, wenn F rechtliche Mutter von K ist.

Der ordre public gemäß Art. 6 EGBGB ist nicht verletzt. (*a.A. genauso gut vertretbar*)

---

24 Vgl. Nachweise unter Fn. 21.
25 Vgl. Nachweise unter Fn. 34–37.

6. Zwischenergebnis

Das konkrete Ergebnis der Rechtsanwendung – nämlich, dass F rechtliche Mutter von K ist – verletzt den deutschen ordre public nicht.

C. Ergebnis

M und F sind rechtliche Eltern des K. In der Mutterschaft der F liegt kein Verstoß gegen den deutschen ordre public. *(a.A. vertretbar)*

Frage 2

Wäre die Elternschaft von M und F in einer unter Anhörung aller Beteiligten ergangenen gerichtlichen Entscheidung eines ukrainischen Gerichts festgestellt worden, ginge es im Gegensatz zur zuvor geprüften kollisionsrechtlichen „Anerkennung" um eine verfahrensrechtliche Anerkennung. Hierbei werden den durch die Entscheidung des ausländischen Gerichts vorgenommenen Zuordnungen (also: die Abstammung des K von den Wunscheltern M und F) auch für deutsche Behörden und Gerichte Geltung zugesprochen. Maßgebliche Rechtsgrundlagen für die verfahrensrechtliche Anerkennung sind §§ 108, 109 FamFG.

A. Anerkennungsfähige Entscheidung eines Gerichts

Eine i.S.d §§ 108, 109 FamFG grundsätzlich anerkennungsfähige Entscheidung liegt vor, wenn der Akt eines ausländischen Gerichts in funktioneller Hinsicht einer gerichtlichen Tätigkeit entspricht.[26] Eine unter Anhörung aller Betroffenen ergangene gerichtliche Entscheidung eines ukrainischen Gerichts ist eine grundsätzlich anerkennungsfähige Entscheidung.

B. Anerkennungshindernisse

§ 109 FamFG nennt einige Fälle, in denen eine Anerkennung zu unterbleiben hat. Erforderlich ist also im Umkehrschluss, dass die dort aufgestellten Anforderungen an den Anerkennungsvorgang erfüllt sind.

---

26 Vgl. Fn. 1.

I. § 109 Abs. 1 Nr. 1 FamFG: Spiegelbildliche Zuständigkeit des ausländischen Gerichts

Auch eine Anwendung der deutschen Zuständigkeitsnormen muss hypothetisch zur Zuständigkeit des ausländischen Gerichts führen.[27] Maßgeblich ist § 100 FamFG, wonach es für die spiegelbildliche Zuständigkeit des ausländischen Gerichts genügt, dass die Leihmutter die Staatsangehörigkeit des Entscheidungsstaates oder dort ihren gewöhnlichen Aufenthalt hatte. L lebt in der Ukraine und hat somit dort auch ihren Daseinsmittelpunkt. Die spiegelbildliche Zuständigkeit des ukrainischen Gerichts besteht.

II. § 109 Abs. 1 Nr. 2 und 3 FamFG

Diese potentiellen Anerkennungshindernisse sind unproblematisch und stehen der verfahrensrechtlichen Anerkennung nicht entgegen.

III. § 109 Abs. 1 Nr. 4 FamFG: Keine ordre public-Widrigkeit

Gegenstand der ordre public-Kontrolle ist das Ergebnis der Entscheidung, also ihre unmittelbare Wirkung bzgl. der abstammungsrechtlichen Zuordnung des K zu den Wunscheltern F und M.[28]

Maßgeblicher Zeitpunkt ist der Entscheidungszeitpunkt über die Anerkennung.[29] Der Zuordnung zu M, der die Vaterschaft für K anerkannt hat, steht der ordre public schon deshalb nicht entgegen, weil er auch im deutschen Recht aufgrund des Vaterschaftsanerkenntnisses Vater von K wäre. Ein ordre public-Verstoß scheidet aufgrund der gleichen Ergebnisse von ukrainischer Gerichtsentscheidung und Abstammungsrecht im Forumstaat (Deutschland) folglich aus.[30]

Für F gestaltet sich die Lage schwieriger, da sie nach deutschem Recht (§ 1591 BGB) nicht die rechtliche Mutter von K ist, sondern L, und das Leihmutterschaftsverbot eine wesentliche Wertungsentscheidung der deutschen Rechtsordnung ist.[31] Aber auch bei der verfahrensrechtlichen Anerkennung muss das konkrete Kindeswohl im Rahmen des Anerkennungsverfahrens berücksichtigt werden,[32] was inzwischen auch der Auffassung des BGH ent-

---

27 Zur spiegelbildlichen Zuständigkeit im Kontext der Leihmutterschaft: BGH, NJW 2015, 479 (480).

28 BeckOK-FamFG/*Sieghörtner*, § 109 Rn. 32; Kemper/Schreiber/*Kemper*, § 109 FamFG Rn. 19.

29 BGH, NZFam 2020, 762 (770); NK-BGB/*Andrae*, § 109 FamFG Rn. 69.

30 BGH, NJW 2015, 479 (480).

31 Vgl. § 1 Abs. 1 Nr. 7 ESchG und §§ 13c, 14 b AVermiG.

32 *Arnold*, in: Arnold/Bernat/Kopetzki (Hrsg.), Das Recht der Fortpflanzungsmedizin (2015), 125 (153 ff).

spricht.[33] Bzgl. des Kindeswohls von K im Hinblick auf die Mutterschaft der F kann auf die Ausführungen oben verwiesen werden.

Fraglich ist, ob beim verfahrensrechtlichen ordre public höhere Anforderungen an einen Verstoß als beim kollisionsrechtlichen ordre public gestellt werden sollen.[34] Dafür sprechen die Bestandskraft der ausländischen Entscheidung und der Integrationsgedanke: Es soll vermieden werden, dass für denselben Sachverhalt in jedem Staat neue – und ggf. sich widersprechende – Urteile erwirkt werden müssen.[35] Dagegen spricht, dass derjenige, der eine ausländische Entscheidung erwirkt hat, ohnehin besser steht als derjenige, der keine oder nur eine nicht anerkennungsfähige Entscheidung (z.B. Geburtsurkunde) erwirkt hat.[36] Die Anknüpfungsmomente des Art. 19 EGBGB führen bzgl. der Wunschmutter regelmäßig zum deutschen Recht, sodass dieser nur der Weg über das Adoptionsverfahren bleibt. Um zumindest einen gewissen Gleichlauf zu schaffen, ist der Maßstab der beiden ordre public gleich zu betrachten (*a.A. vertretbar und wohl h.M.*)[37].

Die rechtliche Mutterschaft von F verstößt jedenfalls auch nicht gegen den verfahrensrechtlichen ordre public gemäß § 109 Abs. 1 Nr. 4 FamFG (*a.A. vertretbar*).

IV. Zwischenergebnis

Anerkennungshindernisse sind nicht ersichtlich.

C. Ergebnis

Die Anerkennung der gerichtlichen Entscheidung des ukrainischen Gerichts würde ebenfalls zur rechtlichen Elternschaft von M und F führen. Auch der verfahrensrechtliche ordre public gemäß § 109 Abs. 1 Nr. 4 FamFG stünde der

---

33 Vgl. BGH, NJW 2015, 479 (483).

34 MüKoBGB/*v. Hein*, Art. 6 EGBGB Rn. 112; BGH, NJW 2015, 479 (480); BeckOK-FamFG/*Sieghörtner*, § 109 Rn. 32.

35 BGH, NJW 2015, 2800 (2803); Staudinger/*Voltz* (2013), Art. 6 EGBGB Rn. 118; *Linke/Hau*, IZVR, Rn. 13.31.

36 Vgl. zu dieser Konstellation *C. Mayer*, RabelsZ 78 (2014), 551 (578 f.); a.A. *Hausmann* in: Hausmann/Odersky, Internationales Privatrecht in der Notar- und Gestaltungspraxis, § 3 Rn. 122.

37 Für die h.M.: BGH, NZFam 2018, 983 (985); BeckOK-FamFG/*Sieghörtner*, § 109 Rn. 32; Staudinger/*Voltz* (2013), Art. 6 EGBGB Rn. 118; für die Gegenansicht: *Looschelders*, IPRax 2005, 29 (30); NK-BGB/*Makowsky/Schulze*, Art. 6 EGBGB Rn. 19; NK-ZwV/*Mäsch*, Art. 45 Brüssel Ia-VO Rn. 9.

rechtlichen Mutterschaft der F nicht entgegen. Die verfahrensrechtliche Anerkennung hat gegenüber der kollisionsrechtlichen „Anerkennung" jedoch den Vorteil, dass sie grundsätzlich ganz unabhängig davon erfolgt, welches Sachrecht aus deutscher Sicht anzuwenden gewesen wäre und welches Ergebnis dieses Sachrecht gebracht hätte.

Fall 12: Internationales Erb- und Familienrecht

Sachverhalt

Der Deutsche M, der im Januar 1997 geboren wurde, und die Pakistani F, die im August 2000 geboren wurde, sind seit ihrer Kindheit ein glückliches Paar. Sie leben in F's Heimat Pakistan, wo sie im September 2015 nach den für sie geltenden rechtlichen Vorgaben der islamisch-sunnitischen Religion, der beide angehören, heiraten. In den folgenden Jahren entstehen allerdings zunehmend Spannungen, weil M sich Kinder wünscht, F sich dafür aber noch nicht bereit fühlt. Im Oktober 2019 reicht es M, weshalb er sich entscheidet, seine Frau zu verstoßen. Wie im pakistanischen Recht vorgesehen, spricht er dreifach die Formel „talaq" aus. Anschließend übergibt er dem Vorsitzenden des örtlichen Schiedsgerichts sowie F eine schriftliche Nachricht, aus der die Verstoßung hervorgeht. Da ihn nun nichts mehr in Pakistan hält, zieht er im November 2019 zurück zu seinen Eltern nach Münster, wo er auch schnell einen Job und neue Freunde findet. Seine Eltern kommen im Juni 2020 bei einem Verkehrsunfall ums Leben. Im Juli 2020 erkrankt M schwer an SARS-CoV-2 und verstirbt.

Frage: Ist F aus Sicht deutscher Gerichte und Behörden Alleinerbin des M, wenn neben seinen Eltern auch seine Großeltern vorverstorben sind und M keine Abkömmlinge oder sonstige Verwandte hat?

Bearbeitungshinweise
Von der Formgültigkeit der Eheschließung ist auszugehen.
> Auf Art. 229 § 44 Abs. 4 EGBGB sowie auf §§ 1931 Abs. 2, 1924 Abs. 1 und 1925 Abs. 1 BGB wird hingewiesen.

Hinweise zum ausländischen Recht
1. Es ist zu unterstellen, dass das pakistanische materielle Erbrecht dem deutschen materiellen Erbrecht entspricht. Sofern das pakistanische IPR für den Fall von Bedeutung ist, entspricht auch dieses den deutschen kollisionsrechtlichen Vorschriften.
2. Das Recht Pakistans bejaht die Ehemündigkeit ab Erreichung des 15. Lebensjahres, wenn beide Partner islamischen Glaubens sind.
3. Zum pakistanischen Scheidungsrecht ist Folgendes zu unterstellen: Ehefrauen können nach dem pakistanischen Recht eine talaq-Scheidung nur wirksam aussprechen, wenn der Ehemann sie dazu im Ehevertrag ermäch-

tigt hat. Ehemänner können dagegen, wenn beide Eheleute der islamisch-sunnitischen Glaubensrichtung angehören, stets eine Scheidung durch talaq bewirken. Für die Wirksamkeit der Scheidung genügt es, dass der Ehemann dreifach die Scheidungsformel „talaq" ausspricht. Der Ehemann muss dem Vorsitzenden des örtlichen Schiedsgerichts und der Ehefrau zwar eine schriftliche Nachricht übergeben, aus der die Verstoßung hervorgeht. Das Schiedsgericht, das von staatlicher Seite für religiöse Streitigkeiten anerkannt ist und bei Heranziehung durch einen oder beide Ehegatten als Organ der islamischen Judikative dient, nimmt aber keinerlei Sachprüfung vor oder stellt Bestätigungen aus. Die Wirksamkeit der Scheidung ergibt sich konstitutiv allein aus dem Ausspruch der Scheidungsformel durch den Ehemann.

Vorbemerkungen

I. Der Fall ist in eine erbrechtliche Fragestellung im Anwendungsbereich der EuErbVO eingebettet, beschäftigt sich jedoch schwerpunktmäßig mit den Eheschließungsvoraussetzungen nach Art. 13 EGBGB und der Anerkennung einer im Ausland erfolgten Privatscheidung. Die Fragestellung gibt den erbrechtlichen Einstieg in die Falllösung vor, der weitere Aufbau weist durch die familienrechtlichen Verhältnisse allerdings eine nicht unerhebliche Komplexität auf. Für die gelungene Fallbearbeitung ist in solchen Konstellationen entscheidend, sich stets der relevanten Tatbestandsvoraussetzungen bewusst zu bleiben – also immer zu fragen, welche Beziehungen für die jeweiligen Ansprüche oder Rechtspositionen überhaupt relevant sind. Besonderes Augenmerk sollte auch auf der chronologischen Ordnung liegen (Eheschließung vor Scheidung).

II. Während die Prüfung der EuErbVO kaum größere Schwierigkeiten bereiten sollte, muss bei der Vorfrage der wirksamen Ehe die umstrittene Neuregelung des Art. 13 Abs. 3 EGBGB inklusive ihrer Ausnahmetatbestände nach Art. 229 § 44 Abs. 4 EGBGB angewendet werden. Die Struktur der Normen zu durchdringen und die Sachverhaltsinformationen entsprechend einzubetten, erfordert eine saubere Arbeit mit dem Gesetz und ein gutes Verständnis für die Besonderheit dieser einzigartigen Klausel.

III. Den zweiten Schwerpunkt des Falles bildet die Frage nach der Anerkennung einer im Ausland erfolgten Privatscheidung. Dabei müssen die verfahrensrechtliche und die kollisionsrechtliche Ebene unterschieden werden. Die Rom III-VO ist nach der Rechtsprechung des EuGH nicht unmittelbar auf Privatscheidungen anzuwenden. Sie ist dennoch maßgeblich, weil sie durch den Verweis des autonomen Kollisionsrechts in Art. 17 Abs. 2 EGBGB mittelbar – und mit Modifikationen – eben doch zur Anwendung gelangt. Sodann ist die nach dem pakistanisch-islamischen Statut wirksame talaq-Scheidung am Maßstab des deutschen ordre public (Art. 6 EGBGB) zu beurteilen, was wieder eher zum Standardrepertoire im IPR gehört.

Gliederung der Lösung

Lösung

A. Anwendbares Recht

F ist aus Sicht deutscher Gerichte und Behörden Alleinerbin des M, wenn ihr das anwendbare Recht diese Rechtsposition zuspricht.

Bei der Bestimmung des anwendbaren Rechts sind aufgrund des Vorrangs des EU-Rechts europäische Verordnungen vorrangig, vgl. auch Art. 3 EGBGB. Hier könnte die in Nr. 1 lit. e) genannte EuErbVO maßgeblich sein.

I. Anwendbarkeit der EuErbVO

Das setzt zunächst voraus, dass ihr Anwendungsbereich eröffnet ist.

1. Sachliche Anwendbarkeit

In sachlicher Hinsicht erstreckt sich die Verordnung nach Art. 1 Abs. 1 S. 1 auf die Rechtsnachfolge von Todes wegen. Die Frage nach der (Allein-)Erbenstellung der F fällt unproblematisch unter die in Art. 3 Abs. 1 lit. a) aufgeführte Definition. Ausnahmetatbestände aus Art. 1 Abs. 2 sind nicht einschlägig.

2. Zeitliche Anwendbarkeit

Zeitlich gilt die Verordnung nach Art. 83 Abs. 1, 84 S. 2 für die Rechtsnachfolge von Personen, deren Tod sich am oder nach dem 17. August 2015 ereignet hat.

Das ist mit Blick auf M, der im Juli 2020 infolge einer SARS-CoV-2-Erkrankung stirbt, der Fall.

3. Universelle Anwendung
Die Kollisionsnormen der Verordnung sind in allen teilnehmenden Mitgliedstaaten – also auch in Deutschland – selbst dann maßgeblich, wenn ein drittstaatliches Recht berufen werden sollte (*universelle Anwendung*, Art. 20).

4. Zwischenergebnis
Der Anwendungsbereich ist eröffnet.

II. Anknüpfung nach der EuErbVO
Sodann ist die Anknüpfung nach der EuErbVO zu ermitteln.

1. Subjektive Anknüpfung nach Art. 22 EuErbVO
Eine vorrangig zu berücksichtigende Rechtswahl i.S.v. Art. 22 hat M nicht getroffen.

2. Objektive Anknüpfung nach Art. 21 EuErbVO
Daher ist die objektive Anknüpfung nach Art. 21 entscheidend.

a) Gewöhnlicher Aufenthalt nach Art. 21 Abs. 1 EuErbVO
Art. 21 Abs. 1 beruft als Erbstatut grundsätzlich das Recht des Staates, in dem der Erblasser zum Todeszeitpunkt seinen gewöhnlichen Aufenthalt hatte. Wo M im Todeszeitpunkt seinen gewöhnlichen Aufenthalt hatte, ist problematisch, weil M lange in Pakistan lebte und erst im November 2019 nach Deutschland zog. Entscheidend ist dabei, wie das Anknüpfungsmoment des „gewöhnlichen Aufenthalts" in Art. 21 zu verstehen ist. Da es sich bei der EuErbVO um einen europäischen Rechtsakt handelt, sind ihre Begriffe unionsautonom auszulegen. ErwGr. 23 rückt in S. 1 als generelles Argument für diesen Anknüpfungspunkt die steigende Mobilität der Bürger in den Fokus, stellt aber zugleich nach S. 2 bei der Bestimmung primär auf die Dauer und Regelmäßigkeit des Aufenthalts ab, fordert also eine gewisse lokale Stabilität. Darüber hinaus sollen bei der Gesamtbeurteilung der Lebensumstände die spezifischen Verordnungsziele Be-

rücksichtigung finden, um eine qualifizierte Bindung zu dem Aufenthaltsstaat zu gewährleisten.[1]

Hier hat M zwar durchaus lange in Pakistan gelebt, im November 2019 aber entschieden, zurück zu seinen Eltern zu ziehen. Dass er dort schnell Anschluss fand, ist neben seinen familiären Bindungen dem neuen Job und einem wachsenden Freundeskreis geschuldet. Demgegenüber verbinden ihn abgesehen von seiner ehemaligen Partnerin keine tatsächlichen oder rechtlichen Umstände mehr mit Pakistan, wo ihn seit dem Ende der Beziehung vielmehr „nichts hält". Seinen Lebensmittelpunkt und damit den gewöhnlichen Aufenthalt hatte er im Zeitpunkt des Todes somit bereits in Deutschland.

b) Ausnahme nach Art. 21 Abs. 2 EuErbVO

Da zwischen der Rückkehr aus Pakistan und dem Versterben in Deutschland nur ein gutes halbes Jahr verstrichen ist, könnte jedoch Art. 21 Abs. 2 eingreifen, sodass ausnahmsweise nicht das von Art. 21 Abs. 1 berufene deutsche Recht, sondern pakistanisches Recht zur Anwendung käme. Die Ausweichklausel des Art. 21 Abs. 2 greift ein, wenn eine offensichtlich engere Verbindung zu einem anderen Staat gegeben ist. Klare Abgrenzungskriterien zu Abs. 1 nennt die Norm nicht. Aus ErwGr. 25 S. 1 ergibt sich nur, dass insbesondere auf die zeitliche Nähe abgestellt werden kann, das Ausnahmeinstrument zugleich aber restriktiv ausgelegt werden soll. In S. 2 wird ferner davor gewarnt, Art. 21 Abs. 2 immer dann anzuwenden, wenn sich die reguläre Bestimmung des gewöhnlichen Aufenthalts als komplex erweist. Für eine engere Verbindung nach Pakistan spricht neben der vergleichsweise kurzen Verweildauer in Deutschland bis zum krankheitsbedingten Tod v.a. die Tatsache, dass M und F viele Jahre in Pakistan gelebt haben.[2] Diese Umstände vermögen aber in der Gesamtschau nicht die Berührungspunkte zu dem neuen Aufenthaltsort in Deutschland zu entwerten oder derart zu überlagern, dass von einer offensichtlich engeren Verbindung gesprochen werden kann. Die Ausweichklausel greift nicht ein.

3. Zwischenergebnis

Es bleibt bei der Anknüpfung nach Art. 21 Abs. 1, sodass für die Erbenstellung deutsches Recht heranzuziehen ist (*a.A. vertretbar*).

---

1 BeckOK-BGB/*Loyal*, Art. 21 EuErbVO Rn. 10 ff.; Erman/*Stürner*, Art. 21 EuErbVO Rn. 2; vgl. auch die ausführlichen Erwägungen zu Art. 4 EuErbVO: MüKoFamFG/*Rauscher*, Art. 4 EuErbVO Rn. 15.

2 MüKoBGB/*Dutta*, Art. 21 EuErbVO Rn. 7; *Kunz*, GPR 2012, 208 (210).

Die Frage nach einem Renvoi stellt sich von vornherein nicht, wenn auf deutsches Recht verwiesen wird. Im Übrigen wäre nach Art. 34 Abs. 1 allenfalls bei Verweisen auf drittstaatliches Recht ein Renvoi beachtlich. *(Hinweis: Wenn die Bearbeitung über Art. 21 Abs. 2 zum pakistanischen Recht gelangt, wäre der Renvoi gem. Art. 34 Abs. 2 ausgeschlossen)*

B. Alleinerbenstellung nach materiellem deutschen Erbrecht

Materiellrechtlich kann sich eine Alleinerbenstellung aus § 1931 Abs. 2 BGB ergeben. Sollten Bearbeitende über Art. 21 Abs. 2 zum pakistanischen Erbrecht gelangen, wäre die entsprechende pakistanische Regelung entscheidend.

I. Ehegattenstellung der F

Als erste Voraussetzung fordert die Norm die Ehegattenstellung der F. Ob F Ehegattin des M war, ist eine Vorfrage – hier im engeren Sinne, nämlich im Tatbestand einer materiell-rechtlichen Norm.

1. Vorfrage der wirksamen Eheschließung zwischen F und M

Nach welchen Regeln das für die Antwort auf die Vorfrage maßgebliche Recht zu ermitteln ist, ist eine grundlegende kollisionsrechtliche Fragestellung. Die Vorfrage nach einer wirksamen Eheschließung ist nach wohl herrschender Ansicht selbständig anzuknüpfen, also nach den Kollisionsnormen der lex fori.[3] Danach wären die deutschen Kollisionsnormen maßgeblich. Dazu gelangt man aber auch bei der unselbständigen Anknüpfung lege causae, weil deutsches Recht auch Erbstatut ist. Welche Vorfragenanknüpfung vorzugswürdig ist, kann also offenbleiben. Die Vorfrage ist nach dem Sachrecht zu ermitteln, das vom deutschen Kollisionsrecht berufen wird. *(Hinweis: Wer über Art. 21 Abs. 2 EuErbVO zu pakistanischem Recht als Erbstatut gelangt ist, muss hier Farbe bekennen: Nach h.M. – selbständige Anknüpfung – wäre deutsches, nach a.A. – unselbständige Anknüpfung – dagegen pakistanisches Kollisionsrecht maßgeblich.)*

---

3 BGH, NJW-RR 2007, 145 (146); NK-BGB/*Looschelders*, Art. 1 EuErbVO Rn. 23; generell zu den verschiedenen Vorfragenanknüpfungen: *Rauscher*, IPR, Rn. 507 ff.

a) Materielle Eheschließungsvoraussetzungen nach Art. 13 EGBGB

Grundsätzlich sind die materiellen Eheschließungsvoraussetzungen für die beiden Verlobten separat nach ihrem jeweiligen Personalstatut zu prüfen, Art. 13 Abs. 1 EGBGB i.V.m. Art. 5 EGBGB.

aa) Eheschließungsvoraussetzungen des M

Für M als deutschen Staatsangehörigen ist deutsches Recht maßgeblich, das in § 1303 S. 1 BGB die Ehemündigkeit an die Volljährigkeit koppelt. Diese Voraussetzung erfüllt M. Sofern man die Ehemündigkeit nach § 1303 S. 1 BGB als sog. „zweiseitiges" Ehehindernis einordnet, stünde die Minderjährigkeit der F einer Eheschließung mit M allerdings aus Sicht des deutschen materiellen Rechts entgegen.[4] Diese Einordnung entspricht jedoch zum einen nicht der h.M., zum anderen erübrigt sich die Diskussion ohnehin durch die Neufassung von Art. 13 Abs. 3 EGBGB (dazu im Folgenden).[5]

bb) Eheschließungsvoraussetzungen der F

Für F als pakistanische Staatsangehörige kommt es dagegen auf das sunnitisch-islamische Recht Pakistans an, das die Verweisung annimmt. Da dort die Heirat bereits ab einem Alter von 15 Jahren zulässig ist, setzt auch dieses Personalstatut der Eheschließung keine Hürden.

cc) Zwischenergebnis

Nach den von Art. 13 Abs. 1 EGBGB berufenen Sachrechten konnte die Ehe wirksam geschlossen werden.

b) Ausnahmevorschrift des Art. 13 Abs. 3 Nr. 1 EGBGB

Die Ehe könnte allerdings gem. Art. 13 Abs. 3 Nr. 1 EGBGB unwirksam sein. Die Ausnahmevorschrift des Art. 13 Abs. 3 Nr. 1 EGBGB hat durch das „Gesetz zur Bekämpfung von Kinderehen" im Jahre 2017[6] Eingang in das Gesetz gefunden. Bis zur Nichtigerklärung durch das BVerfG muss die Norm in der Rechtsanwendung beachtet werden, auch wenn sie möglicher Weise verfassungswidrig ist.[7]

---

4 Dafür etwa m.w.N. *Antomo*, NZFam 2016, 1155 (1157).

5 Statt aller BeckOGK/*Kriewald*, § 1303 BGB Rn. 48.

6 Veröffentlicht in BGBl. 2017 I, 2429.

7 Das Verfahren, das durch den Vorlagebeschluss des BGH, NJOZ 2019, 43 eingeleitet wurde, ist unter dem Az. 1 BvL 7/18 beim BVerfG anhängig.

aa) Unwirksamkeit der Ehen von Minderjährigen unter 16 Jahren

Gem. Art. 13 Abs. 3 Nr. 1 EGBGB sind Ehen unwirksam, bei denen einer der Nupturienten das 16. Lebensjahr zum Zeitpunkt der Eheschließung noch nicht vollendet hatte. F war bei Eheschließung noch nicht 16, sodass der Tatbestand der Norm erfüllt ist.

bb) Ausnahmen von der Nichtigkeit nach Art. 229 § 44 Abs. 4 EGBGB

Allerdings sieht Art. 229 § 44 Abs. 4 EGBGB als intertemporale Übergangsvorschrift Fälle vor, in denen ausnahmsweise von der Nichtigkeit abgesehen wird.[8]

(1) Eingreifen des Art. 229 § 44 Abs. 4 Nr. 1 EGBGB

Art. 229 § 44 Abs. 4 Nr. 1 EGBGB ist jedoch nicht einschlägig, da F nach dem Stichtag 22.7.1999 geboren wurde.

(2) Eingreifen des Art. 229 § 44 Abs. 4 Nr. 2 EGBGB

Demgegenüber haben F und M die Ehe bis zur Volljährigkeit der F außerhalb Deutschlands geführt und auch ansonsten keinen gewöhnlichen Aufenthalt in diesem Staat begründet, sodass die Voraussetzungen von Nr. 2 erfüllt sind.

(3) Zwischenergebnis

Aufgrund der Ausnahmebestimmung wird von der Rechtsfolge des Art. 13 Abs. 3 Nr. 1 EGBGB in diesem Fall abgesehen, sodass die Ehe wirksam ist.

c) Formwirksamkeit

Die Ehe wurde auch formwirksam geschlossen (Bearbeitungshinweis).

d) Zwischenergebnis

Die Eheschließung zwischen M und F erfüllt die materiellen und formellen Anforderungen, die durch die jeweils anwendbaren Rechte aufgestellt werden. Auch ein ordre public-Verstoß ist nicht ersichtlich, handelte es sich doch grundsätzlich um eine im Einvernehmen gelebte Ehe. Die Ehe war daher wirksam.

---

8 Begr. RegE, BT-Drs. 18/12086 S. 24; Erman/*Stürner*, Art. 13 EGBGB Rn. 41e.

2. Beseitigung der Ehegattenstellung durch wirksame Scheidung

Eine wirksame Scheidung vor dem Zeitpunkt des potentiellen Erbanfalls könnte die Stellung der F als Ehegattin aber beseitigt haben.

a) Verfahrensrechtliche Anerkennung nach § 107 FamFG

Denkbar ist, dass eine im Ausland erfolgte Scheidung nach § 107 FamFG verfahrensrechtlich anzuerkennen ist. Vorrangig wäre zwar die Anerkennung nach der Brüssel IIa-VO. Allerdings greift die Brüssel IIa-VO schon deshalb nicht ein, weil keine mitgliedsstaatliche Entscheidung im Raum steht (vgl. Art. 2 Nr. 4 und Art. 21 Abs. 1 Brüssel IIa-VO). Dabei kann die schwierige Frage offenbleiben, ob die Brüssel IIa-VO auf Privatscheidungen anwendbar ist.[9] § 107 FamFG setzt allerdings voraus, dass eine „Entscheidung" vorliegt. Problematisch ist, ob diese Voraussetzung durch den Ausspruch der talaq-Formel erfüllt ist.[10] Zwar können auch Privatscheidungen in den Anwendungsbereich von § 107 FamFG fallen, allerdings nur, wenn ein staatlicher Akt zumindest deklaratorischer Natur vorgenommen wurde.[11] Hier fungiert das Gericht jedoch ausschließlich passiv, indem es nicht einmal eine Registrierung vornimmt, sondern lediglich durch die handelnden Personen informiert wird. Solche Vorgänge fallen nicht in den Anwendungsbereich des Anerkennungsmonopols aus § 107 FamFG. (*Hinweis: Sieht man dies anders und bejaht § 107 FamFG, kommt aufgrund der privatrechtlichen Natur der entsprechenden Vorgänge nach h.M. dennoch nicht der verfahrensrechtliche Anerkennungsmaßstab des § 109 FamFG in Betracht, sondern es erfolgt bei Privatscheidungen eine kollisionsrechtliche Wirksamkeitsprüfung.[12]*)

b) Kollisionsrechtliche Prüfung der Scheidung

Ob die Scheidung wirksam ist, bestimmt sich deshalb nach dem anwendbaren materiellen Scheidungsrecht.

aa) Anwendbares Recht

Somit ist in einem ersten Schritt das anwendbare Recht zu bestimmen.

---

9 Der BGH hat die Frage für die italienische Privatscheidung dem EuGH zur Vorabentscheidung vorgelegt, vgl. BGH, FamRZ 2021, 119 (m.Anm. *Meyer*, 123 f.).

10 Johannsen/Henrich/*Althammer/Henrich*, Familienrecht, 7. Aufl. 2020, § 107 FamFG Rn. 1; Kemper/Schreiber/*Kemper*, § 107 FamFG Rn. 6 ff.; allgemein: *Linke/Hau*, IZVR, § 12.

11 BeckOK-FamFG/*Sieghörtner*, § 107 Rn. 10.

12 Statt aller m.w.N. BeckOK-FamFG/*Sieghörtner*, § 107 Rn. 21.

(1) Anwendbarkeit der Rom III-VO

Dieses könnte sich aus der Rom III-VO ergeben, die aufgrund des Anwendungs-vorrangs des EU-Rechts Priorität genießt, wie Art. 3 Nr. 1 lit. d) EGBGB unter-streicht.

Seit dem Inkrafttreten der Verordnung wurde im Schrifttum intensiv disku-tiert, ob auch Privatscheidungen ihrem sachlichen Anwendungsbereich unterfal-len.[13] Mit seiner Entscheidung in der Rechtssache „Sahyouni"[14] hat der EuGH die Frage inzwischen negativ beschieden, was aufgrund seiner Auslegungskompe-tenz in der Rechtspraxis akzeptiert werden muss[15] – selbst wenn es nach wie vor gute Gründe gibt, die für eine Einbeziehung von Privatscheidungen streiten.

(2) Nationale Kollisionsnorm Art. 17 EGBGB

Es kommt damit auf die nationalen Kollisionsnormen, genauer gesagt Art. 17 EGBGB, an.

(a) Unanwendbarkeit von Art. 17 Abs. 3 EGBGB

Dessen Abs. 3, der für Inlandsehen die Scheidung durch Gericht vorschreibt, ist aufgrund der Vornahme der relevanten Handlungen in Pakistan nicht einschlä-gig.

(b) Verweis auf die Rom III-VO in Art. 17 Abs. 2 EGBGB

Für Ehen, die nicht in den Anwendungsbereich der Rom III-VO fallen, sieht Abs. 2 einen Verweis auf eben diesen europäischen Rechtsakt vor, wobei sich in Nr. 1–5 einige Modifikationen finden. Effektiv erlangt die Anknüpfungsleiter der Rom III-VO damit doch Bedeutung.

(aa) Subjektive Anknüpfung nach Art. 5 Rom III-VO

Eine Rechtswahl nach Art. 5 Rom III-VO haben F und M nicht getroffen.

---

13 Für die Anwendbarkeit der Rom III-VO: Begr. RegE, BT-Drs. 17/11049 S. 8 ff.; *Helms*, FamRZ 2011, 1765 (1766); *Majer*, NZFam 2017, 997 (1010); *Rauscher*, IPR, Rn. 819 ff; dagegen: NK-BGB/ *Gruber* 2. Auflage 2015, Art. 1 Rom III-VO Rn. 65 f.; *Gruber*, IPRax 2012, 318 (383); ausführliche Darstellung bei *Hausmann*, Internationales und Europäisches Familienrecht, 2. Auflage 2018, Rn. 319 ff.
14 EuGH v. 20.12.2017 – C-372/16 – Sahyouni, ZEuP 2018, 646 (m. Anm. *Arnold/Schnetter*, 652 ff.).
15 Vgl. Art. 267 Abs. 1 lit b) Alt. 2 AEUV; *Arnold/Schnetter*, ZEuP 2018, 646 (657).

(bb) Objektive Anknüpfung nach Art. 8 Rom III-VO

Im Rahmen der objektiven Anknüpfung nach Art. 8 Rom III-VO sind die verschiedenen Anknüpfungsmöglichkeiten nacheinander zu prüfen (sog. „Kaskadenanknüpfung"). Zunächst stellt lit. a) auf den gemeinsamen gewöhnlichen Aufenthalt der Ehegatten im Zeitpunkt der Anrufung des Gerichts ab. Da es bei Privatscheidungen indes gerade an einem solchen Schritt fehlt, ist gem. Art. 17 Abs. 2 Nr. 2 EGBGB der „Zeitpunkt der Einleitung des Scheidungsverfahrens" maßgeblich. Mit der h.M.[16] muss insofern der talaq-Ausspruch in den Blick genommen werden, als beide Ehegatten noch in Pakistan lebten. Anwendung findet damit das islamisch-sunnitische Recht, dessen Scheidungsvoraussetzungen gewahrt wurden.

(3) Zwischenergebnis

Damit wurden F und M grundsätzlich mit grenzüberschreitender Wirkung geschieden, was die Erbenstellung der F verhindern würde.

bb) Eingreifen des ordre public Art. 6 EGBGB

Dem könnte aber der ordre public entgegenstehen, der als Kontrollinstrument im Einzelfall untragbare Ergebnisse im Sinne der „öffentlichen Ordnung" korrigiert.[17] Die Rom III-VO beinhaltet eigenständige Vorbehaltsklauseln in Art. 10 und Art. 12 Rom III-VO. Allerdings gilt statt dieser Normen gem. Art. 17 Abs. 2 Nr. 5 EGBGB die nationale ordre public-Klausel des Art. 6 EGBGB.[18]

(1) Inlandsbezug

Der insofern erforderliche Inlandsbezug ist durch die deutsche Staatsangehörigkeit des M und den aktuellen Aufenthalt in Deutschland gegeben.

---

16 Etwa BeckOK-BGB/*Heiderhoff*, Art. 17 EGBGB Rn. 48; vgl. auch NK-BGB/*Gruber*, Art. 17 EGBGB Rn. 49; MüKoBGB/*Winkler von Mohrenfels*, Art. 17 EGBGB Rn. 25 ff.; *Weller/Hauber/Schulz*, IPRax 2016, 123 (126).

17 MüKoBGB/*v.Hein*, Art. 6 EGBGB Rn. 126 ff.; *v. Hoffmann/Thorn*, IPR, Rn. 150; *Looschelders*, RabelsZ 65 (2001), 463 (478).

18 Zum Streit zur Einordnung des Art. 10 Var. 2 Rom III-VO allgemein: *Grifo*, NZFam 2021, 202 (203); für eine Einordnung als Kontrolle des konkreten Ergebnisses: *Arnold/Schnetter*, ZEuP 2018, 646 (660 ff.); *Hau*, FamRZ 2013, 249 (254); i.E. auch *Helms*, FamRZ 2011, 1765 (1771 f.); für eine abstrakte Betrachtung: *Traar*, ÖJZ 2011, 805 (812); *Weller/Hauber/Schulz*, IPRax 2016, 123 (129 ff.).

(2) Offensichtlicher Verstoß gegen wesentliche Grundsätze des deutschen Rechts

Weiterhin muss ein offensichtlicher Verstoß gegen wesentliche Grundsätze des deutschen Rechts gegeben sein. Es geht dabei um Wertvorstellungen, die unsere Rechtsordnung in besonderer Weise prägen, wie es etwa die Grundrechte tun.[19] Die Bewertung erfolgt nicht nach starren Maßstäben, sondern hängt von der Stärke des Inlandsbezugs sowie der Qualität und situativen Wirkung der Verletzung ab und kann überdies zeitlichem Wandel unterliegen (Relativität des ordre public[20]). Aufgrund der besonderen Wirkungsweise von Vorfragen wird der ordre public in diesem Kontext klassischerweise zurückhaltend angewandt, er ist aber keineswegs ausgeschlossen.[21] F ist es nicht möglich, auf die Scheidung durch Verstoßung einzuwirken, vielmehr wird sie zum Objekt degradiert. Umgekehrt ist es ihr dagegen nicht gestattet, ihrerseits ohne eine Mitwirkung des Mannes den „talaq" auszusprechen und sich auf diese Weise selbstbestimmt aus der Ehe zu lösen. In dieser Praxis manifestiert sich unverkennbar eine geschlechtsspezifische Diskriminierung, die vom deutschen Recht nicht akzeptiert werden kann (vgl. etwa Art. 1 Abs. 1, 3 Abs. 2, 6 GG und Art. 8, 14 EMRK sowie die UN-Frauenrechtskonvention).[22]

(3) Unangemessenes Ergebnis im Einzelfall

Da es sich bei dem Vorbehalt nicht um eine abstrakte Normenkontrolle handelt, sondern lediglich eine Korrektur im Einzelfall vorgenommen werden soll, muss die konkrete Anwendung der streitgegenständlichen Regelungen überdies zu einem unangemessenen Ergebnis führen.[23] Bejaht man die Scheidung, würde F ihre Erbenstellung verlieren, die ihr als Ehegattin eigentlich zustünde. Diese für sie mit erheblichen Nachteilen verbundene Rechtsfolge würde eintreten, obwohl F ihrerseits nicht mit der Scheidung einverstanden war und nach dem deutschen Recht eine Scheidung weder über §§ 1565 ff. BGB, noch gem. § 1568

---

19 Staudinger/*Voltz* (2013), Art. 6 EGBGB Rn. 137; *v. Hoffmann/Thorn*, IPR, Rn. 139; generell zur prägenden Funktion der Grundrechte im Rechtsleben: BVerfGE 7, 198 (206) = BVerfG, NJW 1958, 257 (257).
20 Dazu nur BeckOGK/*Stürner*, Art. 6 EGBGB Rn. 262 ff.
21 So schon *Vallindas*, RabelsZ 18 (1953), 1 (10).
22 Aus der Rechtsprechung z.B. OLG Hamm, FamRZ 2011, 1056 (1057).
23 Dazu in Bezug auf den talaq schon *Bolz*, NJW 1990, 620. Zu einer evtl. Ausnahme von dem Grundsatz bei Gleichheitsverstößen siehe bspw. *Weller/Hauber/Schulz*, IPRax 2016, 123 (129) und BeckOK-BGB/*Lorenz*, Art. 6 EGBGB Rn. 11.

BGB zu rechtfertigen wäre.[24] Dieses Ergebnis ist folglich nicht hinnehmbar, weshalb die Kassationswirkung des ordre public interessengerecht erscheint.

(4) Kein pakistanisches Ersatzrecht

Im Ergebnis sind die pakistanischen Regelungen zur Scheidung damit nicht anwendbar. Eine Möglichkeit, die entstandenen Lücken durch sonstige Vorschriften aus dem dortigen Recht zu füllen, ist nicht ersichtlich. Auf Basis der deutschen lex fori ist eine Scheidung wie angesprochen wohl noch nicht möglich, jedenfalls aber noch nicht erfolgt.

c) Zwischenergebnis

Mangels wirksamer Scheidung bestand die Ehegattenstellung der F zum Zeitpunkt des Erbanfalls also noch fort.

II. Keine anderweitigen Verwandten

Zuletzt fordert § 1931 Abs. 2 BGB noch, dass keine sonstigen Verwandten der ersten oder zweiten Ordnung existieren. In Fragen kämen hier lediglich die Eltern des M, die allerdings bereits vor ihm durch einen Autounfall umgekommen sind.

C. Ergebnis

F ist Alleinerbin des M.

---

24 Staudinger/*Voltz* (2013), Art. 6 EGBGB Rn. 177; zu diesen Abwägungsmaßstäben in der Fallbearbeitung siehe *Rauscher*, IPRax 2000, 391 (394).

Fall 13: Kindesentführung

Sachverhalt

Der Franzose V und die Deutsche M sind nicht miteinander verheiratet. Sie haben ein gemeinsames im Jahre 2018 geborenes Kind K. Die Familie lebte bis August 2019 gemeinsam in Frankreich. V hat die Vaterschaft für das Kind K Mitte 2019 nach französischem Recht wirksam durch Erklärung gegenüber dem zuständigen französischen Standesbeamten anerkannt. Beide Eltern haben beim Leiter der Geschäftsstelle des zuständigen französischen Gerichts sodann die Erklärung abgegeben, dass sie die elterliche Sorge gemeinsam ausüben.

Ende Dezember 2019 verließ M mit dem gemeinsamen Kind K ohne Zustimmung des V die gemeinsame Wohnung und kehrte nach Deutschland (Münster) zu ihren Eltern zurück, wo sie seitdem mit dem Kind lebt. V beantragt im April 2020 beim Familiengericht Hamm die sofortige Rückführung. M widerspricht dem und beruft sich darauf, dass sie die alleinige Sorge für K habe, weil V's Vaterschaft nicht wirksam anerkannt sei. Eine Kindeswohlgefährdung durch V macht M nicht geltend. Hilfsweise beantragt sie die Übertragung der elterlichen Sorge auf sich allein.

Frage 1:

Ist das Familiengericht Hamm (FamG Hamm) zur Entscheidung über
A: den anhängigen Rückführungsantrag des V
B: den Hilfsantrag der M zuständig?

Frage 2:

Welches Recht ist jeweils auf die aufgeworfenen Rechtsfragen anwendbar?

Frage 3:

Wie wird das FamG Hamm entscheiden?

Bearbeitungshinweis:
Fragen des Statusbesitzes nach französischem Recht sind außer Acht zu lassen. Möglicherweise auftretende intertemporale Probleme sollen ebenfalls nicht be-

handelt werden. Es ist von der Anwendung des zum jetzigen Zeitpunkt geltenden Rechts auszugehen.

Anhang:

Französische Gesetzestexte:

Art. 18 CC: Franzose ist das Kind, wenn wenigstens ein Elternteil Franzose ist.

Art. 311-14 CC: Für die Abstammung ist das Personalstatut der Mutter am Tag
der Geburt des Kindes maßgebend. Ist die Mutter unbekannt, so ist das Personalstatut des Kindes maßgebend.

Art. 311-17 CC: Die Anerkennung von Vater- und Mutterschaft ist rechtswirk-
sam, wenn sie dem Personalstatut des Anerkennenden oder des Kindes entsprechend abgegeben wurde.
   (Die Bestimmung des auf die elterliche Sorge nicht miteinander verheirateter Eltern anwendbaren Rechts ist gesetzlich nicht geregelt. Nach h.M. ist in diesen Fällen das Heimatrecht des Kindes Sorgerechtsstatut.)

Art. 316 CC: Ist die Abstammung nicht nach den Voraussetzungen des
Abschnitts I dieses Kapitels begründet, kann sie durch Anerkennung der
Vater- oder Mutterschaft vor oder nach der Geburt des Kindes begründet wer-
den.
   Die Anerkennung führt nur zur Feststellung der Abstammung hinsichtlich
des Anerkennenden.
   Sie erfolgt in der Geburtsurkunde, einer vom Standesbeamten aufgenom-
menen Urkunde oder in jeder anderen öffentlichen Urkunde.
   (Vermerk: Abschnitt I dieses Kapitels betrifft die Vaterschaftsvermutung des
Ehemannes der Mutter.)

Art. 371-1 CC: Die elterliche Sorge ist eine Gesamtheit von Rechten und Pflichten, die dem Kindeswohl dienen.
   Sie steht dem Vater und der Mutter bis zur Volljährigkeit [...] des Kindes zu,
um es in seiner Sicherheit, seiner Gesundheit und Sittlichkeit zu schützen, um
seine Erziehung zu sichern und um seine Entwicklung zu ermöglichen mit der
gebührenden Achtung seiner Person.

Art. 372 CC: Die Eltern üben die elterliche Sorge gemeinsam aus.

Wenn die Abstammung jedoch erst nach mehr als einem Jahr nach der Geburt des Kindes zu einem Elternteil festgestellt wird, während sie zu dem anderen Elternteil schon feststeht, dann steht diesem allein die Ausübung der elterlichen Sorge zu. Das Gleiche gilt, wenn die Abstammung zum zweiten Elternteil des Kindes gerichtlich festgestellt wird.

Die elterliche Sorge kann dennoch gemeinsam ausgeübt werden, falls eine gemeinsame Erklärung der Eltern vor dem Leiter der Gerichtsgeschäftsstelle am *tribunal judiciaire* (= ordentliches Gericht, erste Instanz) abgegeben wird oder auf Grund einer Entscheidung des Familienrichters.

Art. 373-2 CC: Die Trennung der Eltern berührt nicht die Zuteilungsregelungen für die Ausübung der elterlichen Sorge [...].

Jegliche Verlegung des Aufenthaltsortes eines Elternteils muss, sobald die Modalitäten der Ausübung der elterlichen Sorge verändert werden, dem anderen Elternteil vorher [...] mitgeteilt werden. Falls keine Einigung zustande kommt, ruft der betreibende Elternteil den Familienrichter an, der danach entscheidet, was das Kindeswohl erfordert [...].

Vorbemerkungen

I. Der Sachverhalt der Aufgabenstellung ähnelt jenem, der den Fällen des BGH in seiner Entscheidung v. 16.3.2011[1] und des KG v. 23.9.2010[2] zu Grunde gelegen hat. Die Aufgabenstellung und die Lösung des Falles gehen aber andere Wege als die dortigen Entscheidungen, weil in der Aufgabenstellung – anders als bei den tatsächlichen Sachverhalten – der Vater einen Rückführungsantrag gestellt hat. Der Schwerpunkt des Falles liegt daher im Bereich der Kindesentführung. In diesem stellt bereits der Umgang mit den ineinandergreifenden verschiedenen Rechtsquellen (Brüssel IIa-VO, KSÜ, HKÜ) eine Herausforderung dar. Hinzukommen die streitigen Vorfragen, die sowohl die Abstammung als auch die elterliche Sorge betreffen. Bezüglich letzterer Fragen scheint sich zwar eine Parallele zu den Gerichtsentscheidungen zu ergeben, der kollisionsrechtliche Einstieg ist aber ein anderer. Hier stellen sich die Fragen nach der richtigen Rechtsquelle, nach dem Charakter der Verweisungen (Gesamt- oder Sachnormverweisung), nach Zusatzanknüpfungen und nach einem Statutenwechsel.

II. Durch die dezidierte Fragestellung ist der Aufbau vorgegeben und relativ einfach. Die Frage 1 betrifft die internationalverfahrensrechtliche Problematik,

---

1 FamRB 2011, 171; dazu *Coester*, FF 2011, 285 ff.
2 FamRZ 2011, 535.

die für den Rückführungsantrag des V und den Hilfsantrag der M getrennt zu beurteilen ist. Bei der internationalprivatrechtlichen Frage 2 besteht die Besonderheit darin, dass die Bestimmung des anwendbaren Rechts für den Hauptantrag über das HKÜ zu erfolgen hat und für beide Anträge das Zusammenspiel zwischen HKÜ, KSÜ, Brüssel IIa-VO und dem autonomen Recht zu klären ist.

III. Die Antwort auf Frage 3 erfordert kein dezidiertes Eintauchen in die materiell-rechtlichen Regelungen der anwendbaren Rechte, sondern ergibt sich im Wesentlichen aus der konsequenten Anwendung des HKÜ und der einfach festzustellenden Rechtslage.

Gliederung der Lösung

Lösung

Frage 1

A. Zuständigkeit des FamG Hamm für den Rückführungsantrag des V

I. Rechtsquelle
1. Qualifizierung des Antrags

V begehrt die sofortige Rückführung des Kindes K. Da M das Kind laut Sachverhalt ohne Zustimmung des V nach Deutschland verbracht hat, kann davon ausgegangen werden, dass V sich auf ein widerrechtliches Verbringen des Kindes durch M berufen will, also eine Kindesentführung geltend macht.

2. In Betracht kommende Rechtsquellen

Internationale Abkommen und europäische Verordnungen sind vorrangig vor dem autonomen Zuständigkeitsrecht zu beachten. Vom sachlichen Anwendungsbereich her kommen bei Kindesentführung das Haager Kindesentführungsabkommen (HKÜ), das Haager Kindesschutzübereinkommen (KSÜ) und die Brüssel IIa-VO in Betracht. Der zeitliche Anwendungsbereich ist für alle Rechtsquellen eröffnet, da das HKÜ für Deutschland am 1.12.1990 auch im Verhältnis zu Frankreich, das KSÜ in Deutschland am 1.1.2011, in Frankreich am 1.2.2011 und die Brüssel IIa-VO[3] für beide Mitgliedstaaten am 1.3.2005 in Kraft getreten sind. Bei einer behaupteten Entführung eines ca. zwei Jahre alten Kindes (vgl. Art. 2 KSÜ, Art. 4 S. 2 HKÜ) von einem Vertragsstaat in einen anderen ergibt sich der räumlich-persönliche Anwendungsbereich der internationalen Abkommen aus Art. 7 KSÜ, Art. 4 S. 2 HKÜ. Die Brüssel IIa-VO ist anwendbar, weil ein Mitgliedstaatengericht angerufen ist. Abkommen und Verordnung sind unabhängig davon anwendbar, nach welchem Recht der Rechtsstreit zu entscheiden ist.

Die gerichtliche Zuständigkeit in Fällen einer grenzüberschreitenden Kindesentführung ist im HKÜ (Art. 29, 3, 11) zumindest indirekt geregelt.[4] Danach

---

3 Die Brüssel IIb-VO wird nach ihrem Art. 105 Abs. 2 erst ab dem 1.8.2022 für nach diesem Stichtag eingeleitete Verfahren (Art. 100 Abs. 1) gelten.
4 Art. 29 HKÜ stellt nur klar, dass die Hilfe durch die zentralen Behörden des bisherigen Aufenthaltsstaates oder die des Zufluchtsstaates (vgl. Art. 8, 6, 7, 10 HKÜ) nicht in Anspruch genommen werden muss, der Antrag vielmehr auch gleich bei Gericht gestellt werden kann. Art. 1, 2 HKÜ verpflichten den Vertragsstaat, in den das Kind verbracht worden ist, zur sofortigen Rückgabe; Art. 12 HKÜ geht von einem gerichtlichen Verfahren zur Rückführung im Zu-

sind Rückführungsanträge bei den Gerichten des Zufluchtsstaates, hier also bei deutschen Gerichten, zu stellen.

Das KSÜ enthält eine Zuständigkeitsregelung in Entführungsfällen in Art. 7, der jedoch keine ausdrückliche Zuständigkeit für die Rückführung vorsieht, sondern dem Zufluchtsstaat lediglich eine Eilzuständigkeit für dringende Maßnahmen nach Art. 11 KSÜ zubilligt (Art. 7 Abs. 3 KSÜ).

Schließlich ergibt sich aus Art. 10 lit. b (i) i.V.m. Art. 11 Brüssel IIa-VO ebenfalls indirekt eine Zuständigkeitsregelung in Kindesentführungsfällen zu Gunsten der Gerichte des Zufluchtsstaates.

3. Verhältnis der Rechtsquellen zueinander

Zunächst ist daher das Verhältnis dieser Rechtsquellen zueinander zu bestimmen. Das KSÜ tritt im sachlichen Anwendungsbereich der Brüssel IIa-VO gegenüber dieser zurück, wenn das Kind seinen gewöhnlichen Aufenthalt in einem Mitgliedstaat der Brüssel IIa-VO hat (Art. 61 lit. a) Brüssel IIa-VO).[5] Da K sich sowohl vor der behaupteten Entführung als auch danach in einem Mitgliedstaat der Brüssel IIa-VO befindet, kann vorliegend offenbleiben, ob K schon einen neuen gewöhnlichen Aufenthalt in Deutschland begründet hat, da in jedem Fall Art. 61 Brüssel IIa-VO eingreift.

Auch das HKÜ geht dem KSÜ in Fragen der internationalen Zuständigkeit zur Rückführung und zur Widerrechtlichkeit einer Kindesverbringung vor (Art. 34 S. 1 HKÜ i.V.m. Art. 51 KSÜ sowie Art. 50 KSÜ).

Das Verhältnis von HKÜ und Brüssel IIa-VO ist in Art. 60 lit. e Brüssel IIa-VO zu Gunsten eines Vorrangs der Brüssel IIa-VO geregelt, soweit sich die Anwendungsbereiche decken.[6]

II. Die Bestimmung der internationalen Zuständigkeit

Vorrangig ist daher zunächst für die internationale Zuständigkeit von den Vorschriften der Brüssel IIa-VO auszugehen. Die nach Art. 8 Brüssel IIa-VO grundsätzlich an den gewöhnlichen Aufenthalt des Kindes geknüpfte internationale

---

fluchtsstaat aus; vgl. dazu MüKoBGB/*Heiderhoff*, Art. 12 HKÜ Rn. 20 f.; *Deuschl*, NZFam 2021, 149 (151).

5   BGH, NJW-RR 2014, 577 (579); *Andrae*, IPRax 2021, 153 (154).

6   Damit die Vertragsstaaten des HKÜ und des KSÜ durch die Befolgung der europäischen Regelungen nicht vertragsbrüchig werden, sind die Vorschriften der europäischen Verordnung so gestaltet, dass die Mitgliedstaaten der EU den Verpflichtungen aus den internationalen Abkommen entsprechen können.

Zuständigkeit erfährt für Kindesentführungen Sonderregelungen in Art. 10 und 11 Brüssel IIa-VO. Art. 10 Brüssel IIa-VO, der die Zuständigkeit der Gerichte des Aufenthaltsstaates vor Verbringung fixiert,[7] gilt aber – wie sich aus seiner lit. b (i) ergibt – nicht für Rückführungsanträge. Für diese greift vielmehr Art. 11 Brüssel IIa-VO ein, der aber wiederum keine eigene Zuständigkeitsregelung enthält, sondern die Zuständigkeit nach dem HKÜ unterstellt. Insofern ist dann doch wieder auf die Regelungen des HKÜ zurückzugreifen, die – wie oben dargelegt – von einer internationalen Zuständigkeit der Gerichte im Zufluchtsstaat ausgehen.[8] Auch hierfür kommt es nicht darauf an, ob das Kind bereits einen gewöhnlichen Aufenthalt im Zufluchtsstaat begründet hat. Zufluchtsstaat ist Deutschland. Die deutschen Gerichte sind daher für den Antrag auf Rückführung des Kindes international zuständig.

III. Örtliche, sachliche und funktionale Zuständigkeit

In Umsetzung der Vorschriften internationaler Abkommen und in Konkretisierung der Regelungen der Brüssel IIa-VO hat der deutsche Gesetzgeber die örtliche Zuständigkeit im Falle von grenzüberschreitenden Rückführungsanträgen in §§ 11, 12 Abs. 1 IntFamRVG festgelegt. Danach ist vorliegend das Familiengericht, in dessen Bezirk das Oberlandesgericht seinen Sitz hat, zuständig. K hält sich in Münster und somit im Oberlandesgerichtsbezirk Hamm auf. Somit ist das Familiengericht Hamm zuständig.

B. Zuständigkeit des FamG Hamm für den Hilfsantrag der M

I. Qualifizierung des Antrags

M wehrt sich gegen den Rückführungsanspruch des V mit der Behauptung, dass kein widerrechtliches Verbringen vorliege, da V nicht Inhaber der elterlichen Sorge sei. Dies begründet sie mit einer Unwirksamkeit der Vaterschaftsanerkennung. Hilfsweise geht sie vom Bestehen der gemeinsamen elterlichen Sorge aus und beantragt, die elterliche Sorge auf sie allein zu übertragen. Es handelt sich also bei der begehrten Entscheidung um eine solche über das elterliche Sorgerecht.

---

7 Dazu Rauscher/*Rauscher*, EuZPR/EuIPR, Art. 10 Brüssel IIa-VO Rn. 8 f.

8 Rauscher/*Rauscher*, EuZPR/EuIPR, Art. 10 Brüssel IIa-VO Rn. 12; MüKoBGB/*Heiderhoff*, Art. 12 HKÜ Rn. 20; *Deuschl*, NZFam 2021, 149 (151).

II. Rechtsquellen

Weil es um die internationale Zuständigkeit für eine Sorgerechtsübertragung geht, ist auch hier für die Prüfung der internationalen Zuständigkeit deutscher Gerichte der sachliche Anwendungsbereich der Brüssel IIa-VO (Art. 1 Abs. 1 lit. b, Abs. 2 lit. a) sowie der des KSÜ (Art. 3) eröffnet. Da zwei Mitgliedstaaten bzw. Vertragsstaaten berührt sind, ist auch der räumlich-persönliche Anwendungsbereich zu bejahen. Der zeitliche Anwendungsbereich ist – wie bereits oben dargelegt – ebenfalls unproblematisch eröffnet. Da sich die Frage nach der Übertragung der elterlichen Sorge aber im Rahmen einer behaupteten Kindesentführung stellt, ist auch das HKÜ (vgl. Art. 16 HKÜ) zu beachten, dessen zeitlicher und räumlich-persönlicher Anwendungsbereich oben ebenfalls bejaht wurde.

Wie bereits festgestellt, hat die Brüssel IIa-VO in ihrem Anwendungsbereich Vorrang vor dem KSÜ (Art. 61 Brüssel IIa-VO). Die Zuständigkeitsvorschriften des KSÜ brauchen daher nicht geprüft zu werden. Die Regeln des HKÜ sind ebenfalls gegenüber der Brüssel IIa-VO nachrangig (Art. 60 lit. e Brüssel IIa-VO).

III. Internationale Zuständigkeit

Art. 10 Brüssel IIa-VO sieht (in Anlehnung an Art. 16 HKÜ) für Entscheidungen über die elterliche Sorge die Beibehaltung der internationalen Zuständigkeit der Gerichte des Aufenthaltsstaates, in dem das Kind vor der widerrechtlichen Verbringung seinen gewöhnlichen Aufenthalt hatte, vor. Diese Fixierung der internationalen Zuständigkeit wird nur unter den besonderen Voraussetzungen von lit. a oder lit. b aufgehoben, die hier jedoch selbst dann nicht vorlägen, wenn K bereits einen neuen gewöhnlichen Aufenthalt in Deutschland haben sollte. Die Zuständigkeit der Gerichte des Zufluchtsstaates für eine Sorgerechtsregelung ist selbst dann blockiert, wenn diese die Rückgabe des Kindes aus Gründen des Art. 13 HKÜ ablehnen (Art. 11 Abs. 6 Brüssel IIa-VO). Mit diesen Regelungen soll verhindert werden, dass der Kindesentführer durch das widerrechtliche Verbringen auf einfachem Weg zu seinen Gunsten eine internationale Zuständigkeit der Gerichte im Zufluchtstaat für eine Sorgerechtsentscheidung begründen kann.

Da K vor der Verbringung nach Deutschland seinen gewöhnlichen Aufenthalt in jedem Fall in Frankreich hatte, sind die französischen Gerichte, nicht aber die deutschen Gerichte nach diesen Regelungen international zuständig.

Etwas anderes gilt nur dann, wenn sich herausstellen sollte, dass kein widerrechtliches Verbringen vorliegt, weil V entweder nicht Vater des Kindes oder nicht Inhaber der elterlichen Sorge ist (Rückschluss aus Art. 13, 3 HKÜ und den nur für den Fall des widerrechtlichen Verbringens eingreifenden Sonderregelungen der Art. 10, 11 Brüssel IIa-VO). Handelt es sich um eine rechtmäßige Verbringung des K nach Münster, so kann davon ausgegangen werden, dass K jedenfalls im April 2020 schon einen neuen gewöhnlichen Aufenthalt in Deutschland begründet hat. Die deutschen Gerichte sind dann – da Art. 9 Brüssel IIa-VO nicht eingreift[9] – aber auch nur dann, für Sorgerechtsregelungen nach Art. 8 Brüssel IIa-VO international zuständig.

Frage 2

A. Das auf die Frage des widerrechtlichen Verbringens anwendbare Recht

I. Rechtsquellen

Die Brüssel IIa-VO regelt die Frage des anwendbaren Rechts in Kindesentführungsfällen nicht. Damit ist grundsätzlich der Weg frei für die Anwendung des HKÜ. Ob bei einer Zuständigkeit der Mitgliedstaatengerichte nach der Brüssel IIa-VO die Kollisionsregeln des KSÜ eingreifen können, ist vorliegend zunächst nicht zu entscheiden (s. aber unten), da im Konkurrenzverhältnis von HKÜ und KSÜ zunächst das HKÜ Vorrang hat. Dieser Vorrang gilt auch vor dem autonomen Kollisionsrecht.

II. Widerrechtliche Sorgerechtsverletzung und Vaterschaft

Art. 3 HKÜ enthält eine Sachregelung dahin, dass Widerrechtlichkeit des Verbringens vorliegt, wenn u.a. ein tatsächlich ausgeübtes Sorgerecht einer Person (Behörde etc.) durch Verbringung in einen anderen Staat verletzt wird. Die Widerrechtlichkeit ist damit bei einer Sorgerechtsverletzung unmittelbar nach dem HKÜ gegeben.[10] Ob das ausgeübte Sorgerecht einer Person (etc.) verletzt ist, bestimmt nach Art. 3 HKÜ das Recht des gewöhnlichen Aufenthalts des Kindes unmittelbar vor der Verbringung. Art. 3 HKÜ verweist vorliegend damit auf französisches Recht.

Da die Beurteilung der Sorgerechtsverletzung so erfolgen soll, wie sie sich aus der Sicht des Aufenthaltsstaates darstellt, handelt es sich um eine Gesamt-

---

9 Zum einen ist die 3-Monats-Frist verstrichen, zum zweiten fehlt es nach dem Sachverhalt an einer vorangegangenen Umgangsregelung der französischen Gerichte, sodass auf die evtl. komplizierte Frage eines Umgangsrechts des V als „nur" biologischer Vater (vgl. EGMR v. 21.12.2010, Nr. 20578/07 – *Anayo/Deutschland*) nicht einzugehen ist.

10 OLG Schleswig, BeckRS 2020, 18802; Staudinger/*Pirrung* (2018), Art. 3 HKÜ Rn. E 33.

verweisung.[11] Das französische Recht ist also einschließlich seines internationalen Privatrechts zu prüfen. Es ist also zu untersuchen, ob V nach dem aus französischer Sicht anwendbaren materiellen Recht ein Sorgerecht für K hatte und ob dieses durch das Verbringen nach Deutschland verletzt wurde.

Die im vorliegenden Fall streitige Frage, ob V überhaupt als Vater angesehen werden kann, weil es u.U. an einer wirksamen Vater-Kind-Zuordnung fehlt, ist dementsprechend ebenfalls nach französischem Recht, einschließlich seines Kollisionsrechts, zu beantworten.

III. Französisches Kollisionsrecht
1. Elterliche Sorge
a) Rechtsquellen

Das KSÜ ist für Frankreich am 1.2.2011, also vor der hier zu beurteilenden Kindesverbringung, in Kraft getreten.[12] Es bestimmt das auf die elterliche Sorge anwendbare Recht in Art. 15 ff. Damit ist auch der sachliche Anwendungsbereich gegeben.

Wie oben bereits dargelegt, ist der räumlich-persönliche Anwendungsbereich des KSÜ grundsätzlich eröffnet. Ein Vorrang der Brüssel IIa-VO oder des HKÜ ist mangels dortiger Kollisionsregeln nicht gegeben. Umstritten ist jedoch, ob die Formulierung in Art. 15 Abs. 1 KSÜ „Bei der Ausübung ihrer Zuständigkeit nach Kapitel II…" eine Anwendung der Kollisionsnormen des KSÜ nur erlaubt, wenn die Gerichte auf Grund der Zuständigkeitsregelungen des KSÜ tätig werden, nicht aber wenn sich ihre Zuständigkeit aus der Brüssel IIa-VO ergibt.[13] Zwar ist zuzugeben, dass der grundsätzlich vom KSÜ intendierte Gleichlauf von Zuständigkeit und anwendbarem Recht bei nicht aneinander gekoppelten

---

11 KG, FamRZ 2011, 1516; MüKoBGB/*Heiderhoff*, Art. 3 HKÜ Rn. 4; Staudinger/*Pirrung* (2018), Art. 3 HKÜ Rn. E 27.

12 Nach dem Bearbeitungshinweis sind möglicherweise auftretende intertemporale Probleme außer Betracht zu lassen; ein solches liegt hier ohnehin nicht vor, da alle relevanten Akte nach Inkrafttreten des KSÜ liegen, eine Berufung auf Art. 53 KSÜ würde nicht passen, da es vorliegend nicht um eine Schutzmaßnahme nach dem KSÜ geht. Vielmehr gilt der hier angewendete Art. 16 KSÜ sofort nach den allgemeinen Grundsätzen ab Inkrafttreten des KSÜ (in Frankreich also ab 1.2.2011), s. Staudinger/*Pirrung* (2018), Art. 53 KSÜ Rn. D 199.

13 Für eine grundsätzliche Beschränkung des Anwendungsbereichs des KSÜ (wenngleich bedauernd): Rauscher/*Rauscher*, EuZPR/EuIPR, Art. 8 Brüssel IIa-VO Rn. 21 ff.; für eine generelle Anwendung der KSÜ-Regelungen: Grüneberg/*Thorn*, Anh. zu Art. 24 EGBGB Rn. 21; *A. Schulz*, FamRZ 2011, 156 (159); *Gärtner*, StAZ 2011, 65 (67); MüKoBGB/*Staudinger*, Art. 15 KSÜ Rn. 6; Rauscher/*Hilbig-Lugani*, EuZPR/EuIPR, Art 15 KSÜ Rn. 2 ff.; ohne nähere Begründung für einen generellen Anwendungsbereich des KSÜ: BGH, FamRB 2011, 171; dazu *Coester*, FF 2011, 285 (286); ebenso BGH, NJW 2018, 613; OLG Saarbrücken, NJOZ 2020, 15.

Zuständigkeits- und Kollisionsregeln nicht garantiert ist. Gerade im vorliegenden Fall ist die internationale Zuständigkeit der deutschen Gerichte gegeben, während über das Bestehen des Sorgerechts das Aufenthaltsrecht des Kindes, also französisches Recht, entscheiden soll. Ein Gleichlauf kann aber bei einer Kindesrückführung schon von der Idee des HKÜ her nicht gegeben sein, weil Rückführungszuständigkeit und nach Art. 3 HKÜ berufenes Recht grundsätzlich nicht identisch sind. Dies entspricht auch der in Art. 7 KSÜ zum Ausdruck kommenden Grundeinstellung. Außerdem knüpft die hier einschlägige Regelung des Art. 16 KSÜ unwandelbar an den gewöhnlichen Aufenthalt des Kindes zur Zeit der Begründung der elterlichen Verantwortung an (s.u.), die Notwendigkeit einer Parallele zur Zuständigkeit wird also durch das KSÜ selbst aufgegeben.[14] Es sprechen also trotz der beschränkend wirkenden Formulierung des Art. 15 KSÜ die besseren Argumente für eine generelle Bestimmung des anwendbaren Rechts nach dem KSÜ durch die Mitgliedstaaten der Brüssel IIa-VO, auch wenn diese ihre Zuständigkeit – wie sie es ja vorrangig tun müssen – aus der Brüssel IIa-VO herleiten.

Letztlich kann die Frage der Anwendung des KSÜ aber offenbleiben, denn – wie sich sogleich zeigen wird – es würde auch die Anknüpfung nach französischem autonomen internationalen Privatrecht zu einem im Wesentlichen gleichen Ergebnis führen.

b) Art. 16 KSÜ

Art. 16 Abs. 1 KSÜ beruft für die Beurteilung des Bestands elterlicher Sorge kraft Gesetzes das Recht des gewöhnlichen Aufenthalts des Kindes (zu der Zeit der Begründung), bei einer auf Vereinbarung beruhenden gemeinsamen elterlichen Sorge das Recht des gewöhnlichen Aufenthaltes des Kindes zur Zeit der Vereinbarung, vgl. Art. 16 Abs. 2 KSÜ. Beide Anknüpfungen sind grundsätzlich unwandelbar (Art. 16 Abs. 3 KSÜ).[15]

Da sowohl zu der Zeit einer eventuell gesetzlich entstandenen elterlichen Sorge für K (Art. 16 Abs. 1 KSÜ) als auch zu der Zeit, da M und V erklärt haben, die elterliche Sorge gemeinsam auszuüben (Art. 16 Abs. 2 KSÜ), der gewöhnliche Aufenthalt des Kindes in Frankreich lag, verweist Art. 16 KSÜ in beiden Varianten auf französisches Recht. Diese Verweisung ist eine Sachnormverwei-

---

14 So letztlich für Art. 16 KSÜ auch Rauscher/*Rauscher*, EuZPR/EuIPR, Art. 8 Brüssel IIa-VO Rn. 21 ff.

15 Die Ausnahme des Art. 16 Abs. 4 KSÜ kommt vorliegend nicht in Betracht; s. zur Wandelbarkeit und Unwandelbarkeit nach Abs. 3 und 4 die Darstellung bei Rauscher/*Hilbig-Lugani*, EuZPR/EuIPR, Art. 16 KSÜ Rn. 21 ff.

sung (Art. 21 Abs. 1 KSÜ). Demnach ist nach der h.M. französisches Sachrecht zur Beurteilung des Bestehens der elterlichen Sorge berufen.

c) Autonomes französisches Kollisionsrecht

Will man vorliegend nicht das KSÜ anwenden, so ist auf das autonome französische Kollisionsrecht zu rekurrieren. Nach dem Bearbeitungshinweis ist davon auszugehen, dass das französische autonome Kollisionsrecht die Sorgeberechtigung nicht miteinander verheirateter Eltern nach dem Heimatrecht des Kindes bestimmt. K hat nach § 4 StAG die deutsche Staatsangehörigkeit, nach Art. 18 CC hat K auch die französische Staatsangehörigkeit, wenn V rechtlich als Vater anzusehen ist.

Bei Doppelstaatern entscheidet grundsätzlich die effektive Staatsangehörigkeit. Art. 5 Abs. 1 Satz 2 EGBGB zu Gunsten der deutschen Staatsangehörigkeit kann vorliegend nicht herangezogen werden, weil die Beurteilung der Sorgerechtsverletzung aus französischer Sicht zu erfolgen hat. Französische Gerichte würden aber – die Vaterschaft des V unterstellt – von französischem Heimatrecht des Kindes ausgehen. Als Verweis auf das eigene Recht durch das autonome Kollisionsrecht ist dies eine Sachnormverweisung.

Nur für den Fall, dass V nicht rechtlich als Vater angesehen werden kann, würde das französische autonome Kollisionsrecht für das Bestehen der elterlichen Sorge auf deutsches Recht als (alleiniges) Heimatrecht des Kindes verweisen.

2. Vater-Kind-Abstammung

Das auf die Abstammung anwendbare Recht wird weder von der Brüssel IIa-VO noch vom KSÜ oder vom HKÜ bestimmt. Auch andere einschlägige internationale Übereinkommen sind nicht ersichtlich. Es ist daher das autonome französische IPR zu prüfen.

V hat hier die Vaterschaft durch Erklärung anerkannt. Nach Art. 311-17 CC richtet sich die Frage der Wirksamkeit einer Vaterschaftsanerkennung nach dem Heimatrecht des Anerkennenden oder – entsprechend dem Günstigkeitsprinzip – nach dem Heimatrecht des Kindes. Alternativ sind hier also französisches Recht als Heimatrecht des Anerkennenden und des Kindes und – neben der möglicherweise zweifelhaften französischen Staatsangehörigkeit – deutsches Recht ebenfalls als Heimatrecht des Kindes berufen. Die Verweisung auf französisches Recht ist eine Sachnormverweisung. Sollte die Verweisung auf das deutsche Recht aus französischer Sicht eine Gesamtverweisung sein, so würde das deutsche Kollisionsrecht nach Art. 19 Abs. 1 Satz 1, 2 EGBGB auf das französische Recht als Aufenthaltsrecht des Kindes zur der Zeit vor Verbringung und als Heimatrecht des Vaters zurückverweisen. Lediglich bezüglich der Erforderlichkeit weiterer Zustimmungen nähme das deutsche Recht gem. Art. 23 EGBGB die Verweisung an. Handelt es sich hingegen nicht um eine Gesamtverweisung, sondern um eine Sachnormverweisung, so würde deutsches Recht insgesamt die Frage der Wirksamkeit der Vaterschaftsanerkennung regeln.

Auf diese Fragen kommt es aber nur dann an, wenn die Vaterschaftsanerkennung aus französischer Sicht nicht wirksam sein sollte, das Kind also nicht die französische Staatsangehörigkeit hat.[16]

B. Das auf die hilfsweise beantragte Sorgerechtsübertragung anwendbare Recht

Nach den obigen Erkenntnissen ist das FamG Hamm für eine Übertragung der elterlichen Sorge für K international jedenfalls vorerst nicht zuständig, wenn M das Kind widerrechtlich nach Deutschland verbracht hat, weil die Sorgerechtszuständigkeit nach Art. 10 und Art. 11 Abs. 6 Brüssel IIa-VO bei den Gerichten des gewöhnlichen Aufenthaltsstaates des Kindes vor Verbringung bleibt. Dies gilt selbst dann, wenn das Gericht die Rückführung aus den Gründen des Art. 13 HKÜ ablehnt (Art. 11 Abs. 5, 7 Brüssel IIa-VO).

Das FamG Hamm ist international für eine Sorgerechtsübertragung nur zuständig, wenn eine widerrechtliche Verbringung des Kindes nach Deutschland nicht gegeben ist. Dies kann im vorliegenden Fall nur dann bejaht werden, wenn die Vaterschaftsanerkennung des V nicht wirksam ist oder er trotz wirksamer Vaterschaftsfeststellung kein Sorgerecht hatte.

Es liegt nahe, dass der Hilfsantrag der Mutter dann ins Leere geht, weil sie ohnehin Alleininhaberin der elterlichen Sorge nach den vorangegangenen Überlegungen zur Kindesentführung ist. Allerdings verändern sich die kollisionsrechtlichen Fragen insofern als – mangels Kindesentführung – Abstammung und Sorgerechtsinhaberschaft nicht mehr aus der Sicht des nach Art. 3 HKÜ bezeichneten Rechts zu beurteilen sind. Nach den von oben insofern über-

---

16 Die vom KG (NJW 2011, 535 [536]) aufgeworfene Frage nach einer Pflicht der deutschen Gerichte zur „Anerkennung eines Personenstandes", der in einem Mitgliedstaat begründet wurde, stellt sich also jedenfalls in dieser Fallkonstellation (Rückführungsantrag) nicht. Auch in dem Sachverhalt des KG hätte allerdings die Erklärung der Mutter über die gemeinsame Sorgerechtsausübung mit V als ein Einverständnis zu seiner Vaterschaft i.S.d. § 1595 Abs. 1 BGB angesehen werden können. Die öffentliche Beurkundung (§ 1597 BGB) wäre durch die Erklärung vor Gericht ersetzt, soweit man nicht ohnehin diese Form durch die Ortsform ersetzen würde.

nehmbaren Ausführungen zum Verhältnis von KSÜ und autonomen Kollisionsrecht ist in diesem Fall dann davon auszugehen, dass sich die elterliche Sorge nach Art. 16 KSÜ, also nach französischem Recht (s. oben) bestimmt. Für die Vorfrage der Vater-Kind-Abstammung ist hingegen zu prüfen, ob eine selbständige oder unselbständige Anknüpfung zu erfolgen hat. Bei einer unselbständigen Anknüpfung würde das Abstammungsstatut nach französischem Recht bestimmt, was zur alternativen Anwendbarkeit französischen oder deutschen Rechts führen würde (s. oben). Wird die Frage hingegen selbständig angeknüpft, so wird zwar nach Art. 19 Abs. 1 Satz 1, 2 EGBGB auch auf das französische Recht verwiesen. Zusätzlich – und nicht nur alternativ – bestimmt dann aber das deutsche Recht nach Art. 23 EGBGB die Erforderlichkeit zusätzlicher Zustimmungen.

Da diese Anknüpfungen aber nur dann relevant werden, wenn V ohnehin nicht als Vater anzusehen ist, erübrigt sich eine Entscheidung zwischen der selbständigen und der unselbständigen Anknüpfung.

Frage 3

A. Entscheidung des FamG Hamm über den Rückführungsantrag

I. Zulässigkeit

Der Antrag des V ist beim international, örtlich und sachlich zuständigen Gericht eingereicht. V ist – als jedenfalls behaupteter Vater und Sorgerechtsinhaber – antragsberechtigt (Art. 8 Abs. 1 HKÜ, § 16 IntFamRVG). Bedenken gegen die Zulässigkeit des Antrags sind nicht ersichtlich.

II. Begründetheit

Der Rückführungsantrag ist begründet, wenn die Verbringung von K nach Deutschland widerrechtlich erfolgte und der Antrag innerhalb eines Jahres nach Verbringung gestellt wurde (Art. 1, 12 Abs. 1 HKÜ). Widerrechtlich war das Verbringen, wenn es nach französischem Recht (s. oben) unter Verletzung des Sorgerechts des V erfolgte (Art. 3 HKÜ). Ob das Sorgerecht des V verletzt wurde, hängt davon ab, ob V nach französischem Recht Inhaber der Sorge war. Voraussetzung für die Sorgerechtsinhaberschaft nach französischem Recht ist die Vaterschaft des V (Art. 371-1, 372 CC).

V ist mit der Mutter von K nicht verheiratet. Er ist daher als Vater des Kindes anzusehen, wenn er nach französischem Recht (oder hilfsweise nach deutschem) die Vaterschaft wirksam anerkannt hat (Art. 311-17 CC). Nach den Sachverhaltsangaben genügte die Erklärung der Anerkennung gegenüber einem französischen Standesbeamten für eine nach französischem Recht wirksame Vaterschaftsanerkennung (vgl. auch Art. 316 CC). Da nach dem Günstigkeitsprinzip die Alternativberufung des Heimatrechts des Kindes (die möglicherweise auch deutsches Recht sein könnte) nur dann Bedeutung hat, wenn das andere berufene Recht nicht zu einer wirksamen Vaterschaftsfeststellung führt, kommt es auf die Wirksamkeit der Anerkennung nach dem alternativ berufenen deutschen Recht (insbesondere auf die Frage der zusätzlichen Erforderlichkeit, Art. 23 EGBGB, einer Zustimmung der Mutter nach § 1595 BGB) nicht an. V ist daher als nichtehelicher Vater des K anzusehen.

Als nichtehelicher Vater hat V nach französischem Recht die elterliche Sorge entweder sofort ab Geburt, wenn er die Vaterschaft innerhalb eines Jahres anerkennt (Art. 372 Abs. 2 CC) oder wenn er bei einer späteren Anerkennung gemeinsam mit der Mutter eine entsprechende Erklärung gegenüber dem Leiter der Geschäftsstelle des *tribunal judiciaire* abgibt (Art. 372 Abs. 3 CC). Letzteres ist hier geschehen, sodass offenbleiben kann, ob die Vaterschaftsanerkennung innerhalb eines Jahres nach Kindesgeburt oder erst später erfolgte, was nach dem Sachverhalt nicht eindeutig feststellbar ist. Damit ist V als Sorgerechtsinhaber anzusehen.

Die Verbringung des Kindes nach Deutschland ohne sein Einverständnis stellt eine Verletzung seines Sorgerechts dar. Dies ergibt sich auch aus Art. 373-2 CC.

Angesichts des Alters des Kindes (ca. zwei Jahre) ist eine Anhörung (Art. 11 Abs. 2 Brüssel IIa-VO) nicht erforderlich. Gründe, die der sofortigen Rückführung nach Art. 13 HKÜ entgegenstehen könnten, sind nicht ersichtlich. Die Rückführung widerspricht auch nicht Grundwerten des Menschenrechtsschutzes und deutschen Grundfreiheiten i.S.d. Art. 20 HKÜ.

Die Rückführung ist daher sofort anzuordnen. Dies ist keine Entscheidung über die elterliche Sorge (Art. 19 HKÜ).

B. Entscheidung des FamG Hamm über den Hilfsantrag der M auf Sorgerechtsübertragung

Der Hilfsantrag der Mutter auf Übertragung des Sorgerechts ist wegen mangelnder internationaler Zuständigkeit der deutschen Gerichte (Art. 10 Brüssel IIa-VO) abzuweisen.

Fall 14: Stellvertretung und *ordre public*

Sachverhalt

Die in Kitzbühel (Österreich) ansässige F-Filmproduktions-GmbH (F) plante im Jahr 2017 die Produktion eines Agententhrillers. Einige Szenen des geplanten Films sollten im US-amerikanischen Generalkonsulat in München spielen und aus Kostengründen auch vor Ort gedreht werden.

Die für die Einholung der Dreherlaubnis an sich zuständige Produktionsleiterin P überließ aus Zeitgründen die Verhandlungen mit dem Generalkonsulat ihrer Produktionsassistentin A. Diese unterschrieb am 14. Juli 2017 für die F ein „lease agreement", mit dem die Vereinigten Staaten von Amerika (USA), wirksam vertreten durch den Generalkonsul G, näher bezeichnete Räume des Generalkonsulats München für eine Woche gegen Zahlung von 10.000 € an die F vermieteten. Der Vertrag enthielt eine Rechtswahlklausel zum Recht von Washington, D.C.

A hatte, wie sie dem Generalkonsul während der Verhandlungen in München wahrheitsgemäß darlegte und nachwies, ähnliche Vereinbarungen in der Vergangenheit bereits mehrfach für die F abgeschlossen, welche die darauffolgenden Zahlungen bislang auch jeweils mit ausdrücklicher Billigung der Geschäftsleitung geleistet hatte.

Der Film wurde im Sommer 2017 einschließlich der Szenen im Generalkonsulat abgedreht, erwies sich allerdings als Flop, der niemals den Weg in die Kinos fand.

Nach einer Innenrevision erinnert sich die Buchhaltungsabteilung des Generalkonsulats an den Vertrag mit F. Nach fruchtloser Zahlungsaufforderung erheben die USA im Juni 2021 vor dem Landgericht München I Klage gegen F auf Zahlung von 10.000 €.

F ist wegen des Misserfolgs in einer finanziellen Krise und wehrt sich gegen den Anspruch mit folgenden Argumenten:

A sei niemals von einem Organ der F zu Vertragsschlüssen im Namen der F bevollmächtigt worden.

Ein etwaiger Anspruch der USA gegen F sei mittlerweile jedenfalls verjährt. Die USA meinen zum ersten Einwand, das möge schon so sein, sei angesichts des Auftretens der A wie eine Bevollmächtigte aber unerheblich. Sie halten dem zweiten Argument entgegen, dass nach den zivilprozessualen Vorschriften des Rechts von Washington, D.C., Forderungen der USA nicht verjähren. Dies wiederum hält F für eine „groteske Bevorzugung des Staates gegenüber dem ‚kleinen Mann'", die vor einem europäischen Gericht keinen Bestand haben könne.

Fragen

1. Sind deutsche Gerichte für die Klage der USA gegen F auf Zahlung von 10.000 € international zuständig?
2. Unterstellt, deutsche Gerichte sind international zuständig: Besteht ein durchsetzbarer Anspruch der USA gegen F auf Zahlung von 10.000 € aus dem Vertrag vom 14. Juli 2017? Bereicherungsrechtliche Ansprüche bleiben außer Betracht.

Hinweise zum ausländischen Recht

1. Im Abschnitt „Judiciary and Judicial Procedure" des Code of the District of Columbia (DCC) finden sich in Sec. 12-301 Verjährungsvorschriften ["Limitation of time for bringing actions: Actions for the following purposes may not be brought after the expiration of the period specified below from the time the right to maintain the action accrues: ..."], wonach Ansprüche aus einem Vertrag wie dem vorliegenden grundsätzlich innerhalb von drei Jahren verjähren. Allerdings sieht Sec. 12-308 vor, dass die Verjährungsregeln keine Anwendung finden, wenn die USA als Kläger auftreten. ["Sec. 12-301... do[es] not apply to an action in which the United States is ... the ... plaintiff"].
2. Auch das österreichische Recht kennt Anscheins- und Duldungsvollmachten. Ihre Voraussetzungen entsprechen grundsätzlich denen des deutschen Rechts.[1]
3. Soweit es nach Auffassung des Bearbeiters/der Bearbeiterin für die Lösung im Übrigen auf ausländisches Recht ankommt, ist zu unterstellen, dass dieses dem einschlägigen deutschen Recht entspricht.

Vorbemerkungen

Um die Klausur innerhalb von zwei Stunden vollständig zu bewältigen, werden solide inhaltliche Kenntnisse zur Brüssel Ia-VO und der Rom I-VO benötigt, vor allem aber auch ein gutes systematisches Verständnis, um einen guten Prüfungsaufbau und damit die Probleme der Arbeit ohne längeres Nachdenken zu finden. Art. 24 Brüssel Ia-VO etwa darf nicht übersehen werden, und die „verschachtelte" Prüfung der Vertretungsmacht kraft Duldungsvollmacht im Rahmen der Rechtswahl stellt nicht geringe Anforderungen. Auch beim zweiten

---

1 Vgl. Schwimann/Neumayer/*Schurr*, ABGB Taschenkommentar, 5. Aufl. 2021, § 1029 Rn. 7 ff.

Hauptproblem der Aufgabe, der „Unverjährbarkeit" der Forderung nach dem Recht von Washington, D.C., muss sorgfältig gearbeitet werden: Zum einen gibt der unscheinbare Hinweis im Sachverhalt auf den aus der Sicht von Washington *zivilprozessualen* Charakter der Norm Anlass für Überlegungen, zum anderen gilt es nicht zu übersehen, dass Art. 21 Rom I-VO nur das „Ergebnis" der Anwendung ausländischer Normen einer *ordre public*-Prüfung unterzieht.

Gliederung der Lösung

Lösung

Frage 1: Internationale Zuständigkeit deutscher Gerichte

Die internationale Zuständigkeit deutscher Gerichte könnte sich aus den Vorschriften der Brüssel Ia-VO ergeben.

I. Anwendbarkeit der Brüssel Ia-VO

Hierzu müsste die Brüssel Ia-VO zunächst in zeitlicher, sachlicher und räumlich-persönlicher Hinsicht anwendbar sein.

1. Der zeitlichen Anwendbarkeit steht nichts entgegen, da die Klage nach dem 10. Januar 2015 erhoben wurde, vgl. Art. 66 Abs. 1, 81 Brüssel Ia-VO.
2. Weiterhin handelt es sich um eine zivilrechtliche Auseinandersetzung im Sinne von Art. 1 Abs. 1 Brüssel Ia-VO. Dass es sich bei der Klägerin um einen Staat handelt, ändert daran nichts, weil die USA hier nicht hoheitlich, sondern wie ein gewöhnlicher privater Vermieter gehandelt haben. Da kein Ausschluss nach Art. 1 Abs. 2 Brüssel Ia-VO vorliegt, ist auch der sachliche Anwendungsbereich eröffnet.
3. a) Nach Art. 4 Abs. 1, 6 Abs. 1 Brüssel Ia-VO ist in räumlich-persönlicher Hinsicht jedenfalls ausreichend, dass die beklagte Partei ihren (Wohn-)Sitz in einem EU-Mitgliedstaat hat. Dies ist nach dem Sachverhalt gegeben, so dass es hier (noch) nicht darauf ankommt, ob Art. 24 Brüssel Ia-VO einschlägig ist, für dessen Anwendbarkeit unabhängig vom Beklagten(wohn-)sitz es genügt, wenn die dort jeweils genannten Anknüpfungsmerkmale zum Territorium eines Mitgliedstaates der EU führen.[2]
    b) Ein „internationaler" Fall liegt vor.[3] Ob darüber hinaus, wie manche behaupten, ein Berührungspunkt zu einem anderen EU-Mitgliedstaat als dem Forumstaat vorliegen muss („Drittstaatenproblematik"),[4] kann dahinstehen, weil eine solche Berührung mit dem österreichischen Sitz der Beklagten gegeben ist.

---

2 Sie müssen nicht unbedingt zum Mitgliedstaat führen, dessen Gericht angerufen wurde; dies ist erst beim Prüfungspunkt „Gerichtsstand" zu erörtern.

3 Näher dazu *Junker*, IZVR, § 7 Rn. 26 ff.

4 Vgl. auch Fall 1; s. auch *Junker*, IZVR, § 7 Rn. 29 ff.

II. Gerichtsstand nach der Brüssel Ia-VO

Hier könnte der ausschließliche Gerichtsstand nach Art. 24 Nr. 1 Brüssel Ia-VO eine internationale Zuständigkeit deutscher Gerichte begründen, weil um das Entgelt für die Nutzung des in München und damit in Deutschland belegenen amerikanischen Generalkonsulats gestritten wird. Da dingliche Rechte hier keine Rolle spielen, kommt es nach Art. 24 Nr. 1 Alt. 2 Brüssel Ia-VO darauf an, ob die „Miete oder Pacht" des Generalkonsulats Gegenstand der Klage ist. Die Begriffe „Miete" und „Pacht" sind autonom auszulegen und bedeuten *jede einen Rechtsanspruch begründende Überlassung des Gebrauchs einer Immobilie auf Zeit.*[5] Um einen solchen Vertrag geht es hier. Art. 24 Nr. 1 Alt. 2 Brüssel Ia-VO erfasst alle mit der Miete oder Pacht zusammenhängenden Ansprüche und Rechtsstreitigkeiten, also auch Vergütungsansprüche des Vermieters.[6] Die Ausnahme nach Art. 24 Nr. 1 S. 2 Brüssel Ia-VO für kurze Mietverhältnisse ist nicht einschlägig, da die sonstigen Voraussetzungen (privater Gebrauch, Parteien, natürliche Personen mit Wohnsitz in demselben Mitgliedstaat) nicht erfüllt sind.

Deutsche Gerichte sind somit gem. Art. 24 Nr. 1 Alt. 2 Brüssel Ia-VO international zuständig.

Hinweis: Da es sich um einen *ausschließlichen* Gerichtsstand handelt, ist jede (weitere oder an die Stelle des Art. 24 Brüssel Ia-VO tretende) Prüfung anderer Zuständigkeitsnormen verfehlt.[7]

---

5 Rauscher/*Mankowski*, EuZPR/EuIPR, Art. 24 Brüssel Ia-VO Rn. 55 m.w.N.

6 Rauscher/*Mankowski*, EuZPR/EuIPR, Art. 24 Brüssel Ia-VO Rn. 81 f. m.w.N. Zu beachten ist, dass für die erste Variante des Art. 24 Nr. 1 Brüssel Ia-VO anderes gilt: Hier sind nur Ansprüche *aus* einem dinglichen Recht, nicht Klagen *auf* ein dingliches Recht erfasst, so dass etwa bei einem Grundstückskauf der schuldrechtliche Anspruch auf Eigentumsübertragung und erst recht der Anspruch auf den Kaufpreis nicht unter Art. 24 Nr. 1 Brüssel Ia-VO fallen, Rauscher/*Mankowski*, EuZPR/EuIPR, Art. 24 Brüssel Ia-VO Rn. 30.

7 Bearbeiter/Bearbeiterinnen, die Art. 24 Brüssel Ia-VO übersehen, können eine Zuständigkeit allenfalls aus Art. 7 Nr. 1 Brüssel Ia-VO ableiten, da Art. 4 Abs. 1 Brüssel Ia-VO hier nach Österreich führt. Im Ergebnis schlägt aber auch Art. 7 Nr. 1 Brüssel Ia-VO nicht durch: Weil die Vermietung unbeweglicher Sachen keine Dienstleistung ist, kommt lit. b, 2. Spiegelstrich nicht in Betracht, so dass es bei lit. a bleibt. Nach h.M. gilt im Rahmen von lit. a weiterhin die *Bloos/Bloyer*- und *Tessili*-Rechtsprechung des EuGH, wonach (1) der Erfüllungsort der konkreten streitigen Verpflichtung (hier der Zahlungsverpflichtung) und (2) nach Maßgabe der über das IPR des Forums (hier Art. 1 ff. Rom I-VO) bestimmten lex causae zu ermitteln ist. Da nach dem Bearbeitungsvermerk alle hier in Betracht kommenden ausländischen Rechte mit dem deutschen identisch sind, muss man hier diese Prüfung allerdings nicht durchführen: Nach §§ 269 Abs. 1, 270 Abs. 4 BGB liegt der Erfüllungsort einer Zahlungsverpflichtung am Wohnsitz des Schuldners. Der Gerichtsstand des Erfüllungsortes nach Art. 7 Nr. 1 Brüssel Ia-VO liegt deshalb nicht in Deutschland, sondern in Österreich.

Frage 2: Zahlungsanspruch der USA gegen F aus dem Vertrag vom 14. Juli 2017

I. Auf den Vertrag anwendbares Recht

1. Maßgebliche Kollisionsnormen

Da es sich vorliegend um einen schuldrechtlichen Zahlungsanspruch handelt und diesbezüglich keine den EU-Bestimmungen vorgehenden Regelungen in völkerrechtlichen Vereinbarungen einschlägig sind, könnte das auf den Zahlungsanspruch anzuwendende Recht nach den Vorschriften der Rom I-VO zu bestimmen sein. Dann müsste der Anwendungsbereich der Rom I-VO eröffnet sein.

a) Der sachliche Anwendungsbereich ist nach Art. 1 Rom I-VO zu bestimmen. Bei dem Zahlungsanspruch handelt es sich um eine freiwillig eingegangene Verpflichtung in einer Zivil- oder Handelssache, und es ist kein Ausschlusstatbestand nach Art. 1 Abs. 1 S. 2, Abs. 2 Rom I-VO einschlägig.

b) Da der maßgebliche Vertrag am 14. Juli 2017 und damit nach dem 17. Dezember 2009 geschlossen wurde, ist die Verordnung im Hinblick auf ihren aus Art. 28 Rom I-VO vorgegebenen zeitlichen Anwendungsbereich einschlägig.

2. Ermittlung des Vertragsstatuts nach Art. 3 ff. Rom I-VO – Rechtswahl nach Art. 3 Abs. 1 Rom I-VO

Nach Art. 3 Abs. 1 Rom I-VO ist in erster Linie das von den Parteien gewählte Recht maßgeblich (subjektive Anknüpfung). Die Rechtswahl ist ein vom Hauptvertrag unabhängiger Verweisungsvertrag,[8] auch wenn sie – wie im vorliegenden Fall die Wahl des Rechts von Washington, D. C. – in einer Klausel im Hauptvertrag „versteckt" ist. Den Richter bindet der Verweisungsvertrag nur, wenn er wirksam zustande gekommen ist. Dies wiederum richtet sich gem. Art. 3 Abs. 5, 10 Abs. 1 Rom I-VO nach dem gewählten Recht, das allerdings nur eine AGB-*Einbeziehungs*-, nicht eine AGB-*Inhalts*kontrolle ausüben darf: Über die Zulässigkeit einer Rechtswahl auch im „Kleingedruckten" ist in Art. 3 Abs. 1 Rom I-VO selbst abschließend entschieden.[9] Insofern verbietet sich eine Prüfung, ob eine Rechtswahl nach der gewählten Rechtsordnung zulässig ist, da dies einen Verstoß gegen den *Renvoiausschluss* des Art. 20 Rom I-VO darstellen würde.[10]

---

8 MüKoBGB/*Martiny*, Art. 3 Rom I-VO Rn. 101.

9 Vgl. im Einzelnen Staudinger/*Magnus* (2016), Art. 3 Rom I-VO Rn. 176; Rauscher/*v. Hein*, EuZPR/EuIPR, Art. 3 Rom I-VO Rn. 39, 42. Vgl. aber zu Rechtswahlklauseln in AGB im Anwendungsbereich der Klausel-RL Fall 16, S. 343.

10 Rauscher/*v. Hein*, EuZPR/EuIPR, Art. 3 Rom I-VO Rn. 39.

a) Einigung zwischen G und A

Eine Einigung auf den Vertrag einschließlich der Rechtswahlklausel liegt vor, ohne dass insoweit aus dem Sachverhalt Probleme ersichtlich sind. Fraglich ist allein, ob A die F bei der Rechtswahlvereinbarung wirksam vertreten hat. Die Voraussetzungen, die insoweit zu erfüllen sind (Zulässigkeit der Stellvertretung, ggf. Offenkundigkeit des Vertreterhandelns etc.) müssen nach dem oben Gesagten grundsätzlich dem Recht von Washington, D. C. entnommen werden. Weil dieses hier nicht angegeben ist, ist nach dem Bearbeitungshinweis auf das deutsche Recht zurückzugreifen, welches die Stellvertretung bei Schuldverträgen und damit auch bei einer diesbezüglichen Rechtswahl zulässt; die nach § 164 Abs. 1 BGB notwendige Offenkundigkeit der Stellvertretung ist nach dem Sachverhalt (die A unterschreibt „für die F") gegeben. Erforderlich ist nach § 164 Abs. 1 BGB aber weiterhin, dass die A mit Vertretungsmacht gehandelt hat.

b) Wirksame Vertretung?

Insoweit kann nicht unbesehen auf das gewählte Recht zurückgegriffen werden, weil Art. 1 Abs. 2 lit. g Rom I-VO die Frage der Vertretungsmacht ausdrücklich der Rom I-VO entzieht.[11]

Daher beurteilt sich die Frage der Vertretungsmacht weiterhin nach dem autonomen Kollisionsrecht der lex fori und somit nach deutschem IPR.[12] Zur Bestimmung des Statuts der Vertretungsmacht ist zunächst zu qualifizieren, ob es sich um eine organschaftliche oder eine rechtsgeschäftliche Vertretungsmacht handelt.

aa) Organschaftliche Vertretungsmacht

Anhaltspunkte für eine *organschaftliche* Vertretungsmacht, die sich nach dem Gesellschaftsstatut beurteilen würde,[13] liegen hier nicht vor.

bb) Rechtsgeschäftliche Bevollmächtigung; Vertretungsmacht nach Rechtsscheinsgrundsätzen

Damit kommt es darauf an, ob die A mit rechtsgeschäftlicher Vertretungsmacht gehandelt hat.

---

11 Der vorangegangene Entwurf einer Rom I-VO (KOM [2005] 650 endg.) enthielt eine Regelung für die Behandlung von Vertreterverträgen. Diese hat aber keinen Eingang in den endgültigen Verordnungstext gefunden.
12 BeckOK-BGB/*Spickhoff*, Art. 1 Rom I-VO Rn. 41.
13 BeckOK-BGB/*Mäsch*, Anh. II zu Art. 12 EGBGB Rn. 39.

Im deutschen IPR wird diese Frage grundsätzlich nach Art. 8 EGBGB beurteilt.

Art. 8 EGBGB findet nach seinem Titel und Wortlaut Anwendung auf die gewillkürte Stellvertretung, d.h. auf eine etwaige Vollmacht. Nach dem Sachverhalt ist jedoch eindeutig erkennbar, dass die A von F nicht tatsächlich bevollmächtigt wurde, den Vertrag mit den USA für die F zu schließen. Sie erhielt lediglich den Auftrag, Verhandlungen zu führen. Deshalb kann die Prüfung hier darauf reduziert werden, welches Recht über eine Vertretungsmacht *nach Rechtsscheinsgrundsätzen* regiert. Diese Frage wird von Art. 8 EGBGB nicht ausdrücklich geregelt. Rechtsscheinsvollmachten und „echte" Vollmachten führen aber jeweils zur Bindung des Vertretenen an die Erklärung des Vertreters.[14] Diese Wertungsparallele spricht dafür, in erster Hinsicht die Anknüpfungsregeln des Art. 8 EGBGB entsprechend anzuwenden,[15] unter Ersetzung der Begriffe „Vollmachtgeber" und „Bevollmächtigter" durch „Vertretener" und „Vertreter". Manche sprechen deshalb von der Ermittlung des hypothetischen Vollmachtsstatuts.[16]

(1) Ermittlung des hypothetischen Vollmachtsstatuts, Art. 8 EGBGB analog

Eine (vorrangige) Rechtswahl (Art. 8 Abs. 1 EGBGB) kommt für die auf einen Rechtsschein gestützte Vertretungsmacht nicht in Betracht. Deshalb richtet sich die Anknüpfung vorliegend nach Art. 8 Abs. 3 EGBGB analog, da A als Produktionsassistentin Arbeitnehmerin bei F ist. Entscheidend ist damit der gewöhnliche Aufenthalt des Vertretenen = hypothetischen Vollmachtgebers, hier also der F. Die F hat ihren Sitz in Kitzbühel (Österreich), so dass gemäß Art. 8 Abs. 8 EGBGB i.V.m. Art. 19 Abs. 1 Rom I-VO auch ihr gewöhnlicher Aufenthalt i.S.d. Art. 8 Abs. 3 EGBGB analog in Kitzbühel und damit Österreich liegt. Die Ausnahme wegen mangelnder Erkennbarkeit des gewöhnlichen Aufenthaltsortes für den Vertragspartner gemäß Art. 8 Abs. 3 EGBGB a.E. analog ist vorliegend nicht einschlägig.

Ob die F kraft Rechtsschein als bevollmächtigt anzusehen ist, den Rechtswahlvertrag mit den USA zu schließen, ist demnach nach österreichischem

---

14 BeckOGK/*Mankowski*, Art. 8 EGBGB Rn. 276; BeckOK-BGB/*Mäsch*, Art. 8 EGBGB Rn. 56 f.

15 So die h.M., vgl. nur BeckOK-BGB/*Mäsch*, Art. 8 EGBGB Rn. 56 m.w.N.; BeckOGK/*Mankowski*, Art. 8 EGBGB Rn. 276; a.A. *Bach*, IPRax 2011, 116 (118): deliktische Qualifikation; Anwendung der Rom II-VO. Dagegen spricht aber, dass es bei der Rechtsscheinsvollmacht in erster Linie nicht um die außervertragliche (c.i.c.-)*Haftung* des Prinzipals für das Handeln des *falsus procurator* geht, sondern um das auf seine vertragliche *Bindung* durch diesen trotz fehlender Vollmacht anzuwendende Recht (so BeckOK-BGB/*Mäsch*, Art. 8 EGBGB Rn. 57).

16 JurisPK-BGB/*Wiedemann*, Art. 8 EGBGB Rn. 42.

Recht zu beurteilen. Ein möglicher Renvoi des österreichischen Kollisionsrechts ist nach Art. 4 Abs. 2 S. 1 EGBGB nicht zu beachten, weil Art. 8 Abs. 3 EGBGB ausdrücklich auf Sachvorschriften verweist.

(2) Vorliegen der Voraussetzungen einer Duldungsvollmacht

Es kommt eine Duldungsvollmacht in Betracht. Deren Tatbestandsvoraussetzungen sind nach dem Hinweis zum Sachverhalt im österreichischen Recht dieselben wie im deutschen. Danach ist eine Duldungsvollmacht dann gegeben, wenn der Vertretene es wissentlich geschehen lässt, dass eine nicht bevollmächtigte Person für ihn wie ein Vertreter auftritt und der Geschäftsgegner dieses Dulden nach Treu und Glauben dahin versteht und auch verstehen darf, dass der als Vertreter Handelnde bevollmächtigt ist.[17] Dies ist hier der Fall, denn (1) eine tatsächliche Bevollmächtigung liegt nicht vor, (2) die dem Generalkonsul bekannten objektiven Umstände lassen einen Schluss auf eine Bevollmächtigung zu, (3) die Organe der F haben durch die Duldung des Tuns in Form der ausdrücklichen Billigung früherer Zahlungen der A den Rechtsschein einer Bevollmächtigung zurechenbar gesetzt und (4) G war gutgläubig.[18]

Die A hat folglich mit Vertretungsmacht gehandelt.

cc) Zwischenergebnis

F wurde also bei der Rechtswahl wirksam von A vertreten.[19] Die Rechtswahlvereinbarung ist zustande gekommen und wirksam.

c) Ergebnis

Das Vertragsstatut ist somit das gewählte Recht von Washington, D.C. Eventuelle Rück- oder Weiterverweisungen sind nach Art. 20 Rom I-VO unbeachtlich.

---

17 Schwimann/Neumayer/*Schurr*, ABGB Taschenkommentar, 5. Aufl. 2021, § 1029 Rn. 11 f.

18 Kommt der Bearbeiter/die Bearbeiterin zu dem Ergebnis, dass keine Duldungsvollmacht gegeben ist, so fehlt es an einer wirksamen Rechtswahl. Die Bestimmung des Vertragsstatuts hat dann objektiv zu erfolgen. Über Art. 4 Abs. 1 lit. c Rom I-VO findet deutsches Recht Anwendung.

19 Bearbeiter/Bearbeiterinnen, die die Frage der Vertretungsmacht beim Rechtswahlvertrag übersehen haben, müssen dieses Problem spätestens bei der Frage der wirksamen Einigung über den Mietvertrag ansprechen.

II. Voraussetzungen eines durchsetzbaren vertraglichen Zahlungsanspruchs
1. Grundsätzliche Anwendbarkeit von Sec. 12-308

Da nach dem Bearbeitungshinweis das insoweit nicht wiedergegebene Recht von Washington, D.C. dem deutschen Recht entspricht, ist der Zahlungsanspruch auf § 535 Abs. 2 BGB zu stützen. Er ist, da Zweifel am wirksamen Vertragsschluss nur im Hinblick auf die Vertretungsmacht der A bestehen können und diese bereits oben im Zusammenhang mit dem Rechtswahlvertrag ausgeräumt worden sind, entstanden und auch noch nicht erloschen.

2. Verjährung gem. Sec. 12-308?

Die Durchsetzbarkeit des Anspruchs könnte jedoch an der von F erhobenen Einrede der Verjährung Sec. 12-308 DCC scheitern.

a) Art. 12 Abs. 1 lit. d Rom I-VO

Art. 12 Abs. 1 lit. d Rom I-VO ordnet Fragen der Verjährung dem Vertragsstatut zu, welches hier das Recht von Washington, D.C. ist. Sec. 12-308 DCC ist daher grundsätzlich anwendbar. Dies gilt unabhängig davon, ob das Recht von Washington, D.C. seinerseits die Frage der Verjährung ausweislich der systematischen Einordnung als vertragliche oder verfahrensrechtliche einstuft, denn es geht um die selbstbestimmten Grenzen der europäischen Kollisionsnorm.

b) Anwendbarkeit wegen ordre public-Verstoßes ausgeschlossen?

Die Anwendbarkeit von Sec. 12-308 könnte jedoch nach Art. 21 Rom I-VO aufgrund eines *ordre public*-Verstoßes ausgeschlossen sein.

aa) Wesentlicher Grundsatz des deutschen Rechts?

Dann müsste die Anwendung der Washingtoner Norm „mit der öffentlichen Ordnung [...] des Staates des angerufenen Gerichts offensichtlich unvereinbar" sein. Art. 21 Rom I-VO setzt mit anderen Worten voraus, dass die Anwendung des ausländischen Rechts zu einem Ergebnis führt, das den *Kern der inländischen Rechtsordnung*, hier der deutschen Rechtsordnung, antasten würde.[20] Zu diesem Kern kann man durchaus zählen, dass nach § 194 BGB jeder Anspruch

---

20 Rauscher/*Thorn*, EuZPR/EuIPR, Art. 21 Rom I-VO Rn. 12.

der Verjährung unterliegt, damit nach einer gewissen Zeit Rechtsfrieden eintritt.[21] Dieser Grundsatz muss auch für den Staat als Anspruchsinhaber gelten. Die „Unverjährbarkeit" einer staatlichen Forderung verstößt demnach gegen wesentliche Grundsätze des deutschen Rechts.

bb) Mit diesem Grundsatz offensichtlich unvereinbares „Ergebnis" im konkreten Fall?

Allerdings kommt es bei Art. 21 Rom I-VO nicht auf den abstrakten Inhalt der ausländischen Rechtsnorm an, sondern auf die Untragbarkeit des *Ergebnisses seiner Anwendung* durch einen deutschen Richter.[22] Die maßgebliche Fragestellung ist also nicht, ob aus deutscher Sicht „die Unverjährbarkeit" einer Forderung anstößig erscheint, sondern ob es gegen wesentliche Grundsätze des deutschen Rechts verstößt, dass die *konkret streitbefangene Forderung* der USA aufgrund von Sec. 12-308 DCC *zum Zeitpunkt der Klageerhebung* nicht als verjährt anzusehen ist.

Wird die Frage so formuliert, liegt die Antwort auf der Hand: Die Forderung wäre nach aktuellen deutschen Vorstellungen gem. §§ 195, 199 Abs. 1 BGB Ende 2020 verjährt. Die Überschreitung einer deutschen Verjährungsfrist um nur wenige Monate gefährdet nicht den Kern der deutschen Rechtsordnung und vermag deshalb den Vorwurf eines *ordre public*-Verstoßes nicht zu tragen.[23]

cc) Hinreichender Inlandsbezug

Die ungeschriebene Voraussetzung eines hinreichenden Inlandsbezuges[24] läge hier zwar vor; darauf kommt es allerdings nicht mehr an.

dd) Ergebnis zum ordre public

Ein Verstoß gegen den *ordre public* (Art. 21 Rom I-VO) liegt nicht vor. Eine Ergebniskorrektur der Anwendung der Washingtoner Verjährungsregeln findet nicht statt.

---

21 Vgl. *Kropholler*, IPR, § 36 V.

22 Rauscher/*Thorn*, EuZPR/EuIPR, Art. 21 Rom I-VO Rn. 11.

23 Durch das Abstellen auf das konkrete Ergebnis hilft vorliegend auch der (wenn er angebracht wird, als gut zu bewertende) Gedanke nicht weiter, in der Unverjährbarkeit der Forderung eines Staates einen Verstoß gegen Art. 3 Abs. 1 GG sehen zu wollen: Dass der Staat hier wenige Monate länger Zeit hatte als eine Privatperson, ist für sich genommen noch kein unerträglicher Zustand.

24 Vgl. Staudinger/*Hausmann* (2016), Art. 21 Rom I-VO Rn. 19.

III. Ergebnis

Die USA haben gegen F einen durchsetzbaren Zahlungsanspruch.

Fall 15: Verbrauchergerichtsstand, Internationales Vertragsrecht und culpa in contrahendo[1]

Sachverhalt

Der in Münster wohnende Klaus Kessler (K) träumt schon lange von einem Ferrari Testarossa; natürlich in rot und originalgefertigt am Firmensitz des italienischen Automobilherstellers Ferrari S.p.a. in Maranello (Italien). Als er endlich das Geld zum Erwerb eines Ferrraris zusammengespart hat, reist er im August 2016 nach Maranello, um beim dortigen Vertragshändler Enzo Vincenzo (V) seinen Traum wahr werden zu lassen. Zuvor hatte K über das Internet das Autohaus von V ausfindig gemacht und sich über die unter anderem deutschsprachige Internethomepage von V umfassend über die dort erhältlichen Modelle, deren Preise sowie die genaue Adresse des Autohauses informiert und telefonisch einen Termin mit V vereinbart. Auf seiner Homepage bietet V neben den genannten Informationen unter anderem in deutscher Sprache verschiedene Pkws und Kfz-Zubehör zum Kauf via Onlinebestellung an. Hierfür gibt V auch eine internationale Kontoverbindung (IBAN und BIC) und seine Telefonnummer mit Landesvorwahl an. Um die Anfahrt zu erleichtern, hat V zudem speziell für seine Kunden Anfahrtsskizzen aus den Nachbarländern (Österreich, Schweiz, Deutschland und Frankreich) angegeben.

In Maranello angekommen, erzählt K dem V, dass er einen roten Ferrari Testarossa erwerben möchte. Jahrelang habe er den Moment ersehnt, an dem er sich sein Traumauto aussucht und seinen Ferrari nach Hause fährt. Das genaue Fahrzeugmodell sei eigentlich nicht entscheidend, sondern vor allem könne er es kaum erwarten, die legendäre Qualitätsarbeit der Mitarbeiter aus der „Ferrari-Geburtsstätte" Maranello auf der Straße zu testen und zu erleben. V ist begeistert vom Geschmack und Qualitätsbewusstsein des deutschen Kunden und nach Abschluss des Kaufvertrages übergibt er K den Schlüssel samt Fahrzeugpapieren. Im Gegenzug begleicht K den Kaufpreis in Höhe von 200.000 € in bar.

Auf der Heimfahrt nach Münster stellt K bei einem Stopp in der Schweiz durch Einsichtnahme in den Fahrzeugbrief fest, dass dort in der Rubrik Herstellungsort nicht Maranello eingetragen ist, sondern Modena, eine Stadt 20 km nördlich von Maranello. Dort befindet sich eine kleine Forschungsfabrik von Ferrari, in der momentan auch die aktuelle Modellserie „Ferrari Testarossa" gefertigt wird, da das Stammwerk in Maranello wegen Umbauarbeiten mit der Produktion anderer Modellserien vollständig ausgelastet ist. Dieser Umstand, der nur in Fachkreisen publik ist, ist V bekannt, und er wusste von Anfang an,

---

1 Angelehnt an OLG Hamm, NJW-RR 2003, 1360.

dass im Fahrzeugbrief des an K veräußerten Ferrari Modena als Herstellungsort eingetragen ist. K ist fassungslos; ein nicht in Maranello hergestellter Ferrari ist für ihn kein „echter" Ferrari.

In Münster angekommen, lässt K deshalb sofort durch seinen Rechtsanwalt Klage vor dem Landgericht Münster erheben und begehrt von V die Rückzahlung des Kaufpreises in Höhe von 200.000 € Zug um Zug gegen Rückgabe des Pkws. Sein Rechtsanwalt trägt zur Begründung vor, dass V seinen Mandanten vor Abschluss des Vertrages hätte darüber aufklären müssen, dass der Pkw ausnahmsweise nicht in Maranello hergestellt wurde, weil es K erkennbar auf den Erwerb eines im Stammwerk von Ferrari in Maranello produzierten Modells ankam. Jedenfalls fehle dem Pkw die vertraglich vereinbarte Beschaffenheit; deswegen sei der Kaufvertrag rückabzuwickeln. Der Rechtsanwalt von V erwidert, dass der an K veräußerte Ferrari mangelfrei sei und der abweichende Herstellungsort nicht den Marktwert des Pkw beeinträchtige, was in tatsächlicher Hinsicht zutrifft. Der genaue Herstellungsort sei bei einem Pkw unbedeutend, weshalb V den K nicht darüber informieren musste, dass der von ihm ausgesuchte Ferrari in einer anderen Ferrari-Fabrik als angenommen produziert wurde.

Fragen

1. Sind deutsche Gerichte international zuständig?
2. Die Zulässigkeit der Klage unterstellt: Welches Recht ist auf die in Betracht kommenden Ansprüche anwendbar?

Vorbemerkungen

I. Wer den Sachverhalt sorgfältig liest, erkennt unschwer, dass der Anwalt des K seine Strategie auf zwei Säulen stützt. Zum einen beruft er sich mit dem Fehlen der „vertraglich vereinbarten Beschaffenheit" auf die Sachmängelgewährleistung. Aber über den Produktionsort des Fahrzeugs wurde gar nicht gesprochen, und er mindert offenbar auch nicht Tauglichkeit und Wert. Erscheinen damit die Erfolgschancen dieses Arguments auch ohne nähere Prüfung eher klein, so rückt zum anderen der zweite Anspruchsgrund in den Vordergrund: Die mangelnde Aufklärung über die Herkunft des Ferraris im Vorfeld des Vertragsschlusses. Daraus folgt, dass die Kernaufgabe dieser Klausur in der Verortung von Ansprüchen aus einem vorvertraglichen Vertrauensverhältnis im Zuständigkeitssystem der Brüssel Ia-VO und im Kollisionsrecht der Rom I- und Rom II-VOen geht.

II. Aufbautechnisch sollte der Fall durch die Zweiteilung und gleichzeitige Eingrenzung der Fragestellung auf die internationale Zuständigkeit und das anwendbare Recht, letzteres wiederum zweigeteilt in vertragliche und vorvertragliche Ansprüche, keine besonderen Schwierigkeiten aufwerfen. Allerdings ist die Aufgabe für eine zweistündige Klausur recht umfangreich und dazu inhaltlich nicht einfach. Es sollten deshalb sorgfältig die Probleme des Falls herausgearbeitet und Zweifelsfragen der Auslegung nicht in epischer Breite behandelt werden. Diesen Ansatz soll die Kürze des folgenden Lösungsvorschlags reflektieren, der keinesfalls als erschöpfende Darstellung aller im Zusammenhang mit den im Fall auftauchenden Fragen vertretenen Auffassungen missverstanden werden sollte. Der Verbrauchergerichtsstand wird im Übrigen ausführlich in Fall 16 behandelt, weshalb Ausführungen hierzu knapp gehalten werden konnten.

III. Noch ein Hinweis: Der Lösungsvorschlag enthält aus pädagogischen Gründen einige (wenige) direkte Fragen. In einer „echten" Klausurbearbeitung sollte man diesen Weg nicht gehen, sondern auf indirekte Fragen ausweichen.

Gliederung der Lösung

Lösung

Frage 1: Internationale Zuständigkeit

Die internationale Zuständigkeit der deutschen Gerichte könnte sich aus den Bestimmungen der Brüssel Ia-VO ergeben. Diese hat gemäß Art. 288 Abs. 2 AEUV unmittelbare Geltung in allen Mitgliedstaaten der Europäischen Union[2] und damit Vorrang vor dem nationalen Zuständigkeitsregime der ZPO.[3] Voraussetzung ist zunächst, dass der Anwendungsbereich der Verordnung eröffnet ist.

I. Anwendbarkeit der Brüssel Ia-VO

Daran bestehen allerdings weder in zeitlicher oder sachlicher noch in räumlich-persönlicher Hinsicht Zweifel. Die Klage ist im August 2016 und damit nach dem 10. Januar 2015 als maßgeblichen Stichtag (Art. 81, 66 Abs. 1 Brüssel Ia-VO) in Deutschland erhoben worden. Bei der verlangten Rückabwicklung eines privaten Kaufvertrages handelt es sich um eine Zivilsache i.S.d. Art. 1 Abs. 1 Brüssel Ia-VO, die nicht unter eine der Ausnahmen des Art. 1 Abs. 2 Brüssel Ia-VO fällt. Der (Wohn-)Sitz des Beklagten liegt in Italien, sodass schließlich auch der von Art. 6 Abs. 1 Brüssel Ia-VO geforderte räumlich-persönliche Bezug des Streits zur EU[4] gegeben ist.

II. Zuständigkeit deutscher Gerichte nach der Brüssel Ia-VO

Weder eine Gerichtsstandsvereinbarung gem. Art 25 Brüssel Ia-VO oder einer der ausschließlichen Gerichtsstände des Art. 24 Brüssel Ia-VO noch der allgemeine Gerichtsstand nach Art. 4 Abs. 1 Brüssel Ia-VO am Wohnsitz des Beklagten führen hier nach Deutschland. Helfen vermag dem K nur der Verbrauchergerichtsstand nach Art. 18 Abs. 1 Brüssel Ia-VO, der Gerichtsstand des Erfüllungs-

---

2　In Dänemark trotz Erwägungsgrund (41) aufgrund eines Parallelabkommens von 2013 (ABl. EU 2013 Nr. L79, S. 4).

3　Zum Anwendungsvorrang vgl. EuGH v. 15.7.1964 – C-6/64 – *Costa/E.N.E.L.*, NJW 1964, 2371.

4　Zu diesem Erfordernis siehe Fall 1, S. 70 f.

orts (Art. 7 Nr. 1 Brüssel Ia-VO) und/oder der Deliktsgerichtsstand aus Art. 7 Nr. 2 Brüssel Ia-VO.

1. Verbrauchergerichtsstand gem. Art. 18 Brüssel Ia-VO

Voraussetzung für die Anwendung der Norm ist, dass deren persönlicher, sachlicher und räumlich-situativer Anwendungsbereich eröffnet ist.

a) Verbrauchereigenschaft des Klägers

Der Kläger müsste nach Art. 18 Abs. 1 Brüssel Ia-VO zur Gruppe der Verbraucher gehören. Der Begriff ist in Art. 17 Brüssel Ia-VO definiert; danach ist das maßgebliche Kriterium die private Zwecksetzung des fraglichen Geschäfts. Ein privates Geschäft liegt hier vor, da der Sachverhalt keinen Anhaltspunkt dafür bietet, dass der K den Wagen gewerblich oder beruflich nutzen wollte.[5]

b) Vertraglicher Anspruch

K kann sich nach Art. 17 Abs. 1 Brüssel Ia-VO nur für vertragliche Ansprüche auf den Verbrauchergerichtsstand des Art. 18 Abs. 1 Brüssel Ia-VO stützen. Vertragliche Ansprüche sind nach der gebotenen autonomen Auslegung[6] solche, die auf einer *freiwillig eingegangenen Verpflichtung* des Anspruchsgegners beruhen; alle Ansprüche auf der Basis unfreiwillig begründeter Verpflichtungen können allenfalls im Deliktsgerichtsstand geltend gemacht werden.[7]

---

5 Der Vertragspartner des Verbrauchers wird regelmäßig ein Unternehmer sein. Dem Wortlaut zufolge ist dies jedoch keine Anwendungsvoraussetzung für Art. 17 ff. Brüssel Ia-VO; nach h.M werden aber Verträge zwischen Verbrauchern ("C2C-Geschäfte") nicht von der Vorschrift erfasst; vgl. Fall 18, Fn. 18 m.w.N.

6 Zum dahinterstehenden Vereinheitlichungsgedanken siehe Langenbucher/*Mäsch*, Europäisches Privat- und Wirtschaftsrecht, § 9 Rn. 1 ff.; *Langenbucher*, in demselbigen, § 1 Rn. 9 ff.

7 Vgl. EuGH v. 17.9.2002 – C-334/00 – *Tacconi/Wagner*, NJW 2002, 3159; Musielak/Voit/*Stadler*, ZPO, Art. 7 EuGVVO n.F. Rn. 2 ff. In seiner *Ilsinger*-Entscheidung hatte der EuGH noch gemeint, der Begriff des Vertrages in Art. 7 Nr. 1 sei weiter als in Art. 17 Abs. 1 Brüssel Ia-VO auszulegen. So soll im Rahmen des Art. 7 Nr. 1 ein verbindliches Angebot genügen, bei Art. 18 Abs. 1 Brüssel Ia-VO der Abschluss eines Vertrages aber erforderlich sein (EuGH v. 14.5.2009 – C-180/06 – *Ilsinger/Dreschers*, EuZW 2009, 489 [491] noch zur Brüssel I-VO). Da der Gerichtshof aber die (gerichtliche) Geltendmachung der versprochenen Leistung bereits als "Annahmeerklärung" wertet (EuGH v. 20.1.2005 – C-27/02 – *Engler/Janus Versand*, NJW 2005, 811 [813]), bestanden zwischen beiden Vertragsbegriffen praktisch keine Unterschiede (ebenso *Bach*, IHR 2010, 17 [20 f.]). Neuerdings scheint der Gerichtshof auch im Rahmen des Verbrauchergerichtsstands einen erweiterten Vertragsbegriff zugrunde zu legen (EuGH v. 2.4.2020 – C-500/18 – *AU/R. I.*

Der Anwalt des K stützt das Klagebegehren mit zwei zu unterscheidenden Argumenten: Zum einen sei der verkaufte Wagen mangelhaft (unten aa), zum anderen sei K von V vor dem Vertragsschluss nicht hinreichend aufgeklärt worden (unten bb).

aa) Mängelgewährleistungsansprüche

Mängelgewährleistungsansprüche setzen einen wirksamen Vertrag zwischen Käufer und Verkäufer und damit eine freiwillig eingegangene Verpflichtung des letzteren voraus. Insoweit ist der sachliche Anwendungsbereich des Art. 18 Abs. 1 Brüssel Ia-VO eröffnet.

bb) Mangelhafte vorvertragliche Aufklärung

Auf den ersten Blick liegt es für den Vorwurf der mangelhaften Aufklärung anders: Weil sich hier das maßgebliche Geschehen *vor* dem Vertragsschluss abspielt, kann es nur der Gesetzgeber, nicht der Parteiwille sein, der das Schweigen des Verkäufers mit einem (Schadensersatz-)Anspruch des Käufers sanktioniert oder nicht. Ob diese Haftung in ihrer inhaltlichen Ausgestaltung im materiellen Recht – wie in Deutschland – vertraglichen Regeln folgt, ist für die prozessuale Zuordnung zum Verbraucher- oder Deliktsgerichtsstand unerheblich.[8] Doch bei näherem Hinsehen ist die Lösung nicht ganz so einfach, da Inhalt und Umfang der Aufklärungspflicht vom intendierten Vertrag abhängen: Wer dem Verbraucher ein Teilzeitwohnrecht aufschwatzen möchte, muss ihn über andere Umstände aufklären als derjenige, der einen Fernseher oder – wie hier – ein Auto verkauft. Ist damit nicht doch (auch) der Wille der anderen Seite die Basis der Haftung?[9] Zur Auflösung der Zweifel lohnt sich ein Blick in das europäische *Kollisions*recht: Zwar sind gem. Art. 1 Abs. 2 lit. i und Erwägungsgrund (10) der Rom I-VO Ansprüche aus culpa in contrahendo vom Anwen-

---

LTD, IPRax 2021, 268; dazu, und krit. zur sich ändernden EuGH-Rechtsprechung, *Voß*, IPRax 2021, 236; ferner *Mankowski*, EWiR 2020, 349; s. auch sogleich Fn. 13), sodass man wohl wieder von einem einheitlichen Vertragsbegriff ausgehen darf, auch wenn der EuGH vereinzelt weiterhin Unterschiede herausstellt (etwa EuGH v. 26.3.2020 – C-215/18 – *Libuše Králová/Primera Air Scandinavia*, IPRax 2021, 265 (268): Der Verbrauchergerichtsstand verlange – anders als der Erfüllungsgerichtsstand – Identität von Prozess- und Vertragsparteien). Siehe auch Fall 18.

8 Deshalb hat die frühere *deutsche* Rechtsprechung die vorvertragliche Haftung (*culpa in contrahendo*) ganz überwiegend sowohl im Kollisions- als auch im Prozessrecht insgesamt vertraglich eingeordnet, vgl. BGH, NJW 1987, 1141; BGH, NJW-RR 2005, 206 (208); OLG München, BB 1955, 205; LG Düsseldorf, WM 2000, 1191 (1194).

9 Zum Streitstand siehe nur Rauscher/*Leible*, EuZPR/EuIPR, Art. 7 Brüssel Ia-VO Rn. 30.

dungsbereich dieser Verordnung ausgenommen und unterfallen der Rom II-VO, was zunächst gegen eine vertragliche Zuordnung sprechen würde. Allerdings differenziert die Rom II-VO. Nach Art. 12 Abs. 1 Rom II-VO erfolgt eine vertragsakzessorische Anknüpfung bei Pflichtverletzungen, die in unmittelbarem Zusammenhang mit den Verhandlungen vor Abschluss eines Vertrages stehen (vgl. Erwägungsgrund [30] S. 3). Hierzu gehören Ansprüche wegen der Verletzung von Aufklärungs- und Beratungspflichten bei den Vertragsverhandlungen.[10] Demgegenüber sind vorvertragliche Pflichten, die das Integritätsinteresse der anderen Partei unabhängig vom konkreten Inhalt der Vertragsverhandlungen schützen (z.B. im Falle von Personenschäden, Erwägungsgrund [30] S. 4), nach der Generalklausel des Art. 4 Rom II-VO zu beurteilen.[11] Weil der europäische Gesetzgeber sich das Ziel gesetzt hat, Begriffe nicht nur innerhalb des Kollisionsrechts einheitlich zu verwenden, sondern dieses auch in Einklang zu bringen mit den Begrifflichkeiten des Prozessrechts (also der Brüssel Ia-VO),[12] wird man dieser Einordnung auch für Art. 17 Abs. 1 Brüssel Ia-VO folgen müssen.[13] Es ist daher im vorliegenden Fall auch für das Prozessrecht eine *vertragliche Qualifikation* vorzunehmen. Zu diesem Ergebnis kommt man auch, wenn man mit der Rechtsprechung des EuGH für eine vertragliche Zuordnung (zusätzlich) danach unterscheidet, ob der Vertrag – wie hier – trotz Pflichtverletzung zustande gekommen ist (vertragliche Qualifikation), oder ob es an einer „freiwillig eingegangenen Verpflichtung" fehlt (deliktische Einordnung).[14]

---

10 BeckOK-BGB/*Spickhoff*, Art. 12 Rom II-VO Rn. 4; vgl. auch Erwägungsgrund (30) der Rom II-VO: „Verletzung von Offenlegungspflichten".
11 BeckOK-BGB/*Spickhoff*, Art. 12 Rom II-VO Rn. 5.
12 Vgl. jeweils Erwägungsgrund (7) der Rom I- und Rom II-VO.
13 Ähnlich wie hier EuGH v. 2.4.2020 – C-500/18 – *AU/R. I. LTD*, IPRax 2021, 268 (272): Ansprüche gesetzlichen Ursprungs sind ausnahmsweise auch im Verbrauchergerichtsstand einklagbar, wenn sie als „untrennbar mit dem Vertrag zwischen dem Verbraucher und dem Gewerbetreibenden verbunden anzusehen" sind. Eine bloße Anspruchskonkurrenz reicht aber nicht aus, d.h. keine sog. Annexkompetenz, EuGH v. 24.11.2020 – C-59/19 – *Wikingerhof/Booking.com*, NJW 2021, 144 m. Anm. *Wagner* (für Art. 7 Brüssel Ia-VO); vgl. auch *Rieländer*, RIW, 2021, 103 (111). Zuvor bereits für den Erfüllungsgerichtsstand EuGH v. 13.3.2014 – C-584/12 – *Brogsitter/Fabrication de Montres Normandes*, NJW 2014, 1648 (1649), wonach eine vertragliche Einordnung grundsätzlich immer dann angezeigt sei, wenn im Rahmen der Prüfung von Schadensersatzansprüchen eine Auslegung des Vertrags „unerlässlich erscheint, um zu klären, ob das [...] vorgeworfene Verhalten rechtmäßig oder vielmehr widerrechtlich ist"; ebenso MüKoZPO/*Gottwald*, Art. 7 Brüssel Ia-VO Rn. 12; *Schärtl*, LMK 2016, 377693 und Anm. zu BGH, NJW 2016, 409.
14 EuGH v. 17.9.2002 – C-334/00 – *Tacconi/Wagner*, EuZW 2002, 655 f. (Abbruch von Vertragsverhandlungen); vgl. auch EuGH v. 14.5.2009 – C-180/06 – *Ilsinger/Dreschers*, EuZW 2009, 489 (491); für eine vertragliche Qualifikation bei vorvertraglichen Aufklärungspflichtverletzungen, wenn auch im Ergebnis offenlassend BGH, NJW 2016, 409 (410) m.w.N., unter der

c) Situativer Anwendungsbereich[15]

aa) „Ausrichten"

Etwaige vertragliche Mängelgewährleistungsansprüche und Ansprüche wegen mangelhafter Aufklärung kann K im Verbrauchergerichtsstand aber nur geltend machen, wenn das Geschäft unter Art. 17 Abs. 1 lit. c Brüssel Ia-VO fällt. Dann müsste V, der seine gewerbliche oder berufliche Tätigkeit in Italien ausübt, diese zumindest auch auf deutsche Kunden „ausgerichtet" haben. Dieses Kriterium in Bezug auf eine Webpräsenz mit Leben zu erfüllen, ist schwierig. Zwei Extrempositionen können aber schon mit Hilfe einer grammatikalischen Auslegung ad acta gelegt werden: Zum einen reicht allein die *technische Erreichbarkeit* der Homepage auf der ganzen Welt für sich genommen nicht aus – der Unternehmer muss aktiv einen Vertrag mit Verbrauchern in dem bestimmten Mitgliedsstaat anstreben.[16] Zum anderen muss, gegen eine mittlerweile überholte Erklärung der Kommission und des Rates, der Vertrag selbst nicht über die fragliche Webseite im Internet zustande gekommen sein[17] (oder zumindest die Möglichkeit dazu bestehen, sog. „aktive" Webseite),[18] denn auch und gerade der Verbraucher ist zu schützen, der durch eine auf ihn ausgerichtete Werbung auf einer „passiven" Webseite veranlasst wird, ins Ausland zu reisen, um dort den Vertrag zu schließen.[19] Anders ausgedrückt: Entscheidend ist nicht die Methode des Vertragsschlusses, sondern der Weg der Vertrags*anbahnung*.[20] Ob der Anbieter mit seiner Webseite nun Verträge (auch) mit Verbrauchern eines konkreten anderen Landes anzubahnen hoffte, ist mit Hilfe einer Gesamtbetrachtung der Umstände des Einzelfalls zu beantworten. Daraus ergibt sich hier: Die Homepage des V kann auch auf Deutsch gelesen werden. V hat sowohl eine internationale Kontoverbindung als auch eine internationale Telefonnummer angegeben und (auch) für Kunden

---

Bedingung, dass der „Vertrag tatsächlich zu Stande kommt und der Vertragspartner in Anspruch genommen wird"; BGH, IPRax 2013, 168 (172 f.) (zu Art. 13 Abs. 1 LugÜ); dazu *Arnold*, IPRax 2013, 141; ebenso BGH, NJW 2016, 409 (410).

15 Dazu ausführlicher Fall 17, S. 359.

16 *Leible/Müller*, NJW 2011, 495; EuGH v. 7.12.2010 – C-585/08 und C-144/09 – *Pammer/ Alpenhof*, EuZW 2011, 98 (Rn. 64 ff.); *Witwer*, ZEuP 2011, 636 (648).

17 KOM(1999) 348 1, 18 = IPRax 2001, 259 (261).

18 KOM(2002) 654 1, 38; KOM(2005) 650 1, 7; aufgrund der Aufweichung des Begriffes „aktive" Webseite ist heute auch Erwägungsgrund (24) der Rom I-VO unerheblich, der auf KOM(1999) 348 1, 18 Bezug nimmt und den streng passiven Begriff der Webseiten nicht einbeziehen will.

19 Vgl. EuGH v. 6.9.2012, C-190/11 – *Mühlleitner/Yusufi*, EuZW 2012, 917 (919): Es ist nicht erforderlich, „dass der Vertrag zwischen Verbraucher und Unternehmer im Fernabsatz geschlossen wurde".

20 Vgl. EuGH v. 7.12.2010 – C-585/08 und C-144/09 – *Pammer/Alpenhof*, EuZW 2011, 98 ff.; *Rauscher*, IPR, Rn. 2053; *Althammer*, JA 2008, 772 (779); *Leible/Lehmann*, RIW 2008, 528 (538); *v. Hoffmann/Thorn*, IPR, § 3 Rn. 236 c; noch weiter Zöller/*Geimer*, ZPO, Art. 17 EuGVVO Rn. 24 ff.

aus Deutschland eine Anfahrtsskizze eingefügt. Gerade letzteres zeigt, dass V auch mit Verbrauchern in Deutschland Geschäfte abschließen wollte. Er hat seine Tätigkeit somit auf deutsche Verbraucher „ausgerichtet".

bb) Kausalität

Nach heute herrschender Meinung ist es nicht mehr erforderlich, dass der Verbrauchervertrag gerade aufgrund der auf das Wohnsitzland des Verbrauchers ausgerichteten Werbung zustande gekommen ist.[21] Ausreichend ist, dass der Vertrag in den Bereich der Tätigkeiten des Gewerbetreibenden fällt, was hier der Fall ist.[22] Selbst wenn man einen Kausalzusammenhang weiterhin fordert, ist dieser vorliegend zu bejahen, denn nach dem Sachverhalt hat die deutschsprachige Internethomepage von V den K dazu bewegt nach Maranello zu reisen, um von ihm den ersehnten Ferrari zu kaufen.

2. Ergebnis

Deutsche Gerichte sind gem. Art. 18 Abs. 1 Brüssel Ia-VO für alle potentiellen Ansprüche des K international zuständig.

Frage 2: Anwendbares Recht

Der Rückabwicklungsanspruch des K kann sich, wie oben gezeigt, sowohl aus kaufvertraglichem Gewährleistungsrecht als auch aus vorvertraglicher Pflicht-

---

21 EuGH v. 17.10.2013 – C-218/12 – *Emrek/Sabranovic*, NJW 2013, 3504 f. – der Gerichtshof stellt auf den Wortlaut der Vorschrift und auf teleologische Erwägungen (Verbraucherschutz, keine Beweisschwierigkeiten für den Verbraucher) ab; zust. *Schnichels/Stege*, EuZW 2014, 809 (813); *Gsell*, ZZP 127 (2014), 431 (455 ff.); i. Erg. auch Rauscher/*Staudinger*, EuZPR/EuIPR, Art. 17 Brüssel Ia-VO Rn. 15h; a.A. *Rühl*, in: FS Coester-Waltjen (2015), 697 (703 ff.) m.w.N.; vor der Sache *Emrek* war das Kausalitätserfordernis zumindest in Deutschland ganz h.M., vgl. nur BGH, EuZW 2012, 236 (237); BGH, IPRax 2009, 258; OLG Karlsruhe, NJW 2008, 85; *Mankowski*, IHR 2008, 133 (142); *Leible/Lehmann*, RIW 2008, 528 (538); s. auch Rauscher/*Staudinger*, EuZPR/EuIPR, Art. 17 Brüssel Ia-VO Rn. 15 m.w.N. Ungeklärt und umstritten ist weiterhin, ob auf das Kausalitätserfordernis auch im Rahmen des Art. 6 Abs. 1 lit. b der Rom I-VO verzichtet werden kann oder muss. Immerhin heißt es in dessen Erwägungsgrund (25), dass der Vertragsschluss auf das Ausrichten „zurückzuführen" sein muss, vgl. hierzu nur Rauscher/*Heiderhoff*, EuZPR/EuIPR, Art. 6 Rom I-VO Rn. 37 m.w.N.; s. auch Fall 18, S. 370.
22 Vgl. auch EuGH v. 17.10.2013 – C-218/12 – *Emrek/Sabranovic*, NJW 2013, 3504 (3505); für eine extensive Auslegung dieses Kriteriums EuGH v. 23.12.2015 – C-297/14 – *Hobohm/Kampik*, NJW 2016, 697.

verletzung ergeben. Für beide Aspekte ist das anwendbare Recht zu ermitteln. Da ein deutsches Gericht mit dem Fall beschäftigt ist, sind insoweit deutsche bzw. vorrangige europäische Kollisionsnormen (vgl. auch Art. 3 Nr. 1 EGBGB)[23] einschließlich der für die Bundesrepublik Deutschland geltenden – in der Regel vorrangigen (Art. 3 Nr. 2 EGBGB) – internationalen Abkommen heranzuziehen.

I. Statut des Rückabwicklungsanspruchs aus kaufvertraglichem Gewährleistungsrecht

1. Ermittlung der einschlägigen Kollisionsnormen (Qualifikation)

Da K aus einem Vertrag hervorgegangene Ansprüche geltend macht, könnte die einschlägige Kollisionsnorm in der Rom I-VO zu suchen sein, welche als EU-Recht grundsätzlich Anwendungsvorrang auch vor völkerrechtlichen Vereinbarungen genießt. Allerdings bestimmt Art. 25 Rom I-VO, dass völkerrechtliche Verträge, die Kollisionsnormen für vertragliche Schuldverhältnisse enthalten und von Mitgliedstaaten im Zeitpunkt der Annahme der Verordnung (17.6.2008) galten, Vorrang genießen (Abs. 1), sofern das betreffende Abkommen auch von Nicht-EU-Mitgliedstaaten unterzeichnet wurde (Abs. 2).

Deshalb könnte das Wiener UN-Abkommen über Verträge über den internationalen Warenkauf (CISG)[24] vorrangig anzuwenden sein. Das Übereinkommen gilt für Deutschland seit dem 1.1.1991 und wurde von über 90 Staaten ratifiziert. Als Einheitsrecht im Bereich der vertraglichen Schuldverhältnisse ist es unabhängig von allseitigen Kollisionsnormen und damit selbst eine (versteckte) einseitige Kollisionsnorm.[25] Deshalb sind die Regeln des CISG anzuwenden, sofern sein Anwendungsbereich eröffnet ist. Das ist hier zu verneinen, da das CISG gem. Art. 2 lit. a CISG auf Verträge über Waren für den persönlichen Gebrauch nicht anwendbar ist und K das Auto weder gewerblich noch beruflich nutzen wollte.[26]

Deshalb ist daher letztlich doch die Rom I-VO heranzuziehen. Voraussetzung hierfür ist aber, dass der Anwendungsbereich der Verordnung eröffnet ist.

---

23 Art. 3 Nr. 1 EGBGB ist nur eine deklaratorische Vorschrift, weil sich der Anwendungsvorrang des Unionsrecht aus dem EU-Recht selbst ergibt; Art. 288 Abs. 2 AEUV; st. Rspr. seit EuGH v. 15.7.1964 – C-6/64 – *Costa/ENEL*, NJW 1964, 2371. Zum Anwendungsvorrang des Unionsrechts *Jarass/Beljin*, NVwZ 2004, 1.
24 BGBl. 1989 II, 588; abgedruckt in der Sammlung von *Jayme/Hausmann* unter Nr. 77 mit Auflistung der Vertragsstaaten.
25 *Pfeiffer*, EuZW 2008, 622 (624).
26 Siehe oben II. 1. a).

Das wirft hier weder in sachlicher noch in zeitlicher Hinsicht[27] ein Problem auf: Es handelt sich um ein vertragliches Schuldverhältnis in Zivil- und Handelssachen im Sinne des Art. 1 Abs. 1 S 1 Rom I-VO, das eine Verbindung zu dem Recht mehrerer Staaten aufweist, das nicht unter den Ausnahmekatalog des Art. 1 Abs. 2 Rom I-VO fällt und nach dem 17. Dezember 2009 begründet wurde (Art. 28 Rom I-VO). Das Vertragsstatut ist also nach der Rom I-VO zu ermitteln.

2. Vertragsstatut nach der Rom I-VO
a) Rechtswahl gem. Art. 3 Rom I-VO
Gem. Art. 3 Rom I-VO ist vorrangig an den Parteiwillen anzuknüpfen. Da aber im Sachverhalt jegliche Anhaltspunkte für eine Rechtswahl fehlen, ist eine objektive Anknüpfung vorzunehmen.

b) Objektive Anknüpfung eines Verbrauchervertrages gem. Art. 6 Rom I-VO
Art. 6 Abs. 1 Rom I-VO ist als lex specialis vorrangig vor Art. 4 Rom I-VO zu prüfen.[28] Seine Anwendungsvoraussetzungen sind erfüllt: K hat den Wagen zu seinem privaten Vergnügen, also als Verbraucher, von V gekauft, der seinerseits gewerblich, also unternehmerisch handelte. Für den Kaufvertrag war die Homepage des V ursächlich, durch die er – dies wurde oben für Art. 17 Abs. 1 lit. c Brüssel Ia-VO ausführlich geprüft und begründet – seine Tätigkeit (auch) nach Deutschland ausgerichtet hat (Art. 6 Abs. 1 lit. b Rom I-VO).[29] Eine der Ausnahmen des Art. 6 Abs. 4 Rom I-VO liegt nicht vor. Art. 6 Abs. 1 Rom I-VO beruft das Recht am gewöhnlichen Aufenthaltsort (= Daseinsmittelpunkt[30]) des Verbrauchers. Dieser liegt für K nach dem Sachverhalt in Deutschland. Damit kommt für vertragliche Ansprüche deutsches Recht zur Anwendung.

---

27 Der räumlich-persönliche Anwendungsbereich der Rom I-VO wie auch der Rom II-VO ist anders als bei der Brüssel Ia-VO nicht gesondert zu prüfen, weil den Rom-VOen eine dem Art. 6 Abs. 1 Brüssel Ia-VO entsprechende Einschränkung des Anwendungsbereichs fehlt.

28 Vgl. Erwägungsgrund (24) der Rom I-VO; Rauscher/*Heiderhoff*, EuZPR/EuIPR, Art. 6 Rom I-VO Rn. 9.

29 Zur Übernahme von Auslegungsergebnissen zur Brüssel Ia-VO (zuvor Brüssel I-VO, vgl. Art. 80 Brüssel Ia-VO) in die Rom I-VO vgl. ihren Erwägungsgrund (7) und hier speziell (24) S. 2.

30 Staudinger/*Magnus*, Art. 19 Rom I-VO Rn. 31

II. Statut des Rückabwicklungsanspruchs wegen vorvertraglicher Pflichtverletzung

1. Ermittlung der einschlägigen Kollisionsnormen (Qualifikation)

Wie bereits oben bei der Frage der Zuständigkeit erörtert, werden vorvertragliche Pflichtverletzungen nach Art. 1 Abs. 2 lit. i und Erwägungsgrund (10) der Rom I-VO bzw. Art. 2 Abs. 1, 12 Rom II-VO und vor allem Erwägungsgrund (30) Rom II-VO in allen ihren Ausprägungen der Rom II-VO zugeordnet. Das setzt voraus, dass sie auch in zeitlicher Hinsicht anwendbar ist. Das ist zu bejahen, weil das schadensbegründende Ereignis im August 2016 und damit nach dem insoweit maßgeblichen Datum (11.1.2009) stattgefunden hat (Art. 31, 32 Rom II-VO).

2. Art. 12 Rom II-VO

Ist man in der Rom II-VO angelangt, darf man trotz der allgemein gehaltenen Überschrift „Verschulden bei Vertragsverhandlungen" nicht vorschnell auf Art. 12 Rom II-VO zurückgreifen. Wie bereits oben erörtert, soll die Norm nach Erwägungsgrund (30) nur solche Pflichtverletzungen erfassen, die einen inneren Zusammenhang mit dem beabsichtigten Vertrag aufweisen (S. 3), woraus folgt, dass vorvertragliche Pflichten, die das Integritätsinteresse der anderen Partei unabhängig vom konkreten Inhalt der Vertragsverhandlungen schützen, nach Art. 4 Rom II-VO zu beurteilen sind (S. 4). Im vorliegenden Fall ist diese Einschränkung des Anwendungsbereichs des Art. 12 Rom II-VO aber, wie gesehen, kein Hindernis, da Inhalt und Umfang von vorvertraglichen Aufklärungspflichten maßgeblich vom Inhalt des angestrebten Vertrags abhängig sind. Folglich ist gem. Art. 12 Abs. 1 Rom II-VO das den Vertrag zwischen V und K regierende deutsche Recht auch für die Beurteilung der c.i.c.-Ansprüche des K maßgeblich.

III. Ergebnis

Auf die von K geltend gemachten Ansprüche findet insgesamt deutsches Recht Anwendung.

Fall 16: Verbraucherrecht und Rechtswahl

Sachverhalt

Die in Münster lebende V möchte sich ihren langersehnten Traum von einem Tesla erfüllen. Zur Finanzierung will sie einen Kredit aufnehmen. Bei ihrer Suche nach attraktiven Angeboten stößt sie in der Frankfurter Allgemeinen Sonntagszeitung auf eine Anzeige der französischen F-Bank mit Sitz in Paris. V wendet sich sodann an die F-Bank und nimmt schließlich einen Ratenkredit mit einem Effektivzinssatz von 6,2 % auf, der in den Formularvertrag mit der F-Bank aufgenommen wird. Ferner heißt es dort in den deutschsprachigen AGB: „Der Vertrag unterliegt französischem Recht". Alle Belehrungen erfolgen ordnungsgemäß.

Wie vorgesehen fängt die F-Bank an, den Kreditbetrag an V auszuzahlen. Nach drei Monaten entdeckt V empört, dass andere Banken viel niedrigere Zinsen fordern. Nachdem sie sich die AGB noch einmal genauer angeschaut hat, fällt ihr zudem die Rechtswahlklausel auf und sie fragt sich, ob eine solche überhaupt legitim ist. Sie weigert sich nur, die fälligen Zinsen weiter zu zahlen.

Aufgabe

Hat die F-Bank gegen V einen Anspruch auf Zahlung der vertraglichen Zinsen?

Abwandlung

Ändert sich etwas, wenn die Rechtswahlklausel wie folgt formuliert ist:

„Der Vertrag unterliegt französischem Recht. Wenn Sie Verbraucher mit gewöhnlichem Aufenthalt in der EU sind, genießen Sie außerdem den Schutz der zwingenden Bestimmungen des Rechts Ihres Aufenthaltsstaates."?

Bearbeitungsvermerk

1. Gehen Sie davon aus, dass der durchschnittliche Effektivzins für vergleichbare Kredite in Deutschland und Frankreich bei 4,5 % liegt.
2. Nach Art. L314-6 des französischen *Code de la consommation* (C. consom.)[1] ist ein Darlehen wucherisch, wenn der durchschnittliche Effektivzins um

---

1 Ordonnance n° 2016-351 du 25 mars 2016 sur les contrats de crédit aux consommateurs relatifs aux biens immobiliers à usage d'habitation, JORF n°0073 du 26 mars 2016 texte n° 27.

mehr als ein Drittel überschritten wird. Rechtsfolge („*sanction civile*") ist gemäß Art. L341-48 C. consom. die Herabsetzung des Zinssatzes kraft Gesetzes auf den durchschnittlichen Effektivzins („*intérêts normaux*").

3. Im deutschen Recht ist ein Darlehensvertrag gemäß § 138 Abs. 1 BGB nichtig, wenn der vertraglich vereinbarte Zins den marktüblichen Effektivzins um 100 % oder um 12 Prozentpunkte übersteigt.[2] Der Kreditnehmer muss dann nach ganz herrschender Meinung nach Bereicherungsrecht nur die empfangene Valuta ohne jeden Zins zurückzahlen.[3]

4. Frankreich hat die Klauselrichtlinie (RL 93/13/EWG)[4] sehr wortgetreu umgesetzt. Die Art. L211-1 ff. C. consom.[5] sehen daher (wie die mindestharmonisierende Richtlinie) eine AGB-*Einbeziehungs*kontrolle nicht vor.

5. Auszug aus der Klauselrichtlinie (RL 93/13/EWG):

Artikel 3
(1) Eine Vertragsklausel, die nicht im einzelnen ausgehandelt wurde, ist als mißbräuchlich anzusehen, wenn sie entgegen dem Gebot von Treu und Glauben zum Nachteil des Verbrauchers ein erhebliches und ungerechtfertigtes Mißverhältnis der vertraglichen Rechte und Pflichten der Vertragspartner verursacht.

(2) Eine Vertragsklausel ist immer dann als nicht im einzelnen ausgehandelt zu betrachten, wenn sie im voraus abgefaßt wurde und der Verbraucher deshalb, insbesondere im Rahmen eines vorformulierten Standardvertrags, keinen Einfluß auf ihren Inhalt nehmen konnte. [...]

Artikel 4
[...] (2) Die Beurteilung der Mißbräuchlichkeit der Klauseln betrifft weder den Hauptgegenstand des Vertrages noch die Angemessenheit zwischen dem Preis bzw. dem Entgelt und den Dienstleistungen bzw. den Gütern, die die Gegenleistung darstellen, sofern diese Klauseln klar und verständlich abgefaßt sind.

---

2 St. Rspr., vgl. nur BGHZ 110, 336 (338) = NJW 1990, 1595 (1596); Grüneberg/*Ellenberger*, § 138 BGB Rn. 27. Dabei wird die erforderliche verwerfliche Gesinnung bei Vorliegen eines solchen Missverhältnisses vermutet; s. i.E. MüKoBGB/*Armbrüster*, § 138 Rn. 116 f. m.w.N.

3 Grüneberg/*Ellenberger*, § 138 BGB Rn. 75; Grüneberg/*Sprau*, § 817 BGB Rn. 21.

4 Richtlinie 93/13/EWG des Rates vom 5. April 1993 über mißbräuchliche Klauseln in Verbraucherverträgen, ABl. EG 1993 L95, S. 29.

5 Ordonnance n° 2016-131 du 10 février 2016 portant réforme du droit des contrats, du régime général et de la preuve des obligations, JORF n°0035 du 11 février 2016 texte n° 26.

Artikel 5

Sind alle dem Verbraucher in Verträgen unterbreiteten Klauseln oder einige dieser Klauseln schriftlich niedergelegt, so müssen sie stets klar und verständlich abgefasst sein. Bei Zweifeln über die Bedeutung einer Klausel gilt die für den Verbraucher günstigste Auslegung. Diese Auslegungsregel gilt nicht im Rahmen der in Artikel 7 Absatz 2 vorgesehenen Verfahren.

Vorbemerkungen

I. Im Mittelpunkt dieses Falles stehen Fragen des kollisionsrechtlichen Verbraucherschutzes. Spätestens die Fallabwandlung weist darauf hin, dass ein Kernproblem die Wirksamkeit einer Rechtswahlklausel ist. Wie die Hinweise zum (französischen) AGB-Recht erahnen lassen, geht es auch um die umstrittene Frage zum Verhältnis der Rom I-VO zur Klauselrichtlinie, wenn es um die Beurteilung einer Rechtswahlklausel in einem Verbrauchervertrag geht. Der EuGH hat sich hierzu in seinem *Amazon*-Urteil aus dem Jahr 2016 geäußert.[6] Vertiefte Kenntnis dieser Rechtsprechung werden nicht erwartet, zumal die Lösung des EuGH dogmatisch nicht vollends überzeugen kann und – wie sich zeigen wird – nicht selten zu rechtspolitisch fragwürdigen Ergebnissen führt. Aus prüfungstaktischen Gründen folgt die Lösung aber der Linie des Gerichtshofs. In der Abwandlung steht die recht komplizierte[7] Alternativanknüpfung des Art. 6 Abs. 2 S. 2 Rom I-VO (sog. *Günstigkeitsvergleich*) im Vordergrund, deren Anwendung oft Schwierigkeiten bereitet.

II. Insgesamt handelt es sich, wegen der Vielzahl der durchaus als komplex zu bezeichnenden Probleme, um eine anspruchsvolle Klausur, die aber bei richtiger Schwerpunktsetzung dennoch in zwei Stunden zu meistern ist. Dabei kann in einer Klausursituation bei der Abwandlung nicht erwartet werden, dass sich der/die Bearbeiter/in so ausführlich wie in der nachfolgenden Lösung mit Art. 10 Abs. 2 Rom I-VO und dem Günstigkeitsvergleich nach Art. 6 Abs. 2 S. 2 Rom I-VO auseinandersetzt.

---

6 EuGH v. 28.7.2016 – C-191/15 – *Verein für Konsumenteninformation/Amazon EU Sàrl*, NJW 2016, 2727.

7 Rechtspolitisch dürfte die strikte Anwendung des Aufenthaltsortrechts des Verbrauchers, wie dies etwa im Schweizer Recht vorgesehen ist (Art. 120 schweizerisches IPRG) überzeugender sein (*Mäsch*, Rechtswahlfreiheit und Verbraucherschutz, 1993, S. 65 ff., 72; NK-BGB/*Leible*, Art. 6 Rom I-VO Rn. 68).

Gliederung der Lösung

Lösung

A. Anwendbares Recht

Zur Klärung der Frage, ob die F-Bank gegen V einen Anspruch auf Zahlung der vertraglichen Zinsen hat, ist zunächst das auf den Kreditvertrag anwendbare Recht zu ermitteln. In Ermangelung vorrangiger internationaler Abkommen (Art. 25 Abs. 1 Rom I-VO) könnte dafür die Rom I-VO heranzuziehen sein.

I. Anwendbarkeit der Rom I-VO

Bei dem Kreditvertrag handelt es sich um ein vertragliches Schuldverhältnis, welches nach dem 17. Dezember 2009 eingegangen wurde. Somit ist die Rom I-VO gemäß Art. 1, 28 Rom I-VO sachlich und zeitlich anwendbar. Eine der Ausnahmen nach Art. 1 Abs. 2 Rom I-VO greift nicht ein.

II. Subjektive Anknüpfung

Die Rom I-VO sieht in Art. 3 die Möglichkeit einer Rechtswahl vor; die Vertragsparteien können das anwendbare Recht grundsätzlich frei wählen. V und die F-Bank haben vereinbart, dass der Vertrag französischem Recht unterliegen soll. Die darin liegende Rechtswahl müsste zulässig, der Rechtswahlvertrag wirksam sein.

1. Zulässigkeit

Nach Art. 3 Abs. 1, Art. 6 Abs. 2 S. 1 Rom I-VO ist eine Rechtswahl selbst in einem Verbrauchervertrag zulässig. An dieser Stelle kann daher noch dahinstehen, ob es sich um einen Verbrauchervertrag handelt.

2. Wirksames Zustandekommen der Rechtswahl

a) Die Parteien haben die Rechtswahl ausdrücklich getroffen, Art. 3 Abs. 1 S. 2, 1. Fall Rom I-VO. Für eine Rechtswahl per AGB bestehen keine besonderen Schranken in der Rom I-VO.[8]

b) Ob eine wirksame Einigung auch bezüglich des Rechtswahlvertrages[9] vorliegt, d.h. die Rechtswahlklausel wirksam in den Vertrag einbezogen wurde, richtet sich gemäß Art. 3 Abs. 5 Rom I-VO i.V.m. Art. 10 Abs. 1 Rom I-VO grundsätzlich nach dem präsumtiv gewählten Recht,[10] hier also nach französischem Recht.

---

8 BeckOGK/*Wendland*, Art. 3 Rom I-VO Rn. 116.

9 Es ist zu beachten, dass es sich bei dem Kreditvertrag und dem Verweisungsvertrag um zwei voneinander zu trennende, eigenständige Verträge handelt. Diese richten sich zwar wegen Art. 3 Abs. 5 Rom I-VO zunächst nach demselben Recht, können aber unterschiedlichen (Un-)Wirksamkeitsvoraussetzungen unterliegen. Näher hierzu MüKoBGB/*Martiny*, Art. 3 Rom I-VO Rn. 100.

10 Die Wirksamkeit der Vereinbarung ist also zu unterstellen, vgl. etwa *W.-H. Roth*, IPRax 2013, 515 (519).

aa) Die Rechtswahlklausel könnte danach am Transparenzgebot des Art. L211-1 C. consom., der Art. 5 der Klauselrichtlinie entspricht, zu messen sein. Gegen die Berücksichtigung der Klauselrichtlinie wird teilweise eingewendet, die Anforderungen an einen Rechtswahlvertrag seien abschließend in Art. 3 Abs. 1 Rom I-VO geregelt.[11] Für eine Kontrolle der Rechtswahlklausel am Transparenzgebot sei daher kein Raum. Die Öffnungsklausel des Art. 23 Rom I-VO spricht hingegen entscheidend dafür, auch andere EU-Rechtsakte (bzw. deren Umsetzungen im nationalen Recht) zu berücksichtigen, wenn diese spezielle Kollisionsnormen enthalten.[12]

(1) Der Anwendungsbereich der Klauselrichtlinie ist in persönlicher Hinsicht eröffnet, da hier ein Vertrag zwischen einem Verbraucher und einem Unternehmer in Rede steht. Ihr sachlicher Anwendungsbereich ist eröffnet, wenn die Richtlinie (und damit Art. L211-1 C. consom.) auch eine Rechtswahl erfasst. Da die Klauselrichtlinie keine Einschränkungen diesbezüglich enthält,[13] kann davon ausgegangen werden, dass sie alle nicht im Einzelnen ausgehandelten Klauseln jenseits von Leistungsbeschreibungen erfasst (vgl. Art. 3 Abs. 1 u. 2, Art. 4 Abs. 2 Klauselrichtlinie), also auch die Rechtswahlklausel.[14] Der Anwendungsbereich der Richtlinie ist eröffnet. Sie hat damit zugleich kollisionsrechtliche Relevanz, womit die Voraussetzungen des Art. 23 Rom I-VO erfüllt sind. Art. 5 Klauselrichtlinie bzw. Art. L211-1 C. consom. ist somit als besondere Kollisionsnorm i.S.d. Art. 23 Rom I-VO zur Beurteilung der Wirksamkeit des Rechtswahlvertrages heranzuziehen.

---

11 NK-BGB/*Leible*, Art. 10 Rom I-VO Rn. 26; Rauscher/*v. Hein*, EuIPR/EuZPR, Art. 3 Rom I-VO Rn. 43 jeweils m.w.N.

12 So zu Recht *Mankowski*, NJW 2016, 2705 (2706).

13 Rechtswahlklauseln werden, anders als Gerichtsstands- und Schiedsklauseln (Anhang Nr. 1 Buchst. q Klausel-RL), nicht im (unverbindlichen) Katalog des Anhangs zur Klausel-RL erwähnt. Daraus kann allerdings nicht geschlossen werden, dass Rechtswahlklauseln AGB-rechtlich immer erlaubt wären. Vgl. allgemein EuGH v. 7.5.2002 – C-478/99 – *Kommission der EG/Königreich Schweden*, EuZW 2002, 465 Rn. 20: „Es steht fest, dass eine in der Liste [des in Art. 3 Abs. 3 Richtlinie 93/13/EWG erwähnten Anhangs] aufgeführte Klausel nicht zwangsläufig als missbräuchlich anzusehen ist und umgekehrt eine nicht darin aufgeführte Klausel gleichwohl für missbräuchlich erklärt werden kann".

14 EuGH v. 28.7.2016 – C-191/15 – *Verein für Konsumenteninformation/Amazon EU Sàrl*, NJW 2016, 2727 (2730); *Mankowski*, NJW 2016, 2705 (2706); wohl auch *Heiss*, RabelsZ 65 (2001), 634 (647 f.): Es spräche „alles dafür, auch Rechtswahlklauseln als von der Klauselrichtlinie umfasst zu betrachten"; a.A. NK-BGB/*Leible*, Art. 10 Rom I-VO Rn. 26; Rauscher/*v. Hein*, EuIPR/EuZPR, Art. 3 Rom I-VO Rn. 43.

(2) Es stellt sich die Frage, ob die fragliche Klausel i.S.d. Art. L211-1 C. consom./Art. 5 Klauselrichtlinie klar und verständlich abgefasst, d.h. hinreichend transparent ist.

Auf den ersten Blick bestehen bei einer schlichten Wahl ausländischen Rechts keine Zweifel an Aussage und Gehalt der Klausel.[15] Die knapp formulierte Klausel beruft im vorliegenden Fall unmissverständlich französisches Recht.

Andererseits weist sie nicht auf den unentziehbaren Schutz des deutschen Rechts hin, der von Art. 6 Abs. 2 S. 2 Rom I-VO erfasst wird. Ein juristisch nicht vorgebildeter Verbraucher könnte so den Eindruck gewinnen, es gelte ausschließlich französisches Recht. Insofern könnte die Klausel für intransparent zu halten sein. So sieht es der EuGH. Seiner Ansicht nach führe der ausschließliche Verweis auf das gewählte Recht als Vertragsstatut ohne gleichzeitigen Hinweis auf das Günstigkeitsprinzip des Art. 6 Abs. 2 Rom I-VO den Verbraucher in die Irre und sei deshalb missbräuchlich.[16] Dafür könnte auch die Parallele zu sog. Verweisungsklauseln sprechen: Nach allgemeiner Ansicht werden Klauseln, die aus sich heraus nicht verständlich sind, insbesondere AGB, die auf ein Regelwerk oder andere Bestimmungen verweisen, welche selbst nicht mit abgedruckt sind, nicht einbezogen.[17] Dieses Argument verfängt aber nur bei einer rein materiell-rechtlichen Rechtswahl. Dort wird zwar auf ein ausländisches Recht verwiesen; der Norminhalt des in Bezug genommenen Rechts gilt aber als Vertragsbestandteil, nicht aber – wie hier – kraft kollisionsrechtlicher Anordnung *als Recht* (kollisionsrechtliche Rechtswahl).[18] Im Ergebnis erzwingt der EuGH also nicht eine klare Formulierung der Klausel, sondern lediglich eine Information über die (kollisionsrechtliche) Rechtslage und über die Funktionsweise des Art. 6 Abs. 2 S. 2 Rom I-VO.[19]

Für die Sichtweise des EuGH spricht aber, dass sie der Verwirklichung der Parteiautonomie dient, indem sie nicht nur einen fiktiven Willen, sondern eine

---

15 *Mankowski*, NJW 2016, 2705 (2706).

16 EuGH, 28.7.2016 – C-191/15 – *Verein für Konsumenteninformation/Amazon EU Sàrl*, NJW 2016, 2727 Rn. 71; ebenso der österreichische OGH, VuR 2018, 225 (227).

17 BGHZ 162, 39 = NJW 2005, 1183 (1185); BGHZ 111, 388 = NJW 1990, 3197; Staudinger/*Mäsch* (2019), § 305 BGB Rn. 159; BeckOGK/*Lehmann-Richter*, § 305 BGB Rn. 237.

18 Näher zur Unterscheidung zwischen kollisions- und materiell-rechtlicher Rechtswahl MüKoBGB/*Martiny*, Rom I-VO Art. 3 Rn. 15 ff.; *Kegel/Schurig*, IPR, S. 654 f.

19 Die vom EuGH postulierte „Unterrichtungspflicht" ist zudem unvollständig, man könnte auch sagen *intransparent*, fehlen doch etwa Verweise auf Art. 9, 21 Rom I-VO. Auch die Rechtsfolge bei Verstoß gegen die Unterrichtungspflicht ist nicht verbraucherfreundlich, weil sie die Möglichkeit eines Günstigkeitsvergleichs zerstört; vgl. auch *Solomon*, ZVglRWiss 2016, 586 (594); *Mankowski*, NJW 2016, 2705 (2707).

tatsächliche Willenseinigung auch bei der Rechtswahl fordert.[20] Insofern ist das Diktum *Neuhaus'* auch heute noch gültig: „Die Parteiautonomie verliert ihren Sinn – ebenso wie die materiellrechtliche Vertragsfreiheit –, wenn sie zur Herrschaft des Stärkeren über den Schwachen wird".[21] Dass der EuGH wie im Sachrecht fordert, dass der Verwender einer den Verbraucher benachteiligenden Klausel diesen über gesetzliche Rechte unterrichten muss, welche die nachteilige Wirkung der Klausel einschränken, ist vor diesem Hintergrund nachvollziehbar.[22]

bb) Folgt man somit dem EuGH, ist die Rechtswahlklausel mangels zusätzlichen Hinweises missbräuchlich und damit unwirksam.[23]

3. Objektive Anknüpfung nach Art. 6 Abs. 1 Rom I-VO

Mangels wirksamer Rechtswahl hat die Anknüpfung objektiv zu erfolgen. Dabei geht die Sonderanknüpfung nach Art. 6 Abs. 1 Rom I-VO der Anknüpfung nach Art. 4 Rom I-VO als *lex specialis* vor.

a) Anwendungsbereich des Art. 6 Rom I-VO
aa) Persönlicher Anwendungsbereich

Der persönliche Anwendungsbereich ist eröffnet, da, wie bereits festgestellt, ein Vertrag zwischen einem Verbraucher und einem Unternehmer vorliegt.

bb) Situativer Anwendungsbereich

Weiterhin müsste der situative Anwendungsbereich des Art. 6 Abs. 1 Rom I-VO eröffnet sein. Das ist der Fall, wenn die F-Bank ihre berufliche oder gewerbliche Tätigkeit in dem Staat ausübt (lit. a), in dem die V ihren gewöhnlichen Aufent-

---

20 BeckOGK/*Wendland*, Art. 3 Rom I-VO Rn. 288.5; ausführlich zu den Gründen und Grenzen der Parteiautonomie *Arnold*, in: Arnold (Hrsg.), Grundfragen des Europäischen Kollisionsrechts (2016), 23 ff.

21 *Neuhaus*, Die Grundbegriffe des Internationalen Privatrechts, 2. Aufl. 1976, S. 257.

22 *Pfeiffer*, LMK 2017, 393442 m.w.N., der aber hinzufügt, der EuGH überdehne das Transparenzgebot.

23 A.A. gut vertretbar, denn der vorliegende Fall demonstriert, dass das gewählte Recht günstiger als das heimatliche sein kann: Entscheidet man sich hier gegen die Missbräuchlichkeit der Klausel und damit für deren Wirksamkeit, kommt nach Art. 3 Abs. 1 Rom I-VO französisches Recht zur Anwendung. Der weitere Lösungsweg entspricht dann demjenigen, dem auch in der Abwandlung gefolgt wird.

halt hat, oder eine solche Tätigkeit auf diesen Staat ausrichtet (lit. b). V hat ihren gewöhnlichen Aufenthaltsort in Deutschland. Da die F ihren Sitz in Frankreich hat und der Sachverhalt nicht von einer Niederlassung o.ä. in Deutschland spricht, kann nicht davon ausgegangen werden, dass sie ihre Tätigkeit in Deutschland ausübt. Deshalb kommt nur Art. 6 Abs. 1 lit. b Rom I-VO in Betracht. Das Merkmal des „Ausrichtens" kann immer dann bejaht werden, wenn der Unternehmer unter Einbeziehung aller Umstände durch gezieltes und willentliches Handeln im Aufenthaltsort des Verbrauchers am dortigen Wirtschaftsverkehr teilnehmen will.[24] Das zielgerichtete Schalten von Werbung in einer überregionalen deutschen Zeitung erfüllt diese Kriterien.[25] Der Vertragsabschluss durch V ist auch konkret auf ihre Kenntnisnahme von der F-Bank durch die Zeitungsanzeige zurückzuführen, so dass sogar ein Kausalzusammenhang besteht.[26] Somit ist auch der situative Anwendungsbereich eröffnet.

b) Rechtsfolge

Die Rechtsfolge des Art. 6 Abs. 1 Rom I-VO sieht die Anwendung des Rechts des Staates vor, in dem der Verbraucher seinen gewöhnlichen Aufenthalt hat. Der Vertrag unterliegt damit deutschem Recht.

B. Rechtslage nach deutschem Recht

Nach deutschem Recht ergibt sich ein Anspruch auf Zahlung der vereinbarten Zinsen aus § 488 Abs. 1 S. 2 BGB. Der erforderliche Darlehensvertrag besteht, die für einen Verbraucherdarlehensvertrag i.S.d. § 491 BGB zusätzlich geltenden Formanforderungen nach § 492 BGB wurden gewahrt. Die Sittenwidrigkeitsschwelle des § 138 Abs. 1 BGB wurde nach den Sachverhaltshinweisen nicht erreicht.

---

24 Ausführlich zur „Ausrichtung einer Tätigkeit" Staudinger/*Magnus* (2016), Art. 6 Rom I-VO Rn. 113 ff.

25 Vgl. nur BeckOGK/*Rühl*, Art. 6 Rom I-VO Rn. 188.

26 Ob ein solches Erfordernis besteht, ist umstritten. Der EuGH hat die Frage bei der prozessualen Parallelvorschrift des Art. 17 Brüssel Ia-VO abgelehnt (EuGH v. 17.10.2013 – C-218/12, NJW 2013, 3504). Siehe dazu m.w.N. jurisPK-BGB/*Limbach*, Art. 6 Rom I-VO Rn. 54 f.; *Klöpfer/Wendelstein*, JZ 2014, 298 (300); MüKoBGB/*Martiny*, Art. 6 Rom I-VO Rn. 52; Rauscher/*Heiderhoff*, EuZPR/EuIPR, Art. 6 Rom I-VO Rn. 37.

C. Ergebnis

Somit hat die F-Bank einen Anspruch gegen V auf Zahlung der vertraglichen Zinsen (6,2 %) aus § 488 Abs. 1 S. 2 BGB.

Abwandlung:

A. Anwendbares Recht

I. Wirksame Rechtswahlklausel

Im Gegensatz zum Ausgangsfall erfüllt diese Klausel die Vorgaben des EuGH und ist daher nicht intransparent. Andere Hürden für die Annahme einer nach dem über Art. 3 Abs. 5, 10 Abs. 1 Rom I-VO insoweit maßgeblichen französischen Recht wirksamen Einigung der Parteien auf eine Rechtswahl sind nicht ersichtlich.

1. Zusätzliche Prüfung anhand des deutschen Rechts

Fraglich ist, ob die Klausel zusätzlich an deutschem Recht zu messen ist.

a) Art. 10 Abs. 2 Rom I-VO

Gerade im Fall einer im „Kleingedruckten" versteckten Rechtswahlklausel kann es für den AGB-Verwendungsgegner überraschend sein, dass er mit seiner Zustimmung zum Hauptvertrag nach Art. 10 Abs. 1 Rom I-VO auch dessen Unterstellung unter ein für ihn fremdes Recht akzeptiert hat. Art. 10 Abs. 2 Rom I-VO eröffnet deshalb dem Angebotsempfänger die Möglichkeit, sich für den Einwand, man könne und dürfe sein Verhalten gar nicht dahingehend deuten, dass er dem (Rechtswahl-)Vertragsschluss zugestimmt habe, auf das Recht an seinem gewöhnlichen Aufenthaltsort zu berufen. Im Zusammenhang mit AGB heißt das: Nur die Einbeziehungs-, nicht die Inhaltskontrolle des Rechts am Aufenthaltsort ist (zusätzlich) berufen.[27]

Voraussetzung für ein solches Vetorecht des deutschen Rechts ist im vorliegenden Fall, dass eine Beurteilung der Wirkung des Verhaltens der V allein nach französischem Recht „nicht gerechtfertigt" wäre.

---

27 MüKoBGB/*Spellenberg*, Art. 10 Rom I-VO Rn. 198 f., 297 ff.

aa) Dafür muss es nach den konkreten Umständen des Einzelfalls unzumutbar erscheinen, die V nach dem ihr fremden Vertragsstatut zu binden, was etwa dann der Fall ist, wenn sie nicht damit zu rechnen brauchte.[28] Das ist jedoch vorliegend zweifelhaft, da sich V selbst an F als ausländische Bank gewandt hat. Wenn man ein Angebot aus dem Ausland erbittet[29] oder anderweitig einen internationalen Vertragskontakt aufnimmt[30], darf man grundsätzlich nicht ohne Weiteres mit der Geltung des heimatlichen Rechts rechnen.[31] Etwas anderes könnte allenfalls gelten, wenn V aufgrund ihrer Verbrauchereigenschaft als besonders schutzbedürftig anzusehen und die Zumutbarkeitsschwelle niedriger anzulegen wäre.[32] Allerdings kann dies offenbleiben, wenn das über Art. 10 Abs. 2 Rom I-VO berufene deutsche Recht ohnehin zu keinem anderen Ergebnis als das gewählte, französische Recht führt.

bb) Anders als im französischen Recht ist im deutschen Recht auch eine Einbeziehungskontrolle von AGB vorzunehmen. Eine Rechtswahlklausel in einem internationalen Vertrag zugunsten des Heimatrechts einer Partei ist grundsätzlich aber nicht überraschend.[33] Auch im Übrigen bestehen hinsichtlich der Einbeziehung (§ 305 Abs. 2 BGB) keine Bedenken, sodass auch das deutsche Recht zu keinem anderen Ergebnis kommt.

b) Günstigkeitsvergleich

Fraglich ist, ob für die Beurteilung der Wirksamkeit des Rechtswahlvertrages über Art. 6 Abs. 2 S. 2 Rom I-VO ergänzend das Recht am gewöhnlichen Aufenthalt des Verbrauchers gilt, sofern dieses für ihn günstiger ist. Manche halten einen Günstigkeitsvergleich auch bei einer Rechtswahl für möglich und angezeigt. Es sei konkret danach zu fragen, ob die Einbeziehungsregeln des Rechts

---

28 Vgl. BGHZ 57, 72 (77) = NJW 1972, 391; OLG Hamburg, SchiedsVZ 2003, 284 (287); s. dazu BeckOGK/*Weller*, Art. 10 Rom I-VO Rn. 55.

29 MüKoBGB/*Spellenberg*, Art. 10 Rom I-VO Rn. 266.

30 BGH, WM 1973, 1258; BGH, NJW 1976, 2075.

31 Vgl. Staudinger/*Hausmann* (2016), Art. 10 Rom I-VO Rn. 636.

32 Dies andeutend BeckOGK/*Weller*, Art. 10 Rom I-VO Rn. 55, Fn. 199 m.w.N; MüKoBGB/ *Spellenberg*, Art. 10 Rom I-VO Rn. 277; Rauscher/*Freitag*, EuZPR/EuIPR, Art. 10 Rom I-VO Rn. 20; im Ergebnis ebenso *Mankowski*, RIW 1996, 382 (384): „Je höher die Professionalität und vor allem je größer die Erfahrung der betreffenden Partei im internationalen Rechtsverkehr ist, desto weniger schutzwürdig ist ihr eventuelles Vertrauen auf die Anwendung ihres Umweltrechts" (zum gleichlautenden Art. 31 EGBGB Abs. 2 a.F.).

33 BGHZ 123, 380 (383) = NJW 1994, 262 (263); BGH, NJW-RR 2005, 1071 (1072); Reithmann/ Martiny/*Martiny*, Int. Vertragsrecht, Rn. 2.30 m.w.N.

am gewöhnlichen Aufenthalt des Verbrauchers diesen besser schützten als die Regeln des gewählten Rechts.[34] Die herrschende Meinung lehnt einen solchen Günstigkeitsvergleich aber mit dem überzeugenden Argument ab, Art. 6 Abs. 2 S. 2 Rom I-VO setze eine wirksame Rechtswahl voraus und könne daher rechtslogisch erst auf Ebene des Sachrechts eingreifen.[35] Abgesehen davon sprechen praktische Gründe gegen einen solchen Vergleich. Gerichte würden regelmäßig zu einer komplizierten Doppelprüfung gezwungen, zuerst auf kollisionsrechtlicher Ebene und gegebenenfalls später auf der Ebene des Sachrechts.[36] Dass eine solche Prüfung vom Verordnungsgeber nicht gewollt ist, legt auch der Wortlaut des Art. 6 Abs. 2 S. 1 Rom I-VO nahe. Ein „Recht, dass nach [Art. 6] Absatz 1 mangels Rechtswahl anzuwenden wäre", gibt es für den Rechtswahlvertrag nicht.[37]

Deshalb ist an dieser Stelle kein Günstigkeitsvergleich durchzuführen. Die Rechtswahl ist wirksam.

II. Ergebnis zum anwendbaren Recht

Demnach ist festzuhalten, dass der Vertrag aufgrund der wirksamen Rechtswahl französischem Sachrecht unterliegt, zusätzlich gilt nach Art. 6 Abs. 2 S. 2 Rom I-VO deutsches zwingendes Sachrecht, soweit dieses für V günstiger ist.

B. Materielle Rechtslage – Anspruch der F gegen V auf Zinszahlung

I. Rechtslage nach (gewähltem) französischen Recht

Nach französischem Recht ist der Vertrag wirksam. Der vereinbarte Zinssatz von 6,2 % überschreitet allerdings den durchschnittlichen Effektivzins 4,5 % um mehr als ein Drittel (= 1,5 %). Das Darlehen ist daher nach Art. L314-6 C. consom. wucherisch. In diesem Fall wird der Zinssatz gemäß Art. L341-48 C. con-

---

34 So bspw. *W.-H. Roth*, IPRax 2013, 515 (521).

35 Staudinger/*Hausmann* (2016), Art. 10 Rom I-VO Rn. 99a; *Jayme*, in: FS W. Lorenz (1991), 435 (438 f.); *Pfeiffer*, IPRax 2015, 320 (322 f.); MüKoBGB/*Spellenberg*, Art. 10 Rom I-VO Rn. 193; gegen einen Günstigkeitsvergleich auf kollisionsrechtlicher Ebene auch Grüneberg/*Thorn*, Art. 3 Rom I-VO Rn. 9; Erman/*Stürner*, Art. 6 Rom I-VO Rn. 16b; ausführlich zum Ganzen auch *Chr. Rühl*, Rechtswahlfreiheit und Rechtswahlklauseln in AGB, 1999, S. 165 ff.; anders wohl BGH, IPRax 2013, 557 Rn. 33 ff., der eine Rechtswahlklausel zugunsten niederländischen Rechts in einem Vertrag mit einem deutschen Verbraucher an § 307 BGB gemessen hat, allerdings wohl ohne sich der Problematik vollends bewusst zu sein.

36 So *Pfeiffer*, LMK 2013, 343552; sowie *ders.*, IPRax 2015, 320 (322 f.) mit weiteren Argumenten.

37 *Pfeiffer*, IPRax 2015, 320 (322 f.).

som. kraft Gesetzes auf den durchschnittlichen Effektivzins herabgesetzt. Somit schuldet V nur einen Zins von 4,5 %.

II. Günstigkeitsvergleich mit dem deutschen (zwingenden) Recht

Ein anderes Ergebnis könnte sich aber durch einen (nunmehr zulässigen) Günstigkeitsvergleich gemäß Art. 6 Abs. 2 S. 2 Rom I-VO mit dem deutschen zwingenden Recht ergeben. In diesem Vergleich ist nur zwingendes Recht einzustellen (vgl. Art. 6 Abs. 2 S. 2 Rom I-VO a.E.: „Bestimmungen [...] von denen [...] nicht durch Vereinbarung abgewichen werden darf"); eine Beschränkung auf verbraucherschützende Normen sieht die Vorschrift nicht vor.[38]

1. Abstrakter Gesamtvergleich

Nach Art. 6 Abs. 2 S. 2 Rom I-VO darf eine Rechtswahl dem Verbraucher nicht den Schutz seines Aufenthaltsstaates entziehen. Sie entzieht ihm diesen Schutz nicht, wenn seine Rechtsposition nach dem gewählten Recht gleich oder sogar besser ausgestaltet ist als nach dem Aufenthaltsrecht. Daraus folgt die Notwendigkeit eines Vergleichs der beiden Rechtsordnungen, den man nach dem anzulegenden Maßstab als „Günstigkeitsvergleich" bezeichnet. Wie der Günstigkeitsvergleich anzugehen ist, regelt die Vorschrift nicht. Ein möglicher Lösungsansatz bestünde darin, *abstrakt*, also losgelöst vom Einzelfall zu prüfen, welche der beteiligten Rechtsordnungen das verbrauchergünstigere Schutzniveau aufweist. Ein solcher „Totalvergleich" der Rechtsordnungen wird aber zu Recht von der ganz h.M. abgelehnt.[39] Eine umfassende Analyse zweier Rechtsordnungen ist zum einen praktisch nicht durchführbar,[40] zum anderen gibt es auch keine brauchbaren Entscheidungskriterien, die bestimmen, welche Teilregelung abstrakt verbraucherfreundlicher ist.[41] Schließlich kann ein lediglich abstrakter Vergleich den Interessen des Verbrauchers im konkreten Fall zuwiderlaufen, etwa wenn das Aufenthaltsortrecht des Verbrauchers ihm abs-

---

38 BeckOK-BGB/*Spickhoff*, Art. 6 Rom I-VO Rn. 32; ebenso bereits *Mäsch*, Rechtswahlfreiheit und Verbraucherschutz, 1993, S. 43.

39 Reithmann/Martiny/*Martiny*, Int. Vertragsrecht, Rn. 35.85; Staudinger/*Magnus* (2016), Art. 6 Rom I-VO Rn. 146 m.w.N. Ebenso bereits *Mäsch*, Rechtswahlfreiheit und Verbraucherschutz, 1993, S. 33; *Schurig*, RabelsZ 54 (1990), 217 (225).

40 *Mäsch*, Rechtswahlfreiheit und Verbraucherschutz, 1993, S. 33; ebenso BeckOGK/*Rühl*, Art. 6 Rom I-VO Rn. 260.

41 *Mäsch*, Rechtswahlfreiheit und Verbraucherschutz, 1993, S. 34 f.; NK-BGB/*Leible*, Art. 6 Rom I-VO Rn. 71; Staudinger/*Magnus* (2016), Art. 6 Rom I-VO Rn. 146.

trakt zwar weniger Rechte einräumt, ihm aber gleichwohl – im Gegensatz zum gewählten Recht – den konkret eingeklagten Anspruch zuspricht.[42]

2. Konkreter Vergleich

Maßgebend für den Günstigkeitsvergleich ist daher das konkrete Begehren des Verbrauchers.[43]

a) Gesamtbetrachtung

Der konkrete Vergleich wird nach herrschender Ansicht mittels einer Gesamtbetrachtung vorgenommen. Man prüft, ob „das Begehren nach dem gewählten Recht in seiner Gesamtheit oder den zwingenden Normen des Rechts am gewöhnlichen Aufenthaltsort des Verbrauchers in ihrer Gesamtheit gerechtfertigt" ist.[44] Diejenige Rechtsordnung, die dem Verbraucher zur Durchsetzung seiner geltend gemachten Ansprüche verhilft, ist die günstigere.[45] Das ergibt folgendes Bild: Der Vertrag wäre nach deutschem Recht mangels Überschreitung der Sittenwidrigkeitsschwelle (doppelter üblicher Effektivzinssatz oder Überschreitung um 12 Prozentpunkte) nicht sittenwidrig und damit wirksam. Gegenüber dem vereinbarten Zinssatz erfolgt daher auch keine Zinssenkung. V schuldet weiterhin einen Zins von 6,2 % und steht damit nach dem deutschen Aufenthaltsortrecht nicht günstiger als nach dem gewählten französischen Recht.

b) Rosinentheorie?

V stünde allerdings besser, wenn man die französische *Eingriffsschwelle* (Überschreiten des Effektivzinssatzes um mehr als ein Drittel) mit der deutschen Sittenwidrigkeits*rechtsfolge* (gar keine Zinslast) kombinieren würde. Für die Zulässigkeit einer solchen „mosaikartigen" Betrachtung mag die optimale Begünstigung des Verbrauchers sprechen, die letztlich Zweck eines jeden Güns-

---

42 *Mäsch*, Rechtswahlfreiheit und Verbraucherschutz, 1993, S. 36; ebenso Staudinger/*Magnus* (2016), Art. 6 Rom I-VO Rn. 146.

43 Staudinger/*Magnus* (2016), Art. 6 Rom I-VO Rn. 144; MüKoBGB/*Martiny*, Art. 6 Rom I-VO Rn. 64; BeckOK-BGB/*Spickhoff*, Art. 6 Rom I-VO Rn. 34; *Mäsch*, Rechtswahlfreiheit und Verbraucherschutz, 1993, S. 37 ff.

44 *Mäsch*, Rechtswahlfreiheit und Verbraucherschutz, 1993, S. 40.

45 *Mäsch*, Rechtswahlfreiheit und Verbraucherschutz, 1993, S. 37; MüKoBGB/*Martiny*, Art. 6 Rom I-VO Rn. 64; Rauscher/*Heiderhoff*, EuZPR/EuIPR, Art. 6 Rom I-VO Rn. 56.

tigkeitsvergleichs ist.[46] Der Wortlaut des Art. 6 Abs. 2 S. 2 Rom I-VO ist mit dieser Sichtweise vereinbar, ist doch in der Norm nicht von einer Gesamtregelung, sondern von (einzelnen) „Bestimmungen" die Rede.[47] Andererseits könnten mit der Formulierung auch die „Bestimmungen" *in ihrer Gesamtheit* gemeint sein.[48] Entscheidendes Argument gegen den Einzelvergleich ist, dass dieser auf ein Ergebnis hinausläuft, das von keiner der betroffenen Rechtsordnungen gewollt ist. Denn nach deutschem Recht bestünde die volle Zahlungspflicht, während V nach französischem Recht lediglich zur Zahlung der durchschnittlichen Effektivzinsen verpflichtet ist. Art. 6 Abs. 2 S. 2 Rom I-VO wäre nicht nur Kollisionsnorm, sondern würde als *Sachnorm* eine neue materiell-rechtliche Rechtsposition schaffen, die den beteiligten Rechtsordnungen unbekannt sind.[49] Die Mosaikbetrachtung ist daher als systemwidrig abzulehnen.

c) Zwischenergebnis

V kann ihr Begehren nur auf eine Rechtsordnung stützen. Da das französische Recht im Ergebnis für sie günstiger ist, ist das französische Recht anzuwenden.[50]

C. Endergebnis

Die F-Bank hat einen Anspruch auf Zinszahlung in Höhe der durchschnittlichen Effektivzinsen.[51]

---

46 Für einen Einzelvergleich der einzelnen Teilfragen wohl *Schurig*, RabelsZ 54 (1990), 217 (225).

47 So in Bezug auf Art. 29 Abs. 1 EGBGB a.F. *Schurig*, RabelsZ 54 (1990), 217 (225).

48 *Mäsch*, Rechtswahlfreiheit und Verbraucherschutz, 1993, S. 40 ebenfalls in Bezug auf Art. 29 Abs. 1 EGBGB a.F.

49 *Mäsch*, Rechtswahlfreiheit und Verbraucherschutz, 1993, S. 41 (zu Art. 29 Abs. 1 EGBGB a.F.); Staudinger/*Magnus* (2016), Art. 6 Rom I-VO Rn. 145.

50 Der Günstigkeitsvergleich räumt dem Verbraucher kein Wahlrecht ein (so aber *W.-H. Roth*, IPRax 2013, 515 [521]), sondern ist von Amts wegen durchzuführen (h.M., vgl. nur BeckOK-BGB/ *Spickhoff*, Art. 6 Rom I-VO Rn. 34; NK-BGB/*Leible*, Art. 6 Rom I-VO Rn. 71; Staudinger/*Magnus* (2016), Art. 6 Rom I-VO Rn. 143; BeckOGK/*Rühl*, Art. 6 Rom I-VO Rn. 255; *Mäsch*, Rechtswahlfreiheit und Verbraucherschutz, 1993, S. 72).

51 Das Ergebnis der Abwandlung ist *verbrauchergünstiger* als das des Ausgangsfalles und illustriert, wie oben in Fn. 19 und Fn. 23 angesprochen, dass die Rechtsprechung des EuGH die Interessen des Verbrauchers nicht per se fördert.

Fall 17: Verbraucher und Gerichtsstandsvereinbarungen

Sachverhalt

A aus Hamburg ist aufgrund seiner Herkunft der bulgarischen Sprache mächtig und findet auf der Internetseite der in Bulgarien ansässigen B-OOD ein günstiges Angebot für Marmor aus einem bulgarischen Steinbruch, den er zur Verlegung für den Fußboden seines Privathauses erwerben möchte. Die in bulgarischer Sprache verfasste Homepage der B-OOD bietet jedoch nicht die Möglichkeit an, Marmor auch von Deutschland aus über das Internet zu bestellen. A entschließt sich daher, den Marmor bei seinem nächsten Urlaub in seinem Heimatland Bulgarien vor Ort im Steinbruch persönlich in Augenschein zu nehmen. Dort kommt es am 12.4.2021 zum Vertragsschluss.

Für den Abschluss des Vertrages wurde ein von der B-OOD vorbereitetes Formular in bulgarischer Sprache verwendet, das beide Seiten unterschrieben. Der Vertrag sieht u.a. vor, dass A mit Unterzeichnung des Vertrages die beigefügten Geschäftsbedingungen zur Kenntnis nimmt und akzeptiert. Die AGB sehen u.a. (in deutscher Übersetzung) Folgendes vor:

> *„8. Gerichtsstand ist Bukarest (Rumänien).“*

Abweichend von einer weiteren AGB-Klausel, die nur eine Lieferung innerhalb Bulgariens vorsieht, vereinbaren die Parteien, dass der bulgarische Marmor durch einen von der B-OOD beauftragten Spediteur zu A nach Hamburg geliefert werden soll.

Der gelieferte Marmor zeigt Mängel. Nach Ablauf der von A gesetzten Frist zur Nachlieferung erklärt A gegenüber der B-OOD den Rücktritt vom Vertrag und verlangt die Rückzahlung des Kaufpreises. Die B-OOD verweigert dies. A klagt vor dem LG Hamburg auf Rückzahlung des Kaufpreises Zug-um-Zug gegen Rückgabe des Marmors. Die B-OOD rügt die Zuständigkeit des Gerichts und bestreitet den Mangel.

Frage: Sind deutsche Gerichte für die Klage international zuständig?

Bearbeitungshinweise:

1. Die Bezeichnung OOD steht für die Unternehmensform *Druschestvo ogranitschena otgovornost*, die in etwa der deutschen GmbH entspricht.
2. In einem Gutachten ist auf sämtliche aufgeworfene Rechtsfragen einzugehen. Soweit es nach Auffassung des Bearbeiters/der Bearbeiterin für die Lö-

sung auf ausländische Rechtsvorschriften ankommt, ist zu unterstellen, dass deren Inhalt den einschlägigen deutschen Vorschriften entspricht.

3. Bulgarien und Rumänien sind seit dem 1. Januar 2007 Mitglieder der EU und haben die Klausel-Richtlinie (RL 93/13/EWG) ordnungsgemäß umgesetzt.

Anhang:

Auszug aus der Klausel-Richtlinie (RL 93/13/EWG):

Artikel 3

(1) Eine Vertragsklausel, die nicht im einzelnen ausgehandelt wurde, ist als mißbräuchlich anzusehen, wenn sie entgegen dem Gebot von Treu und Glauben zum Nachteil des Verbrauchers ein erhebliches und ungerechtfertigtes Mißverhältnis der vertraglichen Rechte und Pflichten der Vertragspartner verursacht.

(2) Eine Vertragsklausel ist immer dann als nicht im einzelnen ausgehandelt zu betrachten, wenn sie im voraus abgefaßt wurde und der Verbraucher deshalb, insbesondere im Rahmen eines vorformulierten Standardvertrags, keinen Einfluß auf ihren Inhalt nehmen konnte. [...]

Vorbemerkungen

Diese Klausur behandelt die Frage der Abgrenzung von Verbrauchergeschäften und „Nicht-Verbrauchergeschäften" nach der Brüssel Ia-VO, sowie die besondere Problematik von Gerichtsstandsvereinbarungen. Anders als im Fall 3 handelt es sich hier nicht um eine Gerichtsstandsvereinbarung zwischen Unternehmern, sondern unter Beteiligung einer Privatperson, die aber möglicherweise nicht in den situativen Anwendungsbereich der Verbraucherverfahren nach Art. 17 ff. Brüssel Ia-VO fällt. Die genaue Kenntnis der EuGH-Rechtsprechung zu Gerichtsstandsvereinbarungen wird nicht erwartet. Dass hier möglicherweise ein Problem mit einer missbräuchlichen Vertragsklausel vorliegt, sollte aber erkannt werden. Die Frage, ob eine Missbrauchskontrolle im Rahmen von Art. 25 Brüssel Ia-VO zulässig, eventuell sogar notwendig ist, ist vom EuGH im Ryanair-Urteil entschieden worden, allerdings in fragwürdiger Weise und ohne brauchbare dogmatische Begründung. Hier bieten sich dem Bearbeiter/der Bearbeiterin deshalb vielfältige Möglichkeiten der Argumentation.

Gliederung der Lösung

Lösung

Frage: Internationale Zuständigkeit des LG Hamburg

I. Staatsverträge

Im Rahmen der Prüfung der internationalen Zuständigkeit sind u.a. internationale Verträge vorrangig zu berücksichtigen. Vorliegend sind solche nicht einschlägig.

II. Unionsrecht: Brüssel Ia-VO
Vor der Prüfung des autonomen Rechts ist das ebenfalls vorrangig anwendbare Unionsrecht zu prüfen. Hier kommt die Brüssel Ia-VO in Betracht.

III. Anwendbarkeit der Brüssel Ia-VO
1. Sachlicher Anwendungsbereich, Art. 1 Brüssel Ia-VO
Da die Streitigkeit zwischen A und der B-OOD einen privatrechtlichen Vertrag betrifft und keine der Ausnahmen des Art. 1 Abs. 1 Satz 2, Abs. 2 Brüssel Ia-VO gegeben sind, fällt der vorliegende Rechtsstreit unter den Begriff der Zivil- und Handelssachen i.S.v. Art. 1 Abs. 1 Satz 1 Brüssel Ia-VO und damit in den sachlichen Anwendungsbereich.

2. Räumlich-persönlicher Anwendungsbereich
Die beklagte Partei hat ihren Wohnsitz in einem Brüssel Ia-VO-Mitgliedsstaat, womit der räumlich-persönliche Anwendungsbereich eröffnet ist.[1] Es kommt somit an dieser Stelle nicht darauf an, dass speziell Art. 25 Brüssel Ia-VO – unabhängig vom Wohnsitz der Parteien – immer schon dann anwendbar ist, wenn das prorogierte Gericht in einem Brüssel Ia-VO-Mitgliedsstaat liegt.

3. Zeitlicher Anwendungsbereich, Art. 66 Abs. 1, 81 Brüssel Ia-VO
Da die Klage des A nach dem 10.1.2015 erhoben wurde, ist der zeitliche Anwendungsbereich der Brüssel Ia-VO eröffnet, Art. 66 Abs. 1, 81 Brüssel Ia-VO.

IV. Internationale Zuständigkeit des LG Hamburg nach der Brüssel Ia-VO
1. Ausschließliche Gerichtsstände nach Art. 24 Brüssel Ia-VO?
Ausschließliche Zuständigkeiten nach Art. 24 Brüssel Ia-VO kommen vorliegend nicht in Betracht.

2. Wirksame Gerichtsstandsvereinbarung, Art. 25 Brüssel Ia-VO
a) Derogierende Wirkung einer ausschließlichen Gerichtsstandsvereinbarung
Möglicherweise liegt jedoch eine wirksame Gerichtsstandsvereinbarung zwischen den Parteien gem. Art. 25 Brüssel Ia-VO zugunsten der Gerichte in Bukarest vor.

---

1 Die Frage der Beziehungen zu nur einem Mitgliedstaat und die Behandlung von Drittstaatlern spielen hier keine Rolle, allenfalls können sie so kurz wie in Fall 14 angesprochen werden.

Gem. Art. 25 Abs. 1 Satz 2 Brüssel Ia-VO schließt eine solche Wahl auch ohne eine diesbezügliche Klarstellung in der Klausel selbst die Zuständigkeit anderer Gerichte aus (derogierende Wirkung einer ausschließlichen Gerichtsstandsvereinbarung).[2] Damit stünde hier fest, dass das angegangene LG Hamburg unzuständig ist, womit sich die Suche nach zuständigkeitsbegründenden Tatbeständen erübrigen würde.

b) Materielle und formelle Wirksamkeit der Gerichtsstandsvereinbarung
aa) Materielle Wirksamkeit

Hinsichtlich des materiellen Konsenses über die Klausel bestehen grundsätzlich – d.h. vorbehaltlich einer etwaigen Kontrolle der Klausel auf ihre Missbräuchlichkeit – keine Bedenken.

bb) Formelle Wirksamkeit

Die Gerichtsstandsvereinbarung müsste darüber hinaus formwirksam sein. Nach Art. 25 Abs. 1 Satz 3 lit. a) Alt. 1 Brüssel Ia-VO kann eine Gerichtsstandsvereinbarung schriftlich abgeschlossen werden. Erforderlich ist hierfür, dass jede Partei ihre Willenserklärung schriftlich abgegeben hat. Dies kann in der Form geschehen, dass beide Parteien ein Schriftstück unterzeichnen, in dem die Gerichtsstandsvereinbarung selbst enthalten ist oder in dem ausdrücklich auf ein anderes Dokument (z.B. AGB) verwiesen wird, das die Gerichtsstandsklausel enthält. Vorliegend haben die Parteien den Kaufvertrag und damit ein Schriftstück unterzeichnet, in dem auf die beiliegende Gerichtsstandsklausel verwiesen wird. Von der Kenntnisnahme durch A ist hier auszugehen. Damit entspricht die Form den Anforderungen des Art. 25 Abs. 1 Brüssel Ia-VO.

c) Prorogationsbeschränkung bei Verbrauchergeschäften, Art. 19 Brüssel Ia-VO

In Verbrauchersachen sind Gerichtsstandsvereinbarungen aber nur sehr eingeschränkt statthaft.

Nach Art. 19 Brüssel Ia-VO findet eine Prorogationsbeschränkung zum Schutze der typischerweise schwächeren Partei statt. Eine Abweichung von den Verbrauchergerichtsständen ist nur erlaubt, wenn dem Verbraucher dadurch weitere Gerichtsstände zur Verfügung stehen (vgl. Art. 19 Nr. 2 Brüssel Ia-VO). Allerdings ist Art. 19 Brüssel Ia-VO seinerseits nur anwendbar, wenn die Vor-

---

2 *Junker*, IZVR, § 15 Rn. 25.

aussetzungen des Art. 17 Brüssel Ia-VO vorliegen und der Rechtsstreit somit eine Verbrauchersache i.S.d. Vorschrift ist.

aa) Verbraucher

A macht hier einen Anspruch aus einem Vertrag geltend, den er für seine persönlichen Zwecke (nicht für seinen Beruf oder sein Gewerbe[3])[4] geschlossen hat. Er ist damit Verbraucher i.S.v. Art. 17 Abs. 1 Brüssel Ia-VO.

bb) Bezug zum Wohnsitzstaat des Verbrauchers

Art. 17 Abs. 1 lit. a–c Brüssel Ia-VO setzen ferner voraus, dass entweder ein Teilzahlungskauf beweglicher Sachen oder ein Kreditgeschäft zur Finanzierung eines solchen Sachkaufs vorliegt oder dass der Anbieter seine vertragsrelevante Tätigkeit beruflich oder gewerblich im Verbraucherstaat ausübt oder auf diesen Staat ausrichtet.

Im vorliegenden Fall sind die Varianten a und b auszuschließen, da es sich weder um einen Teilzahlungskauf noch um ein Kreditgeschäft handelt.

Möglicherweise ist jedoch Art. 17 Abs. 1 lit. c Brüssel Ia-VO einschlägig. Dieser greift ein, wenn die B-OOD ihre berufliche oder gewerbliche Tätigkeit auf den Wohnsitz des Verbrauchers ausgerichtet hat und der Vertrag in den Bereich dieser Tätigkeit fällt.

Die von der B-OOD geschuldete Lieferung bzw. Übereignung des Marmors gehört zu seinen gewerblichen Tätigkeiten. Fraglich ist aber, ob die B-OOD ihre Tätigkeit auf Deutschland als den Wohnsitzstaat des A ausgerichtet hat. Der Begriff des Ausrichtens soll sich nach Ansicht der Kommission sowohl auf konventionelle Vertriebsformen (Vermittler, Vertreter) wie auch auf eine gezielt auf den Wohnsitzstaat gerichtete Werbung beziehen, wobei auch der elektronische Handel und die Werbung im Internet erfasst werden. Allerdings sieht die Kommission das Merkmal bei Letzterem nur dann als erfüllt an, wenn über das Internet auch direkt aus dem Wohnsitzstaat des Verbrauchers eine Bestellung getätigt werden kann. Nach Ansicht der Kommission ist damit die Unterscheidung zwischen interaktiven und passiven Websites zu treffen.[5]

---

3 Zu Verträgen, die teils gewerbliche, teils persönliche Zwecke erfüllen: EuGH v. 20.1.2005 – C-464/01 – *Gruber/BayWa*, NJW 2005, 653.

4 Nach dem Wortlaut des Art. 17 Brüssel Ia-VO ist keine Anwendungsvoraussetzung, dass der Vertragspartner des Verbrauchers Unternehmer ist; die h.M. nimmt dies dennoch an mit Blick auf den Sinn und Zweck der Art. 17 ff. Brüssel Ia-VO; vgl. auch Fall 18, Fn. 18 m.w.N.

5 Vgl. Begründung der Kommission v. 14.7.1999, KOM (1999) 348, 17 f.; s. auch BGH, IPRax 2009, 258.

Der EuGH hat diese Unterscheidung inzwischen verfeinert.[6] Auch nach Ansicht des Gerichtshofs ist die bloße Zugänglichkeit der Website vom Wohnsitzstaat des Verbrauchers aus (passive Website) allein nicht ausreichend, um ein „Ausrichten" zu bejahen. Ein Ausrichten soll aber bereits dann vorliegen können, wenn sich aus der Gesamtheit der Umstände vor Vertragsschluss ein Schluss auf eine Bereitschaft des Unternehmers ziehen lässt, mit Verbrauchern in anderen Mitgliedstaaten einschließlich des Wohnsitzstaates des konkreten Verbrauchers einen Vertrag zu schließen. Hierzu gehört eine Vielzahl von Indikatoren, die der EuGH nur beispielhaft aufzählt.[7]

Auch wenn danach allein die Verwendung der Landessprache des Unternehmers auf der Website nicht ausreicht, um eine „Ausrichtung" auszuschließen, kann vorliegend der Gebrauch einer innerhalb Europas nicht häufig beherrschten Sprache wie des Bulgarischen sowohl auf der Website als auch in den AGB als ein starker Indikator dafür dienen, dass eine Verkaufsabschlussbereitschaft in anderen Mitgliedstaaten nicht signalisiert werden sollte. Zusammen mit der grundsätzlichen Beschränkung der Lieferung des Marmors nur innerhalb Bulgariens sowie im Hinblick auf das Fehlen einer interaktiven Website muss daher insgesamt ein „Ausrichten" der gewerblichen Tätigkeit der B-OOD auf Deutschland verneint werden. Der situative Anwendungsbereich des Art. 17 Abs. 1 lit. c Brüssel Ia-VO ist damit nicht eröffnet. Damit ist Art. 25 Brüssel Ia-VO nicht durch Art. 19 Brüssel Ia-VO beschränkt.

d) Zusätzliche Missbrauchskontrolle?

Zweifelhaft ist, ob für die Beurteilung der Zulässigkeit und der Wirksamkeit einer Gerichtsstandsvereinbarung über Art. 25 Brüssel Ia-VO hinaus zusätzliche Wirksamkeitshindernisse geprüft werden dürfen oder müssen, insbesondere unter dem Gesichtspunkt des Schutzes vor missbräuchlichen Klauseln in AGB. Die früher h.M. lehnte dies ab, hielt also die Regelungen in der Brüssel Ia-VO für abschließend hinsichtlich der Überprüfung internationaler Zuständigkeitsvereinbarungen. Dem steht allerdings die Regelung in Art. 67 Brüssel Ia-VO entgegen, wonach die Brüssel Ia-VO die zusätzliche Anwendung europäischer und

---

6 Insbesondere EuGH v. 7.12.2010 – C-585/08 und C-144/09 – *Peter Pammer/Reederei Kurt Schlüter und Hotel Alpenhof*, NJW 2011, 505.

7 Vgl. dazu die Besprechungen von *Berg*, RIW 2011, 248; *Leible/M. Müller*, NJW 2011, 495; *Mankowski*, EWiR 2011, 111; nicht verlangt wird, dass der Vertrag im Fernabsatz geschlossen wurde, s. EuGH v. 6.9.2012 – C-190/11 – *Daniela Mühlleitner/Ahmad Yusufi u.a.*, NJW 2012, 3225; ob das Ausrichten kausal für den Vertragsschluss war, ist nach neuerer Rechtsprechung unerheblich, s. EuGH v. 17.10.2013 – C-218/12 – *Lokman Emrek/Vlado Sabranovic*, IPRax 2014, 63 f.; kritisch dazu *Rühl*, IPRax 2014, 41; *dies.*, in: FS Coester-Waltjen (2015), 697 (703 ff.).

nationaler Umsetzungsnormen auf Zuständigkeitsfragen nicht ausschließt, wenn sie in einem „besonderen Rechtsgebiet" ein spezielles Anliegen des EU-Gesetzgebers verwirklichen sollen. Dass die Klausel-Richtlinie, die den Verbraucher vor einer Benachteiligung durch vorformulierte Vertragsklauseln der anderen Seite schützen soll, ein solches europäisches Anliegen ist, sollte außer Frage stehen, womit der Weg zu ihr bzw. den nationalen Umsetzungsbestimmungen eröffnet ist.[8]

Die Frage, welchem Recht die jeweiligen Vorschriften der Missbrauchskontrolle zu entnehmen sind, muss vorliegend nicht entschieden werden, da Prüfungsmaßstab materiell-rechtlich in jedem Fall nur die Klausel-Richtlinie (wenn auch in der jeweiligen nationalen Umsetzung) ist. Auch Bulgarien und Rumänien haben die Richtlinie als EU-Mitglieder ordnungsgemäß umgesetzt (siehe Bearbeitungsvermerk). Deshalb braucht man den Weg über Art. 25 Abs. 1 Satz 1 a.E. Brüssel Ia-VO nicht zu beschreiten.[9]

e) Durchführung der Missbrauchskontrolle

Damit bleibt zu prüfen, ob die Gerichtsstandswahl in § 8 des Vertrages tatsächlich eine missbräuchliche Klausel im Sinne der Klausel-Richtlinie darstellt. Missbräuchliche Klauseln in Verträgen mit Gewerbetreibenden sind gemäß der EG-Richtlinie 93/13/EWG für den Verbraucher unverbindlich, d.h. unwirksam, und müssen im Vorfeld auch nicht von dem Verbraucher angefochten werden. Das LG Hamburg trifft eine Prüfungspflicht bezüglich missbräuchlicher Klauseln von Amts wegen.[10]

Art. 3 der Richtlinie definiert nur abstrakte Faktoren, die einer nicht im Einzelnen ausgehandelten Vertragsklausel missbräuchlichen Charakter verleihen. Der Anhang, auf den Art. 3 Abs. 3 der Richtlinie verweist, enthält eine als Hin-

---

8 Rauscher/*Mankowski*, EuZPR/EuIPR, Art. 25 Brüssel Ia-VO Rn. 99, Art. 67 Brüssel Ia-VO Rn. 13; ähnlich Rauscher/*Staudinger*, EuZPR/EuIPR Art. 19 Brüssel Ia-VO Rn. 6: beide Rechtsakte stehen nebeneinander. Im Ergebnis auch OLG Wien, RRa 2019, 236 (238). I.E. ebenso, aber ohne Begründung EuGH v. 18.11.2020 – C 519/19 – *Ryanair/DelayFix*, NZV 2021, 36 (39); vgl. auch EuGH v. 28.7.2016 – C-191/15 – *Verein für Konsumenteninformation/Amazon EU Sàrl*, NJW 2016, 2727: eine Rechtswahlklausel in einem Verbrauchervertrag ist nicht nur an der Rom I-VO, sondern auch am Transparenzgebot der Klausel-RL zu messen, s. dazu ausführlich Fall 16, S. 344.
9 Art. 25 Abs. 1 S. 1 a.E. Brüssel Ia-VO ist nach Erwägungsgrund (20) eine Gesamtverweisung zum Recht des gewählten Gerichts, was hier zu einer Auseinandersetzung mit dem rumänischen IPR zwingen würde und zu Qualifikationsschwierigkeiten führen kann. Dazu *Coester-Waltjen*, in: FS Geimer (2017), 31 (41).
10 EuGH v. 9.11.2010 – C 137/08 – *VB Pénzügyi Lízing Zrt./Ferenc Schneider*, EuZW 2011, 27; näher Staudinger/*Mäsch* (2019), Vorbem. §§ 305 ff. Rn. 21 f.

weis dienende, nicht abschließende Liste von Klauseln, die je nach den Umständen des Einzelfalls als missbräuchlich betrachtet werden können, aber nicht per se („automatisch") missbräuchlich sind – man nennt sie deshalb auch eine „graue", nicht eine „schwarze" Liste.[11] Art. 4 der Richtlinie sieht vor, dass die Missbräuchlichkeit einer Vertragsklausel unter Berücksichtigung der Art der Güter oder Dienstleistungen, die Gegenstand des Vertrages sind, und aller den Vertragsabschluss begleitenden Umstände zum Zeitpunkt des Vertragsabschlusses zu beurteilen ist. Der EuGH hat in *Oceana* die Missbräuchlichkeit einer *örtlichen* Gerichtsstandsklausel unter Hinweis auf Anhang Nr. 1 q) mit der Begründung bejaht, dass dem Verbraucher ansonsten die Möglichkeit genommen oder erschwert würde, Rechtsbehelfe bei Gericht einzulegen, da sein Wohnsitz möglicherweise weit entfernt vom zuständigen Gericht ist. Bei geringem Streitwert könnten die notwendig werdenden Aufwendungen den Verbraucher abschrecken, Klage zu erheben.[12] Da sich die Schwierigkeiten für den Verbraucher bei einer *internationalen* Gerichtsstandsklausel potenzieren, könnte man geneigt sein, diese mit einem Erst-Recht-Schluss pauschal zu ächten.[13] Dabei ließe man aber die Konzeption der Art. 17, 19 Brüssel Ia-VO außer Acht: Wenn der europäische Gesetzgeber nach Art. 17 Abs. 3 Brüssel Ia-VO Verbraucherverträge in bestimmten situativen Konstellationen vom grundsätzlichen Verbot verbraucherbenachteiligender Gerichtsstandsklauseln nach Art. 19 Brüssel Ia-VO ausnimmt (ob vorformuliert oder nicht), dann ist es höchst fragwürdig, ein solches generelles Verbot durch die Hintertür der Klauselrichtlinie einzuführen.[14] Das schließt aber nicht aus, in besonders gelagerten Fällen die Missbrauchskontrolle des Art. 3 Abs. 1 Klauselrichtlinie gegen eine Gerichtsstandsklausel in Stellung zu bringen, etwa wenn die Wahl eines Gerichts in einem EU-Mitgliedstaat mit einer wenig verbreiteten Amtssprache erkennbar nur der Abschreckung des Verbrauchers dient und nicht von billigenswerten Interessen der Fluglinie getragen ist.[15] So liegt es hier: Die Klausel erklärt nicht etwa die Gerichte am Sitz des AGB-Verwenders für zuständig, was mit Effizienzgewinnen gerechtfertigt werden könnte, sondern die Gerichte in einem Drittstaat, was nur Sinn ergibt, wenn es dem Unternehmen gerade auf die dadurch für den Vertragspartner aufgebauten hohen Hürden ankommt.

---

11 Wolf/Lindacher/*Pfeiffer* (2020), RL 93/13/EWG Art. 3 Rn. 76.

12 EuGH v. 27.6.2000 – C-240/98 – *Océano Grupo SA/Rocío Murciano Quintero*, NJW 2000, 2571.

13 So i.E. EuGH v. 18.11.2020 – C 519/19 – *Ryanair/DelayFix*, NZV 2021, 36 (39).

14 *Mäsch*, JZ 2021, 962 (964).

15 *Mäsch*, JZ 2021, 962 (964).

f) Zwischenergebnis

Die Missbräuchlichkeit der Klausel ist zu bejahen.[16] Die Vereinbarung der Zuständigkeit der bulgarischen Gerichte hindert daher nicht eine eventuelle internationale Zuständigkeit der deutschen Gerichte.[17]

3. Internationale Zuständigkeit deutscher Gerichte bei Unwirksamkeit der Gerichtsstandswahl

a) Allgemeiner Gerichtsstand, Art. 4 Brüssel Ia-VO

Der allgemeine Gerichtsstand des Beklagten nach Art. 4 Brüssel Ia-VO liegt in Bulgarien, kann also nicht die internationale Zuständigkeit der deutschen Gerichte begründen.

b) Besonderer Gerichtsstand, Art. 7 Nr. 1 Brüssel Ia-VO

Als besonderer Gerichtsstand kommt hier Art. 7 Nr. 1 Brüssel Ia-VO in Betracht.[18] Es handelt sich um einen Kaufvertrag über die Lieferung beweglicher Sachen. Erfüllungsort ist nach der Vereinbarung Hamburg.

Ergebnis: Die deutschen Gerichte sind international zuständig.[19]

---

16 Verneint man die Missbräuchlichkeit, so sind ausschließlich die rumänischen Gerichte zuständig. Da sich die Beklagte nicht rügelos eingelassen hat (vgl. EuGH v. 24.6.1981 – C-150/80 – *Elefanten Schuh/Jacqmain*, NJW 1982, 507; IPRax 1932, 234; EuGH v. 7.3.1985 – C-48/84 – *Spitzley/Sommer*, NJW 1985, 2893) ist die Klage wegen fehlender internationaler Zuständigkeit der deutschen Gerichte abzuweisen.

17 Ist der Rechtsstreit (anders als hier) vor dem vereinbarten Gericht anhängig, muss das Gericht den Verbraucher auf die Missbräuchlichkeit der Klausel hinweisen. Als Rechtsgrundlage für einen gerichtlichen Hinweis kommt nach deutschem Prozessrecht vor den Landgerichten § 139 Abs. 1, 3 ZPO in Betracht. Vor den Amtsgerichten ist der Beklagte nach §§ 39 S. 2, 504 ZPO ohnehin auf die Konsequenzen einer rügelosen Einlassung hinzuweisen. Dem Verbraucher ist dann die Möglichkeit gegeben, trotz Missbräuchlichkeit der Klausel vor dem unzuständigen Gericht zu verhandeln. Dies gilt aber nur bei nicht-ausschließlichen Gerichtsständen.

18 Näheres zu Art. 7 Nr. 1 Brüssel Ia-VO in Fall 2, S. 95.

19 Örtlich und sachlich zuständig ist nach § 29 Abs. 1 ZPO, §§ 23 Nr. 1, 71 Abs. 1 GVG das Landgericht Hamburg.

Fall 18: Gewinnzusage aus dem Ausland

Sachverhalt[1]

Frau Gerling (G) wohnt in Ahaus (Münsterland) und hat in Gewinnspielen noch nie etwas gewonnen. Eines Tages findet sie in der Post einen Brief, der ihren Namen und ihre Adresse trägt:

> „Herzlichen Glückwunsch, liebe Frau Gerling,
> Sie haben gewonnen! Ihre Gewinnsumme beträgt 4.000 €, die Sie in Form eines Guthabens erhalten!
> Gerne können wir uns bei einem kostenlosen Beratungsgespräch in Bezug auf die Leistungen unseres Unternehmens über die Zurverfügungstellung des Guthabens unterhalten."

Absender des Briefes ist die „Bauernfang GmbH" (B) aus Wien, Österreich. Als Beilage des Briefes finden sich Werbeunterlagen für Finanzberatungen, die an ihrem Sitz in Wien durchgeführt werden.

Frau G kann sich zwar nicht erinnern, an einem Gewinnspiel der B teilgenommen zu haben, aber freut sich trotzdem. Weil sie kein Interesse an einer Finanzberatung hat, wendet sie sich schriftlich an die angegebene Adresse, um ihren Gewinn einzufordern. Auch nach mehreren Briefen meldet sich die B nicht zurück. Das verärgert die G und sie wendet sich an ihren Anwalt, der sich an § 661a BGB erinnert und sofort Klage beim AG Ahaus erhebt. Mit der Klage konfrontiert, wendet die B ein, man habe mit dem AG Ahaus nichts zu tun; vor ein deutsches Gericht wolle man nicht ziehen. Zudem seien solche Gewinnmitteilungen doch gar nicht ernst gemeint, so dass sich daraus kein Anspruch ergeben könne. Daraufhin erwidert der Anwalt der G, spätestens durch diese Einlassung der B zur Sache sei die internationale Zuständigkeit begründet.

Fragen

1. Sind deutsche Gerichte international zuständig für die Klage der G?
2. Welches Recht ist auf den geltend gemachten Anspruch anwendbar?

---

[1] Angelehnt an BGH, NJW 2006, 230 und EuGH v. 20.1.2005 – C-27/02 – *Engler/Janus Versand GmbH*, NJW 2005, 811; vgl. zum Problemkreis der Gewinnzusagen aus dem Ausland: *Wagner/Potsch*, JURA 2006, 401.

Bearbeitungshinweis

Soweit es nach Auffassung des Bearbeiters/der Bearbeiterin für die Lösung auf ausländische Normen ankommt, so ist zu unterstellen, dass deren Inhalt dem der einschlägigen deutschen Normen entspricht.

Vorbemerkungen

I. Das Versenden von Gewinnzusagen durch dubiose Unternehmer entwickelte sich um die Jahrtausendwende immer mehr zum Problem. Während der europäische Gesetzgeber untätig blieb, trat der deutsche Gesetzgeber diesem Problem durch die Schaffung von § 661a BGB entgegen, der dem Verbraucher einen Erfüllungsanspruch gegen den Absender gibt.[2] Dies hat jedoch dazu geführt, dass derartige Gewinnzusagen nunmehr häufig aus dem Ausland versandt werden (insbesondere aus solchen Ländern, deren Rechtsordnungen eine dem § 661a BGB vergleichbare Regel nicht kennen). Fraglich ist, wie derartige Fälle mit Auslandsbezug zu behandeln sind.

II. Das kollisionsrechtliche Hauptproblem ist die Qualifikation des Anspruchs aus der isolierten Gewinnzusage. Hier werden viele verschiedene Meinungen vertreten, neben der vertraglichen kommt auch eine deliktische Qualifikation bzw. eine Qualifikation der Norm als Eingriffsnorm im Sinne des Art. 9 Rom I-VO in Betracht. Auch auf der prozessrechtlichen Ebene ist im Rahmen der Brüssel Ia-VO die Zuordnung zu den verschiedenen Zuständigkeitsvorschriften schwierig. Zu welchem Ergebnis der Bearbeiter/die Bearbeiterin jeweils gelangt, ist für die Bewertung nicht wichtig, solange sich in der Arbeit eine sorgfältige und kohärente Begründung für die vertretene Auffassung findet. Deshalb ist bei der unten vorgeschlagenen Lösung noch mehr als bei den anderen Fällen dieses Buches zu beachten, dass es sich nur um einen Vorschlag und nicht um die einzig richtige Bearbeitung handelt. Auch ist zu betonen, dass in einer zweistündigen Klausur nicht verlangt werden kann, alle hier der Vollständigkeit halber erörterten Gesichtspunkte und Auffassungen anzusprechen; wichtiger ist ein in sich schlüssiger Lösungsweg.

---

2 Gem. Art. 229 § 2 Abs. 1 EGBGB gilt § 661a BGB für Sachverhalte, die nach dem 29.6.2000 entstanden sind.

Gliederung der Lösung

Lösung

Frage 1: Internationale Zuständigkeit deutscher Gerichte

Die internationale Zuständigkeit deutscher Gerichte könnte sich aus der Brüssel Ia-VO ergeben.

I. Anwendbarkeit der Brüssel Ia-VO

Der Anwendungsbereich der Brüssel Ia-VO ist in zeitlicher (Art. 66 Abs. 1, 81 Abs. 1 Brüssel Ia-VO) und sachlicher (Art. 1 Abs. 1 Brüssel Ia-VO) Hinsicht eröffnet; in räumlich-persönlicher Hinsicht bestehen ebenfalls keine Bedenken, weil ein internationaler Sachverhalt gegeben[3] und die Beklagte in Österreich und damit in einem Mitgliedstaat der EU ansässig ist (Art. 4 Abs. 1, 6 Abs. 1 Brüssel Ia-

---

3 S.o. Fall 1, S. 70.

VO), weshalb auch der von manchen geforderte Bezug zu einem anderen Mitgliedstaat der EU als dem Forumsstaat[4] besteht.

II. Zuständigkeit aus der Brüssel Ia-VO

Fraglich ist, welcher der Gerichtsstände der Brüssel Ia-VO hier fruchtbar gemacht werden könnte, um eine Zuständigkeit deutscher Gerichte zu begründen. Art. 4 Brüssel Ia-VO hilft nicht weiter, weil die Beklagte in Österreich ansässig ist. Weiterhin wurde weder eine Gerichtsstandsvereinbarung getroffen (Art. 25 Brüssel Ia-VO), noch liegt eine ausschließliche Zuständigkeit (Art. 24 Brüssel Ia-VO) vor. In Betracht kommen aber Art. 17, 18 Brüssel Ia-VO (Verbrauchergerichtsstand), Art. 7 Nr. 1 Brüssel Ia-VO (Erfüllungsgerichtsstand) sowie Art. 7 Nr. 2 Brüssel Ia-VO (Deliktsgerichtsstand). Der Verbrauchergerichtsstand nach Art. 18 Abs. 1 Alt. 2, 17 Abs. 1 Brüssel Ia-VO verdrängt dabei als *lex specialis* Art. 7 Nr. 1 Brüssel Ia-VO, sodass mit dessen Prüfung zu beginnen ist.

Da von Art. 17, 18 Brüssel Ia-VO und Art. 7 Nr. 1 Brüssel Ia-VO lediglich die Geltendmachung vertraglicher Ansprüche erfasst werden, wohingegen in den Anwendungsbereich des Art. 7 Nr. 2 Brüssel Ia-VO nur deliktische Ansprüche fallen, ist zunächst zu prüfen, ob der geltend gemachte Anspruch auf Erfüllung einer Gewinnzusage vertraglicher oder deliktischer Natur ist. Dies ist mit autonomer Auslegung zu entscheiden, wobei in erster Linie die Systematik und die Ziele der Verordnung zu berücksichtigen sind, um deren einheitliche Anwendung in allen Vertragsstaaten sicherzustellen.[5] Die europarechtliche Abgrenzung zwischen vertraglichen und deliktischen Ansprüchen erfolgt dabei im Wesentlichen über die Merkmale der *freiwillig eingegangenen Verpflichtung* (dann vertraglicher Anspruch) und der *unfreiwillig eingegangenen Verpflichtung* (dann deliktischer Anspruch).[6]

1. Deliktische Einordnung

In Betracht kommt auf dieser Basis zunächst eine deliktische (auch: deliktsähnliche oder wettbewerbsrechtliche) Einordnung des Anspruchs.[7] Dass der im deutschen Recht geregelte Anspruch auf Gewinnzusage nach § 661a BGB syste-

---

4 S.o. Fall 1, S. 70.

5 Vgl. Rauscher/*Leible*, EuZPR/EuIPR, Art. 7 Brüssel Ia-VO Rn. 17 f.; vgl. zur Brüssel I-VO (EuGVVO) *Kropholler/v. Hein*, EuZPR, Art. 5 Brüssel I-VO Rn. 5.

6 Rauscher/*Leible*, EuZPR/EuIPR, Art. 7 Brüssel Ia-VO Rn. 20; vgl. zur Brüssel I-VO *Kropholler/v. Hein*, EuZPR, Art. 5 Brüssel I-VO Rn. 9.

7 Vgl. *Fetsch*, RIW 2002, 936 (938 f.).

matisch nicht im Deliktsrecht der §§ 823 ff. BGB, sondern in der Nähe der einseitigen Rechtsgeschäfte Auslobung (§ 657 BGB) und Preisausschreiben (§ 661 BGB) eingeordnet ist, widerspricht dem schon deshalb nicht, weil dieser deutschrechtliche Umstand bei der gebotenen autonomen Auslegung keine Rolle spielen kann. Abgesehen von beispielsweise Österreich[8] haben die meisten anderen europäischen Staaten Ansprüche dieser Art aufgrund ihres Zwecks, wettbewerbswidrige Praktiken zu bekämpfen, systematisch im Wettbewerbsrecht als Sanktionsmittel eingeordnet.[9] Entscheidend gegen die deliktische Einordnung spricht jedoch die Rechtsfolge eines derartigen Anspruchs. Danach schuldet der Versender *Erfüllung* seines Versprechens. Diese Rechtsfolge ist dem Deliktsrecht, welches nur Schadenersatz- und ggf. Unterlassungsansprüche begründet, fremd.[10] Darüber hinaus scheitert die Einordnung des Anspruches als deliktisch auch am Merkmal der Unfreiwilligkeit. Auch wenn der geltend gemachte Anspruch im Gesetz begründet ist, so knüpft er doch daran an, dass der Versender einer Gewinnzusage diese Mitteilungen bewusst und freiwillig an zuvor von ihm selbst ausgewählte Empfänger verschickt hat.

2. Vertragliche Einordnung

Damit ist eine vertragliche Einordnung des Anspruchs als Gewinnzusage denkbar. Freiwilligkeit setzt willensgesteuertes Handeln voraus. Das bedeutet, dass der Erklärende seine Willenserklärung auf einer autonomen Entscheidung beruhend abgibt.[11] Da zum Versenden von Gewinnmitteilungen autonom und willensgesteuert bestimmte Empfänger ausgewählt und angeschrieben werden müssen, sind hieraus hergeleitete Ansprüche vertraglich einzuordnen.[12] Als Gerichtsstände kommen danach lediglich entweder Art. 17, 18 Brüssel Ia-VO, oder

---

8 § 5c Konsumentenschutzgesetz.
9 Vgl. BGH, NJW 2003, 426 (428); Staudinger/*Bergmann* (2020), § 661a BGB Rn. 20; *Mörsdorf-Schulte*, JZ 2005, 770; *Leible*, IPRax 2003, 28 (30); *Staudinger*, JZ 2003, 852 (856).
10 BGH, NJW 2006, 230 (232); *S. Lorenz*, NJW 2000, 3305 (3308). Für den Bearbeiter/die Bearbeiterin, der/die sich demgegenüber mit *Kropholler/v. Hein*, EuZPR, Art. 15 Brüssel I-VO Rn. 21 (wenn auch noch zur alten Brüssel I-VO), zu einer deliktischen (wettbewerbsrechtl.) Einordnung entschließt, entscheidet nach Art. 7 Nr. 2 Brüssel Ia-VO der Tatort über die internationale Zuständigkeit. Trotz des missverständlichen Wortlauts liegt der Tatort i.S.d. Vorschrift sowohl dort, wo der präsumtive Täter gehandelt hat, als auch dort, wo der tatbestandliche Erfolg eingetreten ist (Ubiquitätsprinzip); s. näher dazu Rauscher/*Leible*, EuZPR/EuIPR, Art. 7 Brüssel Ia-VO Rn. 117. Der Erfolgsort liegt hier am Wohnsitz der Adressatin in Deutschland (näher unten Fn. 29), so dass eine Zuständigkeit deutscher Gerichte begründet wäre.
11 Rauscher/*Leible*, EuZPR/EuIPR, Art. 7 Brüssel Ia-VO Rn. 20.
12 Vgl. EuGH v. 20.1.2005 – C-27/02 – *Engler*, NJW 2005, 811; a.A. BGH, NJW 2006, 230.

falls der Verbrauchergerichtsstand nicht einschlägig sein sollte, Art. 7 Nr. 1 Brüssel Ia-VO (Erfüllungsgerichtsstand) in Betracht.[13]

3. Zuständigkeit nach Art. 18 Abs. 1 Alt. 2, 17 Abs. 1 Brüssel Ia-VO (Verbrauchergerichtsstand)

a) Verbrauchereigenschaft der G

In persönlicher Hinsicht liegt eine Verbrauchersache vor, da die Gewinnzusage die G nicht im Zusammenhang mit einer von ihr ausgeübten gewerblichen oder beruflichen Tätigkeit erreichte.[14]

b) Bezug zum Wohnsitzstaat des Verbrauchers

Außerdem müsste Art. 17 Abs. 1 Brüssel Ia-VO in räumlich-situativer Hinsicht einschlägig sein. In Betracht kommt allein Art. 17 Abs. 1 lit. c Brüssel Ia-VO, da weder ein Kauf beweglicher Sachen auf Teilzahlung noch ein Darlehen zur Finanzierung eines solchen Kaufs vorliegen. Die erste Alternative des Art. 17 Abs. 1 lit. c Brüssel Ia-VO setzt voraus, dass der andere Vertragspartner eine berufliche oder gewerbliche Tätigkeit im Wohnsitzstaat des Verbrauchers *ausübt*. Ausüben meint, dass der Vertragspartner sich aktiv am Wirtschaftsleben im Wohnsitzstaat des Verbrauchers beteiligt, indem er dort Leistungen anbietet und durchführt. Nicht erforderlich dagegen ist, dass der Vertragspartner auch eine (Zweig-)Niederlassung errichtet hat. Da B ihre Beratungstätigkeit jedoch nur in Wien anbietet, ist die erste Alternative nicht einschlägig.

Möglicherweise ist die zweite Alternative anwendbar, da hierfür ausreicht, dass der Vertragspartner seine berufliche oder gewerbliche Tätigkeit *auf irgendeinem Wege* auf den Wohnsitzstaat des Verbrauchers *ausrichtet*. Ausrichten setzt eine willentliche Tätigkeit des Vertragspartners voraus.[15] B hat G die Ge-

---

13 Vgl. *v. Hoffmann/Thorn*, IPR, § 3 Rn. 235; Rauscher/*Staudinger*, EuZPR/EuIPR, Vorbem. Art. 17–19 Brüssel Ia-VO Rn. 1 ff.

14 Kein eigenständiger Prüfungspunkt, weil vom Wortlaut des Art. 17 Abs. 1 Brüssel Ia-VO (anders als Art. 6 Abs. 1 Rom I-VO) nicht vorgesehen (außer im Falle des lit. c), ist die Frage, ob der Vertragspartner des Verbrauchers Unternehmer sein muss. Dem Schutzzweck der Vorschrift entsprechend, reduziert die h.M. die Vorschrift teleologisch auf Geschäfte des Verbrauchers mit einem Unternehmer; vgl. nur Hk-BGB/*Dörner*, Art. 17 Brüssel Ia-VO Rn. 8; *Schack*, IZVR, Rn. 341; im Ergebnis ebenso EuGH v. 5.12.2013 – C-508/12 – *Walter Vapenik/Josef Thurner*, EuZW 2014, 147 (für den Europäischen Vollstreckungstitel bei Rechtsstreitigkeiten zwischen Verbrauchern).

15 EuGH v. 7.12.2010 – C-585/08, C-144/09 – *Pammer/Alpenhof*, EuZW 2011, 98; MüKoBGB/ *Martiny*, Art. 6 Rom I-VO Rn. 41.

winnzusage sogar als persönliches Anschreiben willentlich an ihren Wohnsitz in Deutschland geschickt und somit ihre Tätigkeit auf Deutschland ausgerichtet. Die zweite Voraussetzung, dass der Vertrag in den Bereich dieser Tätigkeit fallen muss, dient nach früher herrschender Auffassung der Herstellung eines Kausalzusammenhangs zwischen dem konkreten Verbraucherhandeln und der ausgerichteten Tätigkeit.[16] Dem Erfordernis eines Kausalzusammenhangs ist durch die Rechtsprechung des EuGH eine Absage erteilt worden.[17] Im Rahmen des Art. 17 Abs. 1 lit. c Brüssel Ia-VO ist eine solche Kausalität ausdrücklich nicht erforderlich, dient bei ihrem Vorliegen allerdings als Indiz für ein Ausrichten. Hier hat jedenfalls erst die von B freiwillig und willentlich zugesandte Gewinnmitteilung G dazu veranlasst, den Gewinn einzufordern, so dass der Kausalzusammenhang zu bejahen ist und für ein Ausrichten auf Deutschland spricht. Damit ist der räumlich-situative Anwendungsbereich eröffnet.

c) Unternehmereigenschaft der anderen Partei

Wenn auch nicht ausdrücklich vom Wortlaut zum Ausdruck gebracht, setzt Art. 17 Abs. 1 lit. c Brüssel Ia-VO voraus, dass die fragliche Transaktion in die berufliche oder gewerbliche Tätigkeit der anderen Seite fällt, diese also dabei als Unternehmer auftritt.[18] Dies ist hier schon deshalb zu bejahen, weil die Beklagte eine GmbH, also eine Kapitalgesellschaft ist, die gar nicht anders kann als unternehmerisch zu handeln.[19]

d) Anspruch aus einem Vertrag i.S.v. Art. 17 Abs. 1 Brüssel Ia-VO

Fraglich ist damit nur noch, ob auch in sachlicher Hinsicht eine Verbrauchersache vorliegt. Voraussetzung hierfür ist, dass G *vertragliche* Ansprüche i.S.v. Art. 17 Abs. 1 Brüssel Ia-VO geltend macht. Oben wurde der eingeklagte Anspruch bereits von deliktischen Ansprüchen abgegrenzt und als „vertraglich" qualifiziert. Zu prüfen ist daher lediglich, ob der Vertragsbegriff des Verbrauchergerichtsstands im Vergleich zu dem des Erfüllungsortsgerichtsstands nach Art. 7 Brüssel Ia-VO restriktiver auszulegen ist.

---

16 Rauscher/*Staudinger*, EuZPR/EuIPR, Art. 15 Brüssel I-VO Rn. 18; OLG Karlsruhe, IPRax 2008, 348 (349).

17 EuGH v. 17.10.2013 – C-218/12 – *Lokman Emrek/Vlado* Sabranovic, NJW 2013, 3504 = IPRax 2014, 63.

18 Hk-ZPO/*Dörner*, Art. 17 Brüssel Ia-VO Rn. 8; MüKoZPO/*Gottwald*, Art. 17 Brüssel Ia-VO Rn. 8.

19 Vgl. Ferrari/*Staudinger*, IntVertragsR, Art. 6 Rom I-VO Rn. 23.

Dafür könnte sprechen, dass der Verbrauchergerichtsstand als Ausnahme vom *forum actoris* grundsätzlich eng auszulegen ist.[20] Zudem kann man den unterschiedlichen Wortlaut der beiden Vorschriften anführen: Während in Art. 7 Nr. 1 Brüssel Ia-VO pauschal von *„Ansprüche[n] aus einem Vertrag"* die Rede ist, erfasst Art. 17 Abs. 1 Brüssel Ia-VO *„Ansprüche aus einem Vertrag, den [...] der Verbraucher [...] **geschlossen**"* hat.[21]

In der Rechtssache *„Ilsinger"* folgt der EuGH dieser Differenzierung zunächst und fordert das Vorliegen eines Vertragsschlusses.[22] Vom Gewinnversprechenden verlangt er dabei, dass dieser *„eine [...] rechtliche Verpflichtung eingeht, indem [er] ein verbindliches Angebot macht, das hinsichtlich seines Gegenstands und seines Umfangs so klar und präzise ist, dass eine Vertragsbeziehung [...] entstehen kann"*[23]. Allerdings betont der EuGH dabei, dass es keiner Vereinbarung synallagmatischer Verpflichtungen bedarf und nähert sich in dieser Beziehung dem Vertragsbegriff des Art. 7 Nr. 1 Brüssel Ia-VO an. Auf Seiten des Verbrauchers fordert der EuGH zudem keine „Annahmeerklärung" im technischen Sinne, sondern lässt es genügen, wenn der Verbraucher in irgendeiner Form auf die Verpflichtung des Gewinnversprechenden eingeht, etwa in Form einer gerichtlichen Geltendmachung.[24]

Die B hat der G in ihrem Schreiben, das gezielt und willentlich versendet wurde, die Zahlung eines „Gewinns" i.H.v. 4.000 € versprochen. Es waren keine weiteren Bedingungen – wie z.B. eine Einverständniserklärung der G, eine Warenbestellung oder die Inanspruchnahme der Finanzberatung – an den Erhalt des Geldes geknüpft. Auch der Mitteilungswortlaut „Guthaben, das zur Verfügung gestellt werden soll" lässt keinen anderen Schluss zu. Zwar könnte man überlegen, dass die Auszahlung möglicherweise nur in Form einer Verrechnung mit einer Beratungsleistung erfolgen sollte. Aus der Sicht eines objektiven Empfängers ist dies jedoch zu verneinen, da der Wortlaut der Gewinnzusage nur mitteilt, dass ein Beratungsgespräch dazu genutzt werden könnte, über die Art und Weise der Zurverfügungstellung zu reden; nicht dagegen, ob eine Auszah-

---

20 EuGH v. 26.3.2020 – C-215/18 – *Libuše Králová/Primera Air Scandinavia*, IPRax 2021, 265 (268); EuGH v. 28.1.2015 – C-375/13 – *Kolassa/Barclays Bank*, IPRax 2016, 143 (146); EuGH v. 23.12.2015 – C-297/14 – *Hobohm/Kampik*, NJW 2016, 697 (698); EuGH v. 20.1.2005 – C-27/02 – *Engler/Janus Versand*, NJW 2005, 811 (813); EuGH v. 20.1.2005 – C-464/01 – *Gruber/Bay Wa AG*, IPRax 2005, 537 (540).

21 Vgl. nur EuGH v. 26.3.2020 – C-215/18 – *Libuše Králová/Primera Air Scandinavia*, IPRax 2021, 265 (268).

22 EuGH v. 14.5.2009 – C-180/06 – *Ilsinger*, EuZW 2009, 489 (491).

23 EuGH v. 14.5.2009 – C-180/06 – *Ilsinger*, EuZW 2009, 489 (491).

24 EuGH v. 20.1.2005 – C-27/02 – *Engler/Janus Versand*, NJW 2005, 811 (813); *Bach*, IHR 2010, 17 (23).

lung überhaupt erfolgen soll. Die Gewinnzusage selbst wird daher nicht relativiert. Damit hat die B klar und eindeutig ihren Willen zum Ausdruck gebracht, bedingungslos an ihre Gewinnaussage gebunden zu sein. Indem die G den Gewinn gerichtlich geltend gemacht hat, ist zudem das zweite vom EuGH vorgesehene Erfordernis erfüllt.

Mit Blick auf die Effektivität des Verbraucherschutzes und die Förderung einer rechtsaktübergreifenden, mit dem Kollisionsrecht harmonisierenden Auslegung der Zuständigkeitsvorschriften,[25] kann man jedoch auch zu dem Schluss kommen, dass i.R.d. Art. 17 Abs. 1 lit. c Brüssel Ia-VO bereits die einseitige Verpflichtung – ohne eine irgendwie geartete Form der Zustimmung – genügen muss, solange sie nur freiwillig erfolgt.[26] Ausgehend von dieser Überlegung wäre der sachliche Tatbestand des Art. 17 Abs. 1 Brüssel Ia-VO im vorliegenden Fall hingegen erst recht eröffnet.

Somit liegt auch in sachlicher Hinsicht eine Verbrauchersache i.S.d. Art. 17 Abs. 1 Brüssel Ia-VO vor.[27]

4. Ergebnis

Damit kann die internationale Zuständigkeit deutscher Gerichte für die Klage der G auf Art. 18 Abs. 1 Alt. 2, 17 Abs. 1 Brüssel Ia-VO gestützt werden.

Frage 2: Anwendbares Recht

Da ein deutsches Gericht mit dem Fall beschäftigt ist, ist das anwendbare Recht nach dem deutschen Kollisionsrecht zu ermitteln. Zur Bestimmung der einschlägigen Kollisionsnorm stellt sich wieder die Frage danach, ob der Anspruch auf Gewinnzusage vertraglich oder deliktisch zu qualifizieren ist. Zwar kann sich die im Rahmen der Zulässigkeit vorgenommene Einordnung von der Qualifikation auf der Ebene des Kollisionsrechts unterscheiden. Dem europäischen Gesetzgeber kam es aber gerade auf eine einheitliche Auslegung der Begrifflichkeiten an.[28] Wie oben zur Zuständigkeit dargelegt, ist der geltend gemachte Anspruch auf Erfüllung aus einer Gewinnzusage als vertraglich zu qualifizieren, so

---

25 *Voß*, IPRax 2021, 236 (240).
26 *Mankowski*, GPR 2020, 281 (284); Musielak/Voit/*Stadler*, Art. 17 Brüssel Ia-VO Rn. 2; Rauscher/*Staudinger*, EuZPR/EuIPR, Art. 17 Brüssel Ia-VO Rn. 9.
27 Zur Frage der Qualifikation von Gewinnzusagen *Bach*, IHR 2010, 17; *Rühl*, GPR 2013, 122; *Stieper*, NJW 2013, 2849; Rauscher/*Staudinger*, EuZPR/EuIPR, Art. 17 Brüssel Ia-VO Rn. 9.
28 Vgl. nur jeweils Erwägungsgrund 7 der Rom I-VO und der Rom II-VO.

dass sich die Bestimmung des anwendbaren Rechts nach der Rom I-VO[29] richtet, sofern ihr Anwendungsbereich eröffnet ist.

I. Anwendungsbereich der Rom I-VO
1. Sachlicher Anwendungsbereich

Der sachliche Anwendungsbereich ist nach Art. 1 Rom I-VO zu bestimmen. Bei dem Zahlungsanspruch handelt es sich um eine freiwillig eingegangene Verpflichtung in einer Zivil- oder Handelssache, und es ist kein Ausschlusstatbestand nach Art. 1 Abs. 1 S. 2, Abs. 2 Rom I-VO einschlägig.

2. Zeitlicher Anwendungsbereich

Da der maßgebliche Vertrag nach dem 17.12.2009 geschlossen wurde, ist die Verordnung auch im Hinblick auf ihren aus Art. 28 Rom I-VO vorgegebenen zeitlichen Anwendungsbereich einschlägig.

II. Sonderanknüpfung für Verbraucherverträge nach Art. 6 Rom I-VO

Mangels einer Rechtswahl ist eine objektive Anknüpfung vorzunehmen. Vorrangig vor Art. 4 Rom I-VO ist eine Sonderanknüpfung nach Art. 6 Rom I-VO zu prüfen, da diese Norm als *lex specialis* eingeführt wurde, um im Bereich des Verbraucherrechts einen Gleichlauf mit der Brüssel Ia-VO zu schaffen.[30] Daher

---

29 Der Bearbeiter/die Bearbeiterin, der/die sich für eine deliktische Qualifikation entscheidet, hat Folgendes zu überlegen: Das anwendbare Recht wäre demzufolge über die Rom II-VO zu bestimmen. Eine Rechtswahl der Parteien nach den Maßstäben des Art. 14 Rom II-VO liegt nicht vor. Art. 4 Abs. 2 Rom II-VO ist hier nicht einschlägig, da B und G nicht einen nach Art. 23 Rom II-VO zu bestimmenden gemeinsamen gewöhnlichen Aufenthalt haben. Nach Art. 4 Abs. 1 Rom II-VO unterliegt der deliktische Anspruch daher dem Recht des Staates, in dem der Schaden eingetreten ist. Dies gilt laut Gesetzeswortlaut unabhängig davon, in welchem Staat das schadensbegründende Ereignis eingetreten ist. Anders als im EGBGB kommt es daher nicht mehr auf den Streit an, wo bei „Briefdelikten" der Handlungsort liegt. Das Delikt bzw. der Schaden liegt in dem Eindruck, den der Verbraucher durch das Schreiben erhält, somit liegt der Erfolgsort am Empfangsort der Mitteilung. Empfangsort wäre hier in Deutschland, so dass Art. 4 Abs. 1 Rom II-VO die deutsche Rechtsordnung zur Anwendung beruft. Es ist keine engere Verbindung zum Recht eines anderen Staates ersichtlich, die gemäß Art. 4 Abs. 3 Rom II-VO ein anderes Ergebnis gebietet. Denkbar wäre dies nur, wenn es sich nicht um eine isolierte Gewinnmitteilung handelt, und eine Bestellung mit einhergeht. In diesen Fällen beruft Art. 4 Abs. 3 Rom II-VO das Vertragsstatut zur Anwendung.
30 Vgl. Erwägungsgrund 24 der Rom I-VO; Rauscher/*Heiderhoff*, EuZPR/EuIPR, Art. 6 Rom I-VO Rn. 3.

stimmen Art. 17 Abs. 1 Brüssel Ia-VO und Art. 6 Abs. 1 Rom I-VO vom Wortlaut her überwiegend überein. Die übereinstimmenden Begrifflichkeiten sind daher nach der Intention des europäischen Gesetzgebers einheitlich auszulegen (vgl. allgemein Erwägungsgrund [7] Rom I-VO).[31] Für den Fall, dass Art. 6 Abs. 1 Rom I-VO einschlägig ist, bestimmt sich das anwendbare Recht nach dem Recht des Staates, in dem der Verbraucher seinen gewöhnlichen Aufenthalt hat. Dann müsste ein in Art. 6 Abs. 1 Rom I-VO definierter Verbrauchervertrag vorliegen.

1. Persönlicher Anwendungsbereich

Der persönliche Anwendungsbereich ist eröffnet, wenn sich Verbraucher und Unternehmer als Vertragsparteien gegenüberstehen, was bereits oben für die Frage der Zuständigkeit nach Art. 17 Abs. 1 lit. c, 18 Brüssel Ia-VO geprüft und bejaht wurde.

2. Räumlich-situativer Anwendungsbereich

Der räumlich-situative Anwendungsbereich des Art. 6 Abs. 1 Rom I-VO ist in lit. a und lit. b der Vorschrift geregelt und setzt einen Bezug der Tätigkeit des Unternehmers zum Aufenthaltsstaat des Verbrauchers voraus.[32] Gleichlaufend mit Art. 17 Abs. 1 lit. c Brüssel Ia-VO ist dieser Bezug gegeben, wenn der Unternehmer seine Tätigkeit im Wohnsitzstaat des Verbrauchers *ausübt* oder auf irgendeinem Wege darauf *ausrichtet* und der Vertrag in den Bereich dieser ausgeübten oder ausgerichteten Tätigkeit fällt. Wie im Rahmen von Art. 17 Abs. 1 Brüssel Ia-VO dargelegt, hat B durch die Zusendung der Gewinnzusage ihre Tätigkeit auf Deutschland ausgerichtet. Ob die zweite Voraussetzung, dass der Vertrag in den Bereich der Tätigkeit fallen muss, wie in Art. 17 Abs. 1 lit. c Brüssel Ia-VO nicht mehr der Herstellung eines Kausalzusammenhangs zwischen dem konkreten Vertrag und der ausgerichteten Tätigkeit dient, ist umstritten.[33] Das entspre-

---

31 Zu diesem Gebot *Coester-Waltjen*, IPRax 2020, 385.

32 Wegen dieser räumlich-situativen Anwendungsvoraussetzung ist die Formulierung, dass der Anspruch nach § 661a BGB teilweise „als verbrauchervertraglichen i.S.d. Art. 6 Abs. 1 Rom I-VO" qualifiziert werde (BeckOGK/*Lohsse*, § 661a BGB Rn. 40), ungenau und mindestens missverständlich.

33 Für den Beibehalt des Kausalitätserfordernisses bei der Rom I-VO im Unterschied zur Brüssel Ia-VO spricht insbesondere Erwägungsgrund 25 Rom I-VO; vgl. dazu auch die offene Darstellung bei jurisPK-BGB/*Limbach*, Art. 6 Rom I-VO Rn. 42 sowie *Klöpfer/Wendelstein*, JZ 2014, 298 (300); gegen ein Kausalitätserfordernis MüKoBGB/*Martiny*, Art. 6 Rom I-VO Rn. 52.; Reithmann/Martiny/*Martiny*, Int. Vertragsrecht, Rn. 35.58; mit Verweis auf den anzustrebenden

chende EuGH-Urteil bezieht sich jedenfalls nur auf die einschlägigen Vorschriften der Brüssel Ia-VO. Dennoch ist richtigerweise das Kausalitätserfordernis im Interesse des Gleichlaufs und der Stärkung der Verbraucherposition[34] sowie aufgrund von Schwierigkeiten bei der Bestimmung von ausreichender Kausalität[35], auch für Art. 6 Rom I-VO abzulehnen. Unabhängig davon hat aber erst die von B freiwillig und willentlich zugesandte Gewinnmitteilung G dazu veranlasst, den Gewinn einzufordern, so dass der Kausalzusammenhang ohnehin gegeben und damit der räumlich-situative Anwendungsbereich jedenfalls eröffnet ist.

3. Sachlicher Anwendungsbereich

Sachlich erfasst der Anwendungsbereich des Art. 6 Abs. 1 Rom I-VO alle von einem Verbraucher abgeschlossenen Verträge, abgesehen von den hier nicht einschlägigen Ausnahmen in Abs. 4 der Vorschrift. Der europäische Gesetzgeber hat den Anwendungsbereich der Vorschrift gegenüber der Vorgängervorschrift (Art. 5 EVÜ bzw. Art. 29 EGBGB) erheblich erweitert, so dass sich eine Vielzahl von zur Vorgängervorschrift bestehenden Streitigkeiten erledigt haben. Die Problematik, ob die isolierte Gewinnzusage als Vertrag i.S.d. Vorschrift ausgelegt werden kann, ist auch hier wegen der bereits mehrfach erwähnten rechtsaktübergreifenden Auslegungsmethodik sowie dem intendierten, in Erwägungsgrund 24 der Rom I-VO zum Ausdruck kommenden, Gleichlauf der Brüssel Ia-VO (früher Brüssel I-VO) und Rom I-VO gerade im Verbraucherrecht wie bei Art. 17 Abs. 1 Brüssel Ia-VO zu beantworten. Wie bei der Prüfung des Art. 17 Abs. 1 Brüssel Ia-VO dargelegt, genügt für einen Vertrag die Freiwilligkeit der Verpflichtung der einen Seite im Rahmen eines Vertragsschlusses; synallagmatische Vertragspflichten sind nicht erforderlich.[36] Die Gewinnzusage wurde freiwillig von B an G verschickt und von dieser angenommen, so dass ein Vertrag i.S.d. Vorschrift besteht und der sachliche Anwendungsbereich eröffnet ist.

4. Ergebnis

Anknüpfungspunkt des Art. 6 Abs. 1 Rom I-VO ist der gewöhnliche Aufenthalt des Verbrauchers. Der Anspruch unterliegt somit deutschem Recht.

Gleichlauf von Internationalem Privat- und Verfahrensrecht (Erwägungsgründe 7, 24 Rom I-VO) Rauscher/*Heiderhoff*, EuZPR/EuIPR, Art. 6 Rom I-VO Rn. 37.

34 Rauscher/*Heiderhoff*, EuZPR/EuIPR, Art. 6 Rom I-VO Rn. 37.

35 Vgl. dazu Ferrari/*Staudinger*, IntVertragsR, Art. 6 Rom I-VO Rn. 61 ff.

36 Für eine Übertragbarkeit der Ausführungen des EuGHs auch auf die Rom I-VO *Bach*, IHR 2010, 17 (24); *Rühl*, GPR 2013, 122 (127 f.); vgl. Grüneberg/*Thorn*, Art. 1 Rom II-VO Rn. 4.

Fall 19: Eingriffsnormen

Sachverhalt*

Adam Amichai (A) ist ein in Deutschland lebender israelischer Staatsbürger, der am 10.10.2020 für eine private Urlaubsreise über ein Online-Reiseportal einen Hin- und Rückflug Frankfurt a.M. – Bangkok, jeweils mit Transitaufenthalt in Kuwait-Stadt, buchte. Die Flüge sollten von der kuwaitischen Fluggesellschaft Q Airways (Q) durchgeführt werden, deren Alleingesellschafter der Staat Kuwait ist. Eine Rechtswahl ist in dem Vertrag nicht zu finden. Nachdem das Reiseportal die Buchung bestätigt und dem A eine Buchungsnummer übermittelt hatte, teilte A der Q seine Staatsangehörigkeit mit. Beim Check-In am Flughafen am 15.10.2020 bekommt A von einem Mitarbeiter der Q zu hören, dass die Fluggesellschaft seinen Flug „storniert" hat, weil der Beförderungsvertrag mit A gegen das Verbot in Art. 1 des kuwaitischen Gesetzes Nr. 21 (sog. Einheitsgesetz zum Israel-Boykott) aus dem Jahr 1964 verstößt, Vereinbarungen mit Personen israelischer Staatsangehörigkeit abzuschließen. Zudem – so wird A zutreffend erklärt – werde israelischen Staatsangehörigen von kuwaitischen Behörden der Transitaufenthalt in Kuwait verweigert und diese müssten umgehend von Q an den Abflugort rückbefördert werden. A ist über das Verhalten der Fluggesellschaft empört. Am 26.10.2020 erhebt er Klage vor dem Landgericht Frankfurt a.M. und begehrt die Erbringung der vereinbarten Beförderungsleistung. Zudem fühlt sich A diskriminiert und fordert daher hilfsweise eine Entschädigung von mindestens € 15.000. In ihrer Klageerwiderung verweist die Q auf das kuwaitische Boykottgesetz. Im Übrigen berufen sich beide Parteien auf deutsche Rechtsvorschriften.

Aufgabe

Ist die Klage des A begründet?

Hinweise

1. Gemäß Art. 6 des kuwaitischen Gesetzes Nr. 21 von 1964 (sog. Einheitsgesetz zum Israel-Boykott) wird die Missachtung der Regelungen in Art. 1 mit Freiheitsstrafe, harter Gefängnisarbeit oder mit Geldstrafe bestraft.
2. Gehen Sie davon aus, dass etwa 75 % der israelischen Gesamtbevölkerung jüdischen Glaubens sind.

---

* Sachverhalt nach OLG Frankfurt a.M., NJW 2018, 3591.

3. Vorschriften aus dem Luftverkehrsgesetz (LuftVG) sind nicht zu prüfen.
4. Auf die Höhe der geforderten Entschädigung ist nicht einzugehen.

Vorbemerkungen

Das kollisionsrechtliche Interesse ist in erster Linie nicht auf das materielle Ergebnis des anzuwendenden Rechts, sondern auf die Anwendung des „räumlich" besten Rechts gerichtet.[1] Deshalb gilt das IPR traditionell als „wertblind" und „unpolitisch".[2] Insbesondere das System allseitiger Anknüpfungen wurde von einigen als unzureichend angesehen, um den speziellen Wertungen des materiellen Rechts kollisionsrechtlich gerecht zu werden. Als Reaktion auf diese (angebliche) Werteblindheit[3] entwickelte sich die Lehre von den Eingriffsnormen.[4] Im Mittelpunkt dieses Falles, der an eine brisante Entscheidung des OLG Frankfurt[5] angelehnt ist,[6] steht der richtige Umgang mit diesen Eingriffsnormen. Gemeint sind Normen, die nicht bloß innerstaatlich zwingend sind, sondern solche, die sich im internationalen Kontext unter bestimmten Voraussetzungen gegenüber dem „eigentlich" kraft (subjektiver oder objektiver) Regelanknüpfung anwendbaren Recht durchsetzen. Und selbst wenn sie das nicht tun, kann ihre Geltung im Ausland bei der Anwendung des Sachrechts zu berücksichtigen sein. Neben aufbautechnischem Geschick im kollisionsrechtlichen Teil erfordert die Falllösung auch sachrechtliche Grundkenntnisse im Bereich des zivilrechtlichen Leistungsstörungsrechts und Diskriminierungsschutzes.

Gliederung der Lösung

---

1 *Kegel/Schurig*, IPR, § 2 I.
2 Vgl. nur *Zweigert*, RabelsZ 37 (1973), 435 ff.: Armut an sozialen Werten.
3 Dazu, dass auch das „klassische" IPR kein wertfreies, technisches Recht ist *Coester-Waltjen*, in: Gössl (Hrsg.), Politik und Internationales Privatrecht, 2017, 1 (1 ff.); *Mäsch*, Rechtswahlfreiheit und Verbraucherschutz, 1993, S. 148 ff.; eingehend zum Ganzen *Hornung*, Internationales Privatrecht zwischen Wertneutralität und Politik, 2021.
4 Vgl. hierzu nur treffend *Basedow*, RabelsZ 52 (1988), 8 (9 f.): neben dem üblichen Spiel der Anknüpfungen trete ein zweites („einseitiges"), d.h. von den Wertungen der Sachnorm ausgehendes System.
5 OLG Frankfurt a.M., NJW 2018, 3591.
6 Vgl. zum medialen Echo der Entscheidung *Mankowski*, TransportR 2018, 104 m.w.N.

Lösung

A. Anspruch auf Beförderung

I. Anwendbares Recht
1. Qualifikation
A begehrt hier zunächst die Erfüllung der gebuchten Beförderungsleistung. Ein solcher Erfüllungsanspruch ist vertragsrechtlich zu qualifizieren.

2. Vertragsstatut
Das Vertragsstatut ist nach den Regelungen der Rom I-Verordnung zu ermitteln, da deren Anwendungsbereich sowohl in sachlicher als auch zeitlicher Hinsicht eröffnet ist, weil es sich um Ansprüche aus einem im Jahr 2020 geschlossen Beförderungsvertrag handelt (Art. 1, 28 Rom I-VO). Ausnahmen vom sachlichen Anwendungsbereich gem. Art. 1 Abs. 2 Rom I-VO oder nach Art. 25 Abs. 1 Rom I-VO vorrangige internationale Abkommen greifen nicht ein.

a) Rechtswahl
Der vorrangige Art. 3 Rom I-VO ermöglicht es den Vertragsparteien, eine Rechtswahl zu treffen. Sie muss nicht ausdrücklich, sondern kann nach Art. 3 Abs. 1 S. 2 Rom I-VO auch stillschweigend erfolgen. Eine ausdrückliche Rechtswahl haben die Parteien hier nicht getroffen. In Betracht kommt also nur eine stillschweigende Rechtswahl, die nach Art. 3 Abs. 2 S. 1 Rom I-VO auch nachträglich vereinbart werden kann. Somit ist auch eine Rechtswahl (erst) im Prozess möglich. Berufen sich beide Parteien bzw. ihre Vertreter ausschließlich auf Vorschriften des deutschen Rechts, so soll hierin nach ständiger Rechtsprechung regelmäßig eine stillschweigende Rechtswahl zugunsten deutschen Rechts zu erblicken sein.[7] Die Parteien haben hier zwar zum deutschen Recht verhandelt. Allerdings hat Q auch auf das kuwaitische Einheitsgesetz Bezug genommen, sodass man bereits von einer *ausschließlichen* Bezugnahme auf deutsches Recht nicht sprechen kann. Unabhängig davon kann der Ansicht der Rechtsprechung nicht gefolgt werden. Denn ein Rechtswahlvertrag setzt wie jeder andere Vertrag Erklärungsbewusstsein der Beteiligten voraus.[8] Dieses kann man *allein* aus der Bezugnahme auf das heimatliche Recht nicht ableiten.

---

7 BGH, NJW 1999, 950; sowie BAG, NZA 2014, 1076 (1077); OLG Frankfurt a.M., NJW 2018, 3591 = JuS 2019, 386 (*Mäsch*); Grüneberg/*Thorn*, Art. 3 Rom I-VO Rn. 8 m.w.N.
8 *Schack*, IZVR, Rn. 753.

Die Parteien können nämlich auch deshalb auf der Basis deutschen materiellen Rechts argumentieren, weil sie die Frage nach dem anwendbaren Recht gänzlich übersehen oder deutsches Recht aufgrund objektiver Anknüpfung für anwendbar halten.[9]

b) Objektive Anknüpfung

Mangels Rechtwahl ist also objektiv anzuknüpfen. Art. 6 Rom I-VO, der sich mit Verbraucherverträgen beschäftigt, ist nach seinem Abs. 4 lit. b auf Beförderungsverträge nicht anwendbar, für die stattdessen Art. 5 Rom I-VO gilt. Gemäß dessen Abs. 2 S. 1 ist bei Personenflugbeförderungsverträgen auf das Recht im Land des gewöhnlichen Aufenthalts der zu befördernden Person abzustellen, wenn dort auch der Abflug- oder Zielort liegt. Die zu befördernde Person A lebt in Deutschland und wollte von Frankfurt a.M. fliegen, so dass – da eine *offensichtlich*[10] engere Verbindung zu einem anderen Recht (Art. 5 Abs. 3 Rom I-VO) nicht ersichtlich ist – deutsches Sachrecht auf den Beförderungsvertrag Anwendung findet.

II. Anspruchsprüfung nach deutschem Recht – § 631 Abs. 1 BGB
1. Anspruch entstanden

Der Erfüllungsanspruch nach § 631 Abs. 1 BGB setzt voraus, dass die Parteien einen Werkvertrag abgeschlossen haben. In Abgrenzung zum Dienstvertrag schuldet der Unternehmer bei einem Werkvertrag nicht nur ein Tätigwerden, sondern einen bestimmten Erfolg, § 631 Abs. 2 BGB.[11] Bei dem vereinbarten Beförderungsvertrag wird der Transport einer zu befördernden Person zum vereinbarten Ziel als Erfolg geschuldet.[12] Somit ist der Beförderungsvertrag als Werkvertrag zu charakterisieren. An der Wirksamkeit des Vertrages bestehen keine Zweifel. Somit ist der Beförderungsanspruch des A gegen Q entstanden.

2. Anspruch nicht untergegangen

Der Anspruch könnte allerdings gem. § 275 Abs. 1 BGB wegen Unmöglichkeit untergegangen sein.

---

9 *Mäsch,* JuS 2019, 386 (387); vgl. auch *Schack,* IZVR, Rn. 753; Ferrari/*Ferrari,* IntVertragsR, Art. 3 Rom I-VO Rn. 31. Siehe zu dieser Problematik auch Fall 1, S. 87.

10 Entsprechend seines Wortlauts ist die Ausweichklausel eng auszulegen; näher Reithmann/Martiny/*Mankowski,* Int. Vertragsrecht, Rn. 15.66 ff.

11 BeckOK-BGB/*Baumgärtner,* § 611 Rn. 10.

12 MüKoBGB/*Busche,* § 631 Rn. 136.

a) Rechtliche Unmöglichkeit

In Betracht kommt zunächst rechtliche Unmöglichkeit. Sie liegt vor, wenn der geschuldete Erfolg aus Rechtsgründen nicht herbeigeführt werden kann oder nicht herbeigeführt werden darf.[13] Art. 1 des kuwaitischen Einheitsgesetzes zum Israel-Boykott (im Folgenden: Israel-Boykott-Gesetz) verbietet, Vereinbarungen mit Personen israelischer Staatsangehörigkeit abzuschließen. Der Beförderungsvertrag des Q mit A verstößt gegen dieses Verbot, sodass die Beförderung nach kuwaitischem Recht nicht erlaubt ist. Voraussetzung für § 275 Abs. 1 BGB ist allerdings, dass das Gesetz *als Rechtsregel* auf den Vertrag einwirkt.

Wie oben festgestellt ist deutsches Recht Vertragsstatut. Dennoch könnte das kuwaitische Israel-Boykott-Gesetz als sog. Eingriffsnorm anzuwenden sein. Gemäß Art. 9 Abs. 3 S. 1 Rom I-VO können Vorschriften des Staates, in dem die durch den Vertrag begründeten Verpflichtungen erfüllt werden sollen, Wirkung verliehen werden, soweit sie die Erfüllung des Vertrags unrechtmäßig werden lassen.[14] Damit soll vor allem der möglichen Zwangslage des Schuldners, der dem fremden Eingriffsrecht ausgesetzt ist, Rechnung getragen werden.[15]

aa) Anwendung des kuwaitischen Israel-Boykott-Gesetzes als Eingriffsnorm?
(1) Voraussetzungen

Voraussetzung für die Anwendung des Israel-Boykott-Gesetz ist zunächst, dass es sich um eine Eingriffsnorm i.S.d. Art. 9 Abs. 1 Rom I-VO handelt. Die Vorschrift definiert Eingriffsnormen als zwingende Vorschriften, deren Einhaltung von einem Staat als entscheidend für die Wahrung seines öffentlichen Interesses, insbesondere seiner politischen, sozialen oder wirtschaftlichen Organisation angesehen wird. Darunter fallen auch öffentlich-rechtliche Verbotsgesetze, die der Vertragserfüllung dienende Handlungen unter Strafe stellen, denn gerade in diesen Fällen steht hinter dem Verbotsgesetz oft ein wirtschafts- oder sozialpolitisches Motiv.[16] So auch im vorliegenden Fall: Das Israel-Boykott-Gesetz verbietet und bestraft Vereinbarungen mit israelischen Staatsbürgern aus politischen Motiven, sodass es als Eingriffsnorm anzusehen ist.

---

13 MüKoBGB/*Ernst*, § 275 Rn. 41.
14 Zur Frage, inwiefern eine „Wirkungsverleihung" i.S.d. Art. 9 Abs. 3 Rom I-VO neben einer kollisionsrechtlichen Sonderanknüpfung auch durch faktische Berücksichtigung des Eingriffsrechts erfolgen kann, s. BeckOGK/*Maultzsch*, Art. 9 Rom I-VO Rn. 145 ff.
15 Vgl. nur MüKoBGB/*Martiny*, Art. 9 Rom I-VO Rn. 115.
16 MüKoBGB/*Martiny*, Art. 9 Rom I-VO Rn. 11; ausführlich zum Begriff *v. Bar/Mankowski*, IPR II, § 1 Rn. 928 ff.

Da es sich hier aber um ein drittstaatliches Gesetz handelt, kann diesem nach Art. 9 Abs. 3 Rom I-VO nur Wirkung verliehen werden, wenn Kuwait Erfüllungsort ist. A hat hier eine Reise nach Bangkok gebucht, bei der er in Kuwait nur umsteigen musste. Die Bestimmung des Erfüllungsortes könnte sich auf den ersten Blick nach § 269 BGB richten, allerdings ist dies schon deshalb abzulehnen, da die Rom I-VO als europäische Verordnung autonom auszulegen ist und an dieser Stelle keine Verweisung auf das Vertragsstatut enthält. Demnach muss die Bestimmung des Erfüllungsortes an dieser Stelle autonom erfolgen. Im Rahmen des Art. 9 Abs. 3 Rom I-VO geht es darum, dass nur forumsfremde Eingriffsnormen solcher Staaten berücksichtigt werden sollen, die *tatsächlich* besonderen Einfluss auf die Durchführung des Vertrags bzw. auf dessen Wirksamkeit ausüben.[17]

Vorliegend hat es der Transitstaat Kuwait in der Hand, die vertragliche Leistungshandlung – die Weiterbeförderung nach Bangkok – zu unterbinden, sodass Kuwait Erfüllungsort i.S.d. Art. 9 Abs. 3 Rom I-VO ist.[18]

Das Israel-Boykott-Gesetz lässt die Erfüllung des Vertrages i.S.d. Art. 9 Abs. 3 S. 1 Rom I-VO zudem unrechtmäßig werden, indem es die Beförderung unter Strafe stellt.

(2) Rechtsfolge

Art. 9 Abs. 3 Rom I-VO stellt die Anwendung der ausländischen Eingriffsnormen in das Ermessen des Gerichts, das die in Art. 9 Abs. 3 S. 2 Rom I-VO genannten Kriterien, nämlich Art und Zweck der Norm sowie die Folgen der Anwendung, zu berücksichtigen hat.

Die verfolgten kuwaitischen Ziele, Israel politisch und wirtschaftlich zu schaden, widersprechen nicht nur den deutschen außenpolitischen Interessen. Die mit dem Israel-Boykott-Gesetz bezweckte systematische Diskriminierung israelischer Staatsbürger steht im evidenten Widerspruch zur deutschen Gesellschafts- und Werteordnung. Das kuwaitische Israel-Boykott-Gesetz widerspricht damit fundamentalen Grundwerten der deutschen Rechtsordnung; ihm kann daher nicht als Eingriffsnorm gem. Art. 9 Abs. 3 S. 1 Rom I-VO Wirkung verliehen werden.[19]

---

17 BeckOGK/*Maultzsch*, Art. 9 Rom I-VO Rn. 116.
18 Vgl. OLG Frankfurt a.M., NJW 2018, 3591 (3592).
19 OLG Frankfurt a.M., NJW 2018, 3591 (3593); OLG München, NJW-RR 2020, 1061 (1062); *Mäsch*, JuS 2019, 386 (387 f.); *Thon*, IPRax 2019, 301 (304 f.); *Führich*, MDR 2019, 1285 (1286); *Mankowski*, RIW 2019, 180 (182); *Weller/Lieberknecht*, JZ 2019, 317 (323).

bb) Zwischenergebnis

Das Israel-Boykott-Gesetz findet daher keine Anwendung. Es liegt keine rechtliche Unmöglichkeit nach § 275 Abs. 1 BGB vor.

b) Tatsächliche Unmöglichkeit

Der Anspruch des A könnte aber wegen tatsächlicher Unmöglichkeit nach § 275 Abs. 1 BGB untergegangen sein. Es muss sich um ein tatsächlich unüberwindbares Leistungshindernis handeln.[20] Ein solches liegt hier vor, weil israelischen Staatsangehörigen der Transitaufenthalt in Kuwait faktisch verwehrt bleibt und sie umgehend an ihren Abflugort zurückgeschickt werden. Diese reellen Auswirkungen des Israel-Boykott-Gesetzes dürfen im Rahmen der lex causae nicht ignoriert werden.[21] Zumindest die Weiterreise nach Bangkok ist daher faktisch unmöglich.[22] Diese Teilunmöglichkeit steht einer vollständigen Unmöglichkeit gleich,[23] da A kein Interesse an einem Flug (nur) nach Kuwait hat.

c) Zwischenergebnis

Der Beförderungsanspruch des A ist daher nach § 275 Abs. 1 BGB untergegangen.[24]

---

20 Vgl. nur *Looschelders*, Schuldrecht AT, 19. Aufl. 2021, § 21 Rn. 2.

21 OLG Frankfurt a.M., NJW 2018, 3591 (3593); OLG München, NJW-RR 2020, 1061 (1062); *Mäsch*, JuS 2019, 386 (387); *Thon*, IPRax 2019, 301 (305); *Führich*, MDR 2019, 1285 (1286); *Mankowski*, RIW 2019, 180 (182); *Mörsdorf*, JZ 2018, 156 (159); *Freitag*, NJW 2018, 430 (433); MüKoBGB/*Ernst*, § 275 Rn. 44; a.A. *Weller/Lieberknecht*, JZ 2019, 317 (325).

22 Hierzu *Looschelders*, Schuldrecht AT, 19. Aufl. 2021, § 21 Rn. 4.

23 OLG München, NJW-RR 2020, 1061 Rn. 44; OLG Frankfurt a.M., NJW 2018, 3591 Rn. 45; *Looschelders*, Schuldrecht AT, 19. Aufl. 2021, § 21 Rn 15; *Mäsch*, JuS 2019, 388; *Freitag*, NJW 2018, 430 (433).

24 A.A. gut vertretbar, etwa indem man annimmt, dass eine tatsächliche Unmöglichkeit nur dann vorliegt, wenn die Erbringung der geschuldeten Leistung aus Gründen elementarer Naturgesetze oder der Logik in Natur ausgeschlossen ist (vgl. nur BeckOGK/*Riehm*, § 275 BGB Rn. 88 ff.). Wer so argumentiert, wird Q aber ein Leistungsverweigerungsrecht (§ 275 Abs. 2 bzw. 3 BGB) zugestehen müssen: Entweder indem man argumentiert, dass die Leistungserbringung von der Mitwirkung eines Dritten (Staat Kuwait) abhängt und feststeht, dass dieser seine Mitwirkung aller Voraussicht nach verweigern wird. Oder indem man darauf verweist, vom Schuldner könne nicht verlangt werden, dass er eine Freiheitsstrafe riskiert. Vgl. aber auch *Mankowski*, TransportR 2018, 104 (106), der zu Recht darauf hinweist, dass man hier strenggenommen nur auf das tatsächliche Strafbarkeitsrisiko (nicht die bloße Strafbarkeit) abstellen darf, um nicht doch wieder in eine normative Betrachtung zu verfallen.

III. Ergebnis

A hat gegen Q keinen Anspruch auf Beförderung aus § 631 Abs. 1 BGB.

B. Anspruch auf Entschädigung

I. Anwendbares Recht

1. Qualifikation

A begehrt hilfsweise eine Entschädigung wegen einer Diskriminierung. Er macht hier keinen Anspruch auf Ersatz von Vermögensschäden geltend, sondern verlangt einen Ausgleich für einen immateriellen Schaden aufgrund der von ihm vorgetragenen Diskriminierung. In Betracht kommt hier sowohl eine vertragliche als auch eine deliktische Qualifikation des Anspruchs.

Ansprüche, die aus Verstößen gegen Verbote, die die Diskriminierung im Zusammenhang mit zivilrechtlichen Schuldverhältnissen verhindern wollen, resultieren, werden teilweise pauschal vertraglich (bzw. vertragsakzessorisch) qualifiziert.[25] Zur Begründung verweist man schlicht darauf, dass die Diskriminierung immer eine Verbindung zu einem (intendierten) Vertrag aufweise, da der Schädiger entweder den Vertragsschluss oder seine Durchführung verweigere (vgl. Art. 12 Abs. 1 lit. c Rom I-VO).[26] Andere deuten das Diskriminierungsverbot als vertragliche Nebenpflicht und unterscheiden danach, ob der Vertrag zustande gekommen ist (dann vertraglich), oder nicht (dann deliktisch).[27]

Der letzten Ansicht kann nicht zugestimmt werden, da es keinen Unterschied macht, ob die Benachteiligung vorvertraglich oder im Rahmen der Vertragserfüllung erfolgt.[28] Denn die Diskriminierungsverbote sind regelmäßig gesetzlich umrissen und unabhängig davon, ob es zum Vertragsschluss kommt.

Da als betroffenes Rechtsgut allein das Persönlichkeitsrecht des A in Betracht kommt, liegt insgesamt eine deliktische Qualifikation näher;[29] betroffen

---

25 BeckOGK/*Mörsdorf*, § 21 AGG Rn. 93; Grüneberg/*Thorn*, Art. 12 Rom I-VO Rn. 7; Staudinger/*Magnus*, (2016), Art. 12 Rom I-VO Rn. 56.

26 So *Thon*, IPRax 2019, 301 (305); *Hoffmann/Bierlein*, ZEuP, 2020, 47 (51).

27 *Lüttringhaus*, Grenzüberschreitender Diskriminierungsschutz – Das internationale Privatrecht der Antidiskriminierung, 2010, S. 116 f., der zudem noch auf die vertragsrechtliche Sanktionierung von Benachteiligungen im Rechtsvergleich eingeht.

28 Der EuGH hat dieses Kriterium zwar im Rahmen Qualifikation der c.i.c.-Haftung verwendet (näher Fall 15, S. 333). Dort ging es aber um den Abbruch von Vertragsverhandlungen und Aufklärungspflichtverletzungen, nicht – wie hier – um eine Persönlichkeitsverletzung.

29 Für eine deliktische Qualifikation auch *Lüttringhaus*, Grenzüberschreitender Diskriminierungsschutz, 2010, S. 103 („In den Konstellationen des § 21 Abs. 2 S. 3 AGG ist stets nur das

ist schließlich nicht das Erfüllungsinteresse des A, sondern sein Integritätsinteresse.[30] Letztlich braucht die Frage aber nicht entschieden zu werden, wenn für beide Statute das gleiche Recht Maß gibt, d.h. deutsches Recht nicht nur für vertragliche Ansprüche (s.o.), sondern auch für Ansprüche aus unerlaubter Handlung anwendbar ist.

2. Ermittlung des Deliktsstatuts
a) Rom II-VO

Das anwendbare Recht könnte nach der Rom II-VO zu ermitteln sein. Dafür müsste die Verordnung allerdings anwendbar sein.

Der sachliche Anwendungsbereich bestimmt sich nach Art. 1 Rom II-VO. Davon auszugehen, dass Ansprüche aus einem außervertraglichen Schuldverhältnis geltend gemacht werden, reicht nicht aus. Denn es darf auch keine Ausnahme nach Art. 1 Abs. 2 Rom II-VO einschlägig sein. In Betracht kommt hier Art. 1 Abs. 2 lit. g Rom II-VO, der Ansprüche wegen der Verletzung von Persönlichkeitsrechten vom Regelungsbereich der Rom II-VO ausnimmt. Der von A geforderte Geldentschädigungsanspruch basiert aber gerade auf einer Persönlichkeitsrechtsverletzung. Die Rom II-VO ist daher nicht anzuwenden.

b) Autonomes Kollisionsrecht, Art. 40 ff. EGBGB

Es ist also auf autonomes Kollisionsrecht zurückzugreifen.

Eine lediglich nachträglich mögliche Rechtswahl nach Art. 42 S. 1 EGBGB haben die Parteien nicht getroffen, Art. 40 Abs. 2 EGBGB greift ebenfalls nicht ein.

Nach der Regelanknüpfung des Art. 40 Abs. 1 S. 1 EGBGB unterliegen Ansprüche aus unerlaubter Handlung dem Recht des Handlungsortes. Handlungsort ist der Ort, an dem die für den Schaden ursächliche Handlung ausgeführt wurde; bloße Vorbereitungshandlungen werden dagegen nicht erfasst.[31] Die hier relevante Handlung ist darin zu erblicken, dass Q den A vor Abflug in Deutschland nicht an Bord des Flugzeuges hat lassen wollen. Erst hier offenbar-

---

Integritätsinteresse betroffen"), der aber anders entscheiden will, wenn der Vertrag tatsächlich zu Stande kommt (*Lüttringhaus*, a.a.O., S. 116 f.).

30 Für dieses Abgrenzungskriterium auch Soergel/*Wendelstein*, Art. 1 Rom II-VO Rn. 23, 27 ff.; BeckOGK/*Weller*, Art. 12 Rom I-VO Rn. 31; MüKoBGB/*Spellenberg*, Art. 12 Rom I-VO Rn. 82; *Mäsch/Wittebol*, LMK 2020, 430884.

31 NK-BGB/*Wagner*, Art. 40 EGBGB Rn. 7; MüKoBGB/*Junker*, Art. 40 EGBGB Rn. 25 jeweils m.w.N.

te sich die Diskriminierung konkret. Die das Risiko der Diskriminierung begründende Entscheidung der Q, Flüge über den Transitstaat Kuwait anzubieten, wird man dagegen als Vorbereitungshandlung einordnen müssen. Ähnlich wird im Rahmen von Persönlichkeitsrechtsverletzungen in der Presse argumentiert. Hier stellt man überwiegend auf den Erscheinungsort bzw. Ausstrahlungsort ab,[32] also den Ort, wo die Nachricht „in die Welt" gekommen ist. Vorangegangene Handlungen wie Recherchen, eventuelle Foto- oder Filmaufnahmen, das Verfassen des Artikels, Druck etc. bleiben außer Betracht.[33]

Damit ist der Handlungsort in Deutschland zu lokalisieren. Das Recht des Erfolgsortes ist nach Art. 40 Abs. 1 S. 2 EGBGB nur dann maßgeblich, wenn sich A darauf berufen hätte (Optionsrecht); er dürfte nach richtigem Verständnis hier ohnehin auch in Deutschland liegen und deshalb nicht zu einem anderen Recht führen.[34] Auch die Ausweichklausel des Art. 41 EGBGB greift nicht ein. Damit ist deutsches Recht Deliktsstatut.

3. Zwischenergebnis
Die Qualifikationsfrage kann offenbleiben. Etwaige Entschädigungsansprüche des A richten sich nach deutschem Recht.

II. Anspruchsprüfung nach deutschem Recht
1. Anspruch nach § 21 Abs. 2 S. 3 AGG
A könnte gegen Q einen Anspruch auf Entschädigung aus § 21 Abs. 2 S. 3 AGG haben. Q müsste gegenüber A ein Benachteiligungsverbot verletzt haben, welches im Anwendungsbereich des § 19 AGG liegt.

a) Eröffnung des Anwendungsbereichs nach § 19 Abs. 1 Nr. 1 AGG
Der Anwendungsbereich des zivilrechtlichen Benachteiligungsverbots nach § 19 AGG ist eröffnet, weil Beförderungsverträge im Flugverkehr regelmäßig völlig unabhängig von der zu befördernden Person geschlossen werden und somit ein Massengeschäft i.S.d. § 19 Abs. 1 S. 1 Nr. 1 AGG darstellen.

---

32 BGH, NJW 1996, 1128; OLG München, NJW 2004, 224 (226); BeckOK-BGB/*Spickhoff*, Art. 40 EGBGB Rn. 38 f.; für den Verlags- bzw. Sendersitz dagegen *Kropholler*, IPR, § 53 V 4.
33 Vgl. nur BeckOGK/*Fornasier*, Art. 40 EGBGB Rn. 46 m.w.N.
34 Zur umstrittenen Frage, wo der Erfolgsort bei einer Persönlichkeitsverletzung zu lokalisieren ist, s. MüKoBGB/*Junker*, Art. 40 EGBGB Rn. 77 ff.; *Heiderhoff*, in: FS Coester-Waltjen (2015), 413.

b) Verstoß gegen das Benachteiligungsverbot
aa) Unmittelbare Benachteiligung, § 3 Abs. 1 AGG

Es müsste eine Benachteiligung im Sinne des § 19 Abs. 1 AGG vorliegen. Denkbar ist hier eine unmittelbare Benachteiligung nach § 3 Abs. 1 AGG. Diese liegt vor, wenn eine Person aufgrund eines der Merkmale nach § 1 AGG eine weniger günstige Behandlung erfährt als eine andere Person in einer vergleichbaren Situation erfährt oder erfahren würde. Q verweigert A aufgrund seiner israelischen Staatsangehörigkeit die Beförderung, die sie Personen anderer Staatsangehörigkeiten gewährt. Allerdings ist die Staatsangehörigkeit kein Diskriminierungsmerkmal nach §§ 1, 19 Abs. 1 AGG. Sie ist nicht gleichzusetzen mit der Rasse oder der ethnischen Herkunft.[35]

Neben der ausdrücklichen unmittelbaren Diskriminierung erfasst Art. 3 Abs. 1 AGG aber auch die verdeckte unmittelbare Diskriminierung.[36] Eine solche liegt vor, wenn die Unterscheidung an ein in § 1 AGG nicht enthaltenes Merkmal anknüpft, das jedoch in einem untrennbaren Zusammenhang mit einem in dieser Vorschrift genannten Grund steht und daher kategorial *ausschließlich* Träger des Diskriminierungsmerkmals trifft.[37] Ein solcher Zusammenhang könnte zwischen der Beförderungsverweigerung aufgrund der israelischen Staatsangehörigkeit und dem Merkmal der Religion und Ethnie bestehen. Zwar ist die überwiegende Mehrheit der Israelis jüdischen Glaubens.[38] Da aber die Nichtbeförderung alle israelischen Staatsbürger trifft, also auch solche, die anderen Religionen angehören, knüpft die Benachteiligung auch nicht verdeckt an das Merkmal der Religion an.[39] Die israelische Bevölkerung ist zudem auch nicht als eigenständige ethnische Gruppe einzuordnen.[40] Daher liegt keine unmittelbare Benachteiligung nach § 3 Abs. 1 AGG vor.[41]

---

35 BAG, NZA-RR 2018, 287 (290); BAG, NZA 2012, 1345 (1347); vgl. auch LG Frankfurt, NJOZ 2018, 196 (199); BeckOGK/*Baumgärtner*, § 1 AGG Rn. 84 f.; *Weller/Lieberknecht/Smela*, ZfPW 2020, 419 (420 f.).

36 MüKoBGB/*Thüsing*, § 3 AGG Rn. 15; BeckOK-BGB/*Horcher*, § 3 AGG Rn. 13 jeweils m.w.N.

37 BGH, NZA-RR 2020, 50 Rn. 32 m.w.N.; BeckOGK/*Baumgärtner*, § 3 AGG Rn. 52 ff.

38 Vgl. OLG Frankfurt a.M., NJW 2018, 3591 (3594) zur Angabe des Zentralen Israelischen Statistikbüros vom 9.5.2016: 74,8 % der israelischen Gesamtbevölkerung sind jüdischen Glaubens.

39 *Weller/Lieberknecht/Smela*, ZfPW 2020, 419 (425).

40 *Weller/Lieberknecht/Smela*, ZfPW 2020, 419 (425). A.A. vertretbar mit der Begründung, dass auf die Perspektive des Benachteiligenden abzustellen ist, wobei man über die Anschauung der Fluggesellschaft nur mutmaßen kann.

41 So auch OLG München, NJW-RR 2020, 1061 (1064). A.A. gut vertretbar, wenn man für die Unmittelbarkeit die beabsichtigte Wirkung des Israel-Boykott-Gesetzes für ausreichend erachtet: Es soll gerade Juden als ethnische Gruppe benachteiligen. Vgl. dazu EuGH v. 16.7.2015 – C-83/14 – *CHEZ Razpredelenie Bulgaria*, BeckRS 2015, 80950 Rn. 76: „[...] für das Vorliegen einer

bb) Mittelbare Benachteiligung, § 3 Abs. 2 AGG

Es könnte sich hier aber um eine mittelbare Benachteiligung nach § 3 Abs. 2 AGG handeln. Sie ist gegeben, wenn dem Anschein nach neutrale Vorschriften Personen wegen eines in § 1 AGG genannten Merkmals gegenüber Personen, bei denen das Merkmal nicht gegeben ist, in besonderer Weise benachteiligen. Das Diskriminierungsmerkmal bildet nicht die Entscheidungsgrundlage, aber die Benachteiligung von Personen aufgrund dessen ist die faktische Folge. Dabei kann eine überwiegende Betroffenheit von Merkmalträgern ausreichen, um zu vermuten, dass gerade das Merkmal die Ursache für die Benachteiligung ist.[42]

(1) Benachteiligung

Die Beförderungsverweigerung knüpft an die Staatsbürgerschaft und damit an ein neutrales Differenzkriterium an (s.o.). Jedoch beträgt der Anteil der Menschen jüdischen Glaubens in der israelischen Gesamtbevölkerung ca. 75 %. Folglich sind etwa ¾ aller Betroffenen Juden und Jüdinnen und diese als Merkmalsträger zahlenmäßig signifikant häufiger benachteiligt als Personen, die nicht jüdischen Glaubens sind.[43] Es liegt eine mittelbare Benachteiligung vor.[44]

(2) Rechtfertigung

Eine mittelbare Benachteiligung kann aber durch ein rechtmäßiges Ziel und die Wahl eines verhältnismäßigen Mittels sachlich gerechtfertigt sein (§ 3 Abs. 2 AGG a.E.). Es fehlt dann bereits an den tatbestandlichen Voraussetzungen einer mittelbaren Benachteiligung.[45]

---

unmittelbaren Diskriminierung im Sinne von Art. 2 Abs. 2 Buchst. a der Richtlinie 2004/43 genügt, dass diese ethnische Herkunft für die Entscheidung, die genannte Behandlung einzuführen, ausschlaggebend war [...]". Zur schwierigen Abgrenzung zwischen (verdeckter) unmittelbarer und mittelbarer Benachteiligung s. BeckOGK/*Baumgärtner*, § 3 AGG Rn. 70 f.

42 Staudinger/*Serr* (2020), § 3 AGG Rn. 26, 28; vgl. BAG, NZA 2007, 103 (105); BAG, NZA 2006, 611 (613).

43 Vgl. OLG Frankfurt a.M., NJW 2018, 3591 (3593); allg. Staudinger/*Serr* (2020), § 3 AGG Rn. 28.

44 OLG Frankfurt a.M., NJW 2018, 3591 (3593); offenlassend OLG München, NJW-RR 2020, 1061 (1064); a.A. LG Frankfurt a.M., NJOZ 2018, 196 (199), das jedoch die Voraussetzungen für die mittelbare Diskriminierung unzutreffend prüft; zu Recht krit. deshalb *Mörsdorf*, JZ 2018, 156 (158 f.).

45 BAG, NZA 2010, 222 (225); Staudinger/*Serr* (2020), § 3 AGG Rn. 32; s. auch RegE zum Gesetz zur Umsetzung der europäischen Richtlinien zur Verwirklichung des Grundsatzes der Gleichbehandlung, BT-Drs. 16/1780, S. 33.

Der sachliche Grund für die Benachteiligung muss selbst objektiv nicht diskriminierend und legal sein.[46] Es muss sich also mit anderen Worten um einen von der Rechtsordnung akzeptierten Differenzierungsgrund handeln.[47] In Betracht käme zum einen das Israel-Boykottgesetz, sowie das oben bereits erörterte Leistungshindernis nach § 275 Abs. 1 BGB. Das Boykottgesetz muss aber als sachlicher Grund von vornherein ausscheiden, weil es wie dargelegt den Grundwerten der deutschen Rechtsordnung widerspricht.

Fraglich ist, ob das Leistungshindernis einen sachlichen Grund darstellt. § 275 Abs. 1 BGB lässt (nur) den Anspruch des Schuldners auf die Leistung entfallen. Die Vorschrift verhindert aber nicht, dass der Gläubiger für die Umstände, die die Unmöglichkeit herbeigeführt haben, haftungsrechtlich einstehen muss. Das zeigen bereits §§ 283, 311a Abs. 2 BGB. Deshalb kann man aus § 275 Abs. 1 BGB auch keinen Rechtfertigungsgrund herleiten. Eine Fluggesellschaft darf die Vertragserfüllung (ebenso wie den Vertragsabschluss)[48] verweigern,[49] wenn der Passagier die Einreisebestimmungen des Transit-Landes nicht erfüllt; aber nicht, wenn dies aufgrund diskriminierender Einreisebestimmungen geschieht. Zwar ist die Geschäftsentscheidung über Kuwait-Stadt zu fliegen rechtlich grundsätzlich nicht zu missbilligen. Damit akzeptiert Q aber auch das Risiko, dass sie damit mittelbar jüdische Reisende diskriminiert und gegen AGG-Vorschriften verstößt. Auf das Leistungshindernis kann Q sich zur Rechtfertigung nicht berufen.[50]

c) Vertretenmüssen, § 21 Abs. 2 S. 2 AGG

Ob zudem ein Vertretenmüssen der Benachteiligung nach § 21 Abs. 2 S. 2 AGG auch im Rahmen des S. 3 erforderlich ist, ist streitig. Die wohl herrschende Meinung bejaht dies,[51] obwohl der Wortlaut des § 21 Abs. 2 S. 3 AGG und sein Cha-

---

46 BAG, NZA 2016, 897 (900) m.w.N.; BeckOK-BGB/*Horcher*, § 3 AGG Rn. 50 m.w.N.

47 BeckOK-BGB/*Horcher*, § 3 AGG Rn. 50.

48 § 19 Abs. 1 AGG verbietet gleichermaßen die Benachteiligung bei Begründung, Durchführung und Beendigung eines Schuldverhältnisses.

49 Insoweit besteht kein Kontrahierungszwang nach § 21 Abs. 1 S. 1 AGG; MüKoBGB/*Thüsing*, § 21 AGG Rn. 29.

50 A.A. gut vertretbar, etwa unter Hinweis darauf, dass die Wahl Kuwaits als Transitland rechtlich nicht missbilligt ist und auch jede andere Fluggesellschaft gehindert wäre, A auf einem Flug mit Zwischenlandung in Kuwait-Stadt zu befördern; vgl. OLG München, NJW-RR 2020, 1061 (1064).

51 Grüneberg/*Grüneberg*, § 21 AGG Rn. 5 f.; BeckOK-BGB/*Wendtland*, § 21 AGG Rn. 25; Armbrüster/*Wollenberg*, JuS 2020, 301 (303).

rakter als eigenständige Anspruchsgrundlage bei immateriellen Schäden dagegen sprechen.[52] Hier könnte man fragen, ob die Transitbestimmungen Kuwaits, die letztlich ursächlich für die Unmöglichkeit der Beförderung sind, Q deshalb zugerechnet werden können, weil sich die Fluggesellschaft im alleinigen Besitz des kuwaitischen Staates befindet.[53] Darauf muss man hier aber nicht abstellen. Die Benachteiligung resultiert, wie oben festgestellt, daraus, dass Q Flüge mit Transit in Kuwait anbietet und dadurch faktisch israelische Staatsbürger von ihren Dienstleistungen ausschließt. Da Q Kenntnis von der Rechtslage in Kuwait hat, hat sie mit der Entscheidung (weiterhin) über Kuwait als Transitstaat zu fliegen, die Diskriminierung des A jedenfalls billigend in Kauf genommen. Q hat die Benachteiligung daher zu vertreten.

d) Einhaltung der Ausschlussfrist, § 21 Abs. 5 S. 1 AGG

A müsste den Entschädigungsanspruch innerhalb von 2 Monaten geltend gemacht haben (§ 21 Abs. 5 S. 1 AGG). Die Frist beginnt, wenn die benachteiligte Person positive Kenntnis von der Diskriminierung hat.[54] A hat wenige Tage nach „Stornierung" durch die Fluggesellschaft Klage erhoben und damit die Ausschlussfrist eingehalten.

e) Rechtsfolge: Angemessene Geldentschädigung

Nach § 21 Abs. 2 S. 3 AGG kann der Benachteiligte vom Benachteiligenden für einen Schaden, der nicht Vermögensschaden ist, eine angemessene Entschädigung in Geld verlangen. Es müsste also eine Persönlichkeitsverletzung vorliegen. Teilweise wird vertreten, dass diese bei einer Diskriminierung bereits widerleglich zu vermuten ist.[55] Überwiegend wird aber gefordert, dass die Herabsetzung des Diskriminierungsopfers eine gewisse Intensität erreicht haben muss.[56] Diese Intensität ist mit der systematischen Verweigerung der Airline, A als israelischen Staatsbürger zu befördern, erreicht.[57] Damit liegt ein auszugleichender immaterieller Schaden vor, bei dessen Bemessung die Art und Schwere der Benachteiligung, ihre Dauer und Folgen, der Anlass und der Be-

---

52 Kein Vertretenmüssen fordert daher BeckOGK/*Mörsdorf*, § 21 AGG Rn. 63.
53 Hierzu *Mäsch*, JuS 2019, 386 (388); *Freitag*, NJW 2018, 430 (434).
54 BeckOGK/*Mörsdorf*, § 21 AGG Rn. 85.
55 BeckOGK/*Mörsdorf*, § 21 AGG Rn. 60.
56 OLG Hamm, NJW-RR 2011, 762, 764; AG Bonn, BeckRS 2015, 19404; Grüneberg/*Grüneberg*, § 21 AGG, Rn. 6; BeckOK-BGB/*Wendtland*, AGG § 21 Rn. 26.
57 A.A. OLG Frankfurt a.M., NJW 2018, 3591 Rn. 65.

weggrund des Handelns und der Grad der Verantwortlichkeit des Benachteiligenden zu berücksichtigen ist.[58]

2. Anspruch nach § 823 Abs. 1 BGB i.V.m. Art. 2 Abs. 1 i.V.m. Art. 1 Abs. 1 GG (allgemeines Persönlichkeitsrecht)

a) Anwendbarkeit

In Betracht kommt daneben ein Anspruch aus § 823 Abs. 1 BGB wegen Verletzung des allgemeinen Persönlichkeitsrechts (APR) des A gemäß Art. 2 Abs. 1 i.V.m. Art. 1 Abs. 1 GG. Nach § 21 Abs. 3 AGG werden allgemeine deliktsrechtliche Ansprüche nicht durch § 21 Abs. 2 AGG als lex specialis verdrängt.

b) Verletzung des APR

Voraussetzung für die Verletzung des APR ist ein Eingriff in dessen Schutzbereich. Das APR gewährt einen grundsätzlich weit zu verstehenden Schutz der Persönlichkeit, der durch verschiedene Fallgruppen Kontur gewinnt. Geschützt ist insbesondere der individuelle Achtungsanspruch eines jeden Menschen als gleichberechtigtes Mitglied in der Gesellschaft. In den Schutzbereich fällt daher auch der Schutz vor Diskriminierungen.[59] Wie schon oben festgestellt, stellt die Beförderungsverweigerung durch Q aufgrund der israelischen Staatsangehörigkeit eine Diskriminierung dar. Eine Verletzung des APR ist daher zu bejahen.

c) Rechtswidrigkeit

Da das APR ein sog. Rahmenrecht ist, muss die Rechtswidrigkeit grundsätzlich anhand einer Güter- und Interessenabwägung festgestellt werden.[60] Diese Abwägung fällt hier eindeutig zugunsten des Persönlichkeitsrechts des A aus, da die Diskriminierung – wie oben bereits erörtert – nicht gerechtfertigt werden kann.

Mithin liegt auch ein rechtswidriger Eingriff in das APR vor.

---

58 Vgl. nur BeckOGK/*Mörsdorf*, § 21 AGG Rn. 65. Vgl. beispielhaft nur AG Berlin-Tempelhof-Kreuzberg, BeckRS 2015, 2609: 15.000 € Entschädigung für ethnisch bedingte Diskriminierung bei der Mieterhöhung durch ein größeres Immobilienunternehmen.
59 *Wandt*, Gesetzliche Schuldverhältnisse, 10. Aufl. 2020, § 16 Rn. 52.
60 Grüneberg/*Sprau*, § 823 BGB Rn. 95.

d) Verschulden

Wie oben im Rahmen des Anspruchs nach § 21 Abs. 2 S. 3 AGG bereits festgestellt, hat Q die Persönlichkeitsverletzung schuldhaft begangen.

e) Rechtsfolge

Der Geschädigte kann Geldentschädigung verlangen, wenn es sich um einen schwerwiegenden Eingriff handelt und dieser nicht anders adäquat ausgeglichen werden kann.[61] Die Schwere des Eingriffs wurde bereits festgestellt. Zudem kommt eine andere Form des Schadensausgleichs nicht in Betracht.

A hat daher auch einen Anspruch auf Entschädigung aus § 823 Abs. 1 BGB i.V.m. Art. 2 Abs. 1, Art. 1 Abs. 1 GG.

3. Anspruch nach § 823 Abs. 2 BGB i.V.m. § 19 Abs. 1 Nr. 1 AGG

Wegen der Verletzung des § 19 Abs. 1 Nr. 1 AGG durch Q hat A zudem einen Anspruch auf Entschädigung (§ 253 Abs. 1 BGB) aus § 823 Abs. 2 BGB, sofern man – was umstritten ist[62] – § 19 Abs. 1 Nr. 1 AGG als Schutzgesetz ansieht.

4. Anspruch nach § 826 BGB

In Betracht kommen könnte zudem ein Anspruch aus § 826 BGB. Dieser ist vorliegend auch nicht mit Blick auf den bestehenden Anspruch aus dem AGG ausgeschlossen.[63] Der von § 826 BGB geforderte Schaden liegt dabei in der Verletzung des APR des A (s.o.), wobei dieser auch durch ein Verhalten der Q – namentlich die Beförderungsverweigerung – verursacht wurde. Mit Blick auf die bereits festgestellte Unvereinbarkeit der Beförderungsverweigerung mit fundamentalen Grundwerten der deutschen Rechtsordnung, ist die Sittenwidrigkeit zu bejahen. Q müsste zudem vorsätzlich gehandelt haben, wobei von der Kenntnis der Q sowohl vom Eintritt des Schadens, der Kausalität ihres Handelns und der Umstände, die die Sittenwidrigkeit begründenden, ausgegangen werden kann.[64] Somit steht A auch ein Entschädigungsanspruch aus § 826 BGB zu.

---

61 BGH, NJW 1958, 827, 830; s. auch BGH, NJW 2010, 1454, 1456; *Looschelders*, Schuldrecht BT, 16. Aufl. 2021, § 61 Rn. 13.
62 Dafür: BeckOGK/*Mörsdorf*, § 21 AGG Rn. 90; BeckOK-BGB/*Wendtland*, § 21 AGG Rn. 36; dagegen: Staudinger/*Serr* (2020), § 19 AGG Rn. 61; MüKoBGB/*Thüsing*, § 21 AGG Rn. 72; Erman/*Armbrüster*, § 21 AGG Rn. 22.
63 Vgl. Grüneberg/*Sprau*, § 826 BGB Rn. 2.
64 Vgl. für die einzelnen Voraussetzungen MüKoBGB/*Wagner*, § 826 Rn. 26.

C. Ergebnis

Die Klage des A ist teilweise begründet. Er hat gegen Q keinen Anspruch auf die Beförderung, aber einen Anspruch auf Zahlung einer angemessenen Entschädigung.

B. Rechtsvergleichender Fall

Fall 20: Vergleich des Leistungsstörungsrechts im deutschen nationalen Recht und im UN-Kaufrecht

Sachverhalt

Die deutsche Textilimport- und Großhandelsfirma I-GmbH mit Sitz in Dresden kauft beim italienischen Textilfabrikanten T, Modena, mit schriftlichem Vertrag vom 6.10.2020 Stoffbahnen für Dekorationszwecke in einer nach dem Anbieterkatalog genau spezifizierten Farbe („dusty mauve"). Es handelt sich um insgesamt 600 m zum Preis von 13 € je Meter, zahlbar nach Erhalt der Ware. Diese wird am vereinbarten Termin, dem 3.11.2020, bei I angeliefert. Mitarbeiter der I stellen bei der Kontrolle am 9.11.2020 fest, dass die Bahnen einen dunkleren als den bestellten Farbton haben und benachrichtigen umgehend die Geschäftsführerin G. Diese fragt bei Rechtsanwältin R nach, welche Rechte I bei dieser Sachlage habe, ob und wie sie diese einem möglichen Kaufpreisanspruch des T entgegenhalten könne und welche Maßnahmen gegebenenfalls zu treffen seien. Da G mittlerweile von einer günstigeren Liefermöglichkeit aus Italien erfahren hat, käme ihr eine „Stornierung" des Vertrages gelegen. Die gelieferten Stoffbahnen seien zwar objektiv von gleicher Qualität, Güte und Wert. Sie könnten auch an Einzelhändler weiterveräußert werden, jedoch sei aufgrund der insoweit im Augenblick schwächeren Nachfrage in ihrem speziellen Abnehmerkreis nur mit einem 10% niedrigeren Preis und deshalb mit einem um 50% geringeren Gewinn zu rechnen, als für die gekauften Bahnen hätte erzielt werden können. Eine Nachfärbung ist nicht möglich.

Aufgaben

1. Bereiten Sie in einem Gutachten die Antwort der R vor, wobei davon auszugehen ist, dass die Rechtsbeziehungen der Parteien dem UN-Kaufrecht (UN-Übereinkommen über Verträge über den internationalen Warenkauf v. 11.4.1980[1]) unterliegen.
2. Wie wäre die Lage, wenn ausschließlich das nationale deutsche Recht zur Anwendung gelänge?
3. Vergleichen Sie die beiden Lösungen. Welche Unterschiede bestehen?

---

1 BGBl. 1989 II, 588; abgedruckt in der Sammlung von *Jayme/Hausmann* unter Nr. 77.

Vorbemerkungen

I. Die Aufgabe hat einen vom Tatsächlichen her relativ schlichten Fall zum Gegenstand. Dennoch ist sie anspruchsvoll: Zum einen deshalb, weil der Fall sowohl aus der Sicht des UN-Kaufrechts (CISG) als auch des internen deutschen Rechts gelöst werden soll, was insbesondere wegen des daraus folgenden Umfangs der Lösung besondere Anstrengungen erfordert. Zum anderen ist die Perspektive, aus der heraus das Gutachten erstellt werden soll, ungewöhnlich.[2] Es soll die Auskunft einer Rechtsanwältin vorbereitet werden, die vorprozessual von einer der beteiligten Parteien nach ihren Rechten und den zu deren Wahrung erforderlichen Schritten gefragt wird. Daraus folgt eine zweifache Abweichung im Vergleich zu den üblichen Gutachten „zur Rechtslage". Erstens: Soll die Antwort in der Praxis verwertbar sein, so muss in dem Gutachten einer etwa bestehenden ständigen Rechtsprechung des BGH und der Untergerichte gefolgt werden, auch wenn die Literatur Kritik übt und der Bearbeiter/die Bearbeiterin diese für überzeugend hält; einer Partei, die in einen aussichtslosen Prozess getrieben wird, ist mit der Überzeugung, dass die Literaturmeinung die bessere sei, nicht gedient. Nur unter ausdrücklichem Hinweis, dass die Klage nur bei Aufgabe der bisherigen Rechtsprechung Erfolg haben kann, können diese „besseren" Lösungen vertreten werden. Zweitens: Bestehen an einem Punkt des Gutachtens Zweifel, wie eine Wertungsfrage zu entscheiden ist, ohne dass der Rechtsprechung eine Leitlinie zu entnehmen ist, so darf der Bearbeiter/die Bearbeiterin anders als sonst nicht diese Zweifel überwinden, indem er/sie sich mit einem mehr oder weniger überzeugenden Argument für die eine oder andere Seite entscheidet. Ein möglichst hilfreicher Rat an die Mandantin über das weitere Vorgehen setzt vielmehr voraus, dass die Folgen der unterschiedlichen Sichtweisen, die ein Gericht einnehmen könnte, durchdacht werden. Es sind deshalb gegebenenfalls Alternativlösungswege zu gehen.

II. „Rechte" der I können einmal solche sein, die sie aktiv und gegebenenfalls im Klagewege gegen den Verkäufer geltend machen kann, wie z.B. ein Erfüllungs- oder Schadensersatzanspruch, aber auch solche, die eine (rechtsvernichtende oder rechtshemmende) Einwendung gegen die möglicherweise von T erhobene Kaufpreisforderung begründen (z.B. Einrede des nicht erfüllten Vertrages). An dieser Zweiteilung sollte sich der Aufbau der Lösung orientieren.

---

2 Auch schon im ersten Staatsexamen werden inzwischen immer häufiger Klausuren mit zumindest auch anwaltlichen Fragestellungen gestellt. Zu den Besonderheiten, die dieser Aufgabentyp mit sich bringt, vgl. z.B. *Brei*. Jura 2007, 648 und oben 1. Teil, 1. Kap. § 2, S. 53ff.

III. Der Vergleich der Rechtslage nach dem CISG und nach dem internen deutschen Recht kann in der gedrängten Zeit, die für eine Klausurbearbeitung zur Verfügung steht, naturgemäß nicht zu einer umfassenden Würdigung der Unterschiede und Gemeinsamkeiten beider Rechte führen. Die Musterlösung spricht deshalb nur zwei Punkte an, die dem Bearbeiter/der Bearbeiterin anhand des vorliegenden Falles besonders ins Auge springen sollen: Der vorrangige Rechtsbehelf im internen deutschen Recht ist die Nacherfüllung, nach Wahl des Käufers Nachbesserung oder Nachlieferung. Im UN-Kaufrecht hingegen hat der Schadensersatz Vorrang. Dieser wird zudem verschuldensunabhängig gewährt.

Gliederung der Lösung

Lösung

Aufgabe 1: Lösung nach UN-Kaufrecht[3]
I. Ansprüche des Käufers

Aus dem Sachverhalt sind keine Umstände ersichtlich, aus denen sich Bedenken gegen einen wirksamen Vertragsschluss nach Art. 14 ff. CISG[4] ergeben könnten. Damit ist auf der Basis eines gültigen Kaufvertrages zu prüfen, welche Rechte die Käuferin aus der Tatsache ableiten kann, dass die gelieferte Ware nicht ihrer Bestellung entspricht.

1. Erfüllungsverlangen, Art. 46 Abs. 1 CISG

Möglicherweise kann I gem. Art. 45 Abs. 1 lit. a, 46 Abs. 1 CISG verlangen, dass ihr ungeachtet der bereits zugesandten Stoffe neue Bahnen geliefert werden, die die gewünschte Farbe haben. Das setzt zunächst voraus, dass der Verkäufer mit der Lieferung der Bahnen nicht bereits seine vertraglichen Pflichten erfüllt hat.

a) Nichterfüllung vertraglicher Pflichten

Nach Art. 35 Abs. 1 CISG hat der Verkäufer Ware zu liefern, die den vertraglich festgelegten Anforderungen entspricht.[5] Daran mangelt es hier, weil die gelie-

---

3 Die Parteien haben hier – nach deutscher Terminologie – einen Werklieferungsvertrag abgeschlossen. Auch ein solcher wird vom UN-Kaufrecht erfasst, Art. 3 Abs. 1 CISG; Ausführungen zum Anwendungsbereich des CISG sind nicht angezeigt, da nach dem Bearbeitungsvermerk die Anwendung dieses Abkommens vorgegeben ist.
4 Die international gebräuchliche Abkürzung CISG beruht auf dem englischen Titel des Abkommens: *United Nations Convention on Contracts for the International Sale of Goods.*
5 Art. 35 CISG macht in seiner Zweiteilung gut den subjektiv-objektiven Fehlerbegriff deutlich, von dem – zumindest nach h.M. – auch das deutsche Recht ausgeht: Zunächst muss die Kaufsache die vertraglich (subjektiv) festgelegten Eigenschaften aufweisen, Art. 35 Abs. 1 CISG; soweit es an einer detaillierten vertraglichen Leistungsbeschreibung fehlt, greift hilfsweise

ferten Stoffe tatsächlich nicht den Farbton aufweisen, den die Parteien im Kaufvertrag vereinbart haben. Deshalb besteht grundsätzlich noch immer der ursprüngliche Erfüllungsanspruch, Art. 45 Abs. 1 lit. a, 46 Abs. 1 CISG, was den Verkäufer verpflichten würde, die gelieferten Bahnen durch fehlerfreie, farbtongetreue Stoffe zu ersetzen.

b) Rügeobliegenheit

Neben weiteren, noch zu betrachtenden Voraussetzungen muss der Käufer jedenfalls gem. Art. 39 CISG die Vertragswidrigkeit der empfangenen Ware innerhalb einer „angemessenen" Frist rügen, um sich auf sie berufen zu können. Versäumt er dies, gilt die Kaufsache unabhängig von den objektiven Gegebenheiten als vertragsgemäß. Fraglich ist, wie die Frist im vorliegenden Fall zu berechnen ist.

aa) Fristbeginn

Nach Art. 39 Abs. 1 CISG beginnt die Frist in dem Zeitpunkt zu laufen, in dem der Käufer die Vertragswidrigkeit festgestellt hat oder spätestens hätte feststellen müssen. Die Mitarbeiter der I haben die Farbabweichung am 9.11.2020, also sechs Tage nach Lieferung bemerkt. Dieser Zeitpunkt markiert den Beginn der Rügefrist, wenn nicht die Abweichung bereits vorher hätte bemerkt werden müssen. Das wäre dann der Fall, wenn die Untersuchung der Ware früher hätte erfolgen müssen, als sie tatsächlich erfolgt ist. Nach Art. 38 Abs. 1 CISG hat der Käufer die Kaufsache innerhalb einer „so kurzen Frist [...] wie es die Umstände erlauben", also möglichst rasch zu untersuchen. Für die konkrete Berechnung sind die Umstände des Einzelfalls, z.B. Verderblichkeit der Ware, ihre Komplexität, Art und Weise der Verpackung etc. zu berücksichtigen.[6] Eine einheitliche Linie in der Rechtsprechung, an der man sich in der Rechtsberatung orientieren

---

Art. 35 Abs. 2 CISG ein, der eine Reihe objektiver Kriterien zur Bestimmung der Vertragsgemäßheit beinhaltet.

6 OLG Naumburg, NJW 2020, 476 (480); OLG Schleswig, BeckRS 2020, 44042 Rn. 37 ff.; *Chicago Prime Packers, Inc, v. Northam Food Training Co., et al.*, U.S. District Court, North. District, Illinois, East. Div., 28.5.2003, No. 01 C 4447; Tribunale di Rimini, 26.11.2002, No. 3095 – *Al Palazzo S.r.l. v. Bernardaud s.a.*; OLG Köln, VersR 1998, 1513; österr. OGH v. 14.1.2002, 7 Ob 301/01t.; *Ferrari/Ferrari*, IntVertragsR, Art. 39 CISG Rn. 24 ff. Vgl. auch LG Kleve, IHR 2018, 149: verderbliche und saisongebundene Ware ist unmittelbar bei Anlieferung zu untersuchen (Adventskränzen mit Tannengrün); ähnlich dän. Vestre Landsret, ZEuP 2002, 580: Weihnachtsbäume: Rüge innerhalb von zwei Tagen noch rechtzeitig, aber Erklärung der Vertragsaufhebung sieben Tage nach der Schlechtlieferung verspätet.

könnte, ist noch nicht zu erkennen.[7] Man muss deshalb vorsichtig sein und auch bei nicht verderblichen Waren von einer sehr knapp bemessenen Zeitspanne (als Untersuchungsfrist) ausgehen, die – so wird es in der Literatur teilweise vertreten – bereits nach 3 bis 4 Arbeitstagen abgelaufen ist.[8] Die erst spät vorgenommene Untersuchung kann aber durch eine schnelle Rüge ausgeglichen werden.[9] Die nicht rechtzeitige Untersuchung hat also nicht schon den Untergang der Rechte zur Folge. Entscheidend ist vielmehr das Ende der (mit Ablauf der kurzen Untersuchungsfrist beginnenden) angemessenen Rügefrist.

bb) Fristdauer

Die Rüge ist dann rechtzeitig, wenn sie innerhalb einer „angemessenen" Frist nach Untersuchungszeitraum beim Verkäufer eingeht. Auch hier ist die Konkretisierung umstritten, selbst wenn jedenfalls gesichert ist, dass „angemessen" länger ist als „kurz". Bei der Auslegung von internationalem Einheitsrecht ist dabei auch zu berücksichtigen, dass viele andere nationale Rechtsordnungen relativ lange Fristen vorsehen, wie z.B. das englische oder französische Recht. Der BGH hat sich deshalb für einen „groben Mittelwert" von einem Monat entschieden, woran man sich für die Praxis orientieren kann.[10] Zu beachten ist aber, dass die obergerichtliche Rechtsprechung in Deutschland inzwischen häufig zur Annahme einer kürzeren Frist (Faustregel: ca. zwei Wochen) tendiert.[11]

Es ist deshalb davon auszugehen, dass zum Zeitpunkt der Anfrage an die Rechtsanwältin die Rüge noch rechtzeitig erhoben werden kann; angesichts der Unsicherheit in der Fristberechnung ist aber auf eine rasche Rüge zu drängen.

cc) Inhalt und Form der Rüge

Die Rüge ist formlos möglich; aus Beweisgründen ist allerdings eine schriftliche Übermittlung, etwa durch Telefax, anzuraten.[12] Nach Art. 39 Abs. 1 CISG muss in dem Schreiben die Art der Vertragswidrigkeit genau bezeichnet werden.[13]

---

7 MüKoBGB/*Gruber*, Art. 39 CISG Rn. 34.

8 Vgl. *Piltz*, Internationales Kaufrecht, § 5 Rn. 77; ähnlich *Asam*, RIW 1989, 942 (944).

9 Schlechtriem/Schwenzer/Schroeter/*Schwenzer*, CISG, Art. 39 Rn. 20.

10 BGH, ZIP 2000, 234 (236); zustimmend Schlechtriem/Schwenzer/Schroeter/*Schwenzer*, CISG, Art. 39 Rn. 17 m.w.N.; siehe auch die Beispiele bei *Piltz*, NJW 2013, 2567 (2570 f.).

11 OLG Naumburg, NJW 2020, 476 (480): zwei Wochen als Faustregel bei unverderblichen oder nicht stark preisschwankenden Waren; ebenso OLG Hamburg IHR 2008, 98; OLG Oldenburg IHR 2001, 112 (114); Staudinger/*Magnus* (2018), Art. 38 CISG Rn. 50.

12 Ferrari/*Ferrari*, IntVertragsR, Art. 39 CISG Rn. 3.

13 Zum erforderlichen Inhalt der Mängelrüge näher *Kindler*, IPRax 1996, 16 (17).

Geht man für die folgende Prüfung davon aus, dass I dem T eine rechtzeitige und spezifizierte Mängelrüge zukommen lässt und sich damit auf die Vertragswidrigkeit der gelieferten Sache berufen kann, so sind die weiteren Bedingungen für den Fortbestand des Erfüllungsanspruchs zu prüfen.

c) Wesentliche Vertragsverletzung

Der Erfüllungsanspruch, der auf die Lieferung anderer, vertragsgemäßer Ware als Ersatz für erfüllungsuntaugliche vertragswidrige Güter gerichtet ist, unterliegt nämlich nach Art. 46 Abs. 2 CISG besonderen, zusätzlichen Voraussetzungen.[14] Da jede Art der Vertragswidrigkeit der gelieferten Sache erfasst ist, kommt es hierbei auf die Unterscheidung zwischen Schlecht- und Falschlieferung, zwischen *peius* und *aliud*, nicht an, sondern nur darauf, dass – wie im vorliegenden Fall – überhaupt bereits eine erste Lieferung erfolgt[15] und eine Nachlieferung noch möglich[16] ist.

Art. 46 Abs. 2 CISG beschränkt den Ersatzlieferungsanspruch auf die Fälle, in denen die Vertragswidrigkeit der gesandten Ware eine „wesentliche" Vertragsverletzung i.S.d. Art. 25 CISG darstellt. Der Anspruch auf Ersatzlieferung soll also nach dem Willen des Gesetzes nur in besonders schweren Fällen geltend gemacht werden können, während andere Rechtsbehelfe des Käufers wie Nachbesserung, Minderung und Schadensersatz nach Art. 46 Abs. 3, 50, 74 CISG an eine solche Voraussetzung nicht gekoppelt sind. Aus dieser Differenzierung folgt zugleich die Leitlinie für die Definition der „Vertragswesentlichkeit" im speziellen Zusammenhang mit Art. 46 Abs. 2 CISG: Die Vertragswidrigkeit der gelieferten Ware ist dann eine wesentliche Vertragsverletzung, wenn zum einen die Vertragsverletzung objektiv von so großem Gewicht ist, dass dem Käufer nicht zuzumuten ist, sich mit Schadensersatz und/oder Minderung zufrieden zu geben und sich der Mangel zum anderen nicht durch Nachbesserung in einer angemessenen Frist beheben lässt.[17]

---

14 Vgl. Schlechtriem/Schwenzer/Schroeter/*Müller-Chen*, CISG, Art. 46 Rn. 17: Der Anspruch auf Lieferung anderer, vertragsgemäßer Ware ergibt sich bereits aus Abs. 1; Abs. 2 hat eine klarstellende und begrenzende Funktion.

15 Schlechtriem/Schwenzer/Schroeter/*Müller-Chen*, CISG, Art. 46 Rn. 20.

16 Schlechtriem/Schwenzer/Schroeter/*Müller-Chen*, CISG, Art. 46 Rn. 18.

17 Schlechtriem/Schwenzer/Schroeter/*Müller-Chen*, CISG, Art. 46 Rn. 23 ff.; *Piltz*, Internationales Kaufrecht, § 5 Rn. 193 ff.; ähnlich öst. OGH, IHR 2012, 114 (116 f.); vgl. auch LG Stade, IHR 2017, 20: Lässt sich der Mangel unproblematisch und zu Kosten von ca. 6,5 % des Kaufpreises beseitigen (in casu: Nachrüstung der Dieselmotoren bei gebrauchten Sattelzugmaschinen), liegt keine wesentliche Vertragsverletzung vor.

Letzteres ist hier zu bejahen. Fraglich ist aber, ob der Käuferin im vorliegenden Fall angesonnen werden kann, die vertragswidrige Ware zu behalten und gegebenenfalls die anderen genannten Rechtsbehelfe geltend zu machen. Beim Erwerb von Handelswaren durch einen Großhändler ist dafür entscheidend, ob sich die Ware im gewöhnlichen Geschäftsgang ohne besondere Schwierigkeiten veräußern lässt und der dabei erzielbare Preis im Voraus zuverlässig abzuschätzen ist.[18] Hier ist die Ware laut Sachverhalt zu einem genau bestimmten Preis offenbar ohne größere Mühen an den vorhandenen Kundenstamm der I absetzbar.[19] Damit ist die Vertragsverletzung nicht wesentlich; ein Ersatzlieferungsanspruch scheidet aus.

2. Nachbesserung, Art. 46 Abs. 3 CISG

Da eine Nachfärbung nicht möglich ist, kommt eine Behebung des Mangels durch Nachbesserung nicht in Betracht. Zwar hat die Unmöglichkeit (der Leistungserbringung im Allgemeinen und der Nachbesserung im Speziellen) keine eigenständige Regelung im Abkommen erfahren, jedoch gilt auch hier selbstverständlich, dass man zu Unmöglichem nicht verpflichtet sein kann.[20] Der Anspruch auf Nachbesserung ist hier also gegenstandslos.

3. Vertragsaufhebung gem. Art. 49 Abs. 1 CISG

I könnte nach Art. 49 CISG auch die Möglichkeit der Vertragsaufhebung haben. Art. 49 CISG gibt dem Käufer unter bestimmten Voraussetzungen ein Gestaltungsrecht, das durch Erklärung gegenüber dem Vertragspartner ausgeübt wird (und nach Art. 81 CISG zum Erlöschen der beiderseitigen Vertragspflichten führt).[21] Abgesehen vom Fall der „einfachen" Nichtlieferung trotz Nachfristsetzung (Art. 49 Abs. 1 lit. b CISG) setzt allerdings das Recht des Käufers zur Ver-

---

18 Vgl. Schlechtriem/Schwenzer/Schroeter/*Müller-Chen*, CISG Art. 46 Rn. 25; *Kappus*, NJW 1994, 984 (984); OLG Frankfurt, NJW 1994, 1013 (1014).

19 Das Kriterium der anderweitigen Verarbeitung oder ein Absatz der Ware im gewöhnlichen Geschäftsverkehr, gegebenenfalls mit einem Preisabschlag, sofern dies ohne unverhältnismäßigen Aufwand möglich und zumutbar ist, betont auch die Rechtsprechung: BGH, NJW 2015, 867 (869); schweiz. BGer, IHR 2010, 27 (29).

20 Schlechtriem/Schwenzer/Schroeter/*Müller-Chen*, CISG, Art. 46 Rn. 12.

21 Ein Gestaltungsrecht ist kein Anspruch. Dennoch ist es vertretbar (und wegen der Übersichtlichkeit empfehlenswert), das Recht zur Vertragsaufhebung unter dem Gliederungspunkt „Ansprüche des Käufers" zu prüfen. Die Ausübung des Gestaltungsrechts setzt wie eine Anspruchsstellung voraus, dass der Käufer aktiv gegen den Verkäufer vorgeht und nicht nur mit einer Einwendung auf dessen Zahlungsbegehren reagiert.

tragsaufhebung ebenso wie das auf Nacherfüllung gem. Art. 46 Abs. 2 CISG eine „wesentliche" Vertragsverletzung des Verkäufers voraus, Art. 49 Abs. 1 lit. a CISG. Es ist oben bereits dargelegt und begründet worden, dass im zu untersuchenden Fall eine solche nicht vorliegt. Damit besteht für I kein Recht zur Erklärung der Vertragsaufhebung.

4. Schadensersatz, Art. 74 CISG
Weiterhin könnte I aber ein Schadensersatzanspruch nach Art. 45 Abs. 1 lit. b, Art. 74 CISG zustehen.

a) Vertragsverletzung
T hat eine Vertragsverletzung begangen, indem er vertragswidrige Ware geliefert hat.

b) Rechtzeitige Rüge
I hat noch – wie bereits oben dargelegt – die Möglichkeit, die Vertragswidrigkeit nach Art. 39 CISG rechtzeitig zu rügen.[22]

c) Schadensberechnung
Erhebt I die Rüge rechtzeitig, so steht einem Schadensersatzanspruch dem Grunde nach nichts im Wege. Es ist insbesondere nicht erforderlich, dass den Schuldner ein Verschulden an der Vertragsverletzung trifft.[23] Die Höhe des Schadensersatzes orientiert sich am Erfüllungsinteresse: Der Gläubiger soll durch den Schadensersatz wirtschaftlich in diejenige Lage versetzt werden, in der er sich bei ordnungsgemäßer Lieferung befände, was nach dem ausdrücklichen Gesetzestext auch den Ersatz des entgangenen Gewinns einschließt.[24] Zu ersetzen ist I deshalb in jedem Fall die Differenz zwischen dem Verkaufspreis der ge-

---

22 Beachte auch hier Art. 44 CISG: Wird die Unterlassung der Rüge vernünftig entschuldigt, schadet sie dem Schadensersatzanspruch nur insoweit, als dass kein Ersatz für entgangenen Gewinn verlangt werden kann.

23 Ferrari/*Saenger*, IntVertragsR, Art. 79 CISG Rn. 13; der Schuldner muss gem. Art. 79 CISG für die Pflichtverletzung nur dann nicht einstehen, wenn sie auf einem außerhalb seines Einflussbereichs liegenden Umstand beruht, den er bei Vertragsschluss nicht in Betracht ziehen musste. Ein Fabrikationsfehler fällt so offensichtlich nicht in diese Kategorie, dass in der Niederschrift der Lösung hierauf nicht eingegangen zu werden braucht.

24 Ferrari/*Saenger*, IntVertragsR, Art. 74 CISG Rn. 2, 7.

lieferten und der bestellten Bahnen, da insoweit der Gewinn der I geschmälert ist. Fraglich ist, ob der Käufer auch die gelieferten Gegenstände zurückweisen und den durch die Nichtdurchführung des gesamten Vertrages entstandenen Schaden, hier also die *gesamte* verlorengegangene Gewinnspanne, geltend machen kann. Würde man jedoch diese Form der Schadensberechnung zulassen, so könnte der Käufer im Ergebnis Schadensersatz und Vertragsaufhebung auch in den Fällen kombinieren, in denen letztere nach Art. 49 Abs. 1 lit. a CISG mangels eines „wesentlichen" Vertragsbruches ausgeschlossen ist.[25] Die Liquidierung des gesamten Vertrages ist nach dem CISG dem Käufer nur in engen Grenzen gestattet, die durch ein Ausweichen auf den Schadensersatz nicht überschritten werden können.[26] Eine Rückgabe der Stoffe unter Geltendmachung des gesamten aus dem Geschäft entgangenen Gewinns scheidet daher aus.

d) Bei Vertragsschluss voraussehbarer Schaden

Zu ersetzen ist gem. Art. 74 S. 2 CISG nur der bei Vertragsschluss *voraussehbare* Schaden. Mit der Weiterveräußerung und folglich einem aus der Vertragsverletzung folgenden Gewinnverlust ist bei dem Verkauf von Waren an einen Großhändler selbstverständlich zu rechnen. Anderes mag für einen auf besonderen Umständen beruhenden, außergewöhnlich hohen Spekulationsgewinn gelten; um einen solchen Fall handelt es sich jedoch bei einer Gewinnspanne von 20% nicht. I kann also einen Schadensersatz in Höhe von 10% des Kaufpreises verlangen.

II. Kaufpreisanspruch des Verkäufers

Der Kaufpreisanspruch des Verkäufers ist nach Art. 53 CISG mit dem wirksamen Vertragsschluss entstanden.

1. Fälligkeit

Aufgrund der von der Gesetzeslage nicht abweichenden Vereinbarung der Parteien ist der Anspruch mit Lieferung der Ware fällig geworden, Art. 58 Abs. 1

---

25 Vgl. *Stoll*, in: Schlechtriem, Einheitliches Kaufrecht und nationales Obligationenrecht, 1987, 257 (265); dagegen auch Staudinger/*Magnus* (2018), Art. 74 CISG Rn. 18; a.A. Schlechtriem/Schwenzer/Schroeter/*Schwenzer*, CISG, Art. 74 Rn. 43.

26 Im nationalen deutschen Gewährleistungsrecht ist die Vertragsaufhebung (Rücktritt) nicht an strengere Voraussetzungen als der Schadensersatzanspruch geknüpft, sondern umgekehrt. Deshalb ist es dort unschädlich, im Wege des „großen Schadensersatzes" Rücktritt und Schadensersatz zu „kombinieren".

CISG. Zwar kann man sich die Frage stellen, ob die Fälligkeit unabhängig von der Parteivereinbarung von der Lieferung *vertragsgemäßer* Ware abhängt.[27] Im Ergebnis ist das jedoch zu verneinen: Wie oben gesehen, eröffnet die Vertragswidrigkeit der Lieferung nur die u.U. begrenzten und von bestimmten Zusatzvoraussetzungen abhängigen Rechte der Art. 45 ff. CISG. Es wäre inkonsequent, den Käufer – wie hier – einerseits mangels eines Nachlieferungs- oder Vertragsaufhebungsanspruchs an die Abnahme der gelieferten Ware und damit auch an seine grundsätzliche Zahlungspflicht für diese zu binden, ihn andererseits aber zur Verweigerung der *gesamten* Kaufpreiszahlung mangels Fälligkeit zu berechtigen. Richtig ist vielmehr, dass je nach Bestand und Art eines Gegenrechts des Käufers der Kaufpreisanspruch ganz oder teilweise erlischt (Vertragsaufhebung, Minderung, Aufrechnung mit einem Schadensersatzanspruch), oder ein Zurückbehaltungsrecht (bei einem Nachlieferungsanspruch) entsteht. Der Käufer kann dies im Wege einer (rechtsvernichtenden oder rechtshemmenden) Einwendung der Kaufpreisforderung entgegenhalten.

Im Folgenden ist zu prüfen, ob dem Käufer aus der Vertragswidrigkeit der Ware derartige Einwendungsmöglichkeiten erwachsen.

2. Einwendungen des Käufers
a) Minderung, Art. 50 CISG
Möglicherweise könnte I gem. Art. 50 CISG den geschuldeten Kaufpreis mindern, d.h. proportional im Verhältnis des Wertes der tatsächlich gelieferten Sache zum Wert der vertragsgemäßen Ware herabsetzen.[28]

Abgesehen von der auch hier zu beachtenden Mängelrüge nach Art. 39 CISG[29] stellt Art. 50 CISG keine weitere Voraussetzung auf als die, dass der Verkäufer nicht vertragsgemäße Ware geliefert hat, was bereits oben festgestellt wurde. Ein Minderungsrecht begründet das aber nur dann, wenn der *objektive* Wert der gesandten Ware tatsächlich geringer ist als der der gekauften.[30] Nach dem Sachverhalt ist das nicht der Fall. Damit kann I den Kaufpreis nicht mindern.

---

27 So offenbar Schlechtriem/Schwenzer/Schroeter/*Müller-Chen*, CISG, Art. 45 Rn. 22; a.A. *Piltz*, Internationales Kaufrecht, § 4 Rn. 154.

28 Die Minderung kommt hier nur als Einrede in Betracht, weil der Kaufpreis noch nicht gezahlt ist.

29 Siehe aber auch Art. 44 CISG: Eine unterlassene Mängelrüge schließt die Minderung dann nicht aus, wenn für diesen Umstand eine „vernünftige" Entschuldigung vorgebracht werden kann.

30 *Piltz*, Internationales Kaufrecht, § 5 Rn. 354.

b) Aufrechnung mit Schadensersatzanspruch?

Fraglich ist, ob I mit ihrem Schadensersatzanspruch (s.o.) gegen den Kaufpreisanspruch des T aufrechnen kann. Eine ausdrückliche Regelung hat die Aufrechnung in der Konvention nicht gefunden. Grundsätzlich wird in solchen Fällen, in denen eine Materie vom CISG nicht erfasst ist und auch keine Lückenfüllung i.S.d. Art. 7 Abs. 2 CISG in Frage kommt, auf das vom IPR des Forums berufene nationale Recht zurückgegriffen.[31] Handelt es sich jedoch um sich gegenüberstehende (Geld-)Ansprüche der Vertragsparteien, die *beide* in dem Vertragsverhältnis begründet sind, welches dem CISG unterliegt, so wird die Aufrechnung überwiegend für zulässig erachtet, ohne auf das Vertragsstatut zurückgreifen zu müssen.[32]

Dies lässt sich in diesem Fall mit einer Lückenergänzung aus den allgemeinen Grundsätzen des Abkommens, Art. 7 Abs. 2 Hs. 1 CISG, begründen. Das CISG geht für die Vertragserfüllung, ebenso wie für die Rückabwicklung, davon aus, dass die gegenseitigen Ansprüche der Parteien aus dem Vertrag Zug um Zug zu erfüllen sind (Art. 58 Abs. 1, 81 Abs. 2 CISG). Stehen sich nun mit Kaufpreis- und Schadensersatzanspruch zwei Geldforderungen gegenüber, so findet diese Zug um Zug-Abwicklung ihre direkte und systemimmanente Fortentwicklung in der Verrechnung oder Aufrechnung dieser Ansprüche;[33] es wäre ein schwer verständlicher Formalismus, der nicht dem Geist der Konvention entspricht, wollte man die Parteien zum Austausch gleichartiger Leistungen zwingen.

Damit kann I in Höhe ihres Schadensersatzanspruches „konventionsintern" gegen die Kaufpreisforderung aufrechnen; das Vertragsstatut muss in dieser Hinsicht nicht befragt werden.[34]

c) Zurückbehaltungsrecht

Zu erwägen ist schließlich, ob der Käufer wegen der Vertragsverletzung des Verkäufers seine Kaufpreiszahlung insgesamt oder teilweise zurückhalten kann.

---

31 Schlechtriem/Schwenzer/Schroeter/*Ferrari*, CISG, Art. 7 Rn. 57.

32 BGH, NJW 2015, 867; *Magnus*, ZEuP 1995, 202 (207 f.); *Piltz*, Internationales Kaufrecht, § 5 Rn. 326; Schlechtriem/Schwenzer/Schroeter/*Fountoulakis*, CISG, Art. 81 Rn. 21 m.w.N.; Staudinger/*Magnus*, Art. 81 CISG Rn. 15; a.A. MüKoBGB/*Huber*, Art. 4 CISG Rn. 39; Schlechtriem/Schwenzer/Schroeter/*Ferrari*, CISG, Art. 4 Rn. 39; OLG Koblenz, RIW 1993, 934; OLG Düsseldorf, NJW-RR 1997, 822; LG Mönchengladbach, IHR 2003, 229.

33 Schlechtriem/Schwenzer/Schroeter/*Fountoulakis*, CISG, Art. 81 Rn. 21.

34 Zur Klarstellung sei betont, dass dies nicht für die Aufrechnung mit außerhalb der Konvention begründeten Forderungen gilt: Hier richtet sich die Zulässigkeit der Aufrechnung allein nach dem vom IPR berufenen Vertragsstatut, Staudinger/*Magnus*, Art. 4 CISG Rn. 46.

Eine spezielle Regelung hat das Zurückbehaltungsrecht nur in Art. 71 CISG gefunden. Danach kann der aus welchen Gründen auch immer vorleistungspflichtige Vertragspartner bei einer *drohenden* Vertragsverletzung durch die andere Partei seine Leistung zurückhalten, um nicht sehenden Auges eine Leistung erbringen zu müssen, deren Gegenleistung wahrscheinlich ausbleiben wird. Damit ist die Situation einer bereits eingetretenen Pflichtverletzung infolge mangelhafter Erfüllung durch den Verkäufer nicht zu vergleichen. Hier hat der Käufer die Behelfe aus Art. 45 CISG, die in ihrer Reichweite begrenzt sind, wie gerade der vorliegende Fall zeigt: I kann nur Schadensersatz geltend machen, nicht aber Erfüllung fordern oder die Vertragsaufhebung erklären. Diese Grenzen könnte der Käufer mit einem allgemeinen Leistungsverweigerungsrecht hinsichtlich des gesamten Kaufpreises umgehen.[35] Ein Zurückbehaltungsrecht ist deshalb nur in Höhe der dem Käufer tatsächlich zustehenden Gegenrechte anzuerkennen.[36] Insoweit wäre es mit dem auch im UN-Kaufrecht geltenden Prinzip von Treu und Glauben (Art. 7 Abs. 1 CISG) nicht zu vereinbaren, müsste der Käufer eine Zahlung leisten, die er sofort zurückfordern könnte.[37]

I kann deshalb die Kaufpreiszahlung nur in Höhe seines Schadensersatzanspruchs zurückhalten; dies bringt ihr allerdings keinen Vorteil gegenüber der Aufrechnung.

III. Ergebnis

Nach dem UN-Kaufrecht kann I im vorliegenden Fall nur Schadensersatz in Höhe des entgangenen Gewinns geltend machen und damit gegen die Kaufpreisforderung aufrechnen. Voraussetzung ist eine rechtzeitige Rüge der Vertragswidrigkeit. Diese sollte wegen der Unsicherheit über die „angemessene" Frist so rasch wie möglich und aus Beweisgründen schriftlich erfolgen. In ihr ist die Art der Vertragswidrigkeit genau zu bezeichnen. Eine Minderung ist nicht möglich. Die von der Geschäftsführerin der I primär angestrebte Vertragsaufhebung ist ihr verwehrt. I muss die gelieferten Bahnen behalten und an ihre Kunden absetzen.

---

35 So zu Recht *Karollus*, UN-Kaufrecht, 1991, 84.
36 Staudinger/*Magnus*, Art. 71 CISG Rn. 34; *Karollus*, UN-Kaufrecht, 1991, 84.
37 *Karollus*, UN-Kaufrecht, 1991, 84.

Aufgabe 2: Nationales deutsches Recht
I. Ansprüche des Käufers

Zu prüfen ist nunmehr auf der Basis des nationalen deutschen Rechts, welche Rechte der Käufer wegen der nicht vertragsgemäßen Lieferung gegen den Verkäufer geltend machen kann.

1. Erfüllungs-/Nachlieferungsanspruch, §§ 650 S. 1, 433 Abs. 1, 437 Nr. 1, 434 Abs. 1 S. 1, 439 BGB

a) Der Vertrag über die Lieferung von Stoffen aus der Serienproduktion des Herstellers ist ein Werklieferungsvertrag, auf den nach § 650 S. 1 BGB Kaufrecht anzuwenden ist. Der Verkäufer[38] hat mit der Versendung der Bahnen in falscher Farbe seine vertragliche Pflicht aus §§ 650 S. 1, 433 Abs. 1 S. 2 BGB nicht erfüllt, denn die gelieferten Stoffe waren nicht mangelfrei im Sinne des § 434 Abs. 1 BGB. Damit besteht grundsätzlich weiterhin der Erfüllungsanspruch aus § 433 Abs. 1 BGB, der allerdings als modifizierter und dem Gewährleistungsrecht unterstellter sogenannter Nacherfüllungsanspruch anzusehen ist (§§ 437 Nr. 1, 439 BGB).[39]

b) Zu prüfen ist jedoch, ob auch nach nationalem deutschen Recht eine rechtzeitige Rüge des abweichenden Farbtons erforderlich ist, um den Erfüllungsanspruch in seiner modifizierten Form zu bewahren. Eine solche Obliegenheit könnte sich aus § 377 HGB ergeben.

aa) Voraussetzung des § 377 HGB ist zunächst, dass der Kauf für beide Teile ein Handelsgeschäft ist. Nach der Legaldefinition des § 343 HGB sind Handelsgeschäfte alle Geschäfte eines Kaufmanns, die zum Betriebe seines Handelsgewerbes gehören. Beide Beteiligten sind Kaufleute, I nach §§ 6 Abs. 1 HGB, 13 Abs. 3 GmbHG, T gem. § 1 HGB, da keine Anhaltspunkte für ein Eingreifen der Ausnahmeklausel des § 1 Abs. 2 Hs. 2 HGB gegeben sind.[40] Nach § 344 Abs. 1 HGB wird vermutet, dass die von einem Kaufmann vorgenommenen Rechtsgeschäfte zum Betriebe seines Handelsgewerbes gehören. Diese Vermutung wurde

---

38 Wegen der Gleichstellung des Werklieferungsvertrages mit dem Kaufvertrag erscheint es gerechtfertigt, an der Bezeichnung der Parteien als Käufer und Verkäufer statt Besteller und Werkunternehmer festzuhalten.

39 Huber/Faust/*Huber*, Schuldrechtsmodernisierung, 13. Kapitel Rn. 45.

40 Weil die Variante gem. Fallfrage II ausschließlich auf der Basis des nationalen deutschen Rechts zu lösen ist, kann man hier außer Acht lassen, dass T in Italien ansässig ist und sich eigentlich zunächst die Frage stellt, ob seine Kaufmannseigenschaft möglicherweise auf der Basis des italienischen Rechts zu beurteilen ist.

von den Beteiligten nicht widerlegt, so dass das vorliegende Geschäft ein beidseitiges Handelsgeschäft i.S.d. § 377 HGB ist.[41]

bb) Die Rügeobliegenheit nach § 377 HGB setzt die Lieferung einer mangelhaften Ware voraus. Die Stoffbahnen sind mangelhaft (s.o.).

c) Damit ist nach § 377 Abs. 1, 2 HGB eine rechtzeitige Rüge erforderlich. Die Rüge ist nach § 377 Abs. 1 HGB rechtzeitig, wenn die Ware „unverzüglich" nach Eingang untersucht wurde und die Rüge des dabei entdeckten Mangels der Untersuchung ihrerseits „unverzüglich" folgt. Die Obliegenheit zur unverzüglichen Untersuchung entspricht wohl in etwa der „kurzen" Frist des UN-Kaufrechts, d.h. ihr muss auch bei nicht verderblicher Ware innerhalb von wenigen Tagen nach Anlieferung nachgekommen werden. Für die folgende Rüge hat der Käufer keine „angemessene" Frist, wie im UN-Kaufrecht, sondern er muss unverzüglich, d.h. ohne schuldhaftes Zögern, handeln. Das wird zum Schutze des Verkäufers seit jeher eng ausgelegt.[42] Da zum jetzigen Zeitpunkt bereits eine knappe Woche seit dem Eintreffen der Ware vergangen ist, muss die Rechtsanwältin auf eine umgehende Rüge drängen; zu ihrer Rechtzeitigkeit reicht allerdings die rechtzeitige Absendung aus, § 377 Abs. 4 HGB. Die Rüge kann formlos erfolgen, sollte aber auch hier zu Beweiszwecken schriftlich angebracht werden.

d) Zwischenergebnis: Wird nach diesen Kriterien fristgerecht gerügt, kann sich I darauf berufen, dass T eine falsche Ware geliefert und damit nur mangelhaft erfüllt hat. Grundsätzlich stünde ihm nach § 439 Abs. 1 BGB ein Wahlrecht für die Art der Nacherfüllung zu. Hier ist jedoch die Nachbesserung (Umfärbung der Stoffe) gem. § 275 Abs. 1 Alt. 2 BGB (objektiv) unmöglich. Somit ist T insofern von seiner Pflicht zur Leistung frei. Dem I bleibt der Anspruch auf Nachlieferung aus § 439 Abs. 1 BGB. Der Unterschied zwischen dem ursprünglichen Erfüllungsanspruch aus § 433 Abs. 1 BGB und dem modifizierten Anspruch auf Nacherfüllung aus § 439 Abs. 1 BGB wirkt sich in der vorliegenden Konstellation nicht aus.

2. Rücktritt nach §§ 650 S. 1, 433, 437 Nr. 2, 323 BGB

I könnte die Möglichkeit haben, vom Vertrag zurückzutreten. Der Rechtsbehelf des Rücktritts und auch der des Schadensersatzes, die in § 437 Nr. 2 bzw. 3 BGB

---

41 Weil § 650 S. 1 BGB für den Werklieferungsvertrag pauschal „die Vorschriften über den Kauf" beruft, finden damit zwangsläufig auch die Regeln des Handelskaufs Anwendung; § 381 Abs. 2 HGB bestätigt dieses Ergebnis.
42 Z.B. BGH, NJW 1954, 1841 (1841).

genannt sind, setzen beide jedoch grundsätzlich den fruchtlosen Ablauf einer Frist zur Nacherfüllung (§ 323 Abs. 1 bzw. § 281 Abs. 1 S. 1 BGB) voraus. Daraus folgt der *Vorrang der Nacherfüllung:*[43] Der Verkäufer hat eine zweite Chance. I muss T also eine Frist zur Nacherfüllung setzen, da die Fristsetzung nicht gem. § 323 Abs. 2 oder § 326 Abs. 5 BGB[44] entbehrlich ist. Die Erklärung muss den Schuldner bestimmt und eindeutig zur Leistung auffordern[45] und den Mangel so genau wie möglich konkretisieren.[46] Der Schuldner sollte die Fristsetzung zudem mit der ihm zustehenden Wahl der Art der Nacherfüllung verbinden.[47] Die Frist zur Nacherfüllung muss objektiv angemessen sein;[48] bei einem Versendungskauf ist sie es dann, wenn sie, die übliche Transportdauer berücksichtigend, dem Verkäufer genügend Zeit zur Übergabe der Ware an die Transportperson lässt.[49] Nicht erforderlich ist, dem Schuldner Zeit zu einer (erneuten) *Herstellung* der Ware einzuräumen.[50] Ist die gesetzte Frist zu kurz bemessen, wird eine angemessene Frist in Gang gesetzt.[51]

Die Rechtsanwältin muss dem I raten, eine Frist zur *Nachlieferung*[52] zu setzen. Erforderlich ist nach Ablauf der Frist zudem, dass der *Rücktritt erklärt* wird (§ 349 BGB). Er wäre nach § 323 Abs. 5 S. 2 BGB bei einem Bagatellmangel ausgeschlossen; davon kann aber bei einem Fehler, der beim Weiterverkauf zu einer 50%-igen Gewinneinbuße führt, nicht die Rede sein. Ein Ausschluss des Rücktrittsrechts nach § 323 Abs. 6 BGB liegt ebenfalls nicht vor.

Die Rücktrittserklärung kann allerdings auch bereits bei Setzung der Nachfrist für den Fall, dass der Schuldner dem Mangel nicht abhilft, abgegeben werden. Zwar ist der Rücktritt als Gestaltungsrecht grundsätzlich bedingungsfeindlich, es wird aber eine Bedingung zugelassen, bei der dem Rücktrittsgegner keine unzumutbare Ungewissheit über die Rechtslage entsteht. Insbesondere

---

43 BGH, NJW 2005, 1348 (1350).

44 Zwar ist die Nachbesserung unmöglich i.S.d. § 275 Abs. 1 BGB, aber eben nur diese. Nicht der Nacherfüllungsanspruch an sich ist wegen Unmöglichkeit ausgeschlossen, sondern nur eine Art der Nacherfüllung (s.o.). Somit liegt kein Fall des § 326 Abs. 5 BGB vor.

45 Grüneberg/*Grüneberg*, § 323 Rn. 13; *Coester-Waltjen*, JK 03/12, § 474 BGB; BGH, MDR 2011, 967.

46 Staudinger/*Schwarze*, § 323 Rn. C 17.

47 Sonst verliert er sein Wahlrecht, vgl. Staudinger/Schwarze, § 323 Rn. C 18. Dies ist hier jedoch nicht entscheidend, da dem I nur der Anspruch auf Nachlieferung zusteht, s.o.

48 Grüneberg/*Grüneberg*, § 281 Rn. 10.

49 RGZ 68, 329 (333); LG Stuttgart, DB 1979, 787 (787) beide zu § 326 a.F. BGB; MüKoBGB/*Ernst*, § 323 Rn. 74.

50 BGH, NJW 1985, 320 (323).

51 Grüneberg/*Grüneberg*, § 281 Rn. 10.

52 Nur diese steht ihm zu, vgl. oben.

eine Potestativbedingung, um die es sich hier handelt, ist zulässig.[53] Jedoch ist zu beachten, dass der *erklärte* Rücktritt (und die damit erfolgte Umgestaltung des Vertrages in ein Rückgewährschuldverhältnis) einen nachträglichen Wechsel zum Nachlieferungsanspruch ausschließt.[54] Will sich I die Entscheidung über den weiter zu verfolgenden Weg noch vorbehalten, obwohl sie derzeit die „Stornierung" des Vertrages am liebsten sähe, sollte sie die Setzung der Nachfrist nicht mit der Rücktrittserklärung verbinden.

3. Minderung nach §§ 650 S. 1, 433, 437 Nr. 2, 441 BGB

Nach erfolgloser Nachfristsetzung könnte I statt zurückzutreten zwar auch Minderung nach §§ 650 S. 1, 433, 437 Nr. 2, 441 BGB geltend machen. Im Ergebnis bringt ihr das aber keinen Vorteil. Es kommt nach § 441 BGB wie auch im UN-Kaufrecht auf den *objektiven*, tatsächlichen Wert der gelieferten Ware im Vergleich zum (gedachten) Wert der gekauften an; insoweit ist ein Unterschied aber nicht feststellbar.

4. Schadensersatzanspruch nach §§ 650 S. 1, 433, 437 Nr. 3, 280 Abs. 1, 3, 281 BGB

Weiterhin könnte I unter den Voraussetzungen des §§ 280 Abs. 1, 3, 281 BGB Schadensersatz statt der Leistung (= Nachlieferung) verlangen. Von einem Vertretenmüssen[55] des T kann ausgegangen werden; das Gegenteil hätte er zu beweisen (vgl. § 280 Abs. 1 S. 2 BGB). Weitere Voraussetzung ist, wie beim Rücktritt, der fruchtlose Ablauf einer angemessenen Frist (s.o.). Beide Rechtsbehelfe stehen grundsätzlich nebeneinander: Durch die Erklärung des Rücktritts wird der Schadensersatzanspruch nicht ausgeschlossen (§ 325 BGB), allerdings in seiner Berechnungsform auf die „Differenzmethode" beschränkt: I müsste aufgrund des Rücktritts die mangelhaften Bahnen zurückgeben (§ 346 Abs. 1 BGB), dafür aber auch nicht den Kaufpreis zahlen. Mit dem Schadensersatzanspruch könnte I dann nur Folgeschäden oder eine etwaige Differenz zwischen dem Wert der Kaufsache und dem gezahlten Kaufpreis liquidieren;[56] für beides bietet der Sachverhalt keine Anhaltspunkte. Erklärt I nicht den Rücktritt, sondern macht nur Schadenersatz geltend, so könnte er nach h.M. wahlweise auch nach

---

53 MüKoBGB/*Gaier*, § 349 Rn. 2.
54 Vgl. Grüneberg/*Grüneberg*, § 323 Rn. 33.
55 Zum Bezugspunkt des Vertretenmüssens und zu dem sich darum rankenden Streit vgl. MüKoBGB/*Ernst*, § 281 Rn. 50 ff. m.w.N.
56 HK-BGB/*Schulze*, § 281 Rn. 18.

der Surrogations- oder Austauschmethode vorgehen (Aufrechnung des nicht durch Rücktritts beseitigten Kaufpreisanspruchs mit dem Wert der Gegenleistung);[57] auch hier gewinnt er aber bei der gegebenen Konstellation nichts, was er nicht schon durch den Rücktritt erreichen könnte.

II. Kaufpreisanspruch des Verkäufers
1. Fälligkeit des Kaufpreisanspruchs
Der Kaufpreisanspruch des T aus § 433 Abs. 2 Alt. 1 BGB ist aufgrund der Vereinbarung der Parteien mit Lieferung fällig geworden.

2. Einrede des nicht erfüllten Vertrages, § 320 BGB
Macht I den Nachlieferungsanspruch, der den ursprünglichen Erfüllungsanspruch fortsetzt, geltend, so kann sie sich jedoch, solange T diesen Anspruch nicht erfüllt, gegenüber der Kaufpreisforderung durch T auf die Einrede des nichterfüllten Vertrages berufen, § 320 Abs. 1 BGB.

III. Ergebnis
Nach dem BGB kann I im vorliegenden Fall derzeit nur Nacherfüllung in Form der Nachlieferung verlangen. Voraussetzung ist eine rechtzeitige Rüge der Vertragswidrigkeit. Diese sollte aus Beweisgründen schriftlich und muss „unverzüglich" erfolgen. In ihr ist die Art der Vertragswidrigkeit genau zu bezeichnen. Der von der Geschäftsführerin der I primär angestrebte Rücktritt ist ihr (ebenso wie ein etwaige Minderung) noch verwehrt. Dieser steht ihr erst offen, wenn sie eine Frist zur Nacherfüllung gesetzt hat und T nicht frist- und ordnungsgemäß nacherfüllt (*Vorrang der Nacherfüllung*). Liefert T frist- und ordnungsgemäß, muss I den vereinbarten Preis zahlen und die nachgelieferten[58] Bahnen behalten. Die Geltendmachung eines Schadensersatzanspruchs setzt ein Vertretenmüssen des T und wie der Rücktritt eine erfolglose Nachfristsetzung voraus; beim derzeitigen Stand des Sachverhalts kann über ein Schadensersatzbegehren aber nicht mehr als über den Rücktritt erreicht werden.

---

57 HK-BGB/*Schulze*, § 281 Rn. 18; dort auch zur Gegenansicht.
58 Die zuerst gelieferten Bahnen sind dem T gem. §§ 439 Abs. 4, 346 bis 348 BGB i.d.R. zurückzugewähren.

IV. Gesamtergebnis

Rechtsanwältin R muss der G die verschiedenen Lösungsmöglichkeiten aufzeigen und ihr den sichersten Weg nahelegen. G sollte auf jeden Fall die Mängel rügen, weil I sonst sämtliche Gewährleistungsrechte verliert.

Dabei sollte G dem T eine Frist von fünf Werktagen zur Nachlieferung der Ware in der bestellten Qualität setzen. Mit dieser Nachfristsetzung hat sich I auch noch nicht auf einen Rechtsbehelf festgelegt.

Erst der *erklärte* Rücktritt (und die damit erfolgte Umgestaltung des Vertrages in ein Rückgewährschuldverhältnis) schließt einen nachträglichen Wechsel zum Nachlieferungsanspruch aus.[59]

Liefert der Verkäufer innerhalb der Nachfrist, wird damit der Kaufvertrag in seiner ursprünglichen Konzeption abgewickelt; liefert er nicht, erreicht I sein Ziel, kann sich vom Vertrag lösen und zusätzlich entgangenen Gewinn geltend machen.

Aufgabe 3: Vergleich der beiden Lösungen[60]

Das CISG geht von einem einheitlichen Grundtatbestand der „Vertragsverletzung" aus, der alle Leistungsstörungsfälle umfasst und grundsätzlich die gleichen Rechtsbehelfe des Gläubigers auslöst.[61]

Nach dem deutschen Gewährleistungsrecht steht als Rechtsbehelf des Käufers bei einer nicht vertragsgemäßen Lieferung des Verkäufers der Anspruch auf Nacherfüllung (nach Wahl des Käufers Nachbesserung oder Nachlieferung) im Vordergrund. Der Käufer kann die „richtige" Durchführung des Vertrages durchsetzen bzw. dem Verkäufer wird eine zweite Chance zur Erfüllung (Recht zur zweiten Andienung) gewährt. Erst nach erfolglosem Ablauf einer Frist zur Nacherfüllung können die anderen Rechte des § 437 Nr. 2, 3 BGB, also Rücktritt bzw. Minderung, Schadens- bzw. Aufwendungsersatz geltend gemacht werden. Der Rücktritt vom Vertrag ist nur bei einem Bagatellmangel ausgeschlossen (§ 323 Abs. 5 S. 2 BGB).

Eine Differenzierung kennt allerdings auch das UN-Kaufrecht: Der Nacherfüllungsanspruch und das Recht zur Vertragsaufhebung stehen dem Käufer im

---

59 Vgl. Grüneberg/*Grüneberg*, § 323 Rn. 33.

60 Für einen ausführlicheren Vergleich des UN-Kaufrechts mit dem deutschen Schuldrecht s. *Schillo*, IHR 2003, 257 und *Regula/Kannowski*, IHR 2004, 45, die bei der Bewertung der Vor- und Nachteile zu genau entgegengesetzten Ergebnissen kommen.

61 Vgl. *Schlechtriem*, ZEuP 1993, 217 (221); vgl. aber mit der Unterscheidung zwischen *aliud* und Nachlieferung: BGH, ZIP 1996, 1041 (1043 f.); zu Recht kritisch *Schlechtriem*, EWiR 1996, 597 (597 f.).

Grundsatz nur dann zu, wenn der Verkäufer eine „wesentliche" Vertragsverletzung zu verantworten hat. Der Grund für diese andere Tendenz des UN-Kaufrechts, wie sie im vorliegenden Fall sichtbar wird, ist der Folgende: Hat der Verkäufer eine nicht vertragsgemäße Ware geliefert und macht der Käufer Vertragsaufhebung geltend, so erfordert dies die Rückabwicklung des Vertrages (Art. 81 Abs. 2 CISG), also insbesondere den Rücktransport der Sendung. Gleiches gilt beim Beharren auf Ersatzlieferung: Auch hier muss die vertragswidrige Ware abtransportiert und zusätzlich die vertragsgemäße geliefert werden. Diese Rückabwicklung kann im internationalen, grenzüberschreitenden Rechtsverkehr zu großem Transportaufwand führen und zu einer erheblichen Belastung für den Verkäufer werden.[62] Deshalb werden beide[63] Rechtsbehelfe soweit wie möglich zurückgedrängt und als *ultima ratio* auf den Fall „wesentlicher" Verletzungen beschränkt. Außerhalb dieser Fallgruppe gilt eher das Prinzip „Dulde und liquidiere": Der Käufer soll die vertragswidrige Lieferung behalten und so gut es geht verwerten; sein Interesse an einer Leistungsparität wird mit Hilfe der Minderung und des Schadensersatzes (gegebenenfalls kombiniert) geschützt. Der Schadensersatzanspruch als vorrangiger Rechtsbehelf wird deshalb – anders als im deutschen Recht – unabhängig von einem Vertretenmüssen des Verkäufers gewährt, ist dafür aber in der Höhe begrenzt auf den bei Vertragsschluss voraussehbaren Schaden. Das nationale deutsche Recht hingegen zieht bei der Schadenshöhe erst eine Grenze, wenn die Schadensentwicklung nicht mehr adäquat ist.

---

62 Vgl. zu dieser Begründung *v. Hoffmann*, in: *Schlechtriem*, Einheitliches Kaufrecht und Nationales Obligationenrecht (1987), 293 (299).
63 Im deutschen Recht *nur* der Rücktritt.

Sachregister

„Einf." bezeichnet den Einführungsteil, die fettgedruckte Zahl den Übungsfall, jeweils gefolgt von der Seite.

https://doi.org/10.1515/9783110664157-005